齐树洁，男，河北武安人，1954 年 8 月生。1972 年 12 月自福建泉州一中应征入伍，1978 年 4 月从新疆军区某部退役。1982 年 7 月毕业于北京大学法律系，获法学学士学位。1990 年 8 月毕业于厦门大学民商法专业，获法学硕士学位。2003 年 11 月毕业于西南政法大学诉讼法专业，获法学博士学位。曾在西南政法学院、中国人民大学、香港大学、澳门大学、台湾政治大学、菲律宾雅典耀大学、英国伦敦大学、德国弗莱堡大学、法国巴黎第二大学、美国佛罗里达大学研修和访问。现为中国民事诉讼法学研究会副会长，厦门大学法学院教授、博士生导师、司法改革研究中心主任，澳门科技大学法学院兼职博士生导师。

Access to Justice

东南司法评论

SOUTHEAST JUSTICE REVIEW

（2016年卷·总第9卷）

主　　编　　齐树洁

执行主编　　刘旺婢　丁启明

主　办　　厦门大学司法改革研究中心
　　　　　厦门市中级人民法院研究室

厦门大学出版社
XIAMEN UNIVERSITY PRESS

国家一级出版社
全国百佳图书出版单位

卷 首 语

我国多元化纠纷解决机制的新发展

■ 齐树洁*

20世纪中期以来,西方国家以"接近正义"为目标的民事司法改革进入了第三阶段,并迅速与ADR运动汇聚为建构多元化纠纷解决机制的潮流。① 从理念层面上说,ADR的发展使人们对"正义"的丰富内涵有了更深刻的理解,即将正义与司法(法院)区分开来,重新理解和解释正义的内涵,让民众有机会获得具体而符合实际的正义,即纠纷解决的权利。在中国,经历了改革开放以来20余年的曲折发展之后,面对社会治理和纠纷解决的需求与挑战,法制建设和司法改革也在探寻自身的经验和道路,出现了构建多元化纠纷解决机制的契机。时至今日,人民法院已成为构建多元化纠纷解决机制的核心力量,其表现出的积极态度和相关政策既是对我国社会治理现实的理性回应,又与世界司法改革和ADR运动的潮流殊途同归。②

多元化纠纷解决机制改革是中央部署的重要司法改革任务之一。从2004年到2014年,最高人民法院牵头这项改革任务,带动了各种纠纷解决机制的发展,使多元纠纷解决机制成为国家治理体系和治理能力现代化的重要方式之一。在此背景下,近年来我国多元化纠纷解决机制得到不断发展。

2004年,最高人民法院《人民法院第二个五年改革纲要(2004—2008)》首次

---

* 作者系厦门大学法学院教授,法学博士。

① 范愉:《纠纷解决的理论与实践》,清华大学出版社2007年版,第95页。

② 范愉:《挑战与机遇:当代中国多元化纠纷解决机制的建构》,载齐树洁主编:《东南司法评论》(2008年卷),厦门大学出版社2008年版。

提出"建立多元化的纠纷解决机制"。同年发布的《关于人民法院民事调解工作若干问题的规定》和 2007 年发布的《关于进一步发挥诉讼调解在构建社会主义和谐社会中积极作用的若干意见》进一步强调了诉讼调解的作用。2007 年下半年，最高人民法院确定了第一批多元化纠纷解决机制改革试点法院，包括吉林省高级人民法院、河北省廊坊市中级人民法院、甘肃省定西市中级人民法院、云南省曲靖市中级人民法院、福建省莆田市中级人民法院、上海市浦东新区人民法院、重庆市渝中区人民法院、福建省厦门市同安区人民法院、广东省东莞市第二人民法院等。这些试点法院在实践中勇于探索并积累了丰富的司法经验，为此后的多元化纠纷解决机制改革奠定了坚实的基础。

2008 年，中央政法委员会下发《关于深化司法体制和工作机制改革若干问题的意见》对新一轮司法改革任务作了部署。"建立诉讼与非诉讼相衔接的矛盾纠纷解决机制"作为其中一项重要项目在全国人大法工委、中央政法委、中央综治办的指导下，由最高人民法院牵头实施。中央批准了最高人民法院提出的多元化纠纷解决机制"三步走"的改革步骤，即"法院做好诉调对接、中央出台相关政策、改革成果转化为立法"。

2009 年 3 月，最高人民法院公布《人民法院第三个五年改革纲要（2009—2013）》，提出要"建立健全多元纠纷解决机制……加强诉前调解与诉讼调解之间的有效衔接，完善多元纠纷解决方式之间的协调机制，健全诉讼与非诉讼相衔接的矛盾纠纷调处机制"。同年 8 月，最高人民法院公布《关于建立健全诉讼与非诉讼相衔接的矛盾纠纷解决机制的若干意见》，旨在鼓励行政调处、人民调解、商事调解、行业调解的发展，促进多元化纠纷解决机制的完善。

2010 年 8 月，全国人大常委会通过了《中华人民共和国人民调解法》（以下简称《人民调解法》）。这部新法律坚持人民调解的群众性、民间性和自治性，进一步完善了人民调解的组织形式，体现了人民调解的便利性和人民性，明确了人民调解协议的效力和司法确认制度，突出了调解优先原则。据报道，目前全国有82 万个人民调解组织，422.9 万名人民调解员。2013 年，人民调解组织共化解各类矛盾纠纷 943.9 万件。①

2012 年 4 月，《最高人民法院关于扩大诉讼与非诉讼相衔接的矛盾纠纷解决机制改革试点总体方案》（以下简称《试点方案》）进一步拓宽了试点内容，探索建立纠纷解决新方式；扩大了试点范围，在全国确立了第二批 42 家试点法院。

2015 年 2 月，最高人民法院公布修订后的《人民法院第四个五年改革纲要

---

① 周斌：《去年人民调解组织化解纠纷 943.9 万件》，载《法制日报》2014 年 2 月 28 日第 1 版。

（2014—2018）》，提出"健全多元化纠纷解决机制。继续推进调解、仲裁、行政裁决、行政复议等纠纷解决机制与诉讼的有机衔接、相互协调，引导当事人选择适当的纠纷解决方式。推动在征地拆迁、环境保护、劳动保障、医疗卫生、交通事故、物业管理、保险纠纷等领域加强行业性、专业性纠纷解决组织建设，推动仲裁制度和行政裁决制度的完善"。

2015 年 4 月 9 日，最高人民法院在四川眉山召开全国法院多元化纠纷解决机制改革工作推进会，提出了"国家制定发展战略、司法发挥保障作用、推动国家立法进程"新"三步走"战略，强调要加快推进中国多元化纠纷解决机制改革的进程，在全社会树立"国家主导、司法推动、社会参与、多元并举、法治保障"的现代纠纷解决理念，同时要积极推动六大转变，即诉调对接平台从单一平面的衔接功能向多元立体的服务功能转变；推动诉调对接机制从单向输出向双向互动转变；推动诉调衔接对象从重点突破向全面启动转变；推动诉调对接操作规范从零散差异向系统整合转变；推动解纷人才的培养从经验型向职业型转变；推动法院内部调解机制从粗放型向精细型转变。这既是对我国多元化纠纷解决机制十年探索之路的总结，亦是为我国未来法院附设调解的发展提出的明确目标。①

十余年来，最高人民法院按照中央部署牵头多元化纠纷解决机制改革，从试点中总结可推广、可复制的经验，从探索中寻找纠纷解决的一般规律，从实践中更新理念和方法，从理论上丰富社会治理体系的基本问题。司法确认制度的确立、先行调解原则的明确，眉山会议"新三步"战略的提出，厦门地方立法的制定②……一步步改革措施的落实，一个个改革成果的展示，标志着中国多元化纠纷解决机制从初创走向成熟，从单一走向复合，从后台走向前台，走出了一条尊重规律、循序渐进、务实稳妥的多元化纠纷解决机制改革之路。在这一过程中不断进行的制度创新为建立系统完备、科学规范、运行有效的纠纷解决制度体系打下了坚实的基础。

一是搭建诉调对接平台，负责与社会各种纠纷解决机制进行衔接。形成人

---

① 龙飞：《我国多元化纠纷解决机制的制度创新》，载齐树洁主编：《东南司法评论》（2015 年卷），厦门大学出版社 2015 年版。

② 厦门是中国大陆第一个对多元化纠纷解决机制进行地方立法的城市。2005 年 10 月颁布的《厦门市人大常委会关于完善多元化纠纷解决机制的决定》虽然只有 16 个条款（2204 个字），但是在此后的几年中，它成为厦门地区推进多元化纠纷解决机制建立健全的指导性文件。2015 年 4 月 1 日，厦门市第十四届人大常委会第 25 次会议通过了《厦门经济特区多元化纠纷解决机制促进条例》。该条例已于 2015 年 5 月 1 日起施行。参见姚新民、黄鸣鹤：《关于多元化纠纷解决机制地方立法设计的调研报告》，载齐树洁主编：《东南司法评论》（2015 年卷），厦门大学出版社 2015 年版。

民法院与社会调解组织在职能上的良性互动、在作用上优势互补，形成法院诉前调解机制、民商事案件速裁机制与传统审判机制的纵向流程对接；形成非诉调解协议司法确认与各类社会解纷资源的横向结合，以整合各种纠纷解决资源，建立立体化的多元化纠纷解决机制。

二是赋予调解协议合同效力。2002年最高人民法院发布《关于审理人民调解协议的民事案件的若干规定》，确认"经人民调解委员会调解达成的、有民事权利义务内容，并由双方当事人签字或者盖章的调解协议，具有民事合同性质"。此后，我国又通过《人民调解法》《民事诉讼法》等法律的规定，赋予调解协议以民事合同效力，有力地支持和推动社会调解力量开展工作。这项制度的确立解决了以往民间调解协议缺乏法律保障的问题。

三是创设司法确认制度。司法确认制度是2012年《民事诉讼法》确立的一项新制度，也是运用司法制度对人民调解予以支持的重要保障性措施。《人民调解法》和2012年《民事诉讼法》明确规定，双方当事人通过调解组织解决纠纷，达成调解协议后，可以向法院申请确认调解协议的效力。法院经审查认为合法有效的，可以作出确认裁定书，从而赋予调解协议以强制执行力。这项新制度的建立，吸收了司法改革的成果，是对司法实践与改革活动的立法回应，从法律层面肯定了司法确认的独立程序价值。

四是发展委派调解和委托调解制度。委派调解和委托调解是近年来人民法院与其他非诉讼纠纷解决方式衔接的一项比较成熟的制度。委派调解是指人民法院在立案登记前，经双方当事人的申请，将纠纷委派给特邀调解组织或特邀调解员进行调解的活动。委托调解是指人民法院在立案登记后，经双方当事人同意，委托特邀调解组织或特邀调解员进行调解的活动。委派调解与委托调解的最大区别是委派调解达成协议的，可以申请法院司法确认，而委托调解的案件是法院已经登记立案的案件，委托调解成功的，由法院出具调解书。各试点法院通过委派调解和委托调解，可以为当事人提供多种纠纷解决渠道，也可以分流一部分适宜调解的案件，减少进入审理程序的案件数量，使法院行使司法职能的方式更加灵活丰富。以长沙市岳麓区人民法院为例，该院2012年至2014年通过诉前委派调解纠纷2013件，诉中委托调解案件306件，调解成功1848件，当事人自动履行率为87.87%。[①]

五是构建法院附设ADR制度和专职调解员队伍。近年来，我国法院设立附设调解机构，由法院主导或受法院指导，当事人双方在法院附设的特邀调解组织或特邀调解员的主持下，通过委派调解或委托调解化解大量纠纷。与此同时，

---

① 舒秋膂：《树立新理，用活新机制》，载《人民法院报》2015年4月10日第5版。

各地法院还探索建立了法院专职调解员制度,在立案登记后,由具有调解能力的法官或者法官助理担任专职调解员,专门从事调解工作。以此分流大量案件,保证审判法官集中精力审理重大、疑难和复杂案件,合理配置司法资源,又能防止出现调判不分、以判压调、强迫调解等问题。

六是建立特邀调解组织和特邀调解员名册。特邀调解组织和特邀调解员名册制度,是指法院按照一定标准通过筛选、选拔等方式,确定一些调解组织和调解员承担法院委派或委托调解工作,或者协助法院进行调解的制度。将符合条件的调解组织或调解人员纳入名册管理不属于许可、审批活动,而是法院利用"外力"化解纠纷的一种工作机制。通过特邀调解组织和特邀调解员名册制度,可以建立并培育一批业务素质精良、具备一定职业调解水准的"编外解纷队伍"。然而,由于我国目前尚无认定调解组织资质的专门程序和机构,调解组织也存在良莠不齐的情况,故调解组织进入法院特邀调解组织名册必须接受法院的审核,满足一定的入册条件,遵守相应的管理规范。以杭州市西湖区人民法院为例,该院目前已有 200 多名特邀调解员,成立了婚姻家庭调解团队、知识产权调解团队、商事纠纷调解团队等多个专业类型化特邀调解员团队。①

七是探索无异议调解方案认可机制。无异议调解方案认可机制在国外是一种比较成熟的纠纷调解机制。在调解实践中,时常出现当事人对主要权利义务已达成一致,仅对调解金额存有细微差别,却因积怨或碍于面子,均不愿继续磋商的情况。无异议调解方案认可机制就是针对这一情形设立的。《试点方案》规定,在给付之诉中,当事人未能达成调解协议但分歧不大的,经当事人各方书面同意后,可由调解人员提出书面调解方案并送达当事人,同时告知提出异议的方式、期限及法律后果。当事人在规定期限内对该调解方案提出异议的,视为调解不成立;未提出异议的,该调解方案即视为双方自愿达成的调解协议。无异议调解方案认可机制为当事人在调解过程中出现情绪对立时,提供了一个缓和机会;由调解人员中立地提出折中方案,既基本解决了双方的争执,又避免了直接协商有可能带来的新的冲突;异议期间的设置,既充分尊重了当事人的意愿,又给予其充分的时间来考虑调解方案这一"缓冲式"的调解机制,有利于使实际分歧小、对立情绪大的纠纷得到有效的调处。以福建省莆田市为例,2012 年 1 月至 2015 年 3 月,该市两级法院通过出具无异议调解方案促进当事人达成协议 1212 件,对 1312 件案件进行无争议事实记载。②

---

① 时恩霞:《网上网下诉调对接,院内院外人才战略》,载《人民法院报》2015 年 4 月 10 日第 5 版。

② 余文唐:《莆田法院:ADR 的"莆田模式"》,载《中国审判》2015 年第 8 期。

　　八是探索无争议事实记载机制。无争议事实记载机制也是《试点方案》规定的新内容。主要是指当事人未达成调解协议的,调解员在征得各方当事人同意后,可以用书面形式记载调解过程中双方没有争议的事实,并告知当事人所记载的内容。经双方签字后,当事人无须在诉讼过程中就已记载的事实举证。建立无争议事实记载机制主要是考虑当事人虽然调解不成,但是在调解员主持下双方当事人已经对纠纷的一些事实没有争议,如果不把这些无争议事实记载下来,当事人在随后的诉讼过程中还要重复举证、质证,既耗费了司法资源,又浪费了当事人的时间。试点法院在实行这项新机制时,发现法院专职调解员运用无争议事实记载机制效果更好。当事人之间未达成调解协议的,法院专职调解员或特邀调解员宣布调解程序终结,征得双方当事人同意,可以用书面形式记载双方无争议的事实,并告知其法律后果,当事人签字盖章并记录在卷。在审判过程中,当事人可以将经双方签字认可的无争议事实记录作为证据使用,但有关确认身份关系、涉及案外第三方利益的除外。这样,既能够保证不影响诉讼中公平公正审理案件,也能够为审判减少时间,实现当事人与法院的双赢。

　　2014 年 10 月 23 日,中共中央十八届四中全会《关于全面推进依法治国若干重大问题的决定》提出:"健全社会矛盾纠纷预防化解机制,完善调解、仲裁、行政裁决、行政复议、诉讼等有机衔接、相互协调的多元化纠纷解决机制。"2015 年10 月 13 日,中央全面深化改革领导小组第十七次会议审议通过《关于完善矛盾纠纷多元化解机制的意见》,并于同年 12 月 6 日由中共中央办公厅、国务院办公厅联合印发"中办发〔2015〕60 号文件",明确了完善矛盾纠纷多元化解机制的指导思想和基本原则,提出了健全工作格局、推进制度建设、搭建化解平台、促进各类非诉讼矛盾纠纷解决方式健康发展等工作任务。

　　2016 年 6 月 28 日,最高人民法院发布《关于人民法院进一步深化多元化纠纷解决机制改革的意见》,提出如下主要目标:根据"国家制定发展战略、司法发挥引领作用、推动国家立法进程"的工作思路,建设功能完备、形式多样、运行规范的诉调对接平台,畅通纠纷解决渠道,引导当事人选择适当的纠纷解决方式;合理配置纠纷解决的社会资源,完善和解、调解、仲裁、公证、行政裁决、行政复议与诉讼有机衔接、相互协调的多元化纠纷解决机制;充分发挥司法在多元化纠纷解决机制建设中的引领、推动和保障作用,为促进经济社会持续健康发展、全面建成小康社会提供有力的司法保障。同日,最高人民法院发布《关于人民法院特邀调解的规定》,以司法解释的形式,对人民法院特邀调解制度予以系统的规范,拓展了纠纷解决的渠道。

　　截至目前,我国多元化纠纷解决机制改革已实现了两个重要跨越:一是从部分法院与调解等非诉讼机制对接的探索,升级为全国范围内受到各界普遍认可的制度体系;二是从法院缓解办案压力的"权宜之计",升级为国家治理体系和能力现代化的战略行动。① 多元化纠纷解决机制的改革对于化解社会纠纷、节约司法资源、发挥各种解纷方式的功能起到了重要的作用。在人民调解组织蓬勃发展的同时,各类行业协会、商事调解组织等 ADR 机构在全国各地茁壮成长,在整个社会纠纷解决领域起到了助推的效果。我国法院有关多元化纠纷解决机制的政策和实践,既符合我国的现实需要,同时也顺应了当代世界善治之大势。②

当代社会的多元化纠纷解决机制必然是社会生成(自然形成)与国家理性建构相结合的产物——其需求来源于社会,其形式往往是对传统资源的创新,其运作则须适应特定社会或社区公众的生活习惯以及精神文化需求,满足当代社会纠纷解决和社会治理的需要。这种机制及具体制度建构或改革,通常是针对现实问题,通过局部或自下而上的实践和尝试而开始的,当经验积累达到一定程度后,决策者就应当对这种需求及时作出反应:或者通过立法加以确认,或者进行合理的制度设计,通过政策自上而下地加以推广,从而将个别和局部的经验纳入制度化的多元化纠纷解决机制之中。

毫无疑问,当代世界不同的国家和文化之间的相互借鉴是极其自然和频繁的。我国的人民调解制度曾对西方国家的纠纷解决机制提供了启示,而当今我国多元化纠纷解决机制的建构,同样也受到当代世界 ADR 运动的影响。我们所处的时代是全球化时代。按照一般的理解,全球化指的是经济的全球化,但全球化的内容无论如何也不仅仅是,甚至不主要是关于经济上的相互依赖。这一特点决定了中国正在发展的多元化纠纷解决机制不能独立于世界 ADR 发展的潮流,我们不仅要以"文化持有者的内部眼界"来看待当前中国多元化纠纷解决机制的发展,更要以他者的眼光来观察其他国家和地区已取得的 ADR 制度的新经验。我国正在全力构建多元化纠纷解决机制,各国 ADR 的成功经验为我们提供了可资借鉴的域外资源,也为我们少走弯路提供了值得参考的方向。

---

① 蒋惠岭:《十年改革创新路,扬帆逐浪再起航》,载《人民法院报》2015 年 4 月 13 日第 2 版。

② 范愉:《以多元化纠纷解决机制保障司法改革整体目标的实现》,载《人民法院报》2016 年 1 月 20 日第 5 版。

目　录

司法调研

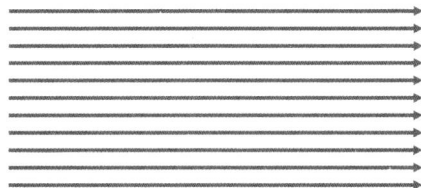

厦门自贸区多元化纠纷解决机制与"区域性
国际商事纠纷解决中心"的定位

■厦门市中级人民法院课题组*

引　言

　　有人的地方就有利益冲突,有利益冲突就有纠纷,有纠纷就需要及时快捷的处理。商事主体间发生纠纷,纠纷能否快速解决,解决的效果及成本,是评估一个地区、一个城市营商环境优劣的重要指标。

　　世界银行集团最新公布的《世界银行营商报告(2015)》将"执行合同:司法效率如何支撑合同自由"作为 2015 年度报告的特别主题进行披露,强调纠纷解决在创建良好营商环境中的重要作用。

　　绸缪须于未雨时。在各地自贸区忙于招商引资、争取政策优惠时,中国(福建)自由贸易试验区厦门片区(以下简称"厦门自贸区")将创建一流营商法治环境和创设多元化纠纷解决平台设定为工作重心,将营商软环境建设作为招商引资的磁力系统,有其独到之处。

---

　　* 课题指导:吴丽雪(厦门市中级人民法院副院长)。课题组成员:柯雅玲(厦门市中级人民法院民四庭庭长)、黄鸣鹤(厦门市中级人民法院研究室副主任)、洪培花(厦门市中级人民法院民四庭法官)、李婧(厦门市中级人民法院研究室主任科员)、陈辉峰(厦门市湖里区人民法院自贸区法庭庭长)、陈巧玲(厦门市湖里区人民法院自贸区法庭法官)。报告执笔人:黄鸣鹤。

中国设立自由贸易试验区的目标，不仅在于国际贸易中的获利，更在于通过制度建设，探索国际自由贸易的规则与机制，并积极参与国际贸易规则的制定与秩序的共同维护。

在国际投资和国际贸易中，风险评估和防控一直是投资贸易主体关注的指标，对资本流动而言，安全比获利更重要。因此，提高纠纷解决的效率、降低纠纷解决的时间、经济成本，是建设厦门一流营商法治环境的重要环节。这方面的具体举措包括推动 ADR 纠纷解决方式，加强合同风险防控，提高纠纷解决效率以及推进区域性国际商事仲裁中心建设。

一、厦门湖里法院自贸区法庭案件基本情况

（一）案件受理基本情况

1.案件受理类型

根据最高人民法院的授权管辖批复精神和福建省高级人民法院确定的案件受理类型，厦门市湖里区人民法院（以下简称湖里法院）自贸区法庭集中审理诉讼主体、法律事实、诉讼标的涉厦门自贸片区的一审商事案件、房地产案件和一般知识产权民事纠纷及前述案件的涉外、涉港澳案件。

2.案件受理情况

自 2015 年 8 月 7 日至 12 月 28 日，湖里法院自贸区法庭共受理各类涉自贸区案件 130 件，涉案标的总额达 1.56 亿元，其中投资贸易类商事纠纷 31 件、金融类商事纠纷 10 件、房地产类纠纷 8 件、其他商事纠纷 81 件，已审结 64 件，调解撤诉率为 67.19％。

（二）案件特点

1.案件类型多样，贸易和物流纠纷占比高

一是买卖合同纠纷的比重最大，占受案总数的 22.3％，以货物贸易和大宗商品交易为主，反映了自贸区内各种经济往来活跃。二是物流类案件突出，占受案总数的 20％，涵盖货代、进口清关、运输、仓储等多个物流环节，反映了自贸区内物流行业的蓬勃发展。三是金融纠纷逐渐显现，案由以金融借款合同纠纷、保险人代位求偿权纠纷、储蓄存款合同纠纷为主。随着自贸区金融新政和融资租赁行业政策等的施行，未来与自贸区政策相关的金融纠纷可能呈增长趋势。四是民间借贷纠纷居高不下，占受案总数的 12.3％。受市场资金供求紧张、银行融资难等因素影响，企业民间融资及自然人民间借贷活动增多，民间借贷纠纷呈现高发势头，且第三人中间转手、高利贷、隐蔽扣息等问题频发。

2.案件涉外因素多

一是涉外、涉港澳纠纷较多。共受理各类涉外、涉港澳案件15件,占受案总数的11.5％。二是法律事实涉外特征明显。各类市场主体在合同签订及履行过程中,签署的合同文本、有关资料或系境外形成,或以外文形式表现,合同于境外履行或争议标的物原产地为外国或者系出口或进口货物等,法律事实涉外的有13件,占涉外案件的86.67％,给案件事实查明、证据收集和采信等带来一定的难度。三是国际条约及域外法律适用需求增长。特别是在国际航空运输合同纠纷中,承运人提出或当事人双方协议适用国际公约等新情况,直接导致对国际法和域外法查明的需求进一步扩大。

3.涉案标的额两极化

在湖里法院自贸区法庭目前受理的130个案件中,个案的涉案标的额差异极大,呈现两极化特征:一方面,标的额在100万元以上的案件有27件,占受案总数的20.8％。其中,标的额在1000万元以上的有6件,个案最高标的额达到1901万元。占受案总数22.3％的买卖合同纠纷案件涉案标的额共计5116万元,达到受案标的总额的32.8％。另一方面,涉案标的额在20000元以下的案件有18件,最低仅为1750元。此类案件主要系单票航空货物运输合同纠纷或是一方当事人为自然人的储蓄存款等纠纷。虽然标的额小,但是具有涉诉主体集中、行业性强、同类纠纷多发等特点。

4.自贸区内当事人作为被告的比例高于原告

自贸区法庭受理的130件案件中,以区内当事人为被告的60件,占区内企业涉诉案件数的46.1％,而以区内当事人为原告的31件,占区内企业涉诉案件数的23.8％。自贸区内市场主体选择协议管辖法院的比重仍比较小,案件更多地适用被告住所地、合同履行地、不动产所在地等法定管辖。同时,案件绝大多数发生在厦门自贸区湖里片区内,涉及海沧片区的案件只有2件。

二、厦门自贸区的多元化纠纷解决平台设计

(一)多元化纠纷解决机制的概念

多元化纠纷解决机制是指"由诉讼和各种非诉讼方式共同构成的纠纷解决体系,其目的是合理配置社会资源,实现纠纷解决程序的合理衔接和相互协调,为纠纷当事人提供便捷和适宜的纠纷解决途径"①。区域性国际商事纠纷多元

---

① 《厦门经济特区多元化纠纷解决机制促进条例》第2条。

化解决,是指以厦门自贸区的建设为契机,将和解、第三方协调、商事调解、行业调解、专家调解、行政调解、国际商事仲裁等非诉讼纠纷解决方式与诉讼有序衔接,通过纠纷解决主体间的分工、衔接、协同,及时、便捷、有效地解决纠纷的工作机制。

（二）厦门自贸区多元化纠纷解决平台设计

厦门自贸区多元化纠纷解决平台在设计中,由厦门自贸区国际商事仲裁院、厦门自贸区国际商事调解中心、厦门湖里法院自贸区法庭、厦门中院涉自贸区案件审判合议庭及其他纠纷解决主体构成。

1. 国际商事仲裁院

厦门仲裁委员会将在厦门自贸区内注册设立厦门仲裁委员会国际商事仲裁院,通过制定国际商事仲裁规则、拓宽法律适用渠道、开放仲裁员名册、直接吸纳境外人士担任理事会成员等措施,创新体制机制,建设与国际接轨的商事纠纷仲裁机构。该机构已于2015年6月6日于厦门自贸区挂牌成立。

截至2015年10月10日,厦门国际商事仲裁院共受理仲裁案件50件(其中涉自贸区案件26件,涉外案件24件),案件标的额共计7.92亿元,涉及融资租赁合同、借款合同、仓储合同、运输合同、国际贸易、码头建设施工合同等纠纷,合同当事人涉及加拿大、澳大利亚、新加坡、阿联酋等国家和我国香港特区、台湾等地区。

2. 国际商事调解中心

商事纠纷调解中心属于多元化纠纷解决机制中的有偿调解模式。厦门仲裁委员会在成立厦门国际商事仲裁院的同时,还将同步注册设立"厦门国际商事调解中心",建设多层次、宽领域、跨地域的调解员专家库,实行开放的调解员名册,设置简便、灵活的调解程序,加强与香港、澳门、台湾地区商事调解组织合作,建立厦、台、港、澳两岸四地商事调解联盟。该机构已于2015年6月6日于厦门自贸区挂牌成立。

3. 厦门湖里法院自贸区法庭

湖里法院自贸区法庭有3名取得法律专业硕士学位的审判员,配备3名审判辅助人员,其中2名审判员和1名法官助理具有国际法、国际经济法或普通法的专业背景,1名书记员具有英语专业背景。

4. 厦门中院涉自贸区案件审判合议庭

为更好地服务保障厦门自贸区建设,2015年5月12日,中院依托民四庭设立涉自贸区案件审判合议庭,选派有丰富涉外审判经验的资深法官及具有留美经历的国际法专业博士任合议庭成员,并将根据案件类型设立合议庭成员名册,进一步吸收相关领域业务骨干,实现专业化、精英化审理。

厦门中院涉自贸区案件审判合议庭的主要职能：一是审判与自贸区相关联的一、二审民商事案件。二是加强沟通联络，与中国（福建）自由贸易试验区厦门片区管理委员会（以下简称"厦门自贸区管委会"）对接，形成良好的信息共享与交流互动机制。对于审理过程中发现的市场风险、制度漏洞等问题，及时提出司法建议，发挥司法建议在促进科学决策、完善管理等方面的作用。

5.其他纠纷解决主体

除国际商事调解中心、国际商事仲裁院、自贸区法庭外，厦门自贸区多元化纠纷解决平台是一个开放式平台，可以不断地根据需求增加"插件"。

（1）设计中，厦门自贸区管委会可以设置"法务专员"职位，其职能为：处理自贸区企业关于法律问题的投诉或协助请求；协调与跟进与自贸区有关的纠纷的解决；处理自贸区范围内与知识产权保护相关的事务；参与自贸区法治化营商环境的标语评估与改善计划；提供自贸区法务动态与法律风险警示；其他与自贸区相关的法律事务。

（2）行政调解与行政裁决。《厦门经济特区多元化纠纷解决机制促进条例》的亮点之一在于对行政调解与行政裁决作出专节规定，并在第32条中规定行政调解实行属地管理和首问责任制。第35条规定："行政机关在其法定职权范围内，可以通过建议、辅导、规劝、示范、约谈等非强制性方式，实施行政指导，引导当事人协商解决纠纷。"第36条规定："行政机关可以通过提供事实调查结果、专业鉴定意见或者法律意见，作为当事人协商的依据，促使其达成和解。"

（3）行业调解。《厦门经济特区多元化纠纷解决机制促进条例》第52条规定："鼓励行业主管部门、社会团体和组织设立行业、专业调解组织，调解涉及行业性、专业性以及特定类型的民商事纠纷。鼓励行业协会、商会发挥行业自治和行业服务功能，调解成员之间以及成员与其他主体之间的民商事纠纷。"

（4）律师调解。《厦门经济特区多元化纠纷解决机制促进条例》第55条第2款规定："鼓励律师协会、律师事务所建立律师调解员队伍，提供调解服务。"

（5）一站式纠纷解决模式。《厦门经济特区多元化纠纷解决机制促进条例》第60条第1款规定："市、区人民政府应当加强一站式纠纷解决服务项目平台，提供服务保障，促进规范管理。"

（三）厦门自贸区多元化纠纷解决平台的特色

1.多元化、国际化、开放性

多元化是指自贸区纠纷解决平台将是集仲裁、调解（包括行业调解、律师调解、专家调解、商事调解、行政调解、司法调解、联合调解等）、专家评审、中立评估、诉讼等纠纷解决方式为一体的多元化的纠纷解决平台。

国际化一是指纠纷所涉及的当事人主体、法律事实、标的可能含有涉外、涉港澳台因素；二是指纠纷解决组织将吸纳境外专业人士担任仲裁员、调解员、中立评估员，即纠纷解决主体的国际化。

开放性是指在纠纷解决的过程中，允许当事人选择适用国外仲裁机构和调解组织的规则来推进仲裁程序或调解程序，还允许当事人选择适用其他国家的法律来裁决纠纷。

2. 诉讼与非诉讼相互衔接的工作机制

厦门自贸区多元化纠纷解决平台将是一个诉讼与非诉讼程序衔接、优势互补、协同发力的纠纷解决复合式平台。自贸区商事主体发生纠纷后，将被引导到自贸区多元化纠纷解决平台解决，纠纷当事人可以合意从调解组织名册和调解员名册中选择相应的调解组织或调解员，可以选择行业调解——由有同业经验的调解员主持调解，也可以选择专家调解——由与纠纷相关的某领域（如国际投资、知识产权）专家主持调解。在调解过程中，可以请求专家作为中立第三方提出评估意见，达成调解协议后，通过申请自贸区法庭司法确认的程序，赋予调解协议强制执行力。当事人也可以约定仲裁或直接向人民法院起诉。

在程序上，申请法院财产保全、证据保全、行为保全，诉讼中的委托调解等，程序前后衔接、相辅相成，形成一个便敏、高效、优势互补的纠纷解决复合型、一站式平台。

3. 创新型法律服务产品与纠纷解决的衔接

除纠纷解决以外，在两岸法律服务领域的产品创新也将是自贸区营商法治环境建设的亮点。在两岸投资过程中的法律风险评估、商事登记法律服务、客户征信调查、涉台婚姻服务、公证见证、民事催告、台湾地区法律查明等，许多目前没有的法律服务产品，均可被设计、被推向市场。非诉讼法律服务项目似乎与纠纷解决分属于法律产品的不同种类，但殊途同归。

法律风险评估若能达到精确，发生纠纷的概率自然下降，正如防疫工作做得好，得流感的人自然就会减少。客户征信可委托调查，信誉值高的客户可以得到更多的商业合作机会，良币自然驱逐劣币。海峡两岸民事、商事制度颇有差异，跨境投资，自然得入境问法，避免风险，将厦门建设成"台资登陆"或"陆资入台"两岸投资的踏板地，以市场需求刺激服务的提供。

在纠纷解决产品的创新上，在互联网加时代，可以借助软件技术与互联网平台进行纠纷解决。杭州市西湖区人民法院已经开发出在线调解软件，当事人可远距离通过沟通软件促成纠纷解决。厦门市海沧区人民法院审理的一起离婚案件中，长期在罗马尼亚经商的一方当事人通过远程视讯系统在国外参加了法庭调解，据其本人估计，仅回国往返费用就节省了至少 1 万元人民币，且双方当庭达成调解。

"全球开庭服务地"也是创新的一个思路，就是充分利用厦门良好的法治环境、开放包容的城市特性、舒适宜人的气候环境,加强与其他国际商事纠纷解决机构的合作,推动其他国际商事纠纷解决机构选择厦门作为开庭地、商务谈判地、合同签订地、纠纷调解地。气候宜人的地方人的心情好,容易促成纠纷解决,以此带动厦门经贸、旅游、交通等城市服务业的发展,探索发展高端法律服务业新的经济增长点。

三、"区域性国际商事纠纷解决中心"城市功能定位的提出

(一)"区域性国际商事纠纷解决中心"的概念

2015 年 4 月 9 日,全国法院多元化纠纷解决机制改革工作推进会在四川眉山市举行。最高人民法院周强院长在会议发言中提到,中国的 ADR 发展,已经到了向世界输出中国经验的时候。纠纷解决是一个很有潜力的行业,英国伦敦国际仲裁院、瑞典斯德哥尔摩商会仲裁院都有很长的历史,有很高的公信力。随着世界经济格局的变化,现在中国香港、新加坡都将建设区域性国际商事纠纷解决中心作为自己城市的发展目标。建设区域性国际商事纠纷解决中心,对提升城市的竞争力,扩大城市的影响力,促进社会经济的发展,都有巨大的推动作用。

周强认为,中国大陆的许多城市,已经具备建设区域性国际商事纠纷解决中心的条件,比如北京、上海,还有福建厦门,都应该有所动作,应该发挥区位优势和人才优势,将建设区域性国际商事纠纷解决中心作为城市发展的目标。同时,可以考虑法律服务、商事调解、仲裁、诉讼相互衔接,打造国际商事纠纷的多元化解决平台。

(二)全球法律服务及纠纷解决产业的发展趋势

周强建议,中国大陆具备条件的城市,如北京、上海,还有福建厦门,都可以将建设区域性国际商事纠纷解决中心作为城市发展的目标。这一建议的背景在于全球经济从以欧美为中心转为多极中心,亚太崛起,美国对中国和平崛起的围堵遏制及中国"一带一路"的反围堵战略。

1.法律服务与纠纷解决是项"以人才为本"的可持续发展的绿色产业

有人类活动的地方就有纠纷,纠纷发生后就需要解决纠纷。法律制定得再多,规则再繁细,纠纷的数量并不会因此而减少,相反的,商事主体从事民商活动,需要包括律师、会计师在内的各类专业人才提供服务。所以,法律服务与纠纷解决是一项可持续发展产业,市场多年未见萎缩。

法律服务与纠纷解决是一项牵引力较强的绿色产业。2013 年,韩国国际仲裁中心成立时,评估报告预计:"每进行一件国际仲裁,就能够吸引 30 余名外国

法律专家和企业家入境";"算上国际企业高管与仲裁人等的航空、住宿和仲裁人报酬等费用,我们有信心,未来 5 年间将创造 5000 亿韩元的巨大经济效果"。报告证明,法律服务与纠纷解决除为法律人才提供就业岗位外,同时也刺激了城市服务业的配套发展。

2.成为法律服务与纠纷解决中心是城市国际综合实力的展示

国际贸易发生在不同国家、区域的商业主体之间。考虑到一国法院的判决在另一个国家请求认可和执行的困难,在目前国际贸易中,当事人习惯于约定以调解或仲裁的方式解决纠纷。

当某个城市的纠纷解决机构更多地被当事人选中时,意味着被选择地有着稳定的政治环境,有公正、独立、透明、高效的司法制度和环境,生效法律文书、仲裁裁决能得到有效执行,有完备的社会信用体系。对被选中的城市而言,则意味着该城市有较高的国际知名度或美誉度,有纠纷解决产业所带来的营业收入和就业机会,有对纠纷解决所涉及行业、专业高端人才的吸引力。

3.法律服务与纠纷解决中心同时也是国家软实力的体现

伦敦国际仲裁院(ICIA,1892 年成立)和斯德哥尔摩商会仲裁院(SCC,1917 年成立),每年受理大量的国际商事、海事纠纷,信用度很高。2009 年,最高人民法院组团赴欧盟进行司法考察。在参观伦敦国际仲裁院时,参观者发现,在一幢没有烟囱,没有生产车间,有数百年历史的老建筑中,伦敦国际仲裁院一年创造了 20 亿英镑的国民生产总值。

在参访过程中,伦敦国际仲裁院的讲解者骄傲地将取得的成就归功于英国开放民主政体、成熟的法治环境和优质的纠纷解决服务提供,但研究者指出,英国国际商事仲裁业发展的主要原因在于,英国在殖民时代持续向殖民地复制输出宗主国的政治法律制度,从而在全球形成一个庞大的英联邦普通法体系。制度有惯性或路径依赖的特征,伦敦成为国际法律服务地和纠纷解决地,除良好的法治环境外,殖民红利的延续,也是英国殖民时代的殖民者为子孙后代储备的资本。

在资本为主的年代,游戏参与者们发现,最重要的并不是拥有雄厚的资金或高市场占有率,而是掌握规则的制定权,因为规则的制定者享有话语权,主导游戏的进行方向。伦敦并不是世界的中心,北宋时期,当四川已经开始使用纸币作为流通货币时,一位伦敦贵族的生活质量,还比不上北宋都城开封府的守门士兵,但缘何近现代,不列颠岛却成为世界的中心?本初子午线为何恰好穿越伦敦格林尼治天文台?原因很简单,正是英国皇家科学院的研究者提出了经纬线的概念,规则制定者可以随性地以网格线切割地球,以脚下所立之地,定义分界线。

标准制定后,其影响世界的深度和广度,往往超过最初制定者的预料。①

斯德哥尔摩商会仲裁院能在国际商事仲裁业稳定占有份额,原因与英国不同。经历两次世界大战,瑞典因永久中立国②政策而免受战火荼毒,政治稳定、国民素质高,其廉洁和透明的政府、法治与信用制度建设、对人类共同命运的关注和学科研究带头人(如诺贝尔奖奖金制度)等国家软实力,是一种更温和、更具可持续性的力量。

4. 全球经济中心的转移与法律服务与纠纷解决中心的漂移

在英国伦敦国际仲裁院参观期间,本文执笔人以参观者的视角,发现英国东道主除营销意识和文化自信外,对我们这些来自远东的中国人,有着很深的戒备防范心理。观察他们语言试图掩盖的微表情可以发现,他们似乎有些担心中国随着整体经济实力的壮大,在全球秩序重构中,要求有与经济体量相适称的话语权和规则制定参与权。

这种对"中国人来了"的担心,并不仅仅是英国人有。全球经济从欧美的绝对中心到多元化,金砖国家的崛起,中国成为全球第二大经济体,全球经济中心的转移,必然导致附属性服务产业法律服务与纠纷解决中心的漂移。特别是如新加坡、中国香港,既有前英殖民地的文化烙印,同时也留下了普通法的制度基础和人才储备,再加上连接东西的地理位置、同文同种的亚洲意识,跨文化的优势,是伦敦或斯德哥尔摩所不具备的。

新加坡政府将提供国际法律服务作为新加坡国家发展策略。其战略是利用新加坡沟通印度洋与太平洋、法律人才丰富、语言文化多元化的优势,成为东西方贸易枢纽和全球法律服务及纠纷解决中心。

香港特别行政区也将法律服务和纠纷解决作为提升城市核心竞争力的发展方向。特区前行政长官曾荫权于 2012 年初在向中央政府的述职报告中指出:"面对外围险峻经济形势,香港一定要抓紧时机增强本身竞争力……其中之一就是将香港发展成为全球法律服务中心。"

5. 大国战略:话语权与规则制定参与权

从更深的层面来看,建设区域性法律服务及纠纷解决中心,不仅是城市间的

---

① 最有说服力的例子是,古罗马人将车轮间的距离确定为 1.47828 米(4.85 英尺),是刚好两匹马可以并排拉车的距离。这个距离也成为火车铁轨的宽度。美国航天飞机的助推器是必须通过火车运输的,所以在设计助推器的体积时必须考虑到运输工具火车的宽度。也就是说,2000 多年后即使人类可以探索太空,高科技产品在技术参数上仍受制于当年古罗马两匹马屁股的宽度,这就是社会学中制度变迁时的路径依赖理论和惯性定律。

② 永久中立国是指国家通过加入条约或立法将永久中立作为基本国策。瑞典在 19 世纪初奉行永久中立国策。永久中立国因为长期未遭受战争侵害,社会环境和平稳定。

竞争,也不仅仅是国家间综合软实力的竞争,更在于话语权和规划制定权的竞争。回顾近代商法、保险法和海事海商规则的出现,纠纷解决的规则,并不是由国家制定或认可的,而是商人们在长期的贸易中形成的行业惯例和约定规则,有些规则因普遍受到欢迎而形成制度。① 即使到近代,国际贸易、海商海事的普遍性规则,大部分仍由习惯进而转化为内国立法或国际公约的内容。

第一次鸦片战争之前,中国被西方列强视为半开化的封建邦国,战争爆发时,导火索明为查禁鸦片之争,实为西方强国要求中国门户开放并接受西方的贸易规则。即使是在改革开放之后,中国秉持韬光养晦的策略,在国际贸易规则的制定上也基本无话语权,与世界第二大经济体②的地位极不相称。

多年来,美国以各种理由打压中国,究其根源,意识形态差异只是借口,国家利益冲突才是永恒。中国综合国力的迅速发展,使美国的霸权地位受到了威胁,遏制中国,必然成为美国外交政策的主旋律,目的是维持美国的地位和长久的国家利益。美国是当前全球的支配者,美元是强势硬通货;中国是挑战者,人民币正追求全球货币和国际贸易结算货币的地位。所以美国人所担心的,也正是美国围堵遏制中国的原因,其目的是维持美国和美元的霸主地位。

中国"一带一路"走出去的战略正如中国传统的太极拳,尽量避免正面冲突,以柔克刚,借力打力;亦如中国之围棋,黑白博弈,取边角稳扎稳打,看似闲棋冷灶,实机锋暗藏,内力绵长,飞龙在天之日可期。综上所述,区域性法律服务及纠纷解决中心建设,聚人气,聚财源,搭平台,蓄人才,在法律服务中寻求合作,在纠纷解决中创设规则,倡导自由贸易之精神,保障各方之平等,寻找多赢之合作,消除地域之歧视。

(三)厦门的区位优势及自身定位

1.地理、文化和城市综合竞争力优势

(1)地理优势。厦门城市国民生产总值与城市规模虽然无法与北京、上海相比,但是厦门的优势在于经济特区、在于海西优势、在于自由贸易试验区政策。同时,作为东南航运中心,厦门城市的国际知名度和美誉度,都是厦门建设区域性国际商事(包括海商、海事等)纠纷解决地的优势条件。

---

① 近代的保险制度由商人因需求而创设。进行中世纪海上贸易的商人们发现,海上运输具有风险不可预测性,每一批货物中,总有一些船可能碰上触礁、风浪和海盗,损失若集中于某人,则该商人可能破产。于是,商人们决定采用公摊损失的方式来降低风险,于是现代保险制度的雏形出现了。

② 有人认为中国到目前为止仍只是"经济大国"而非"经济强国",大而不强,差距在于核心竞争力、话语权、号召力,以及规则制定权。

（2）文化优势。福建作为海上丝绸之路的核心区，有着"过唐山""闯南洋"等传统，是全国著名的侨乡，在东南亚生活的华人、华侨占中国在海外生活的华人华侨总数的80％以上，其中相当部分来自福建，至今仍使用闽南语，这些华人华侨与厦门有文化认同及血脉连接。

（3）城市综合竞争力。2014年，由中国社科院财经战略研究院等部门推出的《城市竞争力蓝皮书：中国城市竞争力报告NO.13》显示：在中国300个城市中，2014年度厦门城市综合竞争力排名全国第17位，城市可持续竞争力排名第10位，宜商指数排名第10位。

2. 在法律服务与纠纷解决领域的其他优势

（1）高端法律人才的培养。在法学高等教育方面，厦门大学、集美大学等高校法学院多年来培育了大批法学人才。厦门大学在国际经济法、台湾法研究等领域，在国内具有带头优势。

（2）律师服务业的发展。经济特区建设30余年，厦门吸引了众多法律人才在此安居乐业，目前厦门拥有131家律师事务所和近2000名执业律师，还有众多与法律服务相关的会计师、审计师、精算师等配套服务机构和人才。

（3）仲裁业的发展。据国务院法制办公室公布的数据显示，厦门仲裁委员会2014年共受理案件705件，总标的额为50.79亿元，在全国219家仲裁机构中，业务量排名第9位。厦门仲裁委员会影响力逐渐扩大，当事人来自20多个国家和地区，国内的当事人来自80多个城市。

（4）高素质的审判队伍。厦门市两级法院现有干警910名，其中法官524名。近5年年均受理案件6.6万余件。

（5）涉台审判改革的试验田。2011年，最高人民法院司法改革办公室批准厦门法院在涉台审判领域进行体制机制创新改革。此后不久，厦门市海沧区人民法院涉台审判法庭成立，涉台案件"三合一"审理，海峡两岸司法互助领域进一步发展，司法交流日益频繁。多年来，厦门在海峡两岸司法合作、涉台审判改革先行先试方面，积累了许多成功的经验。

（6）地方立法权优势，包括全国人大授权的特区立法及较大市立法。全国第一部与多元化纠纷解决有关的《厦门经济特区多元化纠纷解决机制促进条例》在2015年4月1日通过，其中有许多制度创新，为厦门多元化纠纷解决机制的发展提供了立法支持。

（四）关于"区域性"的概念问题

为什么厦门要定位为"区域性国际商事纠纷解决中心"，而不是如新加坡一样定位为"全球法律服务及纠纷解决中心"，也不是如香港特别行政区一样定位为"全球法律服务中心及东南亚国际商事纠纷解决中心"呢？我们认为，以"区域性"作定语，既心存高远，又不至脱离厦门城市发展实际，让人有好高骛远、不知天高地厚之观感。此外，"区域性"是个伸缩性很强的概念，目前可以是海峡两岸，可以是两岸四地，可以是面向东南亚。总之，"区域性"的外延应与厦门城市实时的国际商贸、海外投资活动范围相适应，目前应以两岸四地为主轴，涉台为特色，向东辐射日本、韩国，向南辐射东南亚及中南半岛各国，再循明朝郑和下西洋的航线，穿越马六甲海峡，进入印度洋，随着古代茶叶、瓷器贸易的航道轨迹，以21世纪海上丝绸之路沿线地区为中远期范围。

（五）为什么应"法律服务"与"纠纷解决"并举

与纠纷解决配套的是国际法律服务。国际（全球或区域性）法律服务包括法律风险管理、投资管理、法律意见提供、谈判参与、公证服务、破产财产管理、公司解散及清算业务、客户信用调查等。从表面上看，法律服务与纠纷解决是两个不同的领域，但二者是相辅相成的，其关系如同疾病预防和疾病治疗。法律服务做得好，客户就可以减少商业风险；纠纷解决做得好，客户就可以从纠纷所产生的违约成本、客户关系恶化、商业风险、信用危机等困境中解放出来，权利得到救济，损失得到补偿。厦门作为台资登陆和陆资入台的重要踏板，资本运作，需要会计师、律师等专业团队提供服务。两岸征信系统的端口对接或委托查询，可以防止商业欺诈的发生。

最高人民法院周强院长所提议的"区域性国际商事纠纷解决中心"，应包含法律服务的内容，故全称应为"区域性国际商事法律服务及纠纷解决中心"。

结 语

21世纪是中国继续改革开放，走向世界的世纪，是全球多元文化相互辉映的世纪。厦门是21世纪海上丝绸之路的中心枢纽城市，中国（福建）自由贸易试验区厦门片区承担着全面深化改革的试点任务，应配合国家"一带一路"走出去战略，除继续发挥海峡两岸司法互助桥头堡功能，加强两岸四地在纠纷解决领域的协同合作外，还应具有更宽广的区际、国际视野，借鉴不同法域在纠纷解决方面的经验，立足中国实际，在积累纠纷解决东方经验的基础上，向世界提供升级版的替代性纠纷解决"中国经验"，为四个全面战略布局和实现"中国梦"发挥示范作用。

关于执行程序中长期租约问题的调研报告

■联合课题组*

摘要：由于"买卖不破租赁"，在执行实践中，相当多的被执行人利用长期租约阻碍被执行不动产的拍卖处分，特别是虚假租约，已经成为人民法院当前执行工作的新难题。对于被执行不动产上设定的长期租约，应当如何审查并作出裁决呢？现行民事诉讼立法以及最高人民法院司法解释虽然明确应当进行实体审查，但是未规定审查的程序、范围以及标准，各地法院做法不一，导致执行实践较为混乱，也无法真正有效应对"虚假租约"难题。因此，深入调查此类长期租约的状况，研究分析执行审查的实质标准和程序，对于完善执行程序相应的审查制度具有重要的意义。

关键词：强制执行；不动产拍卖；虚假租约；执行异议

引　言

在人民法院执行实践中，依法查封并拍卖处分被执行人的财产，是最普遍实施的执行措施，特别是对被执行人名下不动产的查封拍卖处分，是实现申请执行人由生效法律文书确定的合法债权的一项重要的常规的执行手段。但是，近年来，人民法院在查封处分被执行人不动产的执行程序中，出现了大量"长期租约"的现象，①即法院查封的不动产被设定长期租赁合同关系。在实践中，在长期租

----

*　课题指导：李增祥（厦门市中级人民法院执行局局长）；课题副指导：卢正敏（厦门大学法学院副教授）、陈茵（兴业银行厦门分行特殊资产经营部总经理）；课题负责人：赖华平（厦门市中级人民法院法官）；课题组成员：赖华平、陈鸣（厦门市中级人民法院法官）、魏修修、肖枝海、沈伟、杜旭嵩（以上四人均为厦门市中级人民法院书记员）、魏松彬、刘建发（以上两人均为厦门市思明区人民法院法官）、陈开兴（兴业银行厦门分行员工）。报告执笔人：赖华平。
①　文中所表述的"长期租约"系指租期在五年以上的租赁合同。

约登记公示制度缺失的情况下，[①]此类长期租约真假难辨。各地法院执行工作对此类租约是否审查也存在争议。[②] 被执行人恶意设置各类长期"虚假租约"现象难以防范，从而阻碍了人民法院对该不动产的拍卖处分，迫使被查封不动产无法成交，或者大大降低成交价值。被执行人变相转移被查封标的的财产收益，严重损害债权人的合法权益，已成为当前人民法院执行工作中的一大新难题。为此，厦门市中级人民法院（以下简称厦门中院）联合厦门大学法学院、兴业银行厦门分行、厦门市思明区人民法院（以下简称思明法院），共同组成"执行程序中长期租约问题"课题组，紧密结合人民法院执行工作实践，深入分析此类问题产生的根源，试图探索化解此类执行难题的方法。

一、厦门法院执行程序中长期租约情况调查

为准确翔实地分析人民法院处分被执行不动产程序中存在的"长期租约"情况，课题组调阅了厦门中院自 2014 年 8 月至 2015 年 8 月的不动产拍卖案件以及长期租约异议审查案件，逐案进行了归类统计分析，作为调研的基础素材。

（一）不动产执行标的带长期租约情况

厦门中院自 2014 年 8 月至 2015 年 8 月一年间共受理委托拍卖不动产的执行案件 127 件，[③]其中带租约的 52 件，占 41％。而在 52 件带租约不动产拍卖案件中，表现为单一租约形态的案件 47 件，一个标的上存在多份租约的案件 4 件，存在转租现象的案件 1 件。[④]（见图 1）

根据统计，存在租约并发生租金支付的案件共 50 件，其中一次性支付占 48％，特别是 32 件 5 年以上长期租约案件中一次性支付租金或抵扣租金的达 27 件，达 84％（见表 1）。52 件带租约案件中委托拍卖不动产标的 74 个，其中带 5 年以上长期租约的标的 48 个，占 65％（见图 2）。

---

① 物权法未设置物的租赁权公示制度，导致生活中所有的租赁关系均未要求统一登记并对外公示。

② 针对执行程序中产生的此类租赁合同，是否属于人民法院执行程序审查范围以及审查的限度，最高人民法院未明确规范，各地法院在执行工作实践中争议不断。

③ 有些案件涉及的不动产执行标的可能有多个，表现的拍卖形态基本一致，统计仅计算一件案件。

④ 2011 年至 2013 年 11 月，厦门法院强制拍卖不动产 340 件，其中带租约不动产 113 件，带 5 年以上租约不动产 59 件，租期 10 年以上的达 43 件，其中租期 15 年以上的 33 件，租期 19 年以上的 29 件，而且 75％的租约系一次性支付全部租金。

表 1　租金支付方式统计表

租约	1—5 年	6—10 年	10 年以上	20 年
一次性付清	3	5	6	12
债务抵扣	0	0	2	2
年付	9	1	0	0
半年付	2	0	0	0
季付	5	1	0	2
月付	0	1	0	0

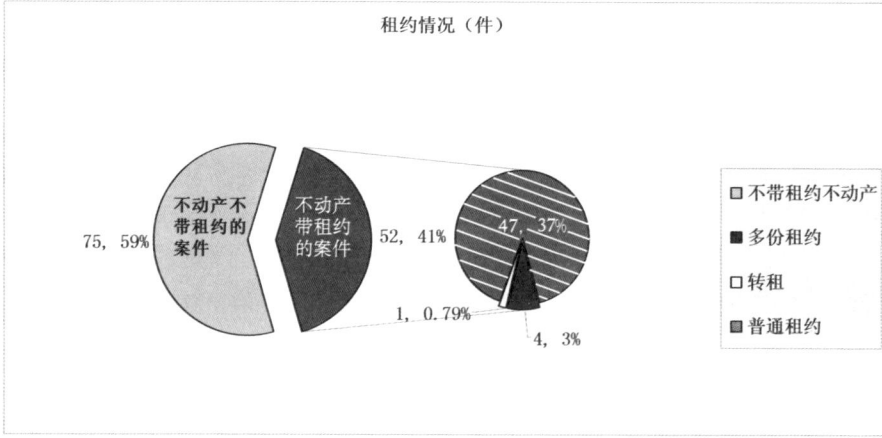

图 1

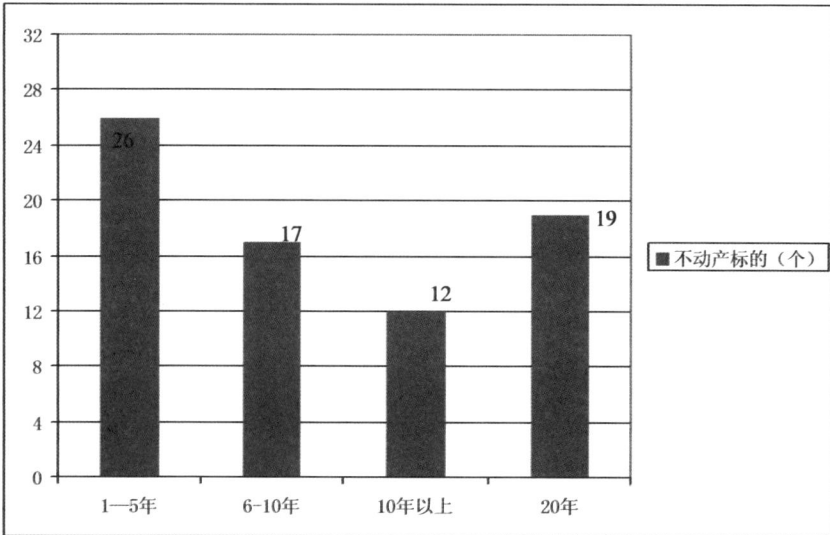

图 2　不动产标的分布图

(二)带长期租约不动产处分情况

如何对待不动产上的长期租约,全国各地法院目前尚未形成统一规范的处分模式。厦门两级法院就如何应对此类问题亦存在不同观点和做法。课题组分别选取厦门中院和思明法院为典型样本,就处分带长期租约被执行财产情况进行了初步的调查分析。

1.厦门中院的处分模式

对于被执行财产上设定的长期租约,目前厦门中院执行局内部主流观点认为,在人民法院执行程序中不宜也无法审查租约的真实性问题,因此,对带租约不动产应一律实行"现状拍卖"模式,即不审查租约的真实性与合法性,对于当事人及案外人主张保护租赁权的,均按带租约现状委托评估及拍卖,详细披露当事人及案外人所主张的租赁权,并声明未认定租约的真实性与法律效力,所有的风险由竞买人自行负担,由竞买人自行解决拍卖标的上带租约的问题。据初步统计,自 2014 年 8 月至 2015 年 8 月,厦门中院委托拍卖带 5 年以上租约的不动产32 件,首拍流拍率达 97%,经二次降价 30%～34%后第三次拍卖流拍率仍达50%,而且引发了大量的交房矛盾,因此,此种拍卖处分模式的局限性十分明显。

2.思明法院的处分模式

该院办理涉及长期租约的执行案件时,对长期租约的审查基本遵循"三步法":第一步,查明是否存在真实的租赁合同。第二步,在认定租赁合同成立的前提下,查明租赁合同的履行情况。第三步,在认定租赁合同有效的前提下,判断案外人基于租赁合同所享有的实体权利是否足以排除对执行标的物的强制执行。该模式有两种程序路径。

路径 1:查封房产后委托评估前,案外人以存在租约为由依《民事诉讼法》第227 条提出执行异议,要求中止对房产的执行并解除查封。由执行裁决人员组成合议庭,按照案外人执行异议程序进行审查。异议成立的,裁定中止对标的物的执行;异议不成立的,裁定驳回异议。申请执行人不服中止房产执行裁定的,可提起许可执行之诉。案外人不服驳回异议裁定的,可提起案外人执行异议之诉。

路径 2:查封房产后委托评估前,案外人以存在租约为由申报权利,要求带租约评估拍卖的。执行实施人员进行初步审查,作出带租约或不带租约评估决定。若作出带租约评估决定,申请执行人对带租约评估不服的,依《民事诉讼法》第 225 条提出执行行为异议。由执行裁决人员组成合议庭,按照执行行为异议程序进行审查。维持带租约评估拍卖决定的,申请执行人可向上一级人民法院提出执行复议。撤销带租约评估拍卖决定的,案外人可依《民事诉讼法》第 227条提出案外人执行异议,后续处理同路径 1。若作出不带租约评估决定,案外人可依《民事诉讼法》第 227 条提出案外人执行异议,后续处理同路径 1。

思明法院的拍卖处分模式,可以较好地提高拍卖成交率,但处置周期较长。

二、"长期租约"是否属于执行审查范围

第一种观点认为,执行程序中无权对租约的效力作出实体认定,因此,租约是否有效不属于人民法院执行审查的范围,当事人应当另行诉讼。在执行程序中,人民法院的执行依据是已生效的法律文书,而长期租约是否有效不属于执行依据所确定的法律关系范围,而是属于另一实体法律关系。审判程序与执行听证程序不同,审判程序对当事人的合法权益保护较为周全。未经实体审判程序,人民法院在执行程序中无权对租赁所涉的法律关系作出关于真假、效力的认定。对于实体法律关系,应通过审判程序来确定,才能保证当事人充分行使诉权,确保其实体权利不被侵害。长期租约是否有效应由当事人另行诉讼认定。

第二种观点认为,长期租约影响了人民法院对被执行人财产的执行处置,当然属于执行审查的范围。长期租约租赁期限长,甚至有的期限超过 20 年,并且大量存在"租金偏低、付款方式异常、利益关联"等虚假嫌疑。在执行程序中,以长期租约手段对抗不动产执行,已成为目前制约法院执行工作的新难题。长期租约严重阻碍了法院生效裁判文书的执行。人民法院的强制执行权,要求破除长期租约的阻碍,长期租约当然属于执行审查的范围。最高人民法院《关于人民法院办理执行异议和复议案件若干问题的规定》(以下简称《执行异议规定》)第31 条规定:"承租人请求在租赁期内阻止向受让人移交占有被执行的不动产,在人民法院查封之前已签订合法有效的书面租赁合同并占有使用该不动产的,人民法院应予支持。承租人与被执行人恶意串通,以明显不合理的低价承租被执行的不动产或者伪造交付租金证据的,对其提出的阻止移交占有的请求,人民法院不予支持。"根据该规定,人民法院有权对该不动产物权上设定的租赁合同的合法有效性进行审查。在实践中,已有不少法院将租约纳入执行审查范围,并制定相应的审查规则,如上海市高级人民法院《关于在执行程序中审查和处理房屋租赁权有关问题的解答(试行)》、浙江省高级人民法院《关于执行非住宅房屋时案外人主张租赁权的若干问题解答》。

第三种观点认为,从社会成本分析,法院在执行程序中有权审查被执行财产所附的长期租约的效力。执行程序强调效率原则,要求尽量缩短执行周期,降低执行成本,以最快的速度、最小的成本实现债权人的权益。在执行程序中,长期租约的存在直接影响了债权人权益的实现。从社会成本分析,将长期租约的真实性审查纳入执行程序中审查与纳入审判程序审查相比较,在执行程序中审查较为经济,更符合执行效率性原则,更有利于执行工作的快速进行。由当事人通

过审判程序来确认长期租约的真实性,诉讼有可能经过一审、二审,无疑会增加当事人的诉讼成本,耗费更多的司法资源,延长执行周期,增加执行成本。在目前执行难的情况下,更应强调执行的效率性原则。

课题组认为,人民法院应对执行程序中的长期租约进行审查,这是人民法院的强制执行权的内在要求,也是执行效率性原则的必然要求。《执行异议规定》第31条已明确人民法院有权对长期租约是否合法有效进行实体审查。

三、长期租约的审查判断标准

人民法院对执行不动产过程中存在的租赁合同,尤其是长期租赁合同,依法进行审查,不仅是保护债权人合法债权得到充分实现的需要,更是维护生效裁判文书权威的必然要求。关键是,人民法院在执行程序中对此类租赁合同之效力的审查标准如何确定?是仅限于形式上审查,还是有权从实体层面作出实质性审查认定?人民法院在执行实践中,有一种观点认为,在执行程序中即使有必要对租赁合同进行审查裁决,也只能审查租赁合同的形式是否完备,只能排除形式上不完备不具备实质租赁关系的合同,如借用合同、赠予等。但是,仅停留在审查合同形式的层面,无法真正解决执行处分财产实践中出现的绝大部分长期租赁难题。对此,《执行异议规定》第31条明确指出,人民法院执行处分被执行人不动产财产程序中有权对该不动产物权上设定的租赁合同进行实质审查,包括合同的合法有效、租赁物占有、合理履行等方面。查封标的物上设定的长期租赁合同表现形态不一,审查的标准也各不相同。

课题组认为,长期租赁合同的合法性、实际履行状态等实体问题,均属于人民法院执行程序审查范围,应分别确定统一的审查标准。

(一)明显不合理低价租约的审查判断

被执行人以明显不合理的低价将其名下资产租赁给案外人,是被执行人逃避债务最常用的手法之一。在实践中,被执行查封不动产以明显不合理低价租赁的现象突出。对此,《执行异议规定》第31条明确规定,承租人与被执行人串通,以明显不合理的低价承租被执行的不动产,人民法院对其阻止移交占有请求不予支持。从而确立了人民法院执行程序中对明显不合理低价租约的审查原则。

当然,在实践中的最大争议是如何认定明显不合理低价。部分法院直接以"明显低于市场价格,违背生活常理"为依据,认定被执行人出租价格属于明显不合理低价,从而否定被查封不动产上所设定的租赁合同的效力。此时,又进一步涉及"市场价格"与"违背生活常理"的司法认定问题。相关法院似乎认为法院具有自由裁量的权力,从而赋予执行法官或执行异议审查法官较大的自主判断权。由此,引起被执行人与承租人较大的争议在所难免。

因此有必要进一步细化司法解释所确立的"明显不合理低价承租",进一步明确"明显低于市场价格"与"违背生活常理"等不合理低价租约的实体认定标准。具体而言,应结合各地区社会经济发展水平,深入调查该地区各类不动产租赁市场价格与正常的生活形态,并以此作为人民法院认定租约是否合理的依据。

为此,课题组先后走访了厦门市房屋中介行业协会,就厦门地区不动产租赁市场正常价格的认定与正常租赁形态进行了深入调研,采集整理了厦门地区各类不动产租赁格式合同,并通过问卷调查①,发现可生成有关各类不动产租赁价格、租期、租金支付方式的正常市场模式,具体如表2:

表2 不动产租赁市场正常形态问卷调查表

	正常租期	最长租期	租金支付方式	最长支付期限	租金价格评估	租金市场行情价格误差
住宅租赁	1年1签 3年1签	6年	押1月付3月	1年	可评估	不超过10%
商业店铺	3年1签 5年1签	8年	押1月付3月 押1月付1月	1年	可评估	不超过10%
写字楼宇	3年1签 5年1签	5年	押1月付3月 押1月付1月	6个月	可评估	不超过10%
工业厂房	3年1签 5年1签	10年	押1月付3月 押1月付1月	6个月	可评估	不超过10%

通过表2分析,虽然各类不动产的租金价格可能随着社会经济的发展而出现较大幅度的变动,但是在一个固定的期限内,租赁市场是相对稳定的,可以确定合理的市场参考价格。同时,租赁市场还容易受租期、租金支付方式的影响,但这种影响也存在合理的限度。另外,在某个地区相对固定的期间内,各类不动产租赁市场上不动产租金、租期、租金支付方式均有相对常规的模式,不仅可以得到可供参考的"合理的租赁价格",而且存在"正常的租期与租金支付方式"。

课题组认为,最高人民法院司法解释确立的"租约的合理性"审查原则,包括对租赁合同合理的价格、合理的租期、正常的支付方式等的审查,共同构成明显不合理低价租约的认定要件,而人民法院在执行程序中认定合理的价格、合理的

---

① 课题组共向厦门市各家房产中介机构发放问卷调查表10份,收回有效问卷10份。

租期、正常的支付方式等,可以通过市场调查的方式,也可以通过委托价格评估的方式来最终确定被查封不动产所附设的租约是否属于合理租约。对于不合理的租约,自当排除其对执行的干扰,即使存在个别"不合理的特例",也应当由当事人承担不合理租赁的法律风险。

(二)虚假租约的审查认定

以明显低于市场价格的不合理价格租赁被查封的不动产,是被执行人与案外人签订的真实的租赁合同,只是因其不合理而应当被排除执行。但在实践中,被执行人为逃避履行债务,对抗人民法院对其财产的强制执行,最常见的做法是编造虚假的租赁合同——在调研中,执行法官初步判断高达70%以上的长期租赁合同存在虚假嫌疑。特别是倒签合同,试图设置法院查封之前已存在的虚假租赁合同,阻挠妨碍人民法院对其财产的强制执行处分。这种租约的真实性问题,是否属于人民法院执行程序的审查范围? 在执行实践中,对于被执行人串通设立的虚假租约,因为取证难度极大,往往难以作出准确的法律认定,所以成为当前困扰人民法院执行工作的一大难题。

毫无疑问,在人民法院查封处分被执行人不动产程序中,此类干扰阻挠执行程序进行的"虚假租约"当然属于人民法院的审查范围,同时,鉴于虚假租约审查难、危害大的特性,应当确立比不合理低价租约更严格的审查标准。

1. 不可能的租约:租约订立行为的真实性审查

认定租约的真假固然不易,但是,根据人民法院执行工作实践调查,对于部分明显不可能签订或严重违背生活常理的租约,仍然可以直接作出审查判断。

(1)倒签的时间

【案例一】①法院在执行孙某珍与杨某国、张某芬债权纠纷一案的过程中,依法查封了被执行人名下房产,并委托进行了两次降价拍卖,拍卖过程均告知被执行人张某芬,被执行人张某芬未提出该房屋存在租约。在该房第三次拍卖成交后,张某芬才告知存有10年的租约,她正与承租人吴某贤协商腾房事宜。后承租人向法院提交房屋租赁合同,显示租期从2012年10月到2022年10月,10年租金共计36万元,已经一次性付清。为此,法院依法委托西南政法大学司法鉴定中心对该房屋租赁合同签署时间进行鉴定,司法鉴定意见书认定:"送检的标称签署日期'二〇一二年十月一日'的房屋租赁合同原件上的'吴某贤'署名字迹与标称日期'二〇一五年八月十九日'的委托书上'吴某贤'署名字迹应为同

---

① 本课题所引用的案例均系厦门中院、思明法院执行的真实案件,为了便于陈述,课题组对案情予以概括提炼。

期形成。"其间,承租人吴某贤向法院声明放弃其优先购买权,且事后主动腾退了房屋。据此,法院依法分别对被执行人张某芬与案外人吴某贤处以罚款1万元处罚。

倒签合同日期是虚假租约最常见的形态。当事人在纠纷发生之前,一般情况下并没有动力制造虚假的租赁合同,也不可能预计到人民法院的查封执行。只有当人民法院采取查封措施(包括保全查封)时,当事人为对抗法院查封执行,避免其财产被强制执行处分,才倒签日期,伪造相关的虚假租赁合同。对于此类倒签时间较长的虚假租约,一般可以通过对字迹进行司法鉴定检定签订合同的真实时间,从而作出判断。

(2)冲突的租约

在执行实践中,被执行人为了对抗法院的查封行为,故意伪造虚假租约,往往发生与其他民事行为冲突的现象。

【案例二】思明法院在执行兴业银行、交通银行与风驰公司金融借款纠纷案件中,对被执行人风驰公司提供的抵押店面(抵押于交通银行)依法启动执行拍卖程序,并在抵押店面张贴公告,要求店面承租人快意公司限期搬离,腾退清空房屋。承租人快意公司向执行法院提出执行异议,主张其在2008年3月15日即与风驰公司签订租赁合同,租期20年,租赁时间早于抵押登记时间2008年7月16日,故要求停止案件执行。执行法院审理认为,从快意公司在工商局备案登记的租赁合同认定,快意公司与风驰公司签订租赁合同时间为2009年1月25日,晚于抵押店面的抵押登记时间,故裁定驳回快意公司的执行异议。快意公司不服执行裁定,向思明法院提起执行异议之诉。思明法院一审审理认为,快意公司提供的2008年3月15日签订的租赁合同及银行付款凭证,无法证明其已支付租金,更无法证明其按照租赁合同约定支付方式、期限履行,其预先缴交长达10年的租金与常理不符。另查明快意公司在工商局备案登记的租赁合同签订时间为2009年1月25日,故认定快意公司与风驰公司签订租赁合同时间晚于抵押登记时间,该租赁关系不得对抗已登记的抵押权,故驳回快意公司的诉讼请求。快意公司不服提起上诉,厦门中院二审审理认为一审判决正确,予以维持,驳回快意公司的上诉请求。

在案例二中,被执行人与案外人先后提交了两份租约,一份租约显示租赁合同签订于抵押权人抵押登记之前,一份租约在工商局登记,显示合同签订于抵押登记之后。两份租约明显相互矛盾。若被执行人与案外人无法作出合理的解释,或者作出自相矛盾的虚假陈述,则可以判定其租约系虚假租约,应排除其对执行的干扰。

(3)租金一次性支付

【案例三】厦门中院在执行陈某某与李某某债权纠纷一案中,依法查封了被执行人李某某名下的一处商场,经委托评估价值2500万元,在公告清场准备委托拍卖时,被执行人李某某与案外人刘某向法院提交租赁合同一份,约定刘某已承租该商场,租期20年,已一次性支付10年租金1500万元,并向法院提供了刘某向被执行人李某某支付1500万元的转账凭证。刘某对法院执行清场拍卖行为提出异议,要求法院保护刘某的租赁权。承办法官经向该商场所在物业公司走访调查,查明法院采取网络查封措施之时,该商场由被执行人李某某实际控制经营,法院现场查封之时,该商场亦非处于刘某的经营之下,证明刘某所谓的承租行为并不存在,所提交的租赁合同明显系虚假合同。经法院明示调查笔录之后,案外人刘某立即表述撤销执行异议。

在执行实践中,被执行人编造虚假租约的主要形态是长期租金一次性支付,还有极少数先支付大额租金的情况,相当于透支被查封不动产的长期使用权益与收益权,既达到阻碍被查封不动产拍卖处分的目的,也试图继续占有被查封不动产的长期收益收入。长期租金的一次性支付,特别是较大金额的现金支付,除非土地出租等需要长期投资的项目,否则,明显违背生活常理。被执行人与案外人约定,一次性支付大额租金,特别是大额现金支付方式,属于"以明显不合理低价承租"现象的,应当遵照明显不合理低价租约的审查原则,排除其对人民法院执行工作的干扰。若被执行人与案外人并未实际发生租赁关系,不存在租金支付的事实,而是伪造虚假的租金支付情节,则已构成以编造虚假租约方式干扰法院执行工作,情节严重,应追究其法律责任。

（4）租约部分文本"剪接"

【案例四】厦门中院在执行中国厦门国际经济技术合作公司申请执行厦门某商贸有限公司、黄某某一案中,依法查封了被执行人厦门某商贸有限公司名下的一间商铺,案外人张某某提出异议,认为其已经与该公司签订了14年的租约,并向法院提交租赁协议与房屋移交确认书一份。经委托司法鉴定,发现在案外人与被执行人厦门某商贸有限公司提交的租赁合同中,前几页文字系喷墨打印形成的,而最后一页系激光打印形成的,明显不符合同一时间形成的文件资料的特征,签名笔迹也与落款时间不一致。据此,法院认定被执行人厦门某商贸有限公司与案外人串通编造虚假租约干扰执行,分别对案外人张某某、厦门某商贸有限公司法定代表人黄某某予以拘留15日并罚款5万元的处罚。厦门某商贸有限公司法定代表人黄某某立即表示将腾退被查封房产交法院执行,并主动缴交了罚款。

在案例四中,被执行人与案外人串通,采用保留租赁合同的最后一页关于签名盖章和签订合同时间的条款,伪造合同的主要条文的方式,编造虚假的租约,改变租赁合同的租期、租金、付款方式等核心条款,意图对抗人民法院对该房产的强制执行程序。被执行人与案外人上述行为明显已经构成拒不执行判决裁定犯罪与伪证犯罪共犯,应当追究被执行人与案外人相应的法律责任。

2.不履行的租约:租约履行的真实性审查

最高人民法院《执行异议规定》第 31 条规定,在人民法院查封之前已签订合法有效的书面租赁合同并占有使用该不动产的,人民法院应予支持。因此,对被执行财产上附着租约的审查,不仅应审查判断其签订租约的真实性,还应进一步审查"租赁物占有使用"等租约的实际履行情况。对于被执行人与案外人之间并未实际履行的租约,当然应当排除其租赁合同对抗人民法院执行工作的效力,并根据具体情节,再行判定其签订租约的真实性;对于被执行人与案外人确已履行或部分履行租约的,应当严格按照租赁合同的要件,审查其真实履行情况,以判断租约的真假与效力。

(1)租赁物占有

租赁合同是实践性合同。根据最高人民法院《执行异议规定》,出租人将租赁物交付承租人占有使用,是租赁合同的必备要件。[①] 不存在不交付租赁物的租赁合同。因此,审查租赁物的交付占有是判断租赁合同真实性以及是否真实履行的一个关键要素。

【案例五】厦门中院在执行某商业银行与翔安某公司借款合同纠纷一案中,依法查封了被执行人名下的写字楼一幢,案外人李某某提出执行异议,认为其与被执行人签订了租赁合同,约定"待该写字楼现有租赁到期之后,由李某某租赁 20 年,租金抵偿被执行人所欠债务"。经审查,执行法院认为案外人预期承租被执行标的,被执行房产尚未实际交付租赁使用,该租赁合同关系尚未生效,不得对抗法院执行。

在案例五中,由于被执行房产在人民法院查封时尚处于第三方占有使用过程中,被执行人与案外人签订的租赁合同,约定案外人并非直接占有租赁物,而是案外人预期承租被执行人已经被法院查封的房产,明显不符合生活常理,也不符合租赁合同的生效要件。此类合同要么尚未生效,不得对抗法院查封执行行为;要么违背生活常理,应排除其对人民法院执行工作的对抗效力。同理,案外人必须承担证明已经合法占有交付使用租赁物的举证责任,未占有被查封不动产的,或在查封之后占有不动产的,当然不得对抗人民法院的查封执行。

---

① 英美法系规定交付是租赁的要件,而我国法律并无此规定。但最近最高人民法院采编一个关于买卖不破租赁的案例似采"交付"观点,认为"租赁合同签订在银行抵押之前,但房产交付在银行抵押登记之后,故应认定抵押在先、出租在后"。详见刘高:《论物权法第一百九十条中"抵押财产出租"的准据时点——兼论"买卖不破租赁"的理解与适用》,载《民事审判指导与参考·物权专题》2014 年第 1 期。

（2）租赁物转租

当然，租赁物的占有，并非仅指承租人直接占有使用租赁物，还包括租赁物的指示占有。特别是对于转租市场，租赁物经常发生承租人向次承租人交付占有的现象。对此，应当分类予以辨别，判断其真实效力。

【案例六】厦门中院在厦门某金融机构与某公司借款合同纠纷一案中，依法查封了被执行人某公司名下的抵押房产一幢，被执行人某公司在办理贷款抵押手续时，签字确认该房产在抵押之时属于自用性质，未对外出租。但是，在依法委托评估拍卖期间，案外人陈某某提出异议，并向法院提交了一份租赁合同，约定案外人陈某某在抵押之前承租该房产15年，一次性现金支付租金50万元，后先后对外转租。为此，陈某某提供了银行取款凭证、被执行人某公司租金收据等证据。经承办法官向该房产所在物业公司调查，查明该房产要抵押登记之后一年才对外出租，之前一直由被执行人某公司自己使用。为此，执行法院裁定案外人陈某某所提供的租赁合同系虚假租约，驳回其执行异议请求。

在案例六中，针对人民法院对被执行人名下房产的查封执行，案外人提出执行异议。在执行异议审查程序中，案外人主张其租赁物抵押之前，即已向被执行人承租讼争标的物，但并未实际占有该房产，而是按照合同关于转租的许可，直接将该房产转租给其他第三人使用，因此，其租赁合同可以对抗抵押权人的担保物权，也可以对抗排除人民法院的执行查封。

在租赁合同中，承租人依法享有占有使用以及转租使用租赁物的权利，但是，在人民法院执行实践中，确有一些被执行人与案外人串通，利用租赁合同的转租权利，以转租的形式虚构租赁合同，对抗干扰人民法院对被执行财产的查封执行。被执行人与案外人串通编造虚假租赁合同，必须解决租金支付与租赁物交付问题。为对抗强制执行拍卖，被执行人往往编造长期租约并一次性支付大额租金，从而损害被执行财产的财产价值。当法院采取查封措施时，若该不动产处于出租状态，则被执行人与实际承租人无法编造虚假的一次性支付长期大额租金的事实。此时，被执行人只有通过利用与案外第三人事前发生其他大额资金往来，假借第三人的名义承租讼争房产，虚构租金一次性支付，再由第三人对外转租的假象，实现对抗法院查封执行的目的。

对于被执行财产的转租行为，应当严格审查案外人（即承租人）与被执行人之间租赁合同的真实性，而且应当严格审查案外人与次承租人之间租赁合同的真实性。案外人主张在法院查封之前承租执行标的物并出租的，应当对前述租赁合同与转租合同的真实性承担证明责任，不仅应当证明租赁合同签订的真实性，而且应当证明前后租赁合同履行的真实性。否则，应当认定为虚假租约，不得排除人民法院对讼争标的的执行处分。

（3）未支付租金

【案例七】厦门中院在执行兴业银行与禾达公司金融借款纠纷一案中，依法执行拍卖了被执行人禾达公司的抵押厂房。在执行过程中，案外人闽台公司向厦门市翔安区人民法院提起诉讼，请求确认其与禾达公司签订的 12 年租赁协议有效。在该案一审第一次庭审中，禾达公司当庭对闽台公司提出的所有租赁主张均予以认可。抵押权人兴业银行及拍卖买受人厦门某公司了解到该租赁纠纷正在审理后，申请作为第三人参加该诉讼。但当兴业银行及买受人参加诉讼后，禾达公司及委托代理人经法庭多次传唤拒不到庭。在该案一审第二次庭审中，兴业银行对闽台公司提出的诉讼请求及证据提出质疑，认为闽台公司并未支付租金，闽台公司主张的租金往来款项所涉及的转款人及收款人均非租赁协议当事人，闽台公司亦未替禾达公司代垫工人工资，且未实际进占抵押厂房。事后闽台公司补充证据提出，禾达公司及委托代理人林某通（亦即实际控制人）已书面确认闽台公司已支付租金、代垫工人工资，并对实际进占抵押厂房的时间进行变更。

结合租赁协议履行情况和禾达公司及其委托代理人在诉讼中的异常行为，一审法院审理认为，租赁协议的落款时间虽早于抵押厂房的抵押时间，但闽台公司与禾达公司并未按照协议约定履行支付租金、办理登记、缴纳税费等义务，闽台公司亦未实际占有使用抵押厂房，租赁协议并未实际履行。闽台公司与禾达公司签订租赁协议的目的在于对抗兴业银行抵押权的实现，存在恶意串通的行为，损害抵押权人及买受人的利益，依法认定无效。闽台公司不服一审判决，向厦门中院提起上诉。二审法院经审理认为，闽台公司庭审陈述实际进占抵押厂房时间前后矛盾，且无法对未占用抵押厂房却支付租金但未有督促或催告行为作出解释；同时闽台公司无法对所谓租金的转款人及收款人均非租赁协议当事人，以及转款金额与租金金额不一致的事实给予合理的解释，故判决驳回闽台公司的上诉。

在合法设立的租赁合同中，承租人具有支付租金的义务。承租人按照合同约定支付租金，是租赁合同真实履行的必然要求。因此，审查承租人支付租金的情况，是认定租赁合同是否真实履行的一个重要因素。在案例七中，案外人不仅未实际占有租用被执行的抵押厂房，而且编造了虚假的租金支付现象，无法解释所谓租金的转款人与收款人不一致以及转款金额与租金金额不一致问题，可认定为虚假租约。

被执行人与案外人主张被查封不动产在查封之前已经存在长期租约的，应当就该租约约定之租金的实际支付情况承担证明责任。对于不违背常理一次性支付长期土地租金的，应当提交租金的来源、支付时间、地点、转账凭证等证明租金支付的真实性。对于分期支付的，应当证明租金支付的事实。为了防止被执行人逃避债务,同时结合生活常理,人民法院在执行程序中,对案外人关于现金支付长期租金的主张,一般不予采纳。

(三)以租抵债行为的效力

在执行实践中,常发生被查封不动产被设定以租抵债现象,即被执行人的其他债权人与被执行人签订一份租赁合同,以被执行人名下不动产的长期租金收益抵偿其债权,或者将不动产直接交付给该债权人长期使用,抵偿其债权额。对此,有观点认为,这并不是真实的租赁合同,而是一种被执行人以租金抵债的擅自处分不动产行为,当然不具有法律效力,不得对抗法院查封执行。也有观点认为,以租抵债也是一种合同行为,只要不违背法律,或者串通损害第三人利益,并不能否认其合同效力。

【案例八】厦门中院在执行中国厦门经济技术合作公司与厦门新鹭东方商贸有限公司民间借贷合同纠纷一案中,依法查封了被执行人厦门新鹭东方商贸有限公司名下房产。被执行人确认该房产部分自用,出租部分将于2017年3月到期。经三次拍卖流拍后,执行法院裁定以最后一次拍卖价抵偿给申请执行人。在法院张贴搬迁公告时,案外人谢某银提出异议,认为其与被执行人签订租赁合同,租期10年,租金一次性抵偿被执行人拖欠其债务1200万余元。

暂不论案例八中租赁合同的真实性问题,假定该租赁合同是真实的,对于被执行人与案外人签订的以租抵债合同,应当结合此类合同的性质,判断该合同的效力,并根据其真实履行情况,认定合同的真实性。对于被执行人以尚未发生的长期租金收益,约定抵偿其他债权人债权的行为,实质上是一种擅自处分未来的债权收益来抵偿其他债权的行为,直接损害了执行案件中已经过生效裁判确定的债权人的合法债权,不得对抗法院对被执行财产的查封执行。对于被执行人将其名下不动产交付给其他债权人长期使用,以租金形式清偿债务的,在法院查封之前已经抵偿的部分应当认定为已实际履行完毕。但在法院查封之后,应视为自动冻结该讼争不动产租金收益,案外其他债权人的抵债主张不得对抗法院的查封执行。当然,案外主张以租抵债的债权人,在人民法院查封之前未实际占有讼争不动产的,自始并未发生租赁的效力,更不得对抗法院的强制执行。

(四)租赁权与抵押权冲突

在人民法院执行实践中,被执行人名下被查封的不动产常常发生抵押权与租赁权的冲突问题。当被执行人名下的不动产已设定抵押权时,该不动产上另行设定的租赁权,除非经抵押权人同意,否则,与抵押权之间自然发生冲突。

1.抵押物上租约的效力

人民法院在执行程序中,能否就租赁权与抵押权冲突效力作出认定,并直接涤除无效的租赁合同？各地法院做法不一，尚未统一。有的法院认为人民法院在执行程序中对被执行人与案外人之间签订的租赁合同效力以及其是否具有对抗抵押权的效力，无权作出实体认定，而应通过诉讼程序进行裁判，以保护当事人的诉权等救济权利。有的法院认为，被执行人与案外人设定的租赁关系直接影响到人民法院对执行标的的查封处分，人民法院有权依据查明的事实，对该租约的效力直接作出认定。

　　课题组认为，根据我国《物权法》第190条的规定，抵押权设立后抵押财产出租的，该租赁关系不得对抗已登记的抵押权。最高人民法院《关于适用〈中华人民共和国担保法〉若干问题的解释》第66条亦规定，抵押人将已抵押的财产出租的，抵押权实现后，租赁合同对受让人不具有约束力。因此，人民法院在执行程序中依法查封被执行人已设定抵押的房产后，若案外人提出租赁权异议的，除非证明租赁关系设定在抵押之前，否则，不得对抗人民法院对抵押不动产的查封执行。案外人无法证明租赁权设定在前，或者根据现有证据足以查明租赁权设定在抵押权之后，且未经抵押权人同意的，人民法院应当按照最高人民法院《关于人民法院民事执行中拍卖、变卖财产的规定》第31条的规定，涤除查封房产上设定的租赁权之后，依法拍卖处分该查封财产。

　　2.抵押权人的主张

　　人民法院查封被执行人名下的不动产后，若该不动产存在租赁关系，则承租人应当对此查封行为提出案外人执行异议。那么，作为被查封不动产的抵押权人，能否直接主张被执行人与案外人签订的租约无效？

　　【案例九】思明法院在执行厦门银行与王某某借款合同纠纷一案中，依法查封了被执行人王某某名下的抵押房产一套，案外人陈某某提供租赁合同一份以及租金收据、银行取款记录等证据，证明其已经承租该房产15年，并一次性支付租金50万元，后再转租给他人使用。执行法院决定对该房产带租约评估拍卖。为此，申请执行人厦门银行提出异议，认为被执行人王某某办理抵押登记时确认房产未出租，相关评估机构作出的评估报告也附照片证明当时系王某某自用，且案外人陈某某支付的租金明显低于市场价格，不符合生活常理。执行法院审查后，认定该房产在办理抵押贷款期间并未处于出租状态，案外人陈某某对涉案房产的承租使用权不能对抗抵押权，因此申请执行人厦门银行的异议请求成立，裁定对查封标的物不予附带租约评估、拍卖。

　　在案例九中，案外人主张对人民法院查封被执行人名下抵押房产享有合法承租权，并提供了租赁合同、租金收条等初步证据予以证明，执行法院同意按照带租约状态进行评估拍卖。但作为抵押权人的申请执行人对执行法院作出的带租约评估拍卖行为提出异议，认为抵押权设定在先，租约违背生活常理，存在虚假租约的嫌疑，请求执行法院涤除租约后再行评估拍卖。对此，作为抵押权人的申请执行人是否有权对法院带租约评估拍卖的执行行为提出异议?若申请执行人可以就执行法院执行行为提出异议,那么,若执行法院支持该异议作出排除租赁权的认定,案外承租人能否再就其对执行标的所享有的租赁权提出执行标的异议?申请执行人与案外人分别提出的异议是否产生矛盾冲突?冲突又如何平衡协调?

毫无疑问,人民法院在执行程序中作出的带租约评估拍卖是一种执行行为,申请执行人有权对此提出异议。但是,对申请执行人所提出的执行行为异议,人民法院审查的内容明显将突破这种"执行行为"的范畴,更多是建立于审查被执行人与案外人之间签订租赁合同的效力基础上,就必然影响到案外人所主张享有的对执行标的物的实体承租权利,客观上导致两种执行异议审查制度的重合与冲突。必须明确的是,人民法院对申请执行人提出的执行行为异议与案外人提出的执行标的异议,审查的标准、依据与救济权利均是不同的。对执行行为的异议系依据《民事诉讼法》第 225 条进行审查,当事人不服,仅得申请上一级法院复议;对执行标的的异议,则依据《民事诉讼法》第 227 条的规定进行实体审查,当事人对审查裁定不服,可另行提起执行异议之诉,寻求诉讼确权救济。因此,两种审查模式之冲突显而易见,也亟待协调平衡。

课题组认为,对被执行人与案外人之租赁合同的效力审查,虽然影响案外人所享有的实体承租权利,但是更多的是对人民法院带租约评估拍卖或不带租约评估拍卖之执行行为的合法性审查。当事人及利害关系人依法享有的对执行行为提出异议的权利,系法律赋予的救济权利,同时,对执行行为的异议审查裁决不服,法律也赋予了相关各方当事人及利害关系人申请复议的救济程序。因此,基于人民法院强制执行工作效率的考量,即使此类涉及案外人实体权利争议的审查,也应当是合乎人民法院执行工作实际客观需要的。执行法院在本案执行程序中,告知申请执行人厦门银行股份有限公司,决定以附带租约的方式评估拍卖被执行人的抵押房产,将影响执行标的的拍卖处分的速度以及评估拍卖处分的实际价值,从而直接影响到申请执行人合法权益的及时、充分实现,可能损害生效裁判确认的申请执行人所享有的合法债权。因此,对于人民法院执行程序中作出的带租约评估拍卖行为,申请执行人可提出执行行为异议。当事人(包括案外人)对执行异议裁定不服的,仅得申请上一级法院复议救济,而排除案外人(即承租人)异议之诉选择权。对于人民法院在执行程序中作出的不带租约评估拍卖行为,案外承租人可提出执行标的异议,当事人(包括申请执行人)不服执行异议裁决的,应通过提起执行异议之诉寻求救济。

人民法院在作出带租约评估拍卖或不带租约评估拍卖之执行行为时,应当提前告知当事人采取的评估拍卖方式,并听取当事人的意见,告知当事人救济的权利与方式。

四、执行裁决审查的限度

执行裁决系人民法院在执行程序中,对执行实施权所引起之异议或争议问题进行内部审查的程序,属于人民法院整个执行程序中的一个环节,其适用的对象仅限于执行程序中争议事项的审查裁决,严格区别于诉讼程序中的裁判权,具有执行程序自身的价值特征。

(一)举证责任的分配

被执行财产上存在大量的虚假长期租约的重要原因是债权人难以证明在法院查封之前已存在租约并占有执行标的物。在执行实践中,基本上是由承租人作为案外人提出执行异议,主张对被查封财产享有租赁权。因此在长期租约执行异议审查中,应根据"谁主张谁举证"的证明责任分配原则,由承租人承担租约可对抗法院查封执行的举证责任,证明其在法院查封前已签订合法有效的租赁合同并实际履行以及占有租赁物。如果承租人无法证明,应自行承担举证不能的法律后果。最高人民法院《关于人民法院执行工作若干问题的规定(试行)》第70条规定:"案外人对执行标的主张权利的,可以向执行法院提出异议并提供相应的证据。"最高人民法院《关于适用〈中华人民共和国民事诉讼法〉执行程序若干问题的解释》第19条规定:"执行法院应当按照诉讼程序审理。"最高人民法院《执行异议规定》第1条规定,异议人提出执行异议应当向法院提交书面申请书,申请书应当载明具体的异议、事实、理由等内容,并附相关证据材料;第31条规定了承租人要在租赁期内阻止向受让人移交占有被执行的不动产,承租人应向法院证明在法院查封之前其已签订合法有效的书面租赁合同并占有使用该不动产。

由此可见,司法解释已规定了提出异议的承租人应向法院提交证据,证明其提出的异议,承租人承担证明责任是法律的要求。由承租人承担证明责任,一方面可以避免债权人承担举证不能的不利后果,另一方面可以减轻执行法院案多人少的工作压力,有利于加大对虚假租约的打击力度。

(二)裁决的限度

着眼于执行程序的效率性原则,执行裁决权尽可能地简化程序性设置,缩短裁决审查的时间期限,甚至强化人民法院强制执行程序之调查职权,以尽快地查明事实、裁决争议,保障执行的高效性。在执行程序中所有针对的执行当事人(主要是被执行人)之执行行为,均基于原生效法律文书对当事人权利义务关系之确认,并不自行裁决当事人之权利义务关系。

当然，当第三人对执行标的的所有权等权属提出异议时，执行裁决实际上已经突破了原判决（生效法律文书）所认定的法律关系范围，将对原判决确定的当事人之间的权利义务关系以外的第三人之权利义务作出裁决，直接影响到第三人的实体权利。为了防范对第三人实体权利之裁决损害第三人的权益，《民事诉讼法》赋予当事人或第三人不服裁决提起执行异议之诉的权利，实质上阻断了执行裁决之生效，弱化了此类实体性执行裁决的效力。因此，执行裁决不可能像诉讼程序之裁判，对当事人之权利义务关系作出终局性的确认。

按现行法的规定，即使是实质审查，案外人不服的，依然可以提起执行异议之诉。立法设置执行异议前置程序的目的，主要是过滤部分案件。对于被执行财产上长期租约的审查裁决，在排除执行干扰的同时，应当恪守执行裁决的有限裁判原则，主要限于审查此类长期租约是否足以对抗人民法院的查封执行，除非如前文所述，具有充分的证据查明系虚假租约的事实，否则，执行异议审查一般不得就被执行人与案外人之间签订租赁合同的效力作出认定与裁判。

五、长期租约异议期间

在执行实践中，案外人对被查封财产的承租权异议，一般均在人民法院采取查封措施后提出。但是，因为当前人民法院对不动产的查封多通过网络方式，在房地产登记管理部门直接办理产权查封冻结手续。因此，相当部分当事人以及案外人对法院查封行为并不能及时掌握，往往在法院采取拍卖措施时提出异议，甚至在拍卖成交之后才提出承租权异议问题。

【案例十】厦门中院在执行刘某某与张某某债权纠纷一案中，依法查封了被执行人张某某名下的房产一套，并经三次拍卖成交。被执行人张某某在第三次拍卖成交后，提出被执行房产存在20年租约，并由案外人施某提出执行异议，要求法院撤销拍卖。执行法院委托司法鉴定机构依法鉴定，确认被执行人张某某与案外人施某某提交的租约合同系倒签的虚假合同，为此，依法对被执行人张某某与案外人施某某分别处以罚款1万元。

在案例十中，案外人对法院已经现场查封的不动产，直到第三次拍卖成交后方提出存在长期租约的异议请求，明显没有事实理由与合理依据。虽然经鉴定查实系虚假租约，但是，即使无法查证属于虚假租约，其异议请求也不应当得到支持。课题组认为，考虑到案外人长期承租权对被执行标的物价值的重大影响，人民法院一般应当在对查封标的物进行价值评估之前，履行公告或告知义务，责令相关当事人在合理期限内提出异议。超过合理期限的，案外人再提出租赁权异议请求，人民法院得直接予以驳回异议或不予受理，以保障执行工作的顺利开展。

六、化解虚假租约难题的其他对策建议

本课题主要立足于人民法院执行程序如何对长期租约问题进行合法性与合理性审查,在当前立法状况与执法现实的基础上进行充分的调研分析,提出可行的审查路径。当然,除了执行程序异议审查模式之外,仍有必要进一步探讨如何从源头上化解此类虚假租约难题。

(一)长期租约的登记公示

司法中的难题最终溯源到立法,便是备受诟病的我国《合同法》第 229 条所规定的"买卖不破租赁"规则。该条文不加区分地赋予所有租赁对抗物权变动的效力,是一种以"合同对抗主义"为基础的效力绝对化的"买卖不破租赁"原则。[①]在这样一种僵硬的租赁权物权化制度安排下,出现恶意租赁问题并非偶然。与我国立法所不同的是,其他国家和地区普遍对租赁权的对抗效力搭配作了相应的限制规定,以此避免"买卖不破租赁"原则的绝对化(见表 3)。

表 3　关于"买卖不破租赁"的法律条文

国家/地区	法律条文
中国	《合同法》第 229 条:"租赁物在租赁期间发生所有权变动的,不影响租赁合同的效力。"
中国台湾地区	"民法典"第 425 条:"出租人于租赁物交付后,承租人占有中,纵将其所有权让与第三人,其租赁契约,对于受让人,仍继续存在。前项规定,于未经公证之不动产租赁契约,其期限逾五年或未定期限者,不适用之。"
德国	《民法典》第 566 条:"出租的住房在交给承租人后,被出租人让与第三人的,取得人代替出租人,加入在出租人的所有权存续期间基于使用租赁关系而发生的权利和义务。"
法国	《民法典》第 1743 条:"如出租人出卖租赁物时,买受人不得辞退经公证作成或有确定期限的租赁契约的房屋或土地承租人。"

---

① 卢正敏:《执行程序中的恶意租赁及其法律应对》,载《中国法学》2013 年第 4 期。

续表

国家/地区	法律条文
意大利	《民法典》第 1599 条："未登记的不动产，自租赁时起未经过 9 年的，不得对抗第三买受人。"
奥地利	《民法典》第 1095 条："如果租赁合同已在公共登记簿中登记，则承租人的权利被视为物权，在剩余租赁期限内，租赁财产的新占有人也必须承认该权利。"
瑞士	《民法典》第 259 条："租赁经预告登记始具有对抗力。"

从表 3 可知，其他国家和地区均对"买卖不破租赁"规则规定了租赁公示的条件，公示制度包括了交付、占有、公证和登记四种形式。而具体选择何种公示形式，则视各国或地区的不同情况而进行选择。例如，德国的不动产租赁制度较为完善，其租赁住房率达到 57%，是欧洲住房自有率最低的国家，①因而不动产交易并不盛行，没有恶意租赁的生存土壤，故仅规定了以交付为形式的公示制度。又如，法国是世界上第一部公证法诞生的国家，具有完备的公证制度，因而将公证作为对抗要件是由其法律传统所必然决定的。而我国台湾地区则因备受恶意租赁困扰，在修订"民法典"时有针对性地增加了"承租人占有"以及"未经公证且超过五年期限的不动产租赁契约不具有对抗效力"的相关规定，有应急性立法的意味在其中。

与其他公示手段相比，登记对抗在域外立法中更受青睐。考虑到我国的实际情况，可充分利用现有立法资源进行规则改造。目前，《城市房地产管理法》第 53 条规定租赁合同应当备案。最高人民法院《关于适用〈中华人民共和国合同法〉若干问题的解释（一）》第 9 条也规定："法律、行政法规规定合同应当办理登记手续，但未规定登记后生效的，当事人未办理登记手续不影响合同效力。"因而可以明确租赁合同未登记并不影响合同本身的效力，但并未明确未登记的租赁合同不具有对抗第三人的效力。事实上，有些地方在地方性立法和司法实践中已经出台相关规范性文件规定未经登记备案的租赁合同不得对抗第三人，实现了从"合同对抗主义"向"登记对抗主义"的突破（详见表 4）。其中，《上海市高级人民法院关于处理房屋租赁纠纷若干法律适用问题的解答》中的下列观点体现

---

① 李世宏：《德国房地产市场及房地产金融的特征分析》，载《西南金融》2011 年第 5 期。

了司法机关在解决租赁权对抗效力绝对化问题上的积极努力:"考虑到租赁合同具有承租人在租赁物出卖时享有的优先购买权以及买卖不破租赁等较强效力,如果租赁合同未经登记就具有这么强的效力,对于不知情的第三人会造成很大的损害,对交易安全造成严重的不利影响。因此,从平衡交易各方利益的角度看,我们倾向于未经登记的租赁合同不具有对抗善意第三人的效力。"

表4 我国部分地方关于限制租赁对抗效力的规范性文件

城市	规范性文件	条文内容
上海	《上海市房屋租赁条例》(2010年)	第15条第2款:"房屋租赁合同未经登记备案的,不得对抗第三人。"
天津	《天津市房屋出租管理规定》(2004年)	第13条第4款:"未经登记备案的房屋租赁合同,不得对抗第三人。"
大同	《大同市房屋租赁管理办法》(2009年)	第10条第5款:"未经登记备案的房屋租赁合同,不得对抗第三人。"
上海	《上海市高级人民法院关于处理房屋租赁纠纷若干法律适用问题的解答》(2005年)	第2点:"租赁合同登记与否,不影响租赁合同效力。但未经登记的租赁合同,不得对抗第三人。"

考虑到统一登记的行政成本巨大,全国人大修改立法难度较大、周期长,同时,短期租赁合同一般符合市场常理,也不影响不动产的执行处置,最高人民法院可通过司法解释明确长期租赁合同登记方得对抗效力的租赁合同范围。具体而言,以5年为界,5年以下的短期租赁合同需承租人实际占有方可取得"买卖不破租赁"的效力,5年以上的长期租赁合同未经登记不得对抗善意第三人。最高人民法院可在今后颁布的新的合同法司法解释中对《合同法》第229条作限缩性解释,确立相对化的"买卖不破租赁"原则以适应社会经济发展的变化:"租赁合同生效后,出租人已将不动产交由承租人占有的,若租赁期限内不动产发生所有权变动,该租赁合同对受让人具有约束力。租赁期限超过5年且未经登记的,不适用前款之规定(不得对抗善意第三人或者不得对抗人民法院对租赁物的强制执行)。"

(二)强化执行调查权

法律文书生效之后,当事人拒不履行生效法律文书确定之义务,权利人诉诸人民法院强制执行,不但是捍卫自身合法权益的需要,而且也是维护生效法律文书权威的当然之意。

在执行实践中，有部分法院和执行法官认为，人民法院执行程序既无权从实体上审查当事人（案外人）所提出长期租约的真实性，也无力（主要原因在于案多人少导致执行案件重压下，执行法官没有充足的时间和精力）就租约的真实性进行审查，所以，一直有一种观点认为，对于当事人以及案外人就执行标的所主张的长期租约的真实性、合法性，应当由当事人（包括买受人）提起确权之诉，通过诉讼程序进行裁判。因此，带租约评估拍卖或者披露租约评估拍卖，是当前人民法院执行实践中一种常用的做法。

应该说，抛开对被执行人与案外人之间就执行查封财产上设定租约的审查，对被执行查封的财产一律按照带租约或仅披露租约评估拍卖，对于具体个案的执行工作，无疑是最经济的。但是，这种模式由于没有任何风险与制约，毫无疑问将导致"虚假租约"的泛滥，最终不仅损害申请执行人的合法权益，而且损害社会的公平正义。

在诉讼程序中，因当事人权益归属尚未确定，司法裁判注重对当事人合法权益的严格程序性审查。进入人民法院执行程序，强制执行权的总的价值目标是将经过司法或准司法程序确认的社会权利义务关系实现。强制效率性因此成为人民法院民事执行权的首要价值。在我国执行难问题较为突出的现实背景下，尤其需要强调执行的强制效率性。

这种对执行工作的强制性以及对效率的追求，是当事人之间另行提起民事确权诉讼所无法替代的。人民法院强制执行权，可以主动并强制发起相关调查程序，以司法权力为保障，比较有效地查明各类案件事实，包括在执行实践中遇到的各类长期租约的真实性与实际履行情况，从而积极主动地排除虚假的租约，并追究相关当事人的法律责任。

若依靠当事人自身提起民事诉讼来确认租约的真实性或排除租约的效力，则明显将加强权利人的诉讼负担，也是普通民事主体之举证能力难以承担的。人民法院在执行程序中，应当尽一切可能，主动调查查明长期租约的真实性与合法性。当然，受人民法院执行权本身的限制，执行调查权并不是万能的，并非所有的租约均能通过执行调查查明其真实性。人民法院在执行程序中，可以通过完善现场保全与查封制度，调查讼争房产的使用情况与相关资金的支付情况等，查明讼争执行房产的真实状况，尽可能排除虚假租约的产生。

（三）虚假租约的法律责任

虚假租约的法律责任问题，一直未得到人民法院执行工作实践的重视，被执行人与案外人串通设定虚假租约，几乎没有任何法律风险，导致执行实践中虚假租约一定程度的泛滥。因此，有必要进一步明确虚假租约的法律责任，防范被执行人恶意串通制造虚假租约逃避法律义务，对抗法院强制执行。

1. 民事责任

被执行人与案外人串通编造虚假租约,意图转移被执行查封标的之财产收益,实质上减损了申请执行的权利人的债权受偿数额,直接损害了生效法律文书确定的权利人的合法权利,当然应当承担由此导致申请执行人的一切损失。被执行人与案外人串通编造虚假租约,一经查实,即应当共同对申请执行人产生的直接损失以及预期收益承担赔偿责任,如司法鉴定费用、债权迟延履行金等,人民法院在执行变卖被执行财产中得一并直接予以执行。

2. 司法责任

被执行人与案外人串通编造虚假租约,意图对抗人民法院强制执行,实质上也干扰了人民法院执行程序的顺利开展,应当承担相应的司法责任。被执行人与案外人串通编造虚假租约,一经查实,即构成妨碍民事诉讼程序,应按照《民事诉讼法》第 112 条、第 115 条的规定,对被执行人与案外人直接予以拘留、罚款处罚。

3. 刑事责任

被执行人与案外人串通编造虚假租约,实质上属于转移被执行财产或财产性收益,拒不履行生效法律文书确定的义务的行为。被执行人与案外人串通编造虚假租约,一经查实,即构成妨碍民事诉讼程序以及伪造证据行为,情节严重的,应按照《民事诉讼法》第 113 条以及《刑法》相关条文的规定,直接追究被执行人拒不履行生效法律文书确定义务或者伪造证据等刑事责任。案外人明知被执行人恶意逃避债务,而协助配合被执行人编造虚假租约,情节严重的,应按照共同犯罪处理。

(四)借款抵押合同的完善

在执行实践中,借款合同一般均设定相关不动产抵押担保,进入执行程序以后,所设定抵押的不动产往往出现大量的长期租赁现象,以对抗抵押权的行使,逃避借款的清偿责任。因此,在加强人民法院对相关长期租约异议执行审查工作的同时,当事人特别是各金融机构在发放借款并签订借款抵押合同时,也有必要进一步规范完善相关借款抵押合同。

1. 不动产占有情况的确定

为防止债权执行程序中长期虚假租约的干扰,借款人特别是金融机构在与贷款人签订借款抵押合同时,应当明确确认用于抵押的不动产的实际占用使用状况,为后续的执行程序排除可能的障碍。借款人特别是金融机构在签订借款抵押合同时,可以通过委托资产评估机构按照抵押不动产的实际使用现状进行资产价值评估,或者委托公证机构对提供抵押的不动产占用使用现状进行公证确认等方式,证明在办理贷款与抵押登记时,抵押不动产的实际占有情况。上述资产评估机构、公证机关作为独立第三人作出的不动产占有现状具有优势证据效力，除非当事人提供确切的相反证据，否则不得予以对抗。

2.诈骗责任的确定

在现实中，金融借款合同均已经增加借款人对抵押不动产不存在租约的承诺说明条款，但是，该承诺条款一般仅在金融机构与贷款人之间产生法律效力，对案外第三人没有法律效力，所以仍不足以防止贷款人与案外第三人串通编造虚假租约，损害金融贷款利益。金融机构有必要进一步完善贷款抵押合同，在合同中提示贷款人与抵押人对抵押不动产虚假陈述可能承担贷款诈骗的刑事责任，明确贷款人与抵押人若隐瞒用于贷款抵押的不动产存在长期租约的事实，妨碍抵押权人对抵押不动产的优先处分权利，情节严重的，构成贷款诈骗犯罪。金融借款合同案件进入执行程序，一旦发现长期租约问题，金融机构可以直接向公安机关报案，人民法院也可直接移送公安机关，直接追究被执行人的刑事法律责任。

3.真实租约披露

在金融借款合同关系中，贷款用于抵押的不动产上设定的真实租约应当如实披露，以排除抵押债权的清偿障碍。其实，在金融借款抵押合同中，只要贷款人如实披露抵押物的租赁情况，取得承租人不对抗抵押权的承诺，并不会妨碍贷款合同的履行。金融机构贷款抵押合同应当完善真实租约披露条款，由贷款人与承租人确认租赁合同的真实状况，防止虚假签名、隐瞒真实租约等现象，为后续案件顺利执行、抵押不动产快速处分、财产及时执行到位奠定良好的基础。

结　语

为保障"物"的合法流转，充分发挥"物"的使用价值，创造更多的社会财富，人们应当鼓励"物"的合法出租使用。立法正是基于此考虑确立了"买卖不破租赁"原则的。但是，"物"的出租，应当建立在合法的基础之上，特别是进入人民法院执行程序，被人民法院查封执行的被执行人的财物，不得以设置长期虚假租约的形式，逃避被执行人应履行的法律义务，对抗司法强制执行，损害社会公平正义。因此，进一步规范完善人民法院执行程序中对被执行不动产上设定的长期租约的审查制度，加大人民法院对相关案情的执行调查权，是化解此类"虚假租约"之执行困境的必然选择。

立案登记制背景下完善多元化
纠纷解决机制的调研报告

■联合课题组*

摘要：推进多元化纠纷解决机制，是缓解当前法院诉讼案件爆炸式增长的一种有效措施，也是化解社会矛盾、达到定分止争效果的有效方式。宁波两级法院在多元化解决纠纷机制建设方面勇于开拓，积极推进，积累了不少经验，与此同时，也存在不少问题和不足，面临不少困难与障碍。通过对立案登记制背景下多元纠纷解决机制现状的分析，有助于提出完善多元纠纷解决的对策。

关键词：立案登记制；多元化纠纷解决机制；调解；公证；仲裁

浙江省宁波市简称甬，属于副省级市、计划单列市，系世界第四大港口城市，中国大陆综合竞争力前 15 强城市，长三角南翼经济中心，浙江省经济中心。宁波已连续四次蝉联中国文明城市，2016 年获得"东亚文化之都"的称号。全市面积 9816 平方公里，下辖海曙、江东、江北、镇海、北仑、鄞州 6 个区，宁海、象山 2 个县，慈溪、余姚、奉化 3 个县级市，常住人口 782.5 万人。

宁波市中级人民法院（以下简称宁波中院）下辖 11 个基层法院，共有 37 个人民法庭。宁波中院共有政法专项编制 294 个，实有 278 名，其中，法官 195 名；事业编制 65 个，实有 61 名。宁波市江东区人民法院（以下简称江东法院）共有干警 88 人，其中政法专项编制 78 人，61 人具有法官资格，法官占比 78.21%，事业编制 10 名。

---

* 课题负责人：李章军（宁波市中级人民法院副院长）。课题组成员：李章军、鲁志锋（宁波市中级人民法院审委会专职委员）、方红（宁波市中级人民法院立案一庭庭长）、周颖（宁波市江东区人民法院审委会专职委员）、杨锦晶（宁波市江东区人民法院立案庭庭长）、刘磊桔（宁波市中级人民法院法官）。

一、立案登记制背景下法院受理案件的现状

2015年5月1日实行的立案登记制改革对人民法院各项工作产生了深刻的影响。就宁波两级法院而言，一年来受理案件数量大幅度上升，案多人少矛盾进一步加剧。

对于法院内部而言，员额制改革对于多元化纠纷解决机制的冲击十分明显。立案庭不但需要常年在窗口接待当事人，还承担着管辖权异议、不予受理等案件的办理，又要花大量人员、时间、精力去开展诉前调解工作，可是在员额分配时却"低人一等"。因此，不但法官一般都不愿意到立案庭工作，而且立案庭现有的法官也有不少存在调离本位的想法。负责多元化纠纷解决机制衔接工作的立案庭人员配置不足将对于多元化的纠纷解决机制的进一步推行十分不利。

对于法院外部来说，立案登记制强调有案必立，有诉必理。对法院立案工作提出了更高的要求。立案登记制实施以后，案多人少矛盾的进一步加剧，多元化解纠纷解决机制应当发挥更大的作用。但与此同时，部分当事人视起诉为最快捷、有效的途径，对调解的建议比较抗拒，甚至对法院产生误解。一方面，立案登记制强调快速立案、当场立案，使得一些群众不愿意再走诉前调解程序，认为诉前调解浪费时间，且不一定有效，不如直接诉诸司法裁判省事。立案登记制实施以来，当事人不愿意诉前调解现象增多，诉前调解案件有较大幅度的下降。另一方面，立案登记制使得案件大量涌入法院，法院案多人少的矛盾更为突出，巨大的办案压力又使得法院更需要依赖多元化的纠纷解决机制。两者之间的矛盾较难平衡，亟待解决。

（一）案件数量激增化

立案登记制实施以来，案件数量总体呈现出稳定上升的趋势，且将持续处于高位，用"诉讼爆炸"描述这一现象丝毫不为过。

2015年，宁波两级法院共收案172699件（包括减刑假释案件），同比上升12.82%，其中宁波中院收案12123件，同比上升10.06%。2015年，宁波两级法院未结案共22667件，同比上升77.7%。各法院未结案全面上升，除浙江省慈溪市人民法院增幅在20%以下外，其余人民法院增幅均在50%以上，其中余姚市人民法院、宁波市江北区人民法院、江东法院未结案数翻倍，增幅最高的达263%。宁波中院未结案1724件，同比上升85.98%。①

---

① 宁波市中级人民法院：《全市法院2015年度审判运行态势分析报告》。

(二)诉前化解率和调撤率降低

2015 年 5 月 1 日实行立案登记制后,宁波两级法院的诉前化解率为 8.63%,虽然高于全省平均值(7.94%),但是同比下降 6.41 个百分点。全市法院 2015 年民事调撤率为 61.68%,同比下降 0.85 个百分点,居全省第三位。

(三)司法确认案件减少

在司法实践中,人民调解协议司法确认工作遇到了不少困难和问题,使得法院受理人民调解协议司法确认案件有下降的趋势。主要存在问题如下:(1)工作成效不明显。司法确认收案数量少,基层法院重视程度不够,加上人民调解组织的力量不足,当事人选择非诉讼纠纷解决方式的积极性不高。(2)司法确认对象不明确。一般来说,人民调解协议司法确认是采取"全部确认"或"全部不予确认"的方式,只有调解协议的内容全部有效法院才能予以确认,若协议内容是部分有效、部分无效的,则不予确认,这会动摇当事人对司法确认的信心。(3)司法确认范围不明确。对于人民调解协议的司法确认范围,相关法律及司法解释并没有作出明确的规定,且司法确认的申请应由双方当事人共同提出,任何一方拒绝或不同意申请都将使司法确认无法进行,调解协议自然也无法获得法律上的执行力。(4)监督救济程序缺失。经司法确认生效后的调解协议,可能出现因调解不慎或审查不严导致错误确认的情况,但相关法律及司法解释对如何纠正错误的司法确认都没有涉及,加上"执行难"的困扰,使得司法确认案件没有后续的支持与保障。[①]

(四)影响范围网络化

随着网络传媒技术的快速普及,网络传媒平台成为部分群体和个人借以扩大事件影响,争取民意支持,引起有关部门关注,给冲突对方或者纠纷解决者施加压力,争取诉求得到满足的一个常用手段。许多矛盾纠纷事件一经网络传播和发酵,小事变成大事,简单的纠纷变成复杂的案件,普通事件变成社会公共事件,个体纠纷变成群体性纠纷。

(五)规模群体化

群体性纠纷主要集中在征地拆迁、旧城改造、商品房建筑质量、劳动关系和

---

① 刘黎明:《浅析当前法院受理司法确认案件下降的原因和应对措施》,http://www. hicourt. gov. cn,下载日期:2016 年 4 月 5 日。

民间非法集资、物业关系等诸多领域。群体性纠纷中对社会稳定冲击最大的是群体性事件。近年来群体性事件不仅有增无减,而且还出现了新的特点和趋势。主要表现在如下几点:(1)组织化。不少群体性事件发生之前就已经成立组织,有领导,有策划,有分工,事件发生过程也表现出组织化的特点。(2)大量无直接利害关系人参与到群体性事件中。(3)对抗性、暴力性强。比如矛头直接指向当地党委政府,以暴力手段攻击干部、警察等等。

二、宁波两级法院推进多元化纠纷解决机制的经验

2015年9月,宁波中院获得最高人民法院与中国保险监督管理委员会联合授予的"全国保险诉讼诉调对接机制建设示范法院"称号。在此基础上,宁波两级法院进一步结合本地工作实际和特点,充分发挥推动作用,以审判工作为依托,进一步优化内外部资源配置,加强与非诉解纷方式的衔接配合,深入扎实地推进多元化纠纷解决机制改革工作,在实践探索中前行,打造多元化纠纷解决机制的"升级版"。

(一)依靠党政:主导各方积极推进

在宁波中院的积极争取下,宁波市市委、市政府充分发挥总揽全局、协调各方的作用,大力支持多元化纠纷解决机制改革,出台了《关于深入推进矛盾纠纷多元化解机制建设的意见》,帮助人民法院解决遇到的困难和问题,进一步完善矛盾纠纷多元化解体系,维护社会的和谐稳定。

宁波两级法院也结合自身实际,制定了一系列规范多元化解纠纷解决机制的规章制度。同时,宁波两级法院普遍搭建"诉非衔接"工作平台,积极培育推动建立交通、医疗、保险、物业等专业性、行业性调解组织。在多方支持下,多元化纠纷解决机制得以在宁波落地生根。

(二)创新模式:诉调对接升级换代

1.诉调对接平台服务立体化

宁波两级法院均设立了诉讼服务中心,将诉调对接平台从原先只负责非诉纠纷解决渠道与法院的对接和调解协议的司法确认等工作,转变为建设集诉讼服务、诉讼辅导、立案登记、诉调对接、人民调解等多项职责于一体的立体网格式综合服务平台。推动建立律师调解员、专家调解员、法院专职调解员制度,化解审判压力。

在党委、政府的支持下,进一步协同建立检调对接和"警调对接"机制。对受理的轻微刑事案件、民事申诉案件,试行委托调解组织实施先行调解,共同促进

当事人和解息诉。加强驻公安派出所人民调解室规范化建设,选派人民调解员参与矛盾纠纷联合调解工作,有力促进人民调解。

2."诉调衔接"模式精细化

目前宁波中院在与中国保险监督管理委员会宁波监管局建立了保险纠纷诉讼与调解对接机制,与中国国际贸易促进委员会宁波分会联合建立商事调解工作室,与宁波市司法局共同制定《宁波市建立医疗纠纷诉讼与人民调解对接机制的意见》,与宁波市科技局下设的知识产权维权中心就建立宁波市专利纠纷案件"诉调对接"制度达成共识。

宁波中院下辖各基层法院也纷纷根据自身特点搭建平台构建多元化解纠纷机制。鄞州区人民法院针对消费者维权案件日益增加的特点,与宁波市工商局鄞州分局会谈,设立了消费者权益保险巡回法庭,共同处理涉及消费者权益的纠纷。海曙区人民法院位于旅游中心,该院与宁波市旅游局达成联合成立涉旅游纠纷调解工作室的共识,由市旅游局派驻专职人员在该院先行调解旅游纠纷。江东法院针对辖区属于金融中心故金融案件一直居高不下的情况,加强与仲裁机构的沟通,并通过向辖区内银行发送司法建议书,一方面加强银行诉讼文书送达效率意识,提高银行防范和化解金融风险意识;另一方面引导银行在与客户签订合同时将以往约定的诉讼管辖变更为约定仲裁管辖,使得一部分金融案件分流至仲裁机构,缓解法院的压力。象山县人民法院(以下简称象山法院)发挥妇联调解婚姻家庭纠纷优势,化解家庭纠纷。不定期与妇联举行研讨会,共同探讨有效化解家庭纠纷的方法,促进家庭纠纷的解决。不定期选派法官到妇联,对于涉及妇女儿童权益的案件进行指导。奉化市人民法院(以下简称奉化法院)联合该市司法所、各乡镇街道社区成立了各类涉诉纠纷调解委员会,如医疗纠纷人民调解委员会、交通事故纠纷人民调解委员会等。奉化法院在立案前,对案件进行斟酌,对符合引调条件的征得当事人同意后移送相关调解组织进行调解,努力促进法院审判和社会矛盾化解。

3.诉调衔接流程分层递进化

宁波两级法院实行诉调衔接流程分层递进化。对于当事人诉至法院的纠纷,可以分为三个层次递进化解。第一层,登记立案前,对适合调解的案件,在征得当事人同意的基础上引导当事人选择诉前调解,当事人拒绝调解或不同意调解的,立即转入登记立案阶段。第二层,登记立案后,法院通过诉讼引导对案件进行分流,对适宜调解的案件,在征得当事人同意的基础上,通过委托特邀调解组织或者特邀调解员进行调解,或者交由法院诉调对接中心的专职调解员进行调解。这个阶段调解达成协议的,可以直接由担任专职调解员的调解法官审查后出具调解书,无须再走司法确认程序。第三层,案件在转入审判庭后的庭前准备阶段,法院认为有调解可能的,在征得当事人同意的基础上邀请有关调解组织协助法院调解。这为庭前准备阶段充分利用多元化解的方式留出了空间。宁波两级法院通过上述三个层次的递进衔接,充分发挥多元化纠纷解决机制的作用,尊重当事人的选择权,甄别、引导、分流案件,最大限度地快速化解纠纷,有效地缓解法院案多人少的矛盾,满足当事人的多元司法需求。

4.诉调衔接队伍构成专业化

为了充分利用社会资源合力解决纠纷,有效化解矛盾,宁波两级法院建立特邀调解组织和调解员队伍,确保调解工作合法、有序、规范、高质量地进行。严格按照标准和程序从人民调解员、人民陪审员、律师、教育机构、妇联等,进行层层筛选、选拔,组建起一支政治素质优秀、业务素质精良的特邀调解员队伍,并有针对性地在医疗纠纷调解委员会、交通事故损害赔偿委员会、劳动人事争议仲裁委员会、保险行业协会等行业调解组织成立行业调解委员会,设立行业组织调解室,具体办理法院委派调解或委托调解的案件。

为促进诉调衔接队伍向职业化、专业化方向发展,宁波两级法院针对以往的解纷人员大多数是人民调解员以及基层司法人员,主要依靠的是工作中积累的经验的特点,大力开展人民调解员旁听庭审、以案释法、疑难复杂案件研究商讨、以会代训等方式进行调解员培训,提高调解员业务技能。此外宁波两级法院还通过与商事调解组织、行业调解组织、仲裁组织等合作开展调解专业人才的培训工作,纠纷解决逐渐成为一种职业。

为了加强调解队伍的建设,宁波中院下辖一些基层法院还尝试建立了法院专职调解员制度,法院专职调解员由法院调解能力强、经验丰富的法官担任,主要负责立案登记后案件的调解工作,强调了调解与审判的适当分离,合理调配司法资源,让擅长调解的法官专职调解,让审判法官从诉前调解、审前准备工作中解脱出来。法院专职调解员的设置既实现了司法资源的合理配置,又有效避免了调判不分、强迫调解等问题的出现。宁波中院将在总结试点经验的基础上进行总结,在条件成熟时在宁波两级法院全面推行。

(三)成效显著:呈现多方共赢局面

宁波两级法院通过积极推进多元化纠纷解决机制改革工作的升级换代,有效畅通了群众的利益表达渠道,满足了群众的多元化司法需求,将大量的矛盾纠纷化解在诉前、化解在基层,既减轻了人民法院的诉讼压力,又有力化解了社会矛盾,同时使群众对司法的满意度不断提升,呈现了多方共赢的良好局面。

1.缓解法院案件压力,提升办案质效

多元化纠纷解决机制的全面推行,大大缓解了法院案多人少的矛盾。以保险诉调对接工作为例,据统计,试点三年来宁波两级法院通过诉调对接机制委托行业调解机构调解的纠纷占所受理的全部保险纠纷的一半以上。宁波两级法院开展试点工作前三年保险纠纷案件的调解率为 68％、发改率为 1.35％、服判息诉率为 87.2％，试点三年来调解率达到 84％，发改率仅为 0.3％、服判息诉率达到 99％。通过保险诉调对接机制，减少了诉讼环节，将案件的举证、质证过程都在诉前调解过程之前完成，在保险公司提前审核后再通知三方当事人调解，调解完成后当场制作调解书，并将协助执行通知书直接发给车辆投保的保险公司，大大缩短了诉讼时间，案件的审理期限也从试点当年的 35 日缩短到目前的 8 日左右。

2.方便人民群众快速实现其合法权益

仍以保险类案件为例，通过多元化纠纷解决机制实现了调解与诉讼、调处与理赔、调处与执行的无缝衔接，实现了"便捷式""一条龙""一站式"服务。对当事人而言，提高了纠纷解决的效率和质量，消除了以往当事群众在纠纷处理中往返于法院的奔波之苦，保障了当事人的合法权益，提高了人民群众对法院工作的满意度。

陶某等人在事故责任认定后要求奉化法院诉前调解，法院指导帮助受害方应提供相关的证据，由法院出面在调解之前先将相关证据材料提交给保险公司预先审核，整个过程都是法院与保险公司联系，解决了事故受害方由于不懂如何处理，且因家庭经济原因无法请代理律师的难题，减少了当事人的诉讼成本。事故的其中一方车辆投保于外地保险公司，通过诉调对接，奉化法院与保险公司联系后，委托当地的保险公司参与调解，解决了投保人两地奔波的困难。

3.维护社会和谐稳定

以家事类纠纷为例，各基层法院引入家事案件当事人的心理疏导机制，聘请心理疏导师介入家事案件，对一方不同意离婚、情绪波动较大的，或者涉及孩子探视权纠纷、亲子关系认定的，或者家庭暴力持续时间较长的等家事纠纷案件，邀请有关心理专家针对性地对相关人员进行心理疏导。与公安、司法、民政部门、妇联组织建立长效协作机制，对敏感家事案件在案后进行跟踪、回访和帮扶，努力促进社会的和谐稳定。此外，法院还通过邀请乡镇街道家事调解员协助调解、妇联家事调解员工作日驻院调解、开展法官定期坐堂提供咨询服务，入村入街道开展法律服务等活动，也使得家事纠纷源头化解的渠道更加顺畅，从而有利于和谐社会的构建。

2014 年象山法院诉前化解家事类纠纷 35 件。2015 年该院家事审判合议庭正式成立之后，开通了家事纠纷诉前调解的绿色通道，仅 2015 年 6 月至 2015 年 12 月，在诉前化解了家事纠纷 85 起，2015 审结的 311 件案件中，调撤率达 64.23％，比该院平均值高出 6.5 个百分点，平均审理天数 21 天，比该院平均值少 7 天。

三、多元纠纷解决机制存在的问题和不足

宁波两级法院多元化纠纷解决机制建设在呈现出诸多的亮点、积累了丰富而有益的经验的同时,也存在一些明显的问题和不足,主要有以下几个方面:

(一)多元化纠纷解决机制建设缺乏整体和科学的规划

目前多元化纠纷解决机制的建设,大多是分散在各个部门负责或者牵头的。比如人民调解、公证由司法行政部门负责,劳动争议仲裁由劳动人事部门负责,商事仲裁由政府法制部门协调、指导和监督,诉调对接由法院主导等等。各个部门各自为政,缺乏协调与沟通,不利于多元化纠纷解决机制建设体系化和科学化。同时,各地在推进多元化纠纷解决机制建设过程中,围绕着有些核心内容的建设存在做法不一的情况。比如纠纷调处中心在参与部门、窗口设置、工作流程、领导层级和体制、考核体制乃至该中心的名称等方面,都存在着很大的差异性。有些地区的党委政府高度重视,在经费、人员、场所等各方面给予充分支持,有些地区的党委政府的重视程度和支持力度明显不够。此外,多元化纠纷解决机制的建设过多地依赖于经验,决策的科学性不足,有些领导干部将多元化纠纷解决机制简单等同于大调解,而有些领导干部则从简单的维稳思路来理解和把握多元化纠纷解决机制。

(二)多元化纠纷解决机制功能发挥结构失衡

总体上来说,诉讼、人民调解、某些专业性纠纷解决平台、劳动争议仲裁的功能发挥得较为充分,但行政调解、商事仲裁等功能尚未得到充分的发挥。

1. 行政调解。造成行政调解功能发挥不足主要有以下几个原因:(1)重视程度和推动力度不够。许多行政机关将行政调解视为可有可无的工作内容,造成行政调解工作的边缘化。(2)行政调解缺乏明确和具体的规范指导。(3)行政调解和人民调解、诉讼的关系没有理顺,彼此之间的衔接机制不顺畅。(4)行政调解协议申请司法确认目前尚存在法律障碍。

2. 仲裁(不含劳动争议仲裁)。造成仲裁功能发挥不足主要有以下几个原因:(1)仲裁制度社会影响力不够。许多企业的负责人、商业活动主体对于仲裁制度的特点和优势缺乏了解。(2)商事活动主体对于仲裁的权威性、公正性尚有质疑。(3)仲裁案件结构不合理,类型过于集中,案件标的额偏小。

(三)衔接机制不顺畅

目前司法行政部门聘用的专职调解员派驻法院参与调解工作,其作用的发

挥往往取决于所驻单位领导的重视程度和双方的信任度。专职人民调解员派驻法院从事调解工作,调解员本身失去了身份的独立性,人民调解可能依附于司法调解,甚至与司法调解混合。在专业性调解方面,部分专业性调解委员会与其他部门、机构的衔接机制亟待完善。

(四)队伍建设亟待加强

以人民调解员为例,很多人民调解员不参与调解工作,或者很少参与调解工作,真正投入人民调解工作中、认真履行职责的人民调解员的数量不足。由于调解工作报酬的微薄与不稳定,缺少对调解员的激励措施,导致人民调解员职位缺乏应有的吸引力,也抑制了人民调解员的工作积极性。

(五)经费保障不到位

经费保障不到位表现为:首先,政府投入不够。其次,社会资金进入不足。如多元化纠纷解决机制很少得到公益基金、社会捐助的支持;实际上,社会资金为多元化纠纷解决机制建设提供支持也存在诸多法律和政策障碍。最后,市场化运行机制发挥作用十分有限。目前,主要是商事仲裁、公证可以通过市场化运行得到资金支持,其他纠纷解决机制的运行基本上依靠政府财政的支持。

四、关于推进多元化纠纷解决机制建设的建议

(一)总体建议

1.政府应当积极推动非诉讼纠纷解决机制的完善和发展。政府应当提供以下几个方面的支持:(1)制度支持。即在当地政府权限范围内,制定各种推动、支持非诉讼纠纷解决机制建设的政策、规章。(2)物质支持。即在纠纷解决机构运行所需要的办公场所、运行经费、人员工资奖励等诸多方面,通过地方财政予以支持。(3)协调作用。非诉讼纠纷解决机制的发展涉及多个部门,应由地方政府出面协调。

2.适当导入市场机制。非诉讼纠纷解决机制虽然在本质上具有公益性,但是也需要解决激励机制问题。吸收高素质人才参与非诉讼纠纷解决,激发调解员工作积极性,仅仅依靠政府买单是不够的,适当导入市场机制,也是一个行之有效的办法。比如专业调解组织、行业协会调解组织、商会调解组织、由律师协会组织的律师调解组织,对于调解人员的业务能力要求较高,调解工作难度较大。由这些调解机构解决纠纷,适当收取费用,显然有利于这些调解机构吸收到高素质人加入,同时也能够提高调解员从事调解工作的积极性。

3.以开放和包容心态鼓励各地纠纷解决方式的创新。社会的发展和地区的差异,既对纠纷解决方式的创新提出了要求,也为这种创新提供了空间。这种创新也为多元化纠纷解决机制的不断发展和适应新的形势注入了活力。对于各地解决纠纷方式的创新方法,只要合法并且能够取得良好的效果,就应当鼓励与支持。有些创新方法具有推广价值的,就应当努力推广。

(二)进一步拓宽纠纷解决渠道

1.鼓励和推动行业协会、商会等社会组织成立调解组织,调解成员之间以及成员与其他主体之间的民商事纠纷。可以赋予行业协会、商会等社会组织在调解员选任、经费来源、调解员报酬等方面更多的自主决定权,以使调解组织的运行更加适合行业特征、商业规律。

2.推动专业调解。推动在投资、贸易、金融、证券、期货、房地产、工程承包、运输、知识产权、技术转让等领域建立专业调解组织。探索建立市场化运作的商事调解组织,如调解委员会、调解室等。专业调解组织在调解员的选任、经费来源、调解员报酬等方面应当充分体现其专业性特色和要求。可以尝试允许就某些影响重大、争议复杂、涉及特殊专业领域且固定专业调解组织无力调解的纠纷,组建临时专业调解委员会。

3.鼓励和推动律师协会设立调解组织,允许规模较大、综合实力强的律师事务所建立调解组织。此类调解组织可以就律师代理的诉讼案件主动自主地进行庭外调解或者接受人民法院的委托进行庭外调解,也可以对未进入诉讼程序的其他纠纷进行调解。

4.强化政府纠纷解决职能。行政机关在履行职责过程中发现纠纷时,凡是有调解可能的,都应当告知当事人可以申请调解或依职权主动进行调解。在行政纠纷较多的县(市、区)和部门,应建立行政调解中心或行政调解组织,配备专职和兼职调解员,将行政调解工作纳入行政机关和法治政府绩效考核体系。

5.完善仲裁制度,提升仲裁作用。首先,应当进一步落实《仲裁法》,使仲裁机构回归民间纠纷解决组织的属性。其次,鼓励建立专业仲裁分支机构,比如金融纠纷仲裁;探索设立县级仲裁分支机构。最后,政府应为仲裁机构设立、仲裁机构拓宽案源提供必要的支持。

6.发挥公证预防化解纠纷的作用。积极开展家事、商事等领域的公证活动,通过固定事实,固化法律关系等形式,有效地预防矛盾、化解纠纷。发挥公证赋予债权文书强制执行效力的功能,降低解纷成本,快速实现正义。注重发挥公证员在公证过程中的法律释明作用,促进各方当事人充分了解行为后果,避免纠纷、减少诉讼。

(三)理顺、畅通衔接机制

1.明确政府设立或主导的各类纠纷解决机构或者纠纷解决渠道受理的纠纷范围,落实各责任主体的告知和引导义务。一方面,让民众能够有的放矢地选择合适的纠纷解决机构或者纠纷解决渠道。另一方面,各责任主体对于民众上门要求解决的纠纷,发现不属于自己解决范围的,应当告知和引导纠纷主体选择合适的解决机构或者解决渠道,不能一推了之。

2.完善司法与调解组织的衔接机制。要进一步明确诉前委托各类调解组织调解的案件。可参照北京法院的做法,将涉及交通事故、物业纠纷、离婚纠纷,以及标的额在 10 万元以下的买卖、借款合同纠纷在立案前先行委托人民调解员进行调解,也可借鉴象山法院 2011 年制定的《关于加强诉调对接促进社会矛盾联合化解的若干规定》,确定以下 12 类案件为先行调解的案件:(1)离婚、继承纠纷;(2)抚养费、赡养费和扶养费纠纷;(3)相邻关系纠纷;(4)宅基地纠纷;(5)民间借贷、租赁等标的额在 10 万元以下的合同纠纷;(6)人身和财产损害所引起的赔偿纠纷;(7)合伙协议纠纷;(8)医疗纠纷;(9)劳动争议纠纷;(10)物业管理纠纷;(11)诉讼标的额较小的纠纷;(12)其他适合人民调解、行政调解、专业调解的纠纷。今后要进一步建立覆盖全市范围,覆盖各调解组织的工作衔接机制,特别是在道路交通事故、医疗纠纷、物业纠纷、劳动争议等重点领域工作衔接制度。

3.加大对非诉讼调解的司法支持力度,让更多通过诉讼外调解达成的具有给付内容的调解协议,通过司法确认获得强制执行效力,或者通过公证直接获得强制执行效力。(1)申请公证。经各类调解组织达成调解协议,协议具有给付内容的并适合办理具有强制执行效力的债权文书的,调解协议双方可以直接向公证机构申请办理具有强制执行效力的债权文书公证。(2)司法确认。除人民调解委员会调解达成的调解协议可以申请司法确认以外,纠纷主体之间的民商事争议经行政机关、专业调解组织、商会调解组织、行业协会调解组织、律师调解组织以及其他依法具有调解职能的调解组织调解达成协议的,都可以申请司法确认。(3)申请支付令。引导债权人对具有合同效力和给付内容的调解协议向人民法院申请支付令,发挥督促程序化解纠纷的功能,减少诉讼案件。

(四)推进和完善平台建设

1.着力推进和完善县域三级矛盾纠纷综合调处平台建设

县域三级矛盾纠纷综合调处平台(大调解中心)的建设是多元化纠纷解决平台建设的重点和基础。应从以下几个方面推进和完善该平台建设:(1)在适当兼顾各地特色的同时,推进平台的标准化建设。(2)三级矛盾纠纷调处中心形成合力分工。即村(居)调委会着力调处区域内的一般矛盾纠纷,乡镇(街道)中心发挥核心功能,重点解决相对复杂、疑难的矛盾纠纷,乡镇(街道层面)无力解决的重大、复杂纠纷由县(市、区)层面解决。(3)完善乡镇(街道)矛盾纠纷综合调处平台建设,建立县级重大、疑难矛盾纠纷调处联席会议制度。乡镇(街道)平台由综治办、司法所、派出所、法庭、工商、劳动等多部门参与,合理区分功能设置不同窗口。县级重大、疑难矛盾纠纷联席会议要有主要领导负责,加强其协调能力,专门处理需要协调多部门关系的矛盾纠纷。(4)完善运行机制。健全工作机制。建立社会矛盾纠纷实行统一受理、集中梳理、归口办理、限期办理,落实登记、督查反馈等具体制度。

2.建立纠纷解决的网络平台

大力推广网络信息技术在多元化纠纷解决中的运用,开展网上调解、网上仲裁、网上协商、网上谈判、网上咨询、网上鉴定评估、网上诉讼,实现纠纷解决形式的跨时空,实现纠纷解决人员的跨地域,提高纠纷解决工作效率,满足人民群众对纠纷解决的多元、及时、便捷的新要求。

(五)加强和完善保障机制

1.充分调动社会各界人士参与矛盾纠纷解决的积极性。多元化纠纷解决机制的有效运行,需要多方面的既热心公益又具有参与纠纷解决能力的各界人士的参与,主要包括:(1)法律专业人士,如律师、法学教学研究人员、公证员、退休的法律实务工作者等。(2)其他专业人士,如医生、心理咨询师、婚姻家庭指导师、注册会计师、注册造价师、社会工作师以及其他领域的专业人士。(3)在职的党政干部。(4)在当地具有较高威望的各类人士,如退休党政干部、先进模范人物、企业家等。

2.建立经费保障机制。构建人民调解和行政调解国家承担、行业调解协会支持、商事调解市场化运作的多元化纠纷解决机制的经费保障机制。各级政府把构建矛盾纠纷多元化解工作经费纳入同级财政预算统筹安排,通过设立矛盾纠纷解决专项资金、政府购买服务、单独列入财政预算等方式,给予保障和扶持。相关行业主管部门要按照"谁主管谁负责"的原则,将调解工作经费纳入本部门预算,给予支持和保障。对其他公益性调解组织按照规定给予补贴,提供必要的物质保障和经费支持。鼓励社会各界为公益性纠纷解决服务提供捐赠、资助。

刑事诉讼诉前审查程序初探
——以 C 市人民检察院为样本

■叶迪南　李勋文[*]

摘要:侦查机关在案件审查起诉阶段存在滥用侦查权的情形。检察机关作为承载司法审查及案件过滤、分流和监督等功能并连接审判程序的重要桥梁,其在整个刑事诉讼中的地位十分重要。应当着重从存疑不捕后移送审查起诉、直接移送审查起诉、退补重报三个领域建立检察机关诉前审查制度,控制侦查机关随意移送未达起诉标准的案件数量,避免侦查权的滥用。

关键词:诉前审查;侦查权;司法资源

诉前程序在整个刑事诉讼程序研究中是一个容易被忽略的程序,然而,这一程序的意义绝不能低估。从诉前程序和起诉程序的关系看,诉前程序很大程度上影响甚至决定了起诉程序的进程及质量。例如,检察人员可以通过诉前程序发现部分存疑不捕后移送审查起诉的案件,在未补充有效证据的情况下能及时建议侦查机关继续补证后再移送审查起诉,这样,因证据不足而"被迫"退回补充侦查的情形就可以避免。从诉前程序和侦查程序的关系来看,诉前程序的审查方式影响侦查的结果。如果检察机关对于侦查机关移送审查起诉的案件不再是"有案必受",那么,侦查机关就会提高办案质量,减少侦查行为的随意性。从现实情况看,诉前程序问题突出,亟待解决。我国《刑事诉讼法》只规定了不起诉程序,而对于诉前程序的规定却依然空白,侦查决定起诉的司法现状促使我们认真研究诉前审查程序,考虑其在制度上的合理性和正当性,同时斟酌现有法律框架内的可操作性。

＊ 叶迪南:浙江省慈溪市人民检察院助理检察员;李勋文:浙江省慈溪市人民检察院副主任科员。

一、C市人民检察院办理案件情况及特点

本文着重从存疑不捕后移送审查起诉案件、直诉案件及退补重报案件着手，通过存疑不捕后移送审查起诉案件、直诉案件与年度公诉总受理案件的一次退补率、二次退补率、撤案率、存疑不诉率之间的对比，对C市侦查机关移送审查起诉案件的质量进行分析。具体情况如下[①]：

表1　公诉案件受理数量

（单位：件/人）

年份（年）	公诉案件受理数量	一次退补案件数量	所占比例（%）	二次退补案件数量	所占比例（%）	撤回案件数量	所占比例（%）	存疑不诉案件数量	所占比例（%）
2013	2249/3304	190/464	8.45	35/89	1.56	14/24	0.62	3/3	0.13
2014	2224/3189	267/511	12	50/102	2.24	19/24	0.85	6/8	0.27
2015	2321/3051	212/374	9.13	19/32	0.82	28/38	1.2	3/3	0.13

表2　存疑不捕后移送审查起诉案件数量

（单位：件/人）

年份（年）	存疑不捕案件数量	移送审查起诉数量	所占比例（%）	一次退补案件数量	所占比例（%）	二次退补案件数量	所占比例（%）	撤回案件数量	所占比例（%）	存疑不诉案件数量	所占比例（%）
2013	95/144	31/31	32.6	11/11	35.5	3/3	9.68	3/3	9.68	0	0
2014	79/109	40/43	50.6	22/24	55	8/8	20	11/13	27.5	2/2	5
2015	98/142	41/51	41.8	26/26	63.4	5/5	12.2	12/12	29.3	1/1	2.4

[①]　上述2013年至2015年数据均来源于C市检察院案件管理部门的统计数据。

表 3　直接起诉案件数量①

(单位:件/人)

年份 (年)	直诉案件数量	一次退补案件数量	所占比例(%)	二次退补案件数量	所占比例(%)	撤回案件数量	所占比例(%)	存疑不诉案件数量	所占比例(%)
2013	602/916	48/153	7.97	12/32	1.98	9/16	1.5	2/2	0.33
2014	768/1016	92/167	12	14/32	1.82	13/17	1.69	5/7	0.65
2015	919/1123	101/155	11	7/10	0.76	27/31	2.94	3/3	0.33

根据以上数据分析,C 市人民检察院近年来受理案件呈现以下几个方面的特点:

第一,存疑不捕后移送审查起诉案件中的一次退补率、二次退补率、撤案率、存疑不诉率均高于年度公诉案件的平均值,说明侦查机关移送审查起诉的上述类型案件较之于其他类型案件质量偏低。例如,2015 年存疑不捕后移送审查起诉案件的一次退补率和二次退补率分别高达 63.4% 和 12.2%,高于 2015 年年度受理公诉案件一次退补率 9.13% 和二次退补率 0.82%。此外,撤案率与存疑不诉率较高说明该类型案件固有的复杂性及前期证据固定方面的缺陷,导致后期可"补侦"的空间较小。

第二,存疑不捕后移送审查起诉率较低,一定程度上说明 C 市检察院对侦查机关继续补充侦查的引导与监督还有待提高。例如,2013 年至 2015 年存疑不捕后移送审查起诉的案件分别占存疑不捕案件总量的 32.6%、50.6%、41.8%,虽然,多数案件以侦查机关撤案作为侦查终结的方式,但是未能进行详细的书面撤案说理,致使检察机关因撤案信息不畅导致对该类型案件后续侦查监督出现纰漏。

第三,虽然直诉案件与年度公诉案件的平均值基本持平,但是如果剔除直诉案件中部分可能判处有期徒刑以下的较为简单的案件,剩余案件的一次退补率、二次退补率、撤案率、存疑不诉率仍会高于上述平均值,尤其是部分协调、转移矛盾案件,其办案质量更为堪忧。另外,从历年的数据来看,直诉案件数量增长较

---

① "直接起诉案件"并非规范的法律术语,而是司法实践中公安机关、检察机关内部广为使用的一种习惯用语。它是指公安机关对于轻刑犯罪的犯罪嫌疑人不经提请批捕程序,采取取保候审或监视居住措施后直接移送审查起诉的非羁押性案件,但本文所讨论的并不包括危险驾驶案件。

快,说明轻刑化案件数量不断增加,但同时,也说明检察机关对侦查机关适用取保候审、监视居住等强制性措施的约束力较弱,其对侦查机关的司法控制力有待进一步加强。[①]

二、诉前审查程序适用面临的难题与困境

诉前审查程序的实施向遵循诉讼效率原则迈出了一大步,有利于保证诉讼的高效性,同时又兼顾了侦查机关移送审查起诉案件质量不高的司法现状,具有一定的制度创新的价值。然而,从司法实践来看,诉前审查程序的实施仍然面临着诸多难题:诉前审查程序的适用缺乏法律依据,而且从司法实践来看,检察机关更多的只有法律监督机关之名,对于侦查机关的侦查行为缺乏实际控制力;囿于检察机关自身工作机制的限制,其实施诉前审查程序的内生动力并不充分;检、警短期既得利益冲突较为明显,难以形成职业共同体的司法理念。

(一)法律依据与司法实践的限制

法律法规的空白导致诉前审查程序对侦查行为缺乏约束力。我国《刑事诉讼法》及相关规定对诉前审查程序均没有明确的规定,其适用的随意性和可变性较大,而作为法律监督机构,也难以改变诉前审查阶段侦查机关滥用侦查权的局面。况且,侦查机关本身就设置了审查机构,即法制大队统一对各类侦查案件进行审查,如果检察机关在此基础上进行审查,则难免会给人以"矫枉过正"之感。

司法实践的现状导致诉前审查难以形成实质性审查的惯例。检察机关案件管理部门对侦查机关移送的案件基本上以形式审查为主,没有形成对移送案件是否需要进入审查起诉阶段而进行实质性审查的惯例。之所以出现这种状况,主要是因为诉前审查主体并非案件承办人员,其无法通过诉前审查确定移送审查案件证据是否确实、充分,是否具有适当理由及合理根据;也无法通过诉前审查对侦查权进行制约,避免不必要的审查起诉;更无法通过诉前审查确保起诉权发动的正当性,扭转"侦查决定起诉"的被动局面。

检察资源的有限性导致诉前审查缺乏人、财、物的支持。目前,案多人少的矛盾依然突出,检察队伍虽然较为庞大,但是办案人员的数量依然有限,超负荷的办案任务,使审查起诉部门难以抽调人员到案件受理环节中来,案件受理部门检察人员紧张的现状在短时间内难以改变。

[①] 李应敏:《刑事直诉案件质效偏低应引起重视》,载《公民与法》2015 年第 8 期。

(二)审查模式的限制

由于审查主体及审查内容单一,无法实现多元化审查。目前,检察机关对侦查机关移送案件的审查实行受理主体与审查主体相分离的工作原则,多元化主体审查模式未能建立,检察机关各部门之间缺乏相应的配合与协调,案件承办人员无法根据已知案情协助案件受理人员审阅移送审查起诉案件的证据情况。结果是,一些存疑不捕、退补案件在无任何证据补强的情况下依然进入审查起诉阶段,公诉部门承办人也因此被迫通过烦琐的审批程序作出退回补充侦查、建议撤回案件或者存疑不诉的决定,司法资源浪费现象严重。同时,审查主体的单一性也会导致审查内容的机械化和形式化,其难以通过对案件事实的把握、对在案证据的分析及对证明标准的理解,达到实质性审查的效果。

由于审查模式单一,无法实现定期互动交流。目前,检察机关对侦查机关移送审查起诉的案件基本停留在书面审查阶段,尚未建立补侦跟踪和定期交流的审查模式。之所以无法改变现有的审查模式,一方面,是因为检察机关各部门之间的工作模式过于单一,无法实现与案件管理部门之间的充分交流,审查主体也因此缺乏对案件具体事实、证据的了解,难以就"补侦"情况与侦查人员进行有效的沟通。另一方面,是因为检察机关与侦查机关之间尚未建立"补侦"情况定期交流沟通机制,部分检察人员更多地倾向于消极被动地接受补侦结果,而不是积极主动地引导侦查人员补充侦查,致使存疑不捕或者是一次退补后,在未补充新证据的情况下仍有移送审查起诉的现象发生。

由于审查对象不具有重点针对性,定向审查的示范与警示效应未能体现,诉前审查的形式化势必导致审查对象的无针对性。例如,C市检察机关并没有就目前问题较为突出的存疑不捕后移送审查起诉、直接移送审查起诉及退补重报这三类案件进行针对性的审查,而是与其他案件一样泛泛而审,既没有与侦查机关进行沟通与协商,也没有制定相应的制约措施。由于审查缺乏重点,难以发现案件中的倾向性问题,致使审查程序空转,审查过程发挥不了应有的效用,该拦截在外的案件畅通无阻地进入审查起诉环节。

(三)既得利益及司法理念的限制

首先,由于体制机制的限制,导致诉前审查与侦查行为难以形成共鸣。侦查机关现有的考核机制对其办案数量有一定的要求,因此,即便部分案件证据存在瑕疵或者缺陷,侦查机关依然会移送审查起诉,这种情形势必加剧与诉前审查程序之间的矛盾。以侦查为中心的诉讼模式,法庭审判是可有可无的,或者说是被虚化的。[①] 既然庭审都可以被虚化,那么审查起诉也会面临如此的境遇。此外,囿于侦查资源的限制,侦查机关不能充分发挥其侦查取证的职能,甚至出现补侦不作为的现象,其结果是,一方面,现有考核机制助推案件移送审查起诉;另一方面,却因侦查人员数量有限而出现案件质量问题。同时,由于部分案件存在上访等现象,侦查机关为了转移矛盾,将部分证据不足的案件移送审查起诉,而该类型案件显然背离了审查起诉所要求的达到事实清楚、证据确实、充分的证明标准的初衷。

其次,由于取证方式的固化,导致"口供中心主义"传统依然盛行。目前,虽然刑讯逼供现象已日渐式微,但指供、诱供现象却频发不止,"重言辞证据、轻客观性证据"的趋势依然没有扭转,导致部分在侦查阶段通过指供、诱供获得的有罪供述,在批捕阶段因翻供而导致证据格局发生实质性变化。由于前期侦查工作紧紧围绕"口供中心"开展,错过了固定客观性证据的最佳时机,致使后期侦查出现既无法补充新证据,也无法突破口供的结果。

最后,由于未树立以审判为中心的诉讼理念,导致对证明标准的理解各异。如果侦查机关将部分事实不清、证据不足的案件移送审查起诉是归因于体制机制或司法理念的限制,那么,将部分所谓的"事实清楚、证据确实、充分"的案件移送审查起诉,则受限于对证明标准的理解不同。就动态的定罪量刑过程来看,从立案、起诉到审判的过程展现了证明标准逐步清晰与升高的纵向层次性,从轻罪、重罪到死罪案件的审判实践中又显示出证明标准逐步严格与审慎的横向层次性。[②] 由于证明标准的动态性差异,使得侦查机关与检察机关对证明标准的理解不一,这在客观上有助于对案件的过滤和把关,但与此同时,也会加剧检察机关与侦查机关之间的矛盾。

三、完善诉前审查程序的现实路径

诉前审查程序的完善应当以保障诉讼的高效性和司法的公正性为中心,这也是诉前审查程序的法理基础。具言之,不仅要建立与侦查机关之间的良性互动机制,以办案质量的提升促进司法理念的趋同;而且要创新职能配置和履职方式,以多元化审查主体改革推动实质性审查方式的发展;还应健全诉前审查的协

---

① 何家弘:《从侦查中心转向审判中心》,载《中国高校社会科学》2015年第2期。

② 聂立泽、苑民丽:《主客观相统一原则与刑事证明标准的层次性研究》,载《法学评论》2011年第2期。

调与制裁机制,灵活把握例外情形。

(一)建立诉前审查良性互动机制

1.充分发挥基层检察室的地理、人缘优势。目前,从 C 市检察院基层检察室的发展情况来看,已基本实现其辖区内公诉案件承办职责。由于地理联系的紧密性及人员交流的定向性,基层检察室办案人员更容易、也更能有效地与侦查人员进行交流沟通,办案经验的推广及司法理念的传播也更容易被接受和采纳。所以,可以将基层检察室作为试点突破口,以点带面地推动诉前审查程序的全面实施,这种方法不但能在一定程度上缓解诉前审查程序实施所造成的短时间内检、警矛盾加剧的后果,而且也能避免因检察机关各部门衔接不畅所造成的内部尴尬局面,便于在技术层面灵活操作,及时发现缺陷和不足。

2.逐步建立检察人员与侦查人员之间的业务对接机制。一方面,参照基层检察室的办案经验,将一线办案检察人员分组后与辖区内各派出所建立业务对接机制,有针对性地进行定向业务交流,尽可能地实现司法资源的共享。例如,检察人员可以将自己承办案件中存在的问题进行梳理、分析和总结,并定期与侦查人员进行沟通交流。另一方面,要定期开展座谈会,及时了解和掌握侦查人员在诉前审查程序适用中所面临的困惑和难题,在不断交流中促进共识,提升诉前审查的实效性。

3.不断推进成功经验规范化机制建设。如果说矛盾的化解、司法理念的统一需要密切检、警关系的话,那么,这些成功经验的推广和完善则需要以更广阔的视野审视检、警关系,逐步将诉前审查程序中存在的各种矛盾和问题明确化、体系化、规范化。

(二)创新诉前审查的职能配置及履职方式

1.诉前审查的主体

诉前审查应当实现多元化主体审查模式,即案件管理部门协助案件承办人员进行审查。例如,对于侦查机关移送的存疑不捕的案件,侦查监督部门承办人员应当根据不捕说理报告及补侦提纲,与案管办人员共同对移送案件进行审查。之所以采取多元化主体审查模式,主要是基于以下几个方面的考虑:

第一,有利于摆脱受理主体和审查主体不一致的困扰。由于作为案件受理主体的案件管理部门本身并非案件审查主体,其难以准确把握案件事实及在案证据中存在的问题,也难以及时审查证据是否确实、充分,更难以判断移送案件是否应当进入公诉阶段。相反,如果案件审查主体能及时介入诉前审查程序,通过对在案审查报告、退补提纲的审阅及对新证据的审查,初步厘定在案证据是否已经发生实质性变化,并会同案件管理部门负责人商定是否对案件予以受理。

这种多元化主体审查模式，不但能够达到形式审查与实质审查相统一的效果，提高诉讼效率，而且，也能相应地提升侦查机关的办案质量，避免错失最佳取证时机。

第二，有利于更好地实施法律监督。C市2013年至2015年存疑不捕后移送审查起诉的案件占存疑不捕案件总数的比例分别为32.6%、50.6%、41.8%，近一半多的案件没有移送审查起诉，由于存疑不捕案件监督体制存在的漏洞，侦查监督部门承办人员在作出存疑不捕决定后就不再对案件的后续侦查情况负责，对于侦查机关有无按照补侦提纲继续侦查、补侦情况如何及是否存在侦查不作为甚至放纵犯罪的情形都无法了解。事实上，检察机关对侦查机关的监督是形式的、程序的，而检察机关与侦查机关的业务关系却是实质的，以形式的监督关系混淆实质的业务关系确有不妥。① 所以，有必要实施多元化主体审查模式，促使监督与审查交替实施，提高法律监督的有效性。

第三，有利于强化审查权威，防止流水作业。刑事诉讼"流水作业"的诉讼构造饱受理论界和司法界的诟病，而检察机关这种形式审查方式无异于助长了"流水作业"的趋势，也会使名义上的诉讼活动成为侦查机关针对公民自行实施的单方面的治罪活动，诉前审查程序的缺乏，直接导致被追诉者地位的严重弱化和侦查机关权力的无限膨胀甚至滥用。② "转移矛盾""无新证据反复移送审查起诉""存疑不捕后侦查不作为"等弊端，之所以在司法实践中屡禁不止，主要是源于检察机关对侦查机关移送案件无条件接受的这种"流水作业"诉讼模式，其结果必然是司法资源的严重浪费和对当事人权益的严重侵害。

2.诉前审查的范围

（1）应当将存疑不捕后移送审查起诉案件纳入诉前审查的范围。C市2013年至2015年存疑不捕后移送审查起诉的案件一次退补率分别为35.5%、55%、63.5%，远远高于公诉案件年均9.86%的退补率，且呈逐年递增趋势。此外，该类型案件的二次退补率、撤案率也都远远高于年度平均值。之所以出现这种情况，一方面，是因为案件本身疑难复杂导致取证空间有限；另一方面，是因为侦查拖延、滞后甚至不作为导致取证最佳时机错失。所以，将存疑不捕后移送审查起诉的案件作为诉前审查的范围，无疑有利于提高办案质量。

（2）应当将一次退补重报案件纳入诉前审查的范围。一方面，是通过诉前审查尽可能地防止传统普通案件二次退补的情形发生，避免将二次退补作为应对

---

① 詹建红、张威：《我国侦查权的程序性控制》，载《法学研究》2015年第3期。
② 陈瑞华：《刑事诉讼的前沿问题》，中国人民大学出版社2013年第4版，第258页。

外来压力的一种风险控制手段;[①]另一方面,是公诉承办人对该类案件的事实及证据已了然于胸,审查不仅不会过度浪费司法资源,反而会因为审查而减少非必要退补的次数,提高诉讼效率。[②]

(3)应当将部分直接起诉案件纳入诉前审查的范围。对于可能被判处有期徒刑以下的直诉案件而言,没有必要将其纳入诉前审查的范围。但是,对于部分证据不足、转移矛盾、刑事协调等案件而言,仍然有纳入诉前审查的范围的必要性。

3.诉前审查的方式

诉前审查应当突破原有的单一书面审查方式,而应采取书面审查与"补侦"跟踪引导相结合的审查方式,避免消极接受"补侦"结果。毕竟,事实真相的查明仅凭侦查机关提供的书面材料是不够的,需要检、警适当的沟通。例如,公诉承办人在作出退补决定之后直至侦查人员重新移送审查起诉期间,应当定期向侦查人员询问"补侦"进程,这样也就能及时避免因被动接受"补侦"结果而导致二次退补频繁发生。因此,建立有效的案件"补侦"沟通交流机制,不但有利于检察人员及时了解"补侦"情况,也有利于及时调整"补侦"方向,提高办案质量和诉讼效率。

(三)明确诉前审查的程序价值及其发展方向

1.明确诉前审查程序性制约的基本方式。诉前审查的程序性价值不仅体现在其对案件的审查,还在于其对案件审查后如何对侦查机关进行制约。我们认为,诉前审查的程序性制约方式有三种途径:其一,以翔实的退补说理及明确的退补提纲限制补充侦查行为的随意性。就 C 市检察机关退补提纲制作过程中存在的问题来看,退补说理的缺乏及退补事项的模糊是目前的通病,侦查人员也因此无法准确把握在案证据的体系性缺陷及退补意图,所以,出现退补目的与"补侦"结果不一的结果就时有发生。其二,有条件接受部分到期案件。对于侦查机关移送的未补充新证据而即将到期的案件,检察机关仍然应当予以接受,但需尽快提交检察委员会讨论是否作不诉处理,并报告至上级检察院,由上级检察院向同级公安局通报,以此限制侦查机关以案子到期为由反复移送未补充新证据的案件。其三,引入外部制约机制。由于缺乏法律及司法惯例的约束,诉前审查程序未必能对侦查机关形成有效的约束力,所以,建立外部监督机制实属必要。检察机关应当就问题案件进行梳理、分析、总结,并定期以书面的方式发函

---

① 左卫民等:《中国刑事诉讼运行机制实证研究》,法律出版社 2007 年版,第 219～226 页。

② 陈海锋:《刑事审查起诉程序功能的重构》,载《政治与法律》2015 年第 5 期。

至人大或者政法委等机关，并请有关机关就目前突出问题予以书面通报。

2.诉前审查应具有"刑事预审"的程序性地位。在英美法中，程序性制裁模式主要包括非法证据排除规则、终止诉讼、撤销原判、诉讼行为无效之宣告、解除羁押。其中，诉讼终止制度所针对的主要是警察、检察官滥用诉讼程序、侵犯被告人的基本权利的行为，其中既包括警察的非法侦查行为，也涵盖了检察机关的非法起诉行为。在法国，刑事预审制度同样承载着限制非法侦查与非法起诉的作用。① 而在我国，预审属于侦查阶段而非庭前审判阶段；预审权力主体是以公安机关为主体的侦查机关；在程序作用上，预审部门仅仅负责确定案件是否符合移送审查起诉的条件，而非确定案件能否进入正式的审判程序。② 基于此，我们认为，我国当前的刑事预审制度改革不可能完全移植法国的预审制度，而应当结合我国的具体国情审慎推进。但可以确定的是，我国自侦自审的预审模式已不再符合刑事审判改革的发展。而作为审判主体的法院，其并不具有法国预审法官所具备的超级警察的职能，其限制的更多的是起诉行为而非侦查行为。所以，从预审权力主体的设置看，由检察机关作为预审权力主体更符合我国的司法现状。预审权力主体的重新设置或许能为诉前审查程序提供理论依据和发展契机，其实施将成为除不起诉程序外的一种新型的限制侦查行为的程序性模式。

3.构建"一体化"的检、警关系格局是诉前审查的发展方向。由于公安机关与检察机关之间存在松散性的协作关系，使得审判前的立案、侦查、审查起诉甚至将来的出庭公诉，缺乏统一的指挥和领导，导致两个追诉机构之间出现不应有的摩擦和推诿。因此，结束这种分离化和松散化的局面，走向一体化的诉讼格局，将成为诉前审查程序发展乃至于中国刑事司法改革的主要方向之一，成为中国刑事诉讼走出"流水作业"构造，建立以审判为中心的诉讼构造的重要步骤。而诉前审查程序引导、纠正甚至制裁侦查行为的特点将为构建"一体化"的检、警关系格局提供一种现实路径。

---

① 根据法国的刑事诉讼制度，检察官提起公诉后必须将公诉书发给预审法官，由预审法官进行初步审查。如果预审法官认为应当启动预审程序，则可以启动该程序。在预审程序完成后，对于证据确凿的案件，预审法官可以将案件移交给上诉法院进行审查。如果预审法官认为证据未达到起诉标准，则会将案件退回检察官。

② 洪浩、罗辉：《法国刑事预审制度的改革及其启示》，载《法商研究》2014 年第 6 期。

民族地区基层法院审判工作的调研报告
——以 G 县人民法院为例

■吕文光*

摘要:少数民族地区由于受到特殊的地域环境、民族文化传统和生活习惯等的影响,民风民俗丰富多彩,其产生的社会矛盾纠纷也呈现出复杂化和多元化的特点,基层法院审判工作面临不同程度的困境。为此,有必要开展以民族聚居地区基层法院为考察对象的调查研究,系统分析基层法院案件审理的主要特征及在案件审理中存在的矛盾冲突,在此基础上,提出完善少数民族地区案件审理工作的相关建议。

关键词:民族地区;基层法院;司法审判

G 县位于新疆维吾尔自治区西南部、喀什噶尔冲积平原中下游,地处天山南麓、塔里木盆地西缘、克孜河下游,总面积 6600.68 平方公里,拥有丰富的矿产资源和甜美的瓜果,素有"瓜乡铜城"之称。G 县下辖 13 个乡镇,300 个行政村,总人口 43.78 万人,有维、汉、哈、回等 13 个民族,其中少数民族人口 42.3 万人,占总人口的 96.62%,农业人口 38.56 万人,占总人口的 88.07%。G 县人民法院下辖 5 个派出法庭,现有在编人员 79 人,法官 42 人,一线办案审判人员 35 人(民族法官 31 人、汉族法官 4 人)。由于审判人员明显不足,案多人少,案件审理的压力很大。

一、G 县人民法院的现状

(一)民族法官与法官比例失衡

G 县法院民族法官大多数都是懂双语的当地人,由于受当地发展水平的限

---

* 作者系新疆维吾尔自治区伽师县人民法院助理审判员。

制,其受教育水平相对低于其他省市的法官,掌握的司法知识有限,司法能力相对较低。懂得少数民族语言的汉族法官的比例不高,懂双语的民族法官相对较少,能够直接翻译法律法规的人员更为短缺。虽然该院每年都会通过公开招考的方式选拔法律人才进入法院工作,但是仍然存在一个无法回避的现实问题,即大部分招考进来的法律人才多为外地人,又非同一民族,虽然有较高的法律素养,但是无法和当地的少数民族诉讼当事人进行交流,从而影响办案的效率。

(二)法官工资待遇偏低

法官的工资待遇低,南疆边远的民族地区基层法院的工资福利与东部发达地区基层人民法院相比差距巨大。多年来,我国对法官的管理体制一直采用的是行政机关公务员的管理模式,法官的工资标准也是实行行政机关公务员的工资标准。法官工资待遇低,应有的待遇得不到保障。法院缺乏吸收高素质人才的引力,引进人才困难,同时法院内部人才外流的现象也比较严重。

(三)受理案件逐年增多,案多人少的矛盾日益突出

随着经济社会的快速发展,人民群众维护权利的意识不断提升,通过法律维权的主观意愿日益增强。人民法院作为实现社会正义的最后一道防线,大量难以化解的社会矛盾纠纷以各种诉讼案件的形式涌入法院。特别是2015年5月1日全面实行立案登记制以来,案件数量更是大幅上升。一方面,案件类型增多,尤其是新型、复杂案件增多。相比较于普通案件,处理案情较为复杂的案件所需投入的精力和时间相应增加。另一方面,是程序工作量增大,案件的审理环节所花费的工作量大幅增加。随着近年来案件激增,办案法官的数量并未随之相应增加,基层法院一线审判人员数量不足,"案多人少"的矛盾非常突出,对一线审判人员办案效果和身心健康都形成了巨大的考验。

二、近两年来案件审理情况的分析

(一)一审案件结案率保持相对稳定

G县人民法院2015年受理各类诉讼案件2816件,审结2784件,结案率为98.86%;2014年受理各类诉讼案件1759件,审结1716件,结案率为97.96%。2015年与2014年相比,收结案增幅分别达到60.09%和62.24%。

(二)民商事案件调撤率明显增高

2015年受理民商事案件1808件,其中调解结案1528件,撤诉(含按撤诉处

理)结案 79 件,案件结案调撤总数 1607 件,民商事案件调撤率为 88.88%。2014 年该院共受理民商事案件 1174 件,其中调解结案 959 件,撤诉(含按撤诉处理)结案 40 件,案件结案调撤总数为 999 件,民商事案件调撤率为 85.09%。该县人民法院的主要做法如下:(1)在院领导班子的正确领导下,民商事法官不断探索新的调解方法和调解艺术,总结调解经验,提高调解水平和案件息诉率,努力实现案结事了。积极采取庭前调解、庭中调解、庭后回访等方式,促使调解及撤诉结案率得到进一步提高,取得了良好的社会效果。(2)在民商事审判中,始终秉持"法律效果、政治效果和社会效果并重"的司法理念,坚持"调解优先、调判结合、能调则调、当判则判"的原则,将加强诉讼调解力度与创新调解方式有机结合起来,使得调解结案及撤诉的案件比例有了进一步的提升。(3)主动在审理的各个阶段做好与当事人的沟通工作,抓住每一个可能促成调解的细节,充分说理,耐心疏导,促成当事人达成调解协议,致力于把矛盾化解在基层,就地解决涉及群众切身利益的问题。

(三)刑事案件收结量有增多趋势

2015 年该院共受理刑事案件 707 件,审结 694 件,比 2014 年的 324 件增加 383 件,上升 54.17%。刑事案件总量有上升趋势,其特点如下:(1)部分案件涉及"三非"(即"非法宗教活动、非法宗教出版物、非法宗教网络传播")案件的严打专项行动,案件数量有一定的提升;(2)未成年人犯罪比例有所提高;(3)现代娱乐场所如舞厅、网吧、KTV 等难以管理,良莠不齐,一些不健康的服务项目和赌博游戏极易腐蚀青少年,此类案件有一定的增加。

(四)受理婚姻家庭案件增多

2015 年该院共审结离婚案件 1218 件,比 2014 年的 761 件增加 557 件,上升 45.73%,婚姻纠纷案件有以下几个特点:一是早婚现象较为普遍,甚至有些未到法定结婚年龄而同居。二是结婚时间短,感情基础薄弱。三是离婚当事人呈低龄化趋势。四是女性提起诉讼的比例高。离婚的主要原因如下:(1)少数民族对婚姻家庭法律、法规认识不够,部分群众以本民族习俗及所信仰的宗教习惯作为婚姻的缔结的基本依据,忽略了国家法律对婚姻的具体规定,"婚姻"双方矛盾激化后才请求法律保护。(2)少数民族青年结婚大多数遵从父母长辈的安排,多数情况下,父母在衡量双方家庭是否门当户对后,便为自己刚到结婚年龄甚至 16 岁至 18 岁的子女做主,采取以媒人牵线搭桥等方式为子女定亲成婚。同时,在给年少无知的子女操办婚事的过程中,家长们往往不顾及婚姻当事人的意愿,对婚姻登记的必要性和重要性认识不足,致使年少儿女婚后多因薄弱的感情基础而走上离婚的道路。(3)在 2015 年受理的 1218 件离婚案件中,女方提出离婚的有 867 件,占 71.18％,有一定幅度的上升。一方面反映现代女性自我保护的法律意识、权利意识增强,另一方面也说明在少数民族居住的区域,由于农牧民受教育程度较低,传统的婚俗及"男尊女卑"的婚姻观念仍然未全面改变。

(五)机动车交通事故纠纷案件略有上升

2014 年受理机动车交通事故纠纷案件 58 件,2015 年机动车交通事故纠纷案件 65 件,上升 10.77％。此类案件增加的原因如下:(1)随着经济的快速发展,农村家庭一般都购有机动车辆,由于交通车辆基数的增加,给道路安全增加了负担,导致事故率的增长,随之诉讼到法院索赔的案件数大量增多。(2)一些驾驶员的技术水平及遵守交通规则的意识不是很强,无证驾驶、超速驾驶、酒后驾驶等违法、违章行为时有发生。(3)一些驾驶人员参与公司、工程运营的车辆,出于利益考虑,对事故的发生往往抱有侥幸心理,增加机动车交通事故发生率。(4)赔偿数额较大,部分肇事车主承担不起,不少案件的索赔动辄几万、几十万元,赔偿能力较弱的当事人承受不了,或故意逃避理赔,索性任由对方折腾,受害人或其家属不理解理赔规定,索赔要求过高。

(六)农村土地承包合同纠纷大量激增

2014 年受理农村土地承包合同纠纷案件 16 件,2015 年农村土地承包合同纠纷案件 47 件,同比上升 65.96％。农村土地承包纠纷的主要特点:农村土地承包纠纷案件不仅在数量上呈现增加的趋势,在种类上也呈现出一种复杂化的趋势。主要表现在:案件类型由过去主要是土地承包合同纠纷案件到如今不仅表现在土地承包合同纠纷案件上还涉及土地承包经营权侵权纠纷、土地承包经营合同的确认纠纷等多类型纠纷。造成当前农村土地承包纠纷案件增多的原因主要有以下几个方面:(1)农村土地政策变化导致效益的提升。现阶段国家农村农业政策作了重大调整,特别是农业税的免除、农业补贴的实施等一系列解决村民负担实际问题措施的出台,使村民通过从事农业耕种能够获得较大收益。加之,内地外来务工的村民逐年增多,在种地上看到了更多的利益。由此产生的争执和矛盾演化成了大量的土地承包经营权纠纷。(2)农村土地承包合同订立及承包经营的不规范。农村土地承包合同是发包方与承包方之间经过民主议定程序自愿达成的书面协议。在人民法院实际受理的土地承包合同纠纷案件中,大多数书面合同存在内容不具体、权利义务关系不明确、权责规则不完善,发包人的主体资格混乱,发包程序不规范等诸多问题。(3)村民自身的法律意识淡薄。一些村民法律意识、诚信意识淡薄,追求自己利益的最大化,对待利益分配往往以农村习俗作为判断公正的标准。有的村民在土地流转之后又反悔,强行解除合同,协商不成则通过各种途径阻止他人经营或者抢种,有的村民则以违反协议等种种理由要求确认合同无效以阻止他人继续经营。由于村民的法律意识差,盲目追求自己的利益最大化,致使当初在签订合同时内容简单,有着不少的漏洞,导致在实际的履行过程中发生争议,致使此类纠纷大量激增。

三、进一步完善案件审理工作的建议

民族地区审判工作除了具有其他地区共有的特点外,由于民族地区的经济社会发展水平、宗教、民族习性、民族风情、法律意识、民族地域结构等方面的原因,还具有符合少数民族实际的一些具体的特点。民族地区审判工作的特点主要表现在以下几个方面:一是法制环境有待进一步改善。当事人文化素质和法律意识相对较低,对审判工作理解、支持不够。长期以来地区发展的差异,导致在一些民族地区、移民区,由于长期的发展滞后,群众普遍法律意识淡薄,对法律的认知程度低,对法院的信任度不高。二是由于自然、经济条件等方面的限制,群众诉讼困难,案件审理成本较高,法院审理压力大。在民族地区的基层法院,由于交通和通讯不畅,当事人发生纠纷后寻求法律支持和救济极为不便,表现为起诉难、应诉难、参与审理难等。三是纠纷产生的原因一般多为琐碎的生活摩擦,且诉讼标的额较小。在民族地区,受经济发展因素的影响,案件产生的原因呈多样化的特点,总体来说,纠纷产生的原因大多以婚姻家庭、继承关系为主,有时因几句闲话,见面没有打招呼等一些琐碎的生活小事也会发生纠纷。

民族地区的和谐发展是构建中国特色社会主义和谐社会的一个重要组成部分。民族地区基层法院肩负着促进各民族间的团结和睦、搞好发展与稳定的关系、彰显法律公平和正义的光荣而神圣的责任使命,案件审理中应努力做到以下几个方面:

(一)增强法治意识,树立司法理念

"奉法者强,则国强;奉法者弱,则国弱。"在司法实践中,民族地区民事审判工作更应注重法治意识,运用现代司法理念去分析问题和审理案件,准确把握法律精髓,妥善协调好各方利益,做到法律效果和社会效果相统一。我们通过"百日宣讲""典型案例发布""送法下乡"等形式的普法宣传教育活动,不断提升人民群众对法律的认知,进一步增强法治意识。

(二)尊重民族风俗,推行人民调解

在民族地区,除了法律的适用外,各民族风俗习惯在社会治理中也起到了很重要的作用。人民法院参与民族地区社会管理创新时,一定要尊重少数民族的风俗习惯,对少数民族地区的善良风俗,如扶助弱小、救助穷困者以及商贸往来、经营活动重诚信,纠纷解决尊重权威者和学识者意见等,应予以尊重并积极倡导,并将其纳入社会管理体系;对一些恶风劣俗,如"一夫多妻"等现象要坚决抵制,并通过司法行政、社会管理等手段予以治理,做到移风易俗。

民族地区基层法院要根据本地实际,争取各方面的支持,完善调节工作机制,适当增加人民调解员数量,尤其是各少数民族人民调解员的数量,注意提高人民调解员素质,提高他们的调节技巧;民族基层法院应能调则调,不调速判,双管齐下,效率与公正兼顾;民族地区基层法院根据各类案件的特点,选准法律与民俗习惯的结合点,做到因案制宜、有的放矢,发挥通晓少数民族语言优势,沟通情感促调解。明确哪些案件需要优先调解,哪些案件需要人民调解员的参与,法官和人民调解员调解的时限、要求和程序应合法,完善调解工作考评机制,督促法官提高调解质量和效率,切实解决调解工作中存在的突出问题。

(三)完善陪审机制,打造民族特色

结合当地的民族特色和区域特色,民族地区基层法院要建立人民陪审员工作的长效机制,从制度上解决问题;根据本地实际,争取各方面的支持,适当增加陪审员数量,注重吸收不同行业、性别、年龄、专业人员,确保人民陪审员队伍的广泛性、代表性和群众性;尤其是各少数民族陪审员的数量;注意提高陪审员素质,加强日常管理,健全人民陪审员各项工作程序及考评激励等制度;保障陪审员参审权利,扩大参审案件范围,充分发挥人民陪审员参与审判案件、密切联系群众、宣传法院工作、化解社会矛盾的重要作用。

(四)以服务促司法,赢得司法公信

由于民族地区案件的复杂性,解决纠纷的最好方式就是从源头入手,预防和减少纠纷,这就要求我们每个法官必须具有主动服务的精神,做好诉讼各个环节的工作,像习近平总书记要求的那样,"努力让人民群众在每一个司法案件中都感受到公平正义"。在司法实践中,我们通过实行立案调解、诉讼风险告知、巡回审理、信访风险评估、判后答疑、便民诉讼服务中心一站式服务、电子屏公示庭审排期、庭审直播、设立法官接待室、对困难群众和老弱病残等特殊群体开辟诉讼绿色通道、缓减免诉讼费等多种便民利民服务措施,能动司法,赢得司法公信,促进社会和谐稳定。

(五)强化司法公开,搭建沟通平台

人民法院应当通过建立涉诉民意沟通表达机制来践行群众理念,真正了解民族地区人民群众所思所想、利益诉求和意见建议。特别要注意的是,建立涉诉民意沟通表达机制,应当契合当地民族地区的实际情况,通过全面推进审务公

开,规范裁判文书上网和庭审直播,打造"阳光司法";积极推行法院开放日制度,接待社会各界人士到法院参观座谈,让群众了解、理解法院工作;充分运用院长接待日、院长信箱、网上预约、法院官网、"两微"平台等载体,完善民意沟通机制,推进司法民主,回应群众关切和期待。

关于民事庭审精细化改革的调研报告

——以集美法院为样本

■厦门市集美区人民法院课题组*

摘要:庭审是审判工作的中心,其目的在于展现诉辩双方意见,分析认证证据,查清案件事实,适用法律规范。实务界对此已经积累了丰富的经验,然而,我国庭审活动中仍存在着一些容易被忽视的细节问题,诸如庭前准备、庭审秩序、不常用的程序问题、当事人的参与度、硬件设备的人性化、科技化等。为此,厦门市集美区人民法院开展了庭审精细化改革,从法官、诉讼参与人、设施三个方面,针对庭前阅卷、制作庭审提纲、当事人庭审指引、突发事件应对、诉讼参与人行为规范、庭审及文书的繁简分流等问题,提出改进的措施。

关键词:民事庭审;精细化;判决书;集美法院

引 言

庭审即法庭审判,狭义的庭审仅指法庭开庭审理阶段,而广义的庭审除此之外还包括庭前准备、庭后评议等阶段。[1] 本文所指的庭审主要是指民事庭审程序,包括庭前、庭中、庭后的活动。

近现代以来,司法活动从"广场化"向"剧场化"发展,庭审逐步走向特定的程式和秩序,[2]在特定的剧场设定中,法院通过庭审展现各方当事人的诉辩意见,分析认证证据,查明案件事实,推演适用法律。虽然庭审活动在我国每天都在进

---

* 课题负责人:余巍(厦门市集美区人民法院民一庭副庭长)。课题组成员:余巍、谢礼、詹雪霞、李晨、洪一帆(以上成员均为厦门市集美区人民法院民一庭法官)、林聪颖(厦门市集美区人民法院民一庭书记员)。报告执笔人:李晨。

[1] 沈志先主编:《驾驭庭审》,法律出版社2014年版,第3页。

[2] 舒国滢:《从"司法广场化"到"司法剧场化"——一个符号学的视角》,载《政法论坛》1998年第3期。

行,我们已经积累了丰富的实践经验,建立了完善的理论体系,但是魔鬼藏在细节之中,目前庭审实践中仍有很多细节问题被熟视无睹。细节决定成败,厦门市集美区人民法院(以下简称集美法院)从庭审实践中寻找被人们忽视的细节问题,提出庭审精细化的改革措施,取得了一定的进展和成效。

一、把脉问诊:民事庭审中存在的问题

(一)庭前准备工作不充分

庭前准备工作的核心是阅卷、证据交换等环节,但在实务工作中,容易忽视阅卷和较为复杂案件的证据交换程序,一步到庭的情况较为普遍。缺乏充分的阅卷,往往会出现诉讼主体错误、法律关系不清、管辖不确定等问题。通过证据交换可以明确双方的争议焦点,锁定正确的当事人,为正式的庭审做好准备。庭前准备工作的缺失,常常导致庭审思路混乱,缺乏审理计划等情况,造成多次开庭等事倍功半的后果。在集美法院针对多次开庭的调研中发现,100 件多次开庭案件中,"法官于庭前组织证据交换的案件计 3 件,反映出法官们在庭前所做的工作殊少,'一步到庭'的痕迹十分明显"①,这也是导致案件多次开庭的重要原因。

(二)归纳无争议事实和争议焦点工作较薄弱

进行了充分的庭前准备,进而在庭审中归纳双方无争议事实和争议焦点,才有利于充分查实事实问题,对法律问题进行充分的辩论,也有利于当事人了解案件的症结,促进当事人参与诉讼。但是,实务中往往由承办人在双方陈述和举证质证后,直接询问当事人,并未明示无争议和争议的问题。我们在调研中发现,100 件多次开庭案件中仅有 9 件案件法官在当事人诉辩后对争议焦点进行了归纳。

(三)拟定庭审提纲工作待完善

每个案件都有其独特的法律和事实情况,需要在庭前和庭中准备庭审提纲,并根据庭审的情况进行增减。在实践中,由于案多人少、法官审理案件的经验不足等原因,该环节常常被忽视。我们建议,法官应在案件审理尤其是复杂案件的

---

① 厦门市集美区人民法院调研组:《民商事案件多次开庭现象剖析》,载《人民司法》2014 年第 3 期。

审理前列出庭审提纲,做好庭审计划,避免遗漏事实或者法律要素导致多次开庭甚至瑕疵案件。

(四)繁简不分,审判资源配置不合理

目前基层法院简易程序适用率比较高,很多较为复杂的案件实际上也适用简易程序开庭审理,容易造成复杂案件审理不够精细的问题。与此同时,简单案件适用简易程序也不够简洁,审判资源配置不尽合理。为此,需要进一步区分繁简案件,细化案件处理程序,提高审判效率。

(五)缺少庭审突发事件应对指南

庭审中往往会发生各种突发事件,比如被告提出的答辩意见包含反诉内容、当庭提交新证据、代理人当庭表示重要事实需要向当事人确认、当庭提出审判人员回避、当事人忘记携带证据材料的原件、当庭需要近亲属代理诉讼却忘带相关证明文件等等。这类可能出现的突发情况多种多样,需要详细而规范的应对指南,否则实务操作不一,甚至未能合理运用程序,将延误并影响审判。

(六)当事人的诉讼参与度不高

当事人由于法律水平有限,对庭审程序不了解,不清楚何时陈述意见,何时举证质证,何时辩论,往往会前后倒置,不得要领,更无法充分参与到庭审诉讼之中,有时还影响庭审的顺利进行。在庭前,当事人也可能不了解案件的实体争议,提前要求双方填写案件要素表,有助于明确一些普遍性的核心事实和法律问题,为庭审做好准备,使当事人明了案件的争议焦点。因此,需要加强庭审程序以及实体焦点指引。

(七)旁听庭审、证人管理等有待详细方案

实务中经常出现旁听和证人作证的情况,对旁听人员的审查主体、登记形式、记录方案,对证人出庭申请、通知及费用等问题需要进一步规定。

(八)庭审设备的便民性和规范性需要加强

科技法庭的建设有待进一步升级,比如视频播放、庭审状态提示牌,庭审人员牌等等,以进一步提高庭审效率,提高庭审便民性,加强庭审规范。

二、他山之石:可供借鉴的法院实践

2014年1月,江苏省无锡市北塘区人民法院制定《民商事案件庭审规范指

引》,对民商事案件整个庭审流程中的具体环节作了更为细化的规定,有效地促进了民商事庭审的规范化。

上海市高级人民法院发布《商事庭审百问》,以问答的形式就庭审过程中可能出现的 104 个问题给出深入而极具操作性的意见,有效地指导商事乃至民事案件的庭审。

上海市第一中级人民法院公布《开庭审理程序指南》,向来参与庭审以及旁听庭审的人员详细介绍庭审活动不同阶段及详细程序,为来院人员提供指导。

2013 年,广东省高级人民法院印发了《关于推进民事裁判文书改革促进办案标准化和庭审规范化的实施意见》,推行要素式庭审及其文书,结合不同案由列明与案件相关的要素进行审理并作出要素式、填空式的裁判文书。

2012 年 5 月 1 日,深圳市中级人民法院发布了《关于一审民事裁判文书简化改革的若干规定》,对一审民事裁判文书的简化作了一定程度的探索。[①]

三、实践样本:集美法院民事庭审精细化改革概况

2014 年 4 月,集美法院探索民事裁判文书繁简分流改革。2015 年 3 月开始,对该项改革进行了升级,启动民商事审裁方式精简化改革。按照"繁案出精品,类案出标准,简案出效率"的目标,针对不同类型案件展开特定工作:一是针对疑难复杂的普通程序案件,推行争点中心型庭审和裁判文书改革,推进庭审和判决书的精致化和专业化。二是针对基础事实无争议的案件,围绕重要的案件要素推行要素式庭审和裁判文书,推进庭审和判决书的标准化。三是针对 10 万元以下的法定简易程序案件适用简化诉辩意见和省略裁判理由的令状式裁判文书,针对小额诉讼案件推行表格式裁判文书,提高庭审和判决书制作的效率。截至 2015 年底,集美法院开展新庭审并出具新文书共计近 100 份。自 2015 年 7 月底,民一庭要求所有符合条件的民事案件均采用新类型的庭审和文书。

2015 年 6 月,集美法院编撰《民事审判程序指引》,从庭前准备、主管、管辖至调查取证、保全、送达、审理、上诉、归档等民事诉讼全程,结合《中华人民共和国民事诉讼法》及其司法解释,作出具体的操作规范。

2015 年 6 月,集美法院编撰《民事审判庭审笔录格式汇编》,对所有民事诉讼庭前及庭审的笔录进行修改和规范,并融入集美法院审裁精简化改革出台的要素式、令状式、争点中心型庭审笔录。

---

① 高申现:《深圳法院系统首创民事裁判文书简化改革》,http://www.sznews.com,下载日期:2015 年 10 月 7 日。

在出台了上述规范，推行了相应改革之后，本着精益求精、细心打磨的原则，我们发现还有很多庭审的细节问题有待完善，主要是当事人参与民事庭审程序、民事庭审突发事件应对、民事案件庭前准备工作、民事案件旁听及证人规范等。

综上所述，民事庭审精细化改革可以考虑从以下几个方面进行探索：出台民事审判程序全程操作指引；完善当事人参与诉讼机制（庭审流程指引、要素表）；提高庭前准备工作水平（阅卷、证据交换、庭审提纲）；强化繁简分流，深化审裁方式精简化改革（争点中心型、要素式、令状与表格式审裁）；提供庭审突发事件应对指南；完善诉讼参与人庭审规范（旁听、证人）；增设庭审便民、科技硬件设施。

四、民事庭审精细化改革——法官篇

（一）制定民事审判程序全程指引

新修订的《民事诉讼法》及其司法解释的颁行，对民事审判实务产生了重大的影响，审判人员应当尽快地掌握新规定并更改、完善既有的工作内容。如果说法律规定是骨骼，那么，实务中的操作规程、指引就是脉络。具体的操作规程将一般性的法律规定有效地承接下来，进而指导具体的审判实务。据此，集美法院制定了《集美区人民法院民事审判程序指引》。

该指引分为庭前准备、送达、调解、审理与裁判、宣判与结案、上诉处理及卷宗移送归档、其他程序性工作 7 章，共 32 节。每节内容包括工作要求、工作内容、常见问题、常用法律文书、常用法律法规及司法解释、附带表格等。以送达为例，送达一章，载明了送达含义、送达内容、七种送达方式、送达中的常见问题。该节中还比较了新旧法律法规关于留置送达的不同要求，提供了公告送达文书样式，委托送达函样式等，列明了相关法律规定。

全书图文并茂，除了详细的文字讲解外，还结合了操作流程速查表和文书样式等，全书含流程表 5 张，文书样式 39 份，呈报表 8 份。

（二）完善庭前准备工作，促进正式庭审高效运行

近年来，不论理论界还是实务界，对庭前准备工作都越来越重视。我国虽然没有独立的"审前程序"，但是，2012 年修订的《民事诉讼法》将"审理前的准备"独立为一节内容，而《民事诉讼法》的新司法解释也规定了众多关于庭前准备的内容，提出了庭前会议的概念。庭前准备是指在正式开庭审理前按照一定的方

式、程序实施的,有当事人和其他诉讼参与人参加的一系列诉讼活动的总和,[①]主要包括阅卷、确定当事人、送达、排期、保全、先予执行、调解、证据交换等内容。民事案件庭前准备工作主要强调阅卷、证据交换与庭审提纲。

1. 阅卷

关于庭前是否阅卷或者仔细审查卷宗材料的问题,还存在一定的争议。有些人认为庭前的阅卷容易造成法官对案件形成前见。实际上,庭前阅卷并不会形成"先入为主"的意见,因为整个庭审还有答辩、双方举证质证、辩论的过程,这样的过程会最终将案件的客观真实体现出来。完整的庭前程序包含答辩和证据交换,庭前的阅卷并不是仅审查原告提交的起诉状和证据,还包括被告提交的答辩状和证据等,不存在先入为主的问题。

庭前阅卷可以帮助法官了解案件的基本情况,发现争议的真实问题,有利于对案件的审理形成初步的规划。相较直接开庭的案件,庭前知晓了原告的诉求,甚至掌握了被告答辩以及案件的法律关系后,开庭时更容易把握案件的要点,庭审和整个办案的过程将更为有序、高效。

阅卷主要把握以下几个方面:

(1)审查案件的基本法律关系。审判工作就是处理某种法律关系,对法律关系进行确认、变更、消灭。确定了法律关系,才能确定主体、权利义务、举证责任、法律后果等等。需要审查确定案件所属的案由,对于多个法律关系的案件,建议当事人分别起诉,一个案件一般情况下只处理一个法律关系。

(2)审查主体资格。审查原告是否与本案有直接利害关系,是否具备诉讼能力,是否符合法律规定的起诉条件,是否存在需要追加的其他共同原告,被告是否具有主体资格,是否有其他被告需要申请或者主动追加,当事人名称是否有误等。

(3)审查案件的主管和管辖问题。审查是否属于民事案件的范畴,管辖依据是什么,诉讼标的是否超过级别管辖范围,劳动争议及其诉求是否经过劳动仲裁,是否属于涉台诉讼应当于答辩期间移送专属管辖法院,是否构成应诉管辖等等。

(4)审查诉讼请求。明确诉讼请求追求的法律后果是什么,具体的主体、时间、种类、数量、计算方式、履行期限、责任形式,询问并审查多项诉求的合并审理,避免诉累,审查是否构成反诉条件等。

(5)审查答辩意见。在送达应诉材料时,积极告知被告答辩的意义,从而综合诉辩意见,预判争议焦点。

---

① 吴在存等编著:《民事审判技能》,中国民主法制出版社2013年版,第31页。

（6）审查证据形式是否规范。引导双方制作证据目录、副本，审查是否有原件、证据来源等。

（7）审查诉讼费用缴纳情况。审查是否预交，是否因为诉求增加而补交诉讼费或者反诉是否缴纳，是否存在减免缓交诉讼费情形，并及时按照法律规定处理。

（8）其他重要事项。比如审查是否申请保全，案件是否属于敏感案件。如果属于敏感、矛盾激化案件，注意报送案件预警，采取预防措施，通报居委会、相关单位等。

2. 庭前证据交换

针对案情较复杂、证据众多、争议较大、金额较大等案件，建议开展庭前证据交换工作。庭前证据交换具有如下重要的价值：（1）通过引导被告答辩，形成诉辩意见，归纳无争议事实，明确争议的双方观点。（2）庭前证据开示，明确争议焦点双方掌握的证据，便于进一步结合法律规定分配举证责任。（3）在双方大抵知晓对方的观点和证据之后，提供调解时机。（4）整个证据交换、争点归纳、举证指导的过程，也促进了当事人对诉讼的参与，让当事人明白案件的争执焦点和关键。

庭前证据交换可采取以下步骤：（1）被告提供答辩意见。有些观点认为证据交换仅仅是对双方证据进行质证，但如果不确定双方的诉辩意见，将难以厘清争议焦点，也无从认定哪些证据与之有关，更无从进行举证责任的分配和举证的指引。因此，需要引导被告提交书面答辩意见，或者在证据交换时进行简单的答辩。（2）归纳无争议事实及本案的焦点。（3）交换双方证据目录，指导双方剔除与案件无关联的证据，减轻或者免除当事人对无争议事实的举证责任。（4）进行初步质证，指导双方对争议焦点补充或者补强证据，为正式庭审做好充分的准备。

证据交换需要注意的问题有以下几点：（1）证据应该提交原件，核对后加盖与原件核对无异章，如果为复印件则标注为复印件。（2）要求当事人提交证据目录并逐一分类编号。（3）对超过举证期限的证据，交由双方发表意见，再按照《民事诉讼法》司法解释进行认定并记载在案。（4）对录音证据，要求提交相应的整理文字，以提高庭审效率。（5）对网上内容或者现场照片，建议当事人通过公证方式固定。（6）变更诉求、反诉或者需要针对对方证据补强证据的，询问双方是否需要举证期限。（7）涉及国家秘密、商业秘密、个人隐私的证据，不得公开质证。（8）撤回证据是否允许，应询问双方意见，并结合案情确定，记录在案。

3. 庭审提纲

庭前准备是为了正式开庭而做的一系列工作，上述的阅卷和证据交换就是其中重要的两项。在完成这些准备工作后，建议制作庭审提纲，列明庭审思路，包括无争议事实、争议焦点、需要询问的问题和注意的要点等。同时,也可以记录办案对策,比如开庭还是调解,是否调查取证,是否保全等。这样可以做到有的放矢,增强庭审的计划性,争取一次开庭,提高审判质效。

(三)强化繁简分流,深化审裁方式精简化改革

自2014年4月起,集美法院开始探索民商事庭审和裁判文书的精简化改革。对案件进行繁简分流,争取繁案精审、类案标审、简案快审,提高审判质量和效率,也满足当事人的需求。

1. 繁案出精品——争点中心型

对于疑难复杂的普通程序案件,庭前积极引导被告答辩和举证,主审法官结合诉辩意见,归纳确定无争议事实和争议焦点,庭审中引导当事人围绕争议焦点进行举证、质证和辩论。文书也针对当事人争执的事件,说明争执的过程,记载争执的结果,对不属于争点、不影响判决的内容,在事实、举证、说理部分则省略记载,以实现简化与清晰的效果。

2. 类案出标准——要素式审裁

针对上述基础事实无争议的离婚、人损、物业、劳动、借贷等类型案件,设计并运用专门制作的要素表开展庭审和制作文书。在庭前积极引导双方填写要素表,确定无争议要素和争议要素;庭审时直接参照要素逐项审理,对无争议要素仅宣读确认,围绕争议要素引导双方举证、质证和辩论。制作文书时案件事实部分不集中陈述当事人的诉辩意见和"本院查明",而是围绕特定要素,对无争议的列明,对有争议的论述诉辩观点、证据和法院意见。

3. 简案出效率——令状及表格式文书

针对10万元以下的法定简易程序案件适用简化诉辩意见和省略裁判理由的令状式裁判文书,文书结构上包括当事人和审理信息,简要的当事人诉辩意见,审理查明事实与结果四个部分。针对小额诉讼案件推行表格式裁判文书,纯表格列明判决文书的内容,将判决主文前置,且省略裁判理由。表格样式简洁明了,提高庭审和判决书制作的效率。

审裁方式精简化改革可以实现四个方面的成效:

(1)提升审判质效。争点型、要素型庭审与文书,加强了庭审的计划性,避免庭审中对事实的重复查明,或遗漏重要事实导致多次开庭问题。庭前提炼出必要的庭审要素,当事人答辩和举证与法庭关注的要点相契合,促进庭审有序高效进行。令状式、表格式文书,简化了文书格式,制作简易,有效地提升了审判效率。以令状式裁判文书为例,撰写时间由原先的30～60分钟缩短为约6分钟,文书校对时间由原先的6分钟缩短为2分钟,简化后的文书篇幅由原先2～3页减少为约1页,平均审理时间由原先30～60日缩短为21日。目前,简化的各种

文书上诉率为0，发改率为0，相较于2014年的上诉率7.13%、发改率1.67%，审判质量有了明显的提升。

（2）实现有限的审判资源集约化配置。无论对复杂商事案件还是对简单的涉民生案件，一律采用固定方式开展庭审和制作文书，在资源配置上不做区分，会造成专业性强的复杂案件审理不够精细，涉及民生的简单案件审理又拖沓浪费审判资源。审裁方式精简化改革可有效解决这一问题。

（3）满足当事人对诉讼的多种需求。根据案件的要素以及庭审归纳的争议焦点，满足当事人参与诉讼的需求，加强了司法民主性；加快了办案进度，满足民众迅速得到判决结果的需求；通过表格以及标明各案件项目和要素体现的文书，简洁明了，提升了亲民性。

（4）提供庭审突发事件应对指南。庭审是诉讼活动的中心环节，庭审的过程对于当事人而言就是重新回顾矛盾发生、发展的过程，其内心情感容易再次被触及，双方各执一词，针锋相对，容易发生各种各样的庭审突发事件。有效驾驭庭审，妥善处理突发问题，是有效发挥庭审作用的应有之义。我们就民事庭审各阶段共整理了27个具有代表性的常见突发情况，并给出相应的应对方案，以促进庭审的有序、高效运行。

①庭审开始阶段

此阶段的突发问题包括：当事人迟到，当事人未到庭，当事人申请回避，开庭前一方当事人直接将材料呈递给审判席等。

②法庭调查阶段

此阶段的突发问题包括：诉讼请求不明确具体，被告答辩无针对性，一方当事人对对方陈述既不承认也不否认，当事人表示需要等待律师到庭才做回答，当事人有想与律师商量后再回答的举动，当事人当庭提交证据，证人当庭提交证据，当事人申请撤回证据，当事人提交复印件对方亦不予质证，涉及具体数额核对，庭审中遗漏庭前提及的对己方有利的理由，当事人当庭提出反诉，当事人答辩内容实属反诉，当事人当庭提出增加变更诉讼请求，庭审中语速过快，当事人未关闭手机影响庭审，当事人有攻击性言论，当事人言辞激昂情绪激动以致庭审秩序难以控制，当事人陈述啰唆或不合提问要求等。

③法庭辩论阶段

这一阶段的突发问题包括：当事人一方表示不愿意调解，但法庭认为具有调解的可能和必要；法庭辩论阶段提出新的事实或者新的证据等等。

五、民事庭审精细化改革——诉讼参与人篇

(一)提升当事人诉讼参与度

当事人参与司法的程度是衡量司法文明水平的重要指标,是司法公开的重要内容,更是提升司法公信力的重要举措。引导当事人参与诉讼的传统方式包括发放举证通知书、应诉通知书、举证指南、保全指南等。近年来,全国各地为方便当事人参与诉讼,采取了很多便民举措,包括导诉员、服务志愿者、法庭义工等等,但对庭审流程的宣传和引导并不充足,对于每个案件实体要素的指引也不充分,因此,在程序、实体两个方面均应采取相应的举措。

1.程序上,制作、印发全媒介版的庭审程序指南

围绕着庭审过程,运用平实易懂的语言,表述庭审需要注意的法庭规则,讲解庭审所包含的庭前准备、法庭调查、法庭辩论、最后陈述、宣判等阶段,重点表述举证、质证流程和要点,从而为当事人提供全面参与庭审的注意事项,让当事人参加庭审前就知晓庭审的流程和规则,更好地理解法庭审理调查事实和法律辩论的功能,提升诉讼参与度。从形式上,力求采取全媒介的方式告知当事人,包括报纸、广播、微信、微博、网站、印刷彩页,并尝试制作动画视频,通过电视、法庭电子屏、电子公告栏等播放。

2.实体上,设置类案要素表,告知引导当事人关注案件要素,提供参与诉讼的实体抓手

集美法院推行的审裁方式精简化改革中的一个重要内容就是要素式审裁方式改革,即对离婚纠纷、民间借贷纠纷、劳动争议、交通事故、物业服务、人身损害等常见案由的案件,分别制作相对应的要素表,将该类案件可能涉及的法律要点罗列成要素表,庭前交给双方填写。庭审直接固定庭前双方填写的无异议的要素事实和法律问题,参照罗列的这些要素逐项有序审理。

要素式的审裁方式运用于对基础事实无争议的案件,目前,集美法院拟拓展要素表的运用,将其推广至所有设置了要素表的类案中,不管简单还是复杂案件,均可于庭前发放给双方当事人填写。这样一方面收集并固定了双方对案件要素的意见,另一方面也让当事人知晓哪些问题才是能够引起法律关系变化的法律事实,是案件应该关注的要点,提高当事人对案件的理解,提升诉讼参与度。

(二)完善旁听人员、证人的庭审规范

1.旁听人员

(1)旁听人员需要持身份证填写旁听人员信息表,该表存放于所旁听案件的

卷宗内。旁听表中还要体现与本案当事人或者本案的关系，因为旁听人员不可作为证人，且在其他关联案件或者本案二审、再审时仍不可作为证人。（2）旁听人员必须遵守法庭规则，在旁听前需引导旁听人员了解法庭规则，对违反法庭秩序的及时制止，用语需平实有力。（3）委托代理人未经法庭允许直接询问旁听人员或者旁听人员传递证据、直接插话的情况，法庭应及时制止并询问原因，如果确实有利于案件事实的调查可视情况休庭，通过代理人转达，但有篡改事实之嫌的除外。

2.证人

（1）为保证证人不旁听庭审，书记员在开庭准备工作中应询问并记录旁听人员身份及与案件的关系。（2）申请证人作证需要按照规定提出书面申请，除非经过对方当事人同意，否则只有根据法庭通知才能到庭作证，且申请方应预先垫付证人出庭的相关费用。（3）设置专门的证人室，避免已参加完庭审的证人和未参加庭审的证人同处而窜供。（4）规范证人出庭作证时法庭的告知事项，强调证人应就其亲身感知的事实做客观陈述，不得采用推断、猜测和评论性语言，证人应如实回答法庭和当事人与案件相关的询问。（5）规范当事人及其代理人对证人的言行，明确告知当事人不得指责或威胁证人，不得诱导、暗示证人，当出现类似情况时及时予以制止。

六、民事庭审精细化改革——设施篇

1.庭前播放当事人参与庭审流程指南，让当事人知晓庭审的具体流程。

2.安装法庭状态提示牌，在法庭外安装显示开庭、调解等法庭状态的显示牌，便于当事人了解庭审的状态，避免误入正在开庭的法庭，打断庭审。

3.设置庭审人员名牌，将审判人员和书记员的姓名制作成人员名牌放置于法庭，加强审判公开，也增进司法人员的荣誉感，提升审判公信。

4.设置证人室，避免证人相互窜供。

结　语

我们的调研围绕庭审，从细节出发，发现并提出了上述改良举措，但是仍有如下需要改进之处：（1）为了保证庭审的高质量进行，庭前的送达、保全、调取证据等仍急需改进，我们拟进一步探索并予以规范。（2）关于庭审和媒体的问题。庭审直播日益完善和强化，在庭审直播中庭审有何注意事项仍需研究。如何处理庭审与媒体的关系，既充分实现司法公开，又避免媒体审判，保证案件公正审理；遇当事人当庭录音录像如何处理更为妥当等，这些问题都需要进一步研究探索。（3）如何加强与律师的沟通联系,也需要进一步探讨。为此,我们拟从法律职业共同体的角度,吸收法学教师与律师的意见,对庭审高效开展进行研究和探讨,并制作代理人庭审守则等,进一步规范庭审活动,提高庭审精细化水平。（4）庭审是为了查清事实,解决当事人之间的争议和纠纷,始终离不开与当事人的沟通。对于与当事人沟通的技巧和禁忌,我们将不断总结经验教训,制作成可供参考的文集,进一步提高法官的司法业务水平。

优化营商环境之司法创新探索

——以海沧法院涉台司法创新为样本

■厦门市海沧区人民法院课题组 *

摘要:随着市场经济的发展,司法领域内的一些弊端开始凸显,逐渐无法满足营商环境之需要,为此,从优化营商环境这一目的出发,需要对现行司法进行创新。司法创新应遵循公正与效率相统一的理念。厦门市海沧区人民法院在该理念的指导下,进行涉台案件跨区域集中管辖的司法创新,取得了显著的成效。

关键词:海沧法院;司法创新;涉台案件;集中管辖

引　言

　　市场与法治被称为现代文明的两大基石。经济发展主要关注社会财富的生产,法治则保障财富的交易与分配。市场经济是自由交易经济,但市场交易有效有序进行的一个基本条件就是法治。法治可以约束经济行为,包括产权界定和保护、合同和法律的执行、维护市场竞争等。倘若没有法治保障,产权是不安全的,交易是不确定的,市场主体就不可能致力于通过提供产品和服务获取利益,也就不可能形成高效有序的市场竞争环境。只有实行法治,才能充分发挥市场配置资源的基础性作用。"市场经济是法治经济"早已成为人们的共识。

　　我国市场经济经过三十多年的探索和发展,已初步建立起具有自身特色的社会主义市场经济体系。市场主体不断丰富、市场规则日益完善、市场交易持续活跃,价值规律、竞争规律、供求规律等在资源分配中的作用得以较充分的体现。但随着经济发展深入、市场主体多元、企业竞争激烈,司法领域内一些弊端开始凸显,例如,司法地方保护主义、司法效率低下及裁判的不统一。因此,为弥补现

---

　　* 课题指导:傅远平(厦门市海沧区人民法院院长)。课题负责人:曹发贵(厦门市海沧区人民法院副院长、涉台法庭庭长)。课题执笔人:陈进杰(厦门市海沧区人民法院涉台法庭法官)。

行司法的不足,有必要对现行司法进行适当创新,以适应市场经济发展的需要,更好地为市场经济发展保驾护航。事实上,各地法院为优化市场营商环境,就司法创新进行了诸多有益的尝试。厦门市海沧区人民法院(以下简称海沧法院)涉台司法创新——涉台案件跨区域集中管辖,就是其中一项成功范例。

一、司法创新之应然理念

现代司法中,法院的主要功能即在于解决纠纷并通过纠纷解决形成"规则之治"。苏力教授曾指出:"现代法院的功能确实已经从原来的解决纠纷日益转向通过具体的纠纷解决而建立一套旨在影响案件当事人和其他人的未来的行为准则。……而规则之形成与个别纠纷之解决相比,前者具有巨大的正处在性;大约也正是在这个意义上,法院才更可以说是提供公共产品的而不是私人产品的一个机构。"①法院作为纠纷解决的专业机构与最终机构,在纠纷解决的专业性及权威性方面,是其他机构不可比拟的,其所建立的"规则之治"对于市场参与者而言至关重要,其能够为市场参与者提供稳定的预期。而唯有稳定的预期,市场竞争方能有序。显然,法院所承担的"规则之治"功能须依托于具体的纠纷解决,而这种"规则之治"的正当性唯有法院在具体的纠纷解决过程中始终恪守法律基本价值方能得以彰显。

"法律价值在构成上至少包括正义、秩序和效益。"②其中,公正是司法活动的首要原则,③是司法的灵魂,是当今法治国家司法应然的首要准则和追求的最高目标,也是我国现代司法理念的核心。当然,迟到的正义非正义,"法律中所存在的价值,并不仅限于秩序、公平和个人自由这三种。许多法律规范首先是以实用性获得最大效益为基础的"④。换言之,法律正义或公正内涵的确定,需要借助于对资源使用与配置效益的评价。庞德亦指出:"自然权利、正义、公平和效益观念已经促使法律新生,同时也导致它成为衡量一切规范原则和标准的尺度。"⑤可见,对司法而言,公正与效率缺一不可,现代司法本质上追求公正与效率的最佳统一。

---

① 苏力:《农村基层法院的纠纷解决与规则之治》,载《北大法律评论》(1999年卷第1辑),法律出版社1999年版。

② 张文显主编:《法理学》,法律出版社1997年版,第286页。

③ 鲁千晓、吴新梅:《诉讼程序公正论》,人民法院出版社2004年版,第1页。

④ [英]彼得·斯坦、约翰·香德:《西方社会的法律价值》,王献平译,中国法制出版社2004年版,第2～3页。

⑤ [美]罗斯科·庞德:《普通法的精神》,唐前宏等译,法律出版社2001年版,第67页。

为此，司法创新应基于司法并归于司法，能够让司法更好地维护法律的基本价值。换言之，司法创新应以追求公正与效率的最佳统一为导向，并依托于高度专业的法官群体进行制度创新、机制创新或方法创新，进而实现"让当事人在每一个案件中都感受到公平正义"的终极目标。

二、涉台案件跨区域集中管辖与司法创新之契合

(一)涉台案件管辖机制创新之必要性

涉台案件类型多样化，在委托代理、证据认证、司法文书送达等诉讼程序上有一定的特殊性。实务中需查明和适用台湾地区法律的情况较为常见，法院对于相同或类似的案件因选择适用大陆法还是台湾地区法律的理解不一导致同案不同判情况时有发生，易造成市场主体无所适从。并且，与涉港澳、涉外案件相比，涉台案件具有较强的政治性、政策性，更为敏感。涉台审判工作不仅直接关系到对台工作大局、两岸和平发展与和谐交流，还直接关系台湾同胞的切身利益和台湾同胞对大陆司法的认同感和信任度，直接关系大陆法院对台司法的形象。这就要求对台工作的各项政策在涉台审判工作中得到统一贯彻，由熟悉对台政策、政治素质过硬、具有较高法律素质和人文素养的法官进行专业化审理，以充分保障涉台审判的质效，保证案件得以公平公正的处理，杜绝同案不同判现象，从而平等地保护两岸民众，树立祖国大陆司法体系的权威，增强台湾地区民众对祖国的认同感。

而管辖是"诉讼的入口"，是"人民法院独立行使审判权和司法公正的第一道生命线"①，法院管辖的确定是程序运作的基本前提和必要条件，对保障诉讼当事人的诉讼地位平等、诉讼权利合法有效地行使以及法院审判权的落实具有重要的意义。根据我国现行法律的规定，基层法院对涉台民事案件均有管辖权。而分散的涉台案件管辖机制无法在法院与当事人之间设立"隔离带"，且因涉台案件分散于各个法院，法院审判人员受业务水平、驾驭涉台案件的能力所限，可能对案件审理难以把握，容易造成错案或审理期限的拖延。此外，某些法院的涉台案件往往案源不足，如将案件分散受理，则会浪费司法资源，还会产生"马太效应"：涉台案件受理数越多的法院，其法官办理涉台案件的能力越能得到提高，法院也越重视相应的审判工作；受案数越少的法院，其法官越难积累办理涉台案件的经验，法院也就越不重视相应的审判工作。前者步入良性循环，后者则陷入恶

---

① 肖建国：《管辖制度与当事人制度的重构》，载《人民法院报》2004年2月11日B3版。

性循环,办案质量参差不齐。总之,分散的涉台案件管辖机制无法满足由高素质的法官对涉台案件专业化审理之需要。鉴于涉台案件的特殊性及案件管辖的重要性,对涉台案件的管辖进行司法创新尤为迫切。

(二)涉台案件跨区域集中管辖与司法创新之契合

集中管辖的基本内涵是对特定区域内特定类型案件的管辖权进行重新调整和合理配置,把特定区域内特定类型的一审案件交由某个特定法院管辖,实现该特定类型一审案件的跨区域管辖,以达到整合审判资源、排除地方干扰、提高审判质效之目的。如前所言,在司法创新应然理念的维度下,司法创新应以追求公正与效率的最佳统一为导向。对涉台案件实行跨区域集中管辖正是契合这一理念的制度创新。

首先,对涉台案件实行集中管辖,有助于克服司法领域的地方保护主义,有利于实现涉台案件的审判公正。司法领域的地方保护主义作为一种司法腐败现象,严重妨碍了司法公正,影响了法制统一原则的实施和司法的权威,损害了司法形象。我国现行法院审级建制基本上与行政区划一致,地方法院的人、财、物等都依赖于地方。在这种体制下,地方法院很容易变为"地方的法院",现行的审级制度已成为地方保护主义和人情案的温床。而对涉台案件实行集中管辖,切断法院与当事人之间的"地缘"关系,可有力地排除地方保护主义的干扰,实现案件的公正审理,从而平等地保护市场参与者,为市场参与者提供公平的营商环境。

其次,对涉台案件实行集中管辖,有助于提高涉台案件的审判效率,有利于提高涉台审判法官的专业素养,并避免同案不同判现象的发生。涉台案件跨区域集中管辖最大的特点就是集中性,其不再是将所有的一审案件分散到各个基层法院审理,也不再是简单地将本区域案件移送给其他法院,而是有选择地将各个基层的涉台案件集中到审判资源相对优势、地理位置相对便利的法院审理,实现对管辖权的整合。实行集中管辖后,被赋予涉台案件管辖权的法院,涉台审判力量往往较强,法官的涉台审判经验也相对比较丰富,优化了涉台审判司法资源的配置,提高了司法效率,且法官长期审理涉台案件,随着经验的积累,其驾驭涉台案件的能力也会提高,有助于法官提高其专业素质,也有利于涉台案件的高效、高质审理。可见,涉台案件跨区域集中管辖是通过对现有的涉台审判力量进行"减法"与"加法"的内部处理,实现优质审判资源的集约化,进而提升审判活动的质效。并且,涉台案件集中至某一法院管辖,其裁判结果更加统一亦是显而易见的。而裁判结果的统一无疑是法院"规则之治"功能的重要组成部分,能够为市场参与者提供稳定的预期,保障市场竞争的有序运行。

可见,以管辖为切入口,在司法创新应然理念的指导下,对涉台案件实行跨区域集中管辖正是涉台审判为实现法律价值公正和效率相统一的制度安排。其既能够使对台政策在涉台审判中得以统一掌握，避免同案不同判现象，在集中管辖模式下实现涉台案件的公正审理和审判专业化，又能够集约审判资源，提高涉台审判效率，进而保证法院涉台审判"规则之治"的正当性。显然，对涉台案件实行跨区域集中管辖契合司法创新之应然理念。

三、海沧法院涉台司法创新举措

（一）海沧法院涉台案件跨区域集中管辖及系列创新举措

1.全市范围涉台案件跨区域集中管辖

2011年12月20日，最高人民法院司法改革办公室书面批准将海沧法院申报的"审判管理暨对台审判工作方面集中管辖"改革项目列为2012—2014年的改革项目。2012年1月16日，福建省高级人民法院（以下简称福建高院）作出批复，同意海沧法院成立专门的涉台审判业务庭，集中管辖厦门市辖区内一审涉台民商事案件。厦门市中级人民法院（以下简称厦门中院）据此制定实施办法，规定由海沧法院跨区域集中管辖全市具有涉台因素（含台资企业）的一审民商事案件。2012年6月15日，海沧法院涉台法庭揭牌成立，专门负责审理全厦门市涉台一审民商事案件。此后，根据福建高院批复，海沧法院开展涉台案件"三合一"集中管辖试点工作。2013年1月28日，海沧法院受理了其辖区外第一起涉台刑事案件；2013年3月7日，海沧法院受理了其辖区外第一起涉台行政案件，实现了涉台刑事、民商事、行政案件"三合一"集中管辖工作机制的全面运行。2013年10月30日，厦门中院修订《关于涉台刑事、民商事、行政案件集中管辖的实施办法》，明确规定海沧法院涉台刑事、民商事、行政案件"三合一"集中管辖的范围和标准等。

2.设立涉台专门派出法庭

大陆首个涉台专门派出法庭——海沧法院涉台法庭于2012年6月15日正式挂牌成立。涉台法庭有别于法院内设的审判庭或合议庭，其设置是高规格的，级别高于法院内设审判庭，也有别于基层法院派出的人民法庭，是针对涉台案件这一特殊案件类型而设立的专门派出法庭。涉台法庭，贵在专业，根本特征是跨区域集中管辖。

3.台胞陪审员制度及参审团制度

海沧法院在筹备涉台法庭的同时，精选出10位杰出台商，于2012年1月10日经厦门市海沧区人民代表大会（以下简称海沧区人大）任命为人民陪审员。同时，海沧法院制定《台胞陪审员工作规范》，对台胞陪审员的选任和免职事由及程序、陪审的案件范围、台胞陪审员的参审权利、回避、业务会议制度及定期业务培训制度等进行详细的规定。针对首批任命的台胞审判员均为涉企人员、男性，且普遍担任较多社会职务，客观上存在代表性有限、参审时间难以保障等问题，涉台法庭积极实施台胞陪审员倍增计划，在综合考虑性别、行业界别、年龄平衡和履职能力等因素的前提下，于2014年精心挑选了10位新的台胞陪审员，解决了台胞陪审员全面代表性不足问题。涉台法庭还实行台胞陪审员业务会议制度，定期召集台胞陪审员对具有普遍影响力的涉台案件的事实、法律问题进行集体讨论，重大案件的判决均以法官及全部台胞陪审员业务会议集体讨论结论为参考。

此外，涉台法庭积极探索人民参审创新形式，试行人民陪审制度改革。2014年12月，涉台法庭从区人大代表和政协委员、市台商协会理事等成员中选任参审员。对具有重大社会影响、涉及群体性利益、涉及道德伦理与风俗习惯、社会媒体广泛关注的涉台案件，邀请5～7名参审员参与庭审，于庭审前按照1∶2的比例摇号随机产生。在审判台右侧设置了参审员专门席位，参审员全程旁听庭审过程，并在庭审结束后独立对案件事实认定部分发表意见，形成最终书面意见提交合议庭作为裁判的参考。

4.引入科学管理措施

为优化质效管理，确保涉台民商事案件的审判质量，涉台法庭积极借助海沧法院建成的国内法院系统最先进的多维信息化中心项下智能辅助办案系统提高文书制作效率及质量。该智能辅助办案系统为审判人员量身定做，兼具文书检索、文书比对、文书纠错、文书管理等功能，运用大数据和文本分析技术，对导入案件的当事人信息、案件情节、量刑情况、文字表述等自动分析提取，旨在协助审判人员通过系统自带和数据库中的文书智能分析引擎为案件审理提供帮助，提高文书质量，实现同案同判。

为强化责任意识，全面规范涉台审判行为，切实提高涉台审判工作能力和效率，涉台法庭对不能决事项实施规范化管理。针对涉台审判工作的特点，涉台法庭对海沧法院于2005年制定并实施的《不能决事项处理规范》进行细化，详细确定了涉台案件不能决事项的情形、处理程序及审判人员未依规定处理的责任，有效杜绝了因主、客观原因导致涉台案件久拖不办情况的发生，大大增强了涉台法庭的司法公信力。

5.人员配置

为确保涉台案件审理质效，海沧法院除选配高素质、精通闽南语、熟悉台情风俗和了解台湾相关法律的专业化涉台审判法官外，还从全院的角度调配办案力量，选派刑事审判庭、行政审判庭及家事审判庭资深法官与涉台法庭法官组成合议庭，共同参与涉台刑事、行政的审理。此外，涉台法庭多次指派涉台审判工作人员参加最高法院、福建高院组织的涉台审判业务培训、司法互助培训，不断提升法官及辅助工作人员的业务水平，并特别强调涉台法庭审判人员的调研参与度，加强涉台审判信息的搜集、分析和研判，牢牢掌握涉台审判前沿动态。

6.司法延伸服务

为更好更便捷地提供司法服务，让台胞台商节省诉讼时间成本，把更多的精力用于市场营商，涉台法庭在高效高质做好公正审判的基础上，积极延伸司法，陆续推出诸多司法便民举措。

（1）开设夜间和周末法庭，方便当事人诉讼。涉台法庭依当事人的申请，经审查符合条件或取得其他方当事人一致同意的，便可启动夜间或周末法庭庭审程序，切实解决部分当事人工作时间难以到庭的难题。

（2）开展巡回审判，就近就地审理。涉台案件的当事人遍布厦门市辖区，为方便当事人诉讼，在当事人提出申请的前提下，结合案件具体情况，可采取巡回审判的方式，到当事人所在地进行就近审理。此外，涉台法庭已在厦门市思明区思明南路蜂巢山设立巡回审判点，并将逐步在岛外其他区选址设立巡回审判点，进行立案、开庭审理等诉讼活动。

（3）建设电子法庭，实现远程庭审。当事人身处边远、交通不便地区，以及当事人有特殊理由无法到庭参加诉讼的，可采用远程网络庭审。涉台法庭已采用集语音、数字、图像处理为一体，综合应用数据库技术、网络技术、自动控制技术的多媒体系统，有效实现了各类证据的可视化展示、远程证人作证、听证、见面会和网上庭审直播。

（4）成立涉台法庭义工队。涉台法庭义工队全称为厦门市台商协会涉台法庭义工队，于 2014 年 12 月 5 日正式成立，由厦门市各台资企业中志愿为台胞提供司法诉讼服务的在职爱心人士组成，在诉讼和调解过程中提供便民服务，帮助来涉台法庭诉讼的有需要的社群。涉台法庭义工均来自台资企业，有些甚至是企业的管理人员，其所在企业在生产经营过程中难免会碰到各种法律问题，涉台法庭义工队为台资企业提供了直接向法官咨询法律问题的平台，借助于这一平台，台资企业实现了法律咨询的日常化。此外，涉台法庭义工旁听案件庭审，在他人的纠纷中获取法律知识，总结经验教训，这有助于其对所在企业的管理更加规范，与其他公司经贸往来时也能有的放矢，将许多可能产生的不必要的纠纷扼杀在摇篮中。

（5）发布风险提示书。涉台法庭定期不定期对涉台案件归类分析，对涉台案件所反映出来的高风险且具有典型性问题，结合案例制作相应的风险提示书，通过台商协会将该提示书分发给各台资企业。例如针对台资企业劳动争议高发的情况，涉台法庭于 2014 年初对审结的涉台资企业劳动争议案件进行分类、分析、整理和归纳，制作《台资企业用工风险提示书》，结合案例提示劳动用工各环节存在的风险及应对或改进措施,通过台商协会将该提示书分发给各台资企业,促使台资企业对劳动用工管理进行了全面的整改,成效明显。

7.涉台缓刑考察员制度

由于台籍被告人在厦门往往没有固定的居住场所或工作单位,社区矫正机构通常以不能监管为由出具不愿意接受缓刑监管的意见,导致法院的判决执行移送无门,台籍被告人将难以适用缓刑。被告人满足缓刑适用条件却无法予以适用,明显有违公平正义原则。台籍被告人多数系营商人士,判处实刑意味着其企业不可避免地受到负面影响,甚至可能断送其在大陆辛苦营商所取得的成果。

为解决台籍被告人与大陆被告人"同案不同判"的问题,维护台籍被告人的正当权益,海沧法院大胆探索,积极回应长期以来"台籍被告人缓刑适用难"这一司法难题,建立了涉台缓刑考察员制度,与海沧区司法局共同制定了《涉台刑事缓刑考察员制度工作规范(试行)》,规定了缓刑考察员的选任、培训、奖惩、考核等内容。2015年7月24日,涉台法庭对首次适用涉台缓刑考察员制度的一名涉嫌虚开增值税专用发票罪的台籍被告人进行公开宣判。该名被告人曾先后被两个社区矫正部门以经常居住地不在本辖区、无合适监管人为由拒绝监管。合议庭经讨论,认为该被告人具有自首、退赃等情节,可能宣告缓刑,遂决定启用涉台缓刑考察员制度,委托包括厦门台商协会会长陈信仲在内的三名台籍缓刑考察员对该被告人开展调查。三名考察员严格拟定调查方案,对该被告人的个人情况、家庭情况、前科情况、矫正条件等方面进行深入调查,最终出具该被告人适合社区矫正的评估意见,供合议庭参考。考察员同时表示愿意协助厦门市海沧区司法局对该被告人进行监管。本案合议庭一致认为该评估意见客观公正,最终对该名被告人宣告缓刑。

(二)海沧法院涉台案件跨区域集中管辖等创新举措之成效

1.案件审理质效得到有效保证

截至2016年2月,涉台法庭受理的各类涉台案件4577件(其中民商事案件3707件,审结3312件,调撤结案2282件,调撤率高达68.90%;民商事案件案由类型有60余种,以商事纠纷居多,买卖合同纠纷和借贷纠纷最为典型,两者的案件量约占涉台民商事总案件数的44%,股权争议等与公司股权有关的纠纷亦为数不少,约占受理民商事案件的8%),实现零信访、零投诉。民商事、刑事、行政案件判决结案的1006件中,不服判决提起上诉案件348件(含厦华公司退休员工养老保险待遇纠纷系列案82件和翔鹭房地产公司商品房销售合同纠纷系列案27件;此外,因劳动争议案件诉讼成本极低,难以调处,80%以上劳动争议案件均需判决结案,判决结案的上诉率高达78%,该348件上诉案件中,劳动争议上诉案件有96件);二审改判21件(因新证据改判9件),发回重审3件(因新证据原因发回 2 件），剔除新证据发改案件，发改率仅为 3.73％，且该发改均因法官自由裁量的差异所致，均未被海沧法院审委会认定为错案或瑕疵案件。裁判质量保持良性发展态势，已有两份判决被台湾地区法院认可，公平高效地维护了涉台案件当事人的合法权益，有效规范和引导了涉台营商市场的竞争秩序。

此外，涉台法庭的司法互助工作也取得了积极的成效。专门开辟两岸司法协助案件的"绿色司法通道"，做到当日立案，当日移交，快送快结，积极贯彻"尽力协助"原则，穷尽一切措施进行送达，有效服务了两岸司法审判工作，提升两岸司法互信。截至 2016 年 2 月，协助台湾地区送达司法文书案件 193 件，受理协助台湾地区法院调查取证 5 件，均已完成协助。

2. 台胞参审效果明显

台胞陪审员具有"同乡之情、同业之谊"的天然优势，其参与案件审理有利于打消台籍当事人的疑虑，进而有利于案件的调处。台胞陪审员参与案件审理，亲眼见证大陆的司法运作，能够增强他们对大陆司法制度的理解与信任，并使更多台湾同胞了解和信任大陆的法律，从而搭建起两岸司法交流与沟通的新平台，推动两岸司法交流和合作向更深层次发展。截至 2016 年 2 月，台胞陪审员共参与调解、陪审案件 376 件，调解案件 226 件，调撤率达 60.10％，结案标的额 7.91 亿元，取得了良好的法律效果和社会效果。台胞陪审员公正无私、勤恳敬业，深受当事人的好评，以至于有不少当事人在起诉或应诉时直接要求台胞陪审员参审。2013 年 5 月《最高人民法院简报》（信息专刊第 14 期）肯定了海沧法院涉台法庭邀请台胞陪审员及台胞调解员调处案件，无一投诉和信访的做法和成效。

3. 各界的普遍认可与赞誉

涉台法庭通过专业化审判，公正且高质高效地解决涉台纠纷，有效地维护了裁判的统一性，充分发挥法院"规则之治"之功能，为台胞台商在厦门的营商营造了优质的司法环境。涉台法庭的专业审判和便民服务使在厦台胞获得了实实在在的好处，赢得了台商台胞的赞许。

厦门市台商协会常务副会长谢苍发先生用医院打比方，把涉台法庭形象地比作是为解决台胞纠纷设立的"专科医院"。其坦言，以前台胞有纠纷，经常搞不清楚要到哪个法院起诉，现在一有纠纷，马上就想到涉台法庭。厦门市台商协会时任会长黄如旭先生也表示，通过设立涉台法庭，邀请台胞台商参与陪审等方式，大大拉近了台胞台商与司法工作的距离，台商台胞对于厦门司法审判的接受度、信任度大大提升。对于海沧法院提出的司法便民举措，黄如旭先生在接受东南卫视采访时，深有感触地说，他一个朋友在龙岩经商，之前因需到厦门开庭错过了一笔数百万元的大单，现涉台法庭有了视讯法庭，台商可以做到营商和开庭两不误，实在是太人性化了。2012 年 10 月 31 日，在国务院台湾事务办公室例行新闻发布会上，发言人在回答台湾网记者关于设立台商法庭的有关问题时，亦特别举例肯定海沧法院设立涉台法庭。厦门市台商协会现任会长陈信仲在参访涉台法庭后,在台北参加海峡交流基金会(以下简称"海基会")台商座谈会上,特别推介涉台法庭的经验和做法,引起诸多台商的关注,也引起"海基会"方面的积极回应。2013 年 12 月,台湾地区"海基会"董事长林中森到海沧法院参访,对涉台法庭在司法便民及服务台商方面所做的努力及成效给予高度的评价,亲笔题写"公正便民"赠予海沧法院,并赠送"伸张正义"牌匾,肯定厦门设立涉台法庭的创举。2015 年,涉台法庭在福建政法系统 110 个优秀基层单位中脱颖而出,获评福建省政法系统"十佳基层单位"。

综上所述,涉台法庭涉台案件调撤率高、零投诉、零信访且至今无案件被认定为错案,共计收到当事人十余面锦旗和数封感谢信,当事人对涉台法庭的办案质量、办案效率、服务意识、便民措施亦赞不绝口,甚至在合同中直接约定由涉台法庭管辖,表明涉台法庭具有极高的公信力,亦充分说明海沧法院涉台案件跨区域集中管辖改革符合司法创新之应然理念,是司法创新的成功范例。

四、涉台案件跨区域集中管辖模式之推广及路径选择

(一)海沧法院涉台案件跨区域集中管辖之展望

党的十八届三中全会通过的《中共中央关于全面深化改革若干重大问题的决定》(以下简称《决定》),对未来司法改革进行了部署,提出"确保依法独立公正行使审判权检察权。改革司法管理体制,推动省以下地方法院检察院人财物统一管理,探索建立与行政区划适当分离的司法管辖制度,保证国家法律统一正确实施"。为贯彻落实党的十八届三中全会通过的《决定》,2014 年 7 月 9 日,最高人民法院发布《人民法院第四个五年改革纲要(2014—2018)》,进一步明确提出在管辖制度方面,通过提级管辖和指定管辖,确保行政案件、跨行政区划的民商事案件等得到公正审理。可以预见,跨区域集中管辖,建立跨行政区的法院,突破司法管辖的行政羁绊,是大势所趋。2015 年 1 月 28 日,以深圳市南山区人民法院前海法庭为雏形的深圳市前海合作区人民法院(以下简称前海法院)挂牌成立。该院除管辖前海辖区一审民商事案件、行政案件和执行案件外,还集中管辖原由深圳市辖区其他基层人民法院管辖的一审涉外、涉港澳台商事案件。此外,前海法院在司法管理体制、司法权力运行机制、法官职业保障机制等方面先行先试。

海沧法院涉台法庭的设立,符合司法改革大趋势,亦体现了最高法院涉台审判司法改革的方向,成为司法创新的成功范例。同时,海沧法院作为司法改革试点,也正对司法管理体制、司法权力运行机制、法官职业保障机制进行诸多创新

尝试。因此,完全可以亦有必要借鉴前海法院的先例,进一步推进涉台审判工作机制改革——在涉台法庭的基础上,设立与行政区划适当分离的"厦门台商投资区法院"。

(二)涉台案件跨区域集中管辖模式的推广及构建路径

1.海沧法院涉台案件跨区域集中管辖模式应予推广

(1)涉台案件跨区域集中管辖符合司法改革政策导向

涉台法庭,贵在专业,根本特征是跨区域集中管辖,契合司法创新之应然理念。党的十八届三中全会通过的《决定》提出了"探索建立与行政区划适当分离的司法管辖制度"的司法改革基本方向之一;《人民法院第四个五年改革纲要(2014—2018)》进一步提出推动跨行政区划的民商事案件的管辖制度。这不仅是对涉台案件跨区域集中管辖的肯定,也为全国涉台案件审判司法创新的进一步改革提供了方向和政策支持。因此,从响应和贯彻党的十八届三中全会对司法改革的部署及进一步深化涉台审判机制改革的角度出发,海沧法院涉台案件跨区域集中管辖模式应在具备条件的地区予以推广。

(2)涉台案件跨区域集中管辖顺应台胞现实司法需求

海沧法院涉台案件跨区域集中管辖,是大陆对台司法实践的有益探索,有利于统一司法标准和尺度,提高司法公信力,方便台商诉讼,增进两岸司法交流,并获得巨大成功。厦门的台商从涉台案件跨区域集中管辖中获得了实实在在的实惠,时任厦门台商协会会长黄如旭、现任厦门台商协会会长陈信仲及其他知名台商,从亲身感触出发,均积极推介海沧法院涉台法庭的经验和做法,并通过各种渠道积极呼吁大陆其他省市能够借鉴复制。2012年第四届海峡论坛期间,时任"海基会"董事长江丙坤在听取了台胞陪审员李世伟介绍涉台法庭后,表示"海沧法院涉台法庭的模式可以在台商投资集中地区推广",并希望台胞集聚区都能学习借鉴。台湾地区"海基会"董事长林中森到海沧法院参访时,亦直言希望厦门设立涉台法庭的做法能在大陆各地推广。2014年7月,台湾地区"海基会"董事长林中森在与福建省委书记尤权的会晤中,再次盛赞了海沧法院设立涉台法庭的创举,认为涉台法庭专门引入台胞调解员、陪审员帮助台商解决问题效率高、成效好,并特别倡导将涉台法庭模式推广到大陆各省市。因此,从满足台胞台商的现实司法需求及海沧法院涉台案件跨区域集中管辖改革实绩角度出发,海沧法院涉台案件跨区域集中管辖模式亦应在具备条件的地区予以推广。

2.厦门法院涉台案件跨区域集中管辖模式及其缘由

厦门法院涉台案件的管辖模式如下:在海沧法院成立涉台法庭,集中管辖全市辖区内的一审涉台民商事案件,并根据区域需要设置相应的巡回审判点。而对于涉台行政、刑事案件,则先由涉台法庭集中审理海沧辖区内的相关案件,待时机成熟,再将全市一审涉台行政、刑事案件交由海沧法院涉台法庭集中管辖。在此基础上,积极推进设立"厦门台商投资区法院"。

之所以对厦门全市涉台案件施行集中管辖,有以下几个理由:首先,厦门与台湾地区有"五缘"优势,台商相对聚集,台商投资总量大①,是对台交流的"桥头堡",故有必要创新厦门涉台审判机制。其次,在原先的涉台案件管辖模式下,厦门中院受理的案件大部分是标的额较小、没有特别影响力的民事纠纷。根据案件繁简分流的要求,有必要将部分案件分流到基层法院审理,但若将涉台案件分流到六个基层法院,无法达到审判资源集约化利用的效果。最后,厦门区域面积小,交通便利,没有必要在每个区都设立涉台案件审判庭。

3. 涉台案件跨区域集中管辖模式之构建路径

参照厦门的实际情况,前述"具备条件的地区"一般为:台商相对聚集、台商投资总量大、涉台案件数量较多、区域交通便利等。据此,与厦门区域条件相似的台商投资聚集区——上海、东莞、深圳、苏州、昆山等地区,完全可以复制厦门的成功经验,就涉台案件施行集中管辖。

对于涉台案件跨区域集中管辖模式之构建路径,实务中有以下三种路径:

一是中级法院成立涉台法庭,集中管辖全市涉台民事、行政和刑事案件。优点是依托中级法院的人才库,可保证案件审理的质量,且中级法院所在位置往往在市区中心,一审诉讼当事人参与诉讼相对较便利。缺点是不符合案件的繁简分流原则,增大中级法院及高级法院的办案压力,且二审仍需到高级法院,会增加二审当事人的诉讼成本。

二是参考海沧法院涉台法庭的模式,选取台资相对集中的基层法院设立涉台专业派出法庭,并根据需要设置若干个巡回审判点,先将全市涉台民商事案件集中由其审理,等运作成熟后再将全市涉台行政、刑事案件也集中由其审理,实现涉台民商事、刑事、行政案件审理的"三合一",在此基础上,积极推进"台商投资区法院"的设立。

三是在海沧法院涉台法庭模式基础上实现跨越,直接设立"台商投资区法院",将涉台民商事、行政、刑事等案件集中由"台商投资区法院"统一审理。

在构建路径选择上,其他地区法院完全可以发挥后发优势,直接实现涉台法庭审理涉台案件的"三合一",甚至直接设立"台商投资区法院",集中处理涉台民商事、行政、刑事、执行案件及司法互助案件等。

---

① 根据《大公报》,厦门市台湾事务办公室和台商协会提供的数据,在闽台资企业实有3796户,厦门有2100户;在闽台企投资总额达86.05亿美元,厦门台商合同投资逾58亿美元,实际到资44亿美元,台湾地区百大企业中已有17家在厦门落户。厦门的台企数量是全省数量的一半以上,投资总额是全省的67%以上。

结　语

　　社会主义市场经济本质上是法治经济。法治是市场经济的保障,在涉台司法领域,分散式的涉台案件管辖机制已无法满足台胞台商的现实司法需求,有必要在遵循司法创新之应然理念前提下进行必要的创新。海沧法院涉台案件跨区域集中管辖正是司法资源集约化、实现涉台案件公正审判及提升涉台审判质效的一项制度创新、机制创新和体制创新。海沧法院涉台案件跨区域集中管辖已经过四年多的摸索和实践,经验积累成形,所取得的丰硕成果及实效,有目共睹。海沧法院将以积极谋划和推动建立"厦门台商投资区法院"为指引,紧抓涉台审判品牌培树,做大、做强、做精涉台审判品牌,努力将涉台法庭建设成为方便台商诉讼、增进两岸司法交流合作的平台。我们相信,随着海沧法院涉台审判机制的进一步改革,涉台案件跨区域集中管辖机制必将茁壮成长并广为推广,必将在我国司法改革史上留下浓墨重彩的一笔。

司 法 改 革

泉州法院"家门口诉讼"的实证调研
与法理解析

■欧岩峰[*]

摘要:福建省泉州市两级法院坚持跨域的思维和一体化的理念,打破传统思维定式和诉讼服务既有格局,于 2015 年 1 月在全国首创推出"跨域·连锁·直通"式诉讼服务平台,开创法院"跨地域服务"、群众"家门口诉讼"的便民诉讼机制。"家门口诉讼"作为一种让当事人自主选择法院的诉讼新模式,是对诉讼流程运行机制的重构与再造,以构建法院间新型协作关系和诉讼服务关系。"家门口诉讼"模式适用范围越广,效用越显著,就越具有可复制、可推广的现实基础和法理依据。

关键词:家门口诉讼;跨地域服务;自主选择法院;诉讼流程重构;司法协作

---

* 作者系福建省泉州市中级人民法院院长,法学硕士。

习近平总书记多次深刻指出，"唯改革者进，唯创新者强，唯改革创新者胜"[①]。改革创新无疑是人民法院破解难题、科学发展的"不二法门"。为贯彻中央关于全面深化改革、鼓励基层首创的精神，顺应经济社会发展深度融合、异地诉讼易发多发的趋势，回应社会各界对解决诉讼难特别是异地诉讼难、异地诉讼累的呼声，福建省泉州市中级人民法院于2015年1月12日在全国首创推出"跨域·连锁·直通"式诉讼服务平台。该平台坚持跨域的思维和法院一体化的理念，构建法院"跨地域服务"、群众"家门口诉讼"的新型诉讼机制：在遵循案件管辖等法律规定的前提下，打破诉讼服务中的行政区划及法院层级限制，无论当事人所诉讼的案件应由哪个法院或法庭管辖，其均可就近或自愿选择任何一个法院或法庭办理诉讼事务，真正实现在"家门口"打官司，最大限度地便利群众诉讼、减轻讼累。

目前，平台已平稳运行一年多，成效显著。截至2016年5月，泉州两级法院已通过"跨域·连锁·直通"式诉讼服务平台，为当事人就近办理跨域立案26093件，提供异地法律咨询26868次、材料收转26890次、诉讼指引21396次、判后答疑817次、信访接待153人次、诉前及立案调解263件。另有多个案件借助该平台实现了跨域视频开庭、调解或跨域执行、划拨执行款。当事人无一投诉举报，无一管辖争议，诉讼材料跨域流转也无一差错，平台受到各界的欢迎和好评，赢得了极高的美誉度和影响力，被誉为"开先河的创意、全局性的创新、革命性的创造"、"泉州式诉讼"、"集诉讼服务之大成"、诉讼服务的"泉州模式"、司法改革创新的"泉州实践"。最高人民法院院长周强连续三次对平台建设作出重要批示，指出平台是有益的探索，具有深远的意义，其做法和经验值得认真总结推广。最高人民法院副院长景汉朝于2015年7月到泉州调研平台时指出，平台的思路和创意很好，如果能够在更远距离、更大范围内推广运用，意义将更大，效果将更明显，"有利于解决偏远地区、不同区域间当事人诉讼不便问题。双方当事人之间的地域相距越远，给当事人节省的诉讼成本也越大"[②]。《人民日报》及新

---

① 例如，2014年11月9日上午，习近平出席2014年亚太经合组织（APEC）工商领导人峰会并作主旨演讲时强调，在新一轮全球增长面前，唯改革者进，唯创新者强，唯改革创新者胜，要拿出"敢为天下先"的勇气，锐意改革，激励创新，积极探索适合自身发展需要的新道路、新模式，不断寻求新增长点和驱动力。又如，2015年3月5日下午，习近平参加十二届全国人大三次会议上海代表团审议《政府工作报告》时强调，创新是引领发展的第一动力，唯改革者进，唯创新者强，唯改革创新者胜，上海要按照"四个全面"战略布局，凝心聚力，奋发有为，继续当好全国改革开放的排头兵、创新发展的先行者，为全国改革发展稳定大局作出更大的贡献。

② 倪寿明：《景汉朝在福建调研时强调：牢固树立司法为民理念，进一步加强诉讼服务中心建设》，载《人民法院报》2015年7月20日第1版。

华社内参、中央全面深化改革领导小组办公室《改革情况交流》、福建省全面深化改革领导小组办公室《福建改革情况》等也相继给予关注、报道、推介。"家门口诉讼"模式已成为泉州法院的民心工程和品牌项目。

一、问题的提出:构建"家门口诉讼"模式的背景动因

司法制度机制作为上层建筑,必须根据经济社会的发展需要,通过不断的改革创新,更好地与经济基础、社会基础相适应,更好地促进经济社会的发展。当前,随着经济社会发展的高度融合,跨乡镇、县区、地市乃至跨省的经济活动、人口流动频繁活跃,跨域诉讼易发、多发,占法院案件总数的比例越来越大。经济社会的快速发展,亟须高效便捷的诉讼服务与之同步。

以泉州为例。泉州地处闽南"金三角",陆域面积 1.1 万平方公里,经济发达,民营经济活跃,中小企业众多,各类市场主体超过 50 万,经济往来、人口流动频繁活跃,到 2014 年,经济总量已连续 16 年居全省第一,GDP 达 5733 亿元(2015 年 GDP 近 6150 亿元,连续 17 年居全省第一),接近福建全省总量的 1/4,超过福建三个山区市经济总量之和;其下辖的县级晋江市 2014 年 GDP 近 1500 亿元(2015 年达 1600 亿元),也超过全国不少地级市的经济总量。在人口方面,泉州人口总量也位居全省第一,2014 年全市常住人口 844 万人,再加上流动人口 200 多万,总人口数上千万。与此相对应,自 2013 年全市法院收案数超过 10 万件以来,泉州法院案件数已连续三年居全省首位,且以每年超过 25% 的增幅增长,2015 年达 17 万余件。值得一提的是,其中超过 1/3 的民事案件当事人不在同一个法院辖区,也就是说,有大量的案件当事人需要跨域诉讼、跨域申请执行。① 而且,伴随着我国市场经济的不断发展完善,城乡一体化进程的加快,人口、资金、技术、项目、服务等要素的跨域流动将日益增长,跨域诉讼案件数量也必将随之增长,破解异地诉讼难、异地诉讼累的需求和呼声也会愈加强烈,制度性、根本性的破解办法,其价值和意义也必将愈加凸显。

众所周知,诉讼有其固有的规律和程序要求,打官司本非易事。当前,人民法院的诉讼服务中心普遍存在功能滞后的问题,只是提供简单、机械、碎片化的诉讼服务,看似服务"一站式",却处处不是"终点站",加之一些地方尚存的人为

---

① 以 2013 年至 2015 年福建省晋江市人民法院民事一审案件为例,据测算,在该院受理的总共 2 万多件民事一审案件中,8500 多件案件当事人不在晋江地区;涉及的总共 6 万多名当事人中,2 万多名当事人不在晋江法院管辖区域。对于"时间就是金钱"的企业主、生意人来说,打异地官司耗不起;对于普通老百姓来说,打异地官司长途跋涉、反复折腾很辛苦。因此,"家门口诉讼"模式的"市场需求"是现实存在的。

因素造成的"吃拿卡要""冷硬横推"等问题,"诉讼难""诉讼累"的印象也就在大众心里根深蒂固。而跨域诉讼更需花费大量的时间、精力和金钱,如果当事人再遇到"门难进、脸难看、事难办",打一次官司不得不老远跑、来回跑、多趟跑,其讼累将更重,由此对司法产生不信任。试想,如果一个当事人在本地打官司就感到诉讼难、诉讼累、成本高,那到外地打异地官司又会难到什么程度、累到什么程度、成本将翻几倍? 如果把异地诉讼的范围扩大到全省、全国,当事人的讼累必将呈几何级数加重。

如何解决异地诉讼难、异地诉讼累的问题? 学术研究上尚付阙如,立法上没有先例,司法上也未有成功的实践。这是一个全新的课题、待解的难题。

在传统的诉讼模式以及条块分割、各自为政的诉讼服务格局下,各法院及人民法庭之间存在着行政区划、不同层级、服务范围的"制度壁垒"。当事人打异地官司不论路途多远、多么不便、多么不愿,都必须到管辖案件的法院或法庭,而每个法院的诉讼服务,也只针对自己管辖案件的当事人,对不属于自己法院管辖案件的当事人,自然是"无法"顾及。这些都似乎显得理所当然,甚至"天经地义"。但是,很显然,这种模式、做法乃至思维,与经济社会发展的深度融合趋势已经不相适应,与人民群众日益多元、日益增长的司法需求也不相适应。如果不摆脱思维定式,不走出路径依赖,对于破解异地诉讼难、异地诉讼累的问题,真是"无法可想"。相反,只要敢于打破旧框框、旧思维,"不期修古,不法常可",必能柳暗花明、豁然开朗,找到破解难题的创新之钥匙。

本着遵循司法规律、破解工作难题、有利于人民群众的原则,泉州市中级人民法院(以下简称泉州中院)经过几个月的研究、论证、谋划,于 2015 年 1 月 12 日推出"跨域·连锁·直通"式诉讼服务平台,从打破诉讼服务思维定式、重构诉讼流程新模式、再造诉讼服务新格局入手,建立起"家门口诉讼"的一整套制度机制,为破解诉讼难、诉讼累尤其是异地诉讼难、异地诉讼累探索出一个崭新的"泉州解法"。

二、制度设计:"家门口诉讼"模式的功能架构

"家门口诉讼"模式,是以跨域服务、连锁服务、直通服务为主体的相辅相成、有机统一的新型诉讼服务体系。

跨域,即跨地域、家门口的服务。该平台最大的创新、最核心的要素,就在于打破了诉讼服务领域的行政区划限制,打破诉讼服务需限定地域(仅限于某个法院自己的辖区)、限定对象(仅限于某个法院所管辖案件的当事人)的传统模式,把诉讼服务跨地域、跨法院地"配送"到当事人和广大群众"家门口",以"家门口"的服务突破地域上的阻隔。平台立足全市 12 个法院、42 个人民法庭的布局,通

过泉州中院统一协调指挥、两级法院包括人民法庭一体联动,真正做到全市法院一盘棋,每一个法院诉讼服务中心、每一个人民法庭都真正成为全市两级法院的窗口、"分店"和"代言"。这样一来,原来需要当事人"两地跑"的事项,通过加强全市法院(法庭)之间的沟通协作就能解决。当事人可以就近选择任何一个法院(法庭)办理诉讼事务,换言之,在整个泉州地区,不管当事人是哪里人,不管案件属于哪个法院(法庭)管辖,当事人到任何一个法院(法庭),需求均能得到回应和满足,不必因案件属异地法院(法庭)审理而长途奔波、来回折腾。

连锁,即标准化、无差别的服务。该平台推动全市法院诉讼服务整体提升的关键,就在于以标准化服务改变人为造成的差异化处理,维护法治的统一性、严肃性。标准化服务,又包含硬件和软件两个方面,体现内外兼备、软硬兼修、瞄准一流,努力让当事人进入任何一个人民法庭或诉讼服务中心,都能得到相同的、最佳的办事体验。硬件方面,就是参照连锁店的模式,要求全市法院每一个诉讼服务中心和人民法庭都统一装修标识、上墙内容、办事流程、文明服务用语、设施设备等元素,做到标准规范、具体完备。软件方面,就是打破法院(法庭)之间对待不同当事人存在的"红白脸""主客场"等不合理现象,统一法律适用标准和诉讼服务标准,确保同样的案件、同样的事务同样处理,做到"谁来办事都一样对待、哪里办事都一个标准"。

直通,即全方位、无障碍的服务。该平台紧贴群众需求的优势,就在于以一站式、一条龙、全方位的服务弥补现有诉讼服务碎片化的不足。一是实现"点"上直通,事务"一站清"。从减少群众问的次数、等的时间、跑的频率着手,通过完善硬件设施,整合便民举措,提高服务效率,充分发挥诉讼服务中心功能,全面推进一站式办理,避免当事人在法院"到处跑"、走不对门、找不着人,实现诉讼事务"一站清"。二是实现"线"上直通,贯穿全流程。把跨域连锁诉讼服务从立案延伸到诉前、审判、执行阶段乃至申诉、信访、普法过程,群众提交材料、领取文书、缴退费用、问询求助乃至开庭、调解等事项都能在就近的法院(法庭)办理,实现全流程服务。三是实现"面"上直通,服务全覆盖。打破诉讼服务的层级限制,既立足于全市法院、法庭布局,又突破中院与基层法院、基层法院与派出法庭间诉讼服务相对零散的局限,让群众在人民法庭就能完成中院(或基层法院)管辖案件的相关诉讼程序,也可以在中院完成某个基层法院或派出法庭管辖案件的相关诉讼程序,实现诉讼服务全覆盖。

总之,在"跨域·连锁·直通"式诉讼服务平台所构建的"家门口诉讼"模式下,只要当事人的案件属于泉州法院管辖,不论其是哪里人,不论其案件具体归哪个法院管辖,其均可以就近选择全市 12 个法院诉讼服务中心的任何一个,或者 42 个人民法庭中的任何一个,不受地域限制、层级限制地就近办理从诉前咨询、诉前保全到立案、审判、执行乃至申诉、信访等阶段的数十项相关事宜。

三、法理解析:"家门口诉讼"模式的创新意涵

"跨域·连锁·直通"式诉讼服务平台推出以来,各界对于平台的性质与定位有多重看法,多重理解,诸如异地立案、远程立案、网上立案、就近诉讼等等,不一而足。这些概念的确从某一个侧面、某一个角度描述了平台的特征或功能,但"画像"并不准确,也不全面。

就异地立案、远程立案来说,虽然跨域立案是平台的重要功能,但是跨域立案也只是平台的其中一项功能而已,无论异地立案还是远程立案,都只是以偏概全,不能准确定义平台的全部功能。更何况何谓异地立案,何谓远程立案,也尚无一个比较统一或权威的定义。

至于平台与网上立案的区别,也十分显著。平台项下的跨域立案与目前不少法院正在推行的以"网上立案"为代表的互联网诉讼服务模式,虽然都强调发挥信息技术的作用,便利当事人起诉、减轻当事人的讼累,但是无论在理念上、机制上、现实效用上,二者都存在显著的区别,平台的跨域立案机制有其自身特色和优势。平台最根本的基石,是跨域的思维和一体化的理念,其本质是对传统思维定式的打破,是对诉讼服务理念乃至司法工作机制模式的革新,是对诉讼流程运行模式的重构和诉讼服务关系的再造,是在理念革新的基础上对信息技术的有机融合运用,将产生"化学反应"般的巨大综合效益。网上立案虽然也是对信息技术的运用,但只是单纯将线下事务搬到线上进行,[①]没有改变更没有创设诉讼服务关系,没有改变法院间协作关系和诉讼流程运行模式。网上立案所带来的变化和影响,充其量是一种"物理反应",不具有平台的革命性。另外,在诉讼服务的普适性、经济性、真实性、安全性等方面,平台也具有压倒性的优势。[②]

至于"家门口诉讼",自然是平台所要达到的主要目标,但也存在学理上不够严谨、尚不能完全定义平台功能的遗憾。实际上,平台本身不仅把诉讼服务跨地域、跨法院地送到当事人的"家门口",让当事人在"家门口"的法院或法庭就能享受诉讼服务、办理诉讼事务,而且,平台还允许当事人不论家在何地、身在何处,都能就近选择法院或法庭享受诉讼服务、办理诉讼事务。平台还允许当事人"舍

---

① 网上立案,是试图把传统的"登记立案"这一诉讼服务"搬运"到网上,但实际上要有效地完成"登记立案"这一诉讼服务,诸如当事人材料寄送、材料审核、身份审核等很多事务还是需要在"线下"办理或者"线下"确认。无论是对于法院还是对于当事人来说,网上立案的效率和价值,都不宜过度渲染。

② 关于平台与网上立案等互联网诉讼服务的比较分析,参见欧岩峰:《跨域·连锁·直通——"家门口诉讼"模式的实证与法理》,法律出版社2016年版,第120~130页。

近求远",自主选择任何一家其满意度较高的法院或法庭享受诉讼服务、办理诉讼事务,而不是限制在"家门口"的法院或法庭,也不是要求一定要就近办理。由此可见,"家门口诉讼"的表述也不够贴切。考虑到"家门口诉讼"通俗易懂、简单明了,我们在平台的宣传推广过程中,多用"家门口诉讼"来描述平台的功能目标,已经为社会各界所认可,反响很好,因此我们通常使用"家门口诉讼"这一概念。①

尽管上述概念都有这样那样的不足,却给了我们两个重要启示。一是要给平台一个准确的定义、恰当的定位,并非易事。这也恰恰说明平台是一新生的事物、全新的创造,没有先例可循,没有现成的概念可以套用。二是平台内涵丰富,功能多元,从不同的侧面、不同的角度,可以对平台进行不同的界定,作出不同的解读。从不同层面解读,"家门口诉讼"模式也就有不同层面的创新内涵和创新价值。

（一）从当事人层面看,平台是一种当事人"自主选择法院"的诉讼新模式

法院审判行为与当事人诉讼行为之间的关系模式,是民事诉讼模式中的核心问题。② 民事诉讼案件管辖的确定以法律规定为原则,以当事人协议选择为例外,这就是所谓的管辖法定或者说恒定原则。我国民事诉讼中的地域管辖以"原告就被告"为一般原则。在"原告就被告"的模式下,如果原告与被告同属一个法院或人民法庭的辖区,那么原告与被告的诉讼成本可以认为是平等的,甚至也可以说是均等的,因为此时区分二者的诉讼成本并无多大实质意义。但若原告与被告不属于同一法院或人民法庭的辖区,从是否便利原告提起诉讼、参加诉讼、申请执行的角度来说,"原告就被告"原则对于原告在便利性上则难免会大打折扣,原告相应的诉讼成本也会比被告付出更多。特别是随着经济社会的快速发展,跨地区的经济活动、人员往来十分频繁,导致异地诉讼易发多发,此时按照"原告就被告"的原则,原告需到异地法院起诉,其诉讼成本将会成倍增加,其与被告的诉讼成本差距也将成倍扩大(如长途跋涉的交通费、餐饮费、住宿费、误工费以及时间、精力的损耗等等),加之诉讼环节多的固有特性,高额诉讼成本多次叠加,双方当事人诉讼成本将呈现明显的不均衡。"秋菊打官司"就是民众长途跋涉、艰难维权最形象的写照。对于那些依靠司法救济维权的当事人,高额的诉讼成本将使他们权利受损的状态雪上加霜。这就成了一个不可忽视的、应该认

---

① "就近诉讼"概念的不足之处,与"家门口诉讼"相类。
② 齐树洁主编:《民事诉讼法》,中国人民大学出版社2015年第4版,第10页。

真加以研究解决的问题。

"公民权利的平等性决定了司法救助的平等性。"[1]平等对待、平等保护当事人的合法权益，是法律的原则和精神，这不仅是指实体法上的，也是程序法上的；不仅是意识形态领域的，也应是实践操作层面的；不仅是宏观层面的，也应该是微观层面的；不仅是形式上的，也应是实质上的。对于"原告就被告"模式带来的原告、被告双方在诉讼便利性上、诉讼成本上的失衡问题，如何在不破法定管辖原则、不改变现有法院（法庭）设置的前提下妥善解决，从而真正让诉讼既便利被告又便利原告，使原告、被告双方诉讼权益真正得到平等对待，这就是构建"家门口诉讼"模式的首要任务。

"家门口诉讼"模式依托现有法院和人民法庭的地理布局，在不违背管辖规定的原则下，突破地域的阻隔，赋予当事人（特别是原告）选择任何一个法院（法庭）办理诉讼事务的自主性，极大便利了当事人行使诉权、提起诉讼，也最大限度地减轻了当事人的诉讼成本。"家门口诉讼"模式在尽可能降低原告诉讼成本的同时，也相对地缩小了原告、被告双方与法院（法庭）之间在空间距离上的差别、诉讼成本上的差距，有效地实现了双方当事人诉讼成本均等化，确保了双方当事人参加诉讼在形式上、实质上的真正平等。因为即使原告、被告相隔万里，但原告可以在"家门口"的法院（法庭）起诉，被告也照样在"家门口"的法院（法庭）应诉，双方都十分便利。平台大大拉近了双方的时空距离，更抹平了双方在诉讼成本上的鸿沟，其效果就如原告、被告同属一个法院（法庭）辖区时一样。

因此，平台所构建的"家门口诉讼"模式，不仅是对原告来说如此，对被告来说也是如此。而且，不是说可以在"家门口"立案或在"家门口"进行其他某一环节的诉讼事务，就可以号称实现"家门口诉讼"；只有像平台这样诉讼全流程、各环节都可以在"家门口"就近办理，才称得上"家门口诉讼"。

（二）从法院间关系看，平台是一种刚性的、制度化、系统化、常态化的新型域内司法协作关系

我国现行法律并无法院协作这一概念，但在晚近的实践中，法院协作不仅作为概念得到了广泛的认同，而且作为司法创新得以推崇。虽然各地现有的法院司法协作模式各有侧重，各具特色，[2]但是仍有不少显而易见的共同点。把这些共同点与"跨域·连锁·直通"式诉讼服务平台所构建的法院协作模式相比较，则不难看出存在以下几个明显的区别：

---

① 葛洪义：《法理学》，中国政法大学出版社 2007 年版，第 329 页。

② 对我国地方法院间协作的比较研究，参见李欣洋：《中国地方法院协作：制度考察与未来展望》，载齐树洁主编：《东南司法评论》（2015 年卷），厦门大学出版社 2015 年版。

1.地域范围上。现有的法院间的司法协作,多局限于行政区划的交界或边界地区,是为满足该特定区域内司法实践所需,超出了该特定区域,则这种协作的必要性就会降低乃至丧失。而平台是在一个地级市这一大行政区划内的协作,可以无限拓展、延伸,向更大范围(全省乃至全国)推广运用;地域范围越广,平台协作的效果就越突出,作用就越大,受益的群众也就越多。

2.合作基础上。现有的法院间司法协作,是由相关法院签订合作协议,或者发出合作倡议而达成的,是各相关法院作为平等的不同主体之间的自发性的协作;而平台是上级法院以规范性文件、制度性规定而形成的,是一种制度性安排。

3.协作效力上。现有的法院间司法协作是一种松散型乃至临时性的协作模式,相关协议或倡议的执行力可能不强;而平台作为一种制度性安排,是一种制度化、系统化的协作模式,下辖各法院均需严格落实相关协作制度,不落实有各种问责措施。

4.协作内容上。现有的法院间司法协作是在某些领域、某些环节的协作(以执行为主);而平台是审判执行及诉讼服务全方位、全流程的协作。需要指出的是,平台虽然强调的是诉讼服务上的相互协作,但实质上,这只是对于当事人及社会公众而言;对于法院来说,平台的协作模式则涉及审判执行各流程、各环节的全方位协作。

5.协作体系上。现有的法院间司法协作通常都是横向协作;而平台不只是横向协作,也包括纵向协作,也就是不同审级的法院之间一盘棋、一体化的运作模式。

6.协作理念上。传统的法院间司法协作主要是由各相关法院主导;而平台突出了民本理念和公众参与,只要出现当事人或群众提出需要相关法院共同协作完成的事由,相关法院必须立即启动协作机制,通过紧密无缝的协作衔接,确保及时高效地为当事人提供诉讼服务和办事便利。

由上述比较可以总结出,平台所开创的"家门口诉讼"模式,构建了一种刚性的、制度化的、系统化的、常态化的新型法院司法协作模式。就其效果,在外部来说,是变"群众跑断腿"为"法院协同办",只要群众愿意,他在"家门口"就能打完异地官司,不用长途奔波、数度往返也能办理完异地立案、审判、执行等全流程、各环节相关事务,极其便利;在法院内部来说,通过法院(法庭)之间制度化、系统化、信息化的联动网络,各法院(法庭)在立案、审判、执行、信访及诉讼服务各环节、各领域互联互通、互帮互助,各法院对于兄弟法院请求协助办理而由自己就近协助办理比较便利的诉讼事务,都当作自己的事务及时认真办理——这样"你帮我,我帮你",可以大大节约司法资源,提高司法效率,是"互联互通、共享共治"在司法领域的生动实践。

(三)从诉讼流程运行模式看,平台是通过对诉讼流程的二重剥离与再造,变诉讼流程运行的单轨模式为双轨乃至多轨模式

诉讼服务作为诉讼制度的题中之意,是寓服务于诉讼程序和诉讼管理的重要体现。[①] 诉讼服务虽然对外表现为服务,但是其实质是诉讼事务的办理,是推进诉讼流程的必要手段乃至必经程序。比如登记立案,意味着诉讼流程的正式启动;比如受理申请,意味着诉讼流程将会发生重大变动;再如文书送达,往往也是终结诉讼流程的必经程序等等。

我国诉讼服务的发展大体可以分为三个阶段,相应地也形成了三个模式:第一个阶段即分散服务模式,即随案件流程的推进,分别由立案部门、审判部门、执行部门、信访接待部门的工作人员向当事人提供诉讼服务;第二个阶段即集中服务模式,明确要求将庭审以外的诉讼服务职能从分散的部门剥离出来,统一由诉讼服务中心提供一站式、综合性的服务;第三个阶段是互联网服务模式,即试图利用互联网技术,打破时间和空间的限制,让社会公众及诉讼参与人可以通过互联网诉讼服务平台随时随地办理诉讼事务。

但从对诉讼事务的剥离,或者说诉讼服务提供者或者诉讼服务主体的不同这一角度来看,我国法院诉讼服务迄今只经过了两个阶段,实现了一重剥离,即从分散服务阶段发展到集中服务阶段,实现诉讼服务职能从法院各相关部门到诉讼服务窗口统一行使的一重剥离。而互联网诉讼服务模式只是对提供诉讼服务的方式进行信息化、网络化的发展与创新,只是把诉讼服务从线下转移到线上,对诉讼服务的主体是否变化并无实质性的影响,因此,互联网诉讼服务还谈不上对诉讼服务的剥离。

与原有模式相比,"跨域·连锁·直通"式诉讼服务平台之所以能够开创"家门口诉讼"模式,关键就在于对诉讼服务进行了二重、三重剥离。在同一个法院内部,平台在把诉讼服务从审判执行业务部门剥离到诉讼服务中心的基础上,再延伸剥离至各人民法庭,使各人民法庭也完全具备与诉讼服务中心一样的诉讼服务功能和诉讼服务能力。当事人和广大群众不必到诉讼服务中心,就近在人民法庭也能办理诉讼事务。

更具突破性乃至革命性的是,平台不仅把诉讼服务在同一个法院内进行剥离,而且把诉讼服务在不同法院之间进行剥离、解构和重组,也就是按照"法院一盘棋,服务一体化"的思路,把诉讼服务中属于可由其他法院代为办理的事务,一律予以剥离、打散、分解、分流,由全市各法院共同行使、协作办理。具体地说,就是按照便利群众和便利法院的"两便"原则,各法院诉讼服务中心、人民法庭互为

[①] 李少平主编:《人民法院诉讼服务理论与实践研究》,法律出版社 2015 年版,第 1 页。

"代言",不论案件归谁管辖,谁接到当事人和群众的诉求,谁就负责对外提供诉讼服务;谁接到其他法院委托的事项,只要属于自己的职权范围内,或虽不属于自己的职权范围内,但由自己办理比较便利的,也自觉予以协助办理。这样一来,一个案件,从诉前到立案、审判、执行乃至申诉、信访等各个环节的诉讼事务,由管辖法院与各协作法院共同办理、共同完成,共同推进审判执行流程,变传统的由管辖法院"单打独斗"的单轨制诉讼流程运行模式为各协作法院合力共为、同向发力的双轨制乃至多轨制模式,①为实现当事人"家门口诉讼"奠定了坚实的基础。

需要说明的是,平台所构建的双轨制乃至多轨制诉讼流程运行模式,符合法律规定,具有法律基础。最高人民法院 1993 年发布的《关于人民法院相互办理委托事项的规定》明确规定:"人民法院在案件审理和执行过程中,根据需要,可以委托其他人民法院代为调查、送达、宣判和代为执行。"其中的代为调查从广义上理解,自然包括诉讼参与人身份验证核对、诉讼文书及证据材料签字盖章行为的验证确认、送达回证签字盖章行为的确认等等,这为诉讼服务跨域协作提供了合法依据。诉讼参与人身份验证核对、诉讼文书及证据材料签字盖章行为的验证确认、送达回证签字盖章行为的确认等,正是平台项下法院间跨域协作的重要内容。

而且,平台项下跨域协作的事项,并未涉及审判权及执行裁决权。各协作法院与管辖法院的协作关系,是司法权与事务权或执行权相分离的协作关系。司法权中涉及的诸如核对诉讼参与人的身份、监督诉讼参与人在各类诉讼文书上的签字或盖章行为,核对并证明诉讼材料形式完整性并扫描上传等登记立案、受理申请、材料收转、文书送达、远程开庭、信访接待、投诉举报等事务性工作,以及案件执行实施权等非决定性的司法事务,并未涉及司法权的内核。这些事务性工作从各审判部门剥离到诉讼服务中心,与通过司法协作的方式委托其他法院办理,并没有本质上的区别。把这些事务性工作交由其他协作法院办理,并不会损害司法权的统一性、完整性和权威性,而且对于便利当事人诉讼来说,是一项具有突破性乃至革命性的创新。

(四)从法律关系上说,平台是一种三元结构的新型诉讼服务关系

传统诉讼服务模式,所建立的是单个法院与当事人之间的单一的诉讼服务关系。即使在互联网诉讼服务渠道广泛开辟,诉讼服务终端体验设备争相投用

---

① 如果整个诉讼流程仅由管辖法院与另一个协作法院共同完成,则为双轨制;如果整个诉讼流程由多个法院共同推进完成,则为多轨制。

的今天,诉讼服务也只是改变了具体的业态形式,其单一诉讼服务关系这一本质并未有任何改变。而"跨域·连锁·直通"式诉讼服务平台在当事人与管辖法院或者说受诉法院之间,创造性地引入了"收件法院"或"协作法院"这一中间角色,改变了传统当事人与受诉法院之间单一的诉讼服务关系,形成了当事人与受诉法院、当事人与收件法院、收件法院与受诉法院三维度的全新诉讼服务关系,如同三角支架,既相互独立,又彼此支撑。

在当事人与受诉法院关系层面,双方权利义务不受任何实质性影响,仍受民事诉讼法及相关法律、司法解释的规制。当事人如果对于协作法院的诉讼服务不满意,其也可以直接找受诉法院(管辖法院)办理,或者就近以致电等方式要求管辖法院出面协调,督促协作法院妥为办理诉讼事务。

在当事人与收件法院(协作法院)关系层面。虽然诉讼服务的后果很大程度上是由受诉法院来承担的,但是协作法院同样要严格按照民事诉讼法等相关法律法规的规定办事,对诉讼服务的质量和效率负责,违法违规办理同样要受问责。而且,协作法院直接受到当事人和群众的监督,同时还受到上级法院在领导责任状考核、绩效考核等方面的监督。这样可确保协作法院在协作办理诉讼服务上的积极性、自觉性、主体性。

在协作法院与管辖法院之间,则也构成了一种广义的诉讼服务关系,即以互联互通、互帮互助的方式,在外部,通过双方协作配合完成诉讼服务,降低诉讼成本,便利群众诉讼;在内部,则共同推动诉讼流程的运行,节约司法成本,提高司法效率。

在平台创新构建的三元诉讼服务格局中,由于创造性地引入了收件/协作法院这一诉讼服务的专业角色,不仅突破了传统诉讼服务中管辖法院与当事人二者均受到的时间、空间的限制,也解决了单纯网络诉讼服务中诉讼身份、诉讼行为真实性难以核实、诉讼服务缺乏针对性等问题,还构筑起各法院之间的制度化、系统化、信息化、常态化的协作机制,既最大限度地便利了当事人诉讼,开创了诉讼服务的全新格局,也有利于整个司法体系的革新与完善。

结　语

鉴于"家门口诉讼"这一诉讼服务"泉州模式"的成功经验、显著效益和极佳反响,最高人民法院院长周强连续三次对平台建设作出重要批示,指出平台是有益的探索,具有深远的意义,其做法和经验值得认真总结推广。福建省高级人民法院已于2015年10月起将平台其中一项制度内容即跨域立案在全省范围内推广。"家门口诉讼"模式作为一项制度创新,突破了旧有诉讼服务模式乃至诉讼流程运行模式、司法工作机制,作为一项基层首创,既无任何先例可循,也尚无专门的法律规范性文件予以规定。因此,伴随“家门口诉讼”模式的深入运行,迫切需要形成一套完善的顶层制度设计,既把“家门口诉讼”模式这一基层探索的有益经验加以总结、提升、固定,从而有效保护基层首创精神,也为最大限度地发挥“家门口诉讼”模式的效用,让更多的群众享受司法改革创新的红利奠定了扎实的制度基础。

“靡不有初,鲜克有终。”凡事贵在持之以恒,贵在有始有终、善做善成。作为“家门口诉讼”模式的首创地,泉州法院必将不忘初心,继续前进,①强化持续运作,强化总结提升,着力在便民诉讼机制建设上创造可学、可复制的成熟经验和示范样本,为中国法治的文明与进步作出应有的贡献。

---

① 2016 年 7 月 1 日,习近平总书记在庆祝中国共产党成立 95 周年大会上发表重要讲话,强调:“面向未来,面对挑战,全党同志一定要不忘初心、继续前进,永远保持谦虚、谨慎、不骄、不躁的作风,永远保持艰苦奋斗的作风,勇于变革、勇于创新,永不僵化、永不停滞,继续在这场历史性考试中经受考验,努力向历史、向人民交出新的更加优异的答卷!”

社会认同理论视域下法官与律师的关系构建

■ 胡嘉金　胡嫒*

摘要：法官与律师的信任危机和审辩冲突影响到法治中国的建设。借助于英国心理学家享利·泰弗尔（Henri Tajfel）的社会认同理论，以社会心理学的方法分析，可知法官群体与律师群体的群际冲突的根源在于对社会认同的追求。"社会范畴化"引发法官群体与律师群体的"官民"矛盾，群体间的比较夸大了各自之间的差异，"积极区分"导致群体间的敌意。消除群际冲突的根本路径是承认法律职业共同体的概念，并提高对法律职业共同体的认同度。

关键词：社会认同理论；法官；律师；法律职业共同体

最高人民法院院长周强指出："没有良性的法官与律师关系，要实现司法公平正义几乎是不可能的。"[①]为深入贯彻落实全面推进依法治国战略，充分发挥律师促进司法公正的积极作用，最高人民法院 2015 年 12 月 29 日公布了《关于依法切实保障律师诉讼权利的规定》（法发〔2015〕16 号）。该文件要求依法保障律师的知情权、阅卷权、出庭权、辩论权、申请排除非法证据的权利、申请调取证据的权利、人身安全、代理申诉的权利。法官与律师作为法律职业共同体的成员，本应处于同一阵线，但近几年来，法官群体和律师群体之间产生信任危机，审辩冲突日益加剧，严重影响了司法的公平正义和法治的进步。一些学者认为法官与律师冲突的根源在于我国还没有形成法律职业共同体，这一观点具有合理性，但很少有学者从群体关系的角度对法官群体、律师群体、法律职业共同体群体等进行研究。英国心理学家亨利·泰弗尔（Henri Tajfel）的社会认同理论是群体关系研究中最有影响力的学说，借助于这一理论，可以以社会心理学的方法分析法官群体与律师群体冲突的根源，并提出建立群际和谐之道。

---

* 胡嘉金：江西省高级人民法院研究室主任，法学博士；胡嫒：江西省高级人民法院助理审判员，法学硕士。

① 杨绍华、申小提：《努力让人民群众在每一个司法案件中都感受到公平正义——访最高人民法院党组书记、院长、首席大法官周强》，载《求是》2013 年第 16 期。

一、群际冲突的呈现：法官群体与律师群体的矛盾激化

法官和律师虽然都属于法律职业共同体，但是从具体的职业内容和社会角色来看，又分别从属于两个不同的群体：法官站在客观中立的立场，代表国家行使审判权；律师则基于当事人的委托，为当事人提供法律服务。长期以来，我国缺乏法律职业共同体观念，法官群体夸大自身群体的优越性，潜意识中存在歧视律师群体的倾向，而在司法公信力下降的背景下，律师群体也存在不尊重法官，甚至有时为达到不正当目的而侮辱、诽谤法官的现象。尤其是近几年来，法官群体与律师群体的冲突不断升级。如2015年4月，律师崔某反映遭北京市通州区人民法院执行法官及司法警察殴打。在北京市高级人民法院通报调查结果之前，法官群体和律师群体在网络上唇枪舌剑，形成不同的阵营，在结论发布后仍然有人提出质疑。这已不是某个个案的冲突，而是一种职业群体的对立和不信任。具体表现如下：

1. 律师对法官的反抗。针对法官在庭审程序当中的一些不规范行为甚至违法行为，有些律师采取反抗行动以表达不满或向法官施压达到自身目的，如集体退庭以及近几年出现的"死磕派"律师采取的"苦肉计"（绝食、静坐）、行为艺术（如"送红薯"等）、举报投诉、网络直播等"死磕"章法①。

2. 法官对律师的惩戒。面对律师的反抗和"死磕"，不同法官采取了不同的应对策略，有的置之不理，有的有求必应，有的对律师予以惩戒，如训诫、驱逐出庭、当场拘留或是当庭叫警察带走，甚至追究律师扰乱社会秩序罪的刑事责任。

3. 立法废与立的激烈对抗。以此次《刑法修正案（九）》（以下简称《刑九》）的颁布为例，《刑九》对《刑法》第309条"扰乱法庭秩序犯罪"的修改是律师界关注的重点。立法本意旨在提升庭审过程中对司法秩序的遵守和对司法权威的尊重，但不少律师纷纷在朋友圈、自媒体、媒体上表达反对意见。全国政协委员刘红宇律师建议，删除"扰乱法庭秩序罪"的罪名，以防止其被滥用；上海政协委员胡光律师认为，将律师执业活动轻易入刑法是一种短视行为，建议取消；田文昌律师指出，《刑九》对《刑法》第309条的修改将直接影响到我国的法治建设和司法改革大局。相比较之下，多数法官赞成《刑九》的修改。蒋惠岭法官认为，对藐视法庭一类的犯罪行为的判断要由职业共同体从法律职业的角度判断，而不是从一般性的行政、司法的角度来判断。从法律条文本身的起草来看没有什么瑕

---

① 王凤涛：《"磕出"中国法治"进步"？——死磕派律师的制度角色与中国司法的策略选择》，载《时代法学》2014年第6期。

疵,关键就是法官运用它的时候不要滥用。①

二、群际冲突的根源:对社会认同的追求

社会认同理论是由 Henri Tajfel 和 John Turner 等人提出的,它对群体行为作了新的解释。Tajfel 将社会认同定义如下:"个体认识到他(或她)属于特定的社会群体,同时也认识到作为群体成员带给他的情感和价值意义。"②Tajfel认为,对社会认同的追求是群体间冲突和歧视的根源所在,即对属于某群体的意识会强烈地影响着个体的知觉、态度和行为。因此,将社会认同理论应用于法官群体与律师群体的关系研究上,也许能够获得一些启示。Tajfel 在《群际关系的社会心理学》一文中提出,社会认同的产生经历了三个基本的心理过程:(1)社会分类(social categorization);(2)社会比较(social comparison);(3)积极区分原则 (positive distinctiveness)。③

1.社会范畴化引发"官民"矛盾。社会分类即社会的范畴化(将个体的集合划分成两个截然不同的群体),导致内群偏向(由认同所引起的给内群体成员较多的资源及正面评价的倾向)和外群歧视(由认同缺乏而引起的给外群体成员较少的资源及负面评价的倾向)。在我国传统"厌讼""耻讼"法律文化层面上,地方审判官被认为是"父母官",律师则被认为是"挑词架讼、搬弄是非"的"讼棍",社会地位很低,群体差异较大。受传统法律文化的影响,即使在法治理念不断深入的今天,在部分法官的潜意识中,法官和律师之间是一种"官民"的关系,律师是私权利的代言人,而法官则是公权力的代表……从某个角度来看,法官与律师之间的矛盾深刻反映了官民之间的分野与分裂。④ 法官对自身"官"的定位使得其天然的对私人利益代表的律师产生隔离和歧视。

2.社会比较夸大群体差异。社会比较即群体间的比较,个体倾向于在特定的维度上夸大群体间的差异,而对群体内成员给予更积极的评价,对群体外成员给予消极评价。通过对内群体和外群体差别化的比较和评价,一个人的自我评估能够获得提升(enhancement);反之,如果评估下来一个人的社会认同令其不

---

① 田文昌、蒋惠岭、陈瑞华:《令人疑惑的法律人治罪》,载《中国法律评论》2015 年第3 期。

② Henri Tajfel, *Differentiation Between Social Groups:Studies in the Social Psychology of Intergroup Relations*,Academic Press,1978,Chapters 1~3.

③ Henri Tajfel, Social Psychology of Intergroup Relations, *Annual Review of Psychology*,1982,Vol. 33.

④ 贺红强:《从法官和律师的冲突与合作视角看法庭秩序的失范与规范》,载《江西社会科学》2013 年第 10 期。

满时,他就可能离开其所属群体,并另外"择木而栖",或力图使隶属群体变得更好。① 法官群体与律师群体在相互比较的过程中,也会各自贬低对方。正如有些学者指出的,在一些法官的眼中,辩护律师的执业目的就是利用各种手段实现自己的利益,"挑词架讼""见利忘义""唯利是图"就是他们对辩护律师的评价,而在一些辩护律师眼中,法官的专业知识、执业水平及执业道德始终值得怀疑。② 法官在与律师交往的过程中,容易夸大自身作为"公权力代表"的身份,认为自己代表着公平正义,而律师仅仅是维护当事人的权益甚至不惜采取非法手段;律师在代理案件的过程中,也存在无端贬损法官职业能力和职业道德的情况。正是这种社会比较,使两个群体对对方产生贬义"刻板印象"③,从而形成偏见。

3. 积极区分导致群际敌意。积极区分原则即个体为了满足自尊或自我激励的需要会突出自己某方面的特长,使自己在群体比较的相关维度上表现得比外群体成员更为出色。消极结果是在内群体成员获得高自尊的同时,外群体成员势必面临低自尊或自尊遭受威胁的处境,群体间的偏见、敌意和冲突自然会相伴而生。④ 在积极区分原则的指引下,成员可能采取三种不同的策略来提升社会认同:社会流动、社会创造、社会竞争。社会流动,指代个体离开所属群体,转而认同高地位的表现;社会创造,即个体诉诸实际行动试图以提升群体形象来获得积极评价;社会竞争,即成员为群体争取权力、资源的直接行为。⑤ 近年来,在整个法律职业共同体中,律师的经济地位大幅提高,但其政治地位仍然处于弱势。在进行群际比较时,律师群体感觉到自身地位的低下,随着时代的发展和法治的进步,对这种情况越来越不满,从而采取了不同的策略:有些人进入了地位更高的法官群体(社会流动);有些人试图提升律师群体的形象,获得更高的社会认可度(社会创造);有些人直接与法官对抗,争取更多的权力保障和资源分配(社会竞争)。

---

① 周晓虹:《认同理论:社会学与心理学的分析路径》,载《社会科学》2008 年第 4 期。

② 王圣扬:《辩护律师与刑事法官关系论》,载《安徽大学法律评论》2010 年第 1 辑。

③ 刻板印象是基于人们的范畴资格而产生的推论。刻板印象认为特定群体的所有成员都具有相同的特质,这些特质界定了这个群体,同时也将该群体与其他群体区分开来。刻板印象最重要的特征是共享性。参见[澳]迈克尔·A. 豪格、[英]多米尼克·阿布拉姆斯:《社会认同过程》,高明华译,中国人民大学出版社 2011 年版,第 81 页。

④ 周晓虹:《认同理论:社会学与心理学的分析路径》,载《社会科学》2008 年第 4 期。

⑤ 王卓琳、罗观翠:《论社会认同理论及其对社会集群行为的观照域》,载《求索》2013 年第 11 期。

三、群际和谐的基础:构建同质化的法律职业共同体

从 Tajfel 的社会认同理论可以看出,群际冲突的根源是对各自社会认同的追求,因此消除法官群体与律师群体群际冲突的根本途径,是将法官与律师都纳入法律职业共同体当中,增强内群吸引与合作。"法律职业共同体是指在社会法治化进程中以从事法律职业为基础,以共有的法律伦理信念为前提,以统一的科学的法律职业教育为纽带,以共同的法律信仰和对法律职业的崇尚为核心精神,在互动协作的过程中形成的一种特定关系的联结体。"①提高法官与律师对"同是一个职业,共享一个信念,共有一个经历,共操一个语言,共议一个问题"的认识,构建同质化的法律职业共同体,是提高二者对法律职业共同体认同度的基础。

1.树立共同的职业目标。如果群体目标不一致,一个群体以其他群体的利益为代价而获得自己的目标,就会出现竞争,因此,群体间就倾向于有歧视的态度和相互的敌意。相反,如果群体目标是一致的,所有群体都朝同一目标努力,那么他们彼此之间更易于建立共同的、友好的、合作的关系。② 所以,法官群体和律师群体树立共同的职业目标,是构建良性关系的关键。根据《律师法》第 2条的规定,律师应当发挥三项职能,即维护当事人合法权益、维护法律正确实施、维护社会公平和正义等。当维护当事人合法权益与维护法律正确实施相冲突时,律师应当如何抉择? 田文昌律师主张:"律师不是天使,也不是魔鬼,律师既不代表正义也不代表邪恶,而是通过参与司法活动的整体过程去实现并体现正义。"③而法官作为正义的化身,毋庸置疑"应该是不惜一切代价,甚至包括牺牲生命,以正义为本。"④因此,法官和律师的共同职业目标应当是维护司法公正,实现社会公平正义,只是实现正义的途径和在其中扮演的角色不同而已。在实现司法正义的过程中,法官和律师的功能都是不可或缺的。

2.营造共同的职业教育经历。共同的职业教育经历有助于树立共同的职业信仰,"目前我国法律职业存在的一个严重问题就是不具有同质性,法律职业者的知识背景和生活经历较为多样化,很难形成共同的思维模式、价值观和法律理

① 张海燕、赵贵龙:《论法律职业共同体的培育路径——以法官和律师关系为视角》,载《法律适用》2013 年第 11 期。
② 张莹瑞、佐斌:《社会认同理论及其发展》,载《心理科学进展》2006 年第 1 期。
③ 田文昌:《律师与法治》,中国政法大学出版社 2007 年版,第 28 页。
④ [德]拉德布鲁赫:《法律智慧警句集》,舒国澄译,中国法制出版社 2001 年版,第135 页。

念,也很难形成彼此之间的心理认同感"①。2002 年,我国开始实行统一的国家司法考试制度,但是并未设置专业门槛。正规法学教育的缺位,不利于法律思维的形成、法律职业道德的塑造和法治信仰的培育,难以形成法律职业共同体的"刻板印象"(褒义层面的)。亚里士多德曾经将人类的知识分作三大类,纯粹理性、实践理性和技艺。所谓纯粹理性,是可以精密研究的学科如逻辑学;实践理性则是人们在实际活动中用来作出选择的方法;技艺则是指那些无法或几乎无法用言辞传达的,似乎只有通过实践才可能把握的知识。② 每一门学科都包含这三种知识。就法学而言,法理学、法哲学、部门法总论等纯粹理性以及实体法知识、程序法知识等大部分司法实践理性内容的获得,是由法学院垄断的,因此从法学院毕业生中挑选法律职业者有利于保持知识的同质性。可喜的是,中共中央办公厅、国务院办公厅 2015 年 12 月 20 日印发了《关于完善国家统一法律职业资格制度的意见》(以下简称《意见》),明确取得法律职业资格的条件是必须具备全日制普通高等学校法学类本科学历并获得学士及以上学位,或者全日制普通高等学校非法学类本科及以上学历并获得法律硕士、法学硕士及以上学位或获得其他相应学位从事法律工作三年以上,更加强调法学教育背景。

3.建立统一的职业培训制度。目前我国法官、律师等法律职业的培训体系是分立的,法官培训由国家法官学院和其他法官培训机构承担,律师职业培训则由各级律师行政管理部门和律师协会进行管理,在职业教育中呈现出各自为政的状态,不利于在职业信仰和职业伦理上形成共识。日本规定司法考试通过者还要在司法研修所参加为期一年半的主要以法律实务实习为主的学习,成绩合格者才能获得从事法律职业的资格。③ 这一制度对提高法律职业者的司法实践经验和实现司法同质化有积极作用。《意见》吸纳了这一经验,规定建立法律职业人员统一职前培训制度,培训合格者方可准予从事法律职业。这种职业培训内容除职业技能外,还应当包括法律职业道德、职业精神,使未来的法律职业者形成共同的价值意识。

4.构建统一的职业评价标准。中国应用法学研究所所长蒋惠岭认为,现在法庭上出现法官和律师的对峙,最重要的原因是法官、律师、检察官之间的评价标准没有放在统一的评价体系上。他认为法律人的评价标准应当是职业能力、

---

① 朴金:《高级律师与英格兰法律职业共同体对建构中国法律职业共同体的启示》,载《法治论坛》2008 年第 4 期。

② 苏力:《知识的分类》,载《读书》1998 年第 3 期。

③ 辛崇阳:《日本法学教育制度及其对我国的启示》,载《中国法学教育研究》2008 年第 3 期。

职业道德和职业水准。① 的确,在现行的法官管理体制下,对法官的职业评价标准等同于公务员的评价标准,公务员的行政级别更优于法官等级,对律师的职业评价标准主要是经济收入和与法官的私人关系,二者的评价标准没有交叉结合点,无法纳入同一群体之中。因此,应当在法官、检察官、律师、法学家等法律职业共同体中建立统一的职业评价标准,只有职业能力强、职业道德好、职业水准高的人员才能获得同行和社会人员的尊重。

四、群际和谐的建立:提高个人对法律职业共同体的社会认同度

成员对群体的社会认同度越高,就会越积极地捍卫群体的利益。因此,构建良性的法官与律师群体关系,必须提高法官与律师作为法律职业共同体成员对职业共同体这一群体的社会认同度。

(一)提高法官和律师的自我范畴化意识

"自我范畴化"是社会认同、群体归属、心理群体形成等背后的认知过程,自我范畴化让个体在刻板印象上与其他的内群成员相似,或者与定义群体的特征相似,抑或让个体与群体的原型相似,因而产生了社会一致性、内群共识或者共享感知。② 要提高法官群体和律师群体对法律职业共同体的社会认同,应当提高法官和律师的自我范畴化意识,使其在"行为"和"认知"上主动符合法律职业共同体的特征和规范。

1. 建立法官单独职务序列。法官独立于《中华人民共和国公务员法》规定的综合管理类、专业技术类、行政执法类等三大类公务员之外,按照专业等级实行单独职务序列管理。取消法官的行政级别,区别于公务员,弱化"官员"色彩,法官视自身为法律人而非行政官员,从而缩小群体差异。在新一轮的司法改革浪潮中,建立法官单独职务序列是法院人员分类管理的一项重要内容,2015 年 9 月 15 日,中央全面深化改革领导小组审议通过了《法官、检察官单独职务序列改革试点方案》。

2. 维护法官依法独立行使审判权。长期以来,法院的地方化和行政化问题使得法官办案受到内外干预,影响其客观中立的立场,从而偏离了追求司法公平

---

① 田文昌、蒋惠岭、陈瑞华:《提升法律人职业尊荣感的根本何在》,载《中国法律评论》2015 年第 2 期、第 3 期"对话栏目"。

② [澳]迈克尔·A.豪格、[英]多米尼克·阿布拉姆斯:《社会认同过程》,高明华译,中国人民大学出版社 2011 年版,第 92~93 页。

正义的目标,丧失了法律职业共同体内群成员的同质性。在很多案件中,法官和律师之间发生冲突的原因是法官是"体制内人",需要奉领导意志行事,"普通法官们思考问题的一个逻辑起点,是让决策层满意,而不是让'法律'满意"①。一些法官更多地将自身视为与领导是上下级关系的公务员而非"以事实为依据、以法律为准绳"的法律人。在新一轮司法体制改革中,司法责任制和司法职业保障都是改革的重点内容,前者旨在实现法院内部的独立审判权,后者旨在实现法院外部的独立审判权,具有保障性意义。

3. 重视律师在法治建设中的作用。律师与法官均是法治社会的重要推动力量,要充分发挥律师在参与立法、辅助政府决策、法制宣传、权力制衡等方面的积极作用,畅通律师参与立法的渠道,落实法律顾问制度,保障律师的诉讼权利,吸收律师为法官遴选委员会委员等,提升律师群体法治建设生力军的主人翁意识和责任感。

(二)正确解读"以审判为中心"

党的十八届四中全会通过的《中共中央关于全面推进依法治国若干重大问题的决定》提出:"推进以审判为中心的诉讼制度改革,确保侦查、审查起诉的案件事实证据经得起法律的检验。"一段时间以来,各部门以及社会各界对以审判为中心的认识、理解众说纷纭。有些人片面理解为以法官为中心,从而曲解了法官群体与律师群体的关系。"以审判为中心"在法官与律师关系上应当体现在两个方面:

1. 尊重律师的辩护权。最高人民法院常务副院长沈德咏强调,不能把以审判为中心简单地理解为以法院为中心,案件裁判的结果虽然是由法庭作出的,但是裁判的基础取决于控辩双方的质证和辩论情况。② "以审判为中心的内涵,是控、辩、审三种职能都要围绕审判中事实认定、法律适用的标准和要求而展开,法官直接听取控辩双方意见,依证据裁判原则作出裁判。"③因此,以审判为中心应当是以审判标准为中心,而不是以法院为中心,更不是以法官为中心,要充分发挥刑事辩护的职能。"死磕派"律师的产生和法官的程序违法行为是有一定关联性的。如果法官能够摒弃"重实体、轻程序"的理念,依照法定程序审理案件,仔细倾听律师就案件事实认定和法律适用发表的辩护意见,正确对待律师的合理要求,则能在一定程度上消除"死磕"现象。

---

① 喻中:《乡土中国的司法图景》,中国法制出版社 2007 年版,第 80 页。
② 沈德咏:《论以审判为中心的诉讼制度改革》,载《中国法学》2015 年第 3 期。
③ 樊崇义:《解读"以审判为中心"的诉讼制度改革》,载《中国司法》2015 年第 2 期。

2.维护法官的相对权威。"法院是法律帝国的首都，法官是法律帝国的王侯"（德沃金语），包括律师在内的任何人都有义务维护法官的尊严与权威。有学者认为："法律共同体中不可能存在绝对的强势与权威，否则就不是真正意义上的共同体。法律共同体内部还是要有一个相对的权威存在，便是审判者。尊重法庭和法官，是对法律的信仰。"① 维护法官的相对权威，体现在诉讼活动中主要是维护法官的庭审指挥权。樊崇义教授认为，要实现庭审中心主义，发挥庭审的决定性作用主要体现在四个方面：一是所有参加庭审的公诉人、辩护人、诉讼关系人，必须服从审判长的指挥和领导；二是检察机关的审判监督如前所述只能在事后以人民检察院的名义进行；三是参审人员必须遵守庭审纪律，维护庭审秩序；四是法庭对事实、证据的认定，以此为基础作出的裁决，控辩双方必须维护，有不同意见的，可依法上诉、抗诉或判决生效后申诉。② 律师在庭审时应当服从法官的指挥，遵守庭审纪律，维护庭审秩序。

（三）加强法官与律师之间的职业流动

社会认同理论认为，当人们相信群体的边界具有通透性，一个人可以在各群体之间流动时，就会产生社会流动的信仰体系。地位低的群体的成员如果具有这种信仰体系，他就会努力争取加入另一个地位较高的群体，从而获得更满意的社会认同。而当人们认为群体之间的边界是固定的和不可穿透的，社会流动性低，一个人不能从一个地位低的群体进入地位高的群体时就会产生社会变革的信仰体系。这时弱势群体成员就会加强对自己群体的认同，要求社会对弱势群体的消极方面的评价进行重新评定，甚至以集体行动来推翻社会对弱势群体不合理的政治和社会制度。③ 如果法官与律师之间的职业边界是僵化的、固定的、不可变的，则不利于法律职业共同体内部的稳定。2015 年 2 月颁布的《最高人民法院关于全面深化人民法院改革的意见》提出完善从优秀律师中选任法官的制度。然而，实际情况是律师转行做法官的人数并不多，2014 年上海曾拿出两个高级法官的岗位进行招考，但是没有律师报名。④ 反而是很多法官离开法院

---

① 樊崇义、田文昌等：《从伪证罪到扰庭罪、泄密罪：刑九或致律师执业环境雪上加霜》，http://chuansong.me，下载日期：2015 年 9 月 10 日。

② 樊崇义：《解读"以审判为中心"的诉讼制度改革》，载《中国司法》2015 年第 2 期。

③ 张莹瑞、佐斌：《社会认同理论及其发展》，载《心理科学进展》2006 年第 1 期。

④ 王烨捷、周凯：《上海：优秀律师"变身"法官，路在何方》，载《中国青年报》2014 年 10 月 29 日第 6 版。

系统转行做律师,出现了"离职潮"。① 据分析,这其中有经济待遇的问题,但更重要的原因是法官的群体地位优越性在弱化,"部分群众对司法的不信任感正在逐步泛化成普遍社会心理"②。可见,我国法官与律师之间的职业流动以单向的法官流失为主要状态。促进法官与律师群体的双向流动,除了需要建立完整的律师转任法官的资历评价体系和职级评定制度外,关键是要增强法官群体的吸引力,提高法官群体的地位。除了前文所述维护法官审判权的独立外,还包括以下两点:一是提高职业准入门槛。目前,法官员额制的试点实际上就是一种职业门槛的提高,为培养精英型的法官奠定基础。二是健全法官职业保障。包括履职保障、身份保障、物质保障、安全保障等。陈瑞华教授指出:"试想一下,某一项职业风险如此之大,待遇如此之低,尊严如此达不到保障,前途如此之渺茫;而且他的黄金般的岁月又是有限的,必然会出现辞职的高潮。我觉得真正的高潮还没有到来,才刚刚开始。"③法官待遇低于律师是各国存在的普遍现象,但是当法官待遇低到和普通公务员相当,每天为住房、子女就学、就医等问题奔波时,其尊严和地位也受到一定程度的挑战。

结 语

社会心理学的"主导问题"是个人与群体之间的关系问题,从社会认同路径出发研究法官群体与律师群体的关系,分析法官与律师之间产生歧视、偏见、敌意甚至冲突的根源在于对社会认同的追求。个人对自身所属社会范畴的社会认同度的追求,使得其刻意夸大自身群体的优点,贬低外群成员,从而获得自尊。因此,消除群际冲突的根本途径在于将法官与律师都归入法律职业共同体,加强共同体群体的归属感,提高共同体群体的社会认同度,法官群体与律师群体都视各自为内群成员,从而实现内群吸引和合作。要实现这一目标,首先,在入口上要培养同质化的共同体,只有具有共同的职业目标、拥有共同的职业教育经历、持有共同的评价标准的法官和律师才是共同体成员;其次,在思想上要提高二者

① 2008 年至 2012 年 6 月,江苏全省法院流出人员 2402 名,其中法官 1850 名;广东全省各级法院调离或辞职的法官人数超过 1600 名;2013 年上海有 70 多名法官离职。从法官流失的流向来看,离职法官调到其他党政机关的有 31.6%,调到上级法院的有 17.5%,调到其他企事业单位或者从事律师职业的分别为 1.5% 和 1.9%。参见刘洁:《法官辞职,一个需要冷静面对理性思考的现象》,载《人民法院报》2014 年 8 月 1 日第 2 版。
② 沈德咏:《部分群众对司法不信任渐成普遍社会心理》,载《人民日报》2009 年 8 月 19 日第 1 版。
③ 田文昌、蒋惠岭、陈瑞华:《提升法律人职业尊荣感的根本何在》,载《中国法律评论》2015 年第 2 期、第 3 期对话栏目。

的自我范畴化意识，自我归类为共同体这一社会范畴；再次，在行动上要正确理解"以审判为中心"，相互尊重，法官要尊重律师的辩护权，律师要维护法官的权威；最后，在出口上要加强法官与律师的职业流动，破除群体边界的僵化性，维护共同体内部的稳定。

当代中国司法转型的基本路向

■王岩云 *

摘要:当代中国司法改革正在艰难推进,与社会转型相适应的司法制度正在构建之中。对司法转型基本路向的认识立基于对司法乃至法律本质认识的探索与深化。当代中国的司法转型主要体现为几个方面:从政法型司法到法政型司法;从管控型司法到服务型司法,从论断型司法到论证型司法,从神秘型司法到公开型司法,从强力型司法到协商型司法,从地方型司法到统一型司法。

关键词:法政型司法;服务型司法;论证型司法;公开型司法;协商型司法

司法改革向何处去?这是当前创新社会治理、建设法治中国进程中亟待解决的一个现实问题。司法改革不仅仅要求技术性方面应趋于精细,而且要求明确其方向和原则;决策者不但应关注于局部的微调,更应关注整体性的转型。原则与方向看似抽象,实则是具体制度的根基,是司法改革的根本性问题。在一定意义上,这一根本性问题是深入探究司法改革的前提和基础。司法改革须顺应与人类文明发展相向而行的法治文明。

对司法转型基本路向的认识应立基于对司法乃至法律本质认识的探索与深化。司法是"治理国家的公器"①,司法事务是关乎国体政体和人民福祉的公共事务,司法改革不单单是司法机关的"内务"整治,而是社会整体改造的重要组成部分,需要公众的深度参与。司法改革的一项重要目标是提升司法公信力,即通过改革,以更好地发挥司法在社会治理和社会发展中的作用。而司法公信力的根源在于人民群众对司法的信任和认同。要获得社会公众的认同,必须让民众从司法体验中得到实惠。包括司法改革在内的一切改革,成功与否应以社会公众的需求为衡量尺度。司法改革应以社会公众的期待为出发点,切实有效地回应民众对司法的需求和期待。民众对司法的需求和期待包括,司法是公平正义的,司法是依"法"运行的;司法是讲理的,而不是强权的;司法是能够倾听民众意

---

* 作者系河北经贸大学法学院讲师,法学博士。

① 胡献:《司法改革要避免神秘主义》,载《中国青年报》2015年3月19日第2版。

见的，而不是专断的。基于民众的司法需求，司法改革的路向大体可作如下概括。

一、司法定位的转型：从政法型到法政型

所谓"司法定位"，解决的是司法在"政治版图"或"国家权力场域"中的地位，既包括其他政治权力实体对"司法"属性、职能、功能等的外部定位，也包括司法机关和司法人员对"司法"属性、职能、功能及自身职责等的自我定位。中国的传统司法定位基本上属于"政法型"的。人们对司法官员"青天"的期待、赞许、怀念、追思，以及对青天文化的向往、推崇，无不源于政法型司法的社会背景。

我国传统的司法配置，属于典型的政法型司法。长达数千年的中国古代社会，基本不存在独立的"司法"，"司法"只是"行政"的诸多职能之一。司法——审理案件，裁断纠纷——只是行政长官治理社会的方式之一，司法完全处于行政的"宰治"之下。历史和现实都在培育和筑造人们的思维方式。经由历史的洗礼和长期的磨砺，"政法型司法"早已成为中国社会普遍认同的一种思维定式。

在政法型司法下，司法官员是政治的应声虫，必然是时时事事以政代法，以政领法，以政治上的权力代替法律，代替司法权力，代替法官审判，以政治上的言辞代替法律的言说，政策高于法律，政令高于法令，政治决定法律，政府高于司法，政客决策司法。在政法型司法模式下，通行的是政治话语和政治式的思维，是服从还是不服从领导，法言法语退避三舍，法律思维被打压，按法律应该怎么办已不是案件处理中起决定作用的因素，而只是技术处理的环节。

以"法政"代替"政法"，就是以 Rule of Law 代替 Rule by Law，落实依法治国、依法治政、依法审判，落实切实保障人民权利的政治承诺。"法政"与"政法"，从字面上看，仅是"政""法"二字先后顺序问题，而其内在意蕴却截然不同。若"法"位于"政"前，其体现的法治理念是"法"相对于"政"的一种独立性，强调"法"才是第一位的，才是最高的目标；相反，若将"政"置于"法"之前，那么其表现的只是"法"之于"政"的一种依附性，此乃法律工具主义的一种蔓延，法律自身价值被忽略。① 具体到社会政治制度和生活方式上，"法政"一词在表达方式上，将"法律"摆在了"政治"的前面，体现了对法律作为国家政治生活中至高权威的认同，体现了现代政治文明和法治文明。

与政法型司法不同的是，法政型司法要求一切政治运行和政府行为必须持

---

① 余继田、李永成、孙小龙：《从法政到政法——由近代以来法学教育机构名称演变所引发的思考》，载《河北经贸大学学报（综合版）》2010 年第 3 期。

有对法律的尊崇,在一定意义上法律经由司法成为政治的规训者。法政型司法的重心在于"法",突出的是依"法"断案,根据"法律"的规定,经由"法理"的阐释,作出"合法"的裁判。选择了司法途径解决纠纷的当事人,对"法"有着发自内心的相当程度的认同。司法应提供给民众的是一种"法"体验,而不是"政"体验。民众提起诉讼,而不是上访告状,寻求的是公平公正的司法救济,从政法型司法向法政型司法转变应是司法转型的一个基本路向。

二、司法观念的转型:从管控型到服务型

管控型司法是一种由来已久、根深蒂固的司法观念。它从本质上否认了司法自身蕴涵的独立的价值追求,认为司法本身不是一种目的性的存在,而是实现社会统治(或管理)以及维护社会秩序的手段或工具。不同的历史时期,管控型司法对于司法功能或许有不同的表述,如定位为维护封建皇权的国家机器、阶级斗争的"刀把子"、无产阶级专政的工具、促进经济社会发展的工具等。

随着创新社会治理体系的推进,法律逐渐从统治型向回应型转变,与此相适应,司法也应顺势从管控型逐渐向服务型转变。司法工作者不仅仅属于国家公职人员,其从事的司法工作不但要服务于社会治理的需要和改革开放的大局,而且"司法工作者应当以国民社会医生资格,按照国民各自所处的具体生活状况及其各自的法律需要,为其提供法律服务"①。

司法改革中提出的"司法为民"即体现了服务型司法的导向。2012 年 10 月《中国司法改革》白皮书宣布"以人为本、司法为民,是中国司法工作的根本出发点和落脚点"。最高人民法院院长周强提出"自觉践行司法为民根本宗旨",要求"人民法院的各项工作,都要以方便群众诉讼为出发点。要切实抓好现有司法便民措施的落实,不搞花架子,不做表面文章,扎扎实实为群众办实事,尽可能为群众提供热情周到的服务。同时,要积极探索符合本地特点的便民措施,让人民群众真正从司法便民措施中得到实惠"②。服务型司法要求进一步践行司法为民理念,即司法的原则、制度以及程序的设计都应符合公民及当事人的根本利益,满足其愿望;司法制度的设计与改革也应当从民本立场出发,便利公民开展诉讼,体现司法的人文关怀。未来的司法改革应该从立场、方式和态度三个方面来塑造司法制度的亲和性,并围绕司法方式的通俗性、司法救济的可接近性与司法

① 胡云腾、袁春湘:《转型中的司法改革与改革中的司法转型》,载《法律科学》2009 年第 3 期。

② 周强:《努力让人民群众在每一个司法案件中都感受到公平正义》,载《人民法院报》2013 年 7 月 23 日第 1 版。

程序的便利性来推进具体的制度改革①,将司法在内的法律服务"视作为一种社会公共产品"。②

党的十八届三中全会决议提出的"完善人权司法保障制度""深化司法体制改革,加快建设公正高效权威的社会主义司法制度,维护人民权益,让人民群众在每一个司法案件中都感受到公平正义"也是与服务型司法理念相契合的。如今如火如荼的立案登记制改革,也承载了服务型司法的理念。立案审查长久以来是我国当事人进入诉讼之门必须迈过的门槛,这一制度不仅发挥了分流甄别案件的作用,而且是作为司法政策制定者与审判者的"控制器",通过审查方式掌控诉讼门槛的高低,③这显然是管控型司法的产物。2015 年 4 月 1 日,中央全面深化改革领导小组审议通过了《关于人民法院推行立案登记制改革的意见》,最高人民法院随后公布《关于人民法院登记立案若干问题的规定》。改"立案审查"为"立案登记",有利于将更多的社会纠纷纳入司法程序予以解决,这就使得从以往对诉权行使的管控变为全面服务于民众的司法需求,顺应了服务型司法的变革需求。

此外,服务型司法理念要求司法本身不仅仅具有工具性价值,而且具有其自身独立的价值追求。人们诉诸司法,希望面临的纠纷通过公平正义的司法程序得以解决,期望得到的是司法服务,而不是司法管控。因此,司法中应贯彻落实"以人为本"的精神,尊重人的价值、维护人的权利、关注人的生存、重视人的发展。

三、司法过程的转型:从论断型到论证型

长期以来,我国的司法处于"论断型"或"判官式"司法的状态,具体表现为司法裁判文书突出"判"的一面而缺乏对判决意见所依之"理"的说明,法官往往也只是注重于事实的调查和认定及判决的结论,而不太关注甚至根本就不重视判决的说理。

尽管我国自 1991 年实施的《民事诉讼法》第 138 条明确规定"判决书应当写明判决认定的事实、理由和适用的法律依据",但现实中由于长期受控审式、纠问式审判模式的影响,裁判过程整体上具有非常浓厚的职权主义色彩,与之相关的

---

① 左卫民:《十字路口的中国司法改革:反思与前瞻》,载《现代法学》2008 年第 6 期。

② 李学尧:《转型社会与道德真空:司法改革中的法律职业蓝图》,载《中国法学》2012 年第 3 期。

③ 曲昇霞:《论民事诉讼登记立案的文本之"困"与实践之"繁"》,载《法律科学》2016 年第 3 期。

裁判文书的制作基本上呈现出的是"原告诉称""被告辩称""经审理查明""根据""本院认为""判决如下"的模式。在这种模式下,对事实的叙述基本上就是平铺直叙,看不出当事人陈述的事实哪些能够认定为案件的法律事实,哪些不能够认定为案件的法律事实,各自的理由是什么,更缺乏对事实认定的合理性阐述与论证;对证据的表述通常是简单表述为"以上事实有……证据为证",从中只看得出证据的名称,而看不出证据的内容具体是什么以及何以采信了这一证据;判决结论部分往往采用"依照……之规定判决如下"的套话,对何以选择适用该条法律依据作为裁判理由缺乏有针对性的法理性分析和阐述。由于对推理过程往往不予披露,让人们感觉法院判决尤其是其中的"本院认为"是"最最不讲理"的,因为这一部分往往只是表明"本院认为原告的主张合情合理"或者是"本院认为原告的主张于法无据",究竟何以得出这一认识则语焉不详。如此一来,由于判决结果的形成过程缺乏透明度,论述不清,由此形成的司法结论也就缺乏应当具备的说服力,从而严重影响了司法的权威和形象。中国人民大学法学院肖建国教授在接受《法制日报》记者采访时曾深有洞见地指出:"法院判决、裁定必须说明裁判理由,一个不附理由的裁判,如同没有灵魂的躯壳;法院'判决(裁定)如下'的宣示,也变成了单方面的'我说你服''我令你从'的行政化作业。"[1]

从论断型司法到论证型司法转变,就是坚持法律是论证的事业,司法裁判必须体现论证的价值。司法改革要求裁判者所负之责,其所指应该也主要是"裁判者的论证之责","所谓论证就是把裁判理由说清楚"。[2] 裁判者必须履行裁判正当性论证的法律义务,对作出裁判的理由作出清晰的说明,这样才能让当事人了解裁判的形成过程与理由,进而心悦诚服地接受判决的裁断与法律的处理。

裁判者的论证之责集中体现于法律文书。党的十八届三中全会决议提出的"增强法律文书说理性"就是针对"论断型司法"的现状。十八届四中全会《关于全面推进依法治国若干重大问题的决定》(以下简称《依法治国决定》)提出的"建立法官、检察官、行政执法人员、律师等以案释法制度"也在于要增强司法和执法说理性。法、检系统按照决定,积极推进以案释法制度,即结合各自所办案件,围绕案件事实、证据、程序和法律适用等问题进行释法说理、开展法治宣传教育等活动。最高人民检察院还专门印发了《关于实行检察官以案释法制度的规定(试行)》。

2015年2月最高人民法院为贯彻党的十八大和十八届三中、四中全会精

---

① 袁定波、郭文青:《倒逼机制促法官更注重释法说理》,载《法制日报》2012年9月14日第5版。

② 陈金钊:《司法改革需要让裁判者负论证之责》,载《江汉学术》2015年第3期。

神,发布《关于全面深化人民法院改革的意见——人民法院第四个五年改革纲要（2014—2018）》(以下简称《四五改革纲要》),进一步提出"推动裁判文书说理改革",要求"加强对当事人争议较大、法律关系复杂、社会关注度较高的一审案件,以及所有的二审案件、再审案件、审判委员会讨论决定案件裁判文书的说理性",并提出"完善裁判文书说理的刚性约束机制和激励机制,建立裁判文书说理的评价体系,将裁判文书的说理水平作为法官业绩评价和晋级、选升的重要因素"。

其实,裁判文书注重论证和说理是人类司法文明的一个成例。一些国家的宪法和国际性宪政文本中均确立了判决理由必须公开的制度。如,1948年《意大利共和国宪法》第111条规定:"所有的司法措施都必须附有理由。"《比利时王国宪法》第97条规定:"判决书须说明理由,并应在公开法庭上宣布。"1978年《西班牙宪法》第120条第3款规定:"判决必须有理由根据,并当众宣布。"《荷兰王国宪法》第121条规定:"除议会法令规定的情况外,审判应公开进行,判决应说明它所依据的理由,并公开宣告。"《希腊共和国宪法》第93条第3款规定:"各级法院的判决必须明确、充分地说明理由,并当众公开宣判。必须公布少数意见。"《菲律宾共和国宪法》第14条规定:"任何法院,如果不清楚、明确地说明所依据的事实和法律,不得作出判决。法院如不说明其法律依据,不得拒绝要求对判决进行复审或复议的申请。"

当事人诉诸司法,不仅希望以司法正义回应自身诉求,而且希望知悉司法正义形成的过程和理由。如果司法仅仅作出简单的结论宣告,实难满足当事人的心理期待。论证型司法要求,司法坚持以理服人,而非以权压人;法官在作出裁判时在裁判文书上清晰地说明理由和作出正当性论证,即以法理明晰、逻辑缜密、证据详实、说理充分的判决文书去向社会与当事人昭示司法的合法性、合理性与公平性。

四、司法方式的转型:从神秘型到公开型

神秘主义哲学在司法裁判的领域一直有其影响。司法神秘主义最典型的体现是神明裁判。在人类社会早期,为了判断是非曲直,将争讼双方水淹、火烧或借助于独角兽之类的通灵神兽,司法结果完全看作是神的意旨。进入现代社会,随着历史的发展和文明的进步,司法事务日渐世俗化,司法的神秘主义色彩逐渐褪去,这无疑是现代司法发展的基本方向,但司法神秘主义并没有完全退场,其阴影依然投射到现代司法场域。

长期以来,我国一直存在着司法神秘主义的倾向或现象。首先,体现为司法场域外观上的神秘。在普通民众印象中,法院往往是高楼矗立,大门紧闭,岗哨遍布,戒备森严,出入需经严格的身份审查和安全检查,一派神秘的气象笼罩着

司法场域。其次,体现在司法语言方面,"法言法语"的大量应用也使普通民众云里雾里,不知何意。最后,体现为司法过程的不透明。经验事实告诉我们,正是司法的神秘化为人情案、关系案以及冤假错案提供了暗箱操作的温床。

破除司法神秘,需要借助于司法公开和司法透明。司法公开与政府信息公开从原理上讲具有同质性,都属于公权力信息公开的问题。但二者还是有些区别的:政府信息公开一般是对于已经形成结果的信息产品的公开;而司法公开除对于司法的结果(主要指裁判文书)公开外,还包括司法过程的公开,如审判公开。① 民众对司法的期待,不仅是公平正义的司法,而且是看得见的公平正义。十八届三中全会决议提出的"加强和规范对司法活动的法律监督和社会监督""拓宽人民群众有序参与司法渠道"等;《依法治国决定》提出的"构建开放、动态、透明、便民的阳光司法机制,推进审判公开、检务公开、警务公开、狱务公开,依法及时公开执法司法依据、程序、流程、结果和生效法律文书,杜绝暗箱操作""推进审判公开、检务公开"等,都是顺应了神秘型司法向公开型司法转型的趋向。

《四五改革纲要》就"构建开放动态透明便民的阳光司法机制"作了更加具体的规定,包括:完善庭审公开制度,完善审判流程公开平台,完善裁判文书公开平台,完善执行信息公开平台,完善减刑、假释、暂予监外执行公开制度,建立司法公开督导制度等。2015 年 9 月最高人民法院发布的《关于完善人民法院司法责任制的若干意见》从司法责任制的角度再次强调了司法公开,规定:"各级人民法院应当依托信息技术,构建开放动态透明便民的阳光司法机制,建立健全审判流程公开、裁判文书公开和执行信息公开三大平台,广泛接受社会监督。"通过上面的分析可以看出,公开型司法的理念在司法改革的实践中得到了相当程度的践行。

此外,司法公开是建立司法信任、提升司法权威的必然要求。司法信任和司法权威的不足,往往也与司法不够公开相关联。中国法治研究院院长钱弘道教授曾指出:"司法公开是衡量法治发展的标尺,是法治社会的本质要求。司法公开是一项宪法原则和基本诉讼制度,是促进司法民主的重要基础,是实现司法公正的基本保障,是树立司法公信的重要途径。在中国共产党执政理念发生重大转变的大背景下,顺应民众需求和尊重司法规律,司法公开具有必然性。司法越透明,公众越信赖。"②

司法的公开透明,不仅可以保障人民群众的知情权、表达权、监督权,而且可

① 刘作翔:《司法公开有助于破除司法神秘》,载《人民法院报》2012 年 9 月 14 日第 5 版。
② 罗书臻等:《司法公开制度改革:让权力在阳光下运行》,载《人民法院报》2012 年 9 月 17 日第 1 版。

以通过"阳光司法"推动法院神秘的面纱得以向公众揭开，以看得见的正义的方式，增强司法亲民性和提升司法公信力。

五、司法手段的转型：从强力型到协商型

中国传统社会的司法过程是封闭的，司法体现的是掌权者的意志，司法的功能更多在于维持一种社会秩序。在这种秩序之下，传统司法中突出的是司法的权力性，即司法人员以权力执掌者的身份对外展现，借助于权力者的强势地位，就当事人面临的纠纷作出裁断。而当事人和其他社会主体在这一过程中缺乏表达意见的机制保障，或者即使有发言的机会也难以形成有力的话语。

现代法治社会倡导沟通行动理论，顺应社会发展趋势，司法应由强力型向协商型转变。现代社会是多元化社会，价值观和利益追求是不统一的。很大程度上冲突的起源就来自这种价值观和利益的直接对立。司法过程是社会利益冲突最激化的对峙过程。这时商谈就显得极其必要，并且商谈有利于公正裁判。①因为在现代社会，"如果一个规则体系强加于什么人，那就必须满足新的成员自愿接收它；没有他们的自愿合作，这种创制的权威，法律和政府的强制力就建立不起来"②。在现代社会中，法治国家的司法过程就是法律对话的一个典范。正如有学者指出的，"本着私权自治的原则，解决纠纷的方式应当尊重当事人的选择，在当事人试图达成合意的情形下，诉讼信息在司法者和当事人之间的及时沟通和交流或许可以促成合意"③。按照哈贝马斯的说法，沟通才是解决社会危机，达致社会和谐的有效进路，"法律不再是基于主权者的意志，而是通过讨论、沟通等对话过程所得到的'理性的意见一致'"④。沟通行动理论在现代法治社会的司法过程中的体现就是，"当出现不同主张之间冲突的时候，把它们转换成法律主张，并且在法庭听证之后的一种具有实际约束力的方式加以裁决，这是不够的"，"除了司法专家的角色之外，它也把政治立法者，行政者和法律共同体（不仅作为公民而且作为当事人）的角色包括进来，因此将其他参与者的视角考虑在内"。⑤

---

① 刘李明：《司法过程中的商谈与诚信原则》，载《当代法学》2008 年第 1 期；刘李明：《社会舆论与司法审判互动的个案研究》，载《甘肃政法学院学报》2007 年第 6 期。
② ［英］哈特：《法律的概念》，张文显等译，中国大百科全书出版社 1996 年版，第196 页。
③ 赵旭东：《民事纠纷解决中合意形成机制的检讨与反思——以当事人视角下的合意为中心》，载《法学家》2014 年第 1 期。
④ 阮新帮、林端：《解读沟通行动论》，上海人民出版社 2003 年版，第 2 页。
⑤ ［德］哈贝马斯：《在事实与规范之间》，童世骏译，三联书店 2003 年版，第 244 页。

协商型司法既体现于司法过程的协商性,也体现于司法正义的协商性。当下中国社会转型的大背景,呼唤着和推动着与社会转型相匹配的更具合理性的正义,"协商型正义"由此而得以生发。协商型正义,要求在司法审判中,司法者要尽可能地通过理性协商的方式,与当事人和利害相关人及社会公众展开交流对话,以寻求对法律事件的处理达成一致,进而在各方共同意见的形成过程中一直保持和促成正义。而"对话"本身既是正义的体现也是正义的载体。协商型司法正义,可以让民众(利害相关人及社会公众)的不满情绪及时地通过正常的渠道得以发泄,从而能够缓解冲突,消除某些潜在的隐患,在一定程度上起着"社会安全阀"的作用。借助于协商达致的正义,有助于"通过个案调处机制实现对多元社会的协调与整合功能",使得个案中的公平正义逐步得到更为真切而广泛的社会认同,进而对于司法权威形成和发展发挥重要的作用。

协商型司法要求,在尊重司法活动基本规律的基础上,更加凸显主体地位的平等性、各方有效的参与性、全面开放的程序性、合理的表达与沟通机制、结论的合理性等协商特色。① 按此理念,法官要鼓励诉讼各方在充分尊重法律原则的基础上,协商选择解决纠纷的方式方法,学会指导当事人沟通交流,以对话取代对抗,共同致力于纠纷的解决。② 《四五改革纲要》提出的"健全多元化纠纷解决机制""引导当事人选择适当的纠纷解决方式"等,都在一定程度上体现了协商精神。

六、司法体制的转型:从地方型到统一型

所谓地方型司法,即司法的地方化或地方主义,具体表现为司法实践中的地方保护主义、部门保护主义等。司法地方化的一个体制性的根源就在于司法机关在人、财、物等各方面都要受制于同级党委、政府甚至政府职能部门,司法权的独立行使难免要打折扣,面对一些不当的干预,无论是作为司法机关还是司法官个人均无力抵御。而掌管人、财、物的单位和个人也会有意无意地介入司法权的行使中。司法的地方化无疑会损害法治的统一,导致法治的碎片化,妨碍以法律为载体的国家意志的贯彻实施。

中共十八届三中全会为推动司法改革,提出了一系列相互关联的新举措,其中包括"改革司法管理体制,推动省以下人、财、物统一管理,探索建立与行政区

---

① 徐湘明:《司法权威形成的协商机制》,载《理论与改革》2015 年第 3 期。
② 吉林省高级人民法院:《加快推进司法改革 服务经济发展方式根本转变》,载《人民法院报》2010 年 8 月 4 日第 8 版。

划适当分离的司法管辖制度"。司法省内人、财、物的统管是针对司法地方化、建构"司法统管"的具体改革举措。这一举措确实收紧了司法的地方性，但并未完全还原司法的全国性。管理体制应当服务于司法的目的，司法应确保法治在全国的统一运行，应保障人民在法律面前人人平等，平等的主体受到平等的司法服务，而不因管辖法院的不同而不同。法院应当是国家的司法机关，而不是地方的司法机关。《依法治国决定》进一步提出"探索设立跨行政区划的人民法院和人民检察院"，将"探索建立与行政区划适当分离的司法管辖制度"的要求予以具体与深化。这一措施，"凸显审判权作为中央事权的特质，有助于去除人民法院的地方化色彩，确保司法权牢牢掌握在中央手里，确保司法权的统一性、完整性"①。

《四五改革纲要》提出了一系列更加具体的举措，如"设立最高人民法院巡回法庭""推动设立知识产权法院""将林业法院、农垦法院统一纳入国家司法管理体系""完善统一领导的军事审判制度"等都体现了统一型司法的理念和要求。此外，纲要还提出："完善法律统一适用机制。完善最高人民法院的审判指导方式，加强司法解释等审判指导方式的规范性、及时性、针对性和有效性。改革和完善指导性案例的筛选、评估和发布机制。健全完善确保人民法院统一适用法律的工作机制。"这些规定都从体制上推进和强化了统一型司法。

其实司法管理体制的统一管理还是地方分管，只是一种形式，而内在的机理是法律需要统一实施。法律统一实施，是践行"法律面前人人平等"的必然要求。当事人参与诉讼程序，渴望体验的是司法的一视同仁，而不是差别对待。

---

① 韩德强、屈向东：《十八届四中全会司法改革新举措之解读》，载《北京行政学院学报》2015 年第 2 期。

关于推进审判权力运行体制改革的几点思考

■ 盛玉华　孙立强 *

摘要：审判权力运行体制改革的关键，在于理性分析和客观看待现有审判权力运行体制中存在的诸如行政色彩浓厚，司法行政权、审判管理权与审判权界限不明晰等实际问题，把完善法官考评管理、强化监督制约、健全法官职业保障机制等作为改革的切入点和着力点，以点带面稳步推进。改革必须尊重司法审判工作的客观规律，通过制度上的顶层设计和实践上的经验探索相结合的方式，逐步建立科学合理、权责明晰、监督有力、平衡协调的审判权力运行机制。

关键词：主审法官；合议庭；审判权力；司法改革

2015 年 2 月，最高人民法院发布了修订后的《人民法院第四个五年改革纲要（2014—2018）》（以下简称《四五改革纲要》）。《四五改革纲要》围绕到 2018 年初步建成具有中国特色的社会主义审判权力运行体系这一目标，针对 7 个领域提出了 65 项改革举措。其中，健全主审法官、合议庭办案机制和办案责任制，健全院长、庭长审判管理和审判监督机制，改革审判委员会工作机制成为这一轮司法改革的一大亮点。

建立科学合理的审判权力运行机制，真正实现"让审理者裁判，由裁判者负责"，使审判工作更加符合司法客观规律，这既是对长期以来审判实践中存在的行政领导干预案件裁判，法官无法充分行使独立审判权，审判过程权责不明晰，责任追究难以到位，错案追究"形同虚设"等客观问题的主动回应，也是对我国司法体制特别是审判权力运行机制进行"深水改革"的一次大胆尝试。牵动司法体制改革的任何一根发丝，都必然会带动社会主义司法体系的整个机体。如何真正做到"让审理者裁判，由裁判者负责"，在制度设计、改革模式、制度落实等方面需要全面认识和系统思考。

＊ 盛玉华：甘肃政法学院民商经济法学院讲师，中山大学法学院法学理论博士研究生；孙立强：兰州市中级人民法院助理审判员，法学硕士。

一、现行审判权力运行机制

我国《宪法》第 126 条明确规定:人民法院依照法律规定独立行使审判权,不受行政机关、社会团体和个人的干涉。《人民法院组织法》第 10 条、第 11 条规定:人民法院审判案件,实行合议制。人民法院审判第一审案件,由审判员组成合议庭或者由审判员和人民陪审员组成合议庭进行;简单的民事案件、轻微的刑事案件和法律另有规定的案件,可以由审判员一人独任审判。合议庭由院长或者庭长指定审判员一人担任审判长。院长或者庭长参加审判案件的时候,自己担任审判长。各级人民法院设立审判委员会,实行民主集中制。审判委员会的任务是总结审判经验,讨论重大的或者疑难的案件和其他有关审判工作的问题。上述规定,是对我国司法审判权力运行机制的原则性和基础性规定,奠定了我国审判权力运行机制的总体框架。亦即,我国实行的是法院集体负责制的审判权力运行机制,合议庭是基本的审判组织,重大或者疑难案件可以由审判委员会讨论。《刑事诉讼法》第 179 条、第 180 条规定:合议庭进行评议的时候,如果意见存在分歧,应当按多数人的意见作出,但是少数人的意见应当写入笔录。评议笔录由合议庭的组成人员签名。合议庭开庭审理并且评议后,应当作出判决。对于疑难、复杂、重大的案件,合议庭认为难以作出决定的,由合议庭提请院长决定提交审判委员会讨论。审判委员会的决定,合议庭应当执行。《民事诉讼法》第 41 条、第 42 条规定:合议庭的审判长由院长或者庭长指定审判员一人担任;院长或者庭长参加审判的,由院长或者庭长担任。合议庭评议案件,实行少数服从多数的原则。评议应当制作笔录,由合议庭成员签名。评议中的不同意见,必须如实记入笔录。进一步明确了合议庭的组成方式、决议方式以及形成决议的基本规则。简言之,我国刑事审判、民事审判实行合议制,合议庭在案件评议过程中按照少数服从多数的原则形成评议结果,法官依据评议结果裁判案件。而且,合议庭成员在权力上完全平等。

可见,我国现行法律从宪法到程序法层面,对审判权力运行机制做了十分详尽的规定。目前,我国审判机关裁判案件也完全依照宪法和法律对于审判权力运行机制的制度设计运行。但是,从法院管理和案件分类的角度,法院内部又有刑事、民事、行政、审判监督等不同的审判业务部门划分,不同案件由不同的审判部门负责办理,从而形成我国法院系统以不同庭室为单位的横向业务管理模式。这种业务管理模式,从功能上讲是为了便于对案件的分类管理,也有助于提高案件审判的专业化水平和审判效率。

二、现行审判权力运行机制中存在的问题探析

我国现行的审判权力和审判管理运行机制,是对应于国家行政管理机制而形成的。这种权力运行模式概括起来有两个特点:其一,实行裁判上的"官厅独立"和集体负责制,不同于国外审判权力运行中实行的"官员独立"和法官负责制。其二,突出对法官的行政化管理,法院内部行政色彩浓厚。这种审判权力运行机制,其最大的优势在于能够最大限度地提高管理效率、便于统一思想认识、统一裁判尺度。同时,由于在案件裁判中实行集体负责制,一定程度上可以避免发生裁判错误、提高案件裁判质量、确保公平正义。但是,从另一个角度来看,恰恰是这一审判权力运行机制,造成审判实践中普遍存在的行政管理权干预司法裁判权,审理者无法裁判、裁判者不参与审理,案件层层请示汇报、久拖不决等问题。集中表现在以下几个方面:

(一)审判权力运行中行政色彩过重

从人民法院的宪法地位和外部环境来看,虽然宪法明确了法院作为国家审判机关的地位,但长期以来,法院和法官的职能定位仍处于比较模糊和微妙的状态。在社会观念中,法院往往被等同于一般的行政机关,法官也被等同于普通的公务员。这种思想认识造成的直接后果便是法院的宪法地位和法官的审判权力无法得到有效的保障。从法院的内部管理来看,人员管理依然采取行政化方式,法官、审判辅助人员、司法行政人员在内部管理上没有本质的区别,工资待遇、个人发展、提拔晋升等等,都按照一般行政模式运行。"不看等级看职级、不论能力论资历,职位职级高低决定话语权大小",此类现象在全国各级法院中司空见惯。合议庭合议案件、审委会讨论案件,并没有真正成为专业知识、理论观点的交锋对抗,某种程度上甚至异化为"看职位、比资历、排座次"①。在这种行政化色彩过于浓厚的环境中,我们暂且不论个案能否得到公正裁判,仅仅对于法官审判权力的独立行使,就构成了极大的侵蚀。由于法官的薪资水平、福利待遇、个人发展与行政职务、行政级别完全挂钩,势必造成法官难以将主要精力放在如何提高专业素养、深入研究专业理论、分析解决法律问题等方面,而更多地关注个人行政级别、职务职级晋升等的不利局面。从长远来看,这种状况也严重阻碍了法官司法能力的提高和综合素质的养成。

---

① 在合议庭、审判委员会讨论案件的过程中,随大流、附和行政领导意见等现象经常出现,一定程度上虚化了合议与讨论的功能,合议变成合而不议,讨论难以发挥实际效果。

(二)审判管理权、行政管理权与审判权界限不明晰

"审判管理"是近年来在法院发展建设中逐渐形成和提出的一个概念。虽然最高人民法院在2011年初就下发了《关于加强人民法院审判管理工作的若干意见》(以下简称《审判管理意见》),但是对于"审判管理",无论是在理论还是在实务层面,都尚未给出一个更加清晰和准确的界定。至于审判管理的职能、范围,审判管理权与司法行政权、审判权的关系等,更需要进一步的探讨和明确。有学者认为:审判管理是一个复合型概念,是法学与管理学的双重复合、交叉概念。在审判管理的定义中,管理应当是核心概念,审判是管理的定语或修饰语。即简而言之,审判管理是限定在审判领域的管理。① 根据《审判管理意见》,审判管理从职能上讲,主要包括以下几个方面:(1)审判管理制度建设;(2)审判质量管理;(3)审判效率管理;(4)审判流程管理;(5)审判运行态势分析和审判工作的宏观管理;(6)审判绩效管理;(7)总结审判经验,提高司法能力和司法水平。在加强审判管理的过程中,要注重审判管理与人民法院的人事管理、政务管理的协调沟通,形成人民法院审判、人事、政务三大管理分工合作、相互配合的格局。从目前法院的管理运行来看,审判管理、行政管理之间还存在一定的重叠与交叉,特别是在权力的主体、运行方式以及与审判权的界限等方面,存在一定的模糊地带。由于长期以来形成的行政化管理模式,庭室领导、分管院领导、院长等"行政首长",在很大程度上代理了审判管理、人事管理、司法行政管理的职能,其在法官选任、职务晋升、案件流程管理、考核评价、交流提拔、奖励惩罚等方面,对于法官个体具有较大的影响力,在某些层面甚至具有决定性作用。这就难免会造成法官在行使审判权的过程中,或多或少会顾忌领导的意见,更容易受到来自于管理者或者"行政首长"层面的影响和制约。这种影响和制约作用,如果"折射"到某一个具体的案件中,自然会导致行政管理权干涉司法审判权,对于案件的公正裁判造成极大的负面影响。

(三)审判组织内部权责不明晰

如前所述,根据《人民法院组织法》以及其他程序法的规定,普通案件的审理和裁判实行以合议庭为基础的集体负责制,这是民主集中制原则在司法审判领域的集中表现。集体负责制最大的优势在于能够最大限度地集思广益、克服以偏概全、弥补法官素质差异等方面的问题;最大的缺点则在于容易造成权责不

---

① 邓俊明:《审判管理:一个概念的澄清兼及模式的建构》,http://court.gmw.cn,下载日期:2015年8月7日。

明、集体成员之间相互推诿扯皮,也会导致个别合议庭成员意见难以充分表达。谁专业水平高、谁行政职务高、谁资历老、谁经验丰富听谁的,特别是在庭长、院长担任合议庭审判长的情况下,更容易造成合议流于形式、"一言堂"等问题。在集体负责制下,一方面,合议庭成员之间特别是非主审法官的合议庭成员,在主观上容易出现依赖和从众心理,造成"集体负责等于无人负责"的尴尬局面。另一方面,由于每一个具体案件都要由一个主审法官来具体承办,这就导致大多数情况下,需要由主审法官这个"个体"来承担合议庭"集体"责任的逻辑困境。可以说,审判组织内部权责的不明晰,很大程度上成了制约审判权力科学运行的最大障碍。

(四)审判工作效率不高

在审判实践中,对于个别复杂、疑难案件,各地法院在实践中摸索出了"各具特色"的处理方式。比如针对某些合议庭无法形成多数意见的案件,可以由庭长或者分管副院长组织相关业务骨干进行分析研究,提出参考意见;或者由相关的专业咨询委员会①提出参考意见,再由合议庭参照讨论并作出最终裁判。如果仍无法形成一致或多数意见,则需要提交审判委员会进一步讨论研究。这种操作层面上的摸索,对于提高裁判结果的公平公正具有一定的价值,且从法官个人的角度来讲,甚至能够形成对法官个体的制度性"保护"。但从程序正义的角度来看,这种层层汇报、层层讨论的案件处理方式,在一定程度上是对现有合议制度的破坏,也是对审判权力运行机制的一种违背,甚至存在干涉法官裁判权的嫌疑。同时,这种讨论案件的方式在很大程度上影响了审判效率的提高,容易导致案件的延期审理和久拖不决。

(五)错案责任追究难以实现

根据《人民法院审判人员违法审判责任追究办法(试行)》第24条的规定:合议庭成员评议案件时,故意违反法律规定或者歪曲事实、曲解法律,导致评议结论错误的,由导致错误结论的人员承担责任。事实上,实行合议庭为基础的集体负责制,在出现错案的情况下,严格落实和追究相关人员责任存在一定的困难。这里存在三种可能的情形:(1)合议庭意见一致,出现错案的情况。在这种情况下合议庭全体成员都需要承担错案责任,但集体负责制的弊端在这种情况下容易形成"举了刀砍不了人"的现象,合议庭成员之间也会存在侥幸心理,责任追究

---

① 专业咨询委员会一般由民事、商事、刑事、行政等领域的资深法官分别组成,一定程度上能够为疑难复杂案件的处理提供参考意见。

的压力难以产生更强的监督制约作用。（2）合议庭出现多数意见，且主审法官意见属于多数意见。在这种情况下，由主审法官和其他的合议庭成员承担错案责任。这种情况类似于第一种情况，在责任的落实方面会存在一定的困难，特别是出现合议庭成员职务变动、岗位调整等情况时，容易出现"举起板子找不到人"的问题，责任追究就更加困难。（3）合议庭出现多数意见，且主审法官意见不属于多数意见。在这种情况下，主审法官需要按照合议庭多数意见形成裁判结果，制作和送达法律文书，但不需要承担由于错案引起的法律责任。根据"行为者负责"的普遍理解，在这种情况下，主审法官与案件的裁判结果之间不存在实质性的关联，不需要承担责任。但是，由于主审法官又扮演着案件"主审"的角色，这种角色和责任的错位，容易造成逻辑上的两难。在上述情况下，严格追究法官的"错案"责任变得十分困难，所谓责任追究，最终往往"不了了之"。

（六）影响法官素质的提升

司法审判是一个以法律专业知识为基础，依靠实践经验对社会矛盾进行客观裁判的过程。法律专业素质和审判实践经验是支撑法官职业的两个基本要素，也是构成法官司法能力的重要内容。法律专业素质，更多地依靠法学理论方面的专业培养，换句话说是来源于法学院校的专业教育，以及对专业知识的不断自学和更新。而审判实践经验则更多地依靠工作经验的不断积累。审判实践经验是对审判规律的科学归纳总结。相较于专业知识，审判实践经验对于审判活动有更直接、更具指导性的作用和价值。法官素质或者司法能力的提升，既依赖于较高的专业素质，也离不开丰富的审判实践经验。现有的审判权利运行机制，对于法官素质的提升存在很大的缺陷。合议制和集体负责制，难以形成对法官，特别是年轻法官、非主审法官司法能力和综合素质的"倒逼"。一方面，除主审法官以外的其他合议庭成员，由于不承担案件主办人的职责，对于相关法律规定的检索与解释，对于相关学术理论、学说的分析，往往不会投入较多的精力，个别责任心不强的法官，甚至会敷衍应付了之，极不利于法官能力素质的养成和提高。另一方面，法官在遇到复杂、疑难案件时，由于存在通过上一级或者更大范围的研究讨论来决定案件处理的渠道①，往往导致法官在遇到困难的时候，首先想到的不是如何主动分析和解决问题，而是将问题"上交"，转移给"更高层次"的法官或咨询机构，容易使法官产生惰性和依赖心理，不利于审判权力的独立行使和法官素质的进一步提升。

---

① 这里主要是指通过庭室领导、分管副院长、专业咨询委员会以及审判委员会讨论案件，为案件裁判提供意见建议等渠道。

三、审判权力运行机制存在问题的原因分析

我国审判机关在权力运行、责任承担、职能分工等方面存在的以上问题,既有制度层面的原因,也有法官队伍的内部原因,既有程序设计的缺陷,也有实体权力配置的不科学。

(一)法院管理职能与审判职能的交叉重叠

在现行的法院管理模式下,业务部门特别是行政领导在行使审判权的同时,兼有审判管理职能。法官的日常管理、职务晋升、考核考评诸多方面,主要由所在部门行政领导以及分管的院领导决定,属于法院行政管理权的组成部分。《法官法》虽明确规定了法官考评委员会及其职能,但从法官考评工作实际来看,法官考评委员会并非人民法院的常设机构和职能部门,且法官考评委员会仅仅针对法官考评、考核等方面进行宏观把握和原则性的讨论、决策,很难具体发挥考核认定法官业绩、客观评价法官综合表现等的作用。在这种局面下,部门领导、分管院领导在法官考核评价、职务晋升等方面往往具有绝对的影响力。另外,我国目前的法官选任、培养、级别晋升等均参照行政机关管理模式,各地区独立的法官遴选委员会尚未完全建立,法官遴选委员会的定位、职能、运转方式等,也都处于摸索阶段,法院管理、法官管理等没有摆脱行政化管理为主导的模式,势必造成管理职能与审判职能的交叉重叠、行政管理权对司法审判权的干涉和侵犯。

(二)法官选任机制存在问题

有学者认为,在我国法院队伍建设过程中"由于长期以来传统的大一统人事管理积习影响和观念作祟,以及法官制度改革滞后等因素,致使法院人员与普通公务员趋同化,在法院内部各类人员也是有类无别"①。由于 1995 年《法官法》实施前,各地对于法官的任命等工作相对不规范,导致目前我国法官队伍的来源结构复杂。从进入方式来看,既有通过公开招录、人员调动、职工转干进入法院队伍的,也有通过毕业生分配、军队转业干部分配等渠道进入法官队伍的。从教育背景来看,具有法律专业背景的法官,比例较低。大多数法官是通过继续教育、在职教育等方式取得法律专业学历,这一状况在西部地区、基层法院表现得

---

① 牛建华:《以"三化"建设为方向,走内涵式发展道路》,载《人民法院报》2013 年 7 月 28 日第 2 版。

尤为明显,严重制约了法官队伍的专业化进程①。近年来,随着我国公务员制度的改革完善,以及对法官任职资格等的进一步严格和规范,这种现象有了一定程度的改变。法院工作人员主要依靠公务员招录这一渠道进行补充,再从通过国家司法考试的上述人员中选拔初任法官。但法官来源单一化、水平素质差异大、两极分化等现象依然较为普遍②。这对于人民法院深入推进"专业化、职业化、正规化建设"、实现"内涵式发展"造成了极大的障碍。在现阶段,构建以专业背景、综合素质、个人能力、社会经验等为基础,区别于一般公务员和其他行政官员选拔,独立的法官选任体制迫在眉睫。

(三)合议规则原则化、形式化

从审判权力运行过程来看,造成目前法官"审而不判、裁而不审",审判责任难以具体落实等问题的一个重要原因,在于集体审判组织中的负责制和少数服从多数的合议规则。可以肯定,主审法官在接触具体案件的过程中,在对案情的了解、证据的认知、法律规定的把握和运用等方面,与其他合议庭成员相比具有更大的优势。而且,裁判文书也需要由主审法官最终撰写完成。如果不能突出主审法官在案件合议过程中的地位,则很难发挥主审法官应有的主体作用。然而,以合议庭集体负责为基础的审判权力运行机制,容易造成主审法官责任意识不强,职能作用发挥不显著,依赖心理较重等问题。如果充分调动主审法官在合议过程中的积极性,要求主审法官就所承办案件,负责组织合议庭进行开庭审理、合议讨论,并以主审法官的意见为基础,形成最终的合议庭决议、作出裁判结果,就能够最大限度地克服合议过程形式化、主审法官审而不判、责任分担不明确等弊端。

---

① 以西北地区某省会城市中级人民法院为例,截至2016年1月,该院法律专业全日制本科以上人数为84人,仅占全体干警总人数的27%,具有全日制法律教育经历和专业背景的干警人数不足全体干警总数的1/3。这一问题在基层法院和非省会(中心)城市法院队伍中,表现得更加突出和明显。

② 2016年6月2日,中共中央办公厅以通知形式印发了《从律师和法学专家中公开选拔立法工作者、法官、检察官办法》。根据该办法第2条的规定:"具有立法权的人大常委会的法制工作机构、政府法制部门、人民法院、人民检察院应当将从符合条件的律师法学专家中公开选拔立法工作者、法官、检察官工作纳入队伍建设规划,并采取切实措施予以落实。"但是,真正实现从律师等法学专家中公开选拔法官、检察官等,往往还需要一个时期的探索和实践才能最终确立。因此,进一步优化法官结构,建设正规化、专业化、职业化的法官队伍,还需要制度与实践的共同促进、协同创新。

(四)主审法官责任不能得到有效落实

权利与责任的对等,责任对于权力的制约,是现代法治精神的应有之义。失去责任的约束,容易造成权力的滥用;缺乏权利的保障,责任的实现就变得过于苛刻。建立和落实主审法官责任制,从本质上讲是要实现权力、权利和责任三者的有机统一。从我国目前司法审判实际以及法官职业保障情况来看,实现法官权力、权利和责任三者的有机统一,仍存在较大的差距。

1.审判权的独立行使难以完全实现。法官独立行使审判权,是实现司法独立的客观基础。从目前行政化色彩浓重的司法管理实际来看,法官的独立审判权会受到各方的影响和制约。一方面,法官会受到来自法院内部行政领导层面的干预和影响;另一方面,法官可能直接或者间接地受到来自外部行政力量的干预。这种对于审判权的干预从形式上会制约法官的独立裁判,不利于法官发表客观公正的裁判意见,导致案件合议有可能沦为一种权力的博弈,或者导致法官将裁判权予以"让渡",即通过庭长、院长讨论案件或者由审判委员会讨论案件的方式形成最终的裁判结果。就其实质而言,这种行政权对于审判权的干预是对案件公正裁判和对当事人的合法权益的严重践踏。

2.法官主体责任无法得到落实。法官通过"让渡"审判权或者扩大案件讨论的层次、范围等形式,回避和降低行政权力对于审判权的干涉,降低因案件裁判对个人造成的不必要的职业风险,或者对个人职业发展等的不利影响的状况,必然会造成法官主体责任落实的模糊和混淆。在这种情况下,一旦出现错案,进而去追究主审法官的相关责任,在逻辑上也会存在一定的混乱,导致法官的主体责任不明确,责任得不到具体的落实和追究。

3.法官职业保障机制尚未形成。我国的法官被普遍认为与一般公务员没有本质上的区别,仅仅是属于专业技术型的公务员。法官的福利待遇、薪资水平、晋级晋职与普通公务员没有太大的区别。2014年5月,兰州市中级人民法院针对法官职业保障、职业心理、职业发展等方面对全市法官进行了问卷调查,共计发放问卷630余份。调查显示,法官对于目前的待遇等职业保障基本满意的占10%,不满意的占35%,非常不满意的占55%;认为社会地位不高、待遇低、晋升空间小的占67%;84%的被调查法官认为工作量与收入不成正比,严重影响了工作积极性。数据能够从一个侧面反映出我国法官职业保障机制不健全这一全局性问题。由于目前在法官评定、等级晋升、业绩考评、薪资保障等方面还存在诸多的制度不完善甚至缺失,极易产生影响法官独立审判权、权利保障与主体责任不对等、法官个人发展空间受限等不利后果,一定程度上也影响了法官队伍的整体稳定。

(五)文化因素对于审判权力运行机制的影响

在我国的传统文化中,行政权与审判权历来是合二为一的。行政首长也是当然的司法裁判者,行政决议的过程也是司法断案的过程。这种关于司法独立的文化或者观念缺失,导致在公众意识中,普遍认为法院或者司法机关能够解决一切问题和矛盾,忽视了司法活动的客观规律和诉讼手段的自身局限。大量缠诉滥诉、涉诉信访案件甚至部分已穷尽司法救济的"案件"涌入司法机关,法官不得不被动地将大量时间和精力浪费在做好当事人的安抚工作、追求息诉罢访等方面。由于法官长期承受这种附带的思想压力和工作负担,在很大程度上造成了关注案件本身少,研究专业理论少,关注案件社会效果多,迁就当事人和社会舆论多的现实困境。这对于审判权力的合理运行,造成了严重的负面影响。

四、改革现行审判权力运行机制的几点建议

党的十八届三中全会通过了《关于全面深化改革若干重大问题的决定》,标志着今后的改革迈向了更加深入的领域,特别是对于政治体制的改革迈入了真正的"深水区"。司法体制改革作为深化政治体制改革的重要内容之一,对于进一步优化审判权力运行机制,提高司法审判规范化、科学化水平,真正实现让审理者裁判、让裁判者负责的目标,具有积极的意义。对于深入推进司法体制改革、构建科学合理的审判权力运行机制,可以从制度与实体两个层面展开探索和思考。

(一)制度层面

1.建立独立的法官任免、考评、监察和申诉机制。最高人民法院《四五改革纲要》明确提出:要在省一级设立法官遴选委员会,从专业角度提出法官人选,由组织人事、纪检监察部门在政治素养、廉洁自律等方面考察把关,人大依照法律程序任免。这项改革措施具有一定的前瞻性,从去行政化、减少地方行政干预、维护法官独立审判的角度而言,具有较强的操作性。但是,从法官队伍健康发展的角度来看,我们还需要从法官选任、考评、职务晋升、奖励惩处、监督监察、惩戒惩罚、退出机制等方面出发,建立起一整套相对完整独立的制度,有效改变和改进目前强行政化的传统司法管理模式,使法院和法官管理更加突出职业化、专业化特点,更加契合司法审判客观规律。

2.要建立法官的权利保障机制。由于法官职业在责任负担、职业风险、工作性质、工作强度、心理压力等方面,同其他公务员群体相比具有极大的特殊性,不能简单地将法官等同于普通公务员。因此,追求和实现法官独立裁判、终身负

责,还必须建立相应的法官权利或者职业保障机制,使法官能够得到不同于一般公务员的更高职业保障和生活待遇,一方面增强法官的职业尊荣感,使法官真正审慎看待职业身份、慎重对待审判权力;另一方面可以充分调动法官的积极性,引导法官不断提高专业素质和综合能力,也能够在客观上保障法官群体免受外界干扰、独立行使审判权。

3.要进一步明确和严格法官主体责任。法官主体责任,源于对法官审判权力的制约。如果缺乏必要的制度约束,审判权力容易被滥用或者异化。虽然在法官主体责任方面,我们已经建立起了较为完整的制度规范,形成了从纪律处分、行政追责到刑事处罚的责任约束体系。但是这一责任体系从系统性、科学性、有效性方面来看,仍存在客观缺陷,在实现有机衔接、轻重有别、梯次渐进方面还需要进一步论证完善。因此,在制度层面,我们还应当提高规范和立法的科学性、合理性、严密性,进一步明确和严格法官责任,做到权责一致、权责均衡。

4.改变少数服从多数、过度形式化的案件合议制度。从调动主审法官积极性、明确和严格主审法官主体责任的角度来看,在目前的合议制度下,我们有必要改革合议庭的组成及决议规则。一方面,个案应当由主审法官担任审判长组织合议庭,主持完成审判程序。另一方面,应当在合议过程中突出主审法官的裁判意见,一般情况下(主要是指能够形成一致意见或者主审法官意见属于多数意见等的情况),以主审法官的意见作为案件的裁判结论;意见分歧较大、合议庭难以形成一致或者多数意见,或者主审法官意见属于少数意见时,案件可以提交审判委员会讨论并提出裁判意见,最终由主审法官根据案件实际作出裁判。

(二)实体层面

1.要确保主审法官的审判权力。主审法官享有完全独立的审判权力,这种权力虽然建立在法院独立而非法官独立和合议制基础之上,但是这种审判权力应当是能够得到法律充分保障的权力。这种权力的行使还应当通过相对独立的法官选任、考评、监察等有效机制予以保障,合理杜绝因行政、人事管理、考核评价、职务晋升等方面对法官可能造成的影响和制约,确保审判权力在案件裁判中能够客观、公正、高效地运行。

2.提高法官的专业素质。推动法官独立审判、独立承担责任、实现案件公正裁判的根本动力,源于法官专业素质的不断提升。法官素质和司法能力是确保案件公正裁判的必要前提之一,缺乏法律专业素养和较高的综合能力,针对法官职业和司法审判的一系列改革都将变成无源之水、无本之木。实现审理者裁判、裁判者负责的目标,需要通过进一步规范法官进入渠道、拓宽法官遴选范围、建立正常的法官淘汰和退出机制等改革措施,促进法官队伍整体素质的不断提高。

3.全面落实法官主体责任。落实法官主体责任,是实现法官权利与责任对等,责任制衡权力,构建科学合理审判权力运行机制的必然要求。落实主体责任对于法官而言,能够形成有效的"责任倒逼"。一方面可以促使法官主动提高处理案件、辨法析理、公正裁判的司法能力和专业水平。另一方面可以防止法官权利的滥用,有效制约法官的自由裁量权,确保法官能够在合理的范围内公正裁判,切实提高审判质量、保护当事人的合法权益。

实现让审理者裁判、让裁判者负责的审判权力运行机制改革,任重而道远。审判权力运行机制的改革,为我们提供了一个重要的契机。在充分认识我国当前司法实践中的体制、机制性问题,密切联系我国司法实践的特点,充分尊重司法审判客观规律的基础上,通过理论制度和实践的协调推进,具有中国特色社会主义的审判权力运行机制的构建必将取得切实的成效。

论法官独立审判的现实困境和改革路径

■ 郭顺强 *

摘要：新一轮的司法改革提出"让审理者裁判，由裁判者负责"的改革目标，旨在解决多年来广受诟病的"审者不判、判者不审"的司法行政化问题。这使得"法官独立审判"这个近年来相对冷门的话题再度受到人们的关注。结合司法实践中存在的与"法官独立审判"相违背的现象，提出法官独立审判应具备的基本要素，分析阻碍法官独立审判的体制性、制度性障碍，找出实现法官独立审判这一改革目标的方法，包括建立行政与司法相对分离的管理体制、符合司法规律和法官职业特点的法官管理制度以及科学合理的审判监督制度等。

关键词：法官；独立审判；司法改革

"让审理者裁判，由裁判者负责"这一表述，从语义上解读，就是要让承办案件的法官能够不受干预地、独立自主地对案件作出裁判，并由承办案件的法官对裁判的结果独立地承担责任。司法裁判要被矛盾双方乃至社会公众所接受，法官就必须在处理争议的过程中始终保持不偏不倚的中立地位。在确保法官独立审判方面，曾推行过不少改革措施①，然而，时至今日，"法官不够独立""审者不判，判者不审"仍然为社会所诟病，这是造成当前司法公信力不高的主要原因之一。

---

* 作者系福建省厦门市湖里区人民法院法官，法学学士。

① 《人民法院五年改革纲要（1999 2003）》明确规定："除合议庭提请院庭长提交审委会讨论决定的重大、疑难案件外，其他案件一律由合议庭审理并作出裁判。"2007年，最高人民法院制定《关于完善院长、副院长、庭长、副庭长参加合议庭审理案件制度的规定》，促使"院庭长"更多地作为合议庭成员直接参与案件审理。2011年，最高人民法院制定《关于在审判工作中防止法院内部人员干扰办案的若干规定》等规范性文件。

一、法官独立审判的基本要素

无论是司法独立还是独立审判，作为现代司法文明的重要内涵，不是在我国社会发展中自行衍生的，而是来自西方的法治经验。从西方的司法独立经验来看，首先强调法官个人独立，然后才是整个司法层面的独立。由于历史原因，我国法治建设的基础十分薄弱，缺乏司法独立或独立审判的经验。在过去30多年的改革中，人民法院主要是通过完善内部审判权运行机制，实行对法官放权，让法官拥有更多的审判权限，以树立司法中立、公正的形象。由于在司法理论上一直存在"法院整体独立"抑或"法官个人独立"的争辩，且缺乏法官独立审判的体制设计，法官独立审判的内在需求没有得到满足，法官也没有能够真正实现独立自主地裁判。当中央确定将司法体制改革作为全面深化改革的重点内容时，本轮司法改革已不是仅仅着眼于法院自身的改革，而是着眼于整个司法体制的重构。我们需要从司法规律的内在要求以及现实司法运作的角度，重新廓清法官独立审判的基本要素。

（一）法官的独立

法官的独立司法人格，是指一个国家的法官将公平和正义看作是司法活动的终极目标，并具有为实现和捍卫这一目标而献身的情感和品质，以及在具体案件的决策过程中基于对事实的认知和法律的理解表现出的行为和心理的总和。[①] 除了丰富的法律知识、精湛的庭审技巧，社会对法官最重要的要求是其在审判中始终保持中立的地位。法官要保持中立，就必须独立。否则很有可能令诉辩双方意见之外的其他意见进入裁判意见系统，导致法官作出的裁判不是出于自己的意志，或不完全出于自己的意志。掺杂其他意见的裁判，且不论其认定事实和适用法律是否正确，仅因法官角色不够中立，就足以让社会公众质疑裁判的公正性，影响社会公众对司法的信赖。相反，如果法官能够独立自主地对案件作出裁判，哪怕裁判的结果不尽合理，社会公众也会因为法官的中立而尊重裁判。在我国，法官并不具有完整独立的审判权限，未参加案件审理的主体的意见可以轻而易举地进入裁判意见系统。一是重大复杂疑难案件集体审理。案件无论繁简难易，法官都应当作出裁判，这是法官最基本的职责。换言之，不应该存在法官无法下判、不能下判、不该下判的情形。在实践中，随着法院受理的案件

---

① 王介清：《以法官职业素质为视角谈司法公信力的提升》，载《山东审判》2014年第6期。

日益增多,加上还权于审理者的改革,大部分法院将多数案件交由独任法官或合议庭裁判,而不再由院长、副院长、庭长、副庭长(以下简称院庭长)进行审批,并尽量减少提交审委会讨论决定的案件。但是,对于重大复杂疑难案件,绝大多数法院仍然采取层层审核、集体决策的方式,最后的判决也未必是承办法官的意见。虽然审批案件数量的多寡可以反映出司法行政化的程度,但是哪怕只有一个案件法官不能独立自主地作出裁判,就不能说法官独立审判得到了完全的落实。二是院庭长的程序裁决权。法官是诉讼程序的指挥者,应当对诉讼程序性事项的处理后果承担职责。然而,依照法律的规定,案件审理过程中需要处理的回避、保全、拘留、罚款、启动再审等事项,均由院领导以行政审批的方式作出,而不是由法官审理决定。虽然目前的改革致力于逐步减少院庭长对程序性事项的审批,但是也没有让程序性事项的裁判权全部回归到法官手上,而这些程序性事项属于案件裁判的范围。三是审判管理的强化与扩张。近年来,法院系统内部重视审判管理,通过设置一系列考核指标,对各级法院进行排名,在提升案件质效方面发挥了积极的作用。但是,正是在这些审判管理指标的指引下,院庭长更加注重通过直接的管理手段对法官办案进行督促、考核、排名,而法官也不得不采取相应的措施来应对各种考核,包括缺乏必要的调查研究和深思熟虑仓促下判,这在某种意义上也是对法官独立裁判的隐性干预。所以,审判管理的强化与扩张实际上强化了审判权运行的行政化色彩,也使无数法官沦为法院办案"流水线"上的"司法员工"。

(二)法官之间的平权关系

法官对自己承办的案件应当具有独立完整的裁判权,不同的法官之间,除了经验差异,相互之间的关系是平等的,不存在相互隶属和服从的关系。《最高人民法院关于完善院长、副院长、庭长、副庭长参加合议庭审理案件制度的若干意见》也规定:"院长、副院长、庭长、副庭长参加合议庭审理案件,依法担任审判长,与其他合议庭成员享有平等的表决权。"然而,实践中法官之间的平权关系实际上难以实现:一是法官之间层层负责。法官本应只对案件负责,而不像行政机关的职员那样对行政首长负责。但实际上法官处理审判事务,常常需要逐级请示汇报。尽管最高人民法院多次发文强调领导的审核不得改变法官的裁判意见[1],只要存在案件审批,审批者就不得不参与案件审理,甚至改变案件的裁判。层层把关的审批模式,使得原本平行的法官关系最终演变成层层负责、下级服从

---

① 例如,《最高人民法院关于人民法院合议庭工作的若干规定》第16条规定:"院长、庭长可以对合议庭的评议意见和制作的裁判文书进行审核,但是不得改变合议庭的评议结论。"

上级的层级关系。二是法官管理行政化。基于司法权和行政权的不同属性,世界各国普遍对法官实行不同于行政机关公务员的管理制度,有完善的法官履职保障制度,让法官能够独立自主地对案件作出裁判。我国的法官管理制度主要是参照适用公务员制度,院庭长对法官的任职选任、工作安排、考核奖惩、晋职晋级等具有直接的决定权或重要的影响,而院庭长又处于审判流程的末端,这使得法官在行使审判权时必然十分重视院庭长的意见。三是法官级别科层化。在参照公务员制度管理的模式下,法院内部形成了不同行政级别的法官,如副科级审判员、正科级审判员等等。这种级别之分不仅代表着法官不同的政治和经济待遇,还意味着不同法官的位阶和责任关系。在这个科层制的金字塔里,越靠近金字塔顶端享有的审判权限就越完整,越靠近金字塔下端享有的审判权限就越小。

(三)法官裁判的民主原则

司法裁判重则关乎他人生死,轻则影响他人利益分配,必须慎之又慎。因此,除了依法、独立,以民主的方式进行司法裁判是实现公正司法的又一项基本要求。按照法律的规定,除简单的民事案件、轻微的刑事自诉案件由独任法官一人审理外,合议制是法官审理案件的主要方式。合议制通过多人参与、相互监督、相互制约、平等裁判,确保案件得到公正审理。然而,在实践中,在以法院整体名义作出裁判的逻辑下,这种民主决策的方式被进行了大幅的"修剪":一是法院院长工作报告制度。理论上,法院院长只对自己承审的案件负责,不对其他法官审理的案件负责。现实中,法院院长作为法院的代表,向党委、人大、政法委等汇报工作,既汇报行政管理工作,也汇报审判执行工作。法院院长成了对本院审理的案件负总责的行政职务。法院内部就形成了普通法官对庭长负责、庭长对分管院长负责、最后院长负总责的责任体系。这使院庭长不得不更多地介入案件的处理。二是裁判文书以法院名义作出。法院的裁判文书采取类似行政机关文书的签发规则,即案件承办人署名后加盖法院公章才具有法律效力。在社会公众看来,法院才是裁判的主体,法官的主体地位并不凸显。三是审判监督工作的异化。尽管有诉辩双方监督、检察监督、上诉程序监督、再审程序监督等制度规范,但在日常的审判工作中,通过院庭长审核签发裁判文书以及各式各样的管理手段来监督法官办案已渗透到案件流程的各个阶段、各个环节。虽然在审判权与审判监督权、审判管理权的关系中,审判权是核心,审判监督权和审判管理权是保障,但是由于承办大多数案件、行使审判权的"一线法官"行政级别相对较低,而行使审判监督权、审判管理权的院庭长行政级别相对较高,某种意义上造成审判权从属于审判监督权、审判管理权的"倒挂"现象。

二、法官独立审判的现实困境

在明确法官独立审判应具备的基本要素之后,我们有必要反思目前影响法官独立审判的障碍,才能使改革有的放矢。虽然我国宪法将"独立审判"确定为司法原则,但是从历史的角度看,我国的司法权脱胎于行政权,法院组织、诉讼制度、决策方式、管理制度、问责方式等都采取类似于行政机关的模式,使得司法改革总是在"行政化"和"去行政化"之间往返反复。要让"审判的归审判,行政的归行政",仅仅对法院内部审判权运行机制进行改革是远远不够的。具体而言,改革面临以下难题。

(一)司法理念强调法院整体独立

从我国社会治理的传统来看,政府是全能型的政府,立法、行政、司法都是政府的职责,惩罚犯罪、解决纠纷是政府对社会统治的一部分内容。司法权仅仅是行政权的附属性权力,作为一种工具性权力服务于国家的经济和社会发展。整个司法制度不是纠纷解决型,而是政策实施型的。[①] 我国《宪法》第 126 条规定:"人民法院依照法律规定独立行使审判权,不受行政机关、社会团体和个人的干涉。"社会普遍认为"法院独立行使审判权"是法院整体的审判独立,而非法官个人的审判独立。在这一理念的指导下,法院采取科层式的组织模式,对审判业务采取行政化的管理模式,最终导致审判职权泛化、审判责任模糊不清。因此,要实现本轮改革提出的"让审理者裁判,由裁判者负责"这一目标,就必须摒弃法院整体独立的观念,明确法官独立审判,独立承担裁判责任。

(二)内部运作强调行政权优先

任何机构的运作都离不开组织、指挥、协调、控制、监督,法院亦是如此。法院内部既存在审判活动,也存在为审判活动服务的行政管理活动。理论上,这两种不同类型的活动完全可以在各自的轨道内并行不悖地运行。审判职能由独任法官、合议庭以及审判委员会行使,行政管理职能由院庭长行使,院庭长的行政管理活动也并不必然导致审判事务的行政化。然而,在实践中,从事审判活动的法官与从事行政管理活动的人员几乎没有区别,在法院内部审判权和行政权的关系方面,"法院内部管理几乎完全套用行政机关的管理模式","行政化弥漫于

---

① 王明玥:《透视司法的复杂面孔》,载《人民法院报》2015 年 10 月 30 日第 7 版。

整个法院,而行政的方式运用于审判,其结果正是案件审批制"。① 这使得本该相对封闭的审判权运作空间变得相对开放,院庭长参与司法裁判,并以其在行政管理中的优势地位侵蚀了审判组织的独立审判。

(三)法官能力素质不能适应独立审判的需要

法官独立审判蕴含着一个重要的前提,那就是法官应具有良好的业务能力和职业素养。如果法官缺乏专业法律知识,缺乏社会阅历,缺少职业操守,不仅不能很好地解决纠纷,还会使司法失去起码的尊严。有学者认为,不能将"法官独立"作为司法改革的目标来追求,因为现实的法官素质还不够高,职业操守尚不理想,轻易放权将导致更严重的司法不公。② 的确,目前的法官队伍素质参差不齐,和法官独立审判内在需要相比,仍有不小的差距。但是,正如凯普利提所说的那样,"司法独立本身并不具有终极价值,它本身并不是一种目的,而只有一种工具性价值,它的最终目的是为了保证法官公正无私地审理案件"③。因此,如果因为法官的素质能力还不够理想,就否定法官独立审判的价值,显然过于保守,也无助于法官能力素质的提升。

(四)诉讼制度不完善

近年来,立案登记制、规范审前程序、完善证据规则、强化庭审中心制度、完善再审程序、推行裁判文书公开等符合司法规律的操作实践被吸纳入新修订的诉讼法,反映出我国诉讼制度的进步,有些做法,如裁判文书上网公开,在某种意义上推进了法官独立裁判。但案件请示制度、裁判文书审核签发制度、办案指标考核评比等做法却不断地强化着法院内部的行政化,有意、无意地弱化法官独立审判。诉讼制度的改革要对实践中的这些做法进行梳理,具有合理性的做法应进行诉讼化改造,而那些不符合司法规律的做法,应该彻底地摒弃。

(五)审判绩效考核管理弊端重重

20世纪90年代以来,受西方"新公共管理运动"的影响,我国法院开始探索绩效评估、管理、考核等制度,经过多年的实践,这项工作在提升法院的办案质量方面发挥了积极的作用。但其弊端也十分明显,上级法院向下级法院下达审判管理指标,当下级法院审判质效不佳或排名靠后时,就会通过管理措施来改善那

---

① 代杰:《法院院、庭长审批案件的弊端、改革阻碍及破除》,载《三峡大学学报》2016年第1期。
② 顾培东:《再论人民法院审判权力运行机制的构建》,载《中国法学》2014年第5期。
③ 张向阳:《论司法独立》,载《商界论坛》2013年第4期。

些相对较差的指标,引发诸如通过"上门揽案"以提高调解率、通过"年底关门立案"以提高结案率、通过"上下级法院请示沟通"以降低发改率等违背司法规律的现象。在法院内部,为了完成上级法院下达的指标,院长—庭长—法官层层签订办案责任状,院庭长更加积极主动地影响案件的进程乃至裁判结果。在法官的提拔任用、评先评优方面,处处强调"数据说话",不断强化行政化的管理。

(六)审判监督机制不合理

确保法官独立公正行使审判权,既要赋权,也要防止其滥用权力。现实中存在这样两种情况:一是基于对法官能力素质的担忧,应该赋权而不敢轻易赋权;二是因为缺乏完善的权力监督机制,应该规范的权力运行机制让位于简单的行政化管理手段。在这两者的交叉作用下,法院内部的行政化无法得到彻底的改革。一个案件从立案到结案,可能由一个法官承办到底,也可能要请示庭长、院长,最后再提交审委会讨论决定。院庭长既可以通过规范性程序参与案件审理,也可以通过非规范性管理手段过问或督办案件。在司法审判对社会影响越来越大、党政权力机关对法院越来越重视的情况下,任何法院都不会容许形成"权力在法官、压力在法院、责任在院长"的格局,加强对审判权的管控就变得更加理所当然了。

三、法官独立审判的改革路径

司法行政化、法官不独立,让司法的中立性饱受质疑,人民法院过去的三个五年改革始终围绕如何对法官放权和制约监督这两个问题展开,并呈现出"去行政化"和"强化行政化"的反复。在市场经济对法治的强烈需求下,新一轮的司法改革在实现法官独立审判这一问题上要跳出简单的放权、收权框架。要真正实现法官独立审判,需要从理念、制度、机制、人事管理等方面进行全方位的改革。

(一)建立行政和审判系统明确分离的法院管理体制

法院的特殊性在于法院内部存在行政和审判两个系统,这两个系统交叉混同是造成法官不能独立审判的根本原因。要确保法官能够独立自主地对案件进行裁判,就必须将这两个系统明确地分开。

1.确定两权分离、以审判为中心的理念

要有效解决法院内部审判权与行政权不分的问题,就要"规范审判权与司法权的界限,确保司法行政工作服务于审判,突出审判的主业和法官在审判工作中的独立地位"①。毋庸置疑,审判是法院的核心职能,审判权是法院的核心权力。法院内部行政系统对人财物的管理,目标是保障审判系统的有序运转,具有从属性。但从目前的情况来看,行政系统明显占据"优势地位",对审判系统进行了不当的分权,违背了审判规律。新一轮的司法改革应该树立"让司法的归司法,让行政的归行政"的理念。把审判权交给专业的法官,把行政事务管理权交给从事行政事务的专门机构。这样既突出法官的办案主体地位,也推进法院行政管理事务的专业化。

2.设立服务审判的行政事务管理机构,取消院庭长的行政事务管理权

由"院庭长"负责管理行政事务,"院庭长"既是法官,也是行政官员。"院庭长"凭借管理上的优势地位影响着普通法官的裁判,破坏了法官之间应有的平权关系。要杜绝院庭长对普通法官的不当干预,就应该取消"院庭长"的行政事务管理权,将行政事务管理权分离出来,成立集中管理、与审判无涉的专业性行政事务管理机构。

3.成立法官考评委员会,取消院庭长审判事务管理权

"院庭长"行使审判管理权,常常会演变成对法官审判权的干预,从而使审判权的运行重新回到行政化的老路上。其实,审判是一项复杂的活动,审判的运行不可避免地涉及相关的组织、指挥、协调等工作,审判管理是行使审判权的应有之义,应该把审判管理的职责一并交由法官自己承担。改革应该取消"院庭长"对审判事务的审批权,让"院庭长"回归法官的角色。同时,可以考虑成立自治性质的法官考评委员会,负责案件分配、法官考核评价等工作。

(二)建立符合职业特点的法官管理制度

在国家实行统一司法考试之后,法官的职业化水平与过去相比有较大幅度的提高,但目前的法官管理制度仍然不能适应社会发展的需要,需要通过新一轮司法改革予以改进。

1.提高法官的能力素质

首先要提高法官的任职条件。司法的职业化要求法官在法律素养、实践能力、人文精神和人格品质等方面应当具备高度的卓越性。② 在社会转型时期,矛盾高发是不可避免的事实。若一味强调案多人少,增加办案法官,虽然短时间内有助于缓解法院的办案压力,但是从长远来看对司法公信力的提升并无助益。

---

① 钟小凯:《论司法审判与司法行政的界限——基于横琴新区法院的实证分析》,载《法治社会》2016年第1期。

② 刘方勇、刘菁:《司法改革背景下现代法官职位体系之构建——兼论法官制度改革顶层设计的再设计》,载《中南大学学报》2016年第1期。

增加办案新手必然要求院庭长更加注重审核把关,最终使法官独立审判更加遥遥无期。改革要提高初任法官的任职条件,特别是将从事一定年限的法律职业作为前提。要加强法官的职业培训,告别先上岗后培训的人才培养模式。在初任法官任职、法官续职等方面建立常态化的培训制度,适当延长取得法律职业资格和法官任职资格的年限。

2.法官待遇与行政级别脱钩

"院庭长"之所以对普通法官有或明或暗的"影响力",根本原因在于法官按照普通公务员制度进行管理,主要通过晋升行政级别提高自身待遇。而法官的提拔晋升都有赖于院庭长的评价。要让法官敢于坚持己见,就必须在核心的待遇问题上为法官"松绑",让法官的待遇与行政级别脱钩。同时,基于法官的职业特点,应该确定法官待遇定期增长机制,确保法官能够独立自主地作出裁判。

3.保障法官正常履职

法官的裁判结果可以接受社会公评,但其权威不容置疑,这是司法裁判安身立命的根本。不同的法官对同一个案件可能有不同的看法,但只要没有违反禁止性规定,法官的自由裁量权就应该得到尊重,当事人要尊重,其他法官要尊重,社会各界也要尊重。因此,要建立法官的正常履职保障机制,提高法官惩戒的门槛,明确法官非因法定事由、未经法定程序,不受免职、调离、降级等处理,为法官独立审判提供支持。

(三)建立科学合理的审判监督制度

要对当前法院内部不符合审判规律的监督管理方式方法进行改革,以促进和维护法官独立裁判。

1.完善案件质量评估制度

目前执行的案件质量评估制度遭到办案法官的抵制,造成办案法官和法院领导层之间的关系紧张,也导致法院之间的不良竞争,其更深层次的影响在于加剧了审判的不独立。要改革案件质量评估制度,首先应该设定好案件质量评估的目标,将其定位于法院审判质效评估而非考核排名手段。案件质量评估既不是法院内部层级监督的工具,也不能左右法官办案,而仅仅是对法院整体审判质效监控、调研的方法,为司法决策提供参考。其次是要引入第三方评估,突出评估主体的中立性,让评估结果更加专业公正和客观真实。再次是引入定性评估,纠正"唯数据论",杜绝因评估引起的不同法院之间的相互攀比。最后是增加司法公信度调查,要关注社会公众对司法的评价。

2.强化诉权监督

从"他律"向"自律"转换并不意味着对法官绝对放权,让法官"独裁"。相反,要通过诉讼制度的改良,强化对当事人诉讼权利的保护,实现对法官的监督和制约。诉讼制度设置的目标在于让纠纷双方能够充分地表达意见并且能够有效地监督法官行使自由裁量权。从监督的效果来看，无论"院庭长"以何种手段监督法官行使审判权，社会公众对法官的裁判施以何种程度的舆论压力，都是外源性监督。如果能够充分保护当事人的诉讼权利，让他们在诉讼的每一个环节都具有监督法官的权利，这种在自身利益驱动下的监督将比任何诉讼主体以外的人的监督更加有力。与此相配套的，要推进律师代理制度改革，在当事人和法官之间搭建平等的对话平台，突破司法的专业性障碍，通过职业律师对法官进行监督。

3.司法公开从形式公开走向实质公开

阳光是最好的防腐剂。司法公开能够有效地促进司法公正，也能够有效地制约法官行使审判权。虽然司法公开已成为深化司法改革的重要内容，但是从具体操作的情况来看，不少法院常常担心公开会带来"负面效应"，而对公开的内容有所保留。因此，必须进一步加大司法公开的改革力度，将法官行使权力的全过程暴露在阳光下，接受公众的检视。具体而言，可以通过对司法公开的考核提高各级法院的积极性，加大对大案、要案的公开力度，扩大庭审公开、当庭宣判的案件范围，扩大审判信息公开范围，避免审判信息"内卷化"①等等。同时，要通过立法将司法公开明确为法院的法定职责，并允许当事人对违反司法公开的行为提起诉讼，对知情权予以司法救济。

---

① 龙宗智：《"内忧外患"中的审判公开——主要从刑事诉讼的视角分析》，载《当代法学》2013 年第 6 期。

"司法产品"的阈值
——法官合理办案数的实证测算

■张晴　冯冰洁*

摘要：2015 年 2 月，最高人民法院发布《关于全面深化人民法院改革的意见》，提出本轮司法改革的重点以及确定法官员额的思路，其中一项前置工作和核心内容就是科学、合理、审慎地核定法官办案数量。因此，建立一套具有操作性的评估体系殊为重要。围绕测算结果和司法实践讨论导致当前法院"案多人少"的原因，有利于合理配置法院资源，更好地保障和服务司法。

关键词：案多人少；合理办案数；大数据；司法保障

引　言

2015 年全国法院案件总量超过 1952 万件。[①]　对法院而言，"案多人少"的压力越来越大。这背后隐含着三个"稀缺"：一是人力稀缺，即法官在满负荷工作条件下也无法完成案件总量；二是时间稀缺，即法官难以拥有完整的办案时间，满负荷工作仍无法完成案件总量；三是资源稀缺，即由于资源分配不合理，导致法官无法完成案件总量。

因此，在法官合理办案数量无法探求之时，简单地以人均结案数定论"案多人少"为时尚早。究竟法官是否处于"满负荷"或"超负荷"状态，一名法官的合理办案数应处于什么区间，多大的工作量才能兼顾公正与效率的目标，不同地区法官的工作量如何比较等问题都需要以法官办案数的测算为基础。

---

　*　张晴：厦门市思明区人民法院科员，法律硕士；冯冰洁：厦门市思明区人民法院科员，经济学学士。

　①　周强：《最高人民法院工作报告》，载《人民法院报》2016 年 3 月 14 日第 2 版。

一、传统测算方法的缺失

在确立第一批司法改革试点地区之后，各地均积极开展调研，法官员额的测算不再停留于理论层面，这些探索产生了一些有益成果。从现有的实践看，法官员额的测算方法大致可以分为四种。

第一种是抽样问卷调查法。如江苏省南京市玄武区人民法院通过发放数十份调查问卷了解法官各工作流程的具体耗时。[①] 第二种是"专家法官"座谈法。如江苏省徐州市法院[②]选取 2～3 名法官作为调查对象，以其主观评价推算全体法官的一般工作量。第三种是流程环节分解法。如南京市中级人民法院[③]选择 55 名民事法官为样本，通过观察、问卷、访谈、录像监测，并区分核心审判工作和辅助性审判工作，对审判工作进行节点分类。第四种是案件权值法。此种方法属前三种方法的演变，即事先测算某类案件的平均耗时，再根据案件难度赋予不同案件不同权重（代表不同的审判负荷）。传统测算方法总体思路比较相似，可大致分解为以下步骤：

核心步骤一：个案平均耗时的计算

统计法官审理或执行一个案件所需的一般流程、特殊流程及其他工作的平均用时，并加以汇总。

核心步骤二：法官饱和工作量的计算

明确法官法定的实际工作时间，将这个总时长除以上一步骤得出的个案平均耗时。

用公式表示即为：$X = \dfrac{T}{\sum\limits_{k=l}^{k=n} t_1 + t_2 + \cdots\cdots t_k + \cdots\cdots + t_n}$

X 代表法官办案数，T 为法定的实际工作时间，$t_1, t_2, \cdots\cdots, t_k, \cdots\cdots, t_n$ 则是单个案件各个流程所需花费的平均（估计）时间。案件权值法是在核心步骤的基础上加以演变：

演变步骤一：根据案件难度赋权

案件权值为审理单个该类案件的标准工作量，将所有类型案件的标准工作

---

① 周迅、李伟：《关于基层法院民事法官年合理结案数量的思考——基于正常条件下的实证研究》，http://www.njxwfy.gov.cn，下载日期：2015 年 9 月 8 日。

② 马荣：《基层法官饱和工作量实证研究与司法应对——以三名人民法庭法官年度工作量为切入点》，载《江苏法制报》2014 年 8 月 14 日第 A05 版。

③ 王静等：《如何编制法官员额——基于民事案件工作量分类与测量》，载《法制与社会发展》2015 年第 2 期。

量和对应案件数量相乘再加总,计算全部的工作量。[①]

演变步骤二:整合影响因素建模

根据审判经验选取若干影响实际工作量的指标,对存在较强相关性的指标进行因子分析降维,以载荷较大的公因子与其他指标共同建立回归模型。[②]

以上方法通过细分各流程节点的大致用时,考量了一线法官的实际感受,有一定的可采性,但也存在一些不容忽视的问题。

(一)抽样问卷调查法的代表性不强

抽样调查的前提是所抽取的法官样本必须符合法院的整体情况,由此计算的结果才能推断总体,但实践中抽取的法官样本却难以体现法院的整体情况。

1.法官司法能力存在差异

不同法官的成长历程决定了其司法理念、审判经验、处事风格的不同,也导致了司法能力的差异。图1反映了厦门市思明区人民法院(以下简称思明法院)不同专业等级、年龄段法官结案数与案件质效的相关性:"发改率"等反映案件质量的指标随法官专业等级的升高而降低;平均审理、执行时间指数等反映案件效率的指标随法官专业等级的升高而上升。而结案较多的法官的年龄层次主要是中青年,尤其36～45岁的法官结案数占比最高,为54.74%。

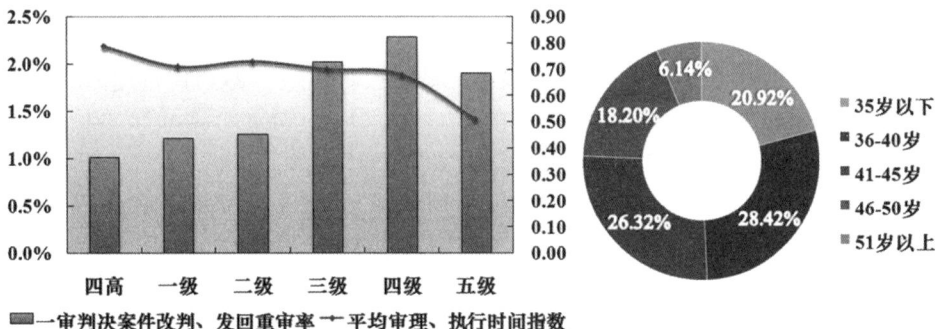

图1 不同专业等级、年龄段法官结案数与案件质效情况

---

① 屈向东:《以案定编:通过审判工作量配置法官员额——基于案件权值模型的分析研究》,载贺荣主编:《全国法院第二十六届学术讨论会论文集:司法体制改革与民商事法律适用问题研究》,人民法院出版社2015年版。

② 马凤岗等:《法官员额评估模型的建构及其运用——基于18个基层法院民事审判数据的实证分析》,载贺荣主编:《全国法院第二十六届学术讨论会论文集:司法体制改革与民商事法律适用问题研究》,人民法院出版社2015年版。

2.适用审判程序存在区别

传统方法大都考虑了案件类型的差异,但往往忽略了适用程序的区别。一般而言,适用简易程序和小额速裁程序的案件审判资源耗费较少、审判效率也较高,处理此类案件的法官年办案数相对较多。而适用普通程序的案件争点多元、法律关系复杂。再审程序的当事人间矛盾较为尖锐,处理这类案件的法官办案数受限。如果不对诉讼类型和诉讼程序区分计算,结果可能并无实际应用价值。

(二)"专家法官"座谈法分析过程主观意味浓厚

1.结果的真实性不易体现

问答式的座谈调查本身带有一定的引导性,问题由调查者事先设计,包含了其有限的主观揣测。即使样本恰巧符合总体分布,但问卷和访谈获得的信息大多基于被调查者的主观感受和自我估算,实难保证结果的真实性。例如,有的被调查者容易受到"诱导"而填写数据,有的因为没有掌握准确的统计数据仅随意估算,有的甚至可能为了营造工作繁忙的假象而虚报数据。这些因素导致访谈的答案真实性难以保证,降低了调查结果的可靠度。

2.涵盖的相关因素不易识别

影响法官办案量的因素众多,仅在一次座谈中,调查者难以将可能产生影响的各方面因素都清晰地识别和整理,尤其是某些环环相扣、不易察觉的因素。例如审判外事务对实际办案时间的挤占、审判辅助人员配置、所处区域经济、科技智能化水平、结案季节性、案件密集度、社会关注度等。因此,访谈得出的答案个性化色彩浓厚,虽对反映各方面因素的影响程度具有一定的参考价值,但这种粗略的统计实难反映队伍全况,直接用于测算则欠妥。

(三)流程环节分解法过于机械零散

1.某些流程耗时难以估计

审理流程环节分解法不能完全反映实践中的情形,[①]因为某些流程耗时难以精确量化。例如,有的案件在立案时简单清晰,随着审理的深入案情逐渐复杂,可能出现当事人申请举证期限延长、申请回避、根据案情需要转为普通程序、延长审限等情况。如果出现多次开庭、提交审委会讨论、关联案件上诉等客观情形,则耗时更难以估计。测算时将这部分时间笼统地归为其他审判环节进行概

---

① 流程环节分解法大致将法官处理案件的过程分为送达、阅卷、组织谈话、调查、保全、勘验、鉴定评估、组织调解、开庭、评议、查找相关资料、撰写法律文书、上诉案件移送、检查归档卷宗、息诉罢访等十余项工作。

率估算并不合适,难免挂一漏万,计算难度大、准确性低。

2.部分环节重叠难以考察

实践中有些审判工作可以交叉重叠开展,简单分解再逐一加总的方式显然有失偏颇,极易出现重复计算。例如,安排送达的同时,法官可以自行阅卷;在举证答辩期证据交换的同时,法官也可以组织当事人整理争点。有些法官习惯于多案并行审理,不同案件不同流程可以同期进行。"化整为零"的思路受制于案件类型化和法官处理案件习惯差异的影响,实际操作性反而不强。

(四)案件权值法公式复杂、应用不便

无论是因子分析、主成分分析还是回归模型,都应用了较为复杂的多元统计公式,既要求应用者主观选择相关变量,还需要对涉及的多重指标进行统计调查,更需要对模型是否成立加以检验,所得模型也因数据不同而随时变化,专业技术性强,造成应用不便。因而案件权值法暂时只能选择基础工作、社会经济、人员结构较好的法院试点,等调适成熟后再小范围向外拓展。对当前全国正全面推进法官员额制改革而言,该方法因推进速度较慢、灵活性不足,难以复制推广。

二、"大数据＋系统论＋区间估计法"的实证测算

(一)系统论理念下的"大数据"应用

以往取样调查的目的是利用有限的数据尽可能反映全面的信息。在拥有海量历史数据、可以构建"大数据"分析平台的现阶段,完全可以舍弃抽样的方式。当前最高人民法院力推法院信息化建设,司法管理也应逐步运行到信息化、数据化的轨道上来。

以系统论的理念建构实证测算体系,将全部办案数作为一个整体,遵循整体重于部分且不可分割的原则,①从更宏观的层面着手,使用全数据的方法替代抽样推断,可不再分解流程和列举离散的影响因素,实现"样本即总体"的完美蜕变。

(二)社会统计学中的"区间估计"方法

1.交叉学科方法的采用

在"大数据"背景下,可以打破非结构化数据的屏障,创造性地使用社会统计

---

① [美]弗莱蒙特·E.卡斯特、詹姆斯·E.罗森茨韦克:《组织与管理:系统与权变的方法》,傅严等译,中国社会科学出版社 2000 年版,第 130～132 页。

学中置信区间估计(Confidence Interval Estimation)[1]的方法,根据数据的分布情况衡量给定可信程度下的双侧临界值。[2]

测算过程大致归纳为如下四个步骤:(1)将案件分为刑事简易程序、刑事普通程序、民事简易程序、民事普通程序、行政、执行等六种类型;(2)对数据进行正态性检验;(3)若符合正态分布,则进行置信度为 99% 的区间统计分析;(4)得出结论。(详见图 2)

以思明法院全部一线法官为样本(亦即总体)考察,根据某一期限内结案数的分布情况,计算一定置信度以上的法官办案数上下限的区间值,亦即法官生产"司法产品"的阈值。

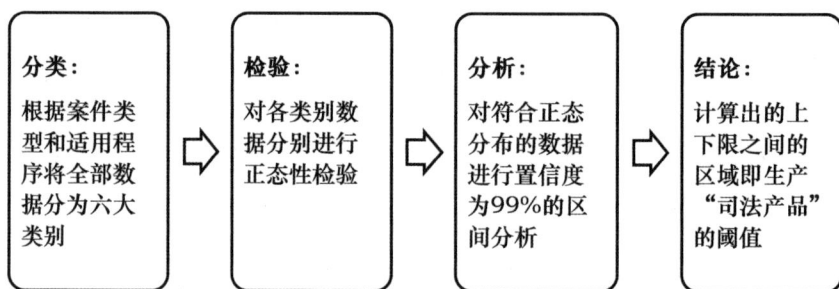

图 2　测算过程

2. 全新测算方法的比较优势

采用区间估计方法具备全面、高效、客观的优点:(1)测算基础应用"大数据"技术,避免将审判流程片段化、零碎化和机械求和,考虑了案件的整体性和流程之间的可重叠性,更加科学真实。(2)测算原理采用分布检验和统计推断的方

---

① 区间估计是指根据样本统计量,按一定的概率大小确定包含未知参数可能性范围的统计方法。

② 具体方法如下:假设样本服从分布,则样本统计量 $T=\dfrac{\overline{X}-\mu}{\sqrt{\dfrac{S^2}{n}}}\sim t(n-1)$,置信度 $1-\alpha=100P_r(c_1\ \mu\ c_2)$,其中样本方差 S^2,样本均值 μ,置信下限 c_1,置信上限 c_2,对给定的 α,令 $P\{|\dfrac{\overline{X}-\mu}{\sqrt{\dfrac{S^2}{n}}}|t_{\frac{\alpha}{2}}(n-1)\}=1-\alpha$,则随机区间 $[\overline{X}-\dfrac{S}{\sqrt{n}}t_{\frac{\alpha}{2}}(n-1),\overline{X}+\dfrac{S}{\sqrt{n}}t_{\frac{\alpha}{2}}(n-1)]$ 以 $1-\alpha$ 的概率包含样本均值 μ,就是 μ 的置信度为 $1-\alpha$ 的置信区间,即置信下限 $c_1=\overline{X}-\dfrac{S}{\sqrt{n}}t_{\frac{\alpha}{2}}(n-1)$,置信上限 $c_2=\overline{X}+\dfrac{S}{\sqrt{n}}t_{\frac{\alpha}{2}}(n-1)$。

法,避免将法官个体的主观估算纳入统计过程,更加符合客观情况。(3)测算范围限定为特定辖区的法院,并以该院案件质量与效率处在合意值①的法官所对应的办案数进行统计。(4)测算过程简单快捷,涵盖各种相关因素,可较好地消除不同主体、案件、地域之间的差异,从而更加符合特定法院的实际情况。(5)测算结果通常 1 日至 2 日即可得到,并允许法官的办案量有一定的弹性,结果是一个区间范围而不是唯一确定的值,其下限可以作为合理办案量基础水平的参考。在案件总量与历史情况基本持平的情况下,法官结案水平不应低于置信下限,否则效率过低;置信上限可以作为结案的极限水平,一旦结案数超过上限,说明达到了饱和工作量,应根据情况及时消除超负荷工作对案件质量和法官办案积极性的不利影响。(6)测算方法的应用动态、灵活,具有推广意义,可实时应用于各地法院合理工作量的测算。(详见表1)

表1 两套测算方法六维对比评价表

两套方法对比		传统测算法	区间估计法
	测算基础	问卷、座谈、录像监测等抽样调查手段	"大数据"信息处理技术
	测算原理	运用算术平均或加权平均求和法	通过假设检验的统计推断法
	测算范围	随机选定的个别法官或专家代表估算办案情况	特定辖区法院的所有法官实际办案情况
六重维度	测算过程	耗时耗力,一次调研最快 1 个月才能得到结果	简单快捷,通常 1～2 天内即可得出结果
	测算结果	唯一确定的值	一个区间范围,允许法官办案量有一定的弹性
	测算方法评价 相关因素考量	无法囊括全部影响因素	内化涵盖各种相关因素,消除个体差异性
	测算方法评价 结果成因分析	涉及成因思考与分析,并直接反映在数据上	基于客观数据的相关性,不考察因果关系
	测算方法评价 结果普适意义	仅限于单次调查	动态、灵活,具有推广性
	测算方法评价 综合评价	采用区间估计法实时、准确测算合理办案数量,同时辅以定期问卷、座谈以分析内部矛盾的深层次原因,形成双重合力。	

---

① 合意值(Consensus Value)是用于判断审判质效的合理区间。将涉及案件质效的关键指标,如案件发回改判率、服判息诉率、平均审理执行时间指数、调撤率等处在可接受范畴的法官所办案件的相关数据纳入统计,超出范畴的则视为不合理,予以剔除。合意值的意义在于推定一个成熟状态的法官若达到质效指标要求,其办案量就应属于合理范围。

(三)以思明法院数据为样本

1.基础数据的确定

数据样本以思明法院近三年合意值以上的数据为基础,将影响法官办案数的法官个体、案件性质、地域、时间分配等多方面因素(亦称自变量)予以控制,按照适用程序不同分成简易程序与普通程序两类,法官及其辅助人员的作用内化于测算的样本中。

2.实证测算过程

以民事一审简易程序案件为例,利用统计软件 *E-views*5.0 及 *SAS*9.1 进行统计检验及区间估计。首先对民事法官审结的简易程序案件进行正态性检验,其 *Q-Q* 图①大致在对角线上波动,*Shapiro-Wilk* 统计量的 P 值大于 0.05。(详见图3)

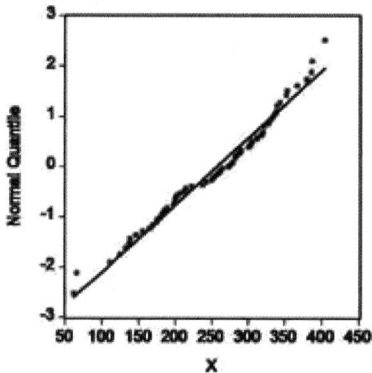

正态性检验		
检验统计量		P 值
Shapiro-Wilk	0.97842	0.1707
Kolmogorov-Smirnov	0.07334	>0.150
Cramer-von Miles	0.09462	0.1339
Anderson-Darling	0.54692	0.1599

图3　Q-Q图及正态性检验结果

以上检验可以认为法官的结案数基本符合 t 分布,②再进行置信度为99%的区间分析,运算结果如表2所示。

---

① Q-Q图,用于检验一组样本数据的正态性,其原假设为样本符合正态分布,当p值大于0.05时不能拒绝原假设。

② t分布是正态分布样本有限时的情况。若一组数据在Q-Q图中的点大致在对角线上轻微波动,则说明其正态性较好。

表2　民事一审简易程序案件置区间估算表

指标名称	指标数值
样本容量 n	143
样本均值 μ	202.20
样本标准差 s	156.19
抽样平均误差	10.98
置信度 $1-\alpha$	0.99
自由度 $n-1$	142
t 分布的双侧分位数 τ	2.61
允许误差	28.68
置信下限 c_1	173.52
置信上限 c_2	230.88

结果显示,民事一审简易程序案件的置信下限为173.52件,置信上限为230.88件,即以99％的概率认为法官每年办理民事一审简易程序的阈值在173.52件至230.88件之间。(详见表2)

经检验,其他各类案件结案数同样服从 t 分布。重复以上步骤,依次对刑事简易程序、刑事普通程序、民事普通程序、行政①、执行案件分别进行统计分析,结果如表3所示。

表3　各类案件置信区间估算表

指标名称	刑事简易	刑事普通	民事简易	民事普通	行政	执行
样本容量	35	26	143	64	10	59
样本均值 μ	78.89	31.85	202.2	75.14	46.7	220.14
样本标准差 s	47.93	21.91	156.19	88.12	20.68	114.55
抽样平均误差	5.4	3.88	10.98	10.17	3.03	7.72
置信度 $1-\alpha$	0.99	0.99	0.99	0.99	0.99	0.99
自由度 $n-1$	34	25	142	63	9	58
t 分布双侧分位数 τ	2.73	2.79	2.61	2.66	3.25	2.66
允许误差	14.72	10.82	28.68	27	9.84	20.56
置信下限 c_1	64.16	21.02	173.52	48.14	36.86	199.57
置信上限 c_2	93.61	42.67	230.88	102.14	56.54	240.7

①　该处所指行政案件仅包括行政一审诉讼案件,不包括审查行政非诉案件。

（四）阈值结论分析及验证

从以上分析可以得出思明法院一线法官年办理各类案件的阈值：办理刑事一审简易程序案件的合理区间为 64.16 件至 93.61 件；办理刑事一审普通程序案件的合理区间为 21.02 件至 42.67 件；办理民事一审简易程序案件的合理区间为 173.52 件至 230.88 件；办理民事一审普通程序案件的合理区间为 48.14 件至 102.14 件；办理行政案件的合理区间为 36.86 件至 56.54 件；办理执行案件的合理区间为 199.57 件至 240.7 件。

根据计算结果，再回头检验思明法院所有法官的年办案数，约有 31.82％的一线法官实际办案数远超合理办案数上限，法官"超负荷"是显而易见的，这种"常态"显然有悖常理。

（五）测算方法的推广

以上合理办案数测算方法可以发挥"授人以渔"之效——实证结果不能完全照搬，但理论方法可以普适推广。同一法院不同年度，或不同法院不同年度，都可以用此方法进行阶段性分析，无须在问卷调查、访谈、录像监测等问题上耗费时间和精力。只需将基础样本替换成待测法院的办案数据，输入固定的运算公式中，其余步骤均与上述实例类似。这种能够用于类推、预测、动态衡量的方法实用性较强，在审判资源管理、人员配置、案件流程管理、案件质效提升、法官绩效考评等方面均有更为广阔的应用空间。

区间估计方法的运用有赖于总体分布已知的情况，而当总体分布非正态时，美国学者阿圭勒等人发展了一种非参数估计法（Non-Parameter Estimating Function），[1]原理与基础模型相同但计算精度更佳，具体计算方法此处不再赘述。在实际应用中如果总体不能服从于正态分布，即可以通过非参数的估计法加以改进适用。

三、革故鼎新突破"案多人少"桎梏

我们可以围绕测算得到的法官合理工作量，根据实际数据考察所辖法院"案多人少"的具体缘由和特征，并采取"一症一药"的方式疏解困局。

---

[1] Aguilar F. J, Accuracy Assessment of Digital Elevation Models Using a Non-Parameter Approach，*International Journal of Geographical Information Science*，2007，Vol. 21，No. 6.

(一)缓解"人力稀缺"压力——强化类型化与专业化

理论上,法官员额数应与案件量呈正相关关系,当超过 30％的法官办案数高出合理区间上限,就可以认定这种情形属于"案多人少"的第一类,即"人力稀缺"型,而破局的关键就在于解决法官供给量不足的问题。(详见图 4)

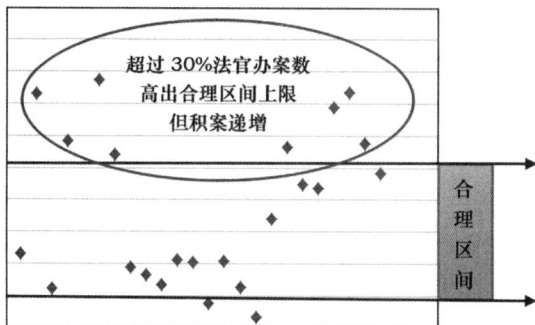

图 4

1.法官员额供给随需求调整

以思明法院为例,该院法官人数占所在地区法官总人数的 24％,案件量占比却高达 37.35％。人案配比不均导致该院多年来有较大比例法官的办案量超过合理办案量上限。为此,借用经济学中"总供给—总需求长期均衡"的衍生模型(如图 5 所示),建议在制定员额时注意横向对比,有所区别和侧重,对案件量超出合理区间的法院相应地增加法官配额。例如,一旦超过一定比例(如 10％)的法官达到饱和工作量(M_b),就应及时补充法官(提升供给 S,使法官边际投入程度提升至 M_c),避免因过分追求结案导致案件质量下滑。

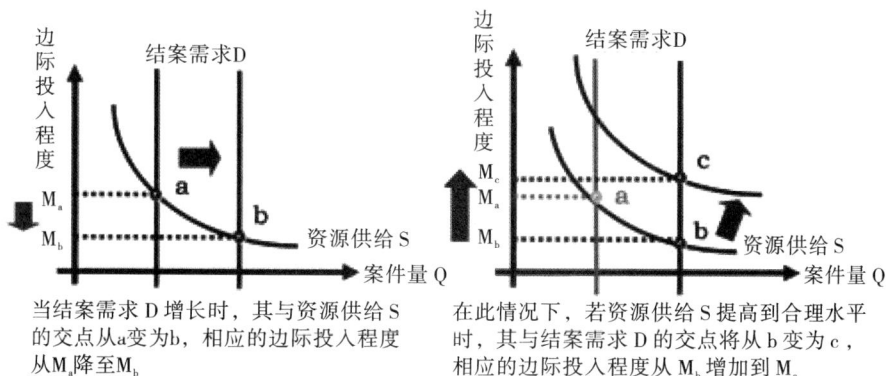

当结案需求 D 增长时,其与资源供给 S 的交点从a变为b,相应的边际投入程度从M_a降至M_b

在此情况下,若资源供给 S 提高到合理水平时,其与结案需求 D 的交点将从 b 变为 c,相应的边际投入程度从M_b增加到M_c

图 5 结案需求与资源供给变动的经济学表达(一)

2.类型化法院的合理划分

员额调整可以在短期内增加供应量,但"挤牙膏"式的扩编解决不了根本问题,更高层次的资源供给应从人力资源分类管理着手。在我国台湾地区,法院同样面对巨大的案件压力,以 2013 年为例,其案件总量就达到 300 余万件,法官人均办案超过 1600 件,[①]为此,台湾地区的司法改革形成了"案件对口、分类审判、整体管理"相对细化的层级布局。目前我国大陆也在重新明确四级法院的职能定位,探讨知识产权法院、环境资源保护法院、自贸区法院等类型化法院的建立。从宏观层面看,解决"人力稀缺"问题要着眼于案件的管辖,通过合理区分不同案件的审判程序、难易程度、审理期限等,明确当事人起诉方向,提升法院收、结案专业性,节省人力投入。

3.专业化审判格局的构建

在建立类型化法院的基础上,法官再进行专业化的分工,既能适时总结审判经验,也可以依"职业惯性"提升审判效率,形成"术业有专攻"的审判格局。以思明法院为例,该院根据案件分布的主要类型进行了审判团队改革,形成了劳动争议、房地产、婚姻家庭继承、交通事故、小额速裁和刑事专审、快审等专业化团队。根据 2015 年的数据检测,专业化法官的办案量基本接近阈值上限,表明专业化分工可以带来一定程度的效率提升。

(二)打破"时间稀缺"魔咒——纯化法官职能和提升信息利用率

尽管 80％以上的法官办案数处在合理区间内,实际情况却因为达不到法定工作时长而致使积案不断递增,这种情形可以认定为"案多人少"的第二类,即"时间稀缺"型。破除时间局限的障碍,应以保证法定办案时间和提升单位时间效率为切入点。

1.法官司法功能的纯化

除审判事务以外,我国法官还被赋予诸多职能。司法制度的定位不当,影响了法官的独立、中立审判。[②] 法官常常要参与社会治安综合治理、普法宣传、"无讼社区"创建等活动,挤压了实际办案时间,导致分身乏术,难以全身心地投入审判工作中。在法官员额制改革过程中,应确立法官队伍独立的自治形式和自治原则,保障法官的法定办案时间。首先应从法律层面重新明晰法官的司法职责,使其从过多的政治活动、宣传活动中脱身。其次要限缩行政机关、社会公众、舆

---

① 台湾地区"司法院":《2014 年"司法院"统计年报》,http://www.judicial.gov.tw,下载日期:2015 年 9 月 7 日。

② 杨晓玲:《法官审判工作极限研究》,载《法律适用》2011 年第 5 期。

论宣传对案件的干预,合力营造法官独立的外部环境。

2.智能化信息技术的应用

围绕《人民法院信息化建设五年发展规划(2016—2020)》的落实,法院以科技带动生产力提升的策略已成为大势所趋,科技将赋予法官更多的可支配时间。在完善海量历史资料信息化的基础上,建议逐步实现全共享的办案数据"一键式"自动筛选和智能分析功能,推广应用裁判文书自动生成与上网软件,实时监控掌握审判各流程运转效率。通过自助生成数据表、对比图、弹出预警对话框等直观手段,及时评价短期办案效果,预测未来发展趋势,发现阻滞审判流程的问题,准确研判工作量变化规律,有的放矢地调整人案资源配置与司法保障方案。

(三)平衡"资源稀缺"状态——寻求司法资源最优配置

当出现办案数低于合理下限与高于合理上限的法官同时超过 20% 时,就属于"案多人少"的第三类,即因司法资源配置不科学导致的"资源稀缺"型。这一问题最可行的破解方法就是寻求现有资源的最优配置。

1.精英法官团队的培育完善

为了优化法官队伍的结构,应根据法院实际组建一定数量的精英法官团队。精英法官熟识各类案件的审理流程、具备丰富的审判经验、明晰不同案件的法律适用、擅长各类案件的处理。精英法官团队的作用相当于法院的"应急队伍"。譬如,在法院内部选择 36~45 岁、专业等级较高、具有跨领域审判经验的人员组成精英团队,可以设置专门提升其法律专业素质和综合素养的研习机构。

2."帕累托最优"[①]的动态调整

在法官供给总量既定的情况下,法院应更多地考虑如何降低审判成本。换言之,法院应整合现有资源以提高司法效能——把最适当的人员安排到最需要的岗位上去,从而实现办案边际投入程度从 M_e 增加至 M_f。(详见图6)

法院内部可依据各业务庭的案件数量和案件难度,周期性调整审判力量,确保向案件多、压力大的部门倾斜,以实现"帕累托最优"。例如,利用前文提到的精英法官团队,及时配置到办案数量严重超出合理区间值的业务庭,避免员额调整滞后于案件量变动。

(四)重新审视"案多人少"的主观评价

对于"案多人少"问题,应当重新审视,围绕法官合理工作量的阈值,建立以

---

① 帕累托最优是资源分配效率最佳的体现,在从一种分配状态到另一种分配状态的变化中,使各方均优于或不低于当前境况。

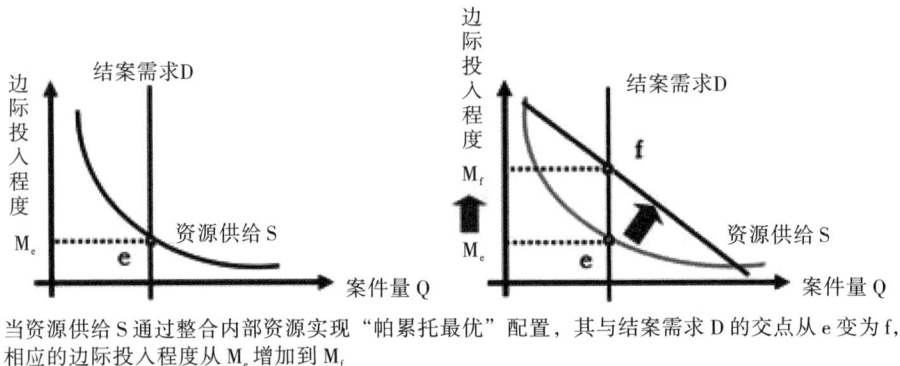

当资源供给 S 通过整合内部资源实现"帕累托最优"配置，其与结案需求 D 的交点从 e 变为 f，相应的边际投入程度从 M_e 增加到 M_f。

图 6　结案需求与资源供给变动的经济学表达（二）

边际人力效用、边际时间效用及边际资源配置效用为评价标准的客观评价体系（如图 7）。唯有三个维度的向量同时为正数时方可作积极评价。

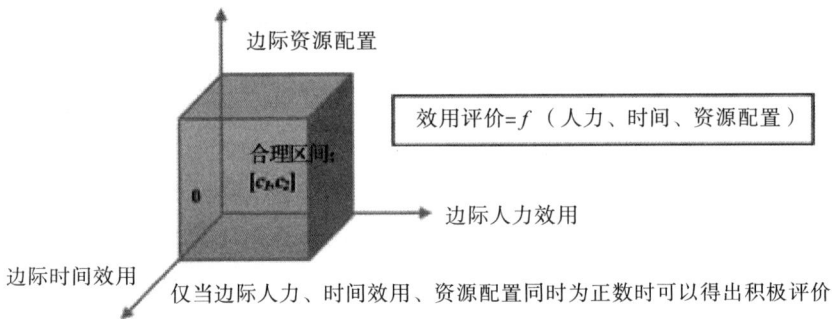

效用评价＝f（人力、时间、资源配置）

仅当边际人力、时间效用、资源配置同时为正数时可以得出积极评价

图 7　三维客观评价体系构建示意图

1."超额累进"①的指标设定

法院系统的考核指标层出不穷，但办案数始终是业绩考评最重要的参考因素。而经济学基本原理表明，任何事物都存在边际效用递减现象，结案并非越多越好，对结案数超过合理办案区间的情况不应盲目肯定，②合意值外的工作量可能暗含影响案件质量和法官身心健康等隐性问题。围绕前文测算的合理工作量，建议设定"超额累进"的折算考核方法，对超出合理区间的案件数按照一定的比例折算（如超出 20％，超额部分每个案件计为 1/2 件；超出 50％，再超额部分每个案件计为 1/3 件），避免法官陷入盲目追求结案数量的误区。（详见图 8）

———————————

① 超额累进即针对不同区间采取不同折算方式。置信区间以内的办案量按实际数计算，超额部分按超额数量折扣计算，超出部分案件越多，折算幅度越大。

② 毛天鹏：《关于限设法官工作量的探讨》，载《人民司法·应用》2007 年第 19 期。

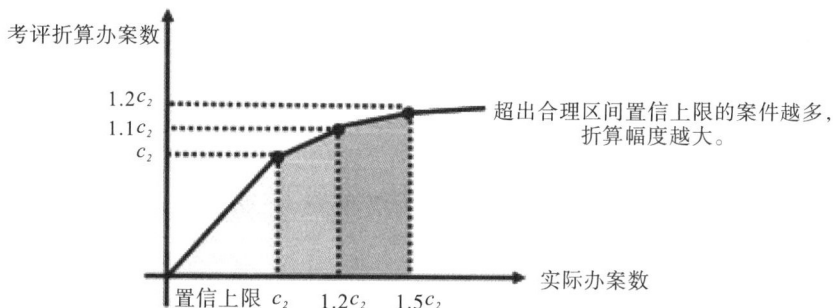

考评折算办案数

$1.2c_2$
$1.1c_2$
c_2

超出合理区间置信上限的案件越多，折算幅度越大。

置信上限 c_2 $1.2c_2$ $1.5c_2$ 实际办案数

图 8 "超额累进"办案数折算模型示意图

2. 质效绩效"二分法"的综合体系

现行的考评机制大多将法官办案指标等同于法官个人业绩。然而，片面强调质效考评将削减部分法官的积极性，甚至出现为数据光鲜而弄虚作假的现象。在条件许可的情况下尝试引进法官评鉴、AHP 模糊综合评价法、平衡计分卡等手段，从理念上将案件的质效考评和法官的绩效考评加以区分，即实行质效和绩效"二分法"。案件指标数据用于检验和发现问题；绩效评价充分考量法官的品格、个案的公正、民众满意度等，形成更为科学、全面、综合的考核体系。

结　语

对于法官员额制改革的实证研究不过刚刚起步，仅凭一种方法、一套公式、一次调研实现对法官工作量的科学测算并不现实。传统测算方法的参考价值在于挖掘了案件量与影响因素之间的关系，而"大数据＋系统论＋区间估计法"的测算方法则另辟蹊径，打破传统"流程分解＋时间求和"的思维定式。当然，仅仅停留于工作量的测算尚不足，要解决实际问题还需要将传统方法与创新方法相结合——以区间估计法得出的弹性测算结果为原始依据，以问卷座谈等形式收集的调查信息作为分析相关原因的一手资料，再施以解决人力、时间、资源稀缺等困难的策略。

理 论 研 讨

法院审判辅助事务改革中引入购买
社会服务的路径初探

■ 厦门市思明区人民法院课题组 *

摘要:党的十八大报告提出,"回归司法规律,建立符合职业特点的司法人员管理制度",这表明中央对法院内部人员管理的高度重视。在法官员额及司法辅助人员配额有限的大背景下,深入梳理服务外包的相关理论与实践,结合法院工作实际,探讨人民法院以购买社会化服务的形式,推行非核心业务外包的新型模式,可以为优化审判辅助事务改革提供一个新的思路。

关键词:服务外包;法院审判辅助事务;诉讼服务中心;购买社会服务

引 言

近年来,受群众权利意识觉醒和社会转型期矛盾纠纷多发等因素的影响,全国法院都面临着"诉讼爆炸"的压力,"案多人少"已成为我国法院面临的一大难题。2015 年最高人民法院《关于全面深化人民法院改革的意见(2014—2018)》(以下简称"四五纲要")提出"健全司法行政事务保障机制,推进法院内设机构改革","拓宽审判辅助人员的来源渠道,建立审判辅助人员的正常增补机制,减少法官事务性工作负担",探索"建立以服务审判工作为重心的机构设置模式和人

* 课题负责人:谢露茵(厦门市思明区人民法院政治处主任)。课题组成员:林鸿、薛琳菁、张希华(以上三人均为厦门市思明区人民法院法官);课题执笔人:林鸿、薛琳菁、张希华。

员配置方式。完善人民法院购买社会服务的工作机制,凡属事务性管理服务,原则上都要引入竞争机制,通过合同、委托等方式向社会购买。"厦门市思明区人民法院(以下简称思明法院)作为全国首个"司法公开改革试点法院"和福建省最大的基层法院,在审判辅助和社会治理领域积极尝试购买社会服务,有效地缓解了法院人力资源不足的问题。

一、法院诉讼服务中心部分职能的外包实践

法院业务外包实践,最为典型地体现在诉讼服务中心。诉讼服务中心承担着审查立案、简易民事案件的速裁速判、接待处理信访、对外委托司法鉴定(评估、拍卖)、随机抽选人民陪审员、司法专邮、公示催告案件、诉前财产保全等繁杂工作。当前各地法院的外包实践主要体现在诉讼服务中心。课题组选取思明法院诉讼服务中心这一福建省年均消化案件数量最多、业务类型最全的单位作为样本,全面梳理法院业务外包的实践路径。

(一)诉讼服务中心职能外包基本情况

思明法院诉讼服务中心(诉调对接中心)承担宣传引导、立案审查、立案调解、救助服务、查询咨询、材料收转、释法答疑、信访接待、效能监督、调处衔接等十项职能,实现诉讼服务、诉调对接和矛盾化解一站式服务。其中多项职能已开展业务外包实践,涉及多个专业服务机构(参见表1)。

表1 思明法院诉讼服务中心职能外包情况

序号	服务职能	服务外包形式	经费来源	计酬标准
1	立案审查	尚无		
2	信访接待	尚无		
3	预约立案	委托专业软件公司开发网络平台	政府采购	计件
4	诉前调解	聘请特邀调解员	财政专项拨款	计件
5	委托调解	与嘉莲街道彩红调解工作室等辖区内的专业人民调解组织合作;信用卡纠纷、物业服务合同等案件的调解由银行、物业协会协助	各自承担	
6	司法调解	本院设立杨建伟法官调解工作室,并与社区、行业组织合作,建立巡回调解办案工作点	各自承担	

续表

序号	服务职能	服务外包形式	经费来源	计酬标准
7	诉调对接	各地司法局、思明区各街道司法所进行先行调解；思明区交警大队对交通事故案件先行调解，法院进行司法确认	各自承担	
8	速裁对接	与厦门市仲裁委、厦门市劳动争议仲裁院、思明区劳动争议仲裁院建立对接机制	各自承担	
9	小额速裁	聘请合同制速录员担任记录人员	财政拨款（劳务派遣）	工薪制
10	财产保全	委托异地法院协助保全和续冻；与银行合作建立点对点查控指挥中心	各自承担	
11	案件送达	聘请20名大学毕业生组成送达组；引入美亚柏科公司公证云系统；信用卡纠纷、物业服务合同等案件送达由银行、物业协会协助	财政专项拨款；政府采购；各自承担	计时计件
12	诉讼材料收转	聘请专人6名	财政拨款（劳务派遣）	工薪制
13	案件信息录入	聘请专人2名	财政拨款（劳务派遣）	工薪制
14	司法救助与法律援助	厦门市法律援助中心、思明区法律援助中心	公益服务	义务
15	诉讼引导	聘请当地法科大学生担任导诉员	财政专项拨款	计时
16	社工服务、文明宣导	"和合之家"、合携社工、信和调解室；面向社会招募法庭义工	妇联、文明办政府采购；公益服务	计件
17	普法宣传、释法答疑	部分与当地高校普法社团合作	各自承担	

续表

序号	服务职能	服务外包形式	经费来源	计酬标准
18	诉讼费收退	银行派驻人员	银行	工薪制
19	法制宣传材料	专业广告公司	财政经费	计件
20	服务窗口升级改造	专业设计、建筑公司	财政专项拨款	计件
21	司法评估鉴定	第三方鉴定机构	当事人付费	计件
22	司法拍卖	第三方拍卖机构	当事人付费	计件
23	人民陪审员抽选	专业软件公司开发系统	政府采购	计件
24	司法专邮	中国邮政公司	政府采购	计件
25	当事人短信通知	专业软件公司开发平台	政府采购	计件
26	效能监督	聘请特邀监督员	公益服务	义务

(二)诉讼服务中心职能外包成效

1.诉前调解

该院制定专门的诉前调解工作制度,并将特邀调解组织和特邀调解员名册、岗位职责、工作流程上墙公示,该院现有在册特邀调解组织 22 个,特邀调解员 12 名,均为社会经验丰富的行家里手(参见表 2、表 3)。规定期限内调解不成的案件转由中心下设"调裁法庭"继续审理,即审即结,实现纠纷一站式解决。2014年至今,特邀调解员诉前成功调解纠纷 762 件。

表 2　思明法院诉调对接中心特邀调解员情况

序号	姓名	职业	来源	任职时间
1	特邀调解员 1	退休法官	单位推荐	2013 年 7 月
2	特邀调解员 2	企业员工	单位推荐	2013 年 7 月
3	特邀调解员 3	企业员工	人社局推荐	2014 年 10 月
4	特邀调解员 4	自由职业者	单位推荐	2015 年 9 月

续表

序号	姓名	职业	来源	任职时间
5	特邀调解员 5	社区工作者	社区推荐	2015 年 9 月
6	特邀调解员 6	社区工作者	社区推荐	2015 年 10 月
7	特邀调解员 7	退休法官	单位推荐	2015 年 12 月
8	特邀调解员 8	律师	单位推荐	2014 年 9 月
9	特邀调解员 9	律师	单位推荐	2014 年 9 月
10	特邀调解员 10	律师	单位推荐	2014 年 9 月
11	特邀调解员 11	律师	单位推荐	2014 年 9 月
12	特邀调解员 12	律师	单位推荐	2014 年 9 月

表 3　思明法院诉调对接中心特邀调解组织情况

序号	特邀调解组织名称	调解案件类型
1	厦门市思明区人民调解中心	民事纠纷
2	厦门市思明区道路交通事故纠纷人民调解委员会	机动车交通事故纠纷
3	厦门市思明区医患纠纷人民调解委员会	医患纠纷
4	厦门市思明区劳动争议人民调解委员会	劳动争议纠纷
5	厦门市思明区法律援助中心	民事纠纷
6	厦门市思明区中华街道人民调解委员会	民事纠纷
7	厦门市思明区鼓浪屿街道人民调解委员会	民事纠纷
8	厦门市思明区梧村街道人民调解委员会	民事纠纷
9	厦门市思明区滨海街道人民调解委员会	民事纠纷
10	厦门市思明区鹭江街道人民调解委员会	民事纠纷
11	厦门市思明区开元街道人民调解委员会	民事纠纷
12	厦门市思明区厦港街道人民调解委员会	民事纠纷
13	厦门市思明区嘉莲街道人民调解委员会	民事纠纷
14	厦门市思明区莲前街道人民调解委员会	民事纠纷
15	厦门市思明区筼筜街道人民调解委员会	民事纠纷

续表

序号	特邀调解组织名称	调解案件类型
16	厦门市思明区梧村街道梧村社区肖华调解工作室	民事纠纷
17	厦门市思明区嘉莲街道彩红调解工作室	民事纠纷
18	厦门市思明区中华街道镇海社区"小苏调解工作室"	民事纠纷
19	厦门市物业管理协会	物业纠纷
20	厦门市思明区鼓浪屿家庭旅馆协会	鼓浪屿家庭旅馆纠纷
21	厦门市思明区工商行政管理局嘉莲工商所	消费纠纷
22	厦门市妇女儿童权益保障调解委员会	妇女儿童权益纠纷

2.杨建伟法官调解工作室

建立厦门首个以法官名字命名的调解工作室,负责培训调解人员、立案调解和司法确认等工作,2014—2015 年,共化解纠纷 2511 件,妥处多个涉民生的系列纠纷,工作室还在鹭江街道及厦门市物业行业协会设立 2 个巡回调解办案工作点,实现调审分离、规范外包,有效分流了大量的案件。

3.委托及委派调解

主动对接交警、工商、物业行业协会、彩虹调解工作室等 14 家行政机关、行业组织、人民调解组织,统一对外委派、委托调解,现已建立道路交通事故、物业纠纷、妇女儿童权益保障、消费纠纷等类型化纠纷快速调处机制,打造了处理涉家庭旅馆纠纷的"司法管家",处理瑞景商圈纠纷的"和谐商圈",处理厦门大学校园内纠纷的"无讼校区"等诉调对接司法品牌,有效整合相关调解资源,形成各方合力化解纠纷的良好局面。2015 年调解成功各类纠纷近 1000 件。

4.法律援助律师驻点办公

设立法律援助工作室,每周二、四上午由福建天翼、凌一两家律师事务所轮流指派律师进驻,为来访群众提供法律咨询、文书代写、纠纷调解等服务。2015年,法律援助律师接受当事人咨询 1000 余人次,代写法律文书 50 余份,成功调解纠纷 20 余件。

5.探索民商事纠纷中立评估机制

与厦门市思明区法律援助中心合作,由法律援助中心挑选 4 名经验丰富的法律工作者担任评估员,对案件的诉讼风险进行评估并提供中立评估意见,协助纠纷解决。2015 年通过该机制对外委托评估案件 10 件,并出具评估报告。

6.各类专业案件诉调对接

一是供电纠纷诉调对接机制。针对电费欠缴纠纷金额小、数量多、人群广、关系民生的特点,中心与供电局共同制作专门针对供电纠纷的诉前调解通知书,以司法专邮形式书面告知相关用户欠缴费用金额,建议双方庭外和解,并给予 7 天的和解期限。目前已诉前化解相关纠纷 19 件。二是物业纠纷诉调衔接机制。设立物业纠纷流动调处室,增设调解法官巡回办案点,全面规范工作流程,定期驻点开展巡回调解、普法宣传、法律咨询等工作,共建无讼物业小区。2014 年以来,物业纠纷调解撤诉 1186 件,调撤率 83.29%,被“中国调解高峰论坛”评定为中国调解最佳典型事例。三是劳动纠纷诉调衔接机制。与厦门市总工会、思明区总工会、思明区劳动仲裁委建立联动机制,定期通报信息,在工会办公点开展巡回审判和法庭大课堂,诉前调处和化解大量纠纷,促进和谐劳资关系构建。四是家事争议案件通报制度。定期向思明区妇联和人口计生部门提供相关案件审理信息。为妇联和计生部门促成调解案件提供司法确认,探索家事争议调查令、支付令等创新工作模式,促进相关纠纷的快速有效化解。五是交通事故调处。交通法庭负责辖区内机动车交通事故责任纠纷调处工作,为交警部门道路交通事故简易认定、人民调解委员会及保险行业协会调解的案件提供司法确认。2013 年以来累计处理涉交通事故纠纷 2605 件。

7. 财产保全

设立保全组,负责本院案件的诉前、诉讼保全,解除保全、保全异议案件的审查、裁定以及实施,与各地法院协作开展跨区域保全申请审查和实施;与银行等金融机构合作建立点对点查控指挥中心,通过专门联网系统发出及反馈财产查询及保全指令,完成财产保全手续,提高审理效率。2014 年至今,保全组共审结保全案件 2482 件,涉及标的额 30 多亿元。

8. 调解协议司法确认制度

对辖区内各人民调解组织主持达成的调解协议及时进行司法确认,对不符合法律规定的依法予以驳回。2013 年至 2015 年共受理司法确认案件 579 件,全部审结,其中裁定调解协议有效 578 件,裁定驳回申请 1 件。

9. 案件送达

面向社会招募 20 人组成专业送达组,由一名审判长带队,采取小组工作模式,前台工作组留守“便民服务站”,负责案件接收、移交、电话送达和接待当事人等工作,统筹安排车辆及送达人员资源;上门送达组负责实施上门送达,有效提升了送达效率。2015 年完成送达 7000 多件,上门送达 1000 多件。

10. 诉讼与仲裁衔接

2010 年 1 月与厦门市仲裁委员会共建诉讼与仲裁衔接联动机制,在诉讼服务大厅内设的诉讼与仲裁衔接工作室,由诉讼服务中心引导同意采取仲裁方式解决纠纷的当事人由仲裁委工作人员接待,转入仲裁解决纠纷模式。

11.专业技术外包

(1)引进"公证云"系统协助司法送达。与美亚柏科公司进行对接合作,引入"公证云"系统,采用录音、电子邮件、传真等方式辅助送达诉讼材料,并进行存证,在必要时申请出证,由"公证云"系统出具鉴证或者公证文书,促进司法公正高效。目前,已完成案件送达2955件,固定法院与当事人通话记录4549次。

(2)司法专邮服务。通过法院集中采购的方式,引入中国邮政公司的EMS服务,定制专属信封和底单,为法院的诉讼材料和法律文书送达提供专业寄送服务,2014—2015年累计发出本外埠司法专邮141029件(含院部、派出法庭)。

(3)摇号系统。聘请专业软件公司开发人民陪审员抽取、评估鉴定机构选取等专用摇号系统,在当事人没有特定意愿的情况下,随机选取陪审员或案件评估、鉴定机构。

(4)网上预约立案系统,聘请专业软件公司,开发网上预约立案系统,通过完成预约立案15件。

(5)当事人短信通知平台。与中国移动、中国电信等电信运营商合作,开发12368短信平台,在案件受理、执行等环节通知当事人。

(6)法庭形象装潢和文宣材料印制。聘请专业广告公司设计、印制法庭工作引导卡通彩页、文明创建宣传材料,装修改造诉讼服务中心。

(7)官方微信平台。委托专业技术公司开发维护官方微信。

12.司法鉴定与评估拍卖

从开展司法鉴定与评估拍卖服务的专业机构中遴选具备相应资质的大型机构,给予相应认证,提供名录供当事人自行协商选择。在当事人无法达成一致时,通过随机摇号决定。2014年委托评估162件,委托评估机构23家;委托拍卖42件,委托拍卖机构19家,成交34件,成交额为7243.2841万元;2015年委托23家评估机构评估案件171件,在淘宝网司法拍卖网店拍卖执行财产229件,成交金额为16097.82万元。

13.法庭义工

在大厅引入志愿者服务,面向社会招募爱心人士90余人,统一着红马甲,轮流值班为当事人免费提供引导办事、端茶送水、搀老扶幼、关爱残障、劝慰开导、文明宣导等便民服务,2014—2015年,累计提供志愿服务7038小时。

14.引入专业社工组织开展服务

一是"和合之家"心理工作室。利用区妇联专项经费采购专业心理咨询服务,帮助当事人心理调适,协助法官调解案件。二是湖里区"合携志工"社,利用区文明办专项经费采购社工组织服务,为法庭义工提供培训、团队建设等相关活动指导。三是"信和调解室",与市总工会共建,聘请10名市、区工会和社区工作者作为特邀调解员,参与重大、系列劳动案件化解工作。

(三)延伸观察

从诉讼服务中心的职能与购买社会化服务的内容和形式来看,思明法院在购买社会化服务方面的探索和创新,集中表现在审判辅助事务外包内容的逐步拓展,从早已开展的班车通勤、仓库管理、物业服务、保安押运、制服清洗、卷宗装订、食堂餐饮等简单的后勤保障事务外包,逐步扩展至司法宣传、电子政务、评估鉴定,乃至进一步延伸到外出送达、庭审记录、财产保全、诉前调解、调解确认等"类审判业务"。在法院购买社会化服务范围逐步扩大的过程中,服务内卷化①、评价难、预期效率偏差等问题也逐步显现,如何限定购买范畴、评价社会服务,成为优化审判辅助事务改革亟待解决的问题。

二、购买社会化服务理论的发展和演变

购买社会化服务肇始于企业的服务外包实践,是"二战"后西方国家在社会分工不断发展的大背景下兴起的一种新型管理方式。20 世纪,创新大师 Gary Hamel 和 C. K Prahaoad 在《哈佛商业评论》上发表的《企业的核心竞争力》一文中第一次提出了"外包"这个词。此后,外包进一步扩展到行政服务外包等诸多领域。

法院购买社会化服务与政府服务外包有相似之处,采购的主体一方是行使司法权的公共权力部门,另外一方是提供社会服务的组织或者企业、个人,但法院购买社会化服务在范围划定、评价体系和管理上更为困难,具有鲜明的行业特色。

1.业务专业性更强

专业性是横亘在法院购买社会化服务面前的第一座障碍。法院尤其是法官工作的专业性强,需要经过法律全日制专业基础学习并累积一定的法院工作经验。对于辅助人员,虽然要求没有那么高,但是也非一般社会人员可以适应。对于不具有法律专业基础知识的工作人员,法院除了在培训上需要付出更多的时间和精力外,还要承担其因不够专业而导致程序瑕疵的风险。

以思明法院 2015 年 3 月招聘的短期合同工为例,招聘条件中明确要求"大专及以上学历,专业不限,法学类专业在同等条件下优先录用"。这一批短期合

---

① "内卷化"一词源于美国人类学家吉尔茨(Chifford Geertz)所著《农业内卷化》(*Agricultural Involution*)。根据吉尔茨的定义,"内卷化"是指一种社会或文化模式在某一发展阶段达到一种确定的形式后,便停滞不前或无法转化为另一种高级模式的现象。

同工的工作岗位是辅助庭室进行司法送达,对于送达程序的专业性要求较高。另以思明法院招募特邀调解员为例。该院现有的特邀调解员均来自相应的社会组织,社会工作经验丰富,部分甚至是退休法官或者离任人民陪审员,对法律和法院工作具有一定的了解(如前表2所示)。

2.评价标准不明确

法院外包业务大多已完全嵌入司法工作流程,评价较为困难。如《思明区人民法院特邀调解员工作制度(试行)》第11条规定诉前调解的三种处理结果:"(一)达成调解协议、当事人不要求法院出具调解书的,以和解或息诉处理。(二)达成调解协议、当事人要求法院出具调解书的,引导当事人办理立案手续,由调解法官对调解协议进行审查。经审查确认有效的,出具调解书;经审查确认无效的,特邀调解员应组织当事人重新调解达成新的协议。(三)调解不成,当事人要求立案的,引导办理立案手续,移至相关审判业务庭。"法院购买的是调解服务,并非调解结果,如果调解不成功进入诉讼,如何评价调解的过程,就成为法院评价所购买的社会化服务的难点。

3.业务性质特殊、管理要求高

目前政府部门购买社会化服务的尝试主要集中在民政部门,如养老院、孤儿院、街道活动等,是社会服务产品的一种供给。接受服务者有权对服务的结果进行评判,并选择是否接受。与此相反,法院是司法产品的提供机关,而不是司法服务的提供机关,其职能与政府完全不同,当事人一旦将案件诉诸法院,就不能对司法产品的最终结果进行选择,尤其是判决或者裁判类司法产品,只能接受,而且对当事人的权利义务影响巨大。

此外,法院业务普遍涉及当事人权利和国家秘密,比如裁判文书在送达当事人之前就属于国家秘密,部分案件卷宗尤其是副卷的内容属于不能公开的范围。在法院工作的聘用人员有机会接触这些国家秘密,甚至可能影响当事人的权利。这时,法院组织部门对聘用人员的管理压力就较大。这与政府纯粹的购买服务来满足人民群众的需求完全不同。

三、法院购买社会化服务范畴划定

(一)企业服务外包理论梳理——他山之石

有关法院购买社会化服务范畴的理论研究成果并不多见,而企业服务外包领域,研究成果丰富,值得法院购买社会化服务时进行借鉴。

有学者按照价值与独特性两个维度将外包划分为:外围业务、核心业务、传统业务和独特业务外包。还有学者从资产专用性与生产复杂性维度将外包分为:低专用性低复杂性、低专用性高复杂性、高专用性低复杂性和高专用性高复杂性外包。还有学者从外包主体、目标、合作者和设计四个要素出发将企业活动划分为:企业核心业务、与核心业务密切相关的业务、支持性业务和可抛弃性业务。由此决定三种外包类型:自制外包(insourcing)、内部外包(internal outsourcing)、外部外包(external outsourcing)。[1]

有学者从"资产专用性"角度,提出专用性和不确定性高的活动应该在企业内部通过科层组织来完成,反之则应外包出去由外部供应商来完成。有学者认为,企业生产活动在自制与外包两种选择中存在三种成本:生产成本、谈判成本和机会主义成本。外包的选择依据就是这三种成本之和最小。还有学者认为,这种成本计算通常不能清晰地说明问题,相反,三种成本外一些不可量化的因素似乎更为重要。比如企业财务状况即为影响外包决策的一个重要因素,财务状况好的企业有更多的余地从战略角度来制定外包战略;相反,在业务迅速增长的情况下,财务状况不佳的企业只能通过外包来满足生产的需要。部分学者认为,只有那些最特殊的技术,即核心业务才必须保留在企业内部,而补充性业务则可以通过战略联盟或外包来完成。

有学者对大量企业业务外包的失败案例进行研究,提出导致外包失败的因素有:没有设置有关持续改善合同条款的机制;文化与目标差异导致的不相融性;合同缺乏柔性;外包商的机会主义行为;忽视外包关系管理所导致的服务水平下降;指派不合适的人员管理外包合同;员工士气和信心下降;企业失去对有关职能的控制;外包所引起的信息安全性与潜在竞争。

(二)法院哪些职能可以进行服务外包:业务的剥离

当前,法院并非单纯的审判机关,还是一个社会管理机关,随着经济社会的发展,一方面,法院的职能在不断发生变化;另一方面,社会需求和供给也不断在变化。法院所能做的就是在分析购买可行性和必要性的基础上,选定购买领域,设定购买项目,通过对法院工作范畴进行梳理来确定哪些工作可以通过购买社会化服务来进行优化。

在企业服务外包理论中,外包的本质是企业资源的战略收缩,即将核心业务以外的其他业务借助于外部专业化资源予以整合,从而专注于企业核心竞争力的提升。这种资源整合的管理模式同样适用于法院。法院的"核心业务"自然是

---

[1] U. Arnold, New Dimensions of Outsourcing: A Combination of Transaction Cost economics and the Core Competencies Concept, *European Journal of Purchasing & Supply Management*, 2000, No. 6, pp. 23~29.

审判工作;在"其他业务"中,有的直接围绕着审判权的运行而派生,如立案、送达、保全、鉴定、记录、调解、执行、审判调研等,可以称之为审判支撑性业务;有的仅是从行政管理和后勤保障上服务于审判工作的,如卷宗装订归档、司法统计分析、信息化建设、文化建设、法制宣传、警务用车、诉讼费及赃款赃物管理、机关安保、物业管理、食堂用餐以及一些法院作为党政社会治理主体需要承担的社会性事务,可以称之为一般性业务。这样,以审判业务为圆心,以与审判业务关联性由强到弱为辐射半径,就形成了一个同心圆式的法院业务层级(如图 1 所示)。

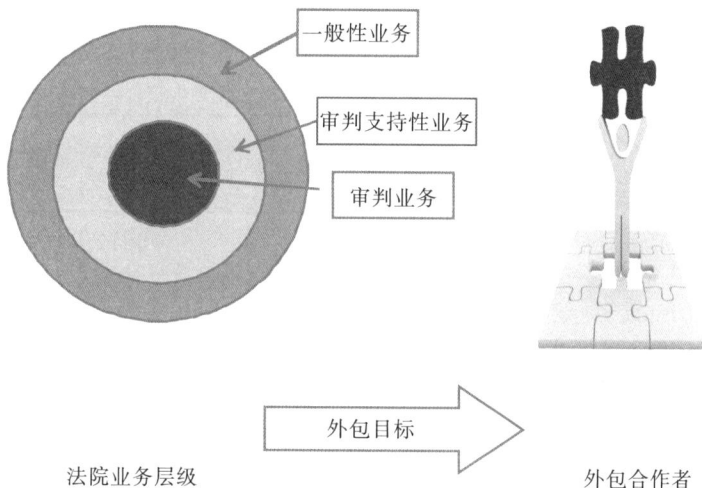

图 1 法院业务层级图

在图 1 所示的法院的业务三个层级,对社会化服务购买的种类和要求并不尽相同,外包的可能性也呈逐步递减的态势。(参见表 4)

1.一般性业务。主要指的是行政事务性工作。最高人民法院"四五改革纲要"明确规定这类工作可以通过购买社会化服务来完成。这类业务相对独立于审判执行,外包与否由服务的生产成本和交易成本决定,对法院核心工作的开展影响较小。

2.审判支撑性业务。这部分工作涵盖的范围较为广泛,既有与审判工作关联性较强的送达、保全、鉴定、记录、调解等工作,也有立足于法院的社会管理职能,借助于法院在法律方面的专长,进行纠纷调解、矛盾纠纷化解、普法宣传等类司法工作。这部分业务需根据其与审判核心业务的关联程度和对当事人权利义务的影响,决定外包的形式和范畴。

3.审判核心业务。司法权是人民法院依法独立行使的公权力,狭义概念中的司法权是一种裁判权,即"通过将一般的法律规则适用于具体案件上,来发挥裁判案件这一功能"①。包括决定是否立案,案件裁判,执行裁判文书。这些都属于法院的核心业务,直接涉及当事人的权利义务,也是司法权最核心的部分,不适宜通过社会化购买进行分流或者分担。

表 4 法院购买社会化服务种类表

工作	性质	是否可以社会化购买	服务类型
立案、裁判、执行	核心工作,直接涉及当事人权利义务	否	无
送达、保全、记录、调解等	支撑性工作,与核心业务直接相关	部分可以	内嵌式社会服务
鉴定、诉前调解、普法宣传等		可以	内嵌式社会服务或者外包式社会服务
档案、会务、车辆等事务性工作	辅助工作,不涉及当事人权利义务	可以	内嵌式社会服务或者外包式社会服务

当然,这样的范畴划定并不是绝对的,在法院购买社会化服务方面,交易成本和外包决策的变化,直接影响到范畴的划定和管理模式的设定。如前所述,资产的专用性和外包决策的过程也是外包范畴划定的理论标准。

(三)法院哪些职能需要外包:成本的核算

购买社会化服务并非法院的唯一选择。对于职能范围内的事项,法院面临着两种策略选择:一是自制策略,即依靠内部资源提供社会服务。二是外包策略,即将社会服务外包给企业或社会组织来提供社会服务。概言之,法院选择从市场购买、自行生产抑或是外包都会产生一定的成本,这种成本可以被分为生产成本和交易成本两类。自行生产产生的交易成本很低,但生产成本较高。外包的交易成本比较高昂,外包模式下主要是通过合同规范约束双方行为,法院必须投入人力、物力监督承包方的合同执行,这也会产生一定的交易成本。开展社会服务合同外包,承包方负责生产环节,可利用规模经济效益和专业技能提升减少

---

① 陈瑞华:《司法权的性质——以刑事司法为范例的分析》,载《法学研究》2000 年第 5 期。

生产成本。当外包产生的交易成本比较少的情况下，法院就可以将服务外包出去。因此，法院与外部组织合作进行的某项交易，是通过科层组织、市场还是外包的方式展开，起决定性的影响因素是交易成本的大小。

从理性经济人的角度分析，如果一个组织在交易中承担了较高成本，则签约外包所带来的收益将会被抵销，这时候组织更倾向于内部生产的方式。在交易的不确定性、资产专用性及交易频率偏高的情况下，组织会更倾向于采用纵向一体化的行动策略，反之，转移生产的交易成本较小，交易成功可能性较大，即实行社会服务合同外包。[①] 对交易成本的影响因素主要集中在三个方面：

1.任务复杂性引起的交易成本。任务复杂性主要指的是外包出去的社会服务能否被清晰地界定、测量以及监控。就法院而言，行政事务性工作属于容易被界定、测量和监控的任务，其他工作或者与审判执行核心工作紧密相连不易界定，或者属于社会管理等"软性服务"，标准化程度较低，这导致法院在购买社会化服务的时候更倾向于将服务购买后，内嵌到日常工作中。

2.市场竞争引起的交易成本。市场竞争性主要指社会服务的有效供给承包方数量，市场竞争是获取最佳卖方的基础。但由于法院工作专业性强，主要依靠培养法院内部人员完成，提供方相当有限，市场竞争并不充分，成本较高。此外，一些基层组织和社会组织的社会管理职能与法院有部分重合，如果直接购买"准行政系统"的服务，成本基本可以忽略不计。这也是思明法院与街道社区和法律援助中心在许多层面开展合作的原因。

3.资产专用性引起的交易成本。在交易成本理论中，资产专用性被认为是在不牺牲生产价值的条件下，资产可用于不同用途和由不同使用者利用的程度，包括场地、物质、人力、品牌与临时专用性等类型。如果生产一项服务必须具备的某种资产要素运用于他处会发生贬值，即表明资产专用性较强。但是法院购买的社会化服务在资产专用性方面不强，主要是依靠人力成本，基本不需要专业性的资产要素，因此对于购买社会化服务的交易成本考量主要集中在前两项因素。

四、人民法院购买社会服务模式建构

划定法院购买社会化服务的范畴后，影响外包成败的因素仍然现实地存在于购买管理的过程中，选择适合自己的外包模式尤为关键。由于法院的司法权

---

① 吴月：《社会服务合同外包中的交易成本问题及其治理路径》，载《理论导论》2015 年第 6 期。

专属性、审判信息的保密性、服务对象及内容的相对封闭性等特点，法院购买社会服务和业务外包模式应基于法院工作实际重新构建。

(一)"4S"参数体系:法院购买社会化服务应重点考量的要素

在构建法院服务外包模式的讨论中，关于是否开展服务外包工作的决策、执行和监管机构、购买形式是公开招标还是局部询价、给付标准是计件还是计时、购买经费应来自当地财政还是上级主管机关等讨论较多的所谓机制性或规范性问题，并不具有法院的特色，在这些问题上深究对建立具有司法特色的服务外包机制并无多大益处。在构建或者选择法院服务外包模式的过程中，应当重点提炼出一些符合法院实际并可操作的考量维度。课题组采用特例建模法（亦称"除同法"）来进行推导，具体步骤如下：罗列梳理各地法院购买社会化服务的模式，排除其中直接套用政府采购方式或与政府采购具有较大相似性的做法，找出其中的特例，从其做法中抽象出关键的机制要素，从而建立具有法院特色的服务外包模式所必须考量的参数体系。

在对众多法院购买社会化服务的实践进行逐步梳理排除相同和相似项后，课题组选取了应用范围、供给对象、管理主体和监管方式四个参数，因其英文名称正好分别是四个以字母 S 开头的单词：Scope、Supply、Subject、Supervision，本文称为"4S"参数体系。

(二)"4S"参数体系的运用之一:分类

"4S"参数体系最直接的应用是为法院服务外包模式提供了一个基本的分类标准：

1. Scope：依据应用范围进行的分类

诚如前文所述，法院的业务存在三个业务层级：一般性业务、审判支撑性业务和审判核心业务，这三层业务都可以分层外包（审判核心业务是否可以外包仍有讨论空间，下文详述），并可以相互组合，从而形成交错嵌套的全业务、非核心业务、一般性业务的大、中、小三类外包模式（如表 5 所示）。

表 5　应用范围三分法

外包模式	全业务外包("大外包")		
		非核心业务外包("中外包")	
			一般性业务外包("小外包")
应用范围	审判业务	审判支撑性业务	一般性业务

续表

外包模式	全业务外包（"大外包"）		
		非核心业务外包（"中外包"）	
			一般性业务外包（"小外包"）
外包业务	审理裁判	立案、送达、保全、鉴定、记录、调解、执行、审判调研等	卷宗装订归档、司法统计分析、信息化建设、文化建设、法制宣传、警务用车、诉讼费及赃款赃物管理、机关安保、物业管理、食堂用餐以及一些法院作为社会治理主体需要承担的社会性事务等

2.Supply:依据供给对象进行的分类

法院服务外包的本质是引入社会资源来完成司法活动流程中的若干工作任务,而工作(事)是需要人来做的,在这个过程中的两个基本元素:"人"和"事",均可成为服务外包的对象,这就将法院服务外包的模式进行了一个基本的二分:如果外包的对象是"人",可称为"岗位外包"模式;如果外包的对象是"事",可称为"项目外包"模式:

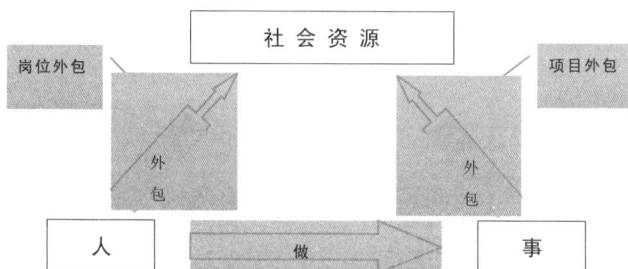

图 2　法院服务项目外包模型

具言之,"岗位外包"是将司法辅助岗位向社会和市场开放,通过聘用制、劳务派遣等方式,聘请社会人员到法院工作;而"项目外包"是将工作项目外包给市场组织和社会组织。① 这两种外包模式的主要区别在于法律关系的主体和种类不同可用表 6 简要概括:

① 齐海丽:《我国地方政府购买服务模式研究——以上海市政府购买岗位为例》,载《西北农林科技大学学报(社会科学版)》2013 年第 5 期。

表 6　岗位外包和项目外包

外包模式	主要区别		
	合同类型	劳务人员归属	合同对价
岗位外包	劳动合同	法院	薪资
	劳务合同	劳务派遣单位	管理费
项目外包	承揽合同	专业服务机构	合同给付款

3. Subject:依据管理主体进行的分类

法院购买社会化服务的过程实际上就是一个 B2C 模式,在这个模式中的两极主体,即 Customer 需求方(法院,以下简称 C 方)和 Business 供给方(服务者或服务商,以下简称 B 方),如何联系对接形成了法院服务外包模式的另一个分类参数。最为常见的一种对接模式是对口分别对接模式,C 方的职能部门根据法院内部的职能分工,在自己的职责内各自寻找 B 方、发布需求、监督实施、考核成效等,是一种 C1—B1、C2—B2……Cn—Bn 的平行管理模式。有时为了便于管理、提高效率,法院也会设立一些临时机构来统筹协调专项工作,但总体上还是"各自为战""条块分离"的管理模式,具体如图 3 所示:

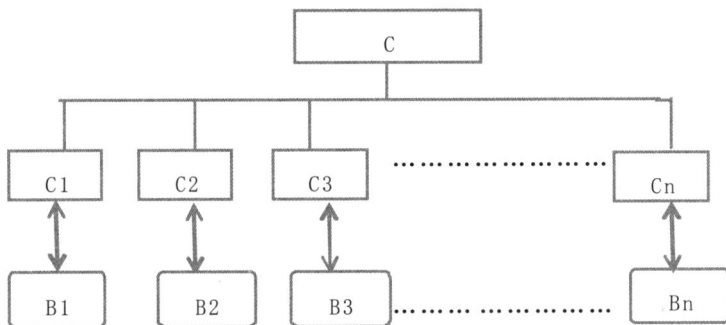

图 3　法院 B2C 模式主体关系平行对应图

另一种模式是集中统一对接模式,在 C 方和 B 方都建立从决策管理到执行实施的条线框架,服务外包的流程可以分解为以下三个基本步骤:第一步,法院成立专门的服务外包决策机构,收集来自法院内部的服务外包需求,进行梳理后统一转化为对外指令。第二步,法院委托一家企业或若干家企业组成的联合体,集中接收法院决策机构指令,根据企业业务方向将外包需求进行再分解。第三步,受托统一管理法院外包服务业务的企业将业务分解给企业内部的不同部门或到市场中寻找其他企业进行转包、分包合作。具体如图 4 所示:

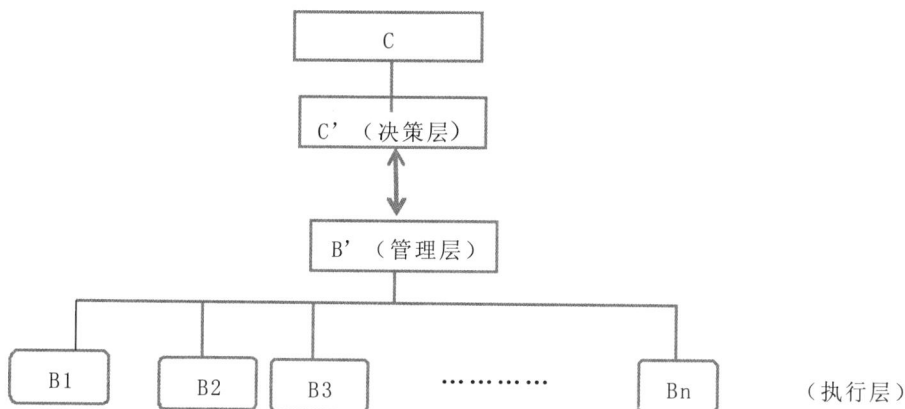

图 4　法院 B2C 模式主体关系垂直对应图

4.Supervision:依据监管方式进行的分类

在服务外包实践的初期,常见的一种监管方式是 C 方对服务过程和投入,包括工作时长、实施步骤、流程规范、员工调配、设备设施、薪资报酬等服务各环节涉及的劳动要素进行全方位的掌控,生产资源往往由 C 方自己提供,向 B 方购买的主要是人力资源,所以我们称之为投入型外包。随着实践的深入,另一种监管方式逐渐发展起来,即 C 方直接对购买服务所预期达到的目标进行预设,而对 B 方为实现该目标所需投入的资源不再关注,因为这种监管方式通常是通过绩效考核制度实现的,所以我们称之为绩效型外包。以司法送达业务外包为例,前者通常是法院直接聘用送达人员,为送达人员配备办公设备、通勤车辆等保障设施,要求送达人员劳动达到一定的工时,送达过程比照在编人员送达标准进行管理。而绩效型外包的操作模式则通常是法院与送达团队签订包干协议,约定在一定期间段内完成一定基本量的送达任务的基础上,多劳多得,至于送达团队配备多少人员、设施在所不论。二者区别如下表 7 所示。

表 7　监管模式二分法:投入型外包和绩效型外包

外包模式	投入型外包	绩效型外包
监管对象	服务环节	服务成效
监管方式	各环节是否达标	是否完成合同任务
资源投入	C 方为主	B 方为主
主要评价指标	技术规范 工作时长	成果量化

(三)"4S"参数体系的运用之二:选择

运用"4S"参数体系对服务外包模式分类并不是根本的目的,关键是要在不同的分类中找寻适合的模式,这就是第二项运用:模式之选择。

1. 应用范围:法院外包的业务可以达到什么范围

在法院同心圆式的业务层级体系中,越外层的业务越较小地与司法权相关联,最外层的一般性业务,已经是相当明显的行政管理事务,与其他政府外包项目并无区别,可直接适用政府采购机制,本文不再赘述。重点是带有法院特性的审判业务和审判支撑性业务能否外包,是否需要外包以及如何外包? 作为审判支撑性业务,一方面,还带有较明显的行政属性,业务流程中大量存在着机械性、程序化、格式化的操作步骤,极其烦琐而又不可避免,是各地法院最迫切希望减负的业务;另一方面,又或多或少还具备着司法属性,直接关系着司法审判的公正和效率,这也是各地法院探索该层级业务外包时格外谨慎的原因。目前常见的做法有:(1)搭配法,由 1 名法院在编干警带领外聘人员从事保全、执行、提押等业务,既保证了执法的正当性也起到监督作用。(2)授权法,由法院出具授权令状,委托外聘人员从事送达、调查、记录等业务。(3)司法确认法,委托行政机关、人民调解委员会或法院特邀调解员,进行诉前调解,再经司法确认对调解协议赋予司法公信认证和执行效力。无论采取何种方法,审判支撑性业务的外包都面临着管理难度、群众认可度和执法正当性的挑战,需要法院作出精巧和周密的制度设计。至于审判核心业务的外包,美国桑迪斯普林斯市法院的法官劳伦斯杨就是每小时 100 美元"租"来的。[①] 而当前我国法院的"上挂下派"协助办案以及东莞等地法院向内地法院"租借"法官等做法也有审判外包的意味。可以预见,当跨域司法具备了足够的体制条件,法官可以在一定程度上与法院分离而独立执业时,审判外包也并非完全没有可能。

2. Supply:购买岗位还是项目外包

在资源的复合性方面,购买岗位模式中供给对象主要是人力资源,当前劳动市场相对成熟,所以对供应方的门槛要求较低,法院的管理经验也较丰富,对法院的合同管理能力要求较低。而购买项目模式中供给对象就较为多元,服务供应商需要调度人力、物力等各方面资源,市场准入门槛较高,所以当前对口法院业务的专业项目公司也并不多见。对于法院来说,如何把控外包项目的监管和量化评估,实践中的难度也大得多。

在人身依附性方面,法院购买岗位之后,法院可以直接用内部人事管理制度

---

① 匿名:《这城市,市政厅法官都是租来的》,载《潇湘晨报》2012 年 6 月 27 日 A17 版。

对外包服务人员进行约束,对于司法信息保密、岗位职责分配问责均较有保障,社会公众对外包服务人员的识别认可度也相对较高。但相应的,管理成本也相对较高,法院需要耗费大量人力协调编制、与政府人事部门的关系,辞退不合格员工的操作性也较差。上述对比可以用以下表8作一总结:

表8　购买岗位与购买项目比较

外包模式	购买岗位	购买项目
供方市场要求	低	高
监管机制要求	低	高
合同管理能力	低	高
灵活性	低	高
市场化 (激励性和约束性)	低	高
保密性	高	低
群众认同度	高	低
责任清晰度	高	低
编制要求	高	低

显而易见,购买岗位模式较大程度地脱胎于传统用工模式,简便易行,但市场性较弱,长期化效益不高;购买项目模式对市场成熟度、法院管理机制创新等各方面要求较高,但符合市场经济规律,从长远看大有可为。不能简单地下结论两种模式何者为宜,在市场条件较不成熟的地区,对于市场化运作经验较不丰富的法院,可能购买岗位当下更为适合;而对市场化程度较高的地区,对于较有管理经验的法院,购买项目模式则更显得生机勃勃。

3. Subject:平行管理还是垂直管理

在成本核算方面,(1)培训成本,对口对接的培训主要是针对外包人员的上岗业务技能训练,而集中对接还需对法院管理部门沟通协调和需求转换技能的培训。(2)交接成本,对口对接只需法院部门与外包人员直接对接,而集中对接模式中信息、材料的交接还有一个法院内部流转的过程。(3)制度和管理成本,对口对接可使用现有管理制度,而集中对接还需另行设计专门制度,但在管理上因前期培训、制度构建已投入到位,运行会更流畅。

在管理成效方面,对接因为外包需求的信息和外包执行的过程经过了统一机构的消化处理,能够更好地将服务外包过程中遇到的共性问题在不同业务部门之间进行共享,以达到举一反三、少走弯路的效果,而且全院资源得以统一调度。上述对比可以用表 9 总结。

表 9　不同对接模式比较表

外包模式	对口对接	集中对接
培训成本	低	高
交接成本	低	高
制度构建成本	低	高
管理成本	高	低
信息共享性	低	高
管理体系性	低	高
资源调度性	低	高
总体效能	低	高

4. Supervision：抓牢过程还是紧盯成效

在投入型外包模式和绩效型外包模式之间选择，主要应考虑三个方面的问题：一是法院监管的范围。前者法院监管的广度较大，需把控的方面涉及较多，但难度却不大；而后者法院监管只聚焦成效，但对法院项目管理和目标管理的要求较高，监管难度较大。二是接受外包方介入的深度。前者接受外包方利用法院提供的资源、接受关于过程的具体指令、服从于法院的岗位目标管理指标，服务是较被动的；而后者接受外包方参与法院服务外包的决策管理，以成效为导向，服务带有较强的主动性。三是资源投入的配比。前者类似企业经营的"重资产"模式，法院关于基础设施的投入较多；而后者类似于"轻资产"模式，法院主要投入管理成本，基础资源由接受外包方自行准备。从以上对比分析，可以得出这样的结论：如法院 C 方对资源的投入力度弱于 B 方，且 C 方、B 方的项目管理能力均较强，选择绩效型外包模式，法院可以用尽可能少的投入，最大限度地发挥 B 方的资源优势和主观能动性；反之，选择投入型外包模式则"船小好调头"，也有助于法院加强监管。

(四)"4S"参数体系的运用之三：组合

在实践中，对服务外包模式的具体选择并不是简单的单选题，而是在四个参数之间进行不定项选择，下面以笔者所在的法院案件记录工作外包为例，对按照"4S"步骤选择外包模式的应用方法做一个说明。第一步，确定外包服务层级，案件记录属于审判支撑性业务外包。第二步，确定供给对象，法院当地尚无专业的司法速记服务机构，在市场供应方不足的情形下，法院选择岗位外包模式，委托劳务派遣公司向社会公开招募合同制速录人员。第三步,确定管理对接主体,因为法院没有设置类似于书记官处的记录人员统一管理机构,案件时刻不停增长的紧张压力又需要尽快补充记录人员,在此情形下,选择对口分别对接模式较为适合时宜。第四步,确定监管模式,由于法庭记录设施、设备的前期投入已经较为充分,所以法院选择了投入型监管模式,将合同制速录员比照在编书记员,纳入记录人员岗位职责监管体系中。

结　语

全面推进司法改革以来,削减法院内部非必要行政性事务,严格控制审判辅助人员比例,大幅减少行政管理和后勤保障人员比例,已成大势所趋。但法院职能事务并未相应减少,"软性"社会管理要求反而不断增加,人民群众对法院工作的要求越来越高。因此,实施审判辅助事务外包,寻求专业服务商承接法院非核心业务,并在有效的监控之下完成服务,从而帮助政法专项编制人员更加专注于审判执行工作等法院核心业务,是法官"员额制"改革的配套机制,具有重大的理论和实践意义。希冀本课题的成果,能够为今后在各地法院全面推行购买社会化服务和非审判核心业务外包,提供一个新的思路。

最高人民法院职能之探讨

■刘斌　杨国平 *

摘要:我国最高人民法院是宪法赋权的最高司法机关,承载着重要的政治职能。作为司法解释机构,它遭到了多方面的质疑,一个合理的路径是制定完善的立法,规范其解释行为;作为最高审判机构,其主要任务应当是确保法律的统一适用和决定那些事关公众重大利益的案件,而不是直接裁判日益增多的各种案件;作为法院系统的最高司法管理机构,其行政化的司法管理权直接干预法院的独立审判权,优化其司法管理职能是公正司法的必然要求。

关键词:最高人民法院;职能;司法改革

现代法院系统是建立在司法独立理念的基础之上的。在司法系统从属于行政系统的情况下,讨论法院的职能意义不大。比如,拉德布鲁赫指出,旧时德国法律观念并未意识到行政和司法的职能应分别由不同官署承担,故行政主管同时也是法官的上司。在米勒·阿诺尔德案中,高等法院作出的判决被国王以绝对命令取代,还把判决的法官斥为"毫无用处""一钱不值""应去见鬼"。[1] 在这种情况下,其职能范围虽然有其固有的范畴,但是却是极不稳定的,随时有被另一种权力取代的可能。

当然,即使在司法独立理念得以确立的情况下,司法权与行政权、立法权也不是没有重合的。正如纯粹法学派创始人凯尔森指出的,人们恐怕不能说立法职能和国家其他职能的任何分立,即单单所谓的立法机关才有权行使立法职能,而将所谓的行政和司法机关排除在外,这样一种分立的外表之所以存在是因为

---

* 刘斌:河南财经政法大学民商经济法学院讲师,法学博士;杨国平:河南财经政法大学民商经济法学院副教授,法学硕士。

① ［德］拉德布鲁赫:《法学导论》,米健、朱林译,中国大百科全书出版社 1997 年版,第101 页。

只有那些由立法机关所创造的一般规范才称为法律。① 的确如此,各国最高法院在整个国家的权力分配中的地位不同,其具体职能亦不相同。

在我国,最高人民法院在国家政治经济生活中所扮演的角色十分引人关注。但是,我国最高人民法院与世界各主要国家的最高法院有着许多不同的特征,职能的差异是其中重要的一个方面。面对既有问题和改革困境,对我国最高人民法院的职能及变革进行研究极为重要。

一、作为政治机构的最高人民法院

各国的最高法院无论地位如何设置,其作为司法机关,都在政体中扮演着重要的角色。在我国最高人民法院初创时期,其是作为中央人民政府的一部分而存在的,受中央人民政府的领导。1954 年 9 月通过的《中华人民共和国人民法院组织法》对原有的国家机关进行了重大的调整,最高人民法院院长开始由全国人大选举产生,最高人民法院对全国人大及其常委会负责并报告工作,从而确立了司法系统与行政系统的相对独立。

在国家权力构造中,分权和制衡是一对孪生兄弟,真正意义上的分权势必导致权力的制衡,而权力的制衡必然建立在分权的基础之上。根据我国宪法的规定,最高人民法院在国家权力结构中处于审判机关的地位。但是,我国最高人民法院与分权国家的最高法院存在明显的差别,其地位并不是完全独立的。"美国联邦最高法院拥有司法审查权,美国宪法也是在联邦最高法院的判决中得以存在和发展,法院实际上作为适用法律的机关独立于立法权和行政权,当然享有适用法律和宪法的解释权,并以此来制约立法机关和行政机关。"② 与之相比较,最高人民法院的权力虽然由宪法所赋予,但是要受到全国人大及其常委会的制约,要向全国人大及其常委会负责,并受其监督。在司法过程中,法院的职权与检察机关、公安机关的职权并不是相互独立的,而是要"分工负责,互相配合,互相制约"。在这样的宪法构造中,最高人民法院的地位受到多方面的掣肘。

最高人民法院缺乏独立的政治地位,对其独立行使审判权产生了多方面的影响,也使其行使司法解释权受到了多方面的质疑。这种缺乏独立性的司法系统,对法治建设产生了诸多不利影响。如何通过变革现有的国家权力结构,赋予最高人民法院更独立的政治地位,是一个亟须解决的问题。

最高人民法院在国家体系中的政治地位与其政治职能属于不同的范畴。最

---

① [奥]凯尔森:《法与国家的一般理论》,沈宗灵译,中国大百科全书出版社 1996 年版,第 303 页。

② 齐树洁主编:《美国司法制度》,厦门大学出版社 2010 年第 2 版,第 189 页。

高人民法院的政治地位不仅影响其独立审判权、司法解释权,同时也影响其政治职能的发挥。"司法承载着重要的政治功能。统治阶级政治意志的体现有赖于司法权的实现。当今世界各国的法院,已经不是一种纯事务型或纠纷解决型的机构。法院通过裁判纠纷形成公共政策以影响社会发展的进程,通过填补法律漏洞或发挥造法功能以干预社会生活,甚至通过判断政治行为的合宪与否以维护宪法制度。法院因此成为政治生活中的重要角色,发挥着规范政治权力运行并维护宪法制度的政治功能。"①但司法权本身是一种被动型的权力,并不应主动追求政治效果的实现,过分强调其政治职能,势必削弱其司法功能。所以,要防止最高人民法院的"泛政治化"倾向。

二、作为司法解释机构的最高人民法院

制定和发布司法解释已经成为最高人民法院的一项重要职能。其发布的司法解释不仅种类众多,而且数量巨大。这些规范性文件构成了我国法律体系中的重要部分,对全国各级人民法院在审理案件的过程中发挥了非常重要的作用。

1981年6月10日全国人大常委会通过的《关于加强司法解释工作的决议》第2条规定:"凡属于法院审判工作中具体应用法律、法令的问题,由最高人民法院进行解释。"现行的《人民法院组织法》第32条规定:"最高人民法院对于在审判过程中如何具体应用法律、法令的问题,进行解释。"这两条表述基本相同的条文是最高人民法院行使司法解释权的法律依据。由于这两条规定属于授权性规范,应当以条文的内容为根据进行解释,而不应当扩大授权的范围。根据前述规定的文义,最高人民法院进行司法解释的范围限于审判过程中如何具体应用法律的问题。由此可见,其权限范围不是创设新的规则,而是限于审判过程中法律的具体适用问题。

最高人民法院制定司法解释存在着以下问题。首先,其制定司法解释的权力根据有争议。根据《宪法》第67条及《立法法》第42条的规定,法律解释权属于全国人大常委会。《宪法》和《立法法》对法律解释权的规定与《人民法院组织法》和《关于加强司法解释工作的决议》的规定存在明显的不同。从解释机关上来划分,全国人大常委会的解释属于立法解释,最高人民法院的解释属于司法解释。但是,在内容上,"法律解释权"与前述最高人民法院"解释具体应用法律、法令的问题"的权力究竟是什么关系?对此,理论上存在争议。

其次,现行司法解释的内容不乏对立法空白的填补,更有对既有立法的突

---

① 江必新:《没有独立于政治的司法》,载《中国司法》2011年第6期。

破。从这方面来说,最高人民法院的司法解释已经不是对立法的解释,而是在制定规则,换言之,其所进行的是立法行为。例如,最高人民法院于 2011 年 7 月通过的《关于适用〈中华人民共和国婚姻法〉若干问题的解释(三)》,其中多个条文引发了违法性的讨论。该解释第 7 条第 2 款规定:"由双方父母出资购买的不动产,产权登记在一方子女名下的,该不动产可认定为双方按照各自父母的出资份额按份共有,但当事人另有约定的除外。"其"按份共有"的规定与《婚姻法》第 17 条的相关规定不一致,实际上突破了《婚姻法》的规定,另行制定了新的规则。

再次,根据最高人民法院 2007 年颁布的《关于司法解释工作的规定》第 6 条的规定,司法解释的形式可以分为"解释""规定""批复""决定"四种。这种形式化的规定对司法解释的规范起着非常重要的作用,但也存在一些争议。比如,以"批复"的形式所进行的司法解释是否干涉了下级法院的独立审判权。

最后,司法解释制度与所谓的案例指导制度如何协调,也是一个值得关注的问题。2010 年 11 月,最高人民法院颁布了《关于案例指导工作的规定》,从此开启了中国特色的案例指导制度。根据该规定,符合规定条件的案例经最高人民法院发布后,各级人民法院应当参照。截至 2016 年 7 月,最高人民法院已经发布了 13 批共 64 个指导性案例。① 案例指导制度为同案同判的司法理想提供了另一条路径,但其与最高人民法院的司法解释存在着协调上的问题。

对于最高人民法院的司法解释存在的问题,学者提出诸多建议。比较有代表性的建议有:(1)加强立法和立法解释,抑制司法解释的扩张;(2)规范现有司法解释,使得司法解释落入既有的法律框架之内;(3)通过立法明确授予最高人民法院司法解释权,并且对其权力作出明确的规范。

实践证明,长期以来的立法不足使得我国司法实践遇到了极大的困难,最高人民法院作出的司法解释则纾解了规范缺乏的困境。由于来源于审判实践,其发布的司法解释无论从质量还是从作用来看,都是积极意义远远大于消极意义的。最高人民法院拥有大批优秀的法官和学者,兼有理论素养和实践经验,长期以来,由其制定司法解释已经形成一种惯例。所以,应当完善司法解释方面的立法,授予最高人民法院明确的司法解释权限,使得司法解释的制定更趋于规范化。

三、作为审判机构的最高人民法院

最高人民法院作为最高审判机关,审判是其基本职能。其不但要承担各省

---

① 《最高人民法院发布第 13 批指导性案例》,载《人民法院报》2016 年 7 月 5 日第 3 版。

高级人民法院的一审上诉案件和再审案件,还负担审判监督职责及死刑复核任务。从最高人民法院作出的众多判决来看,其仍然需要不厌其烦地对案件的事实和证据进行求证。大规模的个案审判对其而言无疑是一项繁重的任务。在繁重的审判任务压力之下,扩充审判组织机构成为解决问题的必须途径。据报道,在将死刑复核权收回时,为了应对大量的死刑复核案件,最高人民法院拟建立由700 名法官组成的刑事法庭,后来,中共中央组织部批准了 500 名法官的编制,而在此之前,其只有两个刑事审判庭,大约有 60 名法官。① "最高人民法院全面收回死刑复核权,对其自身造成了一系列影响,最高人民法院的内部结构与实际功能,由此发生了深刻变化。这些变化并不完全符合现代法治理念下最高人民法院的功能定位。"②

最高人民法院庞大的法官数量和案件数量对于各国的最高法院系统而言都比较罕见。这种现状虽然是经济发展和市场转型期间的产物,但是司法系统的体制却是更深层次的原因。

在英国,虽然司法系统在体制上的改革可谓翻天覆地,但是英国最高法院的职能与此前的上议院及枢密院司法委员会相比,并无实质性变化,仍然行使既有的司法职能。英国最高法院由 12 位法官组成,设院长 1 名,其中现有 10 位来自上议院的司法议员,此外还有卷宗主事官。在设立最高法院之前,英国的上议院的主要职能即为案件审理,而且数量受到严格的限制。向上议院提出案件上诉,必须进过上诉法庭核准或由上议院本身签发许可,这是一项可以追溯到诺曼底时期大议事团惯例的历史性权力。③ 在这种限制之下,上议院审理的案件主要是对公众具有重要性的案件。根据英国的司法传统,新设立的英国最高法院也基本上对上议院的管辖范围予以承继。

按照波斯纳的观点,美国联邦最高法院是政治性法院。④ 美国联邦最高法院最重要的责任是裁决涉及宪法解释问题的案件,判定某项法律或政府行为是否违宪。根据《美国联邦法院 2015 年年终报告》,在 2014 司法年度(2014 年 10 月 1 日到 2015 年 9 月 30 日),起诉到最高法院的案件总数 7033 件,比 2013 年的 7376 件下降了 4.65%。共讨论案件 75 件,75 件得到处理,66 件签署了正式判决,而在 2013 司法年度讨论了 79 起案件,处理了 77 起案件,67 件签署了正

① 王子麦:《中国将建立全球最大刑事法庭》,载《凤凰周刊》2006 年第 33 期。
② 左卫民:《死刑控制与最高人民法院的功能定位》,载《法学研究》2014 年第 6 期。
③ 最高人民法院中国应用法学研究所编:《英美德法四国司法制度概况》,人民法院出版社 2008 年版,第 206 页。
④ [美]理查德·波斯纳:《法官如何思考》,苏力译,北京大学出版社 2009 年版,第245 页。

式判决。之所以案件总数多,得到处理的少,是因为美国联邦最高法院有权决定哪些案件可审,哪些案件不必审。同时最高法院有最终解释权,他们的裁决为终极裁决。相对抑制的案件数量,使得联邦最高法院的九位大法官能够有充分的时间思考攸关公众重大利益的问题。

在法国,普通法院系统的最高法院是最高上诉法院。法国最高法院对案件的审理只限于法律审,以保证下级法院适用法律的得体。因此,法国最高法院对案件的审理目的并非为了纠正下级法院的错案,而是确保法律的统一适用。在最高法院认为案件的法律适用不存在问题的时候,可以拒绝向其提出的上诉。此外,法国设有独立的宪法委员会,因此,普通法院无须对此类案件进行管辖。

在德国,由于存在5个司法系统,每个司法系统都有其各自的最高法院,这与英国、美国的最高法院不同。以普通司法管辖区为例,其最高审级为联邦最高法院,共有17个审议庭,其中12个审议庭负责处理民事案件,另外5个负责刑事案件,每个审议庭由5名联邦法官裁判。对州高等法院的判决进一步上诉到联邦最高法院,必须符合一些条件,而且这些条件也在定期地受到调整修改,变得愈来愈严格,以便减轻联邦最高法院的工作压力。[①]

从各国最高法院的普通审判职能来看,能够上诉到最高审级的案件一般都有特殊的要求,最高法院一般对案件上诉的接受与否有决定权,基本上以对公众或者当事人有重大影响的案件为主。我国最高人民法院受理的相当部分案件是不能拒绝的,比如各省高级人民法院作为一审的上诉案件。虽然我国最高人民法院的法官编制规模庞大,但是最高人民法院每年受理案件的数量却不断增加。根据近三年《最高人民法院工作报告》公布的数据,2013年,最高人民法院受理案件11016件,审结9716件,比2012年分别上升3.2%和1.6%;2014年,最高人民法院受理案件11210件,审结9882件,比2013年分别上升1.8%和1.7%;2015年,最高人民法院受理案件15985件,审结14135件,比2014年分别上升42.6%和43%。案件数量的过快增长已经给最高人民法院造成了很大的压力。

比较其他国家最高法院的职能定位,我国最高人民法院无论从理论上还是从实践上,都不应该成为一个简单的纠错法院和二审法院,其作为国家司法的最后屏障和最高审级,应该着重监督全国法院在审判中对法律的统一适用。过重的案件负担势必导致审判职能冲淡更为重要的其他职能。基于此,应当改革我国现行的级别管辖制度,使一审案件尽量在基层人民法院或中级人民法院受理,使纠纷尽量解决在基层。基于对生命权的尊重,尽量减少死刑的适用,这样也可

---

① 〔德〕罗伯特·霍恩等:《德国民商法导论》,楚建译,中国大百科全书出版社1996年版,第32页。

以相应减少最高人民法院死刑复核案件的数量。必要的时候，可以将部分死刑复核权重新授予高级人民法院行使。

四、作为法院系统司法管理机构的最高人民法院

公正与效率作为司法的价值目标，是我国司法改革的主题，而司法独立则是实现公正与效率的前提。现代意义上的司法独立通常包括法院独立和法官独立两个方面。法院独立一方面要求法院应独立于其他国家机关、人民团体等，另一方面要求法院系统内部同级人民法院之间和上下级人民法院之间也要独立。法官独立则要求法官必须保持个体独立，忠实于法律独立公正地进行审判。最高人民法院作为法院系统的最高司法管理机构，其司法管理权的配置和优化直接影响法院独立与法官独立，对公正司法意义重大。

有人的地方就有管理，法院系统也不例外。与政治职能、司法解释职能、审判职能一样，司法管理职能也是最高人民法院的重要职能之一。"与许多国家的法院属于'松散型组织'相比，我国法院称得上内部结合非常紧密的一种组织形式，而科层制或行政化正是与这样的'紧密型组织'最相契合的结构及性质。"[①]长期以来，我国司法系统的高度行政化是一个备受诟病的问题，"去行政化"一直是司法改革的重点。例如，在民事诉讼领域，"在民事诉讼法的未来发展中，将'诉权保障'确立为民事诉讼法的最高目标，不但是完善立法的必备基础，也是公正司法的当务之急"[②]。要实现诉权保障，则必须清扫一切可能造成不利影响的行政化因素，这既包括来自法院外部行政机关的影响，又包括来自法院内部的行政化影响。

最高人民法院作为最高司法管理机构，其行政化特征也非常明显。例如：从其内部机构设置和领导模式来看，最高人民法院的科层体制几乎与行政机关无异；在具体审判业务中，最高人民法院和地方人民法院一样，也存在"庭长、院长"批案制度；其还通过制定各种规范性文件对全国法院系统的法官进行管理等等。最高人民法院的这种行政化特征与固有的审判职能相互交错。"法院去行政化的初衷在于保障法院依法独立、公正、公平地进行审判活动，法院体制的设置和运作应当遵循审判活动独立的内在规律，法院去行政化也应围绕审判活动的独立展开，这就要求一套科学合理的审判工作管理体系的建立，由此进一步理顺法

---

① 王亚新、李谦：《解读司法改革——走向权能、资源与责任之新的均衡》，载《清华法学》2014 年第 5 期。

② 齐树洁：《论我国民事诉讼法的未来发展》，载《河南财经政法大学学报》2014 年第 5 期。

院与外部组织间的关系、法院内部审判业务部门与后勤综合部门的关系、法官与法院其他工作人员之间的关系。"①

最高人民法院的"去行政化",不仅包括外部的"去行政化",也包括内部的"去行政化"。就外部"去行政化"而言,就是要增强最高人民法院的独立地位,避免其他机关、人民团体的不当干预。而目前,我国最高人民法院相对于立法机关、行政机构甚至于执政党都是缺乏独立地位的。所以,其外部"去行政化"任重而道远,需要立法上的重大变革。

最高人民法院的内部"去行政化",核心就是最高人民法院司法管理的"去行政化"。最高人民法院过度"行政化"的司法管理,不可避免地影响地方人民法院相对独立的地位。同时,"行政化"的法官管理体制,使得最高人民法院的法官以及地方人民法院的法官在职务升迁、职业待遇甚至人身保障等方面没有独立性和安全感,以至于法官独立完全成了一句空话。

长期以来,在人民法院系统内部,最高人民法院作为最高司法管理机构,过度"行政化"的司法管理权不仅严重干预了其自身的独立审判权,也干预了下级人民法院的独立审判权。因此,改革最高人民法院的司法管理职能,彻底地进行司法管理的"去行政化"改革势在必行。而最高人民法院司法管理的"去行政化"改革不仅为全国法院改革做示范,同时也具有牵动效用,可以从顶层推进地方各级人民法院司法管理的"去行政化"的进程,从而推动全国司法改革的进程。

当然,"司法管理的'去行政化'改革不应该是对司法管理权的完全否定,也不应该是否定司法管理权的行政属性,它强调的是限制或弱化当前一头独大的司法管理权,剔除其高居于司法权之上的压制性力量,将其压缩在一个合理的空间内,并发挥其正面功能"②。

结　语

目前,我国最高人民法院的政治地位非常微弱,受到多方面的制约,缺乏独立性的最高审判权实际上难以名实相符,因此,提高最高人民法院的政治地位,是一个亟待解决的先决问题。最高人民法院承载着重要的政治功能,但其本质上是司法机关,过度强调其政治职能,则会削弱其司法职能,所以,要防止最高人民法院"泛政治化"的倾向。在缺乏独立地位的情形下,其应通过积极司法的理

---

① 韩娜:《我国法院审判权去行政化的制度构建》,载《青海师范大学学报》2016 年第 1 期。

② 崔永东:《司法改革与司法管理机制的"去行政化"》,载《政法论丛》2014 年第 6 期。

念和行动，以发挥更大的作用。

首先，最高人民法院作为最高审判机关，无论从各国最高法院的职能来看，还是从一国司法系统的设置来看，我国最高人民法院都不应成为一个简单的纠错法院和二审法院，其最重要的任务应该是确保法律的统一适用和决定那些攸关公众重大利益的案件，而不是直接裁判日益增多的各种案件。

其次，最高人民法院在行使司法解释权的过程中，遇到了各方面合法性和合理性的质疑。在目前的司法现状下，唯有其堪当制定司法解释的重任。一个合理并且有建设性的路径是制定完善的立法，明确授予最高人民法院司法解释权，规范其解释行为。

最后，最高人民法院作为法院系统的最高司法管理机关，其过度"行政化"的司法管理权直接干预法院的独立审判权。最高人民法院司法管理的"去行政化"改革，不仅为全国法院改革做示范，同时可以从顶层推进地方各级人民法院司法管理的"去行政化"的进程，从而推动全国司法改革的进程。

国际经济法"宪法化"的几个向度

■ 胡海涛　赵玄和*

摘要：国际经济法的"宪法化"是近年来国际经贸领域的一种重要学术思潮。对这种理论动向的简单否定或一味逢迎，对于我国改革开放的基本国策以及具有中国特色的社会主义法制建设均有莫大的害处。为此，有必要在厘清"宪法化"这一概念的基础上，分析国际经济法"宪法化"的实证向度、规范向度以及发展向度。

关键词：宪法化；实证向度；规范向度；发展向度

世界主义的经济与国家主义的政治之间的矛盾是建构国际经济新秩序的基本局限与前提，解决与协调上述矛盾的思路随之构成当下国际新秩序研究的核心问题。被称为世界国际经济法领域双峰并立的杰克逊（John H. Jockson）教授和彼得斯曼（Ernst-Urich Petersmann）教授都把探寻的视点聚焦于国际经济法的宪法化，然而，这种动向尚未引起我国学术界和实务界足够的重视。[①] 它不但为我们学术界的理论研究提供了探讨国际经济法律规范、重构国际经济新秩序的一个新的视角，同时，也为我们深化理解国际经济秩序的运转和国际经济规则的变迁提供了一个重要的思路。对此，我们不应采取意识形态的"非敌即

---

* 胡海涛：河北经贸大学法学院副教授，法学博士；赵玄和：河北省正定县人民检察院助理检察员，法学硕士。

① 对于这个问题的研究成果还不是十分丰富，经笔者搜索，近年来主要有以下著述：蔡从燕：《国际法语境中的宪政问题研究：WTO 宪政之意蕴》，载《法商研究》2006 年第 2 期；陈安：《论中国在建立国际经济新秩序中的战略定位——兼评"新自由主义经济秩序"论、"WTO 宪政秩序"论、"经济民族主义扰乱全球化秩序"论》，载《现代法学》2009 年第 2 期；王海亮：《经济全球化对国际经济法拘束力的影响——从彼德斯曼关于国际经济法宪政功能的视角思考》，载《安徽大学法律评论》2006 年第 2 期；宋阳：《国际经济法规则宪法化理论初探》，载《政法学刊》2012 年第 5 期；陈立峰、张镅：《经济全球化与国际经济法问题思考》，载《法制博览》2015 年第 4 期；黄德军：《探讨经济全球化对国际经济法的影响》，载《法制与经济月刊》2015 年第 10 期等。

友"的简单处理方式,要么以国家主权的立场机械地否定;要么以经济全球化的立场全盘接受。对此,负责任的态度应当是把握国际经济法宪法化的思想内涵,发掘产生这种思想的时代动因,对照我国经贸发展的实践和未来取向,作出适合我国当下实际情况并且具有前瞻性的因应对策。

一、国际经济法"宪法化"的内涵

关于宪法一个典型的定义就是它是"集中表现统治阶级建立民主制国家的意志和利益的国家根本法"①。它强调一种使政治运作法律化的理念或理想状态,它要求政府所有权力的行使都被纳入宪法的轨道并受宪法的制约。在宪法学领域,存在着多种关于"宪法"的界定,"虽措辞千变万化,但都强调宪法是根本法"。既然是"根本"的法,就势必存在"非根本"的法,从"根本"到"非根本"也依循某种标准——比如说,效力层级——分为不同过渡形态,于是,我们就开放出一个层次化、结构化的规范的体系。宪法的"根本"地位描述它在上开规则体系中处于最高的位阶。宪法化一般指在宪政背景下,将某项制度改革成果写入宪法,用宪法条款来确认、规范和协调其相关制度。按照上述关于宪法根本法地位的界定,"宪法化"应该被理解为将某种规定推及于既定规则体系的最高端,从而使其具备整个规范体系核心的位置,使其成为判断其他规则效力的标准,使它处于解决其他规则冲突且不被抵触的地位。因此,国际经济法的"宪法化"就是将某种规范安放于既有规则体系的最高位置,使它成为下级立法的根据且不允许被下级法律规范所抵触。②

多边贸易体制宪法化的问题,特别是WTO宪法化问题的研究发轫于20世纪60年代末并以杰克逊论述为其肇始,发展于80年代并以彼德斯曼为主要推动者。目前西方学者对此问题的讨论总体上也没有超出杰克逊与彼德斯曼有关主张所涵摄的范围。

(一)杰克逊模式的核心主张

1.从组织角度研究世界贸易宪政问题。杰克逊极为重视从组织角度研究贸易宪政问题,尤其重视以美国三权分立式宪政实践为参照设计国际贸易宪政的组织基础。自20世纪60年代起,杰克逊就致力于GATT体制下实现世界贸易

---

① 周叶中主编:《宪法》,高等教育出版社2011年第3版,第45页。
② 需要说明的是,笔者在介绍宪法定义的时候,仅仅撷取其根本法的因素,却没有加入一个重要的因素,即国家主权,而对这一问题的论述需要从国家主权概念的由来、变迁及当代重构的问题,所需篇幅甚巨,需另文介绍。

宪政的组织化研究,他认为组织是实行宪政的基础,国际贸易组织(ITO)胎死腹中便是造成 GATT 体制宪政缺陷的原因。他希望能够重新看到 20 世纪国际社会为追求创立国际贸易组织所付出的努力,尽管他当时对此并没有信心。[①] 不过,杰克逊于 1990 年完成的《重构 GATT 体制》终于诱发了创立世界贸易组织的讨论,并迅速得到时任意大利贸易部长鲁杰罗(后任 WTO 首任总干事)及其他政治家的积极响应。[②] 可见,WTO 组织架构的建立在很大程度上实现了杰克逊的学术理想。[③] 从 1998 年出版的《世界贸易组织:宪法与法理》中,不难发现杰克逊仍从组织法的角度对 WTO 的宪政问题予以关注。而彼德斯曼对于多边贸易宪政的组织基础则并未表现出明显的兴趣。

2. 从程序角度研究世界贸易宪政问题。与彼德斯曼模式以人权作为核心元素不同,杰克逊关注的是程序问题。他指出:"从长远看,最重要的是程序,而非任何具体的贸易行为规则。"[④]究其原因,这可能由于杰克逊深受强调程序的普通法系国家学术传统的影响,也由于程序在美国宪政中居于核心地位,还可能由于杰克逊对程序在国际贸易管制中作用的认识,即"在某些案件中,程序本身成了国家间自由贸易的壁垒"[⑤]。彼德斯曼也注意到了杰克逊的这一学术特色,并认为这是普通法系把程序与正当程序过程视为正当性来源的法律传统的体现。[⑥]

(二)彼德斯曼模式的核心主张

1. WTO 应该体现人权价值。彼德斯曼认为 WTO 提倡的自由化不仅应该

① John H. Jockson,*World Trade and the Law of GATT*,The Boobs-Merrill Company Inc.,1969,p.785.

② Macro Bronckers & Reinhard Quik(eds.),*New Directions in International Economic Law*,Kluwer Law International,2000,pp.136~140.

③ WTO 争端解决机构专家组成员张玉卿教授指出:WTO 建立后不断朝着立法、行政和司法"三权分立"的方向发展。虽然"三权分立"并不是 WTO 的明文规定,但是客观上 WTO 的运作正朝着这个方向发展。参见张玉卿:《善用 WTO 规则》,载陈安主编:《国际经济法学刊》(第 10 辑),北京大学出版社 2004 年版。

④ John H. Jackson,*World Trade and the Law of GATT*,The Boobs-Merrill Company,Inc.,1969,p.788.

⑤ [美]约翰·H. 杰克逊:《世界贸易体制——国际经济关系的法律与政策》,张乃根译,复旦大学出版社 2001 年版,第 376 页、第 350 页。

⑥ Ernst-Ulrich Petersmann,Tribute:On the Constitution of John H. Jackson,*Michigan Journal of International Law*,1999,Vol.20,p.157.

以福利最大化为目标,还应该体现人权关怀,人权与 WTO 法可以相互补充、相互促进。[1] 但为减少争议,彼德斯曼不主张 WTO 法直接规定人权条款或社会条款,而主张根据普遍人权原则或国际劳工组织《劳动权基本原则宣言》对 WTO 法进行宪政解释。从总体上看,彼德斯曼主张以人权为中心而非以国家为中心的宪政理念。[2]

2. WTO 应当吸引市民社会参与。由于学者们普遍认为此前贸易自由化政策过分偏向于生产者利益,而 WTO 体制下的一体化政策势必更多地涉及环境、劳工及社会利益问题,对这些问题无动于衷将导致市民社会质疑 WTO 规则的民主正当性及 WTO 的宪政基础,《多边投资协定》谈判失败就是前车之鉴,因此彼德斯曼建议借鉴欧盟理事会及欧盟委员会的做法,设立由市民社会的行业代表组成的咨询性议会机构或"经济与社会委员会",以代表整个市民社会的利益。[3]

二、国际经济法宪法化的实证向度

关于国际经济法"宪法化"的基本解释取向就是经济发展的内在需要和必然趋势,故此本文叙述的第一个向度就是从实证的角度对于这一过程进行高度概括性的介绍。由于地理、历史、文化、风俗传统等的不同,世界被分割为不同的市场。每个市场因其供求关系的不同结构遂形成一个相对价格系统。如图 1 之甲地(A 日)、图 2 之乙地(A 日)。商人或者企业的逐利性行为,是形成这种价格的最活跃因素。时空的无限性决定了这种逐利性行为的在无限时空中的无限扩张的可能。同样的商品在乙地的价格高于甲地(如图 1、图 2A 日)这种利益的落差就会吸引商人从甲地市场进货以输往乙地市场。(如图 1 甲地 B 日、图 2 乙地 B 日)这一个行为会带来双面效应:在甲地由于商人的采购行为会使甲地市场在同样供给的情况下需求增加,[4]而乙地则由于商人将产品输入该地而导致供给增加。需求增加、供给不变将导致甲地市场价格上升;供给增加、需求不变将导致

---

[1] Thomas Cottier & Petros C. Mavroidis (eds.), *Intellectual Property: Trade, Competition and Sustainable Development*, The University of Michigan Press, 2003, pp. 41~44, p. 46.

[2] Daniel L. M. Kennedy & James D. Southwick(eds.), *The Political Economy of International Trade Law*, Cambridge University Press, 2002, p. 32.

[3] Ernst-Ulrich Petersmann, How to Reform the United Nations: Lessons from the International Economic Law, *Journal of International Law and Foreign Affairs*, 1998, No. 2, pp. 155~156.

[4] 因为甲地市场供给的延滞性,它总会在需求发生以后才会作出反应。

乙地市场价格下调。只要甲乙两地市场存在差价这种活动套利活动会持续下去,两地价格趋平,上述活动停止。如图1、图2C日所示。其结果甲、乙两地市场之间的藩篱消弭,形成一个统一的市场。商人寻求的目光投向这个新形成的这个统一的市场之外。契约是行为个体实现自身利益的基本制度安排,一部人类的经济史在很大程度上就是契约逐渐提出加诸其身的超经济束缚,并逐渐为自己寻求更大空间的历史。

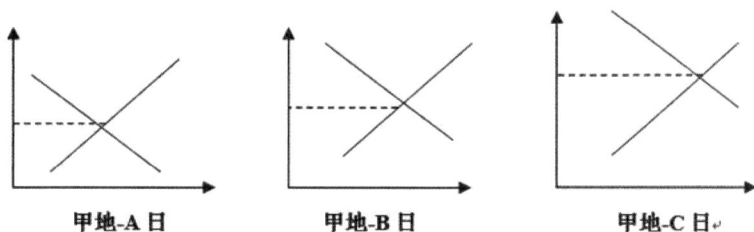

图 1

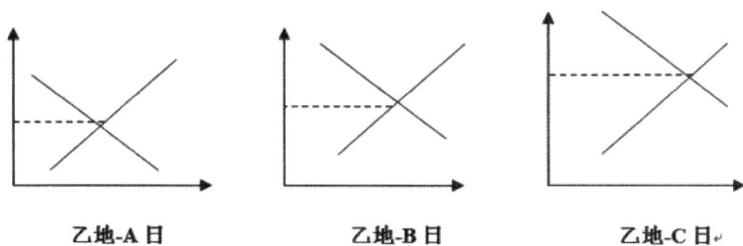

图 2

　　契约是一种缔约人分割交易利益的制度安排,预期利益的一致性并不妨碍具体利益分割过程中的矛盾与冲突。在契约结构中利益的互补是主流,利益纷争居于次要地位。但是,为了防止利益的冲突突破利益互补的主流,就需要制定某种规则以"定分止争"。这种制度安排隐喻了缔约双方的主体意志的非终极性,同时,基于对解决纠纷的预期又期望着解决规则的终极性。但是,契约活动的跨地域性——跨规则体系性(实则为商人逐利行为的跨地域性—跨规则体系性)会面临规则供给多元冲突的难题。这就需要制定冲突规则以因应规则冲突的局面,而解决冲突的规则在更高层面上亦难以避免冲突的窘境。于是更高层面的冲突规则即成必须。在这层次繁复的规则体系中现实地需要一种规则,它被命定为解决冲突的最高规则,它不允许体系内的任何规则和它冲突;它是产生一切规则的规则却不能为其他规则所产生。这就是终极规则或者被称为元规则。这种愿望在主权体系范围内可以实现,一元化的宪法规则体系即便允许或者默认体系内规则的冲突和不一致,但至少从理论上或者可能性上可以达到定于一尊的状态。可是,当交易的范围突破了主权界限的时候,上述要求则成为一个问题。因为,世界主义的经济和国家主义的政治成为自近代以降,国际经济法领域的核心且长久存在的矛盾结构。国际经济法在布雷顿森林体系的架构下取得了长足发展,特别是以 WTO 为代表的、经济领域真正世界性法律的出现曾经鼓舞了许多学者,认为这是解决国际层面规则冲突的里程碑。依循纵观其冲突规范—实体规范—WTO 等的发展脉络,①我们可以清晰地感觉到,商人逐利行为对规则的要求以及制度供给变迁的轨迹。与其说这是一个现实,毋宁说这是一种趋势,或者说是一种现实的趋势。

上述进程之发生存在着一个深刻的经济动因,就是减低交易费用的考虑。调整交易行为的规范的供给多元及彼此的冲突势必会增加交易行为的交易费用,从而折抵交易利益的规模。以追求效益最大化的交易主体,内在的需要并以自己所能采取的各种手段去推动降低交易费用的活动。这种活动不断塑造着国际经济领域规范的理念、制度内涵和体系,使之呈现一种扁平化、结构化、法典化的趋势。扁平化是指其数量少、层次少;结构化是指其在内容上理念、理论、思想、规范、制度、体系互为支援、不相矛盾;法典化是指其在形式上要统一、完整,不支离、琐碎。为了适应世界范围内的配置资源,要求尽可能轧平主权法律体系相互冲突带来的不确定性,以减少因此产生的区隔、紧张、矛盾。最终轮辐向心,无不指向降低成本、提高交易利益的诉求。

三、国际经济法宪法化的规范向度

国际经济法的宪法化的实证向度解决其"何以可能"的问题,而国际经济法宪法化的规范向度则解决其"是否可欲"的问题;前者以其必然性为论证方向,而后者则以其应然性为诉求目的;唯其将它安放于一个崇高的目的之下,国际经贸领域这种"宪法化"的活动才能成就为一个有意义的进程。

人同时具有自然属性和社会属性。人的这两种属性的合乎逻辑的演绎构成

---

① 值得注意的是,当下国际经济贸易领域种类繁多的 FTA(自由贸易区)的存在使得 WTO 出现碎片化的趋势,特别是 TPP(泛太平洋经济战略合作)、TTIP(跨大西洋贸易与投资伙伴协议)、PSA(多边服务业协议)这三个足以影响到全球贸易格局的区域经济合作区正在建立,WTO 逐步边缘化。但是,这并不妨碍我们的判断,经济全球化的不可遏阻的潮流,必然昭示着调整国际经贸规则的一体化的趋势即使几多周折,但未来发展方向是明确的。上述几个区域性制度安排仅仅是这一过程中的反复,但它们的出现亦将提升规则全球化的水平,这是一个辩证统一的关系。

了历史上一切法律体系最活跃的因素和伦理支援。亚里士多德强调人是"政治的动物",即强调其社会性的一面。社会存在的基础必然是对其自然属性的收敛和界定,这表现在规范的设计上势必以义务为首要内容。启蒙时代,人被界定为"理性的动物"。所谓"理性",即对人的"自然属性"的发现。人的自然属性获取了对社会属性的优位地位,权利也就顺理成章的具备了"本体"的位置。这种理论对于义务的贬损和拒斥,使得在其指导之下建构的规范体系势必带有功利主义的倾向和实用主义的特征。而人权(即人的基本权利,来自于人的自然属性)和义务规范、人的社会性之间存在着内在的紧张。国际经济规则所建构的国际经济秩序正是由上述权利体系逻辑展开的,借由本文第一部分的介绍得知,学者也是按照国内规则体系设计国际经济规范体系的。这个体系中众所诟病的对于发展中国家保护不力、贯彻强国逻辑等问题,正是上述权利理论及其规范体系的必然结果。所以吊诡的是,人们所要反对或指摘的事物恰恰是他们所欲坚持或褒赞事物的逻辑结果。这种矛盾性还表现在,一方面,人们看到并且也相信,经济全球化的背景之下,一套具有元规则意义的国际经济宪法的出现乃势所必然,国际经济法规范发展的现实已经并将继续证明这一点。另一方面,在上述进程中导致的国际层面上的贫富差距加大、强国分享国际经济发展的红利、弱国承担国际经济发展的不利后果。基于前者,人们难能否认经济全球化的趋势,全球化成为近年间学术研究的前置性概念;基于后者,人们又指斥全球化是发达国家强加给发展中国的一剂吐不出又咽不下的苦药。这也造成了学术研究领域的分裂局面:全球化论者拥趸发达国家的理论而忽视其对于发展中国家的负面影响;反全球化论者强调其负面效应而讳言其经济上的必然性。后者苦于没有有效的理论支援,只能借助于近代以来的国家主权理念进行"周遭游走式"的抗拒。

解决之道只能回到该规范体系背后的人性哲学,并对其内容进行改造。在国际经济体系规范的基层结构中强化人的社会属性,以期能实现人的自然性和社会性的平衡。在此平衡的人性结构引导之下,重塑其外在的制度规范体系。在国际经济法领域,作为"宪法化"的顶层制度设计——如 WTO、GPA 等国际组织条约体系,需呼应上述关于人性内容的调整。如图 3 所示。

人的进步是指人的自然性和社会性均衡发展的过程。借由全球化人的自然性在扩张的同时,其社会性亦随之升华。如果全球化过程中人的自然性和社会性不能相互匹配——正如同人体阴阳失调——就不能实现和谐的全球化,必然

图 3

产生贫富拉大、环境问题。① 这一过程中有个重要媒介——国际经济规范。这种建立在"人的自然性→权利本位→权利规范"基础上的规则体系，是分流国际经济全球化过程中交易利益的精巧机制。这种机制以形式上的"主体平等""契约自由"等理念为装点，而遮蔽了其盘剥性的实质。如果说启蒙时代以来对于人性片面性的强调——这种理念体系曾经历史地推动过人类的进步——是当代国际经济领域诸多问题的伦理根源，那么建立在上述理论基础上的国际经济法规范体系则是导致上述问题产生的直接原因。交易规则不但是对自然资源不均衡分布的调整和弥补，同时也是对于交易主体自然之力的限制和矫正。当下的国际经济规则体系是建立在权利本位的理念基础之上的，所以权利规范构成当下国际经济规范体系的主体，而对于义务则缺乏如权利一样体系化的配给和规定。这样就形成规则内的显性权利和规则外的隐性义务并存的局面，因此义务特别是发达国家的义务就处于被流放的状态；比如，WTO 框架下的 S & D② 未获应

---

① 对此应予说明的是，环境问题多见于发展中国家，比如中国当下以 $PM_{2.5}$ 污染为代表的环境恶化问题。所以这些国家受到发达国家的严厉批评和攻击。这是一个很奇怪的逻辑：发展中国家之所以产生环境问题是因为发达国家强加给发展中国家的生产体系分工，发展中国家消耗自己的资源、劳动力，生产的产品低价卖给发达国家，而把环境问题留给了国内。而发达国家在享受优质优廉的产品和服务、碧水蓝天之时却以环境问题作为攻击发展中国家的口实。

② 所谓特殊和差别待遇（Special and Differential Treatment，简称 S & D），是指应该给予发展中国家出口产品优惠进入发达国家市场的待遇，并且参加贸易谈判的发展中国家不需要提供与它们所接受的减让完全对等的互惠。根据 S & D 的要求，发展中国家也可以在分阶段实施新规则方面，享受更长的时间优惠和承担规则要求的较低水平的义务。目前WTO 各类协议中，大约有 155 个条款是关于发展中成员享受 S & D 的规定。

有重视及落实就可想而知了。扭转这一局面的重要举措就是要强化国际经济法特别是具有"宪法"意义的国际经济法顶层制度设计中义务的分量,注重权利和义务的平衡配置,有多大权利就要承担多大的义务,最终实现各得其所。

四、国际经济法宪法化的发展向度

我们也应该看到,在当下国际经济形势下实行一种统一的"国际宪政"是非常困难的。宪政实质上是将宪法动态化,宪法的存在成了宪政存在的前提。从宪政的历史发展角度去分析,宪政是伴随着资本主义的发展而出现的,马克思理论认为,经济基础决定上层建筑,封建社会旧的生产关系已无法适应当时新兴资本主义的生产力,所以作为上层建筑的法律必将发生变革。而在当今国际社会下,各国的经济发展是不一致的,这就决定了在国际社会无法形成一个统一的"经济基础",这就从根本上决定了国际社会势必无法形成一个统一的上层建筑——"国际宪法"。

当然,从看似成功运作的世界贸易组织(WTO)模式我们似乎可以找到一种成功建立"国际宪法"的方式,各个 WTO 成员国在加入世界贸易组织之初,都必须作出遵守 WTO 规则的承诺,一些理论认为国家对于加入 WTO 组织所作出的承诺属于其国家对于自身主权的一部分让渡,国家在加入 WTO 之后则必须依照自己加入时的承诺来进行经济活动,并受到 WTO 的管理,一旦某个国家违反了 WTO 的规则,那么 WTO 成员国有权将该违反 WTO 规则的行为提交给WTO 的争端解决机构,而争端解决机构所作出的裁决,作为 WTO 的成员国必须接受。这种模式似乎可以作为成立一个超越国家之上的国际组织的借鉴,国家之间通过一定的协商,统一将权力让渡出一部分给予国家之上的国际组织,而该国际组织通过各个国家的授权而享有管理国际事务的权力,并在此基础上产生一部"国际宪法"。但从当今传统的国际法角度去分析,我们应当可以清楚地得出这样的结论,在世界上并不存在一个超越国家的组织,也就是说任何国际组织都不可能凌驾于国家之上,这是由于每个国家都享有自己独立的主权,国与国之间无论国土面积的大小,经济、军事实力的强弱,其作为国际社会的成员,所具有的地位都是平等的。国际组织只是各个国家通过签订条约、为了一定的共同利益而建立起来的,归根结底还是为了维护国家的主权,所以并不能说由于国际组织是国与国之间协商建立的,就认为国际组织可以凌驾于国家之上。

从宪法的强制力的角度去分析,我们不难得出这样的结论。一国的法律之所以受到一国人民的遵守,与国家暴力机关的强制力密不可分。国家强制力是法律的最基本的保证,也是法律的最后一道屏障,当一国公民无视一国之法律,那么该公民就要受到法律的制裁,国家强制力往往作为一种威慑力量而存在于每一个公民的心中,使其自觉地遵守法律的规定,不触犯法律,并使法律顺利地得到实施。宪法作为法律之一种,同样需要国家强制力作为保证。反观当今世界,并不存在一个统一的"国际暴力机关"作为"国际宪法"的后盾,也没有任何一个国家或者国际组织有权凌驾于国家主权之上,成为"国际暴力机关"来维护"国际宪法"的权威性。① 一旦在国际上动用暴力那么便会演变为一场战争;而"国际宪法"的基本精神又是保障人权的,战争与人权是冲突的。因此,不可能在国际社会上存在行使如内国法律般的国家强制力保证。

在当今的国际交往中,国与国之间交往所依据的往往是两国之间所签订的条约,而两国之间所签订的条约在通常情况下只约束条约的签约国,该条约很难在世界范围内形成普遍的管辖效力。即使多边条约也很难规制世界上的所有国家,遑论创造一整套刚性的宪政系统用以规范世界上各个国家之间的交往,所以"国际宪政"在当今国际社会形式下难免沦为夸夸其谈。

宪政的一个精神与原则是民主,而且民主可以说是宪政的基础。② 没有民主宪政便无从谈起,但是在国际社会中,很难形成我们在内国法上所称的民主。在内国法上,大部分国家往往通过选举制度来保证民主的实施。选举是民主的一个表现形式,人民可以通过选举出来统治的主体而进一步制定代表自己利益的法律,并且人民也可以选举法治的统治主体,通过选举立法主体和法治的统治主体,人民大众可以保证自己的利益。但在国际社会当中这种民主却很难实现,其理由是由于各个国家虽然被国际法赋予了相同的地位但是仍然有大小强弱之分,那么假设存在那么一个超国家的国际组织,那么在该国际组织中应当采取何种选举制度方能保证选举的公平,弱小国家的意志才不会被大国的意志所挟持。另外,各个国家的政府所代表的往往是其本国的利益,而本国的利益往往会与外国的利益相冲突,这种现象即使是在两个经济发展相当的国家之间也仍然会产生,所以假使存在一个超国家的国际组织,其想制定出相应的"国际宪法"也是非常困难的,即使其作了"国际宪法",也不能保证这个"国际宪法"是否在创立之初就带有了强国的强权,所以基于民主的理论,"国际宪法"也很难产生于国际社会之中。

分权是宪政的另外一项基本原则,也往往作为宪政的表现形式,但我们在国际经济社会中很难做到分权,原因在于弱小的国家很难有能力去限制强国,当下,国际社会还难以制定出一套规则,使弱国可以借此对抗强国。

---

① 宋阳:《国际经济法规则宪法化理论初探》,载《政法学刊》2012 年第 5 期。
② [美]埃尔斯特(Jon Elster)、[挪]斯莱格斯塔德(Rune Slagstad):《宪政与民主:理性与社会变迁研究》,潘勤、谢鹏程译,三联书店 1997 年版,第 402 页。

事实上,国际经济组织并不是唯一的可以进行磋商的机构。一个超国家的国际组织必然不可能完全否认区域经济一体化的存在,这样就让这个超越国家的国际组织的权力被架空,因为那些资本主义强国完全可以利用其自身的优势绕开国际组织的管理,而通过区域经济重新获得其需要的霸权地位。所以,即使就算是在国际社会中建立起一个超越国家的宪政组织,也并不是一个一劳永逸的办法。① 当一个资本主义经济强国的强权在一个国际组织中受到限制,那么该国必定会绕开这个经济组织,转而建立起一个区域经济组织,从而继续利用其经济强国的优势攫取利益。所以,在各方谈判实力均衡的情况下,可能会出现局部"宪法性"文件的出现。②

结　语

通过上述分析,国际经济法的"宪法化"是一个历史的趋势,存在着其深刻的经济必然性。但是无论是建立一个超越国家的国际组织还是建立一部"国际宪法"都是非常非常困难的。在如今的国际交往中,国家在国际社会受到尊重与否仍然与其国家的经济军事等硬实力相挂钩,建立一套国际宪政体系的出发点和目的是好的,但这是一项艰巨而复杂的任务,至少在当下的国际格局之下难以做到。所以,在当前国际经济局势之下,仍应学会如何利用规则,积极遵守国际条约固然是每一个国际社会国家应当履行的义务,但是如何将这些规则为我所用,通过利用这些规则使自身变得强大,也只有自身强大了才有可能参与到规则的制定当中去,所以如何利用规则发展自身实力是每一个发展中国家当前应当考虑的首要问题。中国借由加入 WTO 等国际组织而成为世界经济的一个有机组成部分,我们面临着由传统"主权中国"向"主体中国"的身份转换。主体是以其与其他主体相互交往的关系来界定的,中国置身于国际经济的大局之中不能一贯地被动地接受既有的规则,还应该积极表达自己的意志,争取自身的话语权,经由自己的行动改变上述规则。只有自身强大了,才能迫使资本主义发达国家不那么的肆意妄为,并且愿意让渡出一部分的利益来谋求各个国家的共同的利益,也只有到了那个时候,国际社会也许才真正可能建立起一部世界性的"国际宪法"。

---

① 　王振民:《宪法政治开万世太平之路》,载《人民论坛》2013 年第 8 期。
② 　尹译萱:《国际经济法的区域化发展趋势——以欧盟区域为视角》,载《中外企业家》2016 年第 5 期。

预备合并之诉与原告实体权利的一诉实现

■ 余巍 *

摘要：预备合并之诉具有保障原告实体权利实现、降低诉讼成本、促进裁判统一、遏制不诚信行为的功能，域外理论和实务均已认可预备合并之诉的地位。在我国，由于现行法律中预备合并之诉制度的缺位，原告在实务中常陷入困境。为此，有必要在现行民事诉讼法框架下增设预备合并之诉。在制度设计上，可以从一审、二审的审理程序、备位之诉的诉讼系属、诉讼费收取几个方面进行考量。

关键词：预备合并之诉；主位之诉；备位之诉

作为一名基层法官，在收到二审维持原判的判决书时，笔者总会涌起一阵欣慰和喜悦，这源于自己的司法见解被二审法院认同，也由于辛苦折腾数月乃至一年以上的案件总算画上一个句号。但事情并不那么简单，接下来法官完全可能在新收的案件中发现熟悉的名字——原告基于其他诉由又重新起诉。一起纠纷数起诉讼，一审二审，一诉再诉，一年两年，原告的执着和无奈让人感同身受。此类事情经历多了，笔者不禁会问，这些接二连三的诉讼能不能合并解决？毕竟"法律来自生活，而不是生活源于法律"①。有学者认为，我国诉的合并制度不能正常地运行，不仅增大了诉讼成本，使得相互矛盾的判决成为我国实践中较为普遍的现象，对司法权威造成了严重损害。② 党的十八届四中全会《关于全面推进依法治国若干重大问题的决定》指出，公正是法治的生命线。而公正的诉讼程序是实现实体公正的保障，也是司法公正的重要内容。最高人民法院制定《民事诉讼法》司法解释时，亦将民事诉讼程序的公正性作为贯穿始终的主线，切实保障当事人诉讼权利和提高诉讼效率。③ 基于此，有必要对预备合并之诉及其功能、

---

* 作者系福建省厦门市集美区人民法院法官，法学硕士。

① 孙少侠：《法的现象与观念》，山东人民出版社 2001 年版，第 231 页。

② 张晋红：《诉的合并之程序规则研究》，载《暨南学报》2012 年第 8 期。

③ 杜万华等：《最高人民法适用〈民事诉讼法〉司法解释新闻发布会实录》，http://www.chinacourt.org，下载日期：2015 年 6 月 1 日。

制度基础和具体设计作相应思考,以期未来在立法中增设预备合并之诉制度,切实保障当事人的诉权。

一、原告程序保障不足的困境

(一)原告穷尽程序却无法有效实现权利

【案例一】A 送货到 B 公司,由 C 签收。后因未收到货款,A 起诉 B 公司,B 公司称 C 不是其员工,也没有收到货物。由于收货单上没有 B 公司的盖章,B 公司员工清册和社保记录中均没有 C 的名字,A 觉得证据不足遂撤诉转而起诉 C。C 在诉讼中称其行为是职务行为,并提供了发放工资等证据。A 再撤诉起诉 B,终获胜诉。

【案例二】甲公司将挖掘机以分期付款方式卖给王某,约定款项付清前保留所有权,王某支付了两期之后再无付款,甲公司遂基于物权返还的案由起诉王某。法庭辩论终结后,甲公司才得知挖掘机已灭失,遂撤诉并重新起诉王某支付货款及违约金。

在案例一中,因原告对事实认识不清或举证困难,无法在起诉时用证据固定与之交易的被告,根据《民事诉讼法》的规定,原告只能分别对公司和员工提起诉讼。在案例二中,原告起诉时最希望基于所有权让被告返还挖掘机,但诉讼已届尾声时才了解到挖掘机客观上已灭失之事实,因此只能撤诉之后重新起诉。上述原告的实体权利正当性显而易见,但非得经过多次诉讼才能最终实现目的。这样不仅增加了原告的诉讼成本,增大其诉求超过诉讼时效的风险,还浪费了司法资源,助长了不诚信行为。

(二)原告应对策略之样态考察

"有权利就有救济",失落的原告为了改变诉讼的窘境,自行作了一些诉讼策略上的"改进",概括起来有以下几种:

1. 在案例一的情形中,原告将公司和员工作为共同被告起诉,主张两人共同或连带支付货款。该做法的优点在于能将公司和员工一并纳入诉讼,方便查明责任,一并解决纠纷。缺点在于:员工的行为要么是有权代理或表见代理,买受人为公司;要么是员工私自行为且不构成表见代理,买受人为员工。两者作为讼争合同共同买受人的可能性微乎其微,原告主张两者共同付款或连带付款没有法律依据,其诉讼请求与事实理由自相矛盾。

2. 在案例一的情形中,原告将公司作为被告、员工作为第三人提起诉讼,请求被告和第三人支付货款,或者请求被告或第三人支付货款。该做法的优点在于同时诉讼，方便查明责任，如公司承担责任则没有问题。缺点如下：（1）第三人认为其不是被告，不应诉举证且缺席庭审，导致事实无法查清。（2）让被告和第三人一并担责，和第一种做法一样缺乏法律依据。（3）该方式已经固定被告为公司，如果法院在诉讼中查明公司无须担责，认定是员工私自的买受行为，那么根据买卖合同法律关系，买受人应列为被告，但该员工已被列为第三人，原告只能另行诉讼。

3.在案例二中，原告发现诉求客观不能实现时，变更诉讼请求。该做法的优点在于：原告先提起诉讼，再根据诉讼的进行情况调整诉求。缺点如下：（1）根据《民事诉讼法》司法解释的规定，变更诉求只能在法庭辩论终结前进行，若超过该期限只能另行起诉。（2）变更诉求之后被告通常要求重新确定举证期限，导致诉讼冗长。有的案件原告在已届审限时变更诉求，法院须在"一个审限内审两个案件"，这势必破坏诉讼的稳定性和预见性。

4.在案例二的情况下，原告起诉时提出附条件的诉讼请求。即如被告不能返还物，继续履行合同支付价款。其优点在于原告能够充分表达其诉讼目的；其不足在于有的法官认为，附条件属于诉讼请求不明确，不符合法律规定，必须在两者间择一确定。

综上所述，原告在起诉时不能确定被告，不能确定最优诉求能否胜诉，只能用漫长的数个诉讼去实现明显正当的实体权利。原告在现有《民事诉讼法》框架内作的"策略改进"亦难以奏效，且时时面临起诉"不合法"的诟病。"实务中所反映的问题及提出的需求长期存在，不必要的再行起诉造成司法资源的浪费和当事人的讼累。"①人们不禁要问，原告必须忍受这样"迟来的正义"吗？

二、预备合并之诉及其价值考察

上述案例中问题的核心在于，原告为实现权利而先后进行的数个诉讼，能否合并在一个诉讼中解决？答案是肯定的，因为"通常来说，两个诉的联系愈密切，愈有合并审理的必要"②。民事诉讼法理论上有一项专门的制度，称作预备合并之诉，依该制度原告即可将有先后顺位的诉求放在一个诉讼中一并审理。

（一）预备合并之诉的含义

所谓预备合并之诉，是指"在同一诉讼程序中，原告同时提起主位之诉和备

---

① 邱星美：《客观的预备的诉之合并》，载《法学杂志》2014年第2期。
② 张晋红：《民事之诉研究》，法律出版社1996年版，第182页。

位之诉,原告请求若主位之诉败诉时应就备位之诉作出判决"①。预备合并之诉分为主观预备合并之诉和客观预备合并之诉。

主观预备合并之诉,指同一原告对于共同被告起诉为预备合并之诉,先位请求判令被告甲承担义务,预备其对于被告甲之诉无理由时,请求法院就其对于被告乙之诉为审判;或由共同原告对于同一被告起诉为预备合并之诉,先由原告甲请求被告履行义务,如原告甲对于被告之诉无理由时,请求法院就原告乙对于被告之诉进行审理。② 主观预备合并之诉分为复数被告的预备合并,以及复数原告的预备合并两种。案例一即为复数被告主观预备合并之诉适用的场合。依此法理,A 可就 B 公司和 C 同时提起诉讼,主张法院先审理判令 B 公司承担支付货款的义务,如法院认定该主张不成立,则主张法院继续审理请求 C 支付货款的诉讼。

客观的预备合并之诉,指原告预备其提起之先位之诉无理由,同时提起不能并存之预备之诉,以备先位之诉无理由时,法院得就预备之诉审判。③ 案例二系客观预备合并之诉适用的场合。依此法理,甲公司可在起诉时同时主张,先判令王某返还挖掘机,如不能返还,则请求判令王某支付货款及违约金。

(二)预备合并之诉的价值

将案例中的问题用预备合并之诉予以解决,相比当前的"试探性"逐一起诉解决模式,其优点非常明显:

1.保障原告实体权利的正当实现

原告将其主位诉请和备位诉请分成两个诉讼先后起诉,第一个诉讼经过漫长的一审、二审,等来的可能是二审败诉的结果。这时若再对备位诉请提起诉讼,可能已经超过诉讼时效,尤其是在诉讼时效仅 1 年的场合更容易发生这样的情况。如原告为避免超过诉讼时效,对主位诉请和备位诉请在两案中分别起诉,则原告相互排斥的两个诉请,必然导致其事实和理由自相矛盾,反而被人贴上不诚信的标签;而且,后立的案件须以前案的审理结果为前提,必须中止等待先案的处理结果。这使得原告的实体权利无法得到有效的程序保障,让原告陷入无所适从的窘境。如法律允许主位请求和备位请求在一诉中同时提起,则给原告的实体权利配置了相应的保障程序。

2.有利于降低诉讼成本

日本学者棚濑孝雄将"生产正义的成本"分为两个部分:国家负担的"审理成

---

① 邵明:《民事诉讼法理研究》,中国人民大学出版社 2004 年版,第 224 页。

② 刘田玉:《诉之预备合并的比较与借鉴》,载《环球法律评论》2004 年夏季号。

③ 吴明轩:《民事诉讼法》,台湾五南图书出版公司 1988 年版,第 131～132 页。

本"和当事人负担的"诉讼成本"。① 预备合并之诉实质上是将数个诉合并后按先后顺位进行审理,如果主位之诉被判有理由,则备位之诉不用审理;如主位之诉被判无理由,则备位之诉继续审理。这可以避免当事人多次起诉,节省参与诉讼的经济支出、时间支出和精神损耗,降低当事人负担的诉讼成本。对法院而言,即便主位之诉无理由,法院继续审理备位之诉,也使两个以上的诉能够一次得到审理,相比先后审理耗费的人力、物力、时间更少。预备合并之诉可以实现"审理成本"和"诉讼成本"的减少,可有效降低"生产正义"的成本。除此之外,诉的合并,可以减少彼此有关联的若干案件错误判决的概率,从而降低诉讼的错误成本。②

3.促进司法裁判统一

允许原告提出客观的预备合并之诉,能避免分别诉讼可能形成的矛盾裁判,这也为学界之共识。③ 由于法官对法律和证据的认知角度不同,自由裁量的把握因人而异,尤其是在证据不充分的案件中,对相同案件作出不同判决是可能的。原告分开进行的主位诉求和备位诉求之诉,可能由同一审判庭的不同法官审理,也可能由同一法院不同审判庭的法官审理,甚至可能由不同法院的法官审理。这可能使原告在第一诉中被认为主位诉求无理由,备位诉求有理由,在第二诉中被认为主位诉求有理由,备位诉求无理由,最终获得相互矛盾的两份败诉判决。在案例一中,A 先在甲地法院请求 B 公司付货款,法院可能认为 C 并非有权代理或表见代理,判 A 败诉;A 再起诉 C 支付货款,因被告所在地不同而在乙地法院起诉,乙地法院认为 C 构成有权代理或表见代理,应由 B 公司承担责任,判决 A 败诉。采用预备合并之诉,在同一诉讼中处理,可以避免这样的情况。

4.遏制不诚信行为发生

经济生活的复杂性、信息的不对称,或是先前交易行为的不规范,给不同主体相互推诿责任提供了可乘之机。如果不允许原告提起主观预备合并之诉,很可能发生案例一中的情况:明明是公司购买的货物,但原告没有证据,员工不到万不得已也不会主动提供证据,公司能够顺利逃避责任,助长不诚信行为。如果采主观合并之诉,在主位之诉无理由将导致对己诉讼启动时,员工将在不利判决的威慑下积极举证;公司因知晓利害关系,亦不愿再作徒劳的推诿,由此可以遏制不诚信行为的发生。

---

① [日]棚濑孝雄:《纠纷解决与审判制度》,王亚新译,中国政法大学出版社 1994 年版,第 283~286 页。

② 张晋红:《诉的合并制度立法缺陷与立法完善之价值分析》,载《法学评论》2007 年第 4 期。

③ 邱星美:《客观的预备的诉之合并》,载《法学杂志》2014 年第 2 期。

由是观之,上述案例中出现的困扰原告之难题,用预备合并之诉制度即可迎刃而解。但可能有人会问,预备合并之诉是附条件的诉讼,此举是否会破坏诉讼的安定性,造成被告处于不利的地位?[①]

三、预备合并之诉的正当性基础分析

(一)域外预备合并之诉理论的借鉴

1.英美法系预备合并之诉评介

英美法系国家侧重于诉讼的效益价值,即注重在一个诉讼中尽可能多地解决纠纷,所以在预备合并之诉的程序设定上较之大陆法系国家的规定显得更为宽松。不论是一般当事人合并还是介入诉讼,互争权利诉讼,都贯穿着尽可能将与争议解决有利害关系的所有人纳入同一诉讼程序合并审理的理念。[②] 以美国为例,其联邦民诉规则第 17 条至第 25 条的强制合并、强制反请求等措施彻底贯彻了诉讼经济的原则。当事人在起诉状、反请求或者在当事人请求中向对方当事人提出的救济请求,没有任何限制,不管合并的请求有无关联性,也不论是否属于同一类,均不作为合并的要件。[③] 英美法系国家对于预备合并之诉的规定并没有做过多的区分和限制,一切依当事人提出然后依证据而定。[④] 在英美法系国家看来,原告提起预备合并之诉符合其诉讼经济的价值和原理,完全是行得通的。

2.大陆法系预备合并之诉评介

德国早期对预备合并之诉持否定态度,理由在于其破坏了诉的安定性和造成被告不利的诉讼地位。与理论观点相反,在同期的德国民事诉讼实务中,预备合并之诉则常常为当事人使用,法院通常默认其为合法。由于诉讼实务上判例的既成事实,加上不少学者态度变化,德国学界对预备合并之诉逐渐由否定说转为肯定说,认为预备合并之诉所附条件,以诉讼内未定事实为内容,不会长久处于未定状态;被告不利地位问题则可用预备反诉的方式予以解决。德国联邦最高法院基本继受了帝国法院关于预备合并之诉的见解,即在主位请求遭驳回的情形下提出预备申请,其预备请求为合法;即使多数请求之间并无相互排斥之条

---

① 否定主观预备合并之诉的主要理由之一,在于可能将造成被告地位不安定和不利地位。参见范光群:《主观合并之诉在台湾地区的发展》,载《法学家》1999 年第 5 期。
② 汤维建主编:《外国民事诉讼法学研究》,中国人民大学出版社 2007 年版,第 379 页。
③ 白绿铉:《美国民事诉讼法》,经济日报出版社 1998 年版,第 64 页。
④ 李丽峰、浦欣:《预备合并之诉若干问题研究》,载《环球法律评论》2012 年第 3 期。

件存在,亦可以利用预备合并之诉提起诉讼主张。①

日本对客观预备合并之诉争议不大,早期学者不认可主观预备合并之诉。但随着"二战"后日本经济的复苏,一人公司大量涌现,为了解决公司法定代表人职务行为和私人行为所致的交易对象认定难的问题,日本学界开始研究并认可主观合并之诉。目前日本民事诉讼法学说已承认诉的预备合并,与德国不同的是,日本仍坚持以主位请求与预备请求有相互排斥关系为限。

我国台湾地区学者认为,在三种情形下,有提起预备合并之诉的必要:一是事实不明者;二是举证困难者;三是判断不明者。② 台湾地区法院已有这方面的判决,比如台湾地区"最高法院"1978年度上字第1722号判决、台北地方法院1974年度诉字第1481号判决、台北地方法院1988年度诉字第6255号判决等。

在经历了长期的实践和研究之后,目前各国和地区对预备合并之诉逐渐采取了宽松的态度,以促进诉讼经济。该制度在实务中有不可替代的功效,与传统民事诉讼法理念冲突的问题正在被逐步解决。"预备合并之诉毕竟为利较多弊较少之制度,且此制度非只存在于学说,在实务上,它确已存在且在运作发挥机能之中。"③

(二)预备合并之诉适应本土环境需求

1. 不成熟的市场环境催生大量不规范的交易行为

以某案件为例:双方从未签订书面买卖合同,也无任何关于送货签收人的约定。卖方根据买方电话指示将货物送到买方公司,由某位自称为仓管或保安的人员签字收货。卖方等到约定付款期限届满,起诉公司支付货款时,公司否认签字的系其员工。法院调取的该公司员工清册和社保记录中也没有签字人姓名,卖方面临巨大的败诉风险。但是,该卖方可能基于同样的情形再次到法院起诉,因为"如果我要求和对方签订合同,我很可能就没有订单,因为竞争激烈,我不卖别人也会卖"。在这样的交易环境下,预备合并之诉的设立不但正当可行而且非常迫切。

2. 法人与个人行为区分难现象不断涌现

随着我国经济的快速发展,公司企业大量涌现。法人行为与法定代表人的个人行为、公司职员职务行为与其个人行为难以有效识别的问题日益突出。公司和职员之间信息的内部性及相互推诿的可能性,使得原告的起诉异常艰辛和困难。这一现实环境,给预备合并之诉的确立与适用提供了良好的土壤。

---

① 刘田玉:《诉之预备合并的比较与借鉴》,载《环球法律评论》2004年第2期。
② 王甲乙等:《民事诉讼法新论》,台湾三民书局2002年版,第263页。
③ 范光群:《主观合并之诉在台湾地区的发展(续)》,载《法学家》1999年第6期。

3.不诚信诉讼行为层出不穷

弄虚作假、滥用诉权,以谋取不正当利益为目的的不诚信诉讼,近年来呈多发态势。[1] 债务人利用交易漏洞和诉讼技巧逃债赖账现象多发:(1)利用职员职务行为和个人行为的事由推诿责任。(2)对原告无证据证明的事实,一概予以否认。(3)将原告所有的物(保留所有权买卖、租赁物)私下卖与第三人,让第三人以善意取得对抗原告的物权返还请求。(4)用管辖权异议和反诉突袭拖延诉讼。(5)与他人串通诉讼,转移财产或财产上设立抵押权、租赁权,逃避执行。在债务人不诚信行为层出不穷的环境下,允许预备合并之诉,将压缩不诚信行为的空间,诉讼效率的提高亦可减少不诚信行为的发生概率。

四、预备合并之诉的构建设想

(一)一审审理阶段的具体设计

1.主位和备位诉求需相互排斥

日本和我国台湾地区通说认为主位和备位诉求需要相互排斥,才能预备合并;德国旧说也认为主位和备位诉求需要相互排斥,但新说则认为主位和备位诉求不需要相互排斥也能成立预备合并之诉。预备合并之诉旨在解决原告数个诉之间不能自圆其说只能逐一审理的困境,相互不排斥的诉求完全可以用其他诉的合并理论予以解决,比如单纯的诉的合并、竞合的诉的合并、选择的诉的合并等,故主位诉求和备位诉求宜采需相互排斥的观点为妥。

2.主位诉求有理由时备位诉求不审理

在预备合并之诉审理中,如果原告主位之诉无理由,则继续审理备位之诉;如主位之诉有理由,则应不再继续审理备位之诉。"惟数诉之行预备合并者,法院应依原告所为预备或假定之声明,先就第一位之诉有无理由为辩论,非认第一位之诉为无理由,不得就第二位之诉为审判。"[2]如此设计的理由在于:(1)预备合并之诉的含义在于主位请求未获支持时再审理备位请求。如主位请求已经得到支持,则当然不必再审理备位诉求,否则与预备合并之诉的"预备"之义不符。(2)如主位诉求已得支持还继续审理备位诉求,意味着任何一个预备合并之诉都会审理两个诉,无法发挥预备合并之诉的效率功能。(3)从二审发回改判情况看,二审发回改判的案件毕竟不占多数,如果因二审可能改变主位诉求有理由的

---

① 党小学:《不诚信诉讼行为多发》,载《检察日报》2014 年 2 月 12 日第 7 版。

② 石志泉:《民事诉讼法释义》,杨建华增订,台湾三民书局 1987 年版,第 284 页。

判决,一审就需要审理所有备位之诉,司法成本过大。

(二)二审审理阶段的具体设计

1.主位诉求胜诉的审理

原告主位诉求胜诉,一审法院不再对备位诉求进行审理。此时仅承担责任的被告有上诉利益可以上诉,二审法院认为原审理由成立的,驳回上诉维持原判。如果二审认为主位诉求无理由的,应撤销原判,驳回原告主位诉请,指令一审法院对备位诉求继续审理。理由在于:(1)二审不能直接审理备位之诉,因为主位和备位之诉是合并在一起的两个诉。一审法院未对备位之诉进行审理,二审法院迳行审理明显违反"二审终审"的审级制度,剥夺了当事人备位之诉的一审审级利益。(2)二审审理对象以上诉范围为限,被告不服主位之诉判决提起的上诉,不涉及备位之诉,二审不能审理超出上诉范围的备位之诉。(3)主位判决在二审审结时才最终确定,此时才判定"主位之诉"无理由,启动备位之诉的条件成就,故应指令一审就备位诉求进行审理。(4)德国和日本曾有学说认为,二审法院判决主位诉求不成立,可直接审理备位之诉,以求诉讼效益,但近年来越来越多的学者认为,此举因违反辩论和处分原则而不可取。

2.主位诉求败诉备位诉求胜诉的处理

一审法院对合并在一起的主位之诉和备位之诉均进行了审理,对于两个诉的当事人可以根据败诉情况各自上诉,二审法院则根据上诉人的上诉范围进行审理。可能的上诉情形有如下几种:(1)原告对主位之诉上诉,被告对备位之诉上诉。二审应对主位之诉和备位之诉审理,对两诉均须作出处理。(2)原告不上诉,被告对备位之诉上诉。二审围绕备位之诉进行审理。(3)原告对主位之诉上诉,被告对备位之诉不上诉。二审围绕主位之诉进行审理。

3.主位和备位诉求均败诉的处理

主位和备位诉求均败诉的,由于一审法院已经对两个诉进行了审理,此时只有原告才能上诉,二审法院围绕其上诉范围进行审理。原告最可能的是对主位之诉和预备之诉一并上诉,二审法院则一并审理作出处理。

(三)备位之诉的诉讼系属问题

诉讼系属是指原告向法院提出诉状,使特定的当事人间就特定的权利或法律关系(诉讼标的)在双方当事人的参加下,开始由特定的法院进行审理的状态。[①] 一审认为主位之诉有理由,不再对备位之诉进行审理。此时就备位之诉

---

① 李龙:《民事诉讼标的理论研究》,法律出版社 2003 年版,第 217 页。

的诉讼系属,"待主位之诉有理由之判决确定之后,备位之诉解除条件方为成就,诉讼系属亦于主位之诉之判决确定时起才归于消灭,且该消灭溯及起诉时"①。如一审被告未上诉,判决生效时,备位之诉的诉讼系属消灭,且溯及起诉之时。如被告上诉,则备位之诉的诉讼系属不消灭,且因为该诉尚未经一审审理,上诉范围中亦无该诉的内容,故备位之诉仍然停留在一审。

二审如认为主位诉求有理由的,因此时一、二审仅对主位之诉进行审理,法院对原告提出的备位之诉未经任何审理,备位之诉诉讼系属停留在一审。如二审主位诉求有理由的判决确定,则备位之诉的诉讼系属在该判决生效时消灭,且该消灭溯及起诉之时。

(四)诉讼费用计收标准

预备合并之诉,实质上是两个诉的附条件合并,其诉讼费计收可参照其他诉的合并,以法院审理的诉为标准:如果法院仅审理了主位之诉,则费用按主位之诉收取。如果法院同时审理了主位之诉和备位之诉,则按两诉合并审理收取,即主位之诉按通常收取,备位之诉可按反诉合并审理的情形,减半予以收取。当然,原告在起诉的时候应当就主位和备位之诉,按主位之诉全额、备位之诉减半的标准同时预交诉讼费。

结　语

预备合并之诉被认为具有保障实体权利、提高诉讼效率、维护裁判统一和防止被告相互推诿等功能。发达国家和地区民诉法理论及实务均确立了该制度,以有效满足社会生活中当事人的需求。我国审判实务中反复出现的原告在诉讼策略上的各种权宜做法,反映了社会生活对预备合并之诉的迫切需求,而法律规定却严重滞后。法律的生命从来不是逻辑,而是经验。现行民事诉讼法有必要增设预备合并之诉,以有效地保障当事人的诉讼权利。

---

① 杨建华:《民事诉讼实务问题研究》,台湾三民书局 1981 年版,第 221 页。

暂予监外执行制度的职权配置与程序设计

■ 吴成杰 *

摘要:随着我国法治化进程的发展,如何保证刑事司法活动各环节的规范运行,日益引起社会各界的高度关注。其中,罪犯交付执行前暂予监外执行作为刑事诉讼中容易被忽略但又至关重要的一个环节,近年来备受理论界和实务界的重视。有关法律虽然对暂予监外执行作了一些规定,但是实践中仍存在不少法律适用的难题和操作的盲区,主要表现为相关法律规范过于简单粗糙,对罪犯病情的组织诊断工作不够规范,以及刑罚执行方式变更为暂予监外执行的职权配置不够明确。

关键词:交付执行;暂予监外执行;职权配置;程序设计

随着我国刑事司法理念的不断更新,如何保证刑事司法活动各环节的规范运行,成为当下理论界和实务界高度关注的话题。毋庸置疑,罪犯交付执行前暂予监外执行是刑事诉讼中容易被忽略但又至关重要的一个环节,长期的司法实践表明,由于罪犯交付执行前暂予监外执行的职权配置问题始终未得到足够的重视,立法上配套规定滞后,实务中各部门推诿扯皮,造成暂予监外执行相关司法程序不明晰,审前未羁押判实刑案件①的罪犯"送所执行难"②等问题突出。为此,本文结合厦门两级法院开展暂予监外执行案件和审前未羁押判实刑未能交付执行案件专项清理工作情况,发现问题,剖析原因,总结经验,提出具有针对性和参照性的对策建议,以期推动罪犯交付执行前暂予监外执行工作的规范有序开展。

---

* 作者系厦门市中级人民法院书记员,法学硕士。
① 指罪犯需要收押执行刑罚,而判决、裁定生效前未被羁押的案件。
② 主要是指裁判生效前因患有疾病而被采取取保候审或者监视居住的罪犯交付看守所执行难的问题,不包括未被羁押罪犯在裁判生效后、交付执行前逃匿的情形。

一、暂予监外执行案件专项清理概况及存在的问题

党的十八届四中全会通过的《中共中央关于全面推进依法治国若干重大问题的决定》(以下简称《决定》)对"完善刑罚执行制度"作了重大部署,健全暂予监外执行制度是其中的一项重要内容。目前,在社会各界和人民群众对刑罚执行工作提出更高要求和期待的背景下,暂予监外执行工作中暴露出的一些问题,极大地损害了司法的权威和公正,严重影响了刑事诉讼目的的实现。社会对此反应强烈,已经引起了中央的高度重视。2014 年 1 月 21 日,中央政法委印发了《关于严格规范减刑、假释、暂予监外执行切实防止司法腐败的意见》,对刑罚变更执行的工作作了规范。最高人民法院、最高人民检察院相继发文要求在全国范围内部署开展"减假暂"案件的专项检查或检察活动,进一步维护法律的严肃性。为此,根据上级法院的通知要求,厦门两级法院对历年来决定暂予监外执行的案件和审前未羁押判实刑未能交付执行的案件开展了专项清理,全面掌握有关案件的总体情况和个案的具体情况。(见表 1、表 2)

表 1　决定暂予监外执行案件的专项清理情况

(罪犯总人数:244 人)

清理事项	具体类型	罪犯人数
是否载明决定暂予监外执行的期限	有载明的(载明的期限与判处刑罚的刑期一致,即"一决到底")	88 人
	未载明的	156 人
决定暂予监外执行的原因	患有严重疾病的(主要包括肺结核、病毒性肝炎、艾滋病、癌症、肾功能衰竭等)	177 人
	怀孕或正在哺乳的	50 人
	生活不能自理的	17 人
清理完成情况	决定收监执行的	45 人
	决定继续暂予监外执行的(期限明确为一年)	26 人
	刑期届满或罪犯死亡的	144 人
	决定并交由公安机关上网追逃的	29 人

表2　审前未羁押判实刑未能交付执行案件的专项清理情况

（罪犯总人数：62 人）

清理事项	具体类型	罪犯人数
罪犯年龄分布	60 周岁以上的	10 人
	超过 30 周岁不满 60 周岁的	48 人
	30 周岁以下的	4 人
未能交付执行的原因	患有疾病的（主要包括糖尿病、高血压、心脏病等短期内难以对是否造成生命危险作出审查判断的疾病）	43 人
	怀孕或正在哺乳的	5 人
	生活不能自理的	3 人
	其他原因（主要是指执行机关相互推诿影响罪犯交付执行顺利开展的情形）	11 人
清理完成情况	决定收监执行的	19 人
	决定暂予监外执行的	10 人
	决定收监服刑并交由公安机关上网追逃的	28 人
	经病情鉴别，法院决定收监服刑但由于看守所拒绝收押导致罪犯仍未能交付执行的	5 人

　　与罪犯交付执行前暂予监外执行相比，对在监狱服刑或留在看守所服刑的罪犯适用暂予监外执行的，有关实务操作程序较为规范。目前，暂予监外执行的运行难题主要产生于"在交付执行前，暂予监外执行由交付执行的人民法院决定"这一环节，具体表现在以下几个方面：

（一）立法过于简单粗糙且存在适用争议

　　目前，我国《刑事诉讼法》及有关法律规范根据执行中出现的问题，从进一步完善监外执行程序、加强检察机关对监外执行的监督等方面进行了修改完善。[1]但是，实务操作过程中仍暴露出一些立法方面的不足，包括有关罪犯"交付执行

---

　　① 樊崇义：《我国刑事诉讼制度的进步与发展——2012 年刑事诉讼法修正案评介》，载《中国政法大学学报》2013 年第 2 期。

前"的流程节点的法律规定不明,使得不同办案部门在理解适用上存在较大的争议,往往造成审前未羁押判实刑案件的刑罚变更执行成为人民法院一家之事;有关法律规范对由谁负责将罪犯送交看守所羁押的执行主体的规定存在冲突;①看守所收押送监服刑罪犯的程序标准缺乏明确的法律依据,《看守所条例》仅笼统地规定"看守所监管已决犯,执行有关对已决犯管理的法律规定",至于要具体执行什么法律规定并未予以明确;以及缺乏对罪犯交付执行各节点各环节实施同步法律监督的法律规定等。

(二)鉴别工作难以有效开展且不易审查判断

虽然上述有关专项清理工作经过扎实深入的开展,但是在清理活动结束时,厦门两级法院仍有 5 名罪犯因患病未能交付执行。究其原因,主要是由于罪犯病情的组织诊断工作难以有效开展。首先,人民法院内部的刑事审判部门与司法技术部门的分工配合不够明确,司法技术部门往往未能提供客观、科学、明确的鉴别意见,让刑事审判部门在作出暂予监外执行决定时可以参考使用。其次,由于最高人民法院与国家卫生和计划生育委员会(以下简称"卫计委")未联合出台相关操作细则,实践中人民法院难以组织协调省政府指定医院的医学人员共同开展罪犯病情鉴别工作。最后,一些重大疑难复杂病情的保外就医评判标准和适用尺度难以掌握和统一,实践中当人民法院组织诊断得出的鉴别意见,得不到公安机关和检察机关的认同时,重复体检成为常态,且往往由于不同法医或者医疗专家在医学资质水平、诊断标准、对病情的医学认识等方面存在差异,导致不同人员作出的鉴别意见不一,影响审判机关的审查判断。

(三)送所执行难且刑罚变更执行程序不规范

在专项清理过程中,发现有 43 名患有疾病的罪犯,虽经人民法院决定收监执行,但当有关机关将罪犯送交看守所羁押时,看守所因担心罪犯疾病突发会发

---

① 《最高人民法院关于适用〈中华人民共和国刑事诉讼法〉的解释》第 429 条第 2 款规定由人民法院负责将罪犯送交看守所羁押,而《公安机关办理刑事案件程序规定》第 287 条第 1 款在肯定强制措施效力应当延续到罪犯交付执行这一环节的同时,明确规定由执行强制措施的公安机关负责将罪犯送交执行。实际上,从职权配置角度来讲,人民法院和公安机关应当各司其职,对于涉及罪犯人身自由及监管方面的事项应当由公安机关负责执行,包括负责将裁判生效前未被羁押的罪犯送交看守所羁押这一项工作,而不能交由作为裁判机关、不具备监管能力的人民法院负责执行。何况在实践中将罪犯送交看守所羁押经常受阻,而人民法院根本不具备相应的监管场所和羁押能力,由此导致的相关刑罚变更执行更不应由法院主动提出。

生意外伤亡,往往拒绝将罪犯予以收押。尤其是对于一些需要结合病情的严重程度来综合判定是否符合保外就医条件的罪犯,看守所更是坚持判定此类罪犯属于"患有严重疾病"的情形而不予收押。由此,不得不考虑将罪犯送所羁押未果致刑罚变更执行需要解决的问题,包括如何完善看守所收押罪犯的程序并强化同步法律监督,如何启动刑罚变更执行的程序,对于老、病、残罪犯是否需要组织复核诊断,复核诊断工作如何开展,以及在此过程中公、检、法、卫各家如何协同配合等问题。

二、暂予监外执行司法程序不规范的原因剖析

我国刑罚执行权力配置的多元化在司法实践中主要带来了两个问题,即容易造成权力的僭越、重叠和推诿,以及容易影响刑罚执行质量。[①] 从上述问题介绍可以看出,罪犯交付执行前暂予监外执行有关操作难题的产生,是与有关立法规定滞后、各部门的职权配置不明密不可分的。

(一)罪犯交付执行的法律规范存在缺陷

关于罪犯交付执行的立法是刑事法律体系中最薄弱的环节,具体表现在以下几点:

1.关于罪犯"交付执行前"的立法规定存在空白

我国《刑事诉讼法》第 254 条第 5 款规定:"在交付执行前,暂予监外执行由交付执行的人民法院决定。"但是,对于何谓"交付执行前"并未作出界定。实践中,对于审前未羁押判实刑案件的罪犯交付执行,看守所大多以对罪犯进行收押视为交付执行完毕,并认为一旦收押后,在将该罪犯送交监狱服刑前,看守所无法再对经检查确属患"严重疾病"的罪犯的刑罚执行方式进行变更。如此理解,除了导致将罪犯送交看守所羁押受阻以外,还将间接影响到后续刑罚变更执行的规范运行。

2.看守所收押送监服刑罪犯的程序标准不够明确

关于已决罪犯的收押,《看守所留所执行刑罚罪犯管理办法》第 10 条和《监狱法》第 17 条均作了明确规定,即"先办理罪犯收押手续,再进行身体检查"。经检查,对于符合暂予监外执行情形的,再依法提请有关机关批准。但对于看守所在收押需要送监服刑的罪犯时,是否应当参照上述规定执行并未予以明确。实践中,看守所往往从监管安全的角度出发,坚持按照《看守所条例》中有关收押犯

---

① 刘政:《美国监狱刑罚执行文化的透视与思考》,载《河北法学》2015 年第 4 期。

罪嫌疑人、被告人的规定来执行,即"先检查身体,后决定是否收押"①。由此,导致一些患病的罪犯,虽经人民法院决定收监执行甚至经检察机关协调②,仍无法将罪犯顺利交付看守所收押执行。从上述专项清理的工作情况看,至少有 25 个罪犯虽经体检并不符合法定保外就医条件,但法院往往迫于上述无奈而违规作出暂予监外执行的决定。

3. 刑罚变更的法律规定不适应实践发展的需求

随着刑事执行实践的不断发展,有关立法滞后的问题愈显突出。对于"送所执行难"引发的刑罚变更执行,公安机关、检察机关大多倾向认为,对因病取保候审的被告人,裁判生效后的暂予监外执行,应由人民法院直接作出而不必通过监所机关。2012 年 12 月 26 日,最高人民法院、最高人民检察院、公安部、国家安全部、司法部、全国人大常委会法制工作委员会等部门公布了《关于实施刑事诉讼法若干问题的规定》,其中明确指出,被告人提出暂予监外执行申请的,看守所可以将有关情况通报法院。该规定公布后,看守所往往认为,看守所仅负有将其了解掌握到的被告人在羁押期间的表现情况通报人民法院的义务,而无须就刑罚是否变更执行向人民法院提出意见。检察机关则对此持相同的观点。由此,刑罚变更执行活动变成法院一家之事。

(二)保外就医组织诊断工作存在操作的盲区

现行的法律规定,罪犯在交付执行前,因有严重疾病依法提出暂予监外执行申请的,有关病情的诊断鉴别由人民法院负责组织进行。但是,对于人民法院如何组织诊断却缺乏具体的细则规定,或者已有的规定不具备可操作性。

1. 医院出具的临床医学诊断证明文件不够规范

《暂予监外执行规定》第 9 条对医院出具病情诊断或者检查证明文件作出明

---

① 据了解,《看守所法》正在制定中,其中明确要依法建立收押制度,内容极有可能会涉及看守所收押罪犯的程序参照《监狱法》的规定执行。故对于看守所收押罪犯的程序问题,本文在"完善建议"部分不再赘述。参见中国法学会:《〈看守所法(送审稿)〉专家研讨会成功举办》,http://www.mzyfz.com,下载日期:2015 年 9 月 22 日。

② 在多数情况下,人民法院将执行材料送达执行机关以后,交付执行的工作就已经结束,但在实践中,人民法院为了防止被告人逃脱,对于可能要判处实刑但未被先行羁押的被告人在判决前先予以逮捕。在送交看守所时,看守所可能会以被告人身体不适宜收押为由拒绝收押被告人。如果人民法院审查后认为被告人不符合监外执行条件的,应当由人民检察院发挥法律监督职能,由驻监所检察处进行协调,被告人确不符合监外执行条件的,应当要求看守所予以收押。参见南英、高憬宏主编:《刑事审判方法》,法律出版社 2015 年版,第 507 页。

确要求①。在实践中,省政府指定的医院指派两名具有"副高"以上专业技术职称的医师,共同出具病情诊断或者检查文件时,其往往是按照自己的行医习惯记载罪犯病情和诊断建议,而非紧密结合《保外就医严重疾病范围》中规定的疾病类型和诊断标准等内容,出具符合形式要件或可参照性的诊断证明。《保外就医严重疾病范围》采用列举方式,不可能将所有适合罪犯保外就医的严重疾病全部列举出来。② 因此,对于保外就医的审查判断,人民法院往往无法通过将医生出具的诊断证明文件与《保外就医严重疾病范围》的规定进行对照,得出鉴别意见。

2.关于组织诊断罪犯病情工作的规定不具备可操作性

最高人民法院 2014 年 12 月 11 日下发《关于罪犯交付执行前暂予监外执行组织诊断工作有关问题的通知》,对病情组织诊断工作作了进一步的规定,但该规定在实践中并不具备可操作性。这是因为自 2005 年司法鉴定体制改革以来,人民法院不再设立鉴定机构,不再评定法医职称,即使是中级人民法院这一层级,也往往不再具备副主任法医师以上职称的工作人员,可见,中级人民法院的司法技术部门已不具备承担组织诊断工作的条件和能力。而省政府指定的医院由于未收到卫生部门的有关文件通知,时常拒绝接受人民法院的委托,不同意指派相关专业的临床医学人员配合法医共同开展相关诊断鉴别的合议工作。在此情况下,实践中刑事法官往往只能通过与法院法医进行口头沟通,再结合有关答复意见对罪犯病情是否符合保外就医的条件作出认定。显然,这种做法是不够科学和严谨的。

3.保外就医的鉴别意见出现争议时缺乏救济途径

根据《暂予监外执行规定》第 18 条第 4 款的规定,人民法院在作出暂予监外执行的决定前,应当征求人民检察院的意见。检察机关经对医院出具的诊断证明文件进行文证审查,若提出罪犯的现有病情不符合保外就医条件的检察意见,有关暂予监外执行工作要如何开展,是由检察机关提出启动复核诊断的工作,还是由人民法院商请有关部门重新组织鉴别,相关法律并未予以明确。实践中,往往因重新组织诊断、检查和鉴别无门,有的人民法院根据检察机关的审查意见迳行作出收监执行的决定,但将罪犯送交看守所羁押时,看守所往往对鉴别意见提出异议并拒绝办理收押。由此,出现公、检、法各家对鉴别意见看法不一影响人民法院组织鉴别的权威性,以及看守所拒绝收押容易导致罪犯脱管失控的双尴尬局面,且出现上述问题时又缺乏有效的法律救济途径。

---

① 2012 年《刑事诉讼法》增加了要经省级人民政府指定的医院诊断的规定。参见张军、陈卫东主编:《新刑事诉讼法教程》,人民法院出版社 2012 年版,第 367 页。
② 庄洪胜:《最新保外就医严重疾病范围理解与适用》,中国法制出版社 2015 年版,前言。

三、完善暂予监外执行制度的思考和建议

为破解暂予监外执行制度的运行难题,有必要在遵循权力制衡与效率相协调、惩罚犯罪与保障人权相统一的原则下,从立法完善和程序设计等方面着手,进一步规范暂予监外执行的权力运行机制和审查判断标准。

(一)厘清罪犯"交付执行前"这一概念的内涵与外延

罪犯交付执行是指刑事判决、裁定生效后,人民法院及时将交付执行法律文书送达看守所;公安机关在一个月内将罪犯交付监狱执行,或者留看守所服刑,或者在监外执行缓刑、暂予监外执行;监狱依法将罪犯收监执行刑罚的一种刑事诉讼活动。① 也有学者形象地指出,罪犯交付执行是从法院到看守所再到监狱的一个流水过程。② 结合前文介绍分析的专项清理工作实践,对于判决前因病取保候审、裁判生效后决定收监执行的罪犯而言,有关罪犯交付执行的程序应当包括如下三个步骤和流程(见图 1):

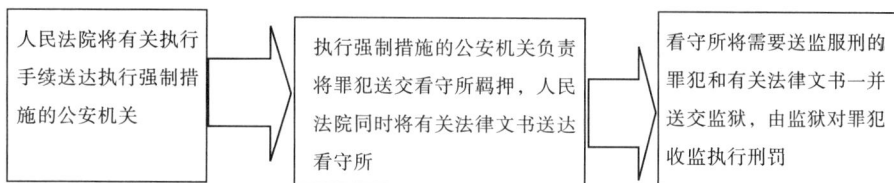

| 人民法院将有关执行手续送达执行强制措施的公安机关 | ➡ | 执行强制措施的公安机关负责将罪犯送交看守所羁押,人民法院同时将有关法律文书送达看守所 | ➡ | 看守所将需要送监服刑的罪犯和有关法律文书一并送交监狱,由监狱对罪犯收监执行刑罚 |

图 1 审前未羁押判实刑的罪犯交付执行程序

只有走完上述三个步骤和流程,才能认定罪犯交付执行完毕。值得一提的是,看守所收押送监服刑罪犯的行为,是代监狱先行收押的暂时性羁押行为,实质上是监狱收监执行的前置程序,并非典型意义上的罪犯收监执行活动,不能据此认定交付执行完毕。正确界定罪犯"交付执行前"这一概念,对于从宏观上确立公、检、法三家共同参与罪犯交付执行前暂予监外执行活动的这一原则,具有重大的意义。

(二)出台罪犯病情组织诊断工作的操作细则

为了使刑事司法体系更加有效地发挥作用,不应将刑事司法的权力集中在

---

① 杨光华:《刑罚交付执行活动中的问题与对策》,载《人民检察》2009 年第 6 期。

② 包耐兵、王成柏:《罪犯交付执行中存在的问题及其检察监督》,载《人民检察》2005年第 4 期。

特定的机关,而应将其分散。这样一来,刑事司法便有了掌管各自权限的众多程序参与者协同作业的性质。① 为此,建议由中央政法委牵头组织公、检、法、卫等部门,专门就罪犯病情组织诊断工作出台具体的操作细则,明确具体分工:(1)由法院审判部门协调法警负责将罪犯押送到指定医院接受身体检查,再将有关医学诊断证明文件提交中级法院的司法技术部门进行审查判断。(2)由中级法院的司法技术部门负责罪犯病情诊断的具体鉴别工作。鉴别工作应当由法医人员,或者组织相关专业的临床医学人员和法医人员,采取合议的形式进行。(3)中级法院的司法技术部门聘请临床医学专家参与医学诊断时,应当出具医学诊断委托聘请书,同时送达告知罪犯病历、检查报告、影像学资料等相关资料。(4)卫生部门要组建病情诊断的专家库,并结合《保外就医严重疾病范围》的有关规定,制定有关医生工作守则,指导医生出具规范的临床医学诊断证明文件。② (5)中级法院在组织医学诊断前,应当向同级的检察机关和对接的看守所通报有关情况,检察机关应当派员监督,看守所可以派员参与,必要时检察机关可以自行组织重新诊断、检查或者鉴别。(6)高级法院司法技术部门负责监督指导本辖区由人民法院交付执行罪犯的有关病情诊断鉴别工作,并承担一些重大疑难复杂案件的复核诊断工作。

(三)树立审判中心理念推动刑罚执行公开

在审理阶段,对于被告人及其辩护人提出暂予监外执行申请的,人民法院应当如何依法妥善应对,实践中不同法官的理解存在着较大的争议。从域外典型法治国家的做法经验看,在法国,以"对抗、透明、规范"为核心的司法权威是贯穿刑事诉讼程序所有阶段的主线。③ 在国际刑事法院,审判分庭作出有罪判决时,应当考虑在审判期间提出的与判刑相关的证据和意见,议定应判处的适当刑罚。④ 从节约司法资源和提高办案效率的角度出发,尤其是在当前全面推进以

---

① [日]田口守一:《刑事诉讼法》,刘迪等译,法律出版社2000年版,第1页。
② 应当包括罪犯基本情况、医学检查、分析说明、结论意见等内容。结论意见应当包括疾病诊断、疾病严重程度评估、疗效评估和治疗建议。对于一些以患有高血压、糖尿病、心脏病等疾病为由,申请保外就医的,临床医学诊断证明文件还应包括罪犯所患疾病短期内有无生命危险的评估内容。正如有学者指出,医学是一门实践科学,每一种严重疾病都是一个动态变化的过程,一种疾病今日可能达不到严重程度,但到了明天可能就达到了严重标准。参见庄洪胜:《最新保外就医严重疾病范围理解与适用》,中国法制出版社2015年版,前言。
③ 施鹏鹏:《法国〈2000年6月15日关于加强无罪推定及被害人权利保护的法律〉之评析》,载张军、陈卫东主编:《域外刑事诉讼专题概览》,人民法院出版社2012年版。
④ 肖铃:《国际刑事法院诉讼程序及证据规则概览》,载张军、陈卫东主编:《域外刑事诉讼专题概览》,人民法院出版社2012年版。

审判为中心的诉讼制度改革的大背景下,建议对病情复杂、定性争议大的保外就医案件,一方面,明确合议庭可在庭审中组织控辩双方就有关暂予监外执行的事实进行调查并发表意见;另一方面,明确负责羁押的监管部门,有义务将其掌握的被告人身体状态、平时表现以及是否积极配合司法机关安排的治疗等情况通报人民法院,被告人对此提出异议的,监管部门负有派员出庭作证的职责。[1] 有专家提出,对于暂予监外执行的申请,人民法院应当在交付执行前,甚至可以在判决时作出处理。[2] 如此,既有助于确保刑罚执行的程序更加公开透明,也完全符合党的十八届四中全会《决定》中提出的"保证庭审在查明事实、认定证据、保护诉权、公正裁判中发挥决定性作用"的精神要求。

(四)规范罪犯交付执行前的刑罚变更程序

完善刑罚变更执行制度是中央司法体制改革的重要内容。对于交付执行过程中,因罪犯病情产生变化导致刑罚需要变更执行的,有必要在刑罚变更的程序设计和有关部门的职权配置等方面加以规范和细化。

1.完善看守所收押罪犯后的刑罚变更执行程序

实践中,当看守所将办案机关送交羁押的罪犯收押后,在将罪犯交付监狱服刑前,若经检查发现存在暂予监外执行的情形,正如前文所述,因该阶段仍属于"交付执行前"的范围,故看守所可向交付执行的人民法院提出刑罚变更执行的建议,并抄送检察机关审查由其提出书面的检察意见,最后由人民法院依法作出是否同意暂予监外执行的决定。换个角度说,看守所收押办案机关送交羁押的罪犯后,并非就必须将罪犯一直羁押直至送交监狱执行刑罚,看守所完全还可以通过向交付执行的人民法院提出刑罚变更执行建议,依法将罪犯的刑罚执行方式变更为暂予监外执行。如此明确之后,既能保证看守所及时收押一些患有疾病但尚未达到保外就医程度的罪犯,防止罪犯处于脱管失控状态,也能够消除看守所在收押罪犯后对监管安全问题的顾虑。

2.明确将罪犯送交看守所羁押未果的刑罚变更执行程序

目前,对于罪犯交付执行过程中遇到类似看守所拒绝收押等问题,除了检察

---

[1] 正如在美国,为促进控辩平等,对刑事被告人不利的传闻不再能够直接通过传闻规则的例外规定直接成为具有可采性的证据,而是要受到更为严格的审查。参见初殿清:《美国传闻规则的新发展》,载张军、陈卫东主编:《域外刑事诉讼专题概览》,人民法院出版社 2012 年版。

[2] 黄永:《〈六部委关于实施刑事诉讼法若干问题的规定〉的理解与适用》,载江必新主编:《最高人民法院司法解释与指导性案例理解与适用》,人民法院出版社 2014 年版。

机关可以以书面检察意见的形式督促有关机关完善相关制度外，①有必要对刑罚变更执行的职权配置问题作一步优化。有学者提出，为改变刑罚变更执行权配置不合理的现状，必须完善刑罚变更执行程序，确立监管场所提出、检察机关审查提请、人民法院裁定的权力配置模式。② 该权力配置模式值得学习借鉴，即对于实践中出现看守所拒绝收押办案机关送交羁押的罪犯的情形时，建议由看守所向送押机关出具不予收押书面手续，再由送押机关向人民法院提出刑罚变更执行的建议，并抄送检察机关审查由其出具书面的检察意见，最后由人民法院作出裁决。在此过程中，若罪犯认为其符合暂予监外执行条件的，也可以向人民法院提出申请，并提供必要的证明材料。由此，在刑罚变更执行的启动程序上，构建司法机关依职权提请和罪犯主动申请相结合的运行机制。

关于刑罚变更执行的参与主体，有学者提出，当代刑事诉讼已"由法庭中心主义的一元刑事诉讼中摆脱出来，而寻求在程序各个阶段承认主体性的多元刑事诉讼的质变"③。也有学者提出，刑事变更程序的参与主体可以分为专门机关、与审理结果有利害关系的人以及其他参与程序的主体这三类。④ 从域外典型法治国家的经验和做法看，在俄罗斯，刑罚延期执行的决定权在于审判机关，要由作出原刑事判决的法官作出。在决定的过程中，参与主体具有广泛性，既有当事人的参与，又有检察机关的监督。⑤ 在加拿大，在矫正和假释的决定作出之前，被害人有机会提供作出决定时需要考虑的信息。在罪犯的假释听证会上，被害人有权参加并向国家假释委员会作出口头或预先记录的陈述。⑥ 为此，建议人民法院在审查决定刑罚变更执行的过程中，除了依法组织对罪犯病情进行鉴别外，还可以视案情举行听证会，召集检察机关、看守所、社区矫正机构、医疗专家、被害人等相关主体，针对罪犯的病情和社会危险性发表意见。由此，既有助于强化同步法律监督和保障相关主体的程序参与权，也有利于最大限度地实现

---

① 王洁平：《刑罚交付执行中的问题与对策——北京市某区看守所近五年来罪犯交付执行情况调查分析》，载《中国检察官》2012年第1期。

② 白泉民、刘继国：《监所检察权的优化配置和立法完善》，载《人民检察》2009年第13期。

③ ［日］土本武司：《日本刑事诉讼法要义》，董璠舆、宋英辉译，台湾五南图书出版公司1997年版，第2页。

④ 宋桂兰：《刑罚执行变更程序司法化研究》，载赵秉志主编：《刑事法学新声：京师刑事法博士学位论文荟萃》2015年版。

⑤ 米森：《试论我国暂予监外执行的决定程序》，载《宁夏大学学报（人文社会科学版）》2012年第2期。

⑥ 宋桂兰：《最新加拿大社区矫正制度概览》，载张军、陈卫东主编：《域外刑事诉讼专题概览》，人民法院出版社2012年版。

暂予监外执行决定过程的公开、公平和公正。

结　语

　　罪犯交付执行前暂予监外执行作为我国刑罚的一种执行方式,虽然实际占有比例不高,但是近年来却备受社会关注,关乎司法形象的走向。要有效地解决暂予监外执行操作难题,需要不断探索和研究。希望通过考察暂予监外执行制度的职权配置和程序设计,能为健全和完善我国暂予监外执行制度提供一种思考模式,一种不同声音,以期引起刑事司法领域一定范围的共鸣与思考,从而推动罪犯交付执行前暂予监外执行工作的规范有序运行。

人民陪审制度中法律审与事实审分离机制探讨

■陈芳序*

摘要: 根据最高人民法院和司法部联合印发的《人民陪审员制度改革试点方案》,人民陪审员在案件评议过程中就事实认定问题独立发表意见,不再对法律适用问题发表意见。人民陪审员和职业法官开始分工,由法官和陪审员对事实问题共同负责,法官对法律问题独立负责。对人民陪审制度中法律审和事实审分离机制的探讨,有助于进一步发现人民陪审员在事实认定中遇到的困难和障碍,以提出有效的解决措施,保证人民陪审员在事实认定方面真正发挥作用,改变长期存在的"陪而不审"现象。

关键词: 陪审制度;事实认定;法律适用;分离机制

引　言

贝卡利亚曾说过,每个人都应当由同等地位同等的人来裁判,这是最有益的法律。[1] 吸收普通公民参加司法审判活动,有利于彰显司法民主,抑制司法腐败。世界上大多数国家都重视公民参与司法审判活动,除了公民可以自由旁听法院审理之外,最直接的表现就是公民以非职业法官的身份陪审。陪审制度的历史源远流长。根据通说,陪审制度主要可以分成两种:一是英美法系的陪审制模式,以我们熟知的陪审团为代表;二是大陆法系的参审制模式。两种陪审制度最大的区别在于陪审员和法官是否进行职能分工。英美法系的陪审员负责认定事实,法官负责法律适用;而在大陆法系的参审制中,是由陪审员和法官共同认定事实和法律问题的。我国实行的是人民陪审制度,虽名曰陪审制,但其实质更接近于大陆法系国家的参审制。当前,人民陪审员和法官共同进行事实审和法

---

* 作者系厦门市海沧区人民法院书记员,法学硕士。

[1]　[意]贝卡利亚:《论犯罪与刑罚》,黄风译,中国大百科全书出版社1993年版,第20页。

律审,二者拥有相同的表决权,即二者的审查范围一致。

我国的人民陪审制度从建国之后基本确立为类似于大陆法系国家的参审制,人民陪审员作为独立的主体和职业法官一同对案件的事实认定和法律适用发表意见并在合议庭中独立行使表决权。2015 年 4 月 24 日,第十二届全国人民代表大会常务委员会第十四次会议通过《关于授权在部分地区开展人民陪审员制度改革试点工作的决定》。同日,最高人民法院、司法部发布《人民陪审员制度改革试点方案》(以下简称《方案》),对人民陪审制度进行改革,其中就陪审员的参审范围进行了重要调整。《方案》中明确要逐步探索实行人民陪审员不再审理法律适用问题,只参与审理事实认定问题,即实现人民陪审制度法律审和事实审的逐步分离。人民陪审员的审查范围仅限于事实范围,就事实认定部分与职业法官一同负责。我国人民陪审员的审查范围经历了一系列改变,从萌芽时期仿造英美法系陪审团独立认定事实,到新中国成立后逐步确立的共同认定法律和事实问题,再到如今试点改革中仅就事实问题进行认定,每一步变化都与时代背景和国情紧密相连,意味着人民陪审制度结合中国的实际情况在不断探索完善。实现事实审和法律审的分离是我国人民陪审制度的一次重要改革和创新。

一、人民陪审制度中法律审与事实审分离的必要性

根据《方案》,人民陪审员在案件评议过程中独立就案件事实认定问题发表意见,不再对法律适用问题发表意见。人民陪审员和职业法官开始分工,由法官和陪审员对事实问题共同负责,法官对法律问题独立负责。

(一)人民陪审员的专业知识及日常经验

根据统计,厦门市海沧区人民陪审员共 152 人,与法官人数的比例达到 3.37∶1。人民陪审员中博士 5 人、硕士 8 人、本科 49 人、大专 52 人、高中 38 人,专业背景涉及法学、医药、建筑、金融、管理、教育等多个领域。(详见图 1)

具有其他专业背景的陪审员在知识结构上能够有效弥补法官专业背景的局限。目前,法官多为法学科班出身,经过 4 年或更长年限的法学教育。系统的法学教育虽然帮助法官们建构起牢固的法学知识体系,但是也造成法官知识结构上的欠缺。术业有专攻,法官无法涉猎所有的知识领域,在遇到一些专业性强的案件时,具有相关专业背景的人民陪审员能够助法官一臂之力。实践表明,人民陪审员能够帮助法官理解相关行业的技术问题或行业标准,也有助于在庭审中帮助法官查明专业性或技术性的事实问题。

除此之外,人民陪审员来源于普通民众,在身份上有着天然的优势。一则人民陪审员熟悉民间的风俗习惯,能够在庭审时帮助法官理解一些日常习惯用语。

（单位:人）

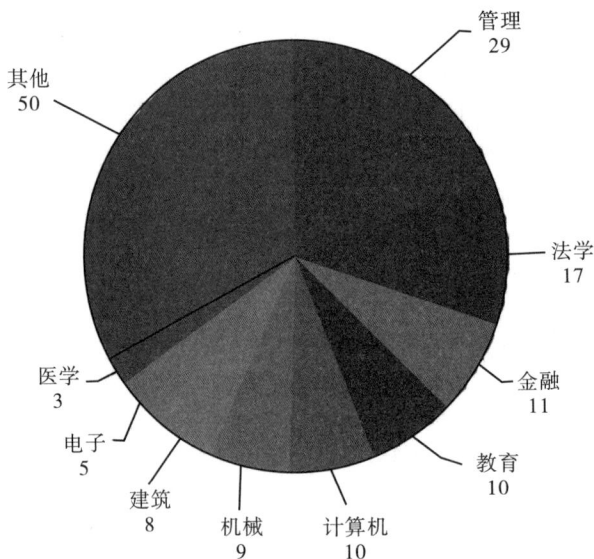

图 1　人民陪审员专业背景

二则人民陪审员多来自基层,拥有丰富的生活经验,能够理解当事人的部分困惑,能够敏感地抓住案件事实的症结点,帮助法官尽快厘清讼争焦点。

(二)人民陪审员法律素养欠缺

人民陪审制度在发展过程中出现陪而不审、合而不议的问题,原因之一在于人民陪审员的法律素养相比专职法官而言较为欠缺。法官们经过了系统的法学学习,经历了书记员或者法官助理的多年磨炼,能够较为成熟地把握和适用法律,对于法律条文的理解也较为精确。同时,各种专业化的立法大量涌现,立法机关面临的主要工作也是对不断出现的新型社会关系,以及传统社会生活关系中出现的新态势作出回应。人民陪审员仅仅依靠其对生活习惯和朴素的社会正义的理解即可以正确适用法律的条件已经不具备。[①] 人民陪审员们大多不是法律科班出身,许多人在担任陪审员之前根本就没有仔细阅读过任何一部法律。虽然现在各地都对陪审员进行法律培训和组织学习,但是作为"兼职法官",陪审员仍需兼顾自身的工作和生活,无法花费大量的时间和精力就特定的法律条文

[①] 汪祖兴、赵信会:《论人民陪审制改革的模式选择——谈混合制陪审模式的建立》,载《甘肃政法学院学报》2006 年第 4 期。

进行深入的学习和研究。因此,在合议法律问题时,法官们需要花费时间为陪审员们讲解相关法律法规,一定程度上造成法官的负累,更是对陪审员的一种无形的压力。将事实问题和法律问题进行分离,更加符合人民陪审员的现实需求。

(三)人民陪审员与法官办案责任的划分需要

我国人民陪审制度事实审和法律审分离的改革,不仅考虑到人民陪审员的实际情况,也符合当前办案终身负责制的要求。人民陪审制度的改革既不同于大陆法系的参审制,也不能简单地等同于英美法系的陪审制,很大原因在于,人民陪审员除特殊情况外,不对案件质量负责。在当前模式下,许多合议庭都是"1+2"的模式,即一名法官和两名陪审员组成合议庭。错案终身负责制只约束职业法官,而对占2/3表决权的人民陪审员的限制则非常少。收回人民陪审员对法律问题的表决权有利于真正实现错案追究制。专职法官独立对法律问题负责,更能督促法官们认真审查法律问题,正确适用法律法规。

二、人民陪审制度中事实认定存在的实际问题

改革中,人民陪审制度出现了模式上的创新。江苏省南通市港闸区人民法院是国内首家制定公众参审制度并试行的法院,而后其他法院也相继开始摸索人民陪审制度改革。厦门市海沧区人民法院作为福建省的试点法院之一,于2015年4月开始推行参审团对案件进行审理,共审理3起案件,1起刑事案件、2起民事案件。参审团是人民陪审制度改革的一种新形式,由若干名人民陪审员组成,形式上类似于英美法系的陪审团,在庭审中参审团有专门的座席,全程参与庭审活动。为了进一步深化人民陪审制度改革,2015年11月,海沧法院在全省率先推行大合议庭制,截至2016年6月共审理9起案件。其中2名法官和3名陪审员组成大合议庭审理案件1起,3名法官和4名陪审员组成大合议庭审理案件7起,3名法官和6名陪审员组成大合议庭审理案件1起。从改革后有限的庭审实践中,可以发现当前改革存在的部分实际问题和困难。

(一)事实认定的标准

世界各国陪审制度中对事实的认定一般分为多数决和一致决。多数决只要人数达到一定数量即可完成对事实问题的确定,一致决则要求所有人对事实问题达成统一的意见。例如美国联邦法院的裁决中,陪审团需作出一致裁决,如果在长时间的合议后,陪审团无法就事实问题达成一致的意见,则法官会宣布该陪审团为悬案陪审团,该陪审团的合议无效,重新组成陪审团对案件进行审理。由于一致决的认定标准较为苛刻,容易造成讼累,部分国家规定,如果在一定的时

间内无法形成陪审团一致意见,则可以多数意见作为陪审团意见,例如英国《陪审团法》规定,如果陪审团无法在规定的时间内达成一致意见,则法官可以要求陪审团作出达到 10 票以上的多数裁决(英国陪审团人数通常为 12 人)。我国目前采取少数服从多数原则,即简单的多数决标准。建议可以设立绝对多数标准,即超过总人数的 3/4 才能形成事实认定结论。

(二)事实认定的内容

所谓事实问题,即"依据实体法、辩护及控诉所形成的所有争议事实的可能性及真实性问题,以及所有被承认的、可证明争议事实能否成立的证据证明问题"[①]。法律问题,则是查明是否存在这类具有普遍约束力的规则,确定该规则的含义、范围、术语定义等关涉法律规则的问题。然而,在司法实践中,人民陪审员可能难以进行要件事实认定,也不可能在复杂案件中辨析事实与法律的界限。[②] 如何划分二者的界限,往往取决于法官的意愿。同时,法律问题可能与事实问题交织在一起,难以进行绝对的划分。民事诉讼和行政诉讼中易遇到举证责任分配问题,举证责任的分配属于法律问题的范畴,该法律问题的解决直接影响事实认定的结果导向,法律问题作为事实问题解决的前提。刑事诉讼中也存在这种"前置难题",例如非法证据排除问题,认定某一证据是否是非法证据是一个法律问题,然而是否排除该证据会直接影响事实问题的认定。除此之外,法律问题还存在"内嵌"事实问题的情况,例如认定是否构成自首,这本应是一个法律评价问题,但是该法律问题中内嵌着被告人何时对侦查机关供述、供述了哪些犯罪事实等问题,这些问题直接关涉自首认定中的"及时性"与"如实供述",是需要通过法官与陪审员共同认定的事实问题。

陪审制度重要的价值之一,就是让陪审员以一个自由人的视角参与案件审理,打破法官固有的偏见和局限,不考虑法律如何规定,仅凭一个普通人的认知和良心对案件作出公正的裁判。因此,人民陪审员需要认定的事实内容为在案证据对认定某一事实的证明力是否充足,能否达到内心确信。但是在实践中,笔者发现,人民陪审员基于其朴素的智识,仅就一些较为直观的事实进行认定,例如被告人是否打了被害人,但是对打的形式、缘由等关涉定罪的关键问题却不进行讨论,并且容易出现超出事实部分的合议内容。一则造成合议时间冗长,二则造成关键事实和证据未经过合议,影响整个案件事实的最终认定。

---

① 施鹏鹏:《陪审制研究》,中国人民大学出版社 2008 年版,第 133 页。
② 刘峥:《我国人民陪审员制度改革的再思考》,载《法律适用》2015 年第 12 期。

(三)认定结果的采信

法官拥有丰富的司法实务经验和较强的法律职业素养,谙熟认定事实问题的证据规则,陪审员则拥有大量的生活经验和朴素的大众认知,习惯依据良心对事实作出评价,二者在智识、经验以及认知上都存在差异,容易造成认定上的偏差。尤其是在参审团模式下,人民陪审员得到的事实认定结果一旦和法官认定的事实结果不一致,如何采信就成为亟待解决的问题。根据改革方案,事实认定由法官和人民陪审员共同负责,而在参审团模式下,人民陪审员对事实认定的结论是唯一的,无法适用普通合议庭下多数决的表决方式。认定结果采信的问题,一方面关涉人民陪审员事实认定的权利,另一方面又关涉错案终身制下定案事实的责任追究问题,因此,需要认真研究,寻找合适的突破路径。

三、完善人民陪审制度中法律审与事实审分离机制

(一)赋予人民陪审员相对独立的事实认定权利

1.程序性保障

一是保证合议的秘密性,参审团和合议庭合议应进入指定的合议室秘密进行,合议秘密不仅要求不对当事人和新闻媒体公开,更要求独立于法院的其他工作人员,目前的案件合议多在法官的办公室或法院内部其他场所进行,私密性差,而且合议庭成员仅注意隔离该案当事人,对其他人员没有注意隔离。建议法院设立专门的合议室,执行相关规程,保障合议的独立性和秘密性。二是做好合议的记录工作,尤其对人民陪审员发表的相反意见要记录在案,经陪审员阅读后签字确认,所有的合议内容均需固定为书面形式,由每个陪审员签名确认。三是进一步规定发言顺序,由人民陪审员先就事实认定发表意见,然后再由法官发表意见,如果法官和人民陪审员就事实认定问题发生冲突,则应当由法官负责向人民陪审员解释说明,以免人民陪审员受到法官的影响,作出趋同的表决。四是合议记录内容不公开,书面记录应放入副卷,不得对当事人或律师公开,合议形成的最终结论应向社会公开,并写入判决书。

2.实体性保障

保障人民陪审员独立认定事实,不等同于人民陪审员自由认定事实,毕竟法官是案件的裁判者,需要对整个案件的事实认定和法律适用负责。因此,如何引导人民陪审员正确认识到案件事实焦点和争议点,是目前遇到的最为直接的问题。部分国家为解决该问题实行问题清单制度,例如俄罗斯和西班牙。问题清单是指法官在经过法庭调查和法庭辩护之后,以书面的形式提出陪审员需要讨

论确定的问题。问题清单能够帮助陪审员们迅速把握事实焦点，并且为法官认定法律事实提供依据。法官需要在认定定案事实和量刑事实基础上进行法律适用，但是陪审员往往不会将关注点放在这些问题上，其所认定的事实往往具有局限性和片面性，而作为定案依据的关键事实和情节一旦被忽略，会造成法官的两难境地——是自行确认这些案件事实还是重新组织参审团，补充对这些问题进行合议？第一种情形，容易导致参审团事实认定职能的淡化，长此以往，会挫伤陪审员参审案件的积极性，重新陷入"合而不议""议而不纳"的怪圈。第二种情形，则会导致诉讼效率低下。重新组织参审团进行合议，会加大人民陪审员的负担，毕竟他们不是专职法官，有自己的日常工作和生活。因此，建议吸收问题清单制度，在庭审结束后，由审判长根据在案证据并结合控辩双方的意见，列出需要参审团合议的事实问题清单，事实问题清单应简洁罗列与案件裁判相关的待证事实，并且由合议庭全体法官签名后交参审团团长。参审团团长如果认为需要对事实清单中的模糊措辞进行进一步的解释和说明时，可以要求审判长对相关问题进行解释。在说明问题时，审判长不得有倾向性的干扰或诱导性、实质性的解释。如果陪审员认为清单中所罗列的问题不足以涵盖案件待证事实，提出新的事实问题，可以在合议前口头向审判长提议。全体法官经协商后确认该问题是否属于事实问题范畴，如确属事实问题则纳入清单，如认为该问题涉及法律问题，则不纳入清单，并在合议时提出该问题以供讨论。事实清单的每项内容由人民陪审员在合议之后独立填写，在每项待证事实后，应设置"可以证明""不可证明"两个选项，在每位陪审员独立填写后按照绝对多数决的规则进行统计，最终得出参审团对各项事实认定的结论。

除了事实问题清单制度外，还有必要在庭审中加入人民陪审员发问环节。人民陪审员在审判活动中发表意见，是人民陪审员实质性参审最直接的体现和最核心的要求。[①] 法官应注意适时询问人民陪审员是否发问。同时，人民陪审员需做好充分的参审准备，庭前尽可能查阅卷宗以及庭审提纲，有意识地了解、熟悉案件的争议焦点和关键事实情节，以便在庭审中能够有针对性地提出问题。实践表明，人民陪审员能够跳出法官因固定法律思维形成的发问套路，从生活经验或自身智识角度出发，发现一些法官们不曾注意的细节问题，帮助法官全面厘清案件事实。

（二）保障人民陪审员的法律适用建议权利

1.书面记录及答复

《人民陪审员制度改革试点方案》对人民陪审员审理范围的调整，可能是考

---

① 刘昂、杨征军：《人民陪审员实质性参审的要求及实现》，载《河北法学》2016年第7期。

虑到在成文法的制度框架内,陪审员并无创造"判例"的空间,也需要对可能造成的恣意判决进行必要的防范。① 因此,该方案仅仅解除了人民陪审员对法律问题的表决权,人民陪审员仍可以对法律问题发表自己的意见。但是,不可以简单地认为人民陪审员制度改革,就是完全将人民陪审员排除在法律审的范畴外,事实上,人民陪审员拥有对法律适用的建议权也是《方案》的设计初衷。大多数人民陪审员对法律关系简单的案件作出法律适用方面的判断难度并不大,可以期待人民陪审员对案件法律适用提出具有一定价值的建议。② 人民陪审员应当如何行使自己的权利呢? 笔者认为,人民陪审员可以自主地选择是否参与法律审的合议,如果陪审员希望参与合议,其发表的意见应如实记录在案。如果人民陪审员认为法律条款选择、量刑幅度等问题不合理时,可以要求法官进行说明。由于人民陪审员对法律适用没有表决权,为了平衡二者职权,可以设置书面答复制度,陪审员如果认为法官选择的法律条文有误,或者定性有问题,可以以书面形式提交法院,法官在接到人民陪审员的书面建议后,应认真审查,并形成书面报告进行回复,阐明不采纳的理由。人民陪审员作为非职业裁判者,尚对法律适用问题存有疑惑,更何况普通民众。因此,法官要认真对待人民陪审员的建议,必要时,可以在判决书中对存疑的法律适用问题进行说理。

2. 审判长需要对陪审员进行合议前的指导

改革后的人民陪审制度,不再需要陪审员负责案件事实认定后的法律适用过程,但是,法律审和事实审的界限并不是泾渭分明的。譬如在案件事实认定过程中,如何适用证据规则呢? 对于这些既包含法律问题又包含事实问题的部分,仍然需要法官的指导。因此,在参审团或合议庭退庭评议前,需要审判长进行指导。这种指导应包括但不限于如下内容:法庭审查核实的控辩双方的证据;证据评价规则,如无罪推定原则、存疑有利于被告人原则、证据裁判原则以及非法证据排除原则等;指控的内容和依据的法律条文等。在指导过程中,审判长应保持中立,不得以任何形式作案件评价或诱导性引导,不得对任何在案证据或待证事实作出倾向性评价。审判长指导应在控辩双方在场的情况下进行,人民陪审员有权对指导不尽之处提出补充要求,控辩双方也可以对审判长的不当指导提出异议,保障审判长指导在公开公正的环境下进行。

(三)设计事实认定冲突处理机制

由于人民陪审员是以普通人的视角看待案件事实,而法官则是以多年培养

---

① 刘方勇:《人民陪审员角色冲突与调适》,载《法律科学》2016 年第 2 期。

② 刘玉庆、肖军:《人民陪审员对法律审补益作用的探析——以人民陪审员职权改革方向为视角》,载《山东审判》2016 年第 2 期。

的严谨的法律逻辑认定法律事实,二者在事实认定方面出现冲突的情况不可避免,这就需要设计合理的冲突处理机制。

1.人民陪审员与法官的认定完全相左

这是最为极端的情况,二者对事实的认定没有一致之处,例如,依据人民陪审员或参审团的认定结论,法官可能会得出被告人无罪或他罪的结论。在这种情况下,法官如何做到对事实认定负责?笔者建议,在二者认定结论完全相反的情况下,可以赋予法官解散参审团或更换人民陪审员的权利,重新按照甄选程序,更换新的陪审员重新对案件进行审理,这实际上又构成了法官与陪审团之间的一种制衡关系。① 一个案件中法官只拥有一次解散陪审员的权利,以防止法官滥用该权利,造成诉讼重复进行。

2.人民陪审员与法官的认定存在部分偏差

这种情况相较于第一种情况而言较为常见。"一千个人眼中有一千个哈姆雷特。"法律事实多种多样,对部分事实的认定存在偏差在所难免。在这种情况下,法官需要进一步以在案证据说服陪审员,如仍然无法达成一致意见,应根据合议庭的表决规则进行表决,并且要求法官在判决书中就事实认定存疑部分进行说理。

3.人民陪审员提交审委会的权利

如果陪审员或参审团认为,其认定结论相较于法官更具说服力时,可以由人民陪审员单独将异议结论提交审委会,由审委会对事实认定问题进行裁决。这一项权利虽然已经确立,但是实践中极少被启动。一般情况下,承办法官若和人民陪审员的认定不一致,会先采取解释说明等方法说服陪审员,陪审员也多屈从于法官的权威,或自觉法律素养不足,放弃自己的意见。因此,目前绝大部分合议庭能够达成一致意见。然而,随着参审团或大合议庭的引入,人民陪审员仅就自己智识范围能够作出评判的事实问题作出认定,不再受限于法官的影响力,可以更为自由地表达自己的观点。将异议结论提交审委会的权利不仅应赋予参审团达成统一意见的人民陪审员,也必须赋予部分持异议意见的人民陪审员。

(四)设立陪审员分类机制处理专业事实认定问题

目前,随着越来越多涉及专业知识领域案件的出现,法官们显得有点力不从心,一方面要处理大量的案件,另一方面要付出大量的时间和精力了解行业、专业的基础知识。这些专业性、技术性过强的案件对法官而言无疑是一种负担。

---

① 彭小龙:《陪审团审理微观制衡机制考察——一个以美国为对象的分析实证视角》,载《北大法律评论》2007年第1期。

在无法培养出全能法官的前提下,吸收相关领域的人民陪审员参与审理案件,无疑是最直接的解决办法。根据其他国家的经验来看,例如瑞典和日本,都设立了专家陪审制,针对特定类型的案件,选择具有专业知识的专家陪审员。专家陪审员为职业法官提供丰富的民间生活经验和专业指导,帮助法官理清思路、查明事实,作出公正的裁判。[①] 为此,建议按专业类别设立陪审员子数据库,对不同专业背景的陪审员进行分类,当法官遇到不熟悉的专业问题时,由承办法官提出申请,在各子数据库中随机挑选陪审员,为涉及专业问题的事实认定提供支持。

---

① 马箭:《论人民陪审员制度的完善》,安徽大学 2007 年硕士学位论文,第 10 页。

信任危机与公众舆论双重压力下
刑事司法的困境与出路

■ 郑宇彤 *

摘要:随着信息传播渠道的日益多样化,越来越多的司法案例出现在公众视野中,公众舆论试图影响法院裁判。从全国范围看,冤假错案频发,司法公信力岌岌可危,司法处于信任危机与公众舆论的双重压力下。为此,有必要消除司法与公众之间的对立,探索法官裁判与公众评判的弥合之道,进而实现刑事司法权威与公众对司法信心的双重提升。

关键词:司法公信;公众舆论;刑事司法裁判

一、背景:冤假错案引发司法信任危机

2010 年 5 月,因被害人"死而复生",已经被以故意杀人罪判处死缓的赵作海终于重获自由。① 2014 年 9 月,因故意杀人罪被判无期徒刑的黄家光被宣告无罪,当庭释放,至此,14 年的申诉得以终结。② 2014 年 12 月,在真凶落网后,

---

* 作者系福建省厦门市翔安区人民法院书记员。

① 2010 年 5 月 9 日,"杀害"同村人在监狱已服刑多年的河南商丘村民赵作海,因"被害人"赵振裳突然回家,被宣告无罪释放,河南省有关方面同时启动责任追究机制。2010 年 5 月 9 日上午,河南省高级人民法院召开新闻发布会,向社会通报赵作海案件的再审情况,认定赵作海故意杀人案系一起错案。河南省高级人民法院于 2010 年 5 月 8 日作出再审判决:撤销河南省高级人民法院复核裁定和河南省商丘市中级人民法院判决,宣告赵作海无罪。

② 因被卷入 1994 年的一场命案,黄家光自 1996 年起就成了一名犯罪嫌疑人。2000 年,经过法院两轮审判,他被定为主犯之一,因"故意杀人罪"获判无期徒刑。2014 年 9 月 29 日,海南省高级人民法院再审宣判黄家光无罪,当庭获释。

18 年前仅在案发 61 天后就被错杀的呼格吉勒图终获平反。①

　　近年来,关于冤假错案的报道屡见不鲜。应该说,冤假错案的平反是法治进步的标志。但冤假错案的频现令人触目惊心,冲击公众视野,敲打着公众脆弱的神经。冤假错案不但侵犯个体的合法权益,使无辜公民身陷囹圄甚至被剥夺生命,更动摇了公众对司法的信心而陷入人人自危的境地。让人遗憾的是,部分冤假错案得以平反是因为“亡者归来”或“真凶再现”,司法的公信力受到进一步挑战。正如弗兰西斯·培根所言:“一次不公正的判决,其恶果远远超过十次犯罪。因为犯罪污染的是水流,而错误的判决污染的却是水源。”各级法院对于冤假错案本着“发现一起纠正一起”的原则,已依法纠正了一批重大冤假错案,其中就包括呼格吉勒图案、念斌案等。尽管如此,已造成的消极影响仍然存在。司法作为社会正义的最后一道防线,一旦失范,公平与正义便荡然无存,人民的生命和财产安全亦无从保障。

　　笔者对近 5 年来“两会”上最高人民法院工作报告的通过率进行了统计(如表 1 所示),公众对法院工作的满意度远远低于政府,司法正面临前所未有的信任危机。近年来出现的诋毁法官、伤害法官等恶性事件②,都反映出问题的严重性。

表 1　2011－2015 年“两会”上最高人民法院工作报告通过率

	2011 年	2012 年	2013 年	2014 年	2015 年
政府	97.77％	95.15％	95.07％	99.21％	99.17％
人大	95.86％	95.77％	92.83％	95.67％	98.19％
最高人民法院	78.06％	80.95％	75.37％	83.33％	91.06％
最高人民检察院	80.35％	82.31％	79.42％	82.54％	88％

①　1996 年 4 月 9 日,内蒙古呼和浩特市卷烟厂发生一起强奸杀人案,警方认定 18 岁的呼格吉勒图是凶手,仅 61 天后,法院判决呼格吉勒图死刑,并于 5 天后执行。2005 年,轰动一时的内蒙古系列强奸杀人案凶手赵志红落网,其交代的第一起案件便是“4·9”杀人案。2014 年 11 月 20 日,呼格吉勒图案进入再审程序。2014 年 12 月 15 日,内蒙古自治区高级人民法院再审判决呼格吉勒图无罪。
②　2010 年 6 月 1 日上午,湖南省永州市零陵区人民法院发生一起恶性枪击事件,3 名法官当场死亡,3 名法官受伤,凶犯当场自杀身亡。2010 年 6 月 8 日,广西壮族自治区梧州市长洲区人民法院在强制执行一起案件时,被执行人用硫酸泼洒执法干警,6 名干警被硫酸烧伤。

二、困境:公众舆论冲击

　　自媒体时代,通过各种渠道传播的信息潜移默化中主导着一般大众的思维与认知。公众舆论成为影响法官裁判的一股强大力量,司法频频陷入被民意"绑架"的尴尬境地。

表2　2010—2014年十大影响性诉讼

年份	案例	类型
2010	李启铭校园撞人案("李刚门")	刑事
	赵作海案	刑事
	"进京抓作家"案	刑事
	"安元鼎"保安公司设立"黑监狱"案	刑事
	江西宜黄拆迁自焚案	刑事
	陕国土厅否决法院判决案	行政
	长沙官员以维稳抗拒法院裁决案	民事
	腾讯诉360不正当竞争案	民事
	"喝开水死亡"案	刑事
	陈森盛被单位强制治疗案	民事
2011	北海律师维权案	刑事
	金山公司诉周鸿祎微博名誉侵权案	民事
	药家鑫父状告张显名誉侵权案	民事
	"黑监狱"非法羁押并故意伤害外地上访人员案	刑事
	"李庄案"第二季:漏罪案	刑事
	北京最大倒卖公司信息案	刑事
	拖欠农民工工资入罪案	刑事
	李昌奎故意杀人案	刑事
	康菲中国漏油案	民事
	肇事司机涉嫌过失致"小悦悦"死亡案	刑事

续表

年份	案例	类型
2012	吴英集资诈骗案	刑事
	贵阳黎庆洪涉黑案	刑事
	王老吉、加多宝商标纠纷案	民事
	自然之友、重庆绿联会、曲靖市环保局告陆良化工铬渣污染索赔案	民事
	陕西安康冯建梅"大月份"引产行政处罚案	行政
	薄谷开来、张晓军故意杀人案	刑事
	刘艳峰诉"表哥"工资信息公开案	行政
	陈平福发帖被捕案	刑事
	湄公河中国船员遇害案	刑事
	大学生村官任建宇诉重庆市劳教委案	行政
2013	薄熙来受贿、贪污、滥用职权案	刑事
	刘志军受贿、滥用职权案	刑事
	刘铁男涉嫌受贿案	刑事
	浙江张氏叔侄冤案	刑事
	李某某等人轮奸案	刑事
	张家川微博少年因言涉罪案	刑事
	光大证券乌龙案	民事
	薛蛮子涉嫌嫖娼和聚众淫乱案	刑事
	律师申请公开社会抚养费信息案	行政
	王金平确认国民党党籍案	行政
2014	湖南衡阳人大贿选案	刑事
	山东平度拆迁纵火案	刑事
	黄海波嫖娼案	行政
	呼格吉勒图案	刑事
	念斌死刑再审改判无罪案	刑事
	徐才厚涉嫌受贿案	刑事
	快播涉嫌传播淫秽物品牟利案	刑事
	网络推手"秦火火"诽谤寻衅滋事案	刑事
	上海福喜涉嫌生产销售伪劣产品案	刑事
	泰州环境公益诉讼案	民事

根据表2,2010—2014年共50个影响性诉讼中,民事诉讼、刑事诉讼、行政诉讼分别为10个、33个、7个,刑事诉讼占66%,所占比例较大(见图1)。在每年的影响性诉讼中,刑事案件所占比例也居高不下(图2)。在所有的社会矛盾中,冲突最为激烈的就是刑事犯罪。由于刑事案件的案情富有戏剧性和刺激性,公众对刑事犯罪的关注程度远远超过对其他社会矛盾的关注。

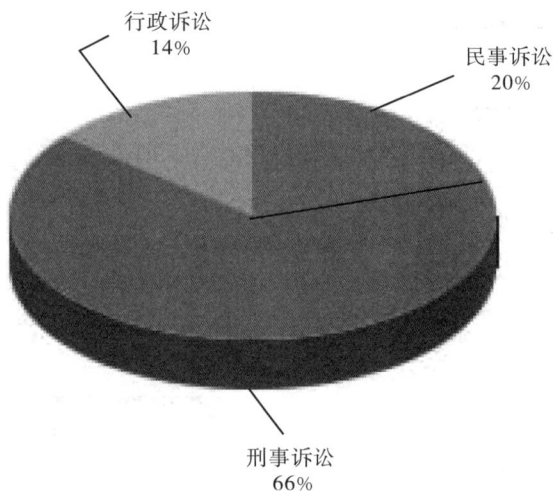

图 1 2010－2014 年度十大影响性诉讼类型分布

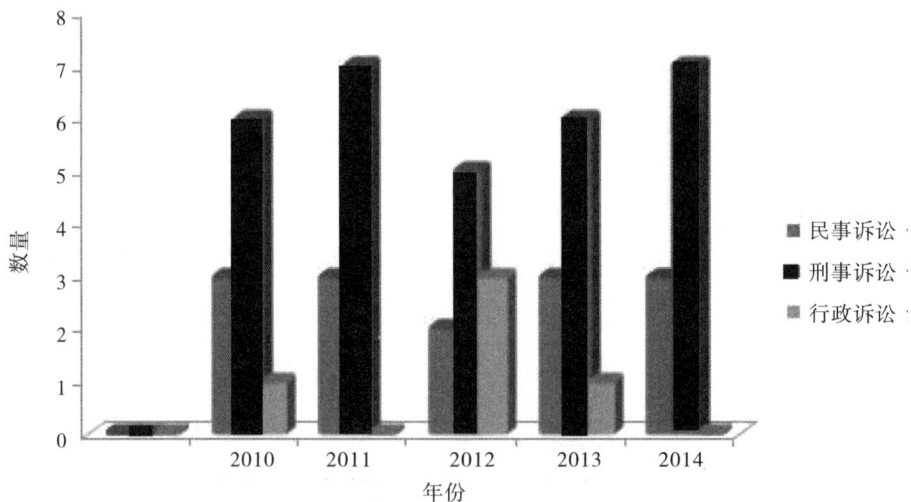

图 2 2010－2014 年度十大影响性诉讼类型占比变化

【案例一】天价过路费案①。经营运输沙石业务的河南禹州农民时某,为减

---

① 关于本案的具体案情,参见河南省平顶山市中级人民法院(2010)平刑初字第 104 号刑事判决书。

少高速通行费开支,以套用军车牌照骗取免收通行费的方式,在 8 个月时间内,其两部大货车免费通行高速公路 2361 次,合计逃费金额达人民币 368.2 万余元。庭审中时某当庭认罪并表示悔改,请求法庭从轻处罚。法院审理认为,时某以非法占有为目的,虚构事实、隐瞒真相,骗取高速公路通行费达 360 多万元,数额特别巨大,其行为已构成诈骗罪。随后,法院以诈骗罪判处被告人时某无期徒刑,剥夺其政治权利终身,并处罚金 200 万元,追缴违法所得一切财物。虽然时某本人未提起上诉,然而,判决一出,立即引发一片质疑,公众纷纷斥责高速公路天价收费,怀疑判决不公。最终,法院迫于舆论压力主动启动再审程序。仅仅三日后,检察院就以"案件变化"为由撤回了起诉。

【案例二】李昌奎案。继药家鑫被执行死刑后,由于两案被告人的犯罪行为和手段的相似,李昌奎一案再度引起公众的高度关注。公众对两案进行比较并展开讨论乃至对李昌奎案的判决结果提出质疑。药家鑫被判处了死刑,为何李昌奎只判了死缓?《李昌奎免死的理由不能含糊》《李昌奎死缓是贪官免死挡箭牌》《不杀李昌奎,判决书太山寨》《重审"赛家鑫",莫让正义再受伤》等报道铺天盖地。最终,在舆论的一片"喊杀"声中,云南省高级人民法院启动再审,认为案件事实、程序合法,但二审量刑过低,改判死刑立即执行。法官无奈地表示,公众对司法关注度的提高固然是好事,但是不能演变成干预司法,特别是利用舆论施压改变已经终审判决的结果。这不是法治的体现,而是对法治最大的伤害。

上述被公众关注的刑事案件最终都是公众舆论获得胜利。刑事裁判的权威性因此受到巨大的冲击。这样的"民意审判"将突破"未经审判不为罪"的法治原则。失去了法律这条准绳,冤假错案更易发生。在舆论的狂风暴雨中,法官可能失去守护正义的勇气。如果法官盲从民意,司法的权威性将丧失殆尽,从而滑入"道德杀人"的人治泥潭。[①]

三、分歧:法官与公众之间的樊篱

(一)法官的法:打不开的暗箱?

刑法裁判不是随心所欲地完成对被告人的生杀予夺,而是根据法律规范,针对案件事实作出合法且符合正当程序要求的裁判结论。这一过程就是具体案件事实与刑法规范不断调适、对接匹配的过程,是一个目光不断往返于事实与规范的过程。法官通过抽丝剥茧,归纳、提炼,将纷乱庞杂的案件事实类型化,将抽象

---

① 梁潇:《论司法机构对网络时代的适应》,载《领导科学》2013 年第 20 期。

的刑法规范具体化,不断拉近刑法规范与案件事实之间的距离,最终实现二者的对接,得出裁判结论。

1.基本框架——三段论

三段论推理方法是刑法裁判的基本逻辑框架,它以刑法规范为大前提,以案件事实为小前提,通过逻辑推理得出裁判结论。

2.基本工具——犯罪构成理论

犯罪构成理论是法官分析案件事实、认知法律规范的理论工具。它将刑法规范解构为行为构成犯罪所必须具备的四方面要件,即犯罪主体要件、主观要件、客观要件、客体要件。在各个方面的要件项下又包含具体的犯罪构成要素。如主体要件中包含刑事责任能力、刑事责任年龄、自然人、特定身份和单位等;主观要件包含故意和过失两种形式;客观要件包含行为方式、行为结果以及行为方式与结果间的因果关系等等。通常来说,通过行为所侵害的法益即客体要件可以大致确定适用的规范群,再通过对行为方式、危害后果等其他要件的分析,可锁定适用的具体刑法规范。法官通过对犯罪构成要件及具体要素的排查比对,对案件事实予以妥当归类,准确定性。

3.基本步骤——法律发现、法律解释、法律论证

(1)法律发现

刑法裁判是对案件事实与法律规范之间契合度的判断。面对案件事实,法官首先需要寻找刑法规范,为裁判活动提供指引,这就是法律发现。长期的法律训练和司法实践培养了刑事法官的经验和"法感",可快速判断可适用的刑法规范。

(2)法律解释

作为裁判大前提的法律规范被发现后,并非可直接运用于案件事实。因刑法规范的抽象性,需要对刑法规范进行解释。解释的方法有文义解释、目的解释、体系解释和历史解释等。

(3)法律论证

通过法律发现、法律解释,刑法规范能够与具体案件事实相对接了。此时,一个刑事裁判的过程到此似乎已经完成。然而,这仍然是一个初步性的结论。既然法律发现存在一定的或然性,而法律解释又可能出现多种解释结论之间的竞争,那么,就需要法律论证。一个完整的刑事裁判不仅是一个求解的过程,同时也是一个论证的过程。法律论证是对结论的正确性进行的推导和证明,包括内部论证和外部论证。内部论证关注的是前提到结论的推理步骤是否合乎逻辑的问题,外部论证关注的是裁判所依赖的前提本身是否正确、合理的问题。

(二)公众的法:多数人的正义?

1.是非——朴素的善恶观

在惩恶扬善的道义指引下,公众以善恶作为刑事案件是非的评判标准。公众习惯于将问题道德化,给案件当事人打上"好人""坏人"的标签,视"欠债还钱""杀人偿命"为天经地义、理所应当,并以此寻求司法的回应。然而,在传统重刑主义的影响下,"杀人偿命"的等价报应观念与司法者推动刑罚宽缓化的原则背道而驰。

2.天平——对弱者的偏袒

中国封建社会几千年"人治"下形成的"仇官"心理,已经成为国人内心的一种"潜意识"。在"断裂社会"①,社会分层严重失调,不了解事实真相的公众本能地同情"受害者""弱者",若法官判决不倾向于保护"受害者""弱者",便斥责"司法不公"。

3.标尺——既往案例的类比

虽然公众评判不从法律专业角度出发,但是并不意味着公众的评判完全脱离法律立场,只是公众的法律智识不产生于他们对法律专业知识的掌握,而是形成于既往生活经历中的各种案例。公众会联想法院对于类似案件的处理方法,为个案处理提供参照,以此推测法官的裁判。

4.危机——心理状态的渲染

在公众的评判中,或多或少包含着公众自身对社会的某种寄托和愿望,或体现主体所秉持的某种价值理念。公众会不由自主地将自身融入案情中,当某人的权利受到公权力或他人的侵犯时,公众便能联想到自己的权利未来也可能受到侵犯,于是以更积极的姿态从自身角度出发参与案件的讨论。

例如,甲驾驶车辆在行车过程中与行人乙产生小矛盾,双方发生口角。在甲欲驾车继续前行、乙在车前阻拦的情况下,甲驾车将乙撞倒,造成乙脑损伤合并创伤失血性休克死亡。甲作案后逃离现场,于当晚到公安机关自首。对于这样一起案件,公众简单地根据案件事实,从"杀人偿命"、司机与行人强弱对比、类似案件处理方法、道路安全受威胁等角度分析得出甲杀人须偿命的结论。法官则首先根据判案经验联想到该案可能适用关于故意杀人罪的法律规范;其次根据犯罪构成理论,确定该罪应当具备的犯罪构成要件和要素;接着认定该案是否具备这些要件事实以及这些事实能否得到证据的证明;然后通过对故意杀人罪的

---

① "断裂社会"在社会等级和分层结构上表现为一部分人被甩到社会结构之外,在不同的阶层和群体之间缺乏有效整合机制。

构成要件与案件事实的比对认定该案事实符合故意杀人罪的犯罪构成；最后根据故意杀人罪的法定刑，考虑法定量刑情节和酌定量刑情节对甲进行量刑。法官裁判的逻辑过程是普通公众望尘莫及的，更不论对无罪推定、追诉时效等制度的理解。

四、探索：法官裁判与公众评判的弥合

失去了公众的信仰，法律只是一具空壳。既然法官裁判逻辑与公众评判思维的分歧必然存在，那么是否能够寻找"法官的法"与"公众的法"的交集，以实现法律效果和社会效果的统一？

(一)真相的还原：事实认识上的交集

法官裁判依据的是一系列符合可采性和可信性的证据加以佐证的事实。而公众在审判前无法接触全案证据，对案件事实的认识来源于媒体、网络传播的信息或他人转述。信息在传播中难免出现遗漏、误差甚至失真。再加上话语设计是大众传媒制胜的重要手段，它以休闲娱乐的定位、极具震撼力的表达方式瞬间抓住公众眼球。其带有倾向性、感情色彩的报道足以影响公众对案件的评判，更不论幕后"推手"有图谋的舆论策划。公众对案件事实认识的不全面和媒体的渲染加工，使案件失去了本来面目。还原案件的真相，可以使公众与法官在案件事实的认识上产生交集。

(二)实践的体悟：经验判断上的交集

法律是逻辑化的经验，是人类社会生活经验的总结。任何司法活动都是在特定的时空和语境下进行的，法律不是供人仰望、遥不可及的天空。法律源于生活，法官也是社会中的人，其在司法决策过程中不免运用到社会生活经验。只不过法官根据的不仅仅是一般的社会生活经验。

(三)价值的渴望：法律基础上的交集

法律本身不但是一种规则体系，也是一种价值体系。每条法律规则的背后都承载着一定的生活意义，蕴含着一定的价值追求。在公众关注的刑事案件中，具有学术背景和专业素养的法律学者、律师往往成为对于公众舆论走向产生较大影响的"意见领袖"。因此，公众的评判也是在一定的法律框架内进行的，只不过公众的评判还包含着对社会管理者的其他诉求。当公众对社会矛盾产生激愤心理，强烈要求司法予以回应时，若表达渠道不顺畅，就会出现极端化表达，成为突破法律诉求的"越轨的诉求"。

五、出路:刑事司法权威与公众法律信心的重塑

法官裁判与公众评判并不对立。司法的目的在于强化社会规则体系,社会效果的要求,也是法律效果的要求,不能将二者对立起来。

(一)沟通回应——揭开刑事裁判的"神秘面纱"

司法权运行程序和信息的不够公开,造成了公权力与公众之间的"隔阂"。司法正义如果不以公众看得见的方式实现,那么司法裁判再公正、合理,也可能被公众误解和质疑。因此,司法要更开放而不是更神秘。

1.重视民意——各方利益的反复推敲

刑事裁判权与公民的财产、人身自由密切相关,不仅涉及当事人,也与社会价值取向、道德规范和社会秩序息息相关。公众舆论一定程度上是对社会公平正义的一种期许与向往,法官在裁判时应当充分考虑裁判给社会带来的直接或潜在的价值引导,在立足立法目的、制度价值的基础上结合社会主流价值观、公众道德情感等因素进行考量。有学者将法官喻为对案件素材进行创造的艺术家,对于舆情这份素材,法官有责任将之打造成法律艺术的特定形式。[①] 民意须经过筛选后,才能成为法官决策的依据。

(1)收集民意

建立民意采集机制,通过开通电子邮箱、陪审员参与事实审、实地回访、组织座谈等方式倾听公众心声。

(2)剔除非理性舆论

在自媒体时代,每个人都可以成为舆论王国里的"法官",但毕竟并非人人都是法官,在片面的案情信息和有限的法律知识下,公众在表达意见时易避重就轻、为我所用,再加上媒体的歪曲渲染与幕后"推手"有图谋的舆论策划,公众舆论不免存在非理性因素。法官必须辨别民意的真伪,采纳理性民意。

(3)利益对比

法官不能简单地以强大的舆论诉求直接作为裁判的根据,并为此寻找对应的法律规范。相反,法官应当分析提炼公众舆论中反映集体理性的社会公共利益,充分研读法律规范背后的制度利益后,将制度利益与社会公共利益反复对比,有选择地加以利用。

---

① [德]托马斯·莱赛尔:《法社会学导论》,高旭军等译,上海出版社 2008 年版,第77 页。

2.正确引导——加强沟通与帮助理解

虽然公众舆论对监督刑事裁判、抑制司法腐败有着积极的作用,但是由于公众对案件真实情况认知不全面、表达非理性,如果任由公众舆论自由蔓延,将破坏刑事裁判的中立性,影响司法公正。勒庞就曾指出,"群体是刺激因素的奴隶",群体不仅冲动而多变,而且易受暗示和轻信,故群体的情绪是夸张和单纯的。[①] 在公众舆论自生自发的状态下,法官专业思维与公众评判之间的冲突易被放大。因此,对公众舆论的正确引导极为重要。

微博作为通过关注机制分享简短实时信息的广播式社交网络平台,每时每刻都在传播社会最新动态。以厦门6个基层法院官方微博运行情况为例,其中F法院仅有15条原创微博,分别是公众开放日与"法官的一天"的微博直播,其中"法官的一天"的5条微博共转发4次,评论2次,获12个赞。而开放日的10条微博均无转发、评论和赞,法院在舆论空间的失语现象严重。(详见表3)

表3　截至2015年6月7日厦门6个基层法院官方微博运行情况

	关注	粉丝	微博数	原创数博	原创率
A法院	128	9327	1927	805	41.77%
B法院	71	652	1847	250	13.54%
C法院	55	461	801	65	8.11%
D法院	102	537	845	71	8.40%
E法院	68	28128	762	73	9.58%
F法院	154	558	842	15	1.78%

尽管法官一股劲地埋头司法审判工作,以期"司法产品"得到公众的认同。然而这种做法并没有取得多大的效果。一个好产品要受到大家的认可,首先必须让大家了解它的优点。法官只重视生产"司法产品",未进行释法说理和判后答疑,反而为负面舆论的滋生提供了肥沃的土壤,不利于公众了解事实真相。法官和公众之间很多时候是因为不理解而产生误会。搭建法官与公众的沟通平台,由法官及时有效地发布公众关注的个案情况,宣传法律正义,有助于消除公众的疑虑,弥合裂痕。

---

① ［法］古斯塔夫勒庞:《乌合之众:大众心理研究》,冯克利译,中央编译出版社2004年版,第21～25页。

(二)法律自信——身正不怕影子斜

面对公众的质疑,裁判者应有过硬的法律素质和足够的勇气去提升法律权威,以此培育公众对法律的信心和对司法者的信任。

1.司法独立——排除行政干扰

【案例三】陕西省国土资源厅否决法院判决案。陕西省榆林市中级人民法院在判决陕西省国土资源厅行政违法后,陕西省国土资源厅召开协调会,以会议决定否定了生效的法院判决。

【案例四】陕西省政府致函施压案。在最高人民法院审理的一起陕西省的矿权纠纷中,陕西省政府向最高人民法院发函称:"如最高法院不维持原判,将对陕西的稳定大局造成消极影响。"

【案例五】长沙官员以维稳抗拒法院裁决案。在一起执行案件中,长沙市芙蓉区政府的负责官员以"维稳"的名义向法院施压要求解封。迫于压力,执行法官把"本院合议庭审查后认为:解除查封理由不成立,但高院从维护社会稳定出发,指令本院解除查封,本院经审判委员会讨论,决定解除对本宗土地的查封"等作为裁定理由,表达无声的抗议。

倘若行政机关动辄就否决或干预法院判决,让司法形同虚设,使裁判者不得不向行政强权低头,公平正义尚不可得,社会稳定又从何谈起?事实证明,这种藐视、干预法院判决的行为不但伤害了群众利益,带来了谁都不愿意看到的后果,而且造成公众"信访不信法"。

社会秩序的和谐、稳定,首先依赖于公众在伦理、道德、善良风俗等因素的引导下自觉守法,其次则需要一个健康权威的司法体系秉公裁决,弘扬正义,这样才能在根本上维护社会的稳定与公民的权益。然而,因"司法权是行政权的附属物"的传统思想在人们的脑海中根深蒂固,司法机关始终未能获得其应有的独立地位。审判独立原则的有效贯彻是保证司法裁判权威的基础条件。重塑公众法律信心,就必须消除行政权对司法的干扰。

2.程序正当——以审判为中心

英谚有云:"正义不但要实现,而且要以看得见的方式实现。"程序正义是能被公众感知的"看得见的正义",是减少司法神秘性,增强司法可预测性的重要保障。若程序本身不公正,公众便会对裁判形成过程的正当性产生怀疑,直接影响公众对裁判的接受度。

在以往"案卷笔录中心主义"和"侦查中心主义"的传统下,刑事裁判就如同一条由公安机关、检察院和法院生产作业的流水线。在这条流水线上,侦查具有举足轻重的地位,法官普遍根据侦查收集的证据材料作出裁判,呈现出庭审"走过场"的现象。受"严打"刑事政策的影响,部分司法人员存在"有罪推定"的意识。庭审流于形式使来自辩方的声音过于微弱，由此有了滋生冤假错案的土壤。余祥林案、赵作海案、呼格吉勒图案等就是惨痛的教训。其实，错案并不可怕，在法治化程度高度发达的国家同样也有错案，可怕的是滋生错案的土壤。推进以审判为中心的诉讼制度改革，严格证据裁判，重视举证、质证，使侦查、起诉的案件事实证据经得起法律的检验，是保障程序正义，确保案件质量，防范错案，提高公众对裁判接受度的关键。

3. 苦练内功——提高法官素质

法官的素质和能力直接影响法律实施的效果。法官作出裁判，不应只是案件事实和法律规范的简单堆积，机械的裁判只会增加公众与司法之间的疏离感。技术性司法也只是公正司法的最低评价标准。

2007 年，许霆案一审判决作出之后，舆论一片哗然。公众认为该案反映了包括裁判武断、说理匮乏、机械适用法律、量刑不透明以及某种"封建等级式的选择性司法"在内的"浓缩了的司法积年弊端"。舆论更批判法官机械适用法律，被法律条文所束缚，未能有超脱于法条之外的独立判断能力。该案之所以产生这么大的反响，是因为以公众的日常经验，许霆的行为只是一个平常人在一块从天而降的馅饼面前的一念之差而已。换了其他人，都有可能发生许霆的行为，对他处以无期徒刑未免太过严厉。而在法理与人情巨大的反差面前，法官在判决书中仅用了 270 余字就完成了说理①，公众疑惑难消，该案难免被推到舆论的风口浪尖。

法官在依法裁判的同时，应充分考虑社会的价值取向和公众的道德情感，使裁判更容易被接受、被认同，使司法更加符合人民群众的期待，而不是机械地理解和适用法律。法官不仅需要深厚的法学专业功底，丰富的司法实践经验，更应当注重对社会经验的积累，对公共政策、道德信念等加以运用。司法专业化不应成为法官机械裁判的"挡箭牌"，法官应当注重逻辑推理与社会经验的有机结合，增强裁判的可接受性和认同度。对于公众合理但不足以对判决产生实质性影响的意见，不可一味地回避、摒弃，可在判决说理部分对公众意见进行适度的回应，结合法理论证该意见未被采纳的原因，帮助公众理解，赢得公众的认同。

结　语

司法既是法官依据法律规范作出逻辑推论的专业活动，也是公众在精神层

---

① 关于本案的具体案情，参见广东省广州市中级人民法院（2007）穗中法刑二初字第196 号刑事判决书。

面皈依法理的过程。法官裁判一旦失去公众的普遍尊重和认同,失去民意的根基,司法权将形同虚设。既然"法官的法"与"公众的法"一定程度上存在交集,法官可以通过努力,准确把握民意,畅通沟通渠道,树立法律自信,从而弥合自身裁判与公众评判的分歧,在积极回应公众司法需求的同时培育司法应有的公信力,实现刑事司法权威与公众法律信心的双重提升。

民事诉讼中的弱者诉权保护

——以弱者的释义为视角

■ 张虹 *

摘要：在民事诉讼中，弱者由于诉讼资源占有不对等或者诉讼行为能力差距等原因导致其处于弱势地位，不能有效地实现其诉求。究其原因，在于弱者的诉权未能得到充分的行使。"诉权保障"是民事诉讼的最高目标，也是弱者权利实现的主要途径。保护弱者应以诉权保障为目标、接近正义为路径，从根本上建立一个运作良好的司法系统。

关键词：弱者；弱者保护；民事诉讼；诉权保障

20 世纪 90 年代以来，随着中国社会转型的加剧和贫富阶层的明显分化，弱者（或称弱势群体）问题愈发引起社会的关注。时任国务院总理朱镕基在 2002 年"两会"《政府工作报告》中首次使用了"弱势群体"一词，强调积极扩大就业和再就业是增加居民收入的重要途径，对弱势群体要给予特殊的就业援助。[①] 其后，"弱势群体"成为中国社会新的"关键词"，并逐渐为社会学、法学等研究领域所关注。"弱势群体"这一用词原本是社会学研究领域的用词，该概念是否同样可以适用于法学领域；如果可以适用，在法学意义上该如何诠释此名词呢？民事实体法上的"弱者保护原则"的"弱者"是与弱势群体等同的概念吗？民事诉讼程序法中是否存在弱者和弱者的司法保护问题呢？正如我们所知晓的，任何一种研究都不是孤立的，需要从既有的研究成果中进行借鉴。因此，在探讨上述问题之前，应当首先从社会学对"弱势群体"的解释入手，了解其内涵和外延。

---

* 作者系澳门科技大学法学院诉讼法博士研究生，温州医科大学人文与管理学院讲师。

① 何磊：《朱镕基报告中新名词，弱势群体包括哪些人》，http://www.people.com.cn，下载日期：2016 年 3 月 15 日。

一、弱势群体的社会学解释

弱势群体(或称社会弱势群体,social vulnerable groups),是社会学领域研究工作者的用词,学者认为其内涵主要是指"因贫困及由贫困导致的不利情形而达不到基本生活标准的社会群体"。① 研究者往往会将"贫困"与"弱势群体"联系起来,认为贫困是弱势群体产生和存在的主要根源。"社会弱者是一个在社会性资源分配上具有经济利益的贫困性、生活质量的底层性和承受力的脆弱性的特殊社会群体。"②弱势群体在经济上的困顿还具有一些综合性特征:"(1)经济收入低于社会人均收入水平,甚至徘徊于贫困线左右,处于社会底层。(2)消费结构中绝大部分或全部的收入用于食品,即恩格尔系数高达80%~100%,入不敷出。(3)生活质量较低,用廉价商品,穿破旧衣服,没有文化和消费娱乐,并有失学等后果。(4)除经济生活压力大之外,心理压力也比一般人大,没有职业安全感,经济收入不稳定或过低,常有衣食之忧,对前途悲观。(5)由于能力、素质较差,或生理高峰期已过,缺乏一技之长等自身制约因素,能改变目前状况的机遇也较少,致富较为困难。(6)这种经济上的贫困和社会中的劣势地位,将持续一段时间甚至永久。"③

除内涵之外,弱势群体的概念外延主要包括以贫困为特征的群体。当前的弱势群体主要由贫困者群体、残疾人群体、精神病患者群体、退休者群体、失业者群体、半失业者群体这几类人所构成。其中农民工、城市失业人员、低收入人员、低收入群体、贫困农民、残疾人、妇女儿童等都被涵盖在内。

社会学学者通过归纳方法对弱势群体的概念作出解释,该解释严格意义上说并不能涵盖所有的弱势人群。例如,某些富裕家庭中的男性或女性家庭暴力受害者,或者医疗暴力事件中被患者暴力伤害的医务工作人员等。但我们并不能以此为理由否认该归纳法在认识弱势群体上的意义。从认识论的角度讲,归纳也是人类获得知识的一种基本方法。事实上,人类对知识的认识过程大多是建立在感官观察和经验概括的基础上形成一般性结论的归纳推理过程,尤其是社会科学领域中的结论性知识,这种归纳是无法绝对量化的。任何研究包括自然科学研究在内,都是在进行理解和解释。解释的对象是自然现象和社会现象,以及包括人类自身在内的其他一切人类已经历过的经验性事实和设想到的先验

---

① 钱大军、王哲:《法学意义上的社会弱势群体概念》,载《当代法学》2004年第3期。
② 陈成文:《社会弱者论——体制转换时期社会弱者的生活状况与社会支持》,时事出版社2000年版,第21页。
③ 朱力:《脆弱群体与社会支持》,载《江苏时事科学》1996年第2期。

性猜测。因此,一种解释无论已经达到了何等的精良和准确,都不可能具有绝对的正确性。

二、弱者的法学解释

帮助弱者、扶助弱势群体是一项社会任务,需要集合社会多方面力量综合治理。以法的力量对弱者给予保护,是维护弱者人权、实现法律平等及法律正义的需要。因此,从法学的角度对弱者、弱势群体作出符合法律精神的解释,是对弱者和弱势群体给予保护的基石。

(一)弱势群体法学上的对比分析

正如前文所述,社会学学者是从其学科研究领域对弱势群体作出认识归纳的,符合其学科的理论研究体系。社会学学者对弱势群体的界定在概念内涵上仅从"经济"的因素分析弱势群体产生的原因;在概念外延上以某个特定人群群体化为归纳对象。由于法学和社会学是不同的研究学科,理论体系和研究角度各有区分,法学对弱势群体的解释应表现"法"的特质。

首先,法学研究的是受法律调整的社会关系中的人与人之间的权利与义务关系,涉及经济、政治、文化、社会、生态等各个领域。经济原因产生的弱势群体只是其概念内涵的一个方面,社会学学者忽略了因政治、法律等原因形成的弱势群体情况,而法学学者对弱者问题的探讨往往会涉及前者所忽视的方面。例如有学者认为:"社会弱势群体是一个相对性的概念,它指的是在一个特定的社会中一部分人比另一部分人在智能、体能以及权能方面处于相对不利地位的人群;社会弱势群体又是一个动态性的概念,它指的已不仅是传统意义上的老弱病残群体,还指称在日趋激烈的社会竞争和全球化浪潮中随时陷于失业、贫困、孤立、边缘化状态中的人群。"[①]

其次,作为法律上的人,是各种权利和义务的组合体。法律关注是人的权利是否被侵犯、义务是否没有履行。法律上的人享有宪法所规定的公民基本权利及民法、诉讼法等部门法所规定的具体法律权利。这些权利是人应当享有的法定权利,但其具体的实现状况却不尽相同。某人可能因为生存权不能实现而成为弱者,也可能是因为被动接受不平等的格式合同而成为弱势的一方当事人。因此,法律对弱者的救助,是在具体发生的某类法律关系中,对处于弱势地位的法律关系主体给予的法律救助,而不是简单的对某类标签化群体进行统一的扶

---

① 齐延平:《社会弱势群体的权利保护》,山东人民出版社 2006 年版,第 2～3 页。

助。这种法律救助以具体的人为救助对象,并非以某类人群为救助对象。

社会学学者在弱势群体概念的外延上把特定某类人群体化,将其推论为一个想象的共同体。与民族、国家这类想象的共同体不同,该想象的共同体实质上是一个松散的组织,内部成员之间并未被共同价值观、经济诉求、政治诉求等因素捆绑联系,每个弱者的具体权利救助需要是不同的,对外也不可能形成统一的群体诉求。同时群体化的概念外延,还忽略了作为特殊个体的弱者生存状态,比如在医患纠纷中,通常被视为"强者"的医生往往成为"弱者"患者的施暴对象。因此,在法律关系中这类想象的共同体并不能代表具体弱者成为法律关系主体。

(二)法学上的弱者内涵

法治社会中的弱势群体,作为一个社会问题或现象,值得社会学和法学研究。就法律主体而言,组成弱势群体的弱者是具体法律权利的享有者,在权利出现履行困难时,该权利的主体同时也成为一名弱者,国家负有义务对其进行法律上的救助。民法和国际私法上的弱者保护原则,也使得作为法律救助对象的"弱者"一词亟须进行法学上的定位。

法学上的弱者,是指由于社会条件和个人能力等方面的原因,在特定社会关系中处于劣势地位,不能实现基本权利等法律权利,需要国家帮助和社会支持的法律关系主体。其含义包括三个方面的内容:(1)弱者首先是法律关系的主体,他参加进入的某种社会关系也是受到法律所调整的。(2)弱者在该社会关系中处于弱势地位。导致其处于弱势的原因是多种多样的,包括自然、社会、政治、个人等方面。以农民工为例,中华全国总工会 2010 年发布的一份新生代农民工调查报告指出,在现实的雇佣劳动关系中农民工属于弱势一方,强势一方的用人单位不愿与农民工签订正式劳动合同,新生代农民工劳动合同签订率为 84.5%,低于城镇职工 4.1 个百分点;与用人单位签订了合同后,16.8% 的农民工未持有正式的合同文本,给日后可能出现的劳动纠纷中农民工维权活动埋下隐患。(3)弱者行使基本权利等法律权利存在障碍,有违人权保护和法律平等。基本权利是国家公民生存之根本,也是其他权利的来源,是人权的主要内容。根据《世界人权宣言》、我国《宪法》的相关规定,基本权利主要是指生存权、劳动权、受教育权、知情权及参政权、受到正当的司法审判权。除了基本权利之外,并不是其他所有的法律权利实现出现障碍都可称之为弱者。因为弱势的因素导致在权利的实现过程中法律平等原则受到破坏,实体上、程序上的正当权利不能实现,该法律关系主体成为权利难以平等实现的弱者。

法律上的弱者保护,是根据其所处的具体社会关系来界定其弱者的地位,再由法律给予倾斜性的保护的。这种根据弱者的身份而非抽象人格给予的法律保护,是基于弱者身份的法律保护。正如英国法学家梅因在其著作《古代法》中指出的，"因此，如果我们依照最优秀著者的用法，把'身份'这个名词用来仅仅表示这一些人格状态，并避免把这个名词适用于作为合意的直接或间接结果的那种状态，我们可以说，所有进步社会的运动，到此处为止，是一个'从身份到契约'的运动"①。剥离身份，抽象化人格是现代民主法治国家法律平等的思想基石。那么弱者法律保护从契约到身份的回归，是不是对传统法律平等思想的离经叛道呢？

法律面前人人平等。法律的适用不应考虑阶级、社会地位、个人的其他属性，以确保一般性的法律能够平等使用于法律所规定的所有情形。这种平等的法律思想推动现代民主和法治不断发展。但在现实生活中，根据平等理论设置的制度难以落实法律实质上的平等，这是因为人与人之间社会身份有别，存在强弱之分。对于强者而言，这些权利的实现往往是可能和便捷的，对于弱者而言则恰恰相反，这就是平等理论与现实适用的矛盾与冲突。"人绝不总是能够认识自己的利益或总是能够追求其已经认识到的利益，人也绝不总是仅仅在根本上受其利益驱动——而且当人们对困境茫然无措和轻率放荡这样的情况出现时，一个仅仅为精明的、自由的、自利的人类作出安排的法，必定使人的另一半同种并生的类群陷入灭绝。"②基于该种认识背景，现代福利国家要为其公民提供机会实现权利，通过国家资源的再分配对弱者身份的公民给予法律上的援助，平衡因身份差距出现的不对等，以实现弱者与强者实质上的平等。由此可见，突破契约理想化的对法律上的人抽象的平等设计，以身份正义来实现弱者正义的诉求，亦是法律契约平等精神对社会现实的再认识和回归，这并不是"契约到身份"的简单回归，亦不是对法律平等精神的背叛。国家通过民法、民事诉讼法等法律制度作出对弱者身份保护的特别法律规定，在程序上和实体法上帮助弱者可以以较小的成本接近正义，使弱者能够与强者平等地站在法律竞赛的起跑线上。

三、民事诉讼中的弱者

法谚云："救济先于权利""没有救济的权利不是真正的权利"。诉讼制度作为权利救济的最后一道屏障，承担着保护包括弱者在内的公民权利的正义使命。如果某一权利受到侵犯之后，受害者无法得到公正的司法审判，这样的权利存在将毫无意义。基于程序法的独立性价值，对于弱者保护的法学上研究，不能仅仅

---

① ［英］梅因：《古代法》，高敏、瞿慧虹译，商务印书馆2009年版，第96页。
② ［德］古斯塔夫·拉德布鲁赫：《法律智慧警句集》，舒国滢译，中国法制出版社2001年版，第144～146页。

停留于实体部门法领域,弱者在诉讼中的权利救济问题,是弱者接近法律正义的救济途径,是看得见的正义的展现,更关乎法的平等精神。

法学上对弱者的解释扩展于民事诉讼中的弱者,是指在民事诉讼中由于诉讼资源的占有不对等或者诉讼行为能力差距造成的不对等,从而在诉讼中不能充分行使其诉讼权利的诉讼参与人。其含义有三个方面的内容:(1)民事诉讼中的弱者是诉讼参与人,包括当事人、其他诉讼参与人,如证人、鉴定人等。(2)在诉讼中由于诉讼资源占有不对等,或诉讼行为能力差距等原因在诉讼中处于弱势地位。诉讼参加人诉讼地位平等,但事实上因为经济条件、社会地位、竞争能力、心智情况等多方面的客观差距,诉讼参与人在诉讼中对诉讼主导的能力是有强弱之分的。身为弱者的诉讼参与人在诉讼中处于不利的诉讼地位,比如劳动者较于用人单位、中小股东较于控股的大股东在举证能力方面的弱势情形。(3)弱者的诉讼权利行使困难,弱者的诉权实现不能得到保障。现行民事诉讼法关于管辖、证明责任、判决执行、法律援助、诉讼费用等问题的程序规定对弱者诉讼权利的平等实现存在制度上的缺失,司法的公正裁决受到挑战,保护弱者诉权的司法救济目的最终难以实现。

如前文所述,获得公正审判是法学上弱者的基本权利之一,亦是保护弱者人权的需要。事实上,该基本权利的出现与诉权保护宪法化、人权化的国际发展趋势密不可分。诉权,是指当事人基于民事纠纷的发生(即民事权益受到侵害或与他人发生争议),请求法院行使审判权解决民事纠纷或保护民事权益的权利。"二战"以后,随着诉权理论研究的逐渐深入,世界各国在诉权保障的问题上达成共识。许多国家纷纷确认接受司法裁判权是人民享有的一项由宪法保障的基本权利,并在宪法体系中为诉权寻找适当的根据和实现的途径。在诉权的现代化转型过程中,传统的诉权概念逐渐被裁判请求权、诉诸司法权、程序保障请求权、接近正义权、接近司法权等现代话语所取代,与此同时,对于诉权的规定和保障也呈现出显著的国际化趋势。[①]《世界人权宣言》第 8 条规定:"当宪法或者法律赋予的基本权利遭受侵犯时,任何人有权向有管辖权的法院请求有效的救济。"第 10 条规定:"在确定当事人的民事权利与义务或者审理对被告人的刑事指控时,任何人有权充分平等地获得独立、公正的法院进行的公正、公开的审理。"《公民权利和政治权利国际公约》第 14 条第 1 款规定:"法院面前人人平等。在审理对被告人的刑事指控或者确定当事人的民事权利与义务时,任何人都有权获得依法设立、有管辖权、独立、公正的法院公正和公开的审理。"由此可见,民事诉讼

---

① 齐树洁、周一颜:《司法改革与接近正义——写在民事诉讼法修改之后》,载《黑龙江省政法管理干部学院学报》2013 年第 1 期。

中弱者权利保护的诉讼目的的实现，其核心在于司法对其诉权的保障。

四、如何保障弱者的诉权

约翰·穆勒曾经指出："凡人类群居之处，都需要法制，除非受到某种程度的限制，绝大多数人的行为都受私利驱使，他们将会追逐自己的目的，需要时牺牲他人也在所不惜。结果可能是，那些最擅长行使武力的人将欺凌弱者，而富人或靠某些手段致富的人将压迫穷人。因此，任何国家的基本职能都是用司法手段来控制人们，抑强扶弱，限富护贫。"①

（一）民事诉讼中弱者的困境

诉权行使不充分、诉权行使缺乏有效保障机制是导致弱者困境的重要原因。从民事审判实践情况来看，弱者存在诉讼难、诉讼效益低下、诉求偏差多、诉讼案件执行不力等现象。

首先，诉讼"难"。由于诉讼成本高昂，一些弱者由于诉讼费用等经济原因难以通过司法救济途径来依法维权，阻碍了民众接近司法正义。从当事人的角度而言，诉讼成本包括诉讼费、律师费或代理费、交通费、时间成本和执行成本等。为了保障弱者能够接近司法，《诉讼费用交纳办法》采取了一系列措施，大幅度地降低司法准入门槛。如将财产性案件收费比例起点由 4％ 下降为 2.5％，劳动争议案件每件交纳 10 元，同时扩张了减免诉讼费的范围。事实上诉讼法费用只是诉讼成本的其中一项，诉讼费用的减少并没有减轻当事人的诉讼成本。以劳动争议的案件为例，新收费办法将其收费从 50 元降低到了 10 元，减少的 40 元诉讼费对于劳动争议的全部成本来说仅仅是冰山一角，烦琐的程序和绵绵无尽的等待才是最为致命的伤害。一般的劳动争议需要经历 3 道法律程序，周期为 6—18 个月，若出现需要工伤鉴定的情况，则从申请鉴定之日起，前后需要 12 道程序，最长时间为 36 个月以上。若是职业病案件，则需要在此基础上增加 3 道程序，耗时将会更长。②

其次，诉讼门槛"高"，法律援助效率低下。弱者往往法律知识贫乏，在诉讼中依靠自身力量难以应付复杂的程序作出正确的诉求表达，而法律援助受助范围狭窄，援助资金不充裕等原因导致法律援助效率低下，让弱者失去了从法律中

---

① ［英］约翰·穆勒：《政治经济学原理》，赵荣潜等译，商务印书馆 1991 年版，第 128 页。

② 张伟杰：《劳动者维权成本居高不下》，载《工人日报》2013 年 1 月 19 日第 5 版。

得到公平的机会。《法律援助条例》中第 10 条和第 11 条规定了法律援助的范围,同时授权各个地方可以根据自己的情况作出补充规定。但是无论是中央规定还是地方细则,很少有对农民土地纠纷、房屋拆迁问题等近几年来矛盾突出的问题作出规定,而这些方面的矛盾正是法律援助应当予以支持的。目前全国范围内有大量的强拆和土地纠纷,法律援助律师所能给予的帮助远远无法满足社会的需求。此外,由政府负责并主导的法律援助业务大部分资金并没有落实到法律援助本身,资金利用效率低下。真正能够提供法律援助的三类群体——法律援助机构的工作人员、律师和基层法律服务工作者的平均办案补贴分别为426 元、798 元、399 元,而撰写一份法律文书平均收费约 600~2000 元。如此低廉的报酬换取的必定是廉价的法律服务,某些法律援助律师不认真负责,基本不阅卷、不会见,在开庭时也不为当事人据理力争,最终受援对象的权利无法得到真正的落实。[1]

最后,执行"难"。近几年来全国执行积压案件日益增多,某些地区法院出现了诸如执结率骤然下降的现象。如东莞市中级人民法院 2005 年、2006 年的执结率分别为 35%、32%,到了 2007 年变成了 16%。案件拖延、执结率下降意味着当事人要承受更多的时间成本。[2] 弱者的民事判决得到不执行,希望通过判决得到相应物质补偿的需求落空,对于经济困难已经预先负担诉讼开支的弱者当事人无疑是雪上加霜。

(二)弱者诉权的司法保护

司法在抑强扶弱的同时,也因为专业性、正当程序性等程序要求,对弱者诉权的实现产生了现实妨碍。归结起来,影响当事人行使司法权利的普遍性因素主要有:诉讼的成本、解决争议所需要的时间以及司法制度发现事实真相和适用法律的正确程度。[3] 这些因素对弱者身份的当事人行使诉权,接近司法正义具有更强的阻碍力。因为对于弱者而言,特别是经济贫困的弱者,知识欠缺和不能负担为解决纷争、寻求个人应得利益及援助所需费用这两点是其诉权行使的最大障碍。

20 世纪以来,法治国家围绕如何更好地保障社会成员特别是弱者利用司法的权利进行了持续的努力,迄今已经历了三个阶段的接近正义运动的司法改革,

---

① 刘雁鹏、柳建启:《论弱势群体的司法保护》,载《重庆大学学报》2015 年第 1 期。

② 黄锡明、许鹏:《执行案件中止率高的原因及对策思考》,载《法律适用》2010 年第 Z1 期。

③ 齐树洁:《诉权的现代转型与民事上诉权之保障》,载《河南省政法管理干部学院学报》2005 年第 6 期。

被称为"三次浪潮"。接近正义运动第一个阶段(即第一次浪潮,始于20世纪70年代)通过创立法律咨询和法律援助制度,为弱者当事人提供接近司法的途径和保障。第二个阶段主要关注为消费者、环境污染受害者等弱势群体的扩散性利益提供司法上的保护,出现了新的民事诉讼类型——公益诉讼。起诉者往往超越现有法律所设定的封闭性利益保护框架提出新的利益主张,而且原告往往不仅主张自己的利益,而且还尝试排除与原告处于同一立场的利益阶层的人们的扩散的、片断性利益的侵害。① 第三个阶段的接近正义运动试图构建诉讼外争端解决机制(ADR)来实现接近正义的目标。在司法资源短缺、诉讼成本不断攀升而国家又不可能为弱者当事人提供充足的法律援助的情况下,替代性纠纷解决机制在一定程度上弥补了司法的不足,使有限的司法资源能够被那些真正需要它的人们所利用,完善的诉讼外纠纷解决机制可以从另一个角度保障弱者当事人的诉权。从救济途径的角度来看,接近正义运动的三次浪潮的目的在于通过改革司法机制,减少甚至消除公民特别是弱者在寻求司法救助方面的障碍。

在世界司法改革潮流和国际人权公约的推动下,我国的司法改革朝着加强公民诉权保障、追求司法公正和效率,推动司法为民等方面进行不断努力,并取得了一定的成就。2012年6月,国务院新闻办公室发布《国家人权行动计划(2012—2015年)》。新的行动计划将民众获得公正审判的权利作为人权的重要内容纳入宪法保护的范畴,提出以诉讼程序为载体,通过完善民事诉讼中的起诉、受理和开庭前准备程序,建立小额诉讼制度、公益诉讼制度,完善保全制度、证据制度、送达制度、裁判文书公开制度和审判监督程序等,保障当事人的诉讼权利。由此,我国的民事诉权已经超越了单纯的诉讼法意义而实现了向宪法诉权的转型,并力图在宪法和法律构筑的恢恢法网中对诉权予以具体有效的保障。在诉权保障宪法化和国际化的趋势下,我国对民事诉讼制度作出适时、全面的调整,不仅顺应了诉权理念的发展规律,也体现了对公民特别是弱者身份的公民诉权保护的法治思想。

同时,我国学术界从多个角度对诉权理论加以探讨和研究。例如,从诉权宏观完善的角度提出诉权入宪的观点;又如,从扩大可诉范围,完善民事诉讼的主管和管辖制度、起诉受理制度、建立公益诉讼制度,以及对滥用诉权行为加以规制等方面探讨诉权保障的具体措施。在诉权的理论研究中也表现出对弱者诉权保障的价值诉求和浓厚的现实关怀,并为民事诉讼法确立弱者保护的诉讼目标奠定了坚实的理论基础。

---

① [意]莫诺·卡佩莱蒂:《福利国家与接近正义》,刘俊祥等译,法律出版社2000年版,第89页。

　　对我国而言,"诉权保障"是民事诉讼的最高目标,也是完善立法的必要条件。由此推及,民事诉讼中的弱者保护与诉权保护也是其最高目标,是弱者权利实现的主要途径。弱者的诉权保护与我国司法改革密切相关,是司法改革服务于民的方向之一。司法改革是一项艰巨浩大的系统工程,要延续以往司法改革的成果,以诉权保障为目标方向,以接近正义为路径,在根本上建立一个实现弱者诉权保护的良好的司法运作系统。

　　保护弱者的起诉权是实现弱者诉权保护的逻辑起点,也是弱者接近正义的重要入口。一方面,应改革起诉条件。突破传统的原告适格制度,以纠纷出现为起诉要件,而不是以原告权益受损害为实质要件;在环境公益诉讼中,放宽原告资格,逐步允许弱者成为环境公益诉讼的个人原告,代表弱者群体维护其法律权益。另一方面,应改革管辖制度。从便利弱者当事人起诉的角度对管辖制度进行改革,如就消费者和劳动者权益案件采取被告就原告原则进行论证。

　　起诉权只是诉权逻辑结构中的一项权利内容。弱者诉权的保障涉及健全当事人诉讼权利体系、构建诉权对审判权的制约合作机制、完善司法救助制度、系统地设计诉外纠纷解决机制配套机制等方面。为此,司法改革中应注意以下几点:第一,在立法上应健全弱者当事人的诉讼权利体系,并将诉权保护在宪法上加以明确,使诉权人权化成为公民人权的内容之一。第二,改革审判制度,(1)增设派出法庭,便利当事人提起诉讼,获得司法保护。(2)设置劳动法庭、消费法庭、家事法庭、医事法庭等专业法庭。普通弱者的身份通常是妇女、未成年人、老年人、消费者、劳动者、患者等,设置专业法庭可以便利弱者实现诉讼正义和提高诉讼效率。(3)科学分配举证责任,强化法官行使释明权的范围和尺度,帮助弱者在复杂专业的诉讼程序中合理地运用诉权正确表达诉求,建立审判权与诉权的制约合作机制。第三,改革司法救助制度,落实诉讼费用的缓交、减免制度,消除弱者因经济问题被排斥于法院大门之外的现象。当事人付出的其他费用应借助法律援助制度予以补偿。扩大法律援助的对象,放宽法律援助的条件,提高法律援助的质量,使弱者可以借助法律援助的途径接近正义。

家 事 审 判

福建法院创建"家事法庭"的探索与实践

■厦门大学法学院课题组*

摘要: 近年来,基于对家事纠纷的理性认知与传统司法实践的深刻反思,福建法院积极推进家事审判专门化改革,并尝试将家事纠纷的处理纳入独立的司法程序与统一的司法机构中。目前,这一基层自主试验取得了良好的社会效果,提高了家事纠纷解决的司法效率与社会综合效益。对福建法院家事法庭的制度架构与实际运作效果进行分析,检视这一新制度的本土化实践成效,将有助于在家事审判专门化改革领域增强学理共识,增进实践积累,对我国家事司法改革提供智识支持。

关键词: 福建法院;家事纠纷;家事法庭;家事审判

引 言

家事审判涵盖社会领域与私人领域的双重纠纷解决功能。伴随经济的发展、社会的变迁,人际关系趋于速成、独立,由此引发愈来愈多的家事纠纷。据不完全统计,2013 年 1 月至 2015 年 10 月底,全国法院审结家事案件近 400 万件。其逐渐呈现的案件增幅快、适用法律难、审理难度大等特点,使得我国传统的司

---

* 课题组负责人:齐树洁(厦门大学法学院教授、博士生导师,司法改革研究中心主任);课题组成员:丁启明(厦门大学法学院诉讼法学专业博士研究生),郭静(厦门市海沧区人民法院家事法庭庭长),方俊、陈爱飞、李纳(以上三位同学均为厦门大学法学院硕士研究生)。本文系齐树洁教授主持的 2015 年度福建省社会科学规划重点项目"福建法院创建'家事法庭'的探索与实践"(批准号:FJ2015A012)的最终成果。

法架构及程序规则的运作受到了严峻的考验。基于"冲击—回应"模型的分析，家事审判专门化是法制现代化的产物。近年来，我国学界及实务界逐渐重视社会变迁所带来的家庭问题及其衍生的社会问题，各地法院亦纷纷开展试点式的探索性实践，陆续与政府机构或民间团体合作，在制度层面调整现有的审判组织结构，试图发展出最妥适的家事纠纷处理模式。其中，家事法庭试点工作的展开，彰显了我国家事司法改革的新趋势，预示家事法将迎来 21 世纪的伟大"复兴"。然而，目前我国对这一新制度的探索尚处于初始阶段，相关试验性改革散见于各地而尚未形成主流趋势。及时总结司法实践经验并对现行制度予以反思，对我国家事司法改革的渐进式发展将大有裨益。

2013 年以来，福建法院积极推动家事案件审判方式的改革，加强对妇女、儿童等弱势群体的司法保护，目前已有 15 家法院设立了独立建制的家事审判庭，部分法院成立了家事审判合议庭。作为国内家事审判改革的先进地区，福建法院的相关司法实践与探索可以为改革提供智识供给与现实依据，值得学界充分关注。2015 年 4 月至 2016 年 4 月，厦门大学法学院司法改革研究中心开展"福建法院创建'家事法庭'活动"的专题调研，收集了大量的第一手资料。课题组期望通过田野调查，尽可能完整地描述福建法院家事审判专门化改革的实践及成效，提炼家事法庭试点的有益经验，探讨家事审判专门化的未来前景。

一、福建法院创建"家事法庭"的动因分析

（一）家事审判需求增多

近年来，利益关系的更迭、价值观念的冲突加剧，由此引发数量巨大、日益繁杂的家事纷争。2010 年至 2014 年，福建法院受理家事案件 206669 件，不断增长的案件基数使得基层法官处理单个家事案件的时间、精力被迫压缩。其中，新型家事纠纷的涌入给审判实践带来了新的挑战，例如当事人因规避房产调控、骗取拆迁安置利益、恶意躲避债务、"稀释"共同财产、逃避赔偿责任等目的而引发的"离婚"案件等持续多发。此外，福建地区自古以来就以其独特的民俗闻名于世，浓郁传统的村落文化、现代城市化理念与涉台亲缘因素在这里交融并错，造就了福建独特的司法惯习，这种多元状态也给福建法院的家事审判提出了新的课题。如"接脚夫"案件、"外嫁女"案件、涉台婚姻案件等，引起广泛舆情关注并

入选 2014 年"十大公益诉讼案件"的仙游县人民法院审理的全国撤销监护权第一案①等案件,均反映了传统家事纠纷解决观念与现代司法保障理念的深刻碰撞。

以厦门市海沧区为例,经济利益的驱使与价值观念的变迁,使得民众愈来愈多地诉诸司法途径解决纠纷,在此过程中,对"妥适、高效"的裁判期许呈增长态势。首先,以往以小渔村为主体的海沧并无太多的分家析产纠纷,即使发生该类纠纷,往往通过习俗、村规民约予以调和。近年来,由于经济高速发展,导致城区扩建,巨额的拆迁补偿费极易引发家庭纠纷,时常发展成为家族矛盾,难以调处。其次,海沧区家庭规模趋于平稳,呈小型化(平均每户 3.18 人),离婚后的子女抚养问题受闽南乡土观念、男女平权思想等影响往往成为纷争难点。再次,农村离婚案件约占海沧法院受理离婚纠纷的 40%。② 该类案件受到乡土因素的羁绊,往往陷入调解难、判决离婚后遗症多的困境。

(二)家事审判供给不足

我国《婚姻法》《继承法》《未成年人保护法》等法律规定了"捍卫家庭""保护妇女""呵护儿童"等规范婚姻家庭关系的基本原则。上述特别关怀需要完备的司法程序予以实现。因此,家事案件的当事人除需要接受传统的司法服务外,还需要佐以心理辅导、家事调解等社会性服务。

---

① 本案系全国首例未成年人监护权被撤销的案例。基本案情如下:福建省仙游县榜头镇梧店村村民林丽某(女)多次用菜刀割伤其年仅 9 岁的亲生儿子林某,并长期让林某挨饿或以其他方式虐待林某。自 2013 年 8 月起,榜头镇人民政府、梧店村民委员会的干部及榜头派出所的民警,多次对林丽某进行批评教育,但林丽某拒不悔改。2014 年 5 月,林丽某再次用菜刀割伤林某的后背、双臂。6 月 13 日,申请人梧店村民委员会以被申请人林丽某长期对林某实施虐待、严重影响林某的身心健康为由,向仙游县人民法院请求依法撤销林丽某对林某的监护人资格,指定梧店村民委员会作为林某的监护人。2014 年 7 月 4 日,仙游县人民法院依照民法有关规定,判决撤销被申请人林丽某对林某的监护人资格,并指定申请人梧店村民委员会担任林某的监护人。2015 年 1 月 1 日起,《关于依法处理监护人侵害未成年人权益行为若干问题的意见》正式实施。参见梅贤明:《仙游一单身母亲被撤销监护人资格》,载《人民法院报》2014 年 7 月 22 日第 3 版。为深入调研本案的后续进展、林某的监护情况及本案在当地造成的舆情导向等问题,课题组已经与仙游县人民法院少年审判庭取得联系,即将前往该院进行"撤销监护权"案件专题调研。

② 戴艳丽:《海沧法院分析农村离婚案件审理难点并提出建议》,http://www.xmcourt.gov.cn,下载日期:2015 年 9 月 5 日。

从法社会学的视角观察,我国司法实践中家事审判"麦当劳化"渐趋严重①:法官在审理家事案件中采取的单一化、机械化的审理方式,使得当事人及涉案未成年子女感到一种例行公事的刻板和生硬,而丧失家事纠纷解决应具备的温情和精致等特点。基于课题组对家事审判的参与式观察以及与部分法院的访谈,福建法院家事审判的司法服务供给不足具体表现如下:

1. 背离家事审判的职权主义

例如,在举证责任的分担上,完全依靠当事人举证定案。在司法实践中,大多数家事纠纷的当事人诉讼能力不强,对于如何收集证据维护合法权益往往没有明确的概念;且家事纠纷中的证据往往难以固定,通过庭审举证的方式,很难全面呈现当事人的情感及婚姻家庭关系状态。

2. 未能建立有效的社会联动机制

家庭问题往往有着比较复杂的社会背景,因此,家事审判是一处社会性极强的司法场域。除承担司法职能外,家事审判还承担着行政职能与社会职能。实践中,传统的家事纠纷审理方式未能体现家事案件的社会性特点,也没有建立长效的家事纠纷社会联动机制。在有关机关团体的职能分配呈条块分割的情况下,由于缺乏经费保障和更高级别的机构统筹,仅凭法院的力量,难以协调各部门互相配合,无法充分调动社会资源形成解决家事纠纷的合力。

3. 忽视家事案件的人身属性

家事纠纷解决的根本目标和价值取向是促成当事人之间恢复感情、消除对立、实现和解、弥合家庭伤口,因此,应当以"人性化司法"作为司法原则。然而,传统家事审判方式处理婚姻案件的方法往往过于简单化、程式化。例如,在绝大多数家事纠纷案件中,儿童并不是案件的直接当事人,但不可否认的是,任何家事纠纷都会对儿童的心理和成长产生巨大的影响。长期以来,法院在婚姻家庭纠纷案件的处理上,对于儿童在诉讼过程中的权益保障问题关注不足。

根据新制度经济学理论,任何制度都是市场提供的产品。当制度非均衡化且存在外在利润时,理性经济人便会积极推动制度变迁,即司法需求决定着司法供给的广度与深度。福建法院积极创设家事法庭,尝试以温情、经济的方式解决日益增多且复杂化的家事纠纷,正是对司法需求的直接回应。

---

① "麦当劳化"是指快餐餐厅的准则正逐渐主宰着美国社会及世界其他更多领域的过程,表现为如下四大特征,即追求效率、可计算性(可量化)、可预测性以及可控制性。参见[美]乔治·瑞泽尔:《后现代社会理论》,谢立忠等译,华夏出版社2004年版,第22页。

二、福建法院创建"家事法庭"的图景描绘

厦门大学法学院司法改革研究中心与福建省高级人民法院研究室合作,于 2016 年 1 月 12 日至 16 日前往省内部分法院进行专题调研。课题组先后召开了 4 场座谈会,与宁德、福州、三明、泉州等 4 个中级法院及霞浦、福鼎、梅列、三元、永安、沙县、尤溪、宁化、鲤城、涵江等 10 个基层法院领导及从事一线家事审判工作的法官进行座谈交流。下文基于实地调研与网络检索的资料,描绘福建法院创建"家事法庭"的实然图景。

(一)家事法庭试点的概况

2013 年以来,福建法院积极推进家事法庭的试点工作,大胆创新家事审判机制,形成了具有福建省特色的家事司法发展模式。截至 2016 年 1 月,福建省已有 15 家法院设立了独立建制的家事法庭。

从组织论的视角观察,福建法院与政府机构、社会机构或民间团体展开合作,在制度层面上对原有的审判组织结构进行了调整,在初步探索与合作中,已发展出三种主要模式:

1.家事法庭模式

家事法庭,是指专门处理家事案件的独立性、综合性的审判机构,兼具行政、司法、社会功能于一体。泉州市鲤城区人民法院(以下简称鲤城法院)、福鼎市人民法院(以下简称福鼎法院)、海沧区人民法院(以下简称海沧法院)等均为典型的实践样本。其中,海沧法院于 2014 年 3 月正式成立综合性家事法庭,审理包括婚姻家庭、继承、未成年人监护权等在内的家事纠纷以及未成年人犯罪案件。这一模式侧重于家事纠纷的审理,并未将未成年人的行政、民事(涉少家事案件除外)、减刑、假释等案件纳入受案范围内。

2.少年与家事审判庭模式

少年与家事审判庭模式(又称少年综合审判庭模式)注重推动少年审判与家事审判的融合,基本形成了少年案件与家事案件统合受理于同一审判平台的工作格局。2015 年初,三明市两级法院均组建了少年与家事审判庭,审理未成年人刑事、民事、行政、减刑、假释案件及其他婚姻家庭、继承纠纷案件。这一模式的最大特点在于受案范围广,有助于全方位地保护未成年人的利益。

3.家事合议庭模式

基于现有的审判组织结构,福建省多数法院在民一庭的基础上组成家事合议庭集中审理家事案件。这一模式类似于家事审判小组,是指由熟悉婚姻家庭案件审判的法官组成专门的家事合议庭,集中审理婚姻家庭纠纷。小组通常设

有主管家事审判工作的组长和成员,通过每月组织"碰头会"讨论疑难案件,分享办案经验。例如,福州市两级法院在民一庭设置家事合议庭,集中审理大部分的家事案件,速裁合议庭则审理部分简易的家事案件。

课题组认为,家事法庭模式彰显"大家审"的新趋势,少年与家事审判庭模式则孵化了"大少审"的新形态。专门法庭是家事司法现代化的重要载体,也是家事司法现代化的必然产物。福建法院家事法庭的探索正在经历从基层试点向全省铺开的过程,有助于打造在全国范围内具有影响力的司法品牌。

(二)家事法庭试点的实效

从司法实践的效果来看,福建法院家事法庭的探索初见成效,主要体现在以下几个方面:

1. 审判人员与审判机构的专业化分层

福建法院"家事合议庭""家事法庭""少年与家事审判庭"均安排专职法官负责审理家事案件,以实现家事案件的集中处理,专业化分层已初见雏形。对家事案件审判人员的选择,可归纳为以下几个标准,即熟悉婚姻家庭审判业务、审判工作经验丰富、协调能力强、善于做群众工作、工作责任心强等。海沧法院、三明市两级法院均为家事审判机构配备至少"3 名审判人员＋1 名书记员"的审判团队,便于进行专业审判和延伸服务。例如,三明市两级法院少年与家事审判庭共有法官 40 人,书记员 21 人,办案力量较为稳定、充足。

2. 少年审判与家事审判融合的机制创新

未成年人犯罪预防和家事纠纷解决形成了"双赢"态势,既促进少年法庭的发展壮大,又助推家事审判的专业化。例如,福鼎法院将圆桌审判、心理辅导等少年审判特色机制融入家事审判;海沧法院在未成年人刑事案件审理中,尝试召开亲属会议,对罪错少年及其父母等近亲属提供系统、专业的亲子教育。

3. 家事司法社会化初现端倪

"社会化"主要是指国家将原来由其控制的纠纷解决逐步让渡给民间或社会,呈现一定程度的社会化或民间化倾向。司法社会化主要体现在以下两个方面:一是法院引入社会资源,参与家事纠纷解决。例如海沧法院邀请心理咨询师参与调解,评估当事人的心理素质和状态,为调解寻找契机。二是家事审判专门机构发挥社会功能。例如,海沧法院的法官走出法庭,参加妇联主持的维权宣传活动,走进校园为少年儿童宣讲法律等。

(三)家事法庭试点的问题

在家事审判专门化的创新中,福建法院提出了一些亟待解决的现实问题,主要有以下几点:

1.机构名称有待统一

调研发现,目前福建各地法院专门审理家事案件的机构名称,有"少年法庭""少年与家事审判庭""少年家事审判庭""家事法庭""家事审判庭"等不同设计。不同的机构名称折射出基层自主试验的无序化,亟须予以必要的规范、引导。

2.受案范围较为混乱

福建法院对家事法庭的受案范围应当如何划定存在较大争议,实践中各地法院各自确定的受案范围亦有所不同。例如,三明市两级法院采取的"大少审模式",将涉少刑事、民事、行政案件和家事案件归口少年与家事审判庭审理。鲤城法院采取"大家审"模式,将涉及妇女及未成年人合法权益的刑事、民事案件归口审理。海沧法院则将涉少刑事案件与家事案件归口审理。福州市两级法院采取"总体分离、部分融合"的模式,即按照传统的分案方法,少年案件由少年庭审理,家事案件由民一庭审理,但在审判经验和机制建设方面注重联动交流。

3.绩效考核制约家事审判的改革创新

由于家事法庭需要开展较多的机制创新和延伸性服务,单纯的办案数量无法反映法官繁重的工作量。现行法官绩效考核体系存在较大的滞后性,不能科学地体现家事审判工作的特点,消磨了家事法官的创新动力,束缚了家事审判的机制革新。

三、厦门海沧法院家事法庭的实证考察

审慎而坚定地普及回应型家事司法依赖于实践检视与经验累积。然而,情理法兼顾的家事纠纷解决诚属不易,其效益的追求及检视,亦有赖于回归微观层面的具体案例及实际经验,踏实感受及诚实面对既有家事纠纷机制的优点与局限,方能有所突破。[①] 因此,课题组深入司法田野,近距离认知家事法庭的实践细部。下文依据课题组 2015 年 7 月到海沧法院调研所收集的素材,描绘回应型家事司法的试验景象。

(一)研究素材

对于现实问题的讨论总难免流于空泛和偏执。空泛,因为中国具有这样长的历史和这样广的幅员,一切归纳出来的结论都有例外,都需要加以限定;偏执,

---

① 陈竹上:《"我国"家事调解之发展及家事事件法实施后之契机》,载台湾《法扶会讯》2012 年第 37 期。

因为当前的中国正在变迁的中程,部分的和片面的观察都不易得到应有的分寸。① 因此,从学术规范的层面出发,有必要简述本研究实证素材的合理性。其一,家事案件多数集中在基层法院。其二,基层司法比较容易观察到法与社会的互动情况。其三,调研所选取的海沧区位于闽南文化生态中心,自古以来就以其独特的民俗和多彩的文化闻名于世,浓郁传统的村落文化与现代城市化理念于此交融并错,造就了其独特的司法场域。② 其四,海沧法院少年家事法庭乃福建法院系统的首创,试验了较多的新制度。

1. 海沧区基本情况

厦门市海沧区地处福建省东南部,是厦门经济特区的重要组成部分,并保有浓郁的闽南乡土习俗。其总面积 184.46 平方公里,总人口 34.49 万(截至 2012 年末),其中流动人口 20.79 万人,城镇化率为 44.16%。从人口数量与结构上看,海沧法院基本上能够反映我国基层司法的中等状况。建区 13 年以来,海沧区社会变迁的显著特征是经济的飞速发展与人口的快速增长。2003 年至 2012 年,地区生产总值从 101.5 亿元增至 391.15 亿元,年均增长 31.7%;工业总产值从 301.5 亿元增至 945.07 亿元,年均增长 23.7%。"工业经济强力增长、服务业初步繁荣"的发展形势深刻影响着人口迁移的速度与规模。一方面,台商、侨胞在海沧投资、经商者,外来务工人员及外地来海沧落户者不断增加;另一方面,海沧城镇化率亦大幅提高。这两个方面的特点均对该地区婚姻、家庭的结构与稳定造成了较大的冲击(见图 1、图 2)。

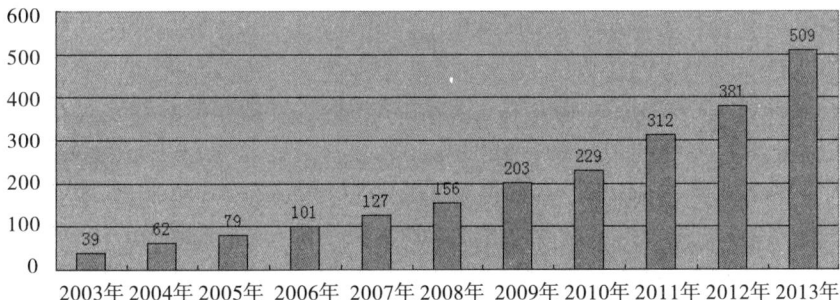

图 1 2003 年至 2013 年海沧区登记离婚对数(件)

---

① 费孝通:《乡土中国》,上海人民出版社 2007 年版,第 241 页。

② 海沧区村落传统与都市文化交融并错明显,海沧街道是区政治、经济中心,新阳街道则为外来人口聚居地,东孚镇则由众多村落组成。

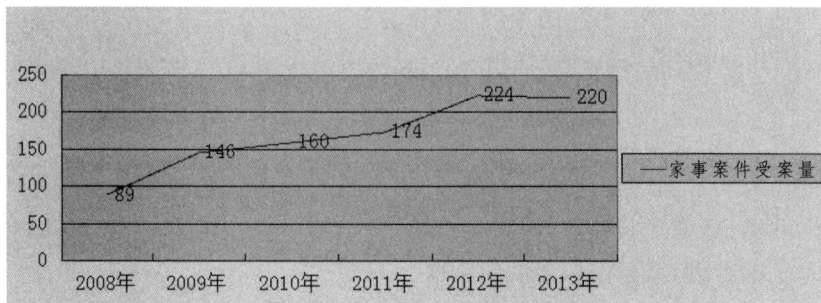

图 2　2008 年至 2013 年海沧法院家事案件受案量情况①（件）

2.海沧法院基本情况

2003 年 8 月 15 日,海沧法院因区划调整而设立,并成为福建省唯一的司法改革联系点。新组建的法院在人员组成与科层结构上能够较好地满足司法专业化的需求,亦趋向于谋求司法制度创新。2013 年 4 月,福建省首个综合性家事法庭在原民三庭的基础上试运行,专门受理辖区内家事纠纷、未成年人犯罪案件及辖区外涉台家事纠纷。②

（二）制度架构

制度理性的技术性亦即工具性是人为规划实施的过程,各种习惯、传统包括对西方司法理念与制度的移植通过技术理性转化为正式的司法制度及各种程序规则。③　家事法院(庭)制度理性的实现有赖于技术化的程序架构,海沧法院立足于"家事"因素,积极地创新制度设计。

1.设施基础

家事纠纷的解决应强调当事人的充分参与,并尽可能地兼顾关联者的利益。然而,当前我国家事审判中当事人的良好参与及理性决定的外部环境均有待提升。因此,海沧法院家事法庭围绕"温馨、包容、和谐"的家庭元素,创新布置法庭、调解室,并创设亲子陪护室,进而营造出良好的对话、沟通氛围。此外,有鉴于司法实践中,关联人的权益受到漠视渐成司法惯习;且囿于法庭配置人性化、

---

①　2013 年成立的诉调对接中心在很大程度上起到疏减讼源的作用,故家事案件受案量呈现轻微回落。

②　海沧法院对厦门市涉台案件进行集中管辖,其中涉台家事纠纷亦全部归由家事法庭管辖。本部分主要论述家事案件的审判。

③　高志刚:《司法的制度理性与实践运作》,载《法律科学》2009 年第 6 期。

科学性的缺失,极少邀请未成年子女参与家事审判,以避免对他们造成二次伤害。① 为和缓地吸纳儿童参与家事纠纷的解决,海沧法院家事法庭的设计倾向于以儿童为本,塑造"小而温馨"的诉讼空间,如布置儿童游戏的公共空间,以舒缓儿童的压力与创伤,减少儿童的恐惧和负面情绪等。

2. 工作群体

对于普通法院而言,"适当、公平、迅速、经济"构成了较为完美的裁判理想,但对于家事法院,考虑到其自身属性与具体状况,似乎有必要创设一个崭新的理想,这第五个理想就是"人间的温情"。② 因此,家事法院(庭)主体构造应当有所革新,不仅有院(庭)内的工作群体,还有院(庭)外协作机构与人员。海沧法院家事法庭的工作群体大致以此为准进行了组构。

(1)家事法官。家事法庭专门处理牵动微妙人际关系的家事案件。因此,家事法官不仅需要具备法律方面的专业基础,还必须拥有丰富的人生经验、擅长调整人与人之间的关系,并最好拥有社会学、心理学等多方面的知识。③ 海沧法院家事法庭配置了三名女性法官,以充分发挥女性在家事审判方面的优势及特长。专业化的人员配备在社会生活经验、性情、心理疏导经验等方面满足了家事解纷的特殊要求。④

(2)家事陪审员。家事事件的特殊性决定了各国家事法院在审理家事案件时往往需要吸纳非法律人或非职业法官参与审判,⑤期许裁判能够满足社会大众朴素正义与善良司法的要求。海沧法院为家事审判配置了多元结构的陪审员队伍。虽然实践中海沧法院的家事案件审判多采独任法院裁判制,较少吸纳陪审员。但陪审员较多地参与家事调解工作,成为调解资源的重要外部植入。(见表1)

表1　海沧法院陪审员的构成情况(人)

年龄构成

未满 40 周岁	40 岁以上	50 岁以上	60 岁以上
30	11	16	8

① 需要说明的是,法院不邀请未成年子女参与家事审判的原因是多方面的,设施配置只是其中的一项原因。

② [日]小岛武司:《家事法院的诉讼意义》,陈刚等译,载陈刚主编:《自律型社会与正义的综合体系——小岛武司先生七十华诞纪念文集》,中国法制出版社 2006 年版。

③ 陈爱武:《家事法院制度研究》,北京大学出版社 2010 年版,第 71 页。

④ 在访谈中,三位家事法官都满意当前自我的婚姻家庭生活,并对解决现实生活中的矛盾有着诸多经验与体会。

⑤ 张晓茹:《家事裁判制度研究》,中国法制出版社 2011 年版,第 88 页。

职业构成

村(居委)干部	公务员	私企工作人员	网格员	义工	专业人士	其他
9	22	20	2	2	5	5

学历构成

高中	大专	本科	硕士	博士
2	20	33	8	2

籍贯构成

福建	台湾	其他
39	20	6

（3）辅助人员。为实现家事案件合目的性解决的需求,家事法庭通常会将家事调查员、家事调解员及心理咨询师纳入司法过程中。

①家事调查员。由于家事纷争多由家庭成员或亲属间感情纠葛而引发,只有发掘并了解纷争背后隐藏的真正原因,方能通权达变、圆融解决。[①] 家事法院（庭）为妥适查明、处理真正的实质争点,有必要借助于社会问题专家——家事调查员查找事实。海沧法院目前已聘任首批 10 名家事调查员（见表2）。擅长沟通和调查、熟悉社区事务的家事调查员,受法院委托,通过实地走访调查了解当事人的成长经历、婚姻家庭及财产等状况,向法院出具书面调查报告或意见,便于法院查清事实,找准纠纷症结,并协助法院对被调查人员或其家庭进行回访。

表 2　海沧法院家事调查员的基本资料

姓名	性别	出生年月	文化程度	推荐单位	工作单位	所属社区
洪某	女	——	本科	民政局	——	——
邱某	女	——	大专	兴旺社区	——	兴旺社区
喻某	女	——	本科	海达社区	——	海达社区
康某	女	——	——	海沧妇联	——	海沧街道
黄某	女	——	——	海沧妇联	——	东孚镇
胡某	女	——	——	海沧妇联	——	新阳街道
汪某	女	1982.3	——	海沧司法局	新阳司法所	新阳社区

---

① 杨炽光:《台湾家事调解之实质发展与展望》,载吴瑾瑜主编:《两岸民事法理论与实务发展现况》,台湾元照出版有限公司 2014 年版,第 345 页。

续表

姓名	性别	出生年月	文化程度	推荐单位	工作单位	所属社区
邱某	男	1981.1	本科	海沧司法局	东孚司法所	东孚镇
柯某	女	1981.8	——	海沧司法局	海沧司法所	海沧街道
吴某	男				明达实业	——

表2的信息显示,家事法庭遴选的家事调查员多以女性为主,并以"推荐"作为主要途径。然而,与调查员相关的文化程度、工作单位及兼涉的心理、社会等专业领域的重要信息难以获悉。这一现象也映射出我国社工人力资源不足、社工组织配置滞后等问题。

②家事调解员。积极发展 ADR 是适应家事纠纷的特殊性及跳出"家人间对簿公堂、法庭相争困境"的有效路径,家事调解则是家事纠纷 ADR 的核心方式。法院调解作为一项具有中国特色的诉讼制度,在家事解纷中发挥着重要的作用,但近年来呈现功能式微之势。[①] 基于"调解社会化"的理念,家事法庭积极寻求调解资源的外部摄取。特邀调解员、家事陪审员、妇联人员、家事调查员、心理咨询师等在家事裁判中担任家事调解员,有助于缓解法官权威的供给不足,解决司法资源稀缺的普遍问题。这一适度社会化尝试是对"本土"因素的回归,在一定程度上提高了家事调解的专业化,以达至温情、经济地解决家事纠葛的目标。

③心理咨询师。家事纠纷往往是具有高度情感、心理、道德观念的价值集合,非经由一次成功的诉讼或者调解即获一劳永逸的解决。情感、心理的修复尚需后续引导。心灵空间(厦门)咨询有限公司是海沧法院家事法庭的协作机构。该机构的心理咨询师受海沧法院的邀请对离婚纠纷当事人及未成年人子女提供婚姻、家庭质量评估服务,引导其进行情感修复。

④网格员。网格员的定位是联系群众、掌握民情、建立档案、解决矛盾、提供服务的社会管理工作者。家事法庭吸纳网格员进入解纷程序,就本社区的家事案件等,以调查访视的方式,提供意见作为法庭裁判的参考,并协助法庭认识个案特殊情况以满足个案需求。

(4)庭外合作机构。家事法庭在促进家庭福祉的实现过程中往往需要承担更多的社会责任,并耗费更多的司法资源。基于司法资源的有限性,建立与庭外机构的合作关系是践行温情司法的程序技术。

[①] 关于家事法官兼任调解员的弊端的论述,参见陈爱武:《家事调解:比较借鉴与制度重构》,载《法学》2007 年第 6 期。

①司法局。海沧区外来人口多,外来务工人员的子女犯罪率相对较高,但因目前异地监管与帮教存在的诸多难题,导致司法实践中外地户籍未成年被告人适用缓刑率低。① 为解决这一问题,海沧法院与区司法局合作,共同出台了《外地户籍未成年罪犯监管帮教工作规范(试行)》。该规范将非本地户口的未成年缓刑人员纳入社区矫正范围,并形成判后探视抚养档案,同时探索建立外地户籍未成年被告人监管与帮教基地,以保障外地户籍未成年犯矫治效果。例如,在(2014)海刑初字第196号案中,被告人张某成为首位外地户籍在本地接受监管帮教的未成年犯。其现与家人一同居住在海沧区,并在接收单位上班接受帮教。这种帮教有利于实现外来务工人员婚姻、家庭的稳定,进而保障未成年人健康成长。

②民政局。受20世纪80年代中期民事司法改革的影响,家事解纷机制从多元走向单一,由原来各个部门"齐抓共管"走向司法主导的局面。此后一段时间,未经任何调解直接诉讼的离婚案件数量激增。2004年《婚姻登记条例》取消了婚姻登记机关调处离婚纠纷的规定后,民政局对家事纠纷进行诉前调解的功能进一步弱化。2005年,厦门市成为全国首个对多元化纠纷解决机制进行立法的地区。② 自此,民政部门积极介入离婚调处。2008年至2013年,海沧区通过诉讼方式离婚的数量占离婚总数的比例大体呈下降趋势,婚姻登记机关在家事解纷中发挥了一定的作用。(见表3)

表3 2008年至2013年海沧区登记离婚、诉讼离婚对数的概况

年度(年)	离婚总数(对数)	登记离婚(对数)	诉讼离婚(对数)	诉讼离婚/离婚总数
2008	236	156	80	33.89%
2009	319	203	116	36.36%
2010	353	229	124	35.13%
2011	454	312	142	31.27%
2012	552	381	171	30.97%
2013	676	509	167	24.7%

③反家暴联盟。面对辖区内外来人口众多、家庭暴力事件频现的难题,海沧

---

① 实践中法院采取了如下做法:除依据法律规定的两项条件外,还以拟判缓者所在单位、家庭或其他组织、机构是否愿意帮教缓刑犯作为是否适用缓刑的一项依据。

② 此项地方立法由厦门大学法学院齐树洁教授担任总顾问。参见沈恒斌主编:《多元化纠纷解决机制的原理与实务》,厦门大学出版社2005年版,第44页。

法院家事法庭协同公安和妇联以社区为切入点,指导成立了"海沧沐阳反家暴联盟"。该组织主要提供针对家暴的法律咨询、心理疏导、家庭调解和教育、救济与庇护等,并最大限度地为因病、因伤致贫而导致家暴的家庭提供就业扶持。依托海沧区社会福利中心,家事法庭还设置了妇女庇护室、儿童庇护室、心理辅导室等,为遭受家庭暴力或可能存在遭受家庭暴力危险的受害人提供临时救助,以及包括生活帮助、医疗救治、法律援助、司法救助、心理疏导等在内的家事司法延伸性服务。实践中,反家暴联盟往往是家暴受害人求助的第一个机构,通过配置司法社工和咨询人员能够固定证据、简单说明家事调解程序和诉讼流程,使得当事人获得简便、快速解决问题的选择,增加家事案件处理的圆融度。

(三)程序群

价值取向和技术特征迥异的各类程序可以满足当事人不同层次的实体权利和程序利益的保护需要。[1]

1.家事诉讼程序

我国尚未制定统一的家事诉讼法,家事诉讼案件的管辖与审判,准用《民事诉讼法》《婚姻法》《收养法》《未成年人保护法》的有关规定。[2] 海沧法院在家事审判中,注重遵循不公开审理原则、调解优先原则、儿童最佳利益原则。

2.家事非讼程序

家事非讼程序的目的与功能在于简易主义,以避免诉讼程序对当事人的保护出现纰漏与不圆满。在实践中,海沧法院家事法庭增设登记离婚协议司法确认程序及人身保护令程序。下文着重论述这两种非讼程序。

(1)登记离婚协议司法确认程序。受传统文化的影响,多数夫妻仍趋向于通过自行协议登记来实现离婚,以最大限度地避免诉讼离婚的二次伤害(见表4)。然而,由于离婚协议是以双方合意为立足点的,协议的履行建立在当事人自愿的基础之上,因此,登记离婚的解纷模式常处于不稳定状态。现实中难免会出现当事人达成离婚协议后反悔的情况或者瑕疵履行而引发的新纠纷。例如,登记离婚后的财产纠纷与抚养纠纷等。基于解纷的现实需要而创立的司法确认程序,是近年来民事司法改革的一个显著亮点。鉴于此,海沧法院家事法庭尝试构建了登记离婚协议司法确认机制:当事人应在办理离婚登记后 15 日内;超过期限提出申请的,经双方当事人同意,均可向海沧法院申请司法确认书以确认离婚协

---

① 肖建国:《回应型司法下的程序选择与程序分类》,载《中国人民大学学报》2012 年第 4 期。

② 从法典角度看,我国没有家事诉讼的专门程序,但在婚姻法、收养法等亲属法领域已经初步确立了家事诉讼的一些基本规范。

议的效力,以有效减少因离婚协议产生争议而引发的纠纷。

表4　2002年至2012年全国登记离婚、诉讼离婚对数的概况①

年份(年)	全国离婚数(万对)	登记离婚(万对)	诉讼离婚(万对)	登记离婚/诉讼离婚
2002	117.7	57.3	60.4	48/51
2003	133	69.1	64	51/48
2004	166.5	104.5	62	63/37
2005	178.5	118.4	60.1	66/34
2006	191.3	129.1	62.2	67/33
2007	209.8	145.7	64.1	69/31
2008	226.9	160.9	65.9	71/29
2009	246.8	171.3	75.5	69/31
2010	267.8	201	66.8	75/25
2011	287.4	220.7	66.7	77/23
2012	310.4	242.3	68.1	78/22

（2）人身保护令程序。海沧法院家事法庭在实务中逐渐探索出一套适用于人身保护令的专门程序和具体规则。海沧法院《人身保护令申请指南》对申请人范围、申请期限、申请内容、应提交的证据材料,申请程序、妇联指引作了细致、简便的规定。实践中,它对预防和制止家庭暴力、保护家庭暴力受害人有着重大的意义。此外,在家事案件审理中家事法官依职权对可能遭到家暴威胁或侵害的当事人进行保护令的释明。可以预计,不依附于诉讼独立提起人身保护令申请将是今后人身保护令案件的重要发展趋势之一。②

（3）家事调解程序。基于家事案件亲情浓厚的感情基础和人身关系的终身性等特征,家事法庭对纷争的解决应当贯彻调解优先原则,并将调解工作置于审判的全过程中。此外,家事法庭注重将子女最佳利益作为调解核心,以强化对未成年人的权益保护。

（4）社会服务程序。在力度柔和化的理念指引下,海沧法院家事法庭注重将法律的"刚性"与法官的"柔性"相结合,以"人本关怀"来消弭当事人之间的隔阂,不断延伸司法服务。

---

①　邹郁卓:《我国家事纠纷解决机制研究——以闽赣两地基层法院为样本》,厦门大学2014年博士学位论文,第112页。

②　易前、黎藜:《人身保护令制度的入法思考——以长沙反家暴审判实践为视角》,载《人民司法》2014年第7期。

一是回访服务。实践中,家庭纠纷可能存在一定的反复,倘若能及时预防、调处多可达到疏解讼源、稳定家庭之目的。海沧法院家事法庭坚持判后回访:①分类回访。在审结家事案件后,对判决维持婚姻关系的,婚姻关系心理专家将介入辅导,指导当事人更有效地修复家庭关系;对判决由夫或妻一方直接抚养未成年人的,家事法庭将建立判后探视抚养档案,主动调查与回访,及时发现、解决抚养或探视中出现的新问题。②多方回访。在审结涉未成年人刑事案件后,一方面,对被判处缓刑及刑满释放的未成年人进行回访帮教;另一方面,对失足未成年人的家庭进行走访,必要时请未成年人近亲属参加相关教育辅导课程。

二是社会服务。家事法院"不仅仅是一个法律问题的裁判机关"[1]。实践中,应以家事法院(庭)为新载体不断延伸司法服务,消解家事纠纷于萌芽状态,助力社会治理。例如,针对家事审判实务中发现的特点与难点,家事法庭积极提出司法建议,如在审理分家析产、继承纠纷过程中,发现农村房屋的产权存在公证乱象的问题,即向区司法局发出司法建议书。此外,在闽南地区,一些带有浓郁乡土气息的习俗、民约被保留下来,法律规则所描绘的应然图景与民俗习惯的实然情境出现分裂与断层,[2]重构法秩序的努力应透过"柔性司法"向乡土社会持续渗透。例如,闽南地区传统的家族制所带来的"嫁出去的女,泼出去的水""从夫居"等观念长期存在,往往不承认外嫁女享有征地补偿款。[3] 针对因农村房屋拆迁引发的家庭纠纷增多的情况,家事法庭深入征拆片区提供法律咨询服务,对"外嫁女成员权"等涉征拆法律问题制作案例式问答手册,向村民分发。

(四)实效评估

家事法庭的改革成效受到了社会各界的高度关注,其效果虽然难以进行全面评价,但是改革实效以及由此带来的变化已经初现端倪。作者拟以海沧法院为对象,从宏观俯瞰与微观观察的双重视角对家事法庭的改革进行时效评估。

1.宏观效果

一是资源集约。在当前基层司法语境下,司法资源的有限性是司法改革的动因抑或是阻力,很大程度上取决于改革在解决某一司法资源浪费问题时是否导致了司法资源的新浪费。海沧法院家事法庭统合处理家事案件,并轨审理未成年人刑事案件,促进少年审判与家事审判的融合,在较大程度上实现了司法资源的集约化。

---

① Jane Sendall, *Family Law Handbook* 2013, Oxford University Press, 2013, p.26.

② 黄宗智:《中国民事判决的过去和现在》,载《清华法学》2007 年第 10 期。

③ 杨福忠:《法律在农村被边缘化问题研究——以外嫁女权益纠纷为切入点的初步考察》,载《法学杂志》2010 年第 11 期。

二是效率提升。法律中所存在的价值,并不仅限于秩序、公平和个人自由这三种。① 正义内涵需要借助于对案件处理效益的评价。家事法庭即以实用性、已获得最大效率作为建构基础。海沧法院对家事案件的专门审理,在确保审判效率方面已有显著效果(见图3、表5)。然而,促进家事案件和解、调解的努力则收效甚微(见表6)。调解率的评估数据表明家事调解尚未完全发挥作用。这或许与当前家事纠纷难度增大及司法考核机制存在一定的联系。②

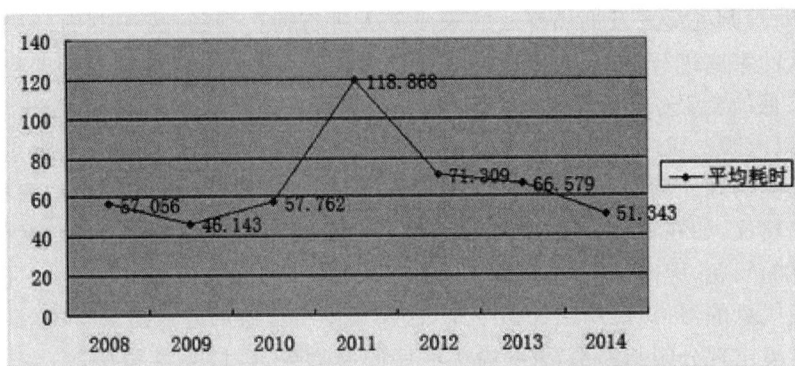

图3 2008年至2014年海沧法院审理家事案件的平均耗时(天)

图3的信息显示,2008年至2013年,家事案件分散化审理平均耗时为69.62天。专门化审理后,平均耗时大幅下降,幅度达26.25%。少年家事法庭通过编定严格的时间表对诉讼进程进行切实有效的控制,独任法官对案件调裁时机把握得当,缓解了诉讼拖延的情况。

表5 2014年海沧法院各业务庭审理家事案件概况(件)

年度	东孚法庭	民一庭	民二庭	立案庭	涉台庭	诉调对接中心	家事庭
2014年	30	1	——	1	14	3	104

表6 2009年至2013年海沧法院家事调解率概况

年度	结案数(件)	调解数(件)	判决数(件)	调解率	判决率
2009年	146	51	54	34.91%	36.98%

---

① 〔英〕彼得·斯坦、约翰·香德:《西方社会的法律价值》,王献平译,中国法制出版社2004年版,第2~3页。

② 贺欣:《离婚法实践的常规化——体制制约对司法行为的影响》,载《北大法律评论》(2008年卷第2辑),北京大学出版社2008年版。

续表

年度	结案数(件)	调解数(件)	判决数(件)	调解率	判决率
2010 年	160	52	63	32.5%	39.37%
2011 年	174	61	64	35.05%	36.78%
2012 年	224	54	97	24.11%	43.31%
2013 年	220	69	92	31.36%	41.81%

三是温情投入。温情理念持续渗透家事解纷的全过程。家事法官为解决纠纷尽力满足当事人的会见要求;书记员在送达诉讼文件时的体贴关心诠释了"温情司法"。① 我们在参与家事法庭书记员送达司法文书的过程中,发现家事法庭书记员在送达、会见当事人时均会主动关心当事人,尽可能耐心地倾听他们的诉说。此外,海沧法院家事法庭积极开展判后延伸服务。例如,对离婚判决涉及未成年人抚养的,家事法庭及时建立探视抚养档案,定期实地回访或者电话回访,解决抚养或探视中出现的新问题;对罪错未成年人的矫治,家事法官积极走访其家庭,为涉案未成年人的近亲属提供家庭教育辅导。

四是未成年人最佳利益植根。家事法庭在保护未成年人最佳利益方面发挥着不可替代的巨大作用,并在实践中不断走向深入。海沧法院将家事法庭塑造成一个公正的福利机构,将社会资源整合至解纷系统中来。从女性法官到社会调查员,从圆桌审判到心理辅导,从本地帮教到回访服务,家事法庭全方位地为未成年人提供特殊保护与人文关怀。(见图4)

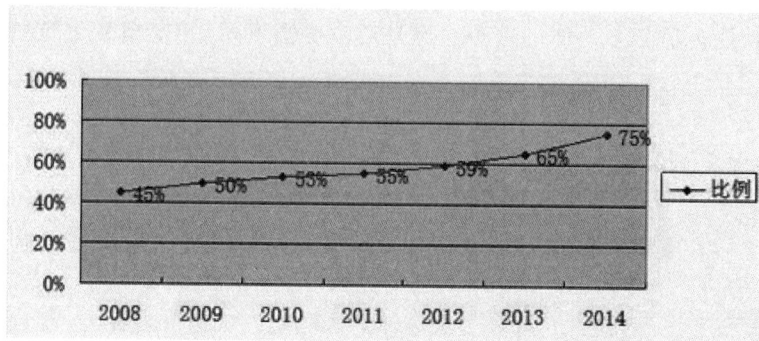

图 4　2008 年至 2014 年海沧法院审酌子女意愿的裁判趋势

---

① 《心里没有恨,真心原谅他》,载《海峡导报》2014 年 6 月 18 日;《偏瘫病人离婚诉讼争巨额财产,家事法官上餐桌审案》,载《海峡导报》2013 年 7 月 28 日。

2.现存局限

基于对反家暴案件、登记离婚协议司法确认案件、探望权执行案件的细致分析,海沧法院家事法庭的运作效果仍然存在一定的局限性。[①]

首先,改革的动力可能被扭曲。除技术因素外,试点法院对家事法庭的积极探索,在动机上还存在着政治绩效的考量,这容易导致家事审判专业化改革缺乏稳定性。课题组成员在与海沧法院家事法庭 G 法官交谈时,他有些担忧地说:"我院在审判庭、调解室、亲子陪护室等法庭设施以及改革宣传上投入诸多资源,后续的制度创新的资源还需要院里予以大力支持。但我院资源又是有限的,我们现在也担忧未来的发展。"其次,改革的措施可能失范。我国家事司法改革起步较晚,在现行法律框架下实现实质性、跨越性地推进,需要整合司法资源、优化程序设计。在这一改革逻辑下,试点法院自发开展家事审判改革,必然导致制度创新在一定程度上背离现行立法。最后,"小作坊"式改革的局限性。纵观当前我国家事审判改革,由于制度上的不完备和单线化进程模式,造成目前现有试验性做法散见于各地,并未形成主流趋势,缺乏统一、具体的操作指引。[②] "小作坊"式改革势必导致家事审判经验磨合与制度移植的困难。在肯定家事法庭试点成效的同时,我们仍应反思这项改革在多大程度上促进了家庭福祉、保障未成年人子女最佳利益。

从总体上看,家事法庭试点已经取得了一定的实效,但尚未带给家事司法焕然一新的面貌。究其原因,在于新制度尚处于摸索阶段,受到法律依据欠缺、资源匮乏、观念定势等束缚。家事法庭试点的每一点进步都使我们对这项重大的法律改革拥有自信并保持乐观态度。从实验的角度观察,海沧法院创建兼具行政、司法、社会功能于一体的家事法庭是对改变当下司法"麦当劳化"现象的有益尝试。

四、家事审判专门化的域外经验与本土实践

借鉴域外家事审判专门化的成熟经验及国内相关试点的本土经验,有助于

[①] 例如,登记离婚协议司法确认程序在实践中遭遇冷落,海沧法院至今尚未受理离婚协议司法确认案件。在诸多制约因素中,部门利益的阻隔值得深思。课题组在民政部门的调研中发现,相关工作人员对登记离婚司法确认程序不大理解,甚至产生了"协议离婚当事人都去法院进行确认,那么民政部门存在的意义是什么"的质疑。在缺乏有效的部门协作情况下,登记离婚协议司法确认程序难以真正发挥"疏减讼源"的作用。

[②] 齐树洁、邹郁卓:《我国家事诉讼特别程序的构建》,载《厦门大学学报》2014年第2期。

深入推进家事法庭的改革与创新,提高家事解纷的实质正义和综合效益。

(一)家事审判专门化的域外经验

无论是英美法系国家(地区)还是大陆法系国家(地区),立法者和司法者均注意到家事纠纷的特殊性,多数国家(地区)为家事解纷建立了独特的家事诉讼程序和审判制度,并设计了以家事法院、家事法庭、少年法庭为主要形式的家事审判机构。考察域外家事审判的成熟经验,对我国家事审判专门化改革有着重要的借鉴意义。

1.美国模式

美国的家事法庭制度发展比较完善,是世界上最早成立实质意义上的家事法院(庭)的国家。从某种意义上说,美国家事审判专门机构的产生源自少年审判机构——少年法院(庭)的产生和发展,是少年司法独立化以后逐步形成的。[①]美国少年法院的建立初衷是解决青少年违法犯罪问题,随着少年司法化的独立,人们逐步认识到少年案件多发的真正背景在于家庭的分崩离析,其中双亲离婚是导致少年案件激增的最重要原因。"为了解决少年问题,就必须认识到离婚后双方的人际关系调整、对子女的抚养以及财产分割等问题的重要性,并将之纳入法院的管辖范围。"[②]为此,美国俄亥俄州辛西那提市于 1914 年设立家事法院(Court of Domestic Relations)以处理婚姻家庭案件,除收养事件及与子女无关的抚养事件外,所有少年事件及家庭事件(包括离婚、赡养费)均归其管辖。

20 世纪 60 年代,美国开始了大规模创建独立家事法院的活动。主张者希望在各州内建立起单独的家事法院,由具有专业法律知识和家事知识及经验的法官、社会工作者、心理学家、精神健康保健专家等专业人士组成。该法院基本将承担 1/3 左右的司法工作量,采取更为灵活的诉讼程序,适用各种替代性纠纷解决方式,减少对抗性诉讼特征。[③] 在此浪潮的冲击下,多数州都设立了专门的家事法院或家事法庭(如加利福尼亚州、纽约州等)。[④] 在这些州内,独立的家事法院是州法院系统的正式初审法院。同时,地方治安法院作为非正式的初审法院,也享有部分家事纠纷的初审管辖权。

美国模式最值得称赞的是其诉讼理论的转变。对抗制(adversary system)

---

① 陈爱武:《论家事审判机构之专门化——以家事法院(庭)为中心的比较分析》,载《法律科学》2012 年第 1 期。

② [日]中村英郎:《民事诉讼理论的法系考察》,东京成文堂 1986 年日文版,第 111 页。

③ [美]哈里·D. 格劳斯:《家庭法》,法律出版社 1999 年英文版,第 169~170 页。

④ 齐玎:《美国纽约州家事审判制度的新发展》,载张卫平、齐树洁主编:《司法改革论评》(第 21 辑),厦门大学出版社 2016 年版。

是美国民事诉讼制度的核心，但美国学者研究发现，夫妻双方在诉讼程序中的各种行为很大程度上决定了子女对于离婚或夫妻分居这一结果的适应能力。夫妻双方在诉讼中的冲突与对立程度越高，家庭解体对子女所造成的消极影响就越巨大。① 因此，学者与法院系统的改革者们都极力主张家事法院应当改革对抗制的诉讼体制（尤其是在涉及子女抚养问题的家事纠纷时），为夫妻双方有效处理冲突提供方便，并鼓励他们在离婚后仍然保持共同抚养子女的和谐关系，从而有效地解决家事纠纷。② 美国各地的家事法庭都认可了这种理念并且采取了一系列"非对抗性"（non-adversary）的纠纷解决机制，一方面，重视对家事纠纷的预防，如人们可以通过制定婚前协议、家庭伴侣关系协议、监护协议等私法契约对双方的权利义务关系尤其是财产关系进行约定或者接受预防性法律服务（preventive law）；③ 另一方面，家事法院或家事法庭将"治疗"（therapeutic）理念引入家事解纷之中，法庭不仅以调解方式处理家事纠纷，同时也为纠纷当事人提供免费专业咨询等服务，促使当事人认识到纠纷的根源在于情感纠葛，鼓励当事人和平解决争端，重归于好。目前在美国，离婚调解是家事调解的重点。与此同时，越来越多的州开始对监护和探视案件规定强制调解，至今已有 38 个州和哥伦比亚特区对此作了规定。

美国的家事调解主要有三种方式：一是通过聘请专业调解人员进行调解。专业调解人员可以是婚姻家庭问题咨询专家、律师、心理学家、社会学家等专业人员，拥有相应资质和接受过专业培训，个体自主经营并收取调解费用。二是通过法院进行调解。法院在受理申请后，指派经过专业培训的调解人员主持调解，帮助当事人化解矛盾，达成合意。一旦达成协议，法院调解具有法律效力。三是通过社区司法中心进行调解。该调解所达成的协议一般不具有强制执行的效力，主要是依靠当事人自觉执行。

在美国，关于家事调解理论方面的研究成果突出表现在家事调解模式的研究上。实践人员根据调解实务形态及其理论模型将家事调解分为结构型、劳务管理型、治疗型、交流和信息型等多种模式。结构型调解模式重点关注规则，以程序性规定保障当事人自主决策，缓和对抗情绪，增强彼此合作。劳务管理型调

---

① Robert E. Emery, *Renegotiating Family Relationships：Divorce, Child Custody and Mediation*, Guilford Publications, 1994, p. 205.

② Richard Boldt & Jana Singer, Juristocracy in the Trenches：Problem-Solving Judges and Therapeutic Jurisprudence in Drug Treatment Courts and Unified Family Courts, *Maryland Law Review*. 2006, Vol. 65. No. 1.

③ 杨冰：《从理念转变到多元协作——略论美国家事纠纷解决机制新发展》，载《河北法学》2011 年第 12 期。

解侧重于"民间性",其往往是民间私立机构采取的模式。意在保障当事人在实质平等的基础上,经过充分协商,充分考虑子女利益、协议的公正性等内容,获得彼此的谅解。治疗型调解认为解决问题的核心是情感问题,重点分析纠纷背后的心理情感原因,帮助当事人跨越心理障碍,从理性的角度思考问题,从长远的目光妥善处理家事纠纷。交流和信息型调解则认为家事调解失败最主要的原因是信息不对等,彼此缺乏沟通。因此,其重心在于保证当事人信息的及时获得,促使当事人通过沟通,积极解决纠纷。随着理论与实践的发展,越来越多的调解模式不断涌现,专业性的调解组织及调解员提供调解服务在家事纠纷解决方面成效显著,获得了社会的普遍认可。

2. 澳大利亚模式

2005 年以来,为实现构建和谐家庭的总目标,澳大利亚根据联合国有关国际文献倡导的人权保护理念和"儿童最大利益原则",对《1975 年家庭法》(以下简称《家庭法》)进行了多次修改和补充,增加了许多新规定。[①] 其中,新增的家事纠纷解决机制(Family Dispute Resolution Mechanisms,以下简称 FDR 新机制)是澳大利亚《家庭法》最具特色的内容之一。

基于家事审判(尤其是离婚事件审判)专门化的要求,澳大利亚家事法院于 20 世纪 70 年代设立,其地位相当于联邦法院的专门法院,主要架构方式是在联邦高等法院内部设置家事法庭,并在各主要城市及部分地区设置联邦家事法院。现有家事法院约 29 个,大法官 48 名。家事法院对下列事项享有管辖权:有关离婚和确认婚姻无效的案件;有关子女监护与探视权纠纷;子女抚养费与配偶赡养费争议和夫妻财产分割问题等。[②] 家庭法院"不像其他法院那样正规化,法官都不戴假发、不穿法袍,还对外进行咨询服务"。[③] 目前,在除了西澳州以外的所有各州都已经将离婚的管辖权授予澳大利亚家事法院的联邦法官。家事法院既受理一审家事案件,也受理不服州、联邦初级法院家事案件而提起的上诉,还可受理不服本院"独任制"判决提起的上诉,由三名法官组成上诉庭进行审理。与联邦法院一样,家事法院的判例有相应的约束力,但联邦家事法院及其以下的联邦司法机构所作的判决不具有判例效力。联邦家事法院在处理家事纠纷时,引入了顾问制与注册官制。顾问与注册官主要由那些在某些社会科学领域中拥有专长的人担任,负责向法庭提交涉及本案家庭成员间关系的"家事报告",并通过与

---

① 《澳大利亚家庭法》(2008 年修正),陈苇译,群众出版社 2009 年版,译者序第 4 页。

② 陈爱武:《论家事审判机构之专门化——以家事法院(庭)为中心》,载《法律科学》2012 年第 1 期。

③ 孙云晓、张美英:《当代未成年人法律译丛(澳大利亚卷)》,中国检察出版社 2006 年版,第 76~80 页。

夫妻双方座谈解决争议。

在诉讼程序上，《家庭法》及相关条例要求尽可能地将家事纠纷解决于诉前程序，以尽可能地避免将其诉诸法院。尤其值得注意的是，《家庭法》对于家事纠纷诉讼程序作了特别的规定，即采取调解前置主义。当事人如要向家事法院申请财产令，必须在申请前参加家事纠纷调解（除涉及家庭暴力、欺诈或紧急情况外）；如未参加家事纠纷调解而提出申请的，法院可命令其参加家事纠纷调解。当事人如要申请抚养令，双方应首先参加家事纠纷调解。自2008年7月1日起，所有有意申请抚养令的当事人均须参加家事纠纷调解，但涉及家庭暴力或虐待儿童的情况除外。

在婚姻财产诉讼、子女抚养令诉讼或离婚诉讼中，法院如果认为当事人之间有可能达成和解时，应中止审理，给当事人机会以考虑和解。《家庭法》赋予法院享有与非诉讼和诉讼家庭服务有关的权力，即法院可依职权或基于诉讼当事人一方、子女的独立代理律师的申请，指示当事人参加家庭咨询、家事纠纷调解、仲裁和其他家庭服务（如课程、计划或其他服务）。若一方当事人未遵守法院所作出的此类指示，家庭咨询员、家事纠纷调解员以及课程、计划或其他服务的提供者应当将情况报告给法院，以便法院作出其认为适当的进一步的命令。①

3. 德国模式

德国只在某些地方法院内部设立家事法庭，但明确要求具有3年以上审判经验的法官才能担任家事法官。除此之外，家事法庭还设立了专门以调解的方式处理家事纠纷的家事调解委员会，由一名家事法官和多名调解员组成。在家事案件的具体管辖分工上，德国的家事审判专门机构分为三级：初级法院和州法院家事法庭、州高等法院家事法庭以及联邦最高法院家事法庭。按照德国《法院组织法》的规定，初级法院是家庭事件的一审法院，由1名独任法官审理家事案件中的亲子关系事件、扶养事件和婚姻事件。州法院的家庭案件专门法庭也是受理家庭案件的第一审法院，由3名法官组成合议庭进行审理；州高等法院的家事法庭由3名法官组成，审理不服初级法院、州法院作出的亲子关系和家庭事件的裁判而提出的上诉和抗告，是家庭事件的上诉审法院；联邦最高法院是审理上告和法律抗告的上告法院，通常由5名法官组成家事法庭进行审理。

2003年，德国启动了修改家事诉讼程序法的工作，2005年形成立法草案，2008年12月22日正式公布修正案。此次立法将过去分散于《非讼案件程序法》《民事诉讼法》《家庭财产规则》中的各种诉讼程序进行综合性立法，并将法律

---

① 陈苇、曹贤信：《澳大利亚家事纠纷解决机制的新发展及其启示》，载《河北法学》2011年第8期。

名称修改为《家事事件及非讼事件程序法》。根据该法的规定,家事事件包括婚姻案件、亲子关系案件、血缘关系案件、收养关系案件、抚养关系案件、养育调整案件、夫妻财产分割案件、家庭暴力保护案件、同居关系案件等。此次修法还对子女利益保护制度进行了较大的完善,建立了子女利益保护制度。

德国新修订的《家事事件及非讼事件程序法》第158条规定,法院认为出于保护子女利益的需要(必要性),应尽可能迅速地选任适当的程序辅佐人。法律还规定了程序辅佐人的法律地位、权限与具体任务。程序辅佐人不是子女的法定代理人,而是具有独立地位的参与人。程序辅佐人一旦选任,应以关系人身份参与诉讼程序,直至诉讼程序结束。程序辅佐人的选任有严格的要求,被选上后需要经常接受交流培训。尽管德国建立了程序辅佐人制度,但并未因此而取消法院听取14周岁以上子女意见的制度,并且规定法院听取意见时应有程序辅佐人在场,且必须征求少年局的意见,少年局经申请可以参与诉讼程序。[①]

4.日本模式

日本是最早将家事诉讼程序单独立法的国家,并采用家事程序与民事诉讼程序分立的立法模式,颁布了《人事诉讼程序法》。2004年4月1日生效的新《人事诉讼法》进一步完善了日本的家事审判制度。

日本的家事法院是与地方法院并列的第一审专门法院,由家事部和少年部组成,是综合性的家事审判机构。[②] 目前,全日本有50所家事法院,其内部设置与地方法院基本相似,且根据家事审判的需要在其管辖区内设立了支部,以方便国民诉讼,[③]最高法院决定设置的家事法院分院多达242处。其中甲号分院85处,可以处理家事法院的一切事务,乙号分院157处,主要负责处理家庭案件。[④]家事法院受理案件的范围广泛,包括下列案件:(1)《人事诉讼法》规定的案件[⑤],主要有三类:婚姻关系案件,包括婚姻无效及撤销婚姻案件、离婚及撤销离婚案件;亲子关系案件,包括否认子女或认领子女案件、认领无效及撤销认领案件;收

---

① 陶建国:《德国家事诉讼中子女利益保护人制度及其启示》,载《中国青年政治学院学报》2014年第1期。

② 陈爱武:《论家事审判机构之专门化——以家事法院(庭)为中心》,载《法律科学》2012年第1期。

③ 冷罗生:《日本现代审判制度》,中国政法大学出版社2003年版,第70~72页。

④ 陈爱武:《论家事审判机构之专门化——以家事法院(庭)为中心》,载《法律科学》2012年第1期。

⑤ 日本新《人事诉讼法》将人事诉讼的第一审管辖权向家事法院转移,地方法院将不再行使人事诉讼案件的一审管辖权,对与人事诉讼有关联的损害赔偿请求,地方法院家事法院与人事诉讼合并审理。

养关系案件,包括收养无效及撤销收养案件、解除收养及撤销解除收养案件。①（2）《家庭审判法》规定的相关的案件。（3）《少年法》规定的审理少年保护案件的权限,主要是对 14 岁以下触犯了刑法的少年行为的审理。（4）《少年法》第 37 条第 1 款列举的作为犯罪而适用的第一审刑事诉讼案件。（5）对与户籍有关的案件、精神病患者的监护、少年院继续收容的决定以及少年院再次收容的决定等与家庭审判相关的案件。②

家事法院除了配置法官、书记官外,还配置调查官（由社会贤达担任）和家庭裁判所委员会（由民间有识人士组成）、家庭科学调查室、医务室（有医师、护士）、参与员等辅助机构,协助法官处理家事案件。家事法院的法官应不仅是专业性强的司法官,而且还必须有洞察人行为的能力,即应当对心理学、教育学、社会学等与人相关的学科有一定的科学认识。

家事法院解决家庭纠纷,适用人事诉讼程序、家事调停程序和家事审判程序。其中,家事调停制度发展最为完善,值得我国借鉴。根据《家事审判法》第 18 条的规定,对能进行调停的事件,首先必须在家庭裁判所申请调停,而这样的事件不作调停申请而起诉的,裁判所必须将该事件交付家庭裁判所进行调停。调停在家庭裁判所进行,调停程序依当事人的口头或书面申请启动,由调停委员会主持。调停委员可以从民间人士中选任,任职要求是应具备公民的良知、学识以及老练的为人处事方法,要能够赢得当事人的信任、拥有威望,还要具有灵活运用心理学、社会学、经济学等专门知识的能力,能提出妥善的纠纷解决方案。因此,会计师、律师、医生、建筑师、不动产鉴定人及大学教授都可以选任为家事调停委员。此外,针对家事纠纷的复杂性,日本家事法院还设置有专门的家事调查官和医疗人员,以便运用专业知识科学、全面地对家事纠纷的背景和原因等事实进行调查。

调停程序的主要阶段首先是家庭裁判所调查官的调查。调查官在调停程序开始前调查所涉及的问题,并向调停员提交报告。然后是调停员对双方当事人背景的查实。调停员要努力查实双方当事人的成长背景、性格特点、生活经历等,帮助当事人冷静思考、理性解决家事纠纷。最后是调解协议的签订。如果调解协议是在调停委员会内达成的,则该协议一经登记就发生终局性的法律效力。如果家事调停不成立的,则可以考虑由家事法院作出替代审判或者诉讼自申请调停时继续进行。家事调停是非公开的。如果调停委员违反了保密义务,应当承担相应的法律责任,一般情况是被处以一定数额的罚金,严重者可能被判处监禁。这种法律明文规定的处罚,有利于监督调停委员对家事案件的保密。

---

① 陈爱武:《人事诉讼程序研究》,法律出版社 2008 年版,第 41～75 页。
② 张晓茹:《日本家事法院及其对我国的启示》,载《比较法研究》2008 年第 3 期。

5.我国台湾地区模式

2006 年,我国台湾地区颁布了"家事事件处理办法",规定在地方法院设立专门处理家事事件的家事法庭,若某些法院受理的家事案件较少,也可以交给民事庭由专人负责处理。家事法庭设有数名法官负责调解和裁判家事案件。法官3 人或者超过 3 人时,设庭长 1 人,由法官兼任以负责全庭的行政事务,家事法庭法官必须专业知识丰富,阅历高,原则上候补法官和没有婚姻经历的法官不得承办家事案件。

由于家事审判面临案件数量急速增长的巨大压力,台湾地区家事程序改革有了迫切的现实需求。2012 年 1 月 11 日,历经逾十年的立法讨论后,台湾地区颁布了"家事事件法",并自同年 6 月 1 日开始实施。该法共六编,总计两百条。"家事事件法"将家事事件进行了类型化、专门化的处理,以事件类型的讼争性强弱、当事人处分权宽窄、法院职权裁量程度大小为标准,将所有家事事件划分为甲、乙、丙、丁、戊五类:甲类,身份确认之诉,家事诉讼;乙类,身份形成之诉,家事诉讼;丙类,财产之诉,家事诉讼;丁类,严格家事非讼;戊类,具有某些讼争因素的家事非讼。对家事身份诉讼事件及其非讼化审理事件、家事非讼事件"家事事件法"采用职权探知主义;对家事财产诉讼事件、离婚事件及非讼化审理事件、成年人之间宣告终止收养关系事件及其他非讼化审理的财产事件则采取限制的辩论主义。[①] 是否扩大法院职权而限制当事人、关系人的处分权,主要取决于如下两个因素:一是事件是否涉及社会公益,二是事件是否需要对弱势群体的利益加以特殊保护、照顾。在职权探知主义原则下,法院的主动性更强,可依职权查证,不受当事人对于事实所为自认的拘束,当事人不尽协助义务的,不可作出对其不利的判决,限制辩论主义则正好相反。

新法对家事事件的传统审理机制进行了重大改革:家事事件由少年及家事法院处理;未设少年及家事法院的地区,由地方法院家事法庭处理;实行合并审理、统合解决的新模式。同一个家庭常同时涉及多项身份或财产关系之争,不宜采取割裂或锯箭式处理,应采取通盘统合处理的方式,才能彻底且终局性地解决家庭成员或亲属间的纷争,重建和谐关系。[②] 因此,在台湾家事审判中,家事诉讼与非讼之间不再存在泾渭分明的界限,数个家事诉讼事件、数个家事非讼事件、家事诉讼事件与家事非讼事件三种基本类型可以合并处理。被合并的数个家事事件,须适用合并审理前各该事件原应适用法律之规定进行审理。故在统合审理中,既可能在家事诉讼程序中涉及合并审理的家事非讼事件而交错运用

---

① 许士宦:《家事审判之事证收集原则(下)》,载《月旦法学杂志》2013 年第 134 期。

② 沈冠伶:《家事事件之类型及统合处理》,载《月旦法学杂志》2012 年第 11 期。

非诉法理，也可能在家事非讼程序中涉及合并审理的家事诉讼事件而交错运用诉讼法理。甚至，在同一个家事事件中，因为讼争性因素存在，也要交错运用诉讼法理与非讼法理。

台湾地区的家事审判制度改革还创设了社工陪同、远距询问审理、程序监理人、家事调查官、暂时处分、履行确保等新制度，并强化了调解制度在家事事件处理中的地位和作用。按照"家事事件法"的规定，除了丁类事件，凡家事事件，于审判前均需经法院调解。法院还可依职权移付调解。即便丁类事件属于严格的非讼事件，除另有规定外，在裁判前，当事人仍有权申请法院调解。为了维护未成年子女的利益，"家事事件法"设立了限制接受医学检验制。为避免亲子关系长期陷于不确定状态，申请人有事实足以怀疑血缘关系存否者，就血缘关系存否有争执，法院认为确有必要时，得经申请或依职权命令当事人或关系人限期接受血型、脱氧核醣核酸等医学检验。"对于真实血缘之存在与否，皆应以客观事实之认定，仍应肯定家事事件法中有引进强制亲子鉴定之必要。"①在亲子事件中，应以子女最大利益为基本考虑。在交付子女、与子女会面交往的执行事项中，家事法院的执行流程必须经过四个阶段：一是初期准备评估；二是促进对话、劝告履行；三是建立共识、修复关系；四是二次评估、拟定安全执行计划。②

(二)家事审判专门化的本土实践

尽管目前我国对家事审判制度尚未单独立法，但从20世纪90年代起，我国部分地区就已着手开展专业化的家事审判制度试点。如1997年5月，湖北省襄樊市中级人民法院成立了婚姻家庭合议庭，专门从事婚姻家庭类案件的审理工作。2010年，广东省高级人民法院在7个法院试点组建家事审判合议庭，集中审理因婚姻、亲子关系引发的人身权纠纷以及与此相关联的财产权纠纷。③ 江苏省徐州市贾汪区人民法院于2011年3月7日设立了江苏省首个家事审判合议庭。

近年来，随着"大家审"和"大少审"理念的兴起，福建省部分地区开始尝试将少年审判与家事审判融合。如2013年，福建省福鼎市人民法院将少年审判庭、婚姻家庭审判庭合并为家事审判庭，专门审理离婚、抚养等婚姻家庭类民事案件和涉少刑事案件。2015年，福建省三明市中级人民法院及其辖区内的12个基

---

① 戴瑀如：《从实体法的观点论家事事件法中之亲生子女关系事件程序》，载《月旦法学杂志》2013年第8期。

② 蒋月、冯源：《台湾家事审判制度的改革及其启示》，载《厦门大学学报》2014年第5期。

③ 《广东法院试点组建家事合议庭》，载《人民法院报》2010年3月24日第1版。

层法院均设立专门的少年与家事审判庭。家事法庭和少年法庭是坚持各自独立发展,还是实行"大家事"或"大少审"审判模式,将少年与家事案件一体化审判,探索这一问题对我国未来家事审判的改革具有重要的指导意义。

1. 广东模式

2010 年 3 月 23 日,广东省"家事审判合议庭"正式试点。① 此次试点是规模化的家事审判合议庭试点,试点范围包括 1 个中院和 6 个基层法院:中山市中级人民法院、中山市第一人民法院、中山市第二人民法院、广州市黄埔区人民法院、珠海市香洲区人民法院、佛山市顺德区人民法院、东莞市第二人民法院。广东省对家事纠纷案件的处理程序进行了规模化、实效化、全面化、系统化的探索,在 7 个试点法院内设"家事审判合议庭"专门处理家事纠纷案件。据统计,广东各法院开展试点工作 3 年来,家事案件的结案率和调解撤诉率大幅提升,上诉率和发回改判率显著降低。各试点法院每年的结案率都保持在 90%以上,部分试点法院的结案率甚至达到 100%;平均调解撤诉率达到 70%,远高于近几年广东省基层法院婚姻家庭纠纷案件调解撤诉率的平均水平;平均上诉率不到 10%,取得了案结事了的良好效果。

广东省各试点法院"家事审判合议庭"所处理的家事案件,主要包括婚姻关系案件(离婚之诉、婚姻撤销之诉、婚姻无效之诉、探望权、监护权纠纷)、亲子关系案件(确认亲子关系之诉、否认子女之诉、认领子女纠纷、认领子女撤销纠纷)、收养关系案件(确认收养关系纠纷、解除收养关系纠纷、收养无效之诉)、家庭暴力纠纷、同居关系下子女抚养纠纷等身份权利纠纷及同居关系析产、分家析产纠纷等相关的财产权利纠纷的案件。

在人员设置上,广东省各法院有自身的特点,如广州市顺德区人民法院选任一名在家事纠纷案件处理上具有丰富审判经验、社会阅历深、年龄优势明显、素质较高的资深女法官担任"家事审判合议庭"的审判长,同时配备女法官一名、男法官一名和书记员一名组成固定的合议庭,专门处理家事纠纷案件;东莞市第二人民法院在民一庭和四个人民法庭各设一个家事审判合议庭,确定一名婚姻家庭案件审判经验丰富的女性法官为家事审判合议庭的固定成员,院长以流动的方式亲自参加家事合议庭;对于人民陪审员和辅助机构人员,广东省中山市中级人民法院选任已退休的专业人士或者志愿者参与家事审判、家事调解,邀请具有心理学知识背景的人员、未成年人教育专家、妇联团委组织的专业人士和一些具有"家长里短"丰富社会经验的人民陪审员参加庭审或者参与辅助调解工作,协

---

① 陈爱武:《家事法院制度研究》,北京大学出版社 2010 年版,第 159 页。

助法官化解矛盾。①

在程序上，广东省试点地区多采取与社会积极联动的机制。如顺德区家事合议庭与妇联组织联动，将诉讼调解与妇联组织调解相结合。具体内容如下：立案前后，在双方当事人自愿的前提下，将案件委托所在街道或居（村）委会的妇联组织调解，达成协议后向法院申请司法确认，实现家事案件快审快结。同时与区妇联建立信息通报交流制度，对委托调解未达成调解协议的、不履行大额调解协议的、协议经司法审查不予确认的案件的原因以及问题进行分析和书面信息交流。顺德区法院通过联合社会力量，增加诉讼调解与非诉调解的对接平台，探索家事案件调解的新方式，维护了婚姻家庭关系的和谐。

2.上海模式

上海市未成年人法律保护的"上海实践"，开创了未成年人法律保护的先河，积累、创造了众多经验和有效做法，构建了具有中国特色、时代特点和上海特征的未成年人法律保护的"上海模式"。上海市长宁区人民法院（以下简称长宁法院）少年法庭作为我国少年法院的开拓者和少年司法制度的奠基地，其经验对我国家事审判的改革有着重要的借鉴作用。1984 年 10 月，长宁法院建立了中国大陆第一个少年刑事合议庭，专门审理未成年人刑事案件。1999 年 3 月，上海法院开展了集中指定管辖方式审理未成年人刑事案件的探索，长宁、闵行、普陀和闸北四个区法院的少年刑事审判庭，各管辖 4 至 5 个区、县的少年刑事案件，这一做法为少年法院的建立提供了可借鉴的雏形。2006 年 7 月，上海市第一中级人民法院设立未成年人案件综合审判庭，在第一中院辖区将未成年人保护工作从刑事审判扩大到民事、行政审判。2010 年 9 月，上海少年法庭已形成"1＋2＋5＋13"的模式：即上海市高级人民法院在全国率先设立少年法庭指导处，统筹上海三级法院少年法庭的调研、检查、指导和规范工作；2 个中院和 5 个基层法院设立未成年人案件综合审判庭，审理本区的未成年人民事、行政案件及集中指定管辖的刑事案件；其他 13 个基层法院指定合议庭审理本区未成年人民事、行政案件。②

以长宁法院为例，自 2006 年起，该院在原来少年法庭单一刑事审判职能的基础上进一步扩大其审理职能，将涉及未成年人的人格纠纷案件、婚姻家庭案件、特殊类型侵权纠纷案件、特殊程序案件以及当事人是未成年人的行政案件纳入少年法庭审理范围，并于 2007 年正式挂牌成立未成年人案件综合审判庭。2007 年 7 月至 2014 年 5 月，少年庭共审理未成年人民事案件 843 件，其中离婚

---

① 刘冰：《论我国家事诉讼程序的构建》，西南政法大学 2012 年硕士学位论文，第 5 页。

② 丁寿兴、朱妙等：《我国部分地区试点设立少年法院之提倡——以上海地区为例》，载《预防青少年犯罪研究》2012 年第 1 期。

纠纷(涉及未成年人)250件,抚养费纠纷 226件,变更抚养关系纠纷 193件,同居关系子女抚养纠纷 73件,探望权纠纷 55件,涉及校园伤害等生命权、健康权及其他人身损害纠纷 44件,生身父母确认纠纷 2件,案件数量总体呈现逐年上升态势。[①]

近年来,长宁法院少年庭在未成年人审判中积极探索,积累了丰富的经验:

(1)实践"两情三心四理"的调解工作法。即在做工作时,少年庭法官要善于唤起当事人之间的旧情、修复当事人之间的亲情;在化解矛盾时,少年庭法官要以"耐心、诚心、公心"感化当事人,赢得当事人的信任,在坚持对未成年人实现"特殊、优先"保护的基础上,做到法理与情理的平衡,让双方当事人感受到法律的公正;在审理案件时,少年庭法官要综合运用"法理、情理、事理、心理",多管齐下,促进案结事了。

(2)推行未成年人民事案件社会观护制度。长宁法院在实践中形成了具有长宁特色的社会观护"一二三四"的工作。

一是"一项制度",长宁法院于 2011年与长宁团区委、区妇联、阳光青少年事务社工站联合签署了《在未成年人民事案件中开展社会观护工作的工作规程》,对社会观护报告的性质与作用,社会观护员的主要职责、工作流程、档案管理机制等均作了详细的规定,在上海市率先实现了社会观护制度的规范化。

二是"两支队伍",长宁法院的社会观护员队伍主要从青少年社工和妇联干部中选任。目前全区有两支社会观护员队伍,即阳光社区青少年事务中心长宁工作站青少年社工 16人和长宁区妇联及各街镇妇联干部 10人。长宁法院将两支队伍有机整合,委托青少年社工从事需要投入大量时间精力的庭前调查、庭中出庭报告和接受质询工作,委托妇联干部从事调解、判后回访工作,以实现两支队伍的优势互补。

三是"三个阶段",未成年人民事案件的社会观护可分为庭前(由法院经事先征求当事人意见后,启动社会观护工作,并通知社会观护员,开展社会调查,社工联系双方当事人,上门或约定地点进行访谈调查,听取未成年人的意见,并经社会观护员思考后形成具有第三方观察角度的社会观护报告)、庭中(由法庭通知社会观护员参加庭审,并由社会观护员在法庭举证阶段宣读社会观护报告,而后由法庭组织双方当事人进行质证。社会观护员在法官引导下,可以适度参与案件调解)和判后(在判决或调解后,为观察裁判效果,由法官通知社会观护员进行定期回访观护,并以报告的形式向法院反馈有关情况。在判决后观护期间,社会

---

① 上海市长宁区人民法院少年审判庭:《长宁法院未成年人民事审判七周年回顾》,载齐树洁主编:《东南司法评论》(2014年卷),厦门大学出版社 2014年版。

观护员可督促负有义务的当事人及时履行义务,同时提醒权利人适当地行使权利)三个阶段。

四是"四种成效",即充分表达未成年人意愿,有效体现未成年人权益特殊优先保护;通过引入第三方意见,最大限度地确保法庭查明事实,作出适当的判决;加强调解力量,实现和谐司法,推进司法公正;开展判后观护,观察裁判效果,实现全程维权。①

3.徐州模式

近年来,随着"大少审"理念的兴起,部分地区开始尝试将少年审判与家事审判融合。江苏省徐州市中级人民法院(以下简称徐州中院)经过前期试点和全方位论证,市中院党组作出将家事审判与少年审判合一,搭建起一体两翼的总体工作架构,初步实现"大少审"工作格局。

2010年1月,徐州中院设立少年庭。至3月底,徐州两级法院全部设立少年案件综合审判庭,统一机构设置、统一受案范围、统一工作规则、统一物质装备、统一创新思路、统一工作运筹。2011年3月,贾汪区人民法院在民一庭内部成立"家事审判合议庭"。2012年5月,贾汪区人民法院正式设立独立编制的家事审判庭,积极探索家事案件的专业化审理模式。② 在此试点的基础上,2013年7月,徐州中院下发《关于家事案件由少年庭审理的通知》,决定自2013年8月起,在全市法院实行家事案件的专业化审,将离婚纠纷、抚养费纠纷、法定继承纠纷等27种类型的纠纷划归少年庭审理。同年10月,市中院下发《关于将全市基层法院少年案件审判庭统一更名为少年家事审判庭的通知》,全市基层法院于11月底前全部经过当地编委正式将"少年庭"更名为"少年家事庭",实现了少年家事审判一体两翼的整体布局,借助家事案件的大量案源,形成了少年司法的广阔背景。2014年,全市法院民事案件调撤率为49%,而同期全市法院共审理涉少和家事案件约1.4万件,调撤率达68%,远高于全市基层法院家事案件调解率平均水平,案件审理呈现高调解率、高服判率、低改判率的良好态势。

在立足审判的基础上,徐州两级法院以前科封存为引领,"三分开"、涉少巡回审判、合适成年人介入、心理辅导等专业深度探索工作成常规之势,发挥了立法倡导和实践论证功能,构建起一套庭前注重有效预防、庭中注重教育感化、庭后注重延伸帮扶的工作体系。同时积极整合各界力量,设立"徐州法院未成年人案件社会工作介入中心",改变了各自为政的情形,将社会工作者纳入统一管理、

① 钱晓峰、乐宇歆:《未成年人民事审判社会观护制度的探索——以长宁法院的司法实践为例》,载齐树洁主编:《东南司法评论》(2014年卷),厦门大学出版社2014年版。
② 张宽明:《徐州贾汪:家事审判专业化之探》,载《人民法院报》2014年11月30日第5版。

统一使用的渠道。着力强化与相关职能单位协作配合,与市妇联、团市委、检察院、公安局、司法局等单位的相关部门以联合行文、业务研讨、工作配合等多种方式形成常态互动机制。

在司法实践中,徐州两级法院总结出以下经验:

(1)强调三种观念,突出子女权益协商。在离婚、抚养、分家析产等诉讼中,法官要求当事人必须慎重考虑子女的生活费用、学习、心理健康等利益,以引导家庭成员在充分关注未成年人利益的基础上理性表达诉求;突出调解功能,坚持庭前调解和判前调解,将庭前调解作为少年家事纠纷案件的必经前置程序,最大限度地消解恩怨,尽可能地修复受损的亲情,只有那些确已无法调解的家事纠纷案件才进入正式开庭程序;突出私密关怀,考虑到公开审理不利于当事人对涉及个人隐私、家庭隐私的事实开展充分质证,不利于法院全面掌握案情和探求当事人的内心真意,也不利于保障参加庭审的未成年人的身心健康,因此少年家事案件一般不公开审理。

(2)场景修订。一是法庭布局的调整。如贾汪区人民法院对传统审判法庭布置进行了突破性的改进,法庭不设置传统的审判台和原、被告席位,席位上不使用原、被告牌子,改为使用表明当事人身份关系的标志。法庭内饰以"和"为主基调,着力缓解庭审中的对立情绪。二是合议庭人员的构成。少年家事案件的合议庭,均有女性法官参与。全市少年家事法官均经过心理咨询专业培训。对参加少年家事司法的人民陪审员,也注重从心理咨询师中选择。三是圆桌法庭的使用。除当事人情绪尖锐对立的案件,一般安排在圆桌法庭审理,以舒缓氛围化解当事人的紧张心理。四是语言交流的方式。我国法律明文规定对少数民族可以使用本民族语言进行诉讼,面对未成年人这个特殊的群体和家内纷争这类特殊的案件,在诉讼过程中,运用当事人通俗易懂的表达方式与当事人交流,不必拘泥于法言法语,积极探索适合与未成年人和家事案件当事人互动的技术规则,在通俗性、情感性、具体化、本土化的基础上,形成教育式、治疗式、鼓励式、训斥式四类语言风格。

(3)职能合理延展。一是庭外调查。借鉴少年刑事司法的庭前调查制度,视具体情况前往未成年当事人的学校、当地自治组织了解矛盾纠纷发生的背景、征求解决问题的有效途径。二是司法救助。对贫困家庭的未成年当事人进行司法救助,如帮助协调未成年人面临的转学、升学等实际问题。三是适度回访。在结案后,法官根据案件具体情况,回访心理郁结严重、后续问题持续存在的未成年当事人,继续提供心理疏导和帮助。四是便服入村。在文书送达、上门回访等入村进户环节上注重细节,法官穿着便服,驾驶地方牌照车辆,尊重少年家事案件当事人保护家庭隐私的心理,避免社会对未成年当事人的不当关注。

(4)工作机制完善。2014年7月,经过一年多的司法实践,在试运行的基础上，徐州中院正式下发了《全市法院涉少案件审理指南》和《全市法院家事审判工作规程》，提出建立和完善相关工作制度的具体要求。即建立家事案件中未成年人诉讼监护人机制、家事案件中未成年人关护机制、家事案件心理疏导干预机制、家事案件未成年人司法救助机制、家事案件适当延伸司法服务机制、化解家事矛盾的社会联动机制等制度保障。①

纵观我国现有家事审判的试点模式，无论是独立的家事审判庭或少年审判庭模式还是涉少案件与家事案件审判一体化的少年家事审判庭模式，其在审理程序上均注重预先和解、调解的试行和职权主义等非讼原理的适用，同时，在制度设计上重视审判人员的选任和法律咨询、辅导服务的应用，取得了良好的成效。

在实践中，这些模式的试行和推广均遇到了部分困境，如独立的少年庭仅受理未成年人犯罪案件，易因案源不足而导致生存困境；独立的家事法庭（院）所面临的法官资源紧缺以及财政支持力度不足②等。因此，我国可以借鉴国外成功的家事法庭（院）的构建模式，将未成年人事件和家事事件合并交由少年家事法庭或少年家事法院统一管辖。此举一方面可缓解独立的少年法庭由于案源不足导致的生存危机，另一方面基于理念上的契合度，利于整合司法资源，促成少年家事法庭的专业化。

五、福建法院推进少年审判与家事审判融合的法理分析

当前，福建法院创建"家事法庭"的探索呈现"大家审"与"大少审"的趋势，即少年审判与家事审判的融合。这一实践新动态亟须进行理论解读，便于福建法院深入推进家事法庭的创建工作。

(一)新形势下少年审判与家事审判融合的传承与发展

1.少年审判与家事审判的融合是传承少年法庭优势的需要

少年司法是衡量一国司法文明的重要标志，也是现代司法的发展方向。③经过近 30 年的发展，我国少年审判特色工作制度与机制已经日趋成熟。但与此同时，少年法庭正面临着全新的挑战。一方面，我国正处于发展的重要战略机遇期，市场化、信息化、城镇化的加速发展使未成年人犯罪出现新情况、新特点，恶

---

① 戚志华、王韧：《论"大少审"实践价值和功能定位——江苏省徐州市法院少年家事司法实证考察》，载《预防青少年犯罪研究》2015 年第 6 期。

② 何燕：《论少年家事法庭的建构———种中国式路径的思考》，载《烟台大学学报》2014 年第 3 期。

③ 王菲：《中国法文化传统中的"少年司法"》，载《检察日报》2015 年 11 月 12 日第 3 版。

性犯罪、犯罪低龄化问题仍然严重,预防和矫治未成年人犯罪的形势不容乐观。另一方面,侵害未成年人权益的违法犯罪行为时有发生,近年来舆情关注的侵害儿童犯罪,已经成为当前十分突出的社会问题。[①]

长期以来,我国司法的偏刑化导向使得未成年人司法的发展始终难以摆脱案源不足导致的生存困境。少年综合庭的创立在一定程度上缓解了"少审庭"的生存困境,但基层法院普遍存在办案力量与诉讼数量不平衡发展的困局,导致"少审庭"的专业特点渐呈流失之态,擅长处理少年案件的专业法官不得不承担大量的分流案件。涉少民事、行政案件受案范围难予明确的局面,以及少年、家事审判机构名称不统一等问题,也在实务中导致少年审判工作的对接与联动面临诸多窘境。结合我国现有的国情考虑,构建独立的少年法院或家事法院不仅存在诸多无法克服的障碍,也是对现有的审判资源与社会联动机制的搁弃。反之,充分整合少年审判与家事审判的优质司法资源,将具有共同司法理念的少年案件与家事案件融合在同一审判平台进行审理,则不仅能够解决少审庭因案源不足而导致的生存危机,避免已经形成示范效应的未成年人审判工作失去特色;也有助于发挥现有审判团队的专业优势与集群效应,导入特色工作机制、共享社会联动资源,促进家事审判的专业化与优质化发展。正如最高人民法院审判委员会专职委员胡云腾所说,少年法庭发展 30 年,少年刑事审判各项工作机制日趋完善,但少年民事审判及家事审判改革仍在浅滩,一些法院将涉少刑事审判中的工作机制纳入涉少民事和家事审判维权范畴,探索符合未成年人身心特点和家事审判规律的特殊工作机制方法,值得肯定,可以推广。[②]

2.少年审判与家事审判的融合是实现家事审判专业化的需要

法院是解决纠纷,实现正义的场所,家事纠纷的解决关系到未成年人的利益保护、家庭的和睦、社会的稳定,其重要性不言自明。"相较于一般财产权讼争案件,家事案件的处理往往涉及更多的弱势族群(如急需善受养育的未成年子女,或身心受创的家庭成员)亟须受法律保护、受尊重其身为人的尊严。"[③]然而,传统的审判方式在处理家事纠纷时存在明显的能力短板,其解决家事纠纷的功能和价值难以得到彰显。

首先,传统的审判方式在本质上是社会控制机制,其最重要的职能是在双方

---

① 骆惠华:《为了孩子幸福,为了国家未来——人民法院少年法庭工作辉煌 30 年回顾》,载《人民法院报》2014 年 11 月 25 日第 4 版。

② 卫建萍:《"大少审"中的深度思考:闸北的实践》,载《人民法院报》2014 年 6 月 12 日第 5 版。

③ 邱联恭:《对"家事事件法草案"及其公听会之初步意见书》,载《民事诉讼法之研讨(十九)》,台湾元照出版公司 2013 年版。

当事人不能自行解决争议时，通过现实的强制性活动控制双方的激烈争端。而家事案件的解决要求法院在承担社会控制机能的同时，运用治疗性的司法理念，与家庭成员共同努力，为妥适解决家事纠纷提供积极、持久的方法。在案件审理的过程中，需要法官妥善处理当事人之间的交流困难，挽救感情破裂情形下的当事人与其他家庭成员的关系，这些要求是传统审判模式无法实现的。

其次，传统的审判方式通常通过严格的对抗制来发现案件事实，法官被视为消极的中立人与裁判者，只能在庭审中被动地听取当事人的陈述和辩论，一般不主动探知事实与调查证据。而家庭案件尤其是家庭身份关系案件，很难通过庭审对抗来发现真实。当事人在对抗式诉讼中常常不由自主地陷于情绪激动的攻防与诘问中，双方当事人均视己方为家事纷争的受害者，此种情势不利于法官发现真实。

最后，家庭关系，尤其是家庭身份关系往往具有较强的公益性，家事案件的判决结果不仅涉及当事人本人，还常常涉及当事人之外的未成年子女和其他家庭成员。"婚姻关系消解或离婚所生的问题在法院一刀两断的了结后，并不是真正的就结束了，如果裁判允许离婚，则日后家庭成员何去何从，子女如何安置等问题都包含'law and society'（法与社会）视角下诉讼经济的考量。"[1]正因为如此，家事案件没有一般的、抽象的正义可供遵循，其所遵循的是个别的、具体的正义。这种正义的实现要求赋予法官较大的自由裁量权、职权探知权以及证据调查权，而上述权力的行使均与传统审判模式存在一定程度的背反。

近年来，我国家事纠纷的数量呈现不断增长的态势，不仅数量巨大、种类繁多，且案件性质日益复杂，给民事司法功能的发挥带来巨大的挑战。合理配置审判资源，提高家事案件的裁判质量和审判效率，实现家事审判机构的专门化已成为一种必然的选择。促进少年审判与家事审判的融合，打造"一体两翼"的审判平台，有助于同时解决少年法庭的生存问题与家事审判的专业化问题，实现两者的互补性发展，使未成年人犯罪预防和家事矛盾化解工作形成合则两生的"双赢"态势。[2]

（二）少年审判与家事审判的理念共通与现实关联

1.少年审判与家事审判的理念共通

从法律与社会学、法律人类学的观点来看，诉讼程序的改革并非在于立即提

---

① 郭书琴：《重访民事纷争解决的法理与实践》，载《民事诉讼法之研讨（十九）》，台湾元照出版公司 2013 年版。

② 戚志华、王韧：《论"大少审"实践价值和功能定位——江苏省徐州市法院少年家事司法实证考察》，载《预防青少年犯罪研究》2015 年第 6 期。

出纠纷解决方式,而是应当从制度机理的角度,爬梳出相关争议事件背后所可能隐含的对立、冲突、矛盾等理念脉络。① 由于历史传统上的一脉相承,以及社会生活形态的特定格局,少年案件与家事案件在理念与制度上天然地存在一定的契合度,这种契合使少年审判与家事审判的融合具有机能上的可行性。一方面,少年审判与家事审判有着共同的价值取向,如强调未成年人利益最优原则;强化国家亲权理念;保护婚姻、家庭关系等。另一方面,理念的共通导致制度设计上的趋同,如诉讼模式中双方当事人对抗性的降低;大力倡导以和解、调解等替代性纠纷解决机制来解决争议以避免造成对未成年人的二次伤害;对专业法官的需求,尤其是需要更多具有生活经验的女性法官的参与;专门保护未成年人利益的辅助机构和人员的积极介入;基于对未成年人未来生存状态的关注而设计的定期回访等延伸性工作等。即便是在未成年人刑事司法的构建中,受国家亲权、儿童利益最大化、儿童宜教不宜罚等理念的影响,刑事司法的特征也在不断限缩,而民事、行政司法的特点则得到扩张性发展。

2. 少年审判与家事审判的现实关联

首先,两者的融合是职权主义诉讼模式的沿袭。20 世纪 90 年代中期进行民事审判方式改革之前,我国法院受理的民事案件主要是婚姻家庭案件,审判模式也是与现代少年家事审判极为契合的职权主义诉讼模式:如积极主动的法官定位、诉讼中大量运用调解解决纷争、不公开审判倾向、强调国家干预原则等。虽然这些制度与现代私益纠纷解决所秉持的当事人对抗模式有所区别,但是却是审理未成年人与家事事件等涉及公益问题的必要条件,也是法官获得正当性判断的制度基础。因此,改造并沿袭我国传统的职权探知诉讼模式可以让少年案件与家事案件获得更为妥适的解决,同时也有利于法官思维的转换更快地适应少年家事审判的要求,达到司法资源合理利用的目的。

其次,两者的融合存在社会资源共享的便利。我国开展少年法庭的建设工作已近 30 年,推进家事审判的专业化改造亦初见成效,社会调查、圆桌审判、合适成年人、心理矫正、家事诊疗室、未成年人保护中心等各具特色的工作机制日趋完善;少年法庭、家事法庭(合议庭)在工作中与政法委、关工委、检察院、公安局、司法局、民政局、妇联、团委等单位或机构建立的联动机制成效显著,在司法实践中取得了良好的法律效果与社会效果。促进少年审判与家事审判的融合,将有助于实现社会资源的共享及联动机制的衔接合并。

---

① 郭书琴:《重访民事纠纷解决的法理与实践——以家事事件看民事程序的诉讼观的演进》,载《法学丛刊》2012 年第 10 期。

(三)促进未成年人利益的最佳保护

司法的理念是支配司法运作的哲学、价值或者基本的观念,是司法体制的精神构造。① 理念扭转是促进少年审判与家事审判融合的基石。考虑到我国已经加入《儿童权利公约》《联合国少年司法最低限度标准规则》《联合国预防少年犯罪标准规则》《保护被剥夺自由少年规则》等国际公约,对上述公约作出回应并将其作为制度建构的根基是我国不应回避的义务。未成年人利益保护和未成年人利益最大化等纠纷解决理念,均应作为我国未成年人司法的基石,用以建构一个新的司法文化环境。

目前,我国刑事审判中的未成年人保护机制已经相对完善,但在民事审判中,未成年人保护问题仍有空白地带。例如在离婚、抚养权纠纷中,父母与子女有各自独立的利益,二者并不完全一致,未成年人也需要为自己的利益发声。但未成年人应以何种形式参与诉讼、由谁代表其利益、是否有相关的监督保障机制,立法上仍需进一步完善。在未成年人民事司法场域内,少年审判与家事审判的融合,对于贯彻未成年人最佳利益原则助益明显,利于将法院、家庭、学校、社会整合至统一的未成年人保护机制中来。

1.少年审判与家事审判的融合,有利于从根源上预防未成年人犯罪问题

司法实践证明,设立专门的少年审判机构是回应少年犯罪问题的有效选择,但这种功利性的路径选择无法从根源上预防未成年人犯罪的发生。少年案件多发的真正原因往往源于家庭的分崩离析,"为解决少年问题,就必须认识到离婚后婚姻关系双方的人际调整、对子女的抚养以及财产分割等问题的重要性,并将之纳入法院的考虑范围"②。将少年事件与家事事件合并在同一法庭进行审理,有助于通过家事问题的妥适解决维持未成年人生活环境的健康与秩序,从而缩减少年犯罪诱因的发生。这种司法路径的选择不仅可以有效控制少年犯罪,而且能够防患于未然,从根源上预防少年犯罪的发生。③

2.少年审判与家事审判的融合,有利于解决家事案件中的子女安置问题

随着社会、经济发展以及家庭结构的变迁,无论是欧美国家还是亚洲国家,离婚率的上升都给法院处理家事案件带来了巨大的挑战。无论是合法婚姻、还是未婚同居;无论是丧偶还是离异,都存在着子女安置问题。婚姻破裂不仅影响夫妻双方,更影响未成年人的生活环境和心理状态。在实践中,不同法院、不同

---

① 齐树洁主编:《民事司法改革研究》,厦门大学出版社 2006 年第 3 版,第 47 页。

② [日]中村英郎:《家庭事件裁判制度的比较法研究》,载张卫平主编:《民事程序法研究》(第 3 辑),厦门大学出版社 2007 年版。

③ 陈爱武:《家事法院制度研究》,北京大学出版社 2010 年版,第 31 页。

法官对家事纠纷的处理方式往往不尽相同,子女抚养问题应当优于财产分割问题的重要地位难以突显,未成年子女的心理修复工作也往往湮没在处理家事纠纷的喧嚣之中。涉少家事案件的特殊处理,能够降低程序能力的门槛,实质性地保障未成年人的法定听审请求权。[①] 从制度层面打造以未成年人利益保护为先的司法空间,通过诉前心理干预、诉后回访制度等,确保在解决家事纠纷子女安置问题、扶养问题、探视问题的过程中,充分贯彻未成年人最佳利益原则。

3. 少年审判与家事审判的融合,有利于提高诉讼效率,及时实现未成年人的权益保护

传统的诉讼事件具有较强的对抗性,诉讼程序要求严格贯彻处分权主义、辩论主义,法官裁量空间受到限缩,诉讼程序费时较久。通过促进少年审判与家事审判的融合,在特定案件中适用职权探知主义、弱化双方当事人的对抗性,对于未成年子女亲权酌定或探视权的裁判意义重大。这类案件"往往承担与时间赛跑的压力,一旦诉讼周期过长,不止当事人舟车劳顿,也使未成年子女长期处于父母利益角逐客体的角色中,对其身心将造成重大影响,有时甚至会左右判决结果,使原本具有扶养子女优势的一方,无法持续建立与子女在生活或情感上的联系,最终造成全盘皆输的局面"[②]。

(四)符合深化司法体制改革的部署要求

"家庭"在中国语境下具有"显赫地位",既是秩序架构的基本单位,也是一种基本价值。随着家事问题重要性的日益凸显,我国学界和实务界开始呼吁须正视并解决因社会变迁所带来的家庭问题及其衍生的社会问题,各地法院亦纷纷开展试点式的探索性实践,陆续与政府机构或民间团体合作,在制度层面调整现有的审判组构,试图发展出一种妥切的家事纠纷处理模式。

2015年7月,最高人民法院审判委员会对下一步家事审判改革布置了六点要求。提出要充分认识改革必要性、认真推动家事审判机制改革、明确家事审判工作任务与改革重点、以法官员额制改革为契机推进家事审判人员专业化建设、为改革提供物质装备保障、加强与域外的交流学习等。[③]

2015年12月23日,最高人民法院召开了第八次全国法院民事商事审判工

---

① 沈冠伶:《家事程序法制之新变革及程序原则》,载《民事诉讼法之研讨(十九)》,台湾元照出版公司2013年版。

② 戴瑀如:《国家是否及如何介入子女亲权与会面交往权之酌定——欧洲人权法院相关裁判之评析》,载《月旦法学杂志》2007年第12期。

③ 谢勇:《最高法:转变家事审判理念,推进审判改革》,载《人民法院报》2015年7月10日第1版。

作会议。会议围绕党的十八届五中全会提出的发展理念,对民事商事审判工作进行了全面部署,提出"要依法服务和保障共享发展,推进家事审判方式改革"①。

2016年1月23日召开的全国高级法院院长会议提出:最高法院今年将积极开展家事审判改革试点工作,探索创新家事审判理念、体制、机制,充分发挥家事审判的职能作用,促进家庭和睦与社会和谐。上述关于司法体制改革的重要部署,标志着我国在深化家事审判改革的选择上迈出了重要的一步。从优化少年案件、家事案件的诉讼空间,改善少年审判与家事审判司法环境的立场出发,整合现有资源,促进少年审判与家事审判融合的时机已经成熟。

(五)顺应国际少年家事司法的发展趋势

如前文所述,综观世界各国的法制发展进程可以发现,少年司法与家事裁判的专业化已经成为当今各国司法制度发展的一个显著趋势。无论是大陆法系国家还是英美法系国家,基本都经历了或正在经历一个不断扩充、整合乃至将全部家庭纠纷都纳入统一的司法程序及司法机构处理的过程。

从少年司法的角度来观察,少年审判机制的独立化催生了少年法院的发展;为进一步保护未成年子女的利益,平衡兼顾程序权保障与统合处理纠纷的需要,②大多数国家在少年司法发展到一定阶段后,都选择将其与家事事件相结合,成立少年家事法院(庭)或家事法院(庭)。美国、德国、澳大利亚、韩国、日本等国家构建了比较完善的少年家事审判制度,将未成年人犯罪、未成年人监管、未成年人家庭案件予以整合,交由单一的少年法院或少年家事法院审理。

而从家事裁判的立场来观察,世界上很多国家和地区不仅为家事纠纷设置了单独的程序制度,而且还设计了以家事法院、家事法庭为主要形式的家事审判机构,以实现家事纠纷解决机制的特殊价值与功能。③ 美国、德国、澳大利亚、日本、英国等国家以及我国的香港特区、台湾等地区均设有家事法院或家事法庭。

一旦跳出少年审判与家事审判平行研究的桎梏,不难发现,由于少年事件与家庭事件有着天然密不可分的关联,在未成年人最佳利益原则的驱动下,诸多国家逐渐将家事案件与少年案件合并到同一裁判平台中予以解决,或将处理未成

---

① 周斌:《最高法明年试点家事审判改革》,载《法制日报》2015年12月25日第5版。
② 邱联恭:《家事事件法之制定过程值得回顾省思之问题事项——着眼于思考今后如何评议或解释新法》,载《民事诉讼法之研讨(十九)》,台湾元照出版公司2013年版。
③ 陈爱武:《论家事审判机构之专门化——以家事法院(庭)为中心的比较分析》,载《法律科学》2012年第1期。

年人案件的少年法院与家事法院合并在一起,或在家庭法院内分设家事法庭和少年法庭。① 如最早成立实质意义上家事法院的国家美国,其家事审判机构就是源于少年审判机构的不断发展,为从根源上预防少年犯罪问题,而产生的建立家庭法院统一解决与家庭有关各类纠纷的构思。我国将少年案件及家事案件并轨审理,促进双审融合并探索建立少年家事法庭,是顺应国际少年司法发展趋势的重要选择。

六、关于福建法院推进家事审判专门化改革的对策建议

随着改革开放的不断推进,在婚姻家庭纠纷等家事案件的审理中,如何依法保护未成年人、妇女和老年人等弱势群体的合法权益已成为家事审判关注的焦点问题。婚姻家庭关系是基础社会关系,处理不当将带来极为不利的后果,影响社会稳定。对传统的婚姻家庭案件审判方式和工作机制进行改革,已经基本成为学界与实务界的共识。以"创建家事法庭"为改革主线,推动家事审判机构专门化,不仅是一种理论上的探讨,更是立法和实践层面的一项制度选择。为使家事纠纷得到妥善解决,福建法院有必要创建家事法庭,推进家事审判机构专门化。②

如前文所述,从比较法层面考察,为妥善解决家事纠纷,许多国家和地区都建立了以家事法庭(院)为核心的家事审判专门机构。国内学者对此多持乐观态度,认为构建专门的家事法庭(院)对纠纷现状极具裨益。③但就目前情况而言,设立家事法院却遭遇实务界的质疑。反对的声音包括:(1)法官应累积各类多样的社会经验才能更好处理家事纠纷;(2)法院长期人少案多,单设家事法院过于理想化;(3)家事案件审理重心已经不是感情问题,而是债务和财产问题,依普通程序规则和证据标准审查判断即可,离婚时的财产和债务分割问题与经济案件类似,民一庭法官都有处理类似案件的经验,没有必要单设家事法官。针对上述反对意见,我们对构建专门家事法院持肯定但暂缓的态度。家事法院的设立虽已在其他国家和地区推行多年,但对我国而言,尚属一项新的家庭服务,故在全

---

① 张晓茹:《家事裁判制度研究》,中国法制出版社 2011 年版,第 18 页。

② 陈飏:《家事事件:从家、婚姻家庭到家庭纠纷的本源追溯》,载《西南民族大学学报》2014 年第 6 期。

③ 有学者从主体构造、设置、管辖以及与现有法律制度接壤等方面对设立家事法院进行评价。参见陈爱武:《家事法院制度研究》,北京大学出版社 2010 年版,第 129～178 页。有学者认为设置独立的家事法院应成为我国司法改革选项之一,并对机构设置、人员分配和管辖范围作了有益的探讨。参见蒋月:《家事审判制:家事诉讼程序与家事法庭》,载《甘肃政法学院学报》2008 年第 1 期。

面推广试验计划之前,应待拥有相当数目和专业资格的家事调解员以及对当下探索式实践有充分调研和数据资料之后再予以考虑。因而,在探索设立专门的家事法院之前,可先从创设家事法庭开始探索,这种在"破与立"之间渐进式、相对温和的改革策略有着自身的优势。①

(一)家事法庭的目的与改革

创建家事法庭的目的是什么? 我们将其定位为维护婚姻家庭关系的稳定,依法保护未成年人、妇女、老年人的合法权益。②首先,婚姻危机是家事法庭所受案件的主要案由之一,这就决定了在创建家事法庭的过程中,应当为家事法庭增加新的职能,即修复婚姻家庭关系;其次,审理家事案件不能仅仅盯着夫妻双方,保护妇女权益,还应对依法保护未成年人和老年人权益予以充分重视。一方面,夫妻双方离婚时应考虑未成年人利益最大化,如果未成年人的抚养问题不能解决,法院一般不能判决离婚。另一方面,由于老年人的赡养仍以家庭赡养为主,处理婚姻关系时老年人合法权益也应予以重视。依法保障未成年人、妇女和老年人的合法权益是家事审判方式和工作机制改革的根本目标之一。③

基于上述目的,应当如何进行改革? 其一,需要改变以往审理婚姻家庭案件的模式。实现变机械遵循辩论主义和处分原则为强化法官职权探知、自由裁量和对当事人处分权适当干预。探索引入家事调查官制度,主动调查婚姻家庭关系中双方当事人的过错情况,给法官提供工作报告,以妥适的方式修复双方关系。其二,变偏重财产分割、财产利益保护为全面关注当事人身份利益、财产利益、人格利益、安全利益和情感利益。尤其是要加强对人格利益和安全利益的保护。其三,变单纯强调审限内结案而忽视矛盾纠纷化解为彻底化解家庭纠纷、努力修复家庭成员心理创伤,重视诉前的调解和结案后的延伸服务。④

(二)家事法庭的具体建构

1.家事法庭的理论指导——未成年人利益最大化原则

未成年人利益最大化原则,是指在人民法院审理家事案件时,针对有关未成

---

① 齐树洁、邹郁卓:《我国家事诉讼特别程序的构建》,载《厦门大学学报》2014 年第 2 期。

② 王春霞、罗书臻:《家事审判改革为相关立法提供实践依据——专访最高人民法院审判委员会专职委员杜万华》,载《人民法院报》2016 年 3 月 3 日第 1 版。

③ 张晓茹:《家事事件程序的法理分析》,载《河北法学》2006 年第 6 期。

④ 陈爱武:《论家事审判机构之专门化——以家事法院(庭)为中心的比较分析》,载《法律科学》2012 年第 1 期。

年人的问题,以未成年人权益为本位,从其根本利益和长远利益出发,分析并解决问题,给予未成年人利益最大的保护。① 该原则所传达和承载的是一种全新的未成年人观念,即不仅重视未成年人的社会价值,看到未成年人因弱小而需要保护的事实,更重要的是它不因未成年人弱小而轻视他们,而是把未成年人看作有能力的、积极主动的权利主体,使未成年人拥有权利并可以行使权利。②

过去 20 年的社会科学研究表明,婚姻破裂后的未成年人福祉取决于分居程序后父母之间的行为。多数研究均指向统一的结论,即未成年人所处的家庭中,父母冲突等级越高,家庭解散所带来的负面影响就越大。③ 从未成年人发展的角度观察,提供长期而稳定的依附关系是未成年人最大利益的重心所在,其权利不应在父母婚姻愤懑中被牺牲。④ 应以保护未成年人最大利益为出发点,在家事诉讼程序中引入未成年人最大利益原则,以协助夫妻的离合决定,延续离婚后父母的角色,并形塑离婚后与子女相处的模式。同时,在处理纠纷时,法官应由偏重强调父母的权利转向关注父母对子女的责任。在家事诉讼实践中,当争议事项涉及未成年人的监护权、探视权时,应强制当事人接受离婚调解,同时赋予未成年人表达意见的权利,完善法官获取子女意见的途径,以便法院对未来事项作出整体性的判断和预测,并要求当事人对子女未来生活作出详尽的安排,以敦促当事人履行探视和抚养义务,并就此接受法院的监督。⑤

我国法律规定未成年人享有广泛的民事权利,但在家事诉讼中,未成年人民事权益受侵害的案例却比较普遍,法院受理的各类侵犯未成年人民事权益的案件也呈递增趋势。严峻的现实迫切需要重视未成年人权益保护工作,特别是应强化家事法庭的职能作用,实现未成年人的权益最大化。譬如,我国台湾地区"家事事件法"创设的社工人员陪同制度、程序监理人制度、限制接受医学检验制度等一系列新制度,也是以未成年人利益最大化为导向的,不仅考虑到家庭内部个人私权利的保护,而且有效地保护了以未成年人为代表的弱势群体的利益,从

---

① 王雪梅:《儿童权利保护的"最大利益原则"研究》,载《环球法律评论》2002 年冬季号。

② 陈苇、谢京杰:《论"儿童最大利益原则"在我国的确立》,载《法商研究》2005 年第 5 期。

③ Jane C. Murphy, Revitalizing the Adversary System in Family Law, *U. Cin. L. Rev*, 2010, Vol. 78.

④ 赖月蜜:《香港、台湾家事调解制度比较研究——以家庭暴力事件为中心》,载台湾《人文及社会科学集刊》1998 年第 20 期。

⑤ 王晓松、施忆:《平等语境下的未成年人权益最大化》,载《今日中国论坛》2008 年第 10 期。

整体上维护了社会公益,协调社会公益与私权之冲突。① 因而,福建法院在创建家事法庭之时,应注重强化理念转型,以"未成年人利益最大化原则"为指导,使家事诉讼中未成年人的合法权利得到充分合理的保障。

2. 明确家事法庭的受案范围

为解决当事人之间的实体权益争议,首先需要明晰家事法庭受理的家事事件的适用范围。我国台湾地区"家事事件法"依各事件类型的讼争强弱程度、当事人对程序标的所享有的处分权限及需法院依职权裁量的迅速程度等不同,将家事事件分为甲、乙、丙、丁、戊共五大类。② 德国《家事事件及非讼事件程序法》则将家事事件分为十一类,包括婚姻事件、子女事件、子女身份事件、收养事件、婚姻居住与家务事件、暴力防止事件、夫妻离婚时的津贴平衡事件、抚养事件、夫妻财产事件及其他家庭事件。③ 鉴于"家事事件"概念的开放性并参考最高人民法院2011年《民事案件案由规定》,我们可将家事事件归为婚姻事件、亲子事件、收养事件和继承事件共四类。其中婚姻事件包括离婚纠纷、婚姻无效纠纷、抚养或扶养关系纠纷、抚育费纠纷、扶养费纠纷等;亲子事件包括监护权纠纷、探视子女权纠纷等;收养事件包括确认和解除收养关系纠纷等;继承事件包括法定继承、遗嘱继承、遗赠及遗赠扶养协议等。④

除上述四类家事事件之外,家庭暴力事件也应当纳入家事法庭之受案范围。2016年3月1日,《中华人民共和国反家庭暴力法》(以下简称《反家暴法》)正式施行。《反家暴法》的实施对在全社会预防和制止家庭暴力,促进家庭和谐、社会稳定,具有重要作用,也为法院制止家庭暴力,维护当事人尤其是妇女的合法权益,提供了新的法律依据。2016年年初,为更好地贯彻执行《反家暴法》,最高人民法院下发了《关于认真学习、正确适用〈中华人民共和国反家庭暴力法〉的通知》,指导各级人民法院做好相关准备工作,切实维护妇女、未成年人和老年人合法权益。人身安全保护令制度是《反家暴法》中的一大亮点,2016年1月底,最高人民法院专门下发《关于确定人身安全保护令案件及其类型代字的通知》,要求在《反家暴法》施行后,在民事案件中增设一个二级类型案件,即"人身安全保护令案件",下设两个三级类型案件:人身安全保护令申请审查案件,类型代字为

---

① 陈惠馨:《家事事件法的立法与内容——一个比较法观点》,载《月旦法学杂志》2013年第1期。

② 这五类事件主要分为两大类型,即家事诉讼程序与家事非讼程序。具体规定参见台湾地区"家事事件法"第3条。

③ 关于婚姻事件和子女事件的定义,德国《家事事件及非讼事件程序法》单列条文予以说明。参见陈惠馨:《家事事件法的立法与内容——一个比较法观点》,载《月旦法学杂志》2012年第11期。

④ 傅郁林:《家事特别诉讼程序研究》,载《法律适用》2011年第8期。

"民保令";人身安全保护令变更案件,类型代字为"民保更",以便于统计和案件的审理、管理。① 《反家暴法》刚颁布不久,目前还处于探索阶段,家事法庭需要根据司法实践过程中出现的问题,有针对性地提出解决方案。以泉州市鲤城区人民法院为例,该院在处理家事案件中注重理念融合,颁布了《家事审判合议庭操作规程(试行)》,在家事审判庭中专门组建反家暴合议庭、将传统的家事案件和涉家暴案件归口管理。②

3.稳定家事法庭审判队伍

福建法院应当按照新一轮中央司法改革的精神,立足本地实际情况,不断推进家事法庭的机构和队伍建设,合理配置家事法庭法官及司法辅助工作人员;做好法官的选任和培训工作,选拔业务能力强、熟悉家事案件的法官办理家事案件,推进家事司法队伍正规化、专业化、职业化建设。

(1)组建专业的家事审判团队

通过自荐、推荐、考核等方式选任经验丰富、协调能力强的审判人员组建家事法庭。法院可结合有关办案责任制工作的试点意见,实行审判团队制,在家事法庭内组建三个审判团队,实行"1+1+1"模式,即1名审判员+1名法官助理+1名书记员,团队在主审法官的主导下,协同配合,共同做好家事审判工作。培养一支适应家事审判特殊要求、综合素质高、司法能力强的专业化审判队伍。③ 另外,在家事审判中引入心理疏导和评估机制,以加强修复案件当事人的家庭关系,注重建立良好的家庭秩序,顺应家事审判工作的综合性特点。④

(2)充实家事法庭审判力量

一是充分发挥离退休法官的作用。法院通过返聘拥有丰富家事审判经验的退休法官参与审判工作,发挥其家庭经验和社会阅历丰富的优势,弥补青年法官社会经验和家庭经验的不足。二是加强人民陪审员的作用。陪审是现代诉讼民主化的重要标志,是人民群众参加国家诉讼活动的重要形式,也是人民法院自觉接受社会监督的重要措施。建议合议庭采用一名陪审员与两名法官组成家事审判合议庭,并继续加强人民陪审员的作用,防止陪审员"陪而不审"。

---

① 王春霞、罗书臻:《家事审判改革为相关立法提供实践依据——专访最高人民法院审判委员会专职委员杜万华》,载《人民法院报》2016年3月3日第1版。

② 泉州市鲤城区人民法院:《鲤城区人民法院2015年家事审判工作总结》(2016年1月15日)。

③ 陈爱武:《家事诉讼程序:徘徊在制度理性与实践理性之间》,载《江海学刊》2014年第2期。

④ 何燕:《论少年家事法庭的建构——一种中国式路径的思考》,载《烟台大学学报》2014年第5期。

(3)合理配置家事法庭审判人员

家事案件的特点及复杂度,使其显著不同于财产案件。家事案件中当事人的心理极为复杂,既要解决纠纷,又不愿意过度公开个人隐私;既要维护自身利益,又要考虑纠纷解决后的亲属之间如何相处、未成年子女的抚养和成长等更深层次、更难处理的问题。① 配置家事审判庭审判人员时,应考虑到此类案件的受害人不仅包括女性,也包括男性,因此组成家事审判庭的审判人员应以女法官为主,尽可能安排具有婚姻家庭经验和人生阅历较为丰富的法官;为提升法官处理家事纠纷的能力,应进一步细化家事法官任职条件并建立稳定的法官培训机制,为在全省范围内统合创建家事法庭工作提供坚实的队伍基础。

(三)家事法庭与社会联动

1.整合社会资源,促进部门联动

家事法庭的创建与完善并非一朝一夕之功,亦非法院能够单独完成的任务,应当注重吸纳社会力量的参与,发挥妇联、公会、社团、社区、义工等组织的作用,形成司法机关负责、各部门配合、社会各界广泛参与的家事司法工作格局。努力推动健全部门联动机制,整合现有家事调解资源和未成年人保护的各类资源,充分发挥人民团体和社会组织在法治社会建设中的积极作用,做好家事纠纷化解等工作。

2.建立长效社会参与新机制

动员社会各方力量参与家事纠纷化解工作,建立与妇联、居委会等社会团体和组织的沟通联系,建立扩大社会中立的第三方参与家事纠纷解决的长效协作机制,是为有效化解家事纠纷创造良好外部环境的必由之路。具体做法包括以下几个方面:一是委托妇联组织送达有关诉讼文书,或开展家事案件审前事实调查工作,将妇联组织提供的事实调查材料作为处理家事案件的重要参考,改变妇联组织仅参与家事案件调解工作的单一协作方式。与妇联组织建立长效协作机制,共同开展判后跟踪、回访及帮扶工作,有助于帮助当事人提升修复或重建婚姻家庭关系的能力,解决实际困难,促进家事纠纷的有效解决。二是积极开展与综治维稳中心、社区调解办公室、村调解中心等机构或部门的诉调对接工作,扩大家事案件社会参与的广度和深度。② 三是与专业心理健康组织共建心理介入协作机制,推动家事纠纷的和谐解决。建立案件心理辅导介入机制,由具有国家

---

① 蒋月:《家事审判制:家事诉讼程序与家事法庭》,载《甘肃政法学院学报》2008年第1期。

② 傅郁林:《家事诉讼特别程序研究》,载《法律适用》2011年第8期。

心理咨询师资格的志愿者对当事人展开心理辅导,积极修复、重建家事案件当事人的婚姻家庭关系,减少对当事人未成年子女的伤害,帮助未成年人健康成长。①

(四)完善家事法庭案件考核体系

家事案件通常涉及感情纠葛、复杂的家庭关系,当事人情绪易激动,极易引发极端事件,需要耗费法官和法官助理大量的时间进行调解和心理疏导工作。②现有的法官审判绩效考核管理制度仅对家事法官的审判工作进行考核。法官从事的心理疏导、调解帮扶等大量社会事务性工作无法通过现有的考核制度反映出来。建立科学的考核体系能够为家事审判提供更为充分的支持,充分调动家事审判工作人员的主动性与能动性。

此外,与经济纠纷相比较而言,家事案件涉及的标的一般不大,但案件大多十分琐碎,需探知当事人的内心世界并与各相关职能部门积极联动,方能彻底解决纠纷。家事案件法官承受了十分繁重的审判压力,在经费保障、评先评优、晋升等方面应对其予以适当倾斜。

(五)完善家事纠纷调解机制

1.家事法庭与调解程序

国家在某种程度上有义务提供相应的机制来妥善处理家事纠纷,此即构建家事调解制度之最朴素的道理。③家事纠纷多发生于家庭成员之间,纠纷双方的关系与其他社会普通成员间的关系相比具有独特性。"家庭系统内的冲突不同于邻里间、房东和房客间、买主与卖主之间的冲突。"④此种冲突不仅涉及法律问题和事实问题,更深涉复杂的人际感情。因此,法律应当为亲情留下空间和余地,以区别于普通纠纷当事人的行为模式来对待亲属关系。毕竟任何法律制度的存在,都必须从人的内心情感中寻找根据,任何制度要得以维持,也都必须从

---

① 冀祥德:《建立少年家事法庭,顺应少年审判发展趋势》,载《人民法院报》2014 年 6 月 5 日第 4 版。

② 汤鸣:《家事纠纷法院调解实证研究》,载《当代法学》2016 年第 1 期。

③ 汪拥政、吴志刚:《构建家事纠纷调解制度的法理分析》,载《齐鲁学刊》2008 年第 5 期。

④ [加]岳云:《家庭调解——适用于华人家庭的理论与实践》,苌英丽等译,中国社会科学出版社 2005 年版,第 43 页。

人的情感中得到解释。①

家事纠纷中的当事人之间存在客观上无法割舍的血缘关系或者曾经存在的良好情感,当事人对于平和地解决家事争议的愿望和期待,较之一般民事争议更为强烈。在家事法庭中,在职业与生活两个方面经验均较为丰富的法官,通过建议、劝告、协商、谈判等调解活动,帮助转达善意和诚意,引导当事人克服心理障碍、梳理情绪、疏通感情、消除误会、化解恩仇并恢复亲情,能够解决大部分家事纠纷,重建和谐的家庭关系。相对于"裁判容易,了事难",调解具有判决不可比拟的弹性和灵活度。②

2. 家事调解双轨制

所谓家事调解双轨制,是指在保留现有法院调解的同时将调解程序剥离诉讼,最终形成法院附设家事调解模式;并以委托调解、邀请调解等形式丰富家事解纷途径,以试点性做法推进家事调解转介机制。构造法院附设家事调解模式,可以借鉴日本及我国台湾地区的经验,辅之以本土的实践基础条件参酌决定。具体而言,可在法院设立专门的家事调解委员会,选聘人民调解员、退休法官、律师或其他与家事纠纷领域相关的专家(如具有社会学、心理学专业知识和调解经验的人士)担任家事调解员,以摆脱刚性的民事诉讼对抗构造带来的巨大不便和当事人纠纷弥合的障碍。所有家事调解员须接受专门的家事调解理论与实践培训,并以专职的形式受雇为法院工作人员。调解员因案件需要,可主动调查取证并确认争议事实。案件由家事调解员负责进行诉前调解成功的,当事人可申请司法确认并制作调解书。调解不成的,自动转入诉讼程序,由法官依法审理。此外,还应当设立家事调解案件的筛选机制以排除明显不应调解或不宜调解的家事案件,如性质上禁止调解的案件(婚姻无效案件)、不适宜调解的案件(家庭暴力或虐待案件)等。鉴于判决与调解之间长期存在的互补又相互竞争的关系,对于调解程序与诉讼程序交错部分,如何调适衔接转介事宜,调解程序的处理结果、谈判沟通过程以及所收集资料或当事人自认事宜能否以及如何移用至裁判程序等技术性操作问题还有待司法实践之检验。③

3. 加强诉调对接

2015 年 12 月,中央办公厅、国务院办公厅印发《关于完善矛盾纠纷多元化

---

① 胡玉鸿:《法律与自然情感——以家庭关系和隐私权为例》,载《法商研究》2005 年第 6 期。

② 蒋月:《家事审判制:家事诉讼程序与家事法庭》,载《甘肃政法学院学报》2008 年第 1 期。

③ 齐树洁、邹郁卓:《我国家事诉讼特别程序的构建》,载《厦门大学学报》2014 年第 2 期。

解机制的意见》,要求拓展司法调解范围,加强诉调对接平台建设。社会矛盾纠纷的多元属性以及人民群众对纠纷解决方式的多元需求决定了必须完善矛盾纠纷多元化解机制。①探索和完善家事审判多元化纠纷解决机制,构建家事纠纷综合调解模式是实现家事纠纷解决专业化的应有之义。除婚姻关系、身份关系确认等案件不进行调解外,其他家事案件应当进行调解。

加强家事纠纷诉调对接工作,需要动员社会各方力量参与家事纠纷化解工作,建立与妇联、居委会等社会团体和组织长效沟通机制,吸纳法律、心理学、社会学等方面的专业人员加入特邀家事调解员名册。通过完善委派调解及委托调解制度,化解婚姻家庭矛盾纠纷。此外,应探索建立特邀家事调解组织与家事调解员的资质认证制度,不断完善诉讼外纠纷解决方式与审判的有效对接与协调。总之,法院在处理家事纠纷时必须将促成当事人之间恢复感情、消除对立、实现和解作为纠纷解决的根本目标和价值取向。②

结　语

社会变迁与经济发展导致家庭关系发生越来越剧烈的嬗变,法律需要承担更多的责任——促进家庭福祉与保障未成年人最佳利益。可以肯定的是,在家事纠纷日益增多并复杂化的时代背景下,定做的正义显得尤为必要。正如定做的衣服一样,只有在裁缝能够投入大量的时间并且充分尊重顾客的情况下,才可能合乎实际、量体裁衣。③ 从回应型司法视角考察,家事法庭是更具能力的司法机构,能够更好地承担"认真对待家庭"的重任。在全新的框架下,我们需要以促进家庭福祉、保障未成年人最佳利益为本位,尝试运用一种新型的、开放的方式解决家庭问题,扭转当前文本范畴和重组现行司法配置,如综合性的家事法庭、专业化的家事法官、多元化的协作群体等。

当前,福建法院家事审判制度的改革方兴未艾。课题组通过整理各法院的探索式实践,萃取其中有益的经验,这对我国当下正在推进的家事审判改革是大有裨益的。然而,家事审判专门化在比较研究、实证研究方面仍有较大的"真空地带"。为改变这种"盲人摸象"的局面,需要大力推进具体研究以增进积累。④本文运用实证素材与比较法资料,对家事法庭的法理与实证进行初步考察。

---

① 熊苫诗:《论家事审判专门化》,载《湖北警官学院学报》2013 年第 6 期。

② 余国英:《"一庭一室一站"打造家事审判平台》,载《中国妇运》2015 年第 7 期。

③ [美]劳伦斯·罗森:《法律与文化:一位法律人类学家的邀请》,彭艳崇译,法律出版社 2011 年版,第 37 页。

④ 吴泽勇:《群体性纠纷解决机制的构建原理》,载《法学家》2010 年第 5 期。

　　我国家事司法的发展困境使司法界选择了积极顺应法治进程的"自然选择"规律试验家事法庭，司法改革正朝着理性方向推进。2016 年，最高人民法院将针对家事审判的特点，从审判组织、证明标准、调解工作、制止家暴、诉讼程序等多个方面进行家事审判专业化的探索，在基层法院或者中级法院开展家事审判方式和工作机制改革试点，设立家事法庭，探索婚姻家庭纠纷案件自身的规律；建立家事案件案后跟踪、回访及帮扶制度，延伸家事审判的社会辐射功能；探索设立专业咨询机构和辅导机构，协助家事案件的审理，及时为当事人提供心理疏导等相关专业服务；探索建立反家庭暴力的整体防治网络等。但家事法庭的革新是一场未竟的转型，亟须在不断的探索中反省试错并汲取经验，以期获得最优结果。限于样本基数与研究条件，本文的田野调查结论可能在描绘家事法庭试点全貌上存在偏差。但作为一个尝试性经验研究，管中窥豹有其必要性。本课题组今后将继续关注家事审判制度的改革，并扩大样本基数，为我国家事审判的改革提供更多可以参考的样本和资料。

广东法院家事审判制度改革的实证分析

■ 崔拓寰*

摘要:广东法院家事审判改革从 2010 年启动至今已有 6 年,取得了较大的成绩,积累了宝贵的经验。试点法院对家事审判存在的问题进行了梳理,并对构建家事诉讼程序作了有益的探索。我国应当制定体现家事诉讼的特点的家事诉讼特别程序法,实现家事审判的科学化和专业化。为此,有必要研究家事审判实务中存在的具体问题并探索解决问题的对策,以实现家事诉讼立法与司法的良性互动。

关键词:家事纠纷;家事审判;家事诉讼;家事程序

一、广东法院家事审判改革的总体情况①

广东省高级人民法院(以下简称广东高院)于 2010 年年初启动全省法院家事审判改革。改革分为两个阶段:第一个阶段是家事审判合议庭试点以及推广时期,历时五年(2010 年至 2014 年),主要任务是打造专业化家事审判队伍,探索符合家事审判机制运行规律的诉讼制度和规则,是家事审判改革的奠基时期;第二个阶段是家事审判程序改革时期,预计两年完成(2015 年至 2016 年),主要目标是解决家事审判特别程序的规则制定和制度建立,在情感类及身份类纠纷解决机制上创出一条区别于财产类纠纷的不同路径,推动我国制定具有中国特色的家事诉讼程序法。广东法院完成了第一个阶段的家事审判合议庭试点及推广任务,正在稳步推进第二个阶段的家事审判程序改革工作。

---

* 作者系澳门科技大学法学院诉讼法博士研究生,广东省珠海市中级人民法院法官。

① 本部分参考了广东省高级人民法院:《创新家事审判模式,促进家庭社会和谐——广东省高级人民法院关于推行家事审判改革试点工作的调研报告》(2013 年 3 月)。

（一）2010年至2014年：家事审判合议庭试点及推广时期

广东高院与省妇联于2010年3月联合启动家事审判合议庭试点工作，在6家基层法院和1家中级法院设立家事审判合议庭。① 广东高院下发了《家事审判合议庭工作规范指引》《人身安全保护裁定适用指引》，确定了家事审判合议庭的受案范围，确立了家事审判和试行人身安全保护裁定制度的基本原则。鼓励各试点法院大胆创新，先行先试。2011年7月，广东高院将试点法院由7个增加到15个，②试点受案范围由10类增加到13类。2013年1月，广东高院制订了《广东法院家事审判工作规程（试行）》，正式在全省法院推行家事审判改革。

对于家事审判试点改革，广东法院着重做了以下工作：(1)健全组织，打造复合型家事法官队伍。(2)建章立制，开展家事审判规范化建设。(3)狠抓调研，形成多项重要调研成果。(4)因案施调，建立家事案件调解新模式。(5)加强宣传，发挥司法宣传的隐性司法功能。(6)注重培训，提升家事法官职业素养。(7)定期交流，建设家事审判信息共享平台。(8)强化协作，建立社会参与长效机制。

各试点法院进行了制度创新，在多个方面取得了突破：(1)探索符合家事案件特点的证据规则。例如，针对家庭暴力案件，降低证明标准，合理分配举证责任；加大法院对财产情况依职权调查取证的力度，并将未成年人及不愿作证的目击证人所作证言纳入法院依申请调查取证的范围；针对大多数家事案件当事人是弱势群体且诉讼能力偏低，在不违背法律规定的原则下加大释明力度。(2)探索适应家事纠纷案件特性的审理制度。如试行诉前家庭财产申报制度、家事案件不公开审理制度、当事人亲自到庭制度。(3)探索、完善人身安全保护制度。(4)探索家事纠纷案件判后司法延伸服务。③

试点期间，试点法院家事案件审理呈现出"两高两低"的良好态势（结案率和调解撤诉率大幅提升，上诉率和发回改判率显著降低），试点期间每年结案率都保持在90%以上，平均调解撤诉率达到70%，平均上诉率不到10%。其中，人

---

① 首批试点法院包括：中山市中级人民法院（以下简称中山中院）、广州市黄埔区人民法院（以下简称黄埔法院）、珠海市香洲区人民法院（以下简称香洲法院）、中山市第一人民法院（以下简称中山第一法院）、中山市第二人民法院、佛山市顺德区人民法院、东莞市第二人民法院（以下简称东莞第二法院）。

② 第二批试点法院包括：广州市白云区人民法院、深圳市龙岗区人民法院（以下简称龙岗法院）、汕头市金平区人民法院、兴宁市人民法院、丰顺县人民法院、惠州市惠城区人民法院、江门市台山区人民法院、肇庆市端州区人民法院。

③ 谭玲等：《创新审判模式，促进家庭和谐——广东高院关于家事审判合议庭试点工作的调研报告》，载《人民法院报》2011年6月16日第8版。

身安全保护裁定制度作为行为保全制度之一,被 2012 年新修订的《民事诉讼法》所吸收,也为《反家庭暴力法》确立"人身安全保护令"制度提供了宝贵的经验。

(二)2015 年至今:家事审判程序改革时期

尽管广东家事审判改革取得了突破,由于我国尚无单独的家事诉讼程序,家事诉讼遵循传统的民事诉讼制度,导致广东法院的各项改革举措呈现碎片化特征,体系性不强,有的改革措施受现行法律制度的制约,难以取得重大的革命性突破。深入探索家事审判程序改革,是进一步深化家事审判专业化改革的必由之路。广东高院于 2015 年年初正式开始家事审判程序改革,并确定黄埔法院、深圳市宝安区人民法院(以下简称宝安法院)、深圳市罗湖区人民法院(以下简称罗湖法院)、珠海香洲法院和东莞第二法院为家事审判程序改革试点法院。2016年 4 月,最高人民法院确定 100 家法院为全国家事审判方式和工作机制改革试点法院,其中包括深圳宝安法院、中山第一法院、珠海香洲法院和东莞第二法院。①

二、现行家事审判制度存在的问题分析②

(一)缺乏专门的家事审判组织

我国目前没有设置家事法院,绝大部分法院缺乏专门的家事审判机构。在全国范围内,除了有条件的试点法院设立家事审判合议庭或者家事审判庭之外,大部分法院没有专门的家事审判组织。以广东省为例,目前仅有广州市中级人民法院成立了少年家事审判庭,深圳宝安法院、深圳罗湖法院、湛江市坡头区人民法院和东莞第二法院成立家事审判庭,其他法院均未设立家事审判庭。多数法院尚未成立家事审判庭或家事合议庭,法官在审理一般民事诉讼案件的同时兼顾审理家事案件。此外,法律法规并没有明确从事家事审判法官的选拔条件,不少家事审判法官缺乏足够的社会生活经验与阅历。

(二)家事案件调解制度不规范

据问卷调查,高达 69.12% 的当事人希望通过调解解决家事纠纷,只有

---

① 最高人民法院:《关于在部分法院开展家事审判方式和工作机制改革试点工作的通知》(法〔2016〕129 号文)。

② 此部分内容参考了珠海市香洲区人民法院:《关于家事案件程序制度的调研(以广东省试点法院改革为视角)》(2016 年 4 月)。

30.88%的当事人希望法院判决。家事案件调解对于解决家事纠纷发挥了重要的作用,但仍存在一些不足,主要表现在以下方面:

1.法院调解与诉讼外调解之间的衔接不畅。这是法院调解与非诉讼调解组织相分离造成的。非诉讼调解组织一般是以妇联、乡镇政府(街道办)、居委会(村委会)为主,因家庭纠纷具有私密性,通常是应当事人的请求介入,调解积极性不高,且调解人员多以年长女性为主,缺乏相应专业知识,故调解效果不尽如人意。此外,有些家事纠纷经妇联、村委会(居委会)等调解后,由于调解协议缺乏强制力导致反复调解,或是调解不成后,法院又进行调解,形成重复调解,二者无法有效衔接。

2.未明确规定家事案件应当调解的制度。《婚姻法》仅规定人民法院审理离婚案件应当进行调解,忽略了其他类型家事案件调解的必要性。

3."调审不分"负面影响多。其一,受到职权主义影响,家事法官既是调解者又是裁决者的双重身份常常让调解流于形式;其二,实务中存在着"以判压调"等强制调解的现象;其三,在"调审合一"的模式下,审判人员和调解人员这两种身份在法官的身上竞合,双重角色容易导致法官审判思路不统一,增加工作负担,甚至可能侵犯当事人的处分权;其四,调解人员素质参差不齐。

4.不尊重当事人有调解系统中的主体地位。在调解体系中缺乏对当事人权利的细化规定。民事诉讼法对法院调解没有确立处分权原则。如何充分保护当事人的自主处分权是调解制度的核心。

5.调解机制的建立健全缺乏必要的支持。调解需要必要的时间、资金、技术、人才、调解场所、专业知识等资源的支持。① 珠江三角洲地区不少基层法院案多人少的矛盾突出,部分基层法院审判庭的数量不能满足审判工作的需要,更没有专门的调解室,有时法官甚至在拥挤的法官办公室里或走廊上进行调解。

(三)未建立专门的适应家事审判需要的家事诉讼证据制度

我国目前尚未建立专门的家事案件证据制度,家事审判机械地照搬普通民事诉讼证据规则,导致家事审判的效果不尽如人意。

1.适用于普通民事纠纷的对抗主义、处分原则、辩论原则往往有效化解矛盾,达到恢复感情的目的。例如在认定家庭纠纷事实时,若双方当事人都未提出足够充分的证据,案件真实处于真伪不明状态。如法官不利用职权主动探知真实,只根据双方证据的证明力大小,采用盖然性优势理论认定事实,而不挖掘和

---

① 张伟:《家事纠纷解决机制的调查与研究》,载《河南财经政法大学学报》2012年第6期。

发现家事纷争背后隐藏的真正问题,可能审判效果并不好。在"谁主张、谁举证"的民事诉讼制度中,婚姻中处于弱势的一方当事人往往对夫妻共同财产情况缺乏了解或未能掌控,由于财产类型多样化以及财产容易隐蔽、转移等原因,当事人往往很难对对方财产状况进行充分举证。在家事案件证据制度中机械地运用辩论主义不仅使法官丧失了客观考虑家庭问题的基础,有时不能真正解决好问题,修复家庭成员之间的关系,有时忽略了对整个家庭利益及家庭中弱者利益的保护。尽管司法解释规定通常诉讼程序中的自认规则不适用身份关系诉讼,但还有部分内容没有规定或者规定不够明确,需要在家事诉讼规则中进一步明确和完善。

2.法院调查取证难度大。当事人日益增长的调查取证需求与审判资源的有限供给之间形成巨大的矛盾。当事人往往未能提供有效线索,法院调查工作难以顺利开展,调查取证效果不理想,增加了法院的工作量,另外,审限制度决定了法院不可能耗尽司法资源无期限地为弱势一方当事人调查财产。况且,调查取证内容往往存在私隐性,不容易获取。试点法院尝试委托第三方社会组织进行家事调查确有助于缓解法官办案压力,但实践中尚无法做到调查普遍化;由于缺乏相关的调查规范指引,调查人员调查事实存有偏差、调查时间过长或者直接无视法官的指引对家事案件进行主观评价,影响了案件的审理质量。

(四)家庭暴力案件处理力度偏弱

家庭暴力问题未得到足够的重视。据《广东省妇联系统 2015 年维权投诉(信访)概况》分析报告显示,广东省县级以上妇联共受理信访投诉 27048 件次。婚姻家庭权益仍是广东妇女反映的主要问题,共 17883 件次,占 66.1%,其中家庭暴力投诉 3724 件,占婚姻家庭权益类的 20.8%,占总信访量的 13.7%。究其原因,在于传统的社会观念、不完备的法律体系、各部门之间缺乏协调机制等问题的困扰。我国在防治家庭暴力方面的法律较为滞后。2012 年修订的《民事诉讼法》增加了"行为保全"内容。2016 年 3 月 1 日,《反家庭暴力法》正式施行,其中人身安全保护令制度是一大亮点。实践中家庭暴力案件的审理存在困难:一方面,家庭暴力有着隐蔽性的特点,加之当事人法律意识普遍比较薄弱、对施暴人存在恐惧心理等,在发生家暴事件时,受害人往往不能够及时固定证据,搜集证据能力不强,使法官难以准确判断家庭暴力是否存在;另一方面,各部门之间的配合有待加强,如果配合不好很可能导致人身安全保护令执行难。如《反家庭暴力法》第 32 条规定人身安全保护令由人民法院执行,公安机关以及居民委员会、村民委员会等应当协助执行,由于该规定较为原则和笼统,实践中难以操作。家事审判的长效协作机制不畅通,主要原因是缺乏行之有效的操作规范,缺乏更高级别的立法及机构进行统筹,同时缺乏经费的保障。① 公安机关等相关部门的热情不高,甚至有些涉家暴案件被当作一般夫妻矛盾处理。即使是像"远离令""迁出令""暂定财产使用权"这样的创新举措都有可能会面临执行不力、举证困难等法律困境。

(五)家事判决执行难

家事判决执行问题主要体现在子女探视权的执行上。探视权的执行困难集中在探视权的执行标的难以确定、探视权的强制执行措施有限以及执行的持续性问题等事宜上。② 家事案件判决执行难的主要原因包括:被执行人不配合、案外人阻挠、被探望的子女不配合、法院执行力量有限、探望权的中止执行情形难以界定、终结执行程序的标准难以确定、被执行人拒绝执行的法律制裁措施不完善。③

(六)社会辅助力量参与家事纠纷解决不到位

妥善解决家事纠纷,仅靠法院一家的力量不能顺利完成,必须借助于包括妇联、社区、公安、民政等在内的有关组织的力量,建立统一的长效协作机制。不少法院逐步加大与相关部门、专业组织合作的力度,如对家暴案件当事人进行心理疏导,与基层派出所、社区警务室建立定期沟通制度,建立妇女、儿童保护中心等。但事实上,这些合作是个别、零散、自发的,许多法院尚未建立相应的联动工作机制。

三、试点法院关于家事案件程序的探索

家庭关系的特殊性不仅在实体法上有所体现,在程序法上单独设计解决该类纠纷的特别程序也很有必要。因此,广东试点法院尝试采用特殊的程序处理家事纠纷,这一探索已初见成效。

(一)创新调解形式,探索契合家事审判特点的调解模式

各试点法院在审判过程中,采用"劝、批、谈、教"相结合的模式,具体做法如

---

① 厦门市海沧区人民法院调研组:《关于创新家事审判工作的调研报告——以海沧法院为样本》,载齐树洁主编:《东南司法评论》(2015 年卷),厦门大学出版社 2015 年版。

② 齐树洁、邹郁卓:《我国家事诉讼特别程序的构建》,载《厦门大学学报》2014 年第 2 期。

③ 陈爱武:《人事诉讼程序研究》,法律出版社 2008 年版,第 239~243 页。

下：(1)引入诉前调解。从社区、妇联等单位选聘生活阅历丰富、善于做群众工作的特邀调解员参与家事案件的诉前调解。除被告缺席无法调解的案件外,尽可能开展调解前置工作。[①] (2)设立专门的家事调解队伍,切实推动家事案件调解组织建设。(3)劝离与劝和相结合,创新调解方式。原告要求离婚而被告请求给予一次和好机会的,创造性地适用"当事人同意在六个月内暂不离婚"的调解模式。(4)不局限于当事人的诉讼请求。(5)以家庭(族)会议促调解。

(二)更加注重当事人隐私及未成年人权益保护,创建特定的审理制度

1.试行家事案件不公开审理制度。中山市两级法院试行家事案件不公开审理制度,除非当事人申请,家事案件一般不公开开庭审理。为防止不公开审理的神秘主义倾向,审判程序对当事人保持高度公开,充分保证当事人的各项程序性权利。

2.试行当事人亲自到庭制度。《民事诉讼法》规定离婚案件当事人有诉讼代理人的,本人除不能表达意志的以外,仍应出庭,确因特殊情况无法出庭的,必须向人民法院递交书面意见。但试点法院要求当事人亲自到庭,并不局限于离婚案件,将适用范围扩大至多数家事案件。中山中院审理的当事人亲自出庭的家事案件调解率高,达到80%以上的事实证明,家事案件当事人亲自到庭制度更符合家事案件审判规律,更有利于家事纠纷的解决。

3.试行"大陪审"合议制,使公众评判标准在家事案件合议中更有分量。尝试"1+4""2+3"大陪审合议庭,即由1名法官加4名陪审员或2名法官加3名陪审员组成大合议庭,来审理一些伦理性较强、双方分歧较大的家事案件。

4.注重家事案件中未成年人权益的保护。在审理方式、调查取证、裁决结果中坚持贯彻儿童利益最大化原则,如在抚养权案件中慎重选择询问地点、询问方式及陪同人员;在离婚案件中对子女抚养互相推诿,未尽妥善安排的判决不准离婚;限制酗酒实施家暴一方的探视权等。香洲法院设立了儿童观察暨托管室,作为对儿童进行询问专门场所;法官可以通过在墙上安装的单面镜观察亲子互动情形,了解小孩的真实需求,作为判决抚养权的参考;并为有需要的受害人提供出庭时的儿童托管服务。同时安装视频监控,确保被托管儿童的安全。

(三)根据当事人之间的身份关系特点,创建家事审判证据规则

家事审判中仅依靠"谁主张,谁举证"的举证责任分配原则,难以查明离婚原

---

① 如香洲法院2015年以来将189宗家事纠纷引入诉前调解程序,成功调解102宗。

因、夫妻共同财产范围及家庭暴力事实等私密性、隐蔽性较强的关键事实。广东省试点法院在探索家事案件证据规则方面,有如下亮点:(1)扩大法院依职权进行调查取证的范围。(2)加大释明力度。家事审判合议庭在审理案件的过程中,加大释明力度,在不违背法律的前提下,遇有当事人诉讼请求不明确,需要申请法院依职权调查收集证据,符合申请人身安全保护裁定的当事人不及时申请等情形时,口头告知当事人相关权利及其行使条件,向举证能力较低的当事人释明具体需要证明的对象。(3)试行诉前家庭财产申报制度。东莞第二法院创设诉前家事案件财产申报制度,制作家事案件财产申报表供当事人在正式开庭前填写,明确当事人不准确申报相关财产应承担的诉讼风险,固定庭审争议财产范围,有效提高办案效率。中山第一法院、汕头龙湖法院也已推行类似的制度①。(4)针对家庭暴力案件,降低证明标准,合理分配举证责任。

(四)探索建立"人身安全保护裁定"制度,为《反家庭暴力法》立法提供智力和经验支持

广东试点法院结合实际情况,采取签发人身安全保护裁定的新举措,有力保障了受害人人身安全,并进行了诸多创新:分类申请,注重细节;证据种类齐全、形式灵活;创新送达方式。试点法院确立了人身安全保护裁定的三个新理念:(1)坚持周密保护原则,向施暴人发出远离令;(2)坚持有效保护原则,对受害人个人信息采取保密措施;(3)坚持谨慎签发原则,力争个案当事人利益最大化。②香洲法院在全国率先试行人身安全保护裁定制度,是全国签发人身安全保护裁定最多、保护措施种类最齐全的试点法院。人身安全保护裁定对制止家庭暴力作用明显,保护了家庭暴力受害人的正常生活,社会效果很好,其经验被《反家庭

---

① 法院受理离婚、同居析产等民事案件后,根据当事人的申请或依职权,由法院通知申报义务人在法院指定期限内申报财产情况,若申报义务人逾期不申报或不实申报,应承担相应的法律责任。同时,汕头市龙湖区法院还在制度中对申报财产主体、申报财产类型、申报财产的方式及期限作了详细的规定。

② 广东省高级人民法院民一庭课题组:《广东省高级人民法院关于深入推进家事审判合议庭试点工作的调研报告》(2012 年 3 月)。

暴力法》所吸收。①

(五)提升家事审判质量,探索建立社会联动机制

1.借助专业机构力量,为当事人提供心理疏导服务。香洲法院通过社会购买服务成立的未成年人心理工作室,让心理专家对施暴人进行心理干预和行为矫治,对受暴人、儿童进行心理疏导;黄埔法院引入心理疏导机制,在专业机构的协助下,由执业心理医生进行心理干预,帮助当事人解除心理障碍。佛山市顺德区法院家事审判延伸服务做得好,借助当地社会工作部和妇联组织,在家事审判中引入心理疏导机制,还为部分当事人提供诉讼后的社会帮扶。

2.积极与妇联、公安、司法、民政等部门协调沟通,实现家事案件的综合治理。宝安法院2013年正式成立家事审判庭,创建了由法院主导,公安、司法、民政、妇联等部门共同参与的家事纠纷综合解决机制。

3.尝试家事调查制度。家事审判法官十分需要具有其他专业知识人士的帮助,共同处理家事案件。香洲法院2016年年初依托珠海市儿童保护协会的资源优势,在审理一宗双方当事人争夺未成年人抚养权的离婚案件中,引入家事调查机制辅助办案。即由法官委托心理专家对当事人的抚养能力、生活状况、未成年人成长经历及意愿等进行评估,心理专家向法官出具调查报告,供法官参考,对审判决策提供帮助。

4.建立了登记离婚协议司法确认机制。广州黄埔法院建立了这一机制。

---

① 香洲法院于2009年5月发出首份保护令,2012年2月发出全国首份"远离令",引起社会的广泛关注,被认为是对推进反家暴立法具有重要意义的典型案件。截至2016年1月,香洲法院共发出人身安全保护裁定129份,包括"远离令""迁出令""暂定夫妻共同财产使用权令"。"远离令"规定,禁止被申请人在申请人现居住地100米范围内活动,如果被申请人违反"远离令",出现在特定区域对受害人造成骚扰,受害人可以通过收集证人证言、拍照录像等方式留下证据,法院可以视被申请人违反情节轻重对其采取罚款、拘留等强制措施。"迁出令"限令施暴男子15日内从双方居住的房屋搬出,保障女方享有安全居住空间。"暂定夫妻共同财产使用权令"在双方离婚诉讼期间暂时确定共同财产由谁使用,使得施暴方不能以需使用共同财产为由不断骚扰受害人。经回访申请人得知,被申请人在接到裁定后均停止暴力,裁定有效期内无一违反。上述裁定都在一定程度上震慑了家暴实施者,使受害者摆脱施暴人的纠缠,有效保护了受害妇女的人身安全。

四、关于构建我国家事诉讼特别程序的设想

（一）我国应当建立独立的家事诉讼特别程序

婚姻家庭的伦理性、身份关系的本源性、争议标的的公益性、情感纠葛的根源性、表现形式的私密性和处理结果的面向未来性等特质，决定了家事纠纷有别于普通民事纠纷。[①] 最高人民法院文件指出，应树立家庭本位的裁判理念，发挥家事审判的诊断、修复、治疗作用；适应家事案件特点，全面保护当事人的身份利益、财产利益、人格利益、安全利益和情感利益。[②] 家事诉讼的特殊性，决定了我国应建立符合家事审判实际的家事诉讼特别程序。

家事诉讼特别程序立法大致有两种模式：第一种是在《民事诉讼法》中增加一章专门规定家事诉讼程序；第二种是制定《家事诉讼特别程序法》，通过制定一部单行法律来规范家事诉讼。[③]

笔者倾向于第二种方案，理由如下：其一，家事案件特别程序包括家事诉讼程序、家事非讼程序和家事裁判执行程序。如果规定在民事诉讼法中，无论专章规定，还是分别规定在诉讼程序、特别程序和执行程序中，都可能由于内容冗长，体系杂乱，查找不易。其二，家事诉讼程序属于特别程序，《海事诉讼特别程序法》的成功立法，以及日本《人事诉讼法》、德国《家事事件及非讼事件程序法》、韩国《家事诉讼法》及我国台湾地区"家事事件法"的成功立法，表明制定家事诉讼特别程序法是可行的。其三，单独设立与普通民事诉讼程序的立法宗旨和立法技术不同的家事诉讼程序，可以体现家事争议价值及家事身份关系诉讼的特殊性。[④] 其四，家事诉讼程序理论研究不成熟，家事诉讼程序可能频繁修改，如果规定在《民事诉讼法》中，可能破坏民事诉讼立法的稳定性。其五，修改《家事诉

[①] 王道强：《家事纠纷区别于普通民事纠纷之特质分析》，载《人民法院报》2016 年 1 月 27 日第 7 版。

[②] 《最高人民法院关于开展家事审判方式和工作机制改革试点工作的意见》（法[2006] 128 号文）。

[③] 以张晓茹为代表的学者主张制定独立的家事审判法。参见张晓茹：《家事裁判制度研究》，中国法制出版社 2011 年版，第 70 页。以滕威为代表的学者则主张将家事诉讼程序置于《民事诉讼法》中单独成章。参见滕威：《对我国设立家事诉讼程序制度的宏观思考》，载《金陵法律评论》2010 年春季卷。

[④] 齐树洁、邹郁卓：《我国家事诉讼特别程序的构建》，载《厦门大学学报》2014 年第 2 期。

讼特别程序法》比修改《民事诉讼法》更加灵活简便,家事诉讼单独立法更能适应家事诉讼的发展需要。

(二)明确界定家事案件的范围

对家事案件内涵和外延的科学定位是构建家事诉讼程序的基础。《最高人民法院关于开展家事审判方式和工作机制改革试点工作的意见》称,家事案件是指确定身份关系的案件及基于身份关系而产生的家庭纠纷,主要案件类型如下:(1)婚姻案件及其附带案件,包括离婚、婚姻无效、婚姻撤销等,附带案件包括监护权、子女抚养费、离婚后财产分割等;(2)抚养、扶养及赡养纠纷案件;(3)亲子关系案件;(4)收养关系纠纷案件;(5)同居关系纠纷案件;(6)继承和分家析产纠纷案件。而广东高院确定的家事案件包括:(1)离婚纠纷;(2)婚姻无效纠纷;(3)撤销婚姻纠纷;(4)家庭成员间损害赔偿纠纷;(5)抚养、扶养、赡养纠纷;(6)监护权、探望权纠纷;(7)同居关系析产、子女抚养纠纷;(8)收养关系纠纷;(9)确认亲子关系纠纷;(10)分家析产纠纷;(11)离婚后财产纠纷;(12)法定继承纠纷;(13)遗嘱继承纠纷。

显然,家事案件远远不限于上述纠纷,仅台湾地区"家事事件法"第3条列举的家事事件案件类型就多达40种。科学界定家事案件的范围意义重大。通过列举加概括式的立法体例来界定家事案件的范围,可能是理想的模式。台湾地区"家事事件法"第3条将家事案件区分为甲、乙、丙、丁、戊类及其他应由法院处理之家事案件,详细列举每一类事件的案件类型并以概括式立法兜底。这种家事事件分类立法有可资借鉴之处。

(三)构建家事案件程序制度应遵循的特别原则

1.以不公开审理为原则

家事案件涉及当事人的私密事项,为保护个人隐私和名誉、发现真实以及有利于家庭纠纷的解决,家事案件应采取不公开开庭审理原则。但当事人均同意且不妨碍公序良俗的,或经有法律上利害关系第三人的申请,或法律另有规定的,审判长或独任法官应准许旁听。

2.辩论主义和处分原则的适当限制

家事审判制度的改革要转变机械地遵循辩论主义和处分原则的财产纠纷审判思路,根据家事诉讼对法官职权干预的特殊需求,强化法官的职权探知、自由裁量和对当事人处分权的适当干预。①

3.本人到场义务

家事案件的起因多与家庭成员的纠纷有关,往往包含很大的情感因素,案件当事人本人亲自到场,陈述事件经过,有利于法官掌握案情,妥当裁判,还有助于当事人消除误会,恢复感情,圆满解决纠纷。因身份行为具有不可替代性,应规定当事人本人到场。

4.诉的合并

基于身份关系纠纷可能产生诸多纠纷,若法律不规定实行合并审理,不但不能迅速平定纷争中支离破碎的婚姻家庭关系,而且多次起诉容易产生各法院之间矛盾的判决,造成当事人的讼累。台湾学者认为,就同一婚姻多次发生诉讼于公益有害。法律为一并解决当事人与婚姻有关之诉,其诉之合并、变更、追加、反诉不受通常诉讼程序之拘束,设有特别规定。根据家事案件的特点,身份关系案件、与身份关系相关联的财产案件及与身份关系有关的同类事件,不论原告、被告还是第三人实施诉的合并,也不论是在诉讼的哪个阶段实施,法院都应予以准许。

5.未成年人利益保护

联合国《儿童权利公约》将儿童利益最大原则确定为基本原则,家事立法应明确规定该原则。在裁判涉及未成年子女利益案件时,应当依据子女的年龄及识别能力等身心状况,以适当的方式和时间让其表达意愿,必要时得通知社会工作人员陪同在场,并注意保护隐私及安全;父母的行为与未成年子女的利益相反,依法不得代理时,法院得依相关人员申请或依职权,为子女选任特别代理人;对双方当事人均拒绝直接抚养子女的离婚案件,经释明双方仍拒绝直接抚养的,判决不准离婚。台湾地区"家事事件法"对未成年子女利益的保护,体现在调解、社工陪同、访视调查、尊重表意权、选任程序监理人及特别代理人六个方面②,值得我们参考借鉴。

6.设立家事诉讼中的诉讼中止制度

在德国家事诉讼程序中,出于妥善解决事件的必要,法院可以依职权中止诉讼。在离婚诉讼中,若法院认为该婚姻有存续的希望,可基于自由心证依职权中止诉讼。诉讼中止制度能够延缓当事人的决定,尽量维持有存续希望的婚姻。

---

① 杜万华:《积极探索家事审判工作体制机制改革,切实维护婚姻家庭稳定与社会和谐——在部分法院家事审判改革工作座谈会上的讲话》(2015年12月3日)。

② 李太正:《家事事件法之理论与实务》,台湾元照出版有限公司2015年第2版,第122~123页。

立法应当对于家事诉讼案件可以诉讼中止的情形予以进一步细化。①

7.创设特殊的不同于一般民事诉讼的家事诉讼法律术语

美国纽约州家事法院考虑到家事纠纷特殊的社会属性及其修复性目的,探索发明了一套专门适用于家事诉讼程序的法律术语。如家事诉讼程序的"原告"改称"诉请者","被告"改称"应答者",审理过程不存在"开庭审理",而是"查明事实听证会"。② 司法实践中部分法院在离婚案件开庭中,在当事人座席上不摆放"原告""被告"等通常民事案件表明当事人地位的名牌,代之以"丈夫""妻子"等表明家庭内身份的名牌,营造和谐气氛,效果良好。学者指出,审理家事案件应当遵循职权主义、职权探知、实体真实、不公开审理、调解优先等原则。③

(四)设计家事案件证据规则的特别规定

1.合理分配举证责任

家事案件的特点要求审理此类案件时,除适用"谁主张、谁举证"的一般举证责任分配原则外,还应当合理分配举证责任。

2.适当扩大法院依职权调查证据的范围

为了满足家事案件对真实的极致追求,有必要突破对当事人诉权之约束,扩大法院依职权调查证据的范围。对于重要的案件事实,在当事人难以举证的情况下,法院应当按照当事人提供的线索,依职权向有关单位调查取证,或者通过走访群众更好地查清事实。④ 特别是对于涉及家庭暴力案件、可能危害未成年子女利益的案件、涉及身份关系的案件,当事人自认及没有争执的事实与事实显然不符的,或者其他可能导致显失公平的情形时,法官应依职权调查证据。

3.建立家事调查制度

为了使法官从繁重的调查取证工作中解脱出来从而专心于案件的审理,促使其积极、客观、中立地依职权介入当事人的证据调查过程,发现客观真实,可以借鉴台湾地区及日本的做法,探索建立家事调查员制度。台湾地区"家事事件法"第18条规定:"审判长或法官得依声请或依职权命家事调查官就特定事项调查事实。家事调查官为前项之调查研究,应提出报告。"

法院可以配备家事调查员,家事调查员的来源可以由法院聘请社工、社会团

---

① 曹慧婷:《德国家事事件非讼化的发展及其启示》,载《人民法院报》2016 年 6 月 17 日第 8 版。

② 齐玎:《美国纽约州家事审判制度的新发展》,载《人民法院报》2016 年 5 月 27 日第 8 版。

③ 胡夏冰:《打开家事审判程序之门》,载《人民法院报》2015 年 11 月 27 日第 2 版。

④ 沈德咏:《在部分法院家事审判方式和工作机制改革试点工作视频会议上的讲话》(2016 年 5 月 11 日)。

体工作人员,也可以通过政府向社会购买服务来实现。家事法官依申请或者依职权委托家事调查员调查事实。家事调查员应就特定事项调查事实,并应调查事件当事人或者关系人的性格、经历、身心状况、家庭情形、财产状况、社会文化、教育程度、监护能力、有无犯罪记录及其他必要事项,提出报告以帮助法院查清事实。

4.确立家事案件财产申报制度

不少试点法院开始在共同财产分割案件中实行财产申报制度。当事人最清楚自己的财产状况,由当事人自己申报其财产是最有效的举证方式,能够全面查实当事人的财产状况,一次性确定夫妻共同财产的范围。具体内容包括:明确财产申报案件类型、主体和财产种类;科学规范财产申报程序;规定逾期申报财产或申报不实的法律后果。

五、关于完善家事诉讼的几点建议

(一)关于家事审判机构和家事审判队伍专业化

1.家事审判机构专业化

鉴于家事诉讼案件的特殊性,许多国家设立了专门审理家事诉讼案件的家事法院或家事法庭。短期之内,我国可以在大部分法院设置家事审判庭,或将现有的民事审判第一庭改为家事审判庭,由专门法官负责家事审判。经过一段时间的经验积累,在将来条件成熟时设立家事法院。

有学者认为,我国设立家事法院具有法律依据、实践基础、理论准备,有域外资源可资借鉴,不会给财政带来太大的压力。我国设立家事法院是必要的和可行的,学者设想家事法院设立的远期目标是在我国建立全国统一的、综合性的家事法院,中期目标是在一些大中城市进行家事法院试点,近期规划是组建相对独立的家事法庭或家事合议庭。[①]

2.家事审判队伍的专业化

我国目前对于家事审判法官的选任与其他普通法官一样,没有体现家事审判的特殊需要。美国纽约州《家事法院法》规定家事法院法官候选人的任职资格,要求法官候选人必须在本州从事法律工作 10 年以上,并具备丰富的实践经

---

① 陈爱武:《家事法院制度研究》,北京大学出版社 2010 年版,第 154～173 页。

验和较高的专业水平。① 我国可借鉴外国的经验,规定家事法官除了应具备普通民事法官的条件外,还应具有一定年限的审判经验,已婚并且具有一定的心理学、社会学知识。

(二)重整家事调解制度

1.形成非讼与诉讼调解的有效衔接,建立健全"调审分离"的家事调解模式

(1)经相关社会组织调解达成调解协议的家事纠纷,双方当事人要求制作调解书的,法院应立案受理。

(2)将调解作为普通家事诉讼的前置程序,施行"先调后诉"。可以先行尝试在法院内设置专门的家事调解机构。调解机构成员由审判员和家事调解员两部分人组成,调解机构审判员的职责是参与并主持具体案件的调解,但只具有调解人的身份,不能享有裁判权,并对调解员进行宏观指导。对调解不成的案件不能再由同一个法官审判。这样就避免了调解人员与审判人员身份上的重合,可以避免"调审合一""以判压调",有效提高调解成功率。

2.建设专业化、现代化、职业化的家事调解队伍

台湾地区"法院设置家事调解委员办法"对于家事调解委员的资格条件、不得聘任为家事调解委员的情形、调解委员的职责、任免和报酬等,作了详细的规定。② 美国纽约州部分家事法院从本州经验丰富的执业律师和退休法官中选任专职调解员和司法听证官。我国也可以吸纳具备法律知识和调解经验的人员作为家事调解员,不断扩大调解人员选拔的渠道,完善家事调解员的准入机制和遴选资格及考核程序。

3.细化家事案件调解流程与程序规则

(1)完善庭前、庭审和庭后调解模式。(2)规范调解内容。加强调解工作的灵活性,创设多种调解模式,如"当事人同意在 6 个月内暂不离婚"。调解不局限于当事人的诉讼请求,在不违背法律强制性规定的前提下,探索实行双方当事人同意就一并调解的方式。(3)家事调解不公开进行,调解场所一般是在法院,但因特殊情况,可在其他适当场所进行调解。(4)调解员对其在主持调解中获知的信息、资料等负有保密义务。

4.建立有别于一般民事调解的家事调解制度

为此,有必要由最高人民法院制定《家事案件调解规程》,规定调解的基本程序、时限及调解的效力。法院应有效地利用社会资源促进调解,综合利用多种知

---

① 齐玎:《美国纽约州家事审判制度的新发展》,载《人民法院报》2016 年 5 月 27 日第8 版。

② 姜世明:《家事事件法论》,台湾元照出版有限公司 2014 年第 3 版,第 115~118 页。

识进行调解，创立临床调解学。①

5.明确家事调解的法律效力及救济途径

就离婚、终止收养关系、分割财产或其他的处分事项的家事案件调解，经当事人合意并记载于调解笔录时成立。现行的法律缺乏对法院调解的救济途径，当事人除拒签或拒收调解书外，只能通过再审方式获得救济。立法应规定对有证据证明违反法定诉讼程序，调解协议的内容违反实体法律和行政法规的规定，有证据证明调解协议的达成存在胁迫、欺诈、乘人之危的情况，有证据证明调解协议存在显失公平或者重大误解的情形，当事人可提出撤销调解协议之诉。

6.政府提供经费保障和支持

政府可在资金、专业培训、机构与人员编制、政策制定与配套措施等方面给予家事调解大力扶持。

(三)完善反家庭暴力人身保护令制度

《反家庭暴力法》的相关规定较为原则，有必要进一步细化，应当细化保护令申请程序和审查标准，增加人身保护令的种类，增强法律的可操作性。有学者借鉴英国等域外立法，提出保护令包括互不妨害令、占有令、禁止骚扰令、儿童评估令、儿童紧急保护令等制度。② 此外，还应推动建立反家庭暴力整体防治网络。法院与公安、司法、民政等部门建立常态化协作机制，形成确保人身安全保护令有效执行的合力，实现民事诉讼强制措施和治安管理处罚措施的无障碍对接。对于家庭暴力案件的审理，应适当降低证明标准，合理分配举证责任，建立人身安全保护听证制度和保护期内监督制度。

(四)适当放宽家事案件审理期限及尝试实行"离婚冷静期"

人民法院审理家事案件，要转变单纯强调审限内结案，忽视矛盾纠纷化解的审判理念，适当放宽家事案件审理期限，为彻底化解家庭纠纷和修复家庭成员心理创伤提供条件。对于争议财产较多、矛盾较深、当事人情绪激烈的家事案件，可适当放宽审理期限。对于离婚案件，经当事人同意可以设置一定的"冷静期"，防止冲动离婚。冷静期不计入审限。③

---

① 张晓茹:《家事裁判制度研究》,中国法制出版社2011年版,第127～128页。
② 蒋月:《20世纪婚姻家庭法:从传统到现代化》,中国社会科学出版社2015年版,第539～544页。
③ 杜万华:《积极探索家事审判工作体制机制改革,切实维护婚姻家庭稳定与社会和谐——在部分法院家事审判改革工作座谈会上的讲话》(2015年12月3日)。

(五)破解家事判决执行难

1.坚持强制执行和说服教育相结合的原则。在家事判决执行中,坚持该原则有利于当事人认识错误,主动履行义务;也有利于提高执行效率,节约执行成本。

2.借鉴日本法律的规定,建立"履行确保制度"。日本《人事诉讼法》中的"履行确保制度",包括"履行劝告""履行命令""金钱的委托"三项制度,[①]对于我国家事判决的执行有借鉴价值。

3.坚持子女利益最大化原则

应当明确探望权案件纠纷中子女利益最大化原则。在涉及探望执行纠纷的案件中,法官应综合考虑未成年子女年龄、意愿、执行的急迫性、执行方法的实效性、当事人与未成年子女间关系等因素,并征求年满 10 周岁的子女的意见,综合判断,合情、合理、合法地执行。

4.探索建立平和亲切的探望方式

我国台湾地区的少年与家事法院尝试在法院内部设置合适的探望场所,辅助一方行使探望权。在现阶段执行法官应加强调解工作,做好当事人的教育疏导,让当事人能够互谅互让,努力寻求一种平和亲切的探望方式。

5.严格执行探望权的中止和恢复规定

《婚姻法》及《最高人民法院关于适用〈中华人民共和国婚姻法〉若干问题的解释(一)》规定,父或母探望子女,不利于子女身心健康的,未成年子女、直接抚养子女的父或母及其他对未成年子女负担抚养、教育义务的法定监护人,有权向法院提出中止探望权的请求。如果未直接扶养未成年子女的一方存在对未成年子女进行不利于亲子关系的教育,或将夫妻间的仇视情绪传染给未成年子女等行为,法院在征询双方当事人意见后应裁定中止探望。中止探望的情形消失后,法院应当根据当事人的申请通知其恢复探望权的行使。

(六)加强社会联动机制,多元化解决家事纠纷

我们需进一步探索和完善家事审判多元化纠纷解决机制,利用诉前调解、诉中调解、委托调解等方式化解家事纠纷,积极动员社会力量参与家事纠纷处理,构建司法力量、行政力量和社会力量相结合的新型家事纠纷综合协调解决

---

① 陈爱武:《人事诉讼程序研究》,法律出版社 2008 年版,第 252 页;日本《人事诉讼法》第 38 条至第 40 条。

机制。①

1.鼓励地方政府联合有关部门设立专门的家事服务中心。该中心由妇联和居委会工作人员、社工、心理咨询师、医生、律师等专业人员组成。② 中心主要职责是调解婚姻矛盾和家庭纠纷;提供维权咨询服务;进行婚姻指导和心理疏导;维护家庭弱势群体的合法权益;接受法院的委托进行调解、陪同未成年子女或家庭暴力受害人出庭;开展法律咨询和婚姻风险的防范咨询等业务;帮助法院开展判后跟踪、回访及帮扶工作,帮助当事人获取修复或重建婚姻家庭关系的能力,促进家事纠纷的有效解决。

2.加强基层社会组织和机构的反家庭暴力宣传,提高受害者的法律意识,鼓励受害者依法维权。公安机关、检察机关和法院要协作配合,做好对违反保护令案件的立案、侦查、起诉和审判工作,形成合力,确保保护令真正发挥作用。

3.引入社工、学校、医疗救护单位等社会力量,参与家事判决的执行。如父、母双方矛盾激烈,直接抚养子女一方拒绝配合探望,法院可以考虑由未成年子女就读的学校协助执行探望。

---

① 杜万华:《积极探索家事审判工作体制机制改革,切实维护婚姻家庭稳定与社会和谐——在部分法院家事审判改革工作座谈会上的讲话》(2015年12月3日)。

② 2007年9月,江苏常州市钟楼区成立"婚姻家庭纠纷调解工作室",该工作室由婚姻家庭调解员、心理咨询员、律师、法官组成,主要职责是调解婚姻矛盾和家庭纠纷,提供维权咨询服务,进行婚姻指导和心理疏导。2009年10月,河南郑州市成立"女子调解工作室",工作室主要宗旨是解决问题家庭的婚姻矛盾。通过设立专门的家事纠纷调解中心等调解机构,为夫妻感情尚未完全破裂的矛盾夫妻进行心理疏导,分析婚姻问题产生的根源,促成这类夫妻重归于好。

东莞第二法院家事审判的实践与创新

■ 徐珍　黄琪*

摘要：家事案件的特殊性决定家事审判制度的革新势在必行。东莞市第二人民法院在审判实践中,积极探索建立专门化的家事审判程序以及专业化的家事审判机构,创设庭前财产申报制度、引入亲子关系报告制度的特殊审理机制,适用亲密伴侣负举证责任的特殊证明方式,致力打造"机构独立、人员专业、流程科学、配套齐全"的家事审判机制。其改革的实践对于我国构建统一的家事审判程序具有开拓的意义。

关键词：家事审判;家事纠纷;家事诉讼程序

家事审判的对象是涉及"人身性"与"财产性"的家事纠纷,与其他民商事纠纷相比,该类纠纷是一种需要专业性和专门性较强的纠纷。因为它不仅涉及家庭成员之间的身份关系纷争,即传统大陆法上独具特色的"人事诉讼",还涉及财产关系的争议;不仅涉及法律关系的变动,还可能创设新的法律关系;不仅涉及法律上的知识,还涉及心理学、社会学的知识。正因为如此,世界上很多国家和地区不仅为家事纠纷设置了单独的程序制度,而且还设置了家事审判庭等专门性的家事审判机构,以实现该类纠纷的有效解决。2010 年 3 月,东莞市第二人民法院(以下简称东莞二院)开始进行家事审判合议庭改革,配备家事审判专门审理团队,建立、完善工作原则,创新工作思路,以提升家事审判的专业化水平。2015 年 7 月,东莞二院被确定为全省家事审判程序改革试点法院(全省三家开展试点工作的基层法院之一)。按照广东省高级人民法院的部署,我院重点探索家事特别程序的规则制定和制度建立的问题。2016 年 1 月,东莞二院被最高人民法院确定为家事审判试点法院,开展为期两年的家事审判方式和工作机制改革试点。本文以东莞二院近五年的改革试点实践为基点,探讨家事审判制度改革进路及其存在问题,为我国家事审判实践的改革及我国家事立法提供有益的

* 徐珍:东莞市第二人民法院家事(行政)审判庭庭长,法学硕士;黄琪:东莞市第二人民法院审判员,西南政法大学诉讼法学博士研究生。

意见。

一、家事审判制度革新的动因及其价值

（一）家事案件非讼化倾向

传统的民商事案件强调对抗式诉讼，而家事案件由于涉及家庭伦理，其审理程序及裁判结果都呈现出非讼化的倾向。以东莞二院 2010 年至 2015 年间审理的家事案件为例，我院平均每年受理家事案件 480 宗；案件类型包括离婚、抚养、探视、收养、同居关系、离婚后财产分割等；大多适用简易程序审理，只有约 20%的案件因疑难复杂、无法送达等原因而以普通程序审理。近五年中，平均每年以调解、撤诉方式结案的案件 289 宗，调撤率超过 60%。排除其他民事案件系列案的因素，家事案件在所有民事案件类型中的调撤率始终居于首位。但在很长时间里，无论是大陆法系国家，还是英美法系国家，民事诉讼都采用当事人主导型的诉讼模式，呈现"对抗与判定"的基本结构。① 我国民事诉讼也强调"谁主张、谁举证"的当事人主导的对抗模式为主，但是，从家事审判的结果来看，这种"对抗与判定"的程序明显无法满足家事审判的需要。

其原因主要有以下几点：（1）对抗制有利于查明真实，但这在家事案件中似乎并不奏效。正所谓"清官难断家务事"，原、被告双方在法庭上的公开对质，并不能将事实真相的图景呈现在法官面前。以离婚案件为例，其核心要件"夫妻感情确已破裂"仅从双方于法庭上对抗其实很难完全判定，特别在一方同意离婚，另一方不同意离婚的案件中。（2）基于感情、子女利益等心理因素的考量，很多人不愿意在公开的法庭上通过对质将双方感情中出现的问题详细陈述，而是希望以一种和平、好聚好散的方式来解决。（3）夫妻双方的地位往往不平等，如果法院不介入调查取证，仅凭双方于庭上对抗，恐怕连事实都无法查清。因此，家事案件的调查取证率特别高，高居民事案件调查取证之首。综上所述，"刚性"的对抗式诉讼并不适合家事案件的处理，不加区分地统一适用反而会适得其反。正因为如此，严格奉行处分权主义的各国诉讼法对于家事案件都采取了区别于普通民事案件的规则，并进行了特别立法。②

---

① 王亚新：《对抗与判定——日本民事诉讼的基本结构》，清华大学出版社 2004 年版，第 57 页。

② 陈爱武：《论家事审判机构之专门化——以家事法院（庭）为中心的比较分析》，载《法律科学》2012 年第 1 期。

(二)家事案件以离婚诉讼为主

随着社会发展和人们观念的转变,离婚率也越来越高。东莞二院受理的离婚案件每年平均有 384 宗,占全部家事案件的比例均超过 80%。其中,以解除婚姻关系(包括判决准予离婚、调解同意离婚和当事人以自行办理离婚登记手续为由撤诉等三种情况)为结果的离婚案件,平均每年为 196 宗,略过一半。离婚案件的增多,给法院处理家事案件带来了巨大的挑战。

首先,离婚案件会带来身份关系的变更,包括当事人之间的身份关系变动以及未成年子女的抚养、监护的问题。如何裁决才最有利于未成年子女不仅涉及法律问题,更涉及伦理、社会的问题,仅依靠传统的民事诉讼程序,并不能作出有效的判决。其次,家庭是社会的细胞,离婚导致家庭的破裂,不仅影响案件当事人双方的利益,也影响整个社会的稳定,所以,这个程序并不能完全是以当事人为主导。比如离婚案件,要先判断婚姻关系是否成立,如果婚姻关系无效,不允许当事人调解。最后,离婚案件还会引起对财产的分配,而对财产进行分配涉及很多地方性知识,比如"彩礼"问题。如果不顾及这些地方习俗,而把家事案件与普通案件进行同质化处理,会导致"判决在家事案件当事人及其共同体中将难以产生共鸣,更难以产生真正的法律效力,甚至还可能扩大纠纷、激化矛盾"[①]。因此,许多学者都主张家事案件应有不同于商事或刑事案件的程序和审判机构。[②]

(三)家事案件的复杂化倾向

东莞二院受理的家事案件包括了离婚、抚养、探视、收养、同居关系、离婚后财产分割等多种类型。随着社会的发展,人与人之间的关系以及家庭财产的类型化逐年增多。近年来,东莞二院审理的家事案件也呈现了复杂化的倾向,给法院处理家事案件带来了巨大的挑战。以离婚案件涉及的夫妻财产分割为例,目前,我院处理的家庭财产纠纷除了传统的金钱、房产、土地、债务之外,还涉及大量股票、公司股权、债券等资产。涉案的财产数量大,类型复杂,不仅调查存在困难,分割起来亦极为棘手。此外,财产的分割是面向"未来"的处分,不仅影响到当事人双方的利益,还可能影响到第三人的利益,甚至是企业的经营和发展,其中某些案件可能涉及家族企业的存亡。"而家事事件的面向未来性,使得当事人

---

① 陈爱武:《人事诉讼程序研究》,法律出版社 2008 年版,第 99 页。

② Stephen Cretney, *Family Law in the Twentieth Century:A History*,Oxford University Press,2003,pp. 741~743.

无法借助传统诉讼程序获得救济，因为当事人不可能对未来的情事进行辩论。"①在这种案件程序中，"辩论主义向纠问主义作出让步，双方当事人的处分权受到限制"②，现有的以当事人主义为主导的诉讼程序无法适应案件复杂性和特殊性的需要。

综上所述，原有传统的民商事纠纷解决程序及其所对应设置的审判庭已经无法满足家事审判发展的需要，家事审判制度的革新势在必行。设立专门的家事审判机构与家事审判程序，有助于适应家事审判的特殊性及其内在规律的要求，体现"程序相称性"的原理；有利于针对婚姻家庭亲属关系所具有的社会道德属性及其个性特点，有效地解决纠纷；维护未成年人的合法利益，有利于社会稳定。

二、家事审判制度的革新：专门化与专业化

我院家事审判制度革新目标明确，即尽量向着专门化与专业化的目标发展，致力打造"机构独立、人员专业、流程科学、配套齐全"的家事审判机制，具体改革措施如下：

（一）专门化：特殊的家事审判程序

探索科学的审判流程。尝试将当事人对抗主义改革为职权主义，发挥司法机关在家事诉讼案件中的职权作用。2016 年 1 月，东莞二院审判委员会讨论通过了家事案件审理流程（试行），从总则、立案审查、诉前调解、庭前准备、开庭审理、案后跟踪、回访及帮扶等方面，对家事案件的审理流程进行了详细的规定，规范了家事案件的审判流程。具体措施包括：

1. 诉前调解程序。家事案件原则上都应当进行诉前调解。立案庭根据案件的特点，安排人民调解员调解、移送至家事调解中心进行调解或委托当事人所在街道、村（居）委会、妇联组织调解。调解的各个阶段均应填写《案件流程日志》，将调解的情况用调解日志的方式详细地记录下来，包括调解时争议的焦点、达成的协议、重点的分歧，甚至对当事人的情绪部分也会记录。家事庭的法官在拿到案件时，会第一时间阅读调解日志，从而快速掌握案件的审理焦点和调解重点，并根据当事人的情绪反映适当引入心理咨询和安排庭审秩序，对案件的处理起到积极的推进作用。以 2015 年为例，从 2015 年 5 月起，我院由立案庭 1 名专职

---

① 陈爱武：《家事诉讼程序：徘徊在制度理性与实践理性之间》，载《江海学刊》2014 年第 2 期。

② ［德］奥特马·尧厄尼希：《民事诉讼法》，周翠译，法律出版社 2003 年版，第 455 页。

人民调解员和我院特聘人民调解员统一对收到的家事案件进行先行调解,并加强与妇联组织的沟通和交流,共同合力妥善处理纠纷,取得了较好的调解效果。在新收的251宗婚姻家事案件中,进入调解程序的有156宗,占收案数的62%,调解成功83宗,占全院婚姻家事案件收案数的比例为33%,占进入调解程序案件数的比例为53%。有些案件虽然在立案庭时未达成调解,但因为前期工作的铺垫,当事人无论在法律后果和心理期待上都有所预期,因此在审理阶段达成调解的案件亦非常多。

2.庭前准备创设财产申报制度。东莞作为珠三角地区经济较为发达的城市,居民的生活水平普遍较高,离婚案件涉及的财产金额巨大、种类繁多。针对财产数额大、种类多的情况,东莞二院取经于香港家事法庭的做法,结合本地的实际,创设了离婚案件财产申报制度。该制度要求离婚案件双方当事人在庭前分别填写自己的经济状况,并在举证期限届满前填写《家事案件当事人财产申报表》,全面准确地申报夫妻关系存续期间形成的夫妻共同财产和依法取得的个人财产的有关状况。当事人逾期不申报的,视为在本次诉讼中放弃处理夫妻相关财产的权利。若发现故意作出不真实的陈述,则在判决分割财产时,法院可依法少分或者不分,而且可能对相应的当事人作出处罚。当事人如隐匿、虚报财产要承担相应的法律责任。庭前财产申报,对法官在离婚案件中理清财产线索有很大的帮助,同时,当事人对法律责任更加明确,在一定程度上避免了因当事人不诚信所导致的虚假陈述。

3.引入亲子关系报告制度,供法官在决定抚养权归属时参考。亲子关系报告制度是东莞二院作为全省家事审判试点法院在进行家事审判改革中创设的一项新制度。出于保护未成年人的身心健康和成长环境出发,对涉及争夺未成年子女抚养权的案件,东莞二院委托社区调查员对未成年子女与其父母长期以来的生活状况进行调查,并委托家事调解中心的心理咨询师对当事人及其子女进行心理测验,从而就子女适宜与哪一方共同生活形成调查报告或测验报告,供法官在决定抚养权归属时参考。在原告王秀诉被告徐胜正〔(2015)东二法民一初字第1209号〕离婚纠纷一案中,双方均强烈要求抚养婚生儿子,但都没有特别大的优势,主审法官犹豫应将小孩判给谁。后本院尝试委托两位心理咨询师对女方、男方以及小孩进行心理评测。通过在自然条件下,心理咨询师有目的、有计划地系统观察评测对象的行为和活动,从而发现个体的心理及行为反应。或者通过口头、书面的形式,对评测对象进行谈话或者问卷,从而分析了解评测对象的心理活动。评测方法包括沙盘游戏、结构性访谈、竹竿放下合作游戏和MMPI测量(明尼苏达人格测量)。后法官参考心理咨询师的亲子报告制度,从抚养能力、人际关系发展、智力发展、生活照顾、沟通能力、个性发展等方面权衡评测,认为由男方抚养婚生儿子更加有利于小孩健康成长,判决婚生儿子由男方抚养。

判决后,双方当事人没有上诉,取得了较好的社会效果。

4.发挥社区调查制度以及社会联动机制进行证据调查。(1)借力东莞二院已经在辖区内各个镇区中全面铺开的社区法律助理优势,让社区法律助理在家事审判中担任社区调查员的角色。(2)在家事案件中,根据案件人性化处理的需要,由法院出具协助调查函给双方的委托代理人开展社区调查。社区调查的主要内容为与家事案件争点相关的事实情况,包括离婚双方的感情状况、财产情况,子女与父母的互动情况,子女对父母的赡养情况等等,并形成相应的调查报告,供承办法官参考。(3)我院加强与公安、检察和司法行政机关的协调配合,与民政、妇联、教育、共青团、社区等有关部门签订合作备忘录,完善联动机制,建立日常化的联动机制和稳定的沟通平台,进一步拓宽家事审判工作的深度和广度。

5.合理分配举证责任、加强诉讼引导和释明。对家事案件中诉讼能力低的当事人,在不违背法律原则的基础上给予诉讼程序方面的引导和法律依据方面的释明。至于举证责任,在审理涉家庭暴力案件中,由于伤害往往发生于"封闭的空间",受害方很难提供直接证据证明其伤害后果是由施暴方造成的,如果继续沿用"谁主张,谁举证"的传统证明模式,将对受害人明显不利。因此,在审理涉及家暴的案件时,法官合理分配举证责任。受害方需要举证证明其受侵害的事实,在受害人完成上述举证的情况下,对方作为与原告共同生活的亲密伴侣,需要就医疗病例中显示的受害方的伤情作出合理的解释,如果无法合理地解释,就推定其为侵权行为人。

(二)专业化:专职的家事审判机构

1.设立专门的家事审判庭。从 2016 年 1 月 1 日起,东莞二院设立了专门的家事审判庭,集中审理家事案件。改变以往在民一庭和各法庭设立家事合议庭的做法,将辖区内的所有家事案件统一由大院立案、家事审判庭负责审理。组建专门的家事审判庭,统一受理家事案件。目前我院家事审判案件的范围包括:(1)婚姻案件及基于身份关系而产生的家庭纠纷;(2)抚养、扶养及赡养纠纷;(3)亲子关系案件;(4)收养关系纠纷;(5)同居关系纠纷;(6)继承案件纠纷。而广东省《家事审判合议庭操作指引》(以下简称"家事操作指引")规定,家事审判合议庭(含独任庭)主要受理下列案件:(1)离婚纠纷;(2)婚姻无效纠纷;(3)撤销婚姻纠纷;(4)家庭成员间损害赔偿纠纷;(5)抚养、扶养、赡养纠纷;(6)监护权、探望权纠纷;(7)同居关系析产、子女抚养纠纷;(8)收养关系纠纷;(9)确认亲子关系纠纷;(10)分家析产纠纷。后来又增加了、离婚后财产纠纷、法定继承纠纷、遗嘱继承纠纷三类案件,共计 13 类。家事操作指引确定的家事审判的范围基本可以包含我院的家事审判案件的范围,只是家事操作指引在类型上规定得更加细化。

2.合作共建家事调解中心。针对家事审判"非诉化"的特点,我院与东莞市妇联白玉兰家庭服务中心合作建立专门的家事调解中心。常设办公场所位于白玉兰中心内。该中心设立心理测验室、调解室、观察室以及儿童看护室等多种类型的服务室,负责家事案件诉前调解和诉中心理疏导、情况调查以及诉后回访等工作,其主要职能包括:(1)对立案庭在立案阶段分流至调解中心的案件进行诉前调解。(2)在诉讼阶段,根据家事法官的委托,提供心理疏导、亲子关系评估、家庭关系调查以及再次调解等服务。(3)在家事调解或裁判后,与法院共同开展事后跟踪、回访及帮扶工作。

3.配备专门的家事法官及辅助人员。我院遴选具有一定社会阅历、社会心理学知识和热爱家事审判的法官担任家事法官,原则上不考虑任职不满两年以及未婚法官。另外,我院充分发挥专业陪审员的优势,尽量安排来自妇联、学校、心理咨询机构的陪审员组成合议庭。同时,充实司法辅助人员队伍。我院通过抽调、招录、引入等方式,有计划地补充家事审判需要的特殊人才,尤其是具有心理学、教育学等学科背景或曾参与妇女工作、社会服务工作等职业背景的人才,培养一支为家事审判服务的专门队伍。

综上所述,由家事审判庭统一审理将有利于家事审判各项改革制度的顺利开展、统一家事案件的裁判尺度、提高家事法官的办案水平,充分实现家事审判维护婚姻家庭稳定、保护未成年人合法权益的目的。

三、家事审判制度改革存在的问题及建议

(一)构建统一的家事审判程序

目前,家事审判的改革主要围绕单个制度的创新进行。虽然在实践中基本形成了较为特殊的审理方式和审理理念,但是总体来说,地方性试点具有"头痛医头,脚痛医脚"的弊端,缺乏统一性与程序的整合性。家事审判程序到底应该有怎样的程序构造,这是今后进一步改革需要明确的。我们认为至少应该包含以下几点:(1)明确职权介入的特色,扩大法院调查取证的范围。(2)适当扩大家事审判受理的案件范围。目前,宣告死亡事件、宣告失踪事件、失踪人财产管理事件一般按特别程序来进行。这些案件本质上涉及家庭成员身份关系或者财产关系的变化,若能纳入家事审判程序审理的范围,将有利于与离婚案件、继承案件的衔接。(3)进行适当的类型划分。家事案件部分具有诉讼性,部分具有非讼性质,例如宣告死亡事件、宣告失踪事件、失踪人财产管理事件、撤销监护事件、确定监护人事件、变更抚养费等。对于非讼性质的案件应独立设置程序,以调查性和效率性为特征,不明确要求庭审对抗性。(4)探索契合家事审判特点的调解

机制,形成"劝、批、谈、教"的调解新模式。台湾学者就认为提升法院调解委员调解家庭暴力案件之能力,未来法院若要针对此类案件进行调解,首先应该加强教育,让其对于家庭暴力案件的性质有清楚的认知,其次加强调解环境的布置,除有一定的调解程序可供调解委员遵循外,提供安全的调解场所亦同样重要。①

(5)制定家事案件的特殊举证规则,充分考虑双方当事人举证的强弱,统一适用。

(6)设定专门的家事保全与执行程序。家事保全程序包括家事财产保全、家事行为保全和人身保护令程序。执行程序主要指抚养费、探望权等特殊标的物的执行。若由家事审判庭专门负责,家事审判的法官在裁判中将会充分注意到执行可能存在的困难,从而增强判决的可执行性。

(二)设立调查官等专门的调查机构

由于家事案件的隐秘性,双方当事人提供给法院的信息往往是带有偏见以及感情色彩的,因此,很多家事案件都需要调查取证。而且,家事案件的调查不仅要了解传统案件中"构成要件的事实",还需要了解案外的事实,法官才能对案件作出准确的判决,特别是涉及子女抚养、抚养权变更的案件。目前尚未成立统一的专门的调查机构,家事案件的调查取证要么由法官、要么由社区法官助理进行,但是,他们都没有接受过专门的社会学、心理学的培训,调查往往力所不能及,疲于奔命,效果不佳。而从东莞二院的实践经验来看,家事调解中心的心理咨询师对哪一方抚养更合适进行调查,从心理学的角度进行分析,更加专业,也更具有说服力,收到较好的法律效果和社会效果。目前,试点法院仅将其适用于抚养关系的调查,而从其他国家的经验来看,家事法院(庭)几乎都设立有调查官等专门调查机构,对案件事实进行广泛的调查。包括"夫妻感情的调查""亲子关系的调查"以及"财产的调查"等等。未来,随着家事审判制度改革的深入,成立专门的调查官对家事案件的事实进行广泛的调查实有必要。"在此基础上透视案件的全貌,透过家庭成员或亲属之间的感情纠葛,发现隐藏在背后的真正问题,公平审判。"②

(三)利用科技手段,提升审判效果

从以上东莞二院家事审判的改革来看,多为法律制度、法律辅助手段的创制,科技手段几乎没有列入改革的范畴,一定程度上影响了审判的效果和效率。

---

① 黄翠纹、梁欣丞:《法院调解委员调解家庭暴力案件能力影响因素之研究》,载《亚洲家庭暴力与性侵害期刊》2011年第1期。

② 蒋月、冯源:《台湾家事审判制度的改革及其启示——以"家事事件法"为中心》,载《厦门大学学报》2014年第5期。

我国台湾地区于 2012 年 6 月 1 日制订的"家事事件法"设立了限制接受医学检验制。规定为避免亲子关系长期陷于不确定状态,申请人有事实足以怀疑血缘关系存否者,就血缘关系存否有争执,法院认为确有必要时,得经申请或依职权命令当事人或关系人限期接受血型、脱氧核糖核酸等医学检验。"对于真实血缘之存在与否,皆应以客观事实之认定,仍应肯定家事事件法中有引进强制亲子鉴定之必要。"①亲子关系事件影响当事人的重大利益,涉及面广,是儿童权利的题中之意。有鉴于此,我国的民事诉讼法等相关立法可以广泛利用科技手段,在家事案件中引入强制医学检查制度,最大限度地保护未成年人的利益。

(四)增加家事法官和辅助人员的人才储备

目前,东莞二院虽然建立了专门的家事审判庭审理家事案件,但是专职的家事法官仅有两名。家事法官虽然具有一定的社会阅历、社会心理学知识,但是并没有经过系统的家事审判的专项培训,家事法官的选任资格相对比较宽松。辅助人员的专业性也存在缺陷。总体来说,无论是审判法官还是辅助人员均缺乏必要的人才储备。而从域外经验来看,美国纽约市共有家事法官 47 名,并可随时根据审判需要从地方刑事法院及民事法院抽调法官协助审理家事纠纷案件。纽约州《家事法院法》要求家事法官候选人必须在本州从事法律工作 10 年以上,并具备丰富的实践经验和较高的专业水平。家事法官除了必须掌握处理家事纠纷所需的法律知识,还要接受包括未成年人需要、离婚对未成年子女影响、家庭暴力和保护未成年人等内容的专项培训。②借鉴域外的经验,结合家事案件的专业性和特殊性,我国应该提高家事法官的任职资格,强调家事法官的专业性和经验性,并采取有针对性的专项培训,提升家事法官的审判技能,及时高效地解决家事纠纷。

---

① 戴瑀如:《从实体法的观点论家事事件法中之亲生子女关系事件程序》,载《月旦法学杂志》2013 年第 8 期。

② 齐玎:《美国纽约州家事审判制度的新发展》,载《人民法院报》2016 年 5 月 27 日第 8 版。

论精神障碍患者监护制度的完善

■ 胡碧华 *

摘要:当前,精神障碍患者的监护乱象频现,涉及精神障碍患者案件的审理存在诸多难题。我国应当借鉴韩国、日本等国家监护制度的立法经验,结合我国国情,构建新型精神障碍患者监护制度。其具体内容包括被监护人和监护人的确认机制、监护事项和监护人的变更机制、监护的监督机制及监护的保障机制。

关键词:精神障碍患者;监护;困境;新型监护制度

一、问题的提出

【案例一】叶某系精神障碍患者,无配偶。叶某的父母去世后,其5个兄弟姐妹因共有财产分割引发纠纷。一审诉讼前后,叶某的兄弟姐妹各自为取得叶某财产的代管权,多次更改叶某的户籍所在地,然后由其先后入住的住所地的居民委员会分别指定其侄子、外甥女、侄女为其监护人。兄弟姐妹间对指定不服,出于各自诉讼利益的考虑,均不提起撤销监护人资格诉讼。为查清监护人资格问题,一审法院不得不中止诉讼。立案5年后,一审法院作出判决。宣判后,叶某的姐姐提起上诉。二审法院经审理认为,各方当事人对监护人的指定仍存在争议。在监护人资格未确定前,监护人以叶某法定代理人之名提起本案诉讼,属诉讼主体不适格。3年后,二审法院裁定驳回叶某的起诉。

【案例二】刘某某与其妻王某某感情不和,自2010年起分居。2011年,王某某被诊断为精神障碍患者,俗称"花痴"。2013年起,刘某某连续三次起诉要求离婚。法院考虑到王某某离婚后无人监护,判决不准离婚。2016年,刘某某第四次起诉要求离婚,并多次在法院以跳楼自杀威胁,要求判决离婚。法院判决准予离婚后,王某某的近亲属不断到法院闹访,表示无力监护王某某。

---

* 作者系江西省赣州市中级人民法院审判员,法律硕士。

【案例三】李某某（女）年已八旬，瘫痪、痴呆多年，育有 4 个子女，长期跟随小女儿生活。2013 年，李某某的小女儿不愿再独自照顾、监护母亲，因而引发了针对李某某的赡养纠纷。二审审理期间，其小女儿将李某某送到法院，表示自己无力监护，应由国家负责。事后，法院与李某某 4 个子女均无法取得联系。法院不得不多次与政府相关部门协调，最终将李某某送到当地的福利院，由福利院暂时予以照顾。

从上述三则案例可以看出，涉及精神障碍患者的家事纠纷的审理遭遇重重困难。究其原因，在于我国有关监护制度的规定过于简略，操作性不强。对监护人的确定及变更、监护纠纷的解决、监护的保障及监督等问题规定得不够详尽，存在诸多缺漏，过于单薄的规定难以支撑复杂的监护体系。在现实生活中，监护人不尽职、恶意占有精神障碍患者财产、精神障碍患者伤害他人的现象频频发生。精神障碍患者的生存现状堪忧，故现行精神障碍患者的监护制度亟待完善。

二、现行监护制度存在的不足

（一）规则的概述

目前，我国精神障碍患者监护制度的规则主要集中于近 30 年前施行的《中华人民共和国民法通则》（以下简称《民法通则》）及《最高人民法院关于贯彻执行〈民法通则〉若干问题的意见（试行）》（以下简称《民通意见》）。《民法通则》第 13 条以是否能够辨认自己的行为为标准，将精神障碍患者区分为两类，即无民事行为能力人和限制民事行为能力人。该法第 17 条至第 19 条界定了精神障碍患者的监护人范围，规定了精神障碍患者住所地的村委会、居委会、有关单位担任监护人的前提条件，担任监护人有争议时的处理方法以及监护人的职责，在监护过程中损害被监护人利益的处理以及精神障碍患者行为能力的宣告制度。《民通意见》第 10 条至第 23 条对《民法通则》关于监护制度的规定进行了补充说明。

2013 年 5 月 1 日起施行的《中华人民共和国精神卫生法》（以下简称《精神卫生法》）规定，村民委员会、居民委员会、精神障碍患者所在单位等应依患者或其监护人的请求，对监护人看护患者提供必要的帮助，还应当为生活困难的精神障碍患者家庭提供帮助。同年 7 月 1 日施行的《中华人民共和国老年人权益保障法》（以下简称《老年人权益保障法》）新设了老年人意定监护制度。该法第 26 条规定，老年人可以在近亲属或其他与自己关系密切且愿意承担监护责任的个人、组织中协商确定自己的监护人。2014 年 12 月 18 日，最高人民法院、最高人民检察院、公安部、民政部联合发布了《关于依法处理监护人侵害未成年人权益行为若干问题的意见》（以下简称《处理意见》）。该意见第 27 条、第 35 条列举规定了，有权提起撤销监护人资格诉讼的申请人及法院可以撤销监护人资格的情形。2016 年 3 月 1 日起施行的《中华人民共和国反家庭暴力法》（以下简称《反家暴法》）在《民法通则》的基础上，进一步规定被撤销监护人资格的侵害人，应当继续负担相应的赡养、扶养、抚养费用。

总体而言，近几年施行的《精神卫生法》《老年人权益保障法》《处理意见》《反家暴法》在监护理念上有所突破，但仅限于特别法上有细微的进步，作为民事基本法的《民法通则》却未能及时调整修正。现行精神障碍患者的监护制度因其内容过于原则化，缺乏可操作性，与现实需求还有明显的差距，未能发挥保护精神障碍患者合法权益的积极作用。

(二)立法的缺陷

1.立法理念滞后。一方面，近 30 年前开始施行的《民法通则》遵循的是传统大陆法系国家 100 年前所设计的对成年人进行禁治产、准禁治产宣告制度的观念。禁治产者，乃禁止当事人自己处理其财产之意，其主要着眼点在于财产的照管与维护。当今的精神障碍患者监护制度的理念已有了很大的变化，"尊重本人的自主决定权""维持本人生活正常化""重视人身监护"与"活化尚余能力等"日益成为人们的共识。① 另一方面，《民法通则》第 18 条关于"监护人依法履行监护的权利，受法律保护"的规定，产生了"监护权"的说法，引起对监护性质的误解。由此，出现了监护人随意剥夺精神障碍患者人身自由的现象，如新闻媒体不断曝光的精神障碍患者被囚禁事件。显然，监护是监护人的职责，是保护精神障碍患者的社会公益性职责，不属监护人个人的私权利。

2.政府介入不够。伴随着市场经济的快速发展，社会分工的扩大，使传统的家庭功能减弱，现行的家庭监护模式愈来愈不能满足精神障碍患者的监护需求。精神障碍患者的监护周期长，照顾难度大，监护人还可能面临人身和财产的危险，履行监护职责给监护人造成极大的经济和精神负担。因而，监护人逃避监护、互相推诿的现象屡见不鲜。现行监护制度规定监护人与被监护人之间必须具有亲属关系或朋友关系，或者是行政上的隶属关系。亲属监护属于亲属自治范畴，朋友和具有行政上隶属关系的组织监护属于社会自治范畴，采用亲属自治和社会自治理念设计监护制度，必然排斥政府的作用。除民政部门担任监护人的规定外，法律并未规定政府在精神障碍患者监护领域的其他责任与权力。缺

---

① 许德风：《我国精神病人监护的法律制度》，载《中国社会科学报》2010 年 4 月 6 日第 3 版。

乏政府介入,依靠自治理念建立的监护制度必然存在局限性,导致现行监护制度存在系列问题。①

3.相关机制不健全。(1)监护人确认机制。《民法通则》规定,监护人的范围包括被监护人的近亲属、关系密切的其他亲友、有关单位及组织,监护人的顺序为近亲属在前,关系密切的其他亲友在后,有关单位及组织在最后。有关单位或组织指定监护人时依照顺序,从有监护资格的人中指定。前述确定监护人的规定,仅侧重于监护人与精神障碍患者关系的亲疏,没有考虑监护人监护能力的变化对监护的影响、精神障碍患者尚存民事行为能力的不同对监护的需求亦不同、未成年精神障碍患者需要特别的监护。我国亟须构建规定详尽且操作性强的监护人确认机制,以解监护制度被空置之急。(2)监护人退出机制。《民法通则》仅规定,监护人不履行监护职责或侵害被监护人合法权益时,法院可以根据有关人员或单位的申请,撤销监护人的资格。《处理意见》虽列举规定了法院可以撤销监护人资格的情形,但适用对象的范围过窄。现行监护制度对监护人的退出设置得简单笼统,与现实需求脱节。(3)监护的监督机制。按现行规定,其他有监护资格的人或单位享有诉权,可要求不履行监护职责或者侵害被监护人合法权益的监护人承担民事责任或变更监护关系。该规定十分简略,监督措施仅此一种,且监督程序启动权人仅为其他有监护资格的人或单位。尽管《处理意见》扩大了提起撤销监护人资格诉讼的申请人的范围,监督措施偏少的瑕疵却未消除。(4)监护的保障机制。现行监护制度仅规定监护人应尽的职责,无保障措施,导致监护人的付出与收入失衡。尤其是仅因具有亲属关系,要求无父母无个人财产的精神障碍患者的近亲属监护人长期付出无偿劳动,这是不现实的。监护保障机制的缺失是造成精神障碍患者生存现状堪忧的重要原因之一。

(三)审判实践的困境

1.监护纠纷解决机制有缺陷。以整体解释方法分析《民法通则》第 17 条至第 19 条的规定,不难得出申请宣告精神障碍患者为无民事行为能力人或限制民事行为能力人是监护成立的前提条件,监护纠纷的解决必须以有关人员或单位向法院提起诉讼为前置条件的结论。对于精神障碍患者作为案件一方当事人的民事案件,法院在进行实体审理前,先要审查诉讼主体是否适格。即精神障碍患者是否为无民事行为能力人或限制民事行为能力人,对其监护人的指定有无争议。在审判实践中,监护人主张自己代理的当事人为精神障碍患者的,往往未经法院宣告认定精神障碍患者的民事行为能力状况。对方当事人对监护人身份提

---

① 徐继敏:《行政法视野下的精神病人监护制度》,载《西部法学评论》2012 年第 5 期。

出异议的,却出于自身利益的考虑,常常不愿另行提起诉讼解决监护人资格争议。法院不得不中止诉讼,耗费大量的人力和时间先查清诉讼主体问题。本文前述案例一即是如此。

2.意定监护的适用范围过窄。近30年来,社会的发展变化使监护的理念发生了重大的变革,对被监护人的自我决定权的尊重使许多国家接受了意定监护制度。意定监护是允许被监护人与监护人签订监护合同将监护事务委托给监护人,在被监护人需要监护时由监护人履行监护职责的一种监护制度。意定监护的出现与国外对人权的认识、人权保护发展水平相适应,国外立法确认了这种人权保护方法,并通过制定相应的配套规则使意定监护更利于被监护人设立监护的初衷。① 我国虽然已在《老年人权益保障法》中新设了意定监护制度,但该法适用群体为60周岁以上的公民。对60周岁以下的成年精神障碍患者在其具备完全民事行为能力时,能否实施意定监护的问题,法律并未给出明确的答案。在审判实践中,对方当事人对60周岁以下的成年精神障碍患者与人签订的监护合同,往往以法无明文规定为由,对其真实性、合法性、关联性三性均提出异议,据此主张不能作为定案依据。意定监护法定的适用范围过窄,为恶意当事人给法院认定事实设置绊脚石提供了机会。

3.监护职责无法落实到位。在审理一方当事人为精神障碍患者的家事纠纷案件中,精神障碍患者的监护问题常常是纠纷的起因或判决的难点。一旦涉及精神障碍患者的监护问题,其他当事人常以逃避应对。逃避的方式主要为:法院送达应诉通知书、开庭传票等法律文书时,拒绝签收并拒绝到庭应诉,甚至出外打工一走了之;宣判后,则采取过激措施抵制履行监护职责,如到法院闹访、将精神障碍患者弃至法院等。涉精神障碍患者的家事纠纷相较于其他家事纠纷,矛盾更尖锐,处理稍有不慎,极易引发当事人的过激行为。若监护职责无法落实到位,则纠纷亦无法妥善处理。法院在处理此类案件时,只有将精神障碍患者的监护问题解决好后,才能对当事人的其他诉讼请求进行裁决。在前述案例二中,精神障碍患者王某某的监护问题未解决前,法院只能判决不准许刘某某与王某某离婚。

三、完善我国监护制度的构想

随着国际人权理念的更新,世界各国纷纷构建新的监护制度以适应社会的

---

① 刘成琼:《我国成年人监护制度缺陷及其完善》,http://rcxfy.chinacourt.org,下载日期:2016年6月15日。

需要。就大陆法系而言,法国、日本、瑞典等国家相继确立了与自身实际情况相适应的监护制度。英美法系国家也相继通过单行法建立了监护制度,如美国的《统一持续性代理权授予法》。两大法系监护制度的规定呈现出一定的共同特征:第一,更加注重人权保护。第二,扩大了适用对象范围。第三,丰富了监护内容。① 1999 年修订的《日本民法典》对其法定监护制度根据被监护人判断能力的差异,立法建立了监护、保佐、辅助制度,即"对于那些由于精神障碍而丧失事理辨识能力并处于常态的人,家庭法院依请求,启动监护开始审判程序""对于那些由于精神障碍,事理辨识能力显著不充分的人,家庭法院依请求,启动保佐开始审判程序","对于那些由于精神障碍,事理辨识能力变得不允许的人,家庭法院依请求,启动辅助开始审判程序"。② 韩国新修订的《民法典》在废止亲族会的同时,新设了监护监督人制度。该法典第 848 条、第 940 条、第 950 条、第 953 条、第 954 条规定了监督人的选任、职责等事项。③ 鉴于我国与日本、韩国都属于东方文化性质的国家,下文以日、韩两国监护制度为借鉴,以我国民法典的制定为契机,提出完善精神障碍患者监护制度的几点建议。

(一)构建被监护人和监护人的确认机制

首先,精神障碍患者的认定。现行精神障碍患者的认定以行为能力宣告为依据。该制度在事实上因各种原因(如文化传统、逃避责任等)几乎长期处于搁置状态,使得国家公权力不能及时介入对精神障碍患者照顾监管的控制,往往出现私人主体擅自启动对精神障碍患者的监管,非法限制精神障碍患者的人身自由,甚至将其遗弃等情况。与此同时,该制度有时又被利用为侵吞精神障碍患者财产权益甚至其人身权益的"合法"手段,特别是拥有大量个人财产的精神障碍患者,更容易成为侵权行为的目标指向。④ 为此,笔者建议废止该宣告制度。有学者提出,精神障碍患者属于无法完全自主地保护自己隐私的弱势群体。如果有人公开披露其信息,将导致其私生活备受困扰,应对精神障碍患者的隐私权予以保护。鉴于重性精神障碍患者的病情具有对周边公众存在一定潜在危险性的可能,其患病信息应让周边的人们知道;轻度精神障碍患者通常并无造成周边公

① 赵文卓:《我国成年人监护制度的检讨与重构》,载《湖北警官学院学报》2014 年第 7 期。

② 焦佳凌:《日本成年监护制度及其启示》,载《社会福利》2014 年第 2 期。

③ 姜海顺、景明浩:《论韩国的成年监护制度及其对我国的启示》,载《延边大学学报》2014 年第 3 期。

④ 宁金强:《我国精神病人监护制度存在的问题与对策——以国家干预型的监护制度完善为视角》,载《新西部(下旬理论版)》2011 年第 1 期。

众的人身或财产损害的潜在威胁,鉴于他们需要在社会中继续工作和生活,其病情应当成为不得被披露的隐私信息。[①] 结合我国的国情,兼顾精神障碍患者隐私权及其周边公众合法权益的保护,建议增设精神障碍患者的信息登记管理制度。对精神障碍患者的认定,根据《精神卫生法》的相关规定,应依据具有合法资质医疗机构的诊断结论或鉴定机构的鉴定报告,确系精神障碍患者的,其近亲属、医疗机构应在民政局办理信息登记备案手续。

其次,法定监护人的确定。有学者提出,国家监护权是国家在自然人监护权缺位时替代其角色,或者为公共利益对自然人监护权进行监督与干预的权力。我国《宪法》第45条第3款规定:"国家和社会帮助安排盲、聋、哑和其他有残疾的公民的劳动、生活和教育。"这一规定是国家监护权的宪法根据。[②] 在确定监护人时,可以分为三个层次:(1)法律上具有抚养、扶养、赡养关系的近亲属当然负有监护职责,他们担任监护人的顺序分别为配偶、父母、成年子女及其他近亲属,同一顺序近亲属有数位的,则该顺序的近亲属为共同监护人;(2)无前述近亲属时,则民政部门应代表国家承担监护责任,担任监护人;(3)无前述近亲属时,如关系密切的亲友、慈善组织、志愿者组织等自愿担任监护人的,可与民政部门签订委托监护合同,由民政部门将其监护职责部分或全部委托给自愿担任监护人的有关人员或组织。监护人确定后,应及时在民政局进行登记备案。此外,基层群众自治组织和精神障碍患者的所在单位由于无专用资金,无专业护理人员,也无强制力和权威性,无力履行监护人和监护人指定主体的职责。建议删除基层群众自治组织和精神障碍患者的所在单位作为监护人及监护人指定主体的规定,同时在法律中列举规定不能担任监护人的各种情形,如正在服刑的人、身体健康不允许的人、未成年人等。

最后,意定监护的完善。意定监护符合"私法自治"和"尊重自我决定权"的人权理念。在社会实践中,意定监护的优势逐渐凸显。建议扩大意定监护适用对象的范围,明确规定成年的精神障碍患者具有完全民事行为能力时,可以与其近亲属、其他个人及有关组织签订监护合同。精神科执业医师签署的精神障碍患者签订合同时具有完全民事行为能力的证明,应作为监护合同的必备附件。监护合同经公证后,双方当事人应申请法院对监护合同予以确认。法院受理后,参照确认调解协议案件审理程序进行审查。法院裁定监护合同有效的,双方当事人应将监护合同和法院的裁定书提交给民政局登记备案。

---

① 费安玲:《精神障碍患者隐私权探析》,载《法学论坛》2014年第1期。
② 郝振江:《论精神障碍患者强制住院的民事司法程序》,载《中外法学》2015年第5期。

(二)构建监护事项和监护人的变更机制

1.监护事项的变更机制。《民法通则》对精神障碍患者仅区分为无民事行为能力人和限制民事行为能力人两类,对精神障碍患者的监护与未成年人的监护混杂适用,对监护事项规定为"保护被监护人的人身、财产及其他合法权益"。该规定过于宽泛,缺乏针对性,操作性不强。从医学角度而言,精神障碍患者在发病期和康复期的民事行为能力有所不同,完全丧失自我决定能力的人特别少。建议借鉴日本法定监护中分设"监护、保佐、辅助"制度的做法,尊重精神障碍患者的自我决定权,丰富监护的事项。根据精神障碍患者尚存行为能力的变化,监护事项作相应的变更。即精神障碍患者的行为能力完全丧失时,监护人应对其人身、财产实行全面监护;精神障碍患者的行为能力有部分障碍时,监护人只对其重要的民事行为,如转让房产、离婚等进行监护,患者本人仍有处理日常生活事务和纯获利的自由;精神障碍患者的行为能力有少许欠缺时,监护人只对其无力决定的重大民事行为进行指导和管理,其他事务由患者本人自行决定和处理;精神障碍患者系未成年人的,监护人应根据"未成年人利益最大化"原则进行特别监护。

2.监护人的变更机制。监护人因患病、年老等无力监护时,若任由其继续监护精神障碍患者,必将影响精神障碍患者合法权益的保护。建议根据情势变更设置允许原监护人退出并及时更换新监护人的机制。具体设计如下:近亲属担任监护人的,当无力胜任监护人时,监护人可向法院提起诉讼,主张变更监护人。法院按特别程序审理后,判决支持其诉讼请求的,应同时指定新的监护人。精神障碍患者关系密切的亲友、慈善组织、志愿者组织等担任监护人的,原监护人可向民政部门提出解除委托监护合同,民政部门同意后,由民政部门担任监护人或再委托他人监护;如民政部门不同意解除委托监护合同的,原监护人可向法院提起诉讼。

3.监护人资格纠纷解决机制。建议增设规定,精神障碍患者的近亲属之间就担任监护人有争议的,近亲属有权在 30 日内直接向法院提起变更监护人诉讼。监护人不履行监护职责或侵害被监护人合法权益的,如精神障碍患者的其他近亲属未在 30 日内提起诉讼,则其住所地的居民委员会或村民委员会应在知道后的 30 日内向法院提起撤销监护人资格诉讼;民政部门担任监护人且存在不履行监护职责或侵害被监护人合法权益的,检察院在知道后的 30 日内应向法院提起撤销监护人资格诉讼。法院判决撤销原监护人资格的,应同时指定新的监护人。

(三)构建监护的监督机制

有关监督的规定过于简略,监督的措施过少,是现行精神障碍患者监护制度的主要弊端之一。为此,建议借鉴韩国的立法经验,构建符合我国国情的完整的监督机制。其一,对监护人履职的监督。近亲属担任监护人的,精神障碍患者住所地的居民委员会或村民委员会、派出所共同作为监护的监督人。监督人应对本辖区监护人的监护行为进行监督,定期向民政局报备监护人履职情况。当发现有不当监护行为时,监督人应要求监护人限期改正。民政部门担任监护人的,检察院作为监督人定期对民政部门的监护情况进行督查。其二,对监护人履职不当的追责。监护人对其不当监护行为未按监督人要求及时改正的,或未及时向民政局登记报备相关信息的,派出所可对监护人进行罚款处罚。监督人还应及时向民政局报备监护人履职不当和受处罚的信息,协助民政局进行信息登记管理。民政部门担任监护人且存在不当监护行为的,检察院应向民政部门的上级主管部门提出处罚建议;民政部门与他人或组织签订委托监护合同的,应在合同中明确约定被委托人存在不当监护行为的惩罚性条款。其三,对监督人的监督。民政局应对居民委员会或村民委员会、派出所实施监督的情况进行监控。监督人未定期向民政局报备监护人履职情况的,民政局应向监督人的上级主管部门提出处罚建议。

(四)构建监护的保障机制

精神疾病在我国疾病总负担中已排名首位,约占疾病总负担的 20%。有2/3 的精神障碍患者无法通过自身的劳动获得报酬,精神障碍患者家庭普遍经济贫困,急需社会保障来缓解其生存压力。[①] 精神障碍患者的监护责任属于社会公益性责任。当前的国情决定了我国的精神障碍患者的监护是以家庭监护为主,国家监护进行补充的模式。我们可以借助于保障机制的建立,通过政府在资金保障上的介入,减轻监护人的经济负担,改变监护不力的现状。第一,发放监护津贴。近亲属担任监护人的,政府应按月为监护人发放监护津贴,确保监护人具备监护应有的经济能力,提高监护人履行监护职责的积极性。第二,发放监督补贴。对于居民委员会或村民委员会、派出所担任监督人的,政府应根据监督人在辖区内实施监督的工作量,按月给监督人发放监督补贴,以增强监督的实效性。第三,发放监护奖金。政府每年根据监督人报备的监护人履职情况,给予表

---

① 孙亚梅等:《论精神障碍患者的社会保障及发展思路》,载《医学与哲学》2014 年第2 期。

现出色的监护人一定数额的奖金。第四,发放困难补助金。对于精神障碍患者的近亲属担任监护人而且家庭经济困难的,依据监护人的申报,政府按月发给监护人困难补助金,确保精神障碍患者和监护人能维持当地正常的生活水平。第五,免费进行培训。精神障碍患者的监护与其他群体的监护不同,精神障碍患者的监护人还需掌握一定的精神卫生医学知识以及自我安全保护知识。政府应根据登记备案的精神障碍患者和监护人的信息,定期对辖区内的监护人免费进行监护知识的培训。

关于永春县人民法院开展家事审判的调研报告

■永春县人民法院课题组*

摘要:家事纠纷不仅涉及法律上的争议,而且涉及当事人情感、伦理上的纠葛。如何依法妥善处理好家事纠纷已成为人民法院审判工作中亟待解决的一个重要课题。永春县人民法院紧紧立足家事案件特点和维护家庭和睦、社会稳定的实际需要,充分发扬闽南文化传统,不断创新家事案件审判模式,取得较好的社会效果,促进了家庭关系的和谐发展。

关键词:家事案件;家事法庭;家事审判

永春县地处泉州市西北部,因"众水会于桃溪一源",故古称"桃源",至今已有 1000 多年的历史。全县面积 1468 平方公里,东西狭长跨越 100 多公里,总人口 58.68 万人,属基本宽裕型小康县。① 永春县人民法院(以下简称永春法院)现有干部职工 99 人,设有政治处、监察科、办公室等 6 个综合部门、刑事庭、民一庭、民二庭等 9 个审判业务部门以及桃城、石鼓等 5 个基层法庭。2011 至 2015 年,永春法院受理各类案件 32697 件,其中家事案件 2890 件,占民商事案件的 13.6%,且案件数量逐年攀升,审理难度日趋增大。

---

* 课题组负责人:林华强(永春县人民法院副院长);课题组成员:吕建设(永春县人民法院生态资源审判庭庭长)、吴志文(永春县人民法院研究室副主任)、郭丽清(永春县人民法院生态资源审判庭助理审判员);撰稿人:郭丽清。
① 数据来源于福建永春政府网:http://www.fjyc.gov.cn,下载日期:2016 年 6 月 1 日。

一、永春法院审理的家事案件基本情况

(一)案件数量稳中有升,离婚案件比重大(见表1)

表1 永春法院家事案件的受理情况(2011—2015年)

年份 (年)	离婚 (件)	婚约财产、 分家析产 (件)	扶养、抚养、 赡养 (件)	继承 (件)	其他 (件)	合计 (件)
2011	497	8	20	7	11	543
2012	513	7	9	5	15	549
2013	506	8	12	7	16	549
2014	514	3	11	6	21	555
2015	633	5	14	8	34	694
合计	2663	31	66	33	97	2890

从表1可以看出,家事案件①总量基本稳定并呈上升趋势,尤其是2015年增幅比较明显。可以预见,随着经济社会的发展以及文化多元化趋势的渐进,家事案件数量可能继续攀升。而在家事纠纷案件中,离婚纠纷案件所占比重非常大,分别占到2011—2015年家事纠纷案件的91.5%、93.4%、92.2%、92.6%、91.2%,其他类型案件数量相对较少。

(二)案件公开审理多,旁听人员多

《中华人民共和国民事诉讼法》第134条规定:"人民法院审理民事案件,除涉及国家秘密、个人隐私或者法律另有规定的以外,应当公开进行。离婚案件,涉及商业秘密的案件,当事人申请不公开审理的,可以不公开审理。"虽然当事人具有选择是否公开审理的权利,但是在实践中很少有当事人对家事案件(含离婚案件)申请不公开审理。据统计,2011—2015年的家事案件中,仅36个案件的当事人申请不公开审理。离婚、亲子、收养关系等案件虽与当事人的隐私权息息

---

① 本报告中的"家事案件"指法院系统司法统计报表的婚姻家庭纠纷、继承纠纷等案件。

相关,但也往往牵涉到亲族间情感上、心理上的纠葛,开庭审理家事案件时,基本上都有其他家庭成员参与旁听,家事案件是民事案件审理过程中旁听人员最多的案件类型。

(三)缺席审判数量增多,判决率上升(见表2)

一方面,随着经济的快速发展,人们的思想观念逐步开放,无论是农村还是城镇,外出打工人员越来越多,且流动性加大,导致法院送达法律文书时很难与案件当事人取得联系,只能采取公告送达和缺席判决的方式,该情形下的缺席审判案件约占60%。另一方面,受中国传统的畏诉、惧讼和"家丑不可外扬"观念的影响,许多家事案件的被告不是积极出庭应诉,而是消极躲避诉讼,故意拒收法律文书,拒不到庭参加诉讼,导致案件只能采取缺席判决方式结案,该情形下的缺席审判案件也占到了约20%。

表 2　家事案件以判决方式结案的具体情况(2011—2015 年)

年份(年)	判决数(件)				结案数(件)	判决率
	公告送达后缺席审理判决	其他方式送达后缺席审理判决	被告有到庭审理后判决	小计		
2011	134	45	42	221	533	41.5%
2012	143	48	39	230	539	42.7%
2013	135	42	46	233	523	44.6%
2014	160	52	46	258	541	47.7%
2015	206	68	54	328	641	51.2%

(四)涉及身份财产的家事案件有所增加

财产分割通常是家事案件的主要纷争之一。身份财产案件,是指以亲属身份为媒介的财产案件,或者基于身份关系而发生的财产案件,如抚育、赡养、扶养、遗赠扶养、遗产继承、家庭或者婚姻关系析产、亲属之间侵权赔偿等民事财产争议之诉。随着经济社会的发展,居民收入水平相对较高,家事案件涉及财产的数量越来越多,金额也越来越大(见表3)。

表 3　涉及身份财产的家事案件数量及金额(2011—2015 年)

年份 (年)	案件数(件)	诉讼标的总金额 (万元)
2011	237	256.8265
2012	260	312.957
2013	273	393.0559
2014	311	470.631
2015	318	488.4984

(五)更强调法官的自由裁量权

一方面,家事事件类型众多,无法在法条中详细规定各种具体的情形,立法上多采取不确定法律概念的方式,需要法官在具体个案中视个别情况进行处理。如夫妻感情是否破裂、离婚后赡养费的给付、未成年子女权利义务行使负担的内容及方式、扶养义务人的扶养程度及方法、夫妻共同财产的分割方法、损害赔偿的数额等,均需由法官综合各种情形加以考虑和衡量。另一方面,家庭纷争更易受到个人情感、生活环境、社会伦理等多重因素的影响,无法仅以严格的法条衡量,故法官裁判时也应享有一定的自由裁量权。

二、永春法院创新家事案件审判做法

家事案件具有强烈的伦理性,特定的亲属之间既存在法律关系,又存在伦理关系。家事案件的处理直接影响社会和谐。近年来,永春法院在审理家事案件的过程中,融入闽南文化传统因素,创新家事审判模式,力求实现社会安定、家庭和谐。

(一)成立家事审判庭实行专业审理柔性解纷

为妥善处理家事纠纷,促进家庭和睦、社会和谐,永春法院于 2015 年 4 月 29 日成立"家事审判庭",挑选 9 名具有丰富家事审判经验的同志担任家事审判庭法官,他们既有丰富的专业知识,又有丰富的人生阅历和相应的心理学知识与沟通技巧,在调解、审理家事案件时能以法育人、以理服人、以情动人,从而提高审理家事案件的专业性。同时,创设了专门的家事调解室和家事法庭,运用暖色调装修家事调解室并设立了专门的儿童游戏区。家事审判法庭设立圆桌,法官与当事人围桌而坐,墙上挂着制作精良的"夫妻同林""夫妻劝和歌"图片等元素,不设"原告""被告"桌牌标签,代之以"丈夫""妻子""父亲""母亲"等表明亲情关系的席卡,法官对当事人也用家人的称呼来取代"原告"、"被告"等法律术语,着力营造温馨的家庭氛围,缓解当事人的对立情绪,唤起其家庭责任感。在开庭审理的过程中,弱化法庭调查、法庭辩论等法律术语,辅以引导回忆往事的办法,勾起当事人对往昔温馨岁月的回忆,以激起当事人的情感共鸣,形成"亲、和、睦、诚"的温情审理模式。2016年3月1日《中华人民共和国反家庭暴力法》(以下简称《反家暴法》)施行后,永春法院进一步设立首个以法官个人命名的"杨法官家事调解工作室",深入乡村社区、妇联组织、幼儿园等开展反家庭暴力法制宣传,积极邀请人大代表等协助化解各类家事纠纷,拓展利用司法手段阻断家庭暴力行为。

(二)探索符合家事案件特点的证据规则

在家事案件中,由于普遍存在证据收集难、固定难的问题,通过庭审举证的方式,很难全面呈现当事人的情感及婚姻家庭关系,难以实现个案的公平正义。因此,家事案件需要法官更主动地干预程序、收集证据,法官消极居中裁判,不主动探知事实和调查证据,其结果可能违背公平、正义的根本要求。对此,永春法院大胆探索了符合家事案件特点的证据规则。(1)建立家事调查员制度。聘任具有社工、教育、心理学等专业背景,具备一定婚姻家庭、妇女儿童权益保护知识,擅长沟通调查、熟悉社区事务的11名社会人士作为"家事调查员"。法院可以根据案件需要,委托家事调查员通过走访邻居、亲属、社区、工作单位了解当事人的婚姻状况及未成年人的抚养状况,近距离地观察、把握当事人的情感及家庭状况,然后向法院出具书面调查报告,并提出纠纷解决建议。(2)合理分配举证责任。尤其是针对家庭暴力案件,适当降低证明标准,提高近亲属和未成年人所作证词的可信度,并将未成年子女的证言和不愿出庭作证的证人证言纳入法院依受害人申请调查取证的范围。(3)加大案件释明力度。针对大多数家事案件当事人系社会弱势群体,其诉讼能力偏低的实际情况,要求法官在审理案件的过程中,加强案件释明,向举证能力较低的当事人释明具体案件需要证明的对象、所需证据种类、相关事实的证明程度等,弥补其在诉讼能力上的不足。

(三)创新家事纠纷多元化解决机制

家事案件有自身的特点,亲情浓厚,还往往涉及青少年、儿童等未成年人的利益,家庭的分解破裂以及其他纠纷漩涡常会给未成年人的身心健康造成不良影响,甚至是不可磨灭的噩梦。这就要求法官不宜简单地一判了事,而要通过做大量细致艰苦的调解工作有效化解家庭矛盾。(1)着力诉前调解。永春法院设立诉调对接中心,在5个基层法庭设立人民调解工作室,聘任专职的调解员,在当事人办理立案手续时,先引导其让专职调解员进行诉前调解,及时化解家事纠纷,在立案前就将部分家事纠纷调处化解。这种调解过滤机制亦很大程度上缓解了家事法官的办案压力。(2)着力诉中调解。永春法院要求除被告未到庭的家事案件外,均应进行庭前调解。法官在当事人对簿公堂、情绪激化之前,邀请家事调解员介入案件,客观地了解案情和双方意见,从法律和情理的角度对双方当事人进行调解,最大限度地化解当事人的矛盾,提高办案质效,节省司法资源。开庭审理时,法官积极邀请家事调解员、人民陪审员等参与家事纠纷的调处工作。永春法院于 2015 年 4 月聘任永春县妇联副主席林丽珍等 10 名社会人士为家事调解员。一年来,家事调解员协助法官调解婚姻、继承等各类家事纠纷 182起,得到当事人的充分肯定。

(四)成立送达小组负责家事案件集中送达

为了解决送达难的问题,永春法院家事审判庭于 2015 年 9 月成立送达小组,配备执法记录仪,安排专人从事送达工作,并对送达人员进行专门培训,树立送达人员司法为民、文明送达的意识。该送达小组由一名审判员和一名书记员组成,他们负责整理出已邮寄但被退回的法律文书,然后驱车到当事人住所地或工作地点进行调查、走访寻找案件当事人,通过聊家常、谈心事等方式缓和被送达人的抵触情绪,实现送达过程的和谐有效。送达小组成立 3 个月时,便接收需要送达的家事案件 73 件,成功送达 68 件 76 人次,不仅提高了送达效率和送达成功率,也有助于其他家事法官从事务性工作中脱身出来,集中精力和时间处理案件的实体问题,有效提高了审判质量的效率。

(五)充分了解民俗吸纳民意

德国法学家萨维尼指出:"法律的根基在于法与道德的共同母体——习惯。"①永春法院要求法官在处理家事纠纷案件时,要充分考虑当地的风土人情,充分吸纳民意,主动邀请熟悉当地风俗习惯的人大代表、政协委员等参与案件的审理;在深入乡村社区、当事人所在地进行巡回审判时,积极邀请当地"长者""乡邻"到现场对家事纠纷进行调解,有效促进伤痕愈合、矛盾修复;利用乡村风俗"赶墟日"创设"墟日法庭",设立专门的导诉法官,引导确实有需要的群众"一站式"办理相关诉讼手续。开展墟日巡回审判,现场审理家事案件,提高群众的法律意识。通过上述做法,努力实现法律规定与善良风俗的统一融合,达到案件处

---

① [德]萨维尼:《论立法与法学的当代使命》,转引自陈国猛、黄鸣鹤:《习惯在司法过程中的适用——以厦门法院的司法调解与判决为分析样本》,载《法律适用》2015 年第 11 期。

理法律效果与社会效果的完美统一。

(六)延伸家事审判服务机制

永春法院在家事审判司法实践中,注重开展人性化延伸服务。主要做法如下:(1)探索建立家暴档案、探视抚养档案、"合适成年人"参与制度、跟踪回访社会帮扶、未成年人帮教共建、落实犯罪记录封存等人性化延伸服务。(2)引入心理咨询。对存在报复心理、鱼死网破等心理隐患和不理解裁判结果的当事人,邀请专业的心理辅导老师帮助进行心理疏导,从心理上彻底化解家事纠纷,使家庭和睦、当事人和谐、青少年健康成长。(3)建立和谐共建机制。携手妇联、共青团、民政局、街道办事处等建立共建机制,合力建构家事纠纷处理网络,形成整合联动、综合治理局面,努力实现辖区家庭和睦和社会和谐。永春法院与县妇联密切协作,联合制定《关于创新维护妇女儿童合法权益工作机制的若干意见》等文件,实现了矛盾联调、问题联做、信息共享①。

三、永春法院创新家事审判取得良好成效

(一)实现了家事审判的高结案率和低上诉率

2011 年,永春法院审结家事案件 533 件,结案率为 98.2%;2012 年审结家事案件 539 件,结案率为 98.2%;2013 年审结家事案件 523 件,结案率为 95.3%;2014 年审结家事案件 541 件,结案率为 97.8 件;2015 年审结家事案件 641 件,结案率为 92.4%,近 5 年家事案件平均结案率达 96.1%。在高结案率的同时,仍保持较低的上诉率(见表 4)。家事案件的上诉率远低于民商事其他类型的案件。在上诉案件中,除 2 件上一级法院尚未审结外,维持原判 29 件,撤诉 6 件,调解 3 件,因出现新证据改判 4 件,二审维持原判比重较高。

表 4 家事案件结案方式分布情况(2011—2015 年)

年份 (年)	裁定(驳回起诉、不予受理) (件)	判决 (件)	调解撤诉 (件)	上诉 (件)	上诉率
2011	15	221	297	9	1.7%
2012	11	230	298	8	1.5%

---

① 《反家暴法》施行后,永春法院开始探索与公安、检察等部门的联动衔接,构建协调联动反家暴机制。

续表

年份 (年)	裁定(驳回起诉、不予受理) (件)	判决 (件)	调解撤诉 (件)	上诉 (件)	上诉率
2013	15	233	275	9	1.7%
2014	15	258	268	8	1.5%
2015	26	328	287	10	1.6%
合计	82	1270	1425	44	1.6%

(二)实现了家事案件的零信访

永春法院法官在案件审理过程中更注重情感、伦理、人际关系的整合、调整和修复,更加切合家事案件当事人特殊的心理、情感需求等,使家事案件的当事人在感情存在间隙甚至破裂时还能够感受到法院的人性化关怀,人民群众满意度明显提高,当事人的不满情绪得到明显缓解①。近5年来,永春法院未出现因家事案件当事人不满裁判结果而上访、信访的事件。

(三)拓展了家事纠纷解决路径

永春法院积极与妇联、司法、民政、基层组织等职能部门协调,推动形成了党委领导、政府支持、法院为主、各职能部门联动、社会力量参与的家事纠纷综合解决机制,实现了对家事案件的综合治理,有效创新了家事纠纷的解决模式,让人民群众充分受益,也得到了当地党委政府的认同。

(四)取得了良好的社会反响

永春法院一系列家事审判的创新做法获得了社会各界的认可赞赏。《福建日报》《中国法院网》等以"永春'餐厅法庭'温情解家事"为题,对永春法院创设家事审判庭的创新做法予以报道。2015年6月,福建省高级人民法院马新岚院长带队深入永春法院视察调研时,对该院家事审判的创新做法大加赞赏,马新岚院长要求:"应多运用讲述亲情故事、回首婚内往事等办法,尽力挽救婚姻,维护家庭稳定。"

---

① 例如,原告郑某白与被告黄某威离婚纠纷一案,开庭当日,当事人及亲属来了十多人,双方当事人及其亲属情绪都非常激动。经过法官的温情调解,最后郑某白撤回了起诉。黄某威事后表示,走进法庭时看到如此明亮、通透、温馨的环境,声音不自觉地降低了好多分贝。在法官的劝说下,他向妻子承认了缺点并决心改过,挽回了差点破碎的家庭。

四、家事案件审判目前存在的难点和障碍

(一)矛盾日趋复杂,化解难度不断加大

法院在处理家事案件的过程中,强调调解以消除对立,实现案结事了、社会和谐,但每个家事案件背后,往往都隐藏着长年积累的亲情、感情纠葛,审理难度大,当事人在开庭前后、开庭过程中公然吵架甚至斗殴的情形仍时常发生。为此,承办家事案件的法官除了在案件审理上需要耗费大量的时间外,还要耗费更多的精力对家事案件的当事人进行情绪安抚、释法答疑等工作。从表2可以看出,家事案件的判决率有上升的趋势,这也与案件审理难度不断增大密切相关。与此同时,家事案件所涉的财产除了传统的货币、房产外,近年来还涉及股票、公司股权等无形资产。而对这些新问题的审理,目前仍缺乏比较成熟的处理准则,需要承办法官依据具体情势裁量,这也增加了处理家事案件的难度。

(二)举证难度仍较大,事实往往难以真正查清

俗话说:"清官难断家务事。"家事案件的当事人大多是家庭成员,在纠纷产生前基于亲情信任一般不会有收集证据打官司的想法,纠纷发生后往往难以举证。而一些家庭成员即使知道实情,也往往基于自身利益不愿出庭作证,毕竟家事案件的当事人与其他家庭成员之间多具有紧密而复杂的亲缘、血缘关系,容易受到"亲亲相隐"等传统家庭伦理规则的影响。因此,在家事案件审理的过程中,虽然永春法院在不断探索符合家事案件特点的证据规则,但是由于当事人的举证能力尚未得到较大提升,仍存在难以查明离婚原因、夫妻共同财产范围及家庭暴力等问题,从而不利于法官作出公正、客观的裁判,使法官很难办出家事审判精品案件。如在离婚案件中,对于"判决不准予离婚"的理由,法官往往千篇一律地表述为"原告难以提供有效证据证实夫妻感情确已破裂"。

(三)送达存在困难,耗费大量司法资源

随着城镇化的发展,永春县外出经商和务工人员数量庞大,有不少是举家到发达城市经商或务工数年不归。当家事案件的原告起诉时,往往只能说出对方的户籍所在地而不清楚实际所处的确切地址,法院也很难查清线索,最后无奈之下只能通过公告送达诉讼材料。最高人民法院《关于适用〈中华人民共和国民事诉讼法〉的解释》第138条规定:"公告送达可以在法院的公告栏和受送达人住所地张贴公告,也可以在报纸、信息网络等媒体上刊登公告。"出于慎重考虑,不少法官会尽量到被告住所地去了解情况,张贴公告,但这种公告送达的办法需要花

费大量的人力物力,浪费有限的司法资源。公告送达的另一种办法是在报纸上刊登公告,司法实践的做法一般是在《人民法院报》上刊登公告,但由于普通民众接触《人民法院报》的并不多,此种公告送达的作用也许仅限于履行法定程序,其结果绝大部分仍然是缺席判决,不仅于查清案件事实无益,甚至可能会造成程序公正而实体不公正的情形。

(四)过分强调调解易造成结案延迟,可能导致当事人的不满

在实践中,如果过分强调调解,将不可避免地造成承办人在办理家事案件中努力追求调解结案的趋势,造成结案延迟,增加当事人的成本和法律秩序的不稳定。[1] 一味强调调解(尤其是诉前调解)有时难以为当事人所接受,当事人甚至可能出现不满情绪。

(五)无法强制当事人到庭,难以找出案件症结所在

在涉及身份关系的案件中,当事人本人到庭可以使法官厘清当事人之间的情感纠葛,找出案件的症结所在,在涉及血缘关系确认的诉讼中,可能还需要当事人提供检验样本以进行相应的司法鉴定,当事人本人到庭参加诉讼更为必要。某些当事人不配合法院工作,受传唤时接电话但不来法庭,即使法官上门亦避而不见,诸如此类的问题不能得到有效的解决。

(六)"家事调查员"制度难以取得预期的效果

由于"家事调查员"个体判断和良知的差异,在调查过程中,可能只调取对一方当事人有利的证据而对其他证据视而不见,或人为利用调查便利,促使案情向有利于一方当事人的方向发展,可能无法取得该制度设立初衷的预期效果。

(七)"人身安全保护令"的适用受制约

家庭暴力的隐蔽性、多样性、难以查证等特性制约了"人身安全保护令"的具体适用。尽管法院积极探索与公安、检察、司法的联动衔接,构建协调联动反家暴机制,但由于该制度属于新鲜事物,缺乏规范操作程序,导致人身安全保护裁定的执行存在较大的障碍。

---

[1] 张振华:《裁判者视角下当事人诉讼成本的控制路径》,载《九江学院学报》2014年第3期。

五、家事案件审判的改进对策

(一)着力提升家事法官综合能力

永春法院要求家事法官每周至少一次集中讨论学习,同时,密切与高校的合作,联系有关专家、学者,对家事法官进行专业集中辅导与培训,营造浓厚的业务学习与研讨氛围。要求家事法官在审理家事案件时应注意找准案件的争议焦点,有针对性地做好当事人的思想工作;找准矛盾转化的交叉点,充分运用调解机制,引导当事人达成调解协议;找准法律与情理的融合点,综合发挥法律与道德规范的双重作用;对同类案件及时梳理并总结审判规律,以及时发现问题并寻求可普遍适用的解决办法。

(二)加强法院依职权调查取证的力度

家事案件对法官职权干预的需求主要体现为法官依职权主动地进行审查、取证,对处分权的适当干预和法官自由裁量权的行使。因此,在涉财产的家事案件处理中,应多采取法官职权探知的做法,即依当事人申请或依职权对当事人的房产、公司、存款、基金股票等情况进行查询,以确保财产处理的公平公正。

(三)建立专门的家事法律援助制度

对经济困难、文化程度较低、残疾人员、遭受"家暴"以及其他诉讼能力明显不足的家事案件当事人,在征询当事人意愿的基础上,通过法院与司法局的衔接机制,向司法局提出提供法律援助的建议,由法律援助机构指派业务能力强、法律经验丰富又具有较强社会责任感的法律援助人员作为上述人员的诉讼代理人参与诉讼,有效弥补部分弱势当事人诉讼能力的不足,从而保障弱势群体的权利,保障案件审理结果的客观、公正。

(四)联合基层村居建立家庭矛盾的预防机制

一方面,对家事纠纷多发的乡镇进行摸底调查,与当地村(居)委会建立联动协调机制,对可能存在较大矛盾的家庭进行针对性的跟踪指导,并提供婚姻家庭方面的正面教育、宣传、引导或者心理咨询、疏导。另一方面,组建由法官、家事调解员、心理咨询师、村(居)委会委员等人员组成的集婚姻家庭调解、心理疏导、法律帮助为一体的调解队伍,尽量将家庭矛盾化解在基层。①

(五)建立反家暴人身安全保护机制

在已成立的"家事审判庭""杨法官家事调解工作室"的基础上,进一步加强与公安、检察、民政局、妇联、村居等部门的沟通联合,成立反家暴协调小组,制定反家暴工作的具体实施方案,对家庭暴力的认定、证据的收集固定、人身安全保护裁定的申请、审查、制作、送达以及各联合单位之间的相互支持配合等作出详细的规定,以切实保护被施暴者的人身、财产权益,解决"人身安全保护令"的虚置化问题。

古训道:"家和万事兴。"家庭是社会的细胞,家事案件状况是社会稳定、和谐与否的"晴雨表"。近年来,永春法院在家事审判的实践中不断总结经验,完善相关制度,开启了家事案件审判的专业化之路,既彰显了司法的人文关怀,也推进了社会治理方式的有益创新。

---

① 厦门市海沧区人民法院课题组:《关于创新家事审判工作的调研报告——以海沧法院为样本》,载《东南司法评论》(2015年卷),厦门大学出版社2015年版。

离婚监护案件"子女最佳利益"原则的重新审视

——以联合国儿童权利委员会第 14 号意见书为视角

■丁启明*

摘要:联合国儿童权利委员会于 2013 年公布第 14 号一般性意见书,重新阐述了"儿童最佳利益"原则的内涵与落实方法。该意见书针对离婚监护案件提供了一套有助于降低司法程序对未成年子女可能带来的伤害的法律架构。考察子女最佳利益原则的演进与发展,并以"14 号意见"的规定为基准,检视我国离婚监护案件中子女最佳利益的司法实践,可为我国民事司法中子女意见表达权、子女最佳利益判断方式、子女权利的程序保障等问题提供较为先进的示范样本。

关键词:儿童权利公约;子女最佳利益;离婚监护权;一般性意见

近年来,在国内离婚率攀升以及未成年子女权利保障意识高涨等因素的影响下,离婚监护案件日益受到关注。虽然未成年子女并非离婚监护案件程序上的当事人,但是判决结果却可能给未成年子女的生活与成长带来巨大的改变。在父母激烈争夺监护权的案件中,如何保护未成年子女的利益不被侵害或遭遇漠视,对法院而言是一项关涉儿童健康发展与公共福利的严峻挑战。

联合国儿童权利委员会于 2013 年 5 月公布第 14 号一般性意见书[General Comment No. 14 (2013) on the Right of the Child to Have his or her Best Interests Taken as a Primary Consideration,CRC/C/GC/14,以下简称"14 号意见"],重新阐述了"儿童最佳利益"的内涵与落实方法,为法院在离婚监护案件中如何探究真正的子女最佳利益提供了明确细致的范本。检视我国离婚监护案件中子女最佳利益原则的适用与"14 号意见"所阐述的标准是否一致,将为完善我国保护未成年子女权益的法律规范提供参考标准。

---

* 作者系厦门大学法学院诉讼法学专业博士研究生。

一、子女最佳利益原则的法源回溯

子女最佳利益原则是现代亲子法的主要指导原则之一,国外学者就其演进与发展的论述主要以 18 世纪至 19 世纪的英国法与美国法作为起点。其中多位学者以英国及美国法院在此段期间作出的判决为基础,论述该原则的雏形是源自于英国的普通法;[①]美国法院则自 19 世纪初开始援引相关的表述,而后再进一步发展为现今为各国所普遍采行的亲子法原则。[②] 即子女最佳利益原则起源于英美两国的司法判决,但该原则在经历较长时间的成长期后,在广泛的国际共识下经由《儿童权利公约》第 3 条等国际规范的确认成为普世价值。[③] 因此,本文以子女最佳利益原则的源起为出发点,尝试厘清子女最佳利益原则的产生过程,以及其在不同社会发展阶段被赋予的意涵,并将其作为比较的基准用于对照观察儿童权利架构下子女最佳利益所涵涉的功能,以求能够精准地掌握"14 号意见"所阐释的重点。

(一)家本位时代的子女利益——父权至上

在罗马法中,父亲对子女拥有绝对的权利,并曾经据此发展出"父权准法律原则"。[④] 受罗马法的影响,在封建社会时期,英国也将"父权"作为亲子法的重要权源,父亲被赋予对未成年子女近乎绝对的亲权。[⑤] 直到 19 世纪,英国法院仍然坚守父权为大的立场,法院仅在极少数例外情况下排除父权的行使。在著名的 1883 年"Ellis 信仰案"中,父亲对 16 岁女儿的宗教信仰十分不满,遂安排女儿在教会学校寄宿,每月只允许妻子探视女儿一次。女儿及妻子遂向法院起诉,要求母女能够自由的见面及通信。法院驳回了原告的诉请,并在判决中指出,"子女自出生时起即属于父亲,基于家庭及儿童的利益,特别是该儿童的利

① Ann M. Funge, Articulated At Last: What Factors Constitute "Best Interests of the Child", *PA. Law*, 2011. No. 24.

② Emilio García Méndez, *A Comparative Study of the Impact of the Convention on the Rights of the Child: Law Reform in Selected Civil Law Countries*, Cambridge University Press, 2007, p. 100.

③ Stephen Gilmore, A Critical Perspective on the Welfare Principle, *The Land and Social Work*, 2001, No. 5.

④ 王洪:《论子女最佳利益原则》,载《现代法学》2003 年第 6 期。

⑤ Alison Diduck, *Felicity Kaganas, Family Law, Gender and the State*, Hart Publishing, 2006, p. 305.

益,法院应当尽量避免介入父亲对子女行使父权"①。由此判决可知,尽管当时英国法院已经开始形成维护子女利益的意识,但法官在解释"子女利益"的概念时仍然无法跳脱父权思维的影响。该判决中虽然宣称"基于儿童的利益",但是真正保障的对象却是父亲的权威。19 世纪虽然不乏明确载明"符合子女利益"等文字的判决书,但子女利益大多是法院据以论证司法权力不应介入父权行使的理由。在当时的社会观念下,父权优先的安排不但可以避免子女在成人间权利的拉扯,而且更是法院借以维护社会稳定的方式。

极少数的限制父权行使的案件多涉及未成年子女的人身安危,即父亲的行为已对子女的身体造成严重伤害。当滥用父权的行为造成未成年子女的身体伤害时,法院可以扩张适用"国家为亲"法则,限制或排除父权的行使,以保护未成年子女的人身安全。② 因此,当今多数英美学者将子女最佳利益原则的起源追溯为"国家为亲"法则。

除上述国家因保护未成年人身体健康的目的而介入父权行使的案件类型外,母亲也开始诉诸司法途径争取子女监护权。1804 年的 De Manneville 案是英国最早由女性向法院提起诉讼争取未成年子女监护权的案件。③ 法院在判决中虽然表露难以抉择的矛盾,但是并未对改定监护权的情况及理由提出说明。此案中法官的判罚也导致该时期的子女利益实际上沦为法院给予的"口头服务",未成年子女应获得的照料未能成为法院审理案件时关注的因素,子女最佳利益尚未成为足以捍卫未成年人权利的力量。

(二)亲本位时代的子女利益——幼年原则

如前所述,英国法院直到 19 世纪仍然一再重申父权优先的立场,由母亲所提出的监护申请几乎均遭受不利判决。在越来越多的母亲无法通过司法途径获得救济之后,其中一位母亲,即 Caroline Norton 转而向立法者寻求帮助。Norton 向国会议员发送传单表达诉求,认为未成年子女监护的法律问题是父亲与母亲权利的冲突,并由母亲的观点出发,主张法院无力对抗强大的父权,因此应当透过法律改变监护权的认定标准。Norton 的主张受到议会议员的支持并将法案带入议会表决,经两次审议后,议会终于在 1839 年通过了《幼儿监护修正法》(*Act to Amend the Law Relating to Custody of Infants*,1839)。该法赋予

---

① Re Agar-Ellis(1883)24 Ch D317,334,per Cotto.

② Shelley Day Sclater, Christine Piper, Social Exclusion and the Welfare of the Child, *Journal of Law and Society*, 2001, No. 3.

③ Danaya Wright, De Manneville v. De Manneville: Rethinking the Birth of Custody Law under Patriarchy, *Law & History Review*,1999, No. 17.

衡平法院自由裁量权,授权其可判定未满 7 岁子女的监护权归属母亲。①立法者认为,法院基于父权优先作出的判决导致了实质的不正义,为缓和这一不公正现象,应当允许符合条件的母亲有机会取得未成年子女的监护权。1886 年,《幼儿监护修正法》得以修订,修改后的法律进一步规定,法院可判定未满 16 岁子女的监护权归属母亲,且在判断未成年子女的监护权归属时应当考量儿童的福祉。上述成文法遂成为"幼年原则"(tender years doctrine)的渊源。

19 世纪 90 年代以来,美国的许多州也开始逐渐累积以幼年原则为导向的监护权判例。美国法院主要是以母亲在天性上、自然上比较适合承担孩子幼年时的养育工作为基础,推定由母亲照顾较为符合幼年子女的利益。但这种考量方式是否能够确实保障子女的利益,判决标准是否存在由绝对的父权向绝对的母权转换之虞等问题不无争议。此外,幼年原则以父母性别之分作为差别对待的区分标准,也因违反美国宪法修正案规定的两性平等原则而饱受诟病。

(三)近现代亲子法的新核心——子女福祉

20 世纪后期开始,英美两国纷纷修正幼年原则,并强调子女本位、子女福祉等亲子法上的价值取向。在子女最佳利益方面,单纯的父权优先标准与幼年原则逐渐退出历史舞台,发展为由法院结合个案情况广泛的行使裁量权。这种发展趋势固然更为合理,但同时也由于标准较为抽象、模糊,而使得立法者及司法者被迫不断探索子女最佳利益的内涵与外延,并尝试借用其他推定原则与研究结果作为判定标准。例如,考虑到父母双方的参与对于未成年子女的心理健康均十分重要,因此推定与父母双方皆维持一定的往来较符合子女的利益;考虑到家庭的破裂、父母关系的分崩离析必然导致子女一定程度的心理伤害,因此在各种方案中应推定选择"最小伤害替代方案"等。近年来,英美等国主要采取明确规定一系列应予考虑的因素等方式来为法院提供较为明确的审理标准。例如,英国 1989 年《儿童法》将法院应考虑的因素明确列入法条中;美国多数州均借由法律或判例明确法官在判断子女最佳利益时应当考虑的因素。

此外,自 20 世纪 70 年代以来,有关子女最佳利益原则局限性的争议,逐渐引发了学界的重视与省思。有学者认为,可能影响儿童福祉的因素应当广泛包括基因、经济条件、教育、环境及人际关系等,而法律规范却将各种因素局限为有限的几个考量点。另有学者认为子女最佳利益的判断过程存在高度的不确定性及不透明性,法院审查案件的目的是判断及评价过去的事情而无从预测未来,且

---

① Charles R. Stone, etc. The Court, The Parent, and the Child: Mediator Perceptions of the Purpose and Impact of Mandated Mediation in Child Custody Cases, *Journal of Child and Family Studies*, 2011, No. 13.

不同法官对各项参考因素的重视程度不一致，致使类似的案件可能因系属于不同的法院而产生不同的判决结果。① 因此，究竟应当如何确定子女最佳利益似乎已经成为令受案法官深感棘手的问题。

有鉴于子女最佳利益原则是一项无法准确划定外延的法律概念，英国学者以该原则的基础概念为出发点，尝试克服子女最佳利益原则本质上容易被法官主观判断所左右的风险，并建构更明确或更符合现代社会的适用标准。英国亲子法学者 Andrew Bainham 认为应当将父母利益与子女利益予以区分并分别考量，才能避免子女的利益被湮没在父母利益之中，并确保子女最佳利益原则的适用能够发挥其应有的功能。

进行子女最佳利益原则的法源回溯可以发现，子女最佳利益原则是一项随着时代变迁而不断演变的社会法则。首先，子女最佳利益原则在产生之初虽然被冠以"儿童利益"之名，法院虽然有保护未成年人之意，但是其实际适用效果却是维护父权的尊严。其次，子女最佳利益原则的认定标准已经由单纯的父权优先原则发展为幼子随母原则，再发展为现今的法官广泛行使裁量权原则。由于这种裁量并无具体的标准，相关的推定原则逐渐受到司法实务者的关注，以期将越发抽象化的子女最佳利益原则通过比较容易操作的制度规则加以适用。

二、"14号意见"对子女最佳利益原则的定位与解读

1989年11月20日，联合国大会通过《儿童权利公约》(*Convention on the Rights of the Child*，以下简称《公约》)，这是第一部有关保障儿童权利且具有法律约束力的国际性约定。《公约》明确了儿童与成年人同样是权利主体，并在第3条中概括性地就"子女最佳利益"作了规定。其主要内容如下："(1)涉及儿童的一切行为，不论是由公立或私立社会福利机构、法院、行政当局或立法机构执行，均应以儿童最佳利益为优先考虑。(2)缔约国应承担确保儿童享有其幸福所必需的保护和照顾，考虑其父母、法定监护人或任何对其负有法律责任的个人的权利和义务，并为此采取一切适当的立法和行政措施。(3)缔约国应确保负责照料或保护儿童的机构、服务部门及设施符合主管当局规定的标准，尤其是安全、卫生、工作人员数目和资格以及有效监督等方面的标准。"同时，《公约》第12条规定了儿童的意见表达权："(1)缔约国应确保能够形成自己看法的儿童有权对影响儿童的一切事项自由发表意见，对儿童的意见应按照其年龄和成熟程度

---

① Steven Parler, The Best Interests of the Child, Principles and Problems, *International Journal of Law Policy & the Family*, 1994, No.1.

给以适当的重视。(2)为此目的,儿童应特别享有机会在影响到儿童的任何司法和行政诉讼中阐述见解,以符合国家法律的诉讼规则的方式,直接或通过代表或适当机构陈述意见。"第3条与第12条的规定具有互补性功能,两者在实务操作上具备紧密的关联性。可以说,第3条的目的在于维护子女的最佳利益,而第12的规定则提供了落实的方法。

此后,联合国儿童权利委员会第12号一般性意见书[General Comment No. 12 (2009) The Right of the Child to be Heard,CRC/C/GC/12,以下简称"12号意见"]指出,儿童最佳利益是一项"类似于程序上的权利",签约国有义务构建相关机制并促使立法机关、行政机关及司法机关在对儿童问题作出判断之前确实地考虑儿童的最佳利益。2013年5月29日,联合国儿童权利委员会公布"14号意见",意见全文共6条135段,以子女最佳利益为主题对《公约》第3条的规定进行了具体的阐释。就子女最佳利益原则的性质、适用范围、构成要件以及《公约》第3条与其他规范之间的关联性作了较为完整、具体的解释。

(一)子女最佳利益原则的性质

"14号意见"第1条开宗明义地将子女最佳利益的性质定位为"一项权利、一项原则及一项程序规则"。第1-A6条则进一步阐述了子女最佳利益的"三重概念":首先,子女最佳利益是一项实体权利。当裁判主体需要就一项涉及不同主体权利的事项进行判断时,应优先考虑未成年子女的利益。其次,子女最佳利益原则是解释法律规范的基本原则。如果一项法律是开放的、可能进行多种解释的,则应当选择符合子女利益的方式进行解释。最后,子女最佳利益原则是一项程序规则。对涉及子女的政策或事件作出判断时应当全面权衡利弊,并给予程序保障。决策者对影响判断的各种因素如何考量、考量标准、如何选择等问题应能作出合理的解释。

"14号意见"第2条指出,子女最佳利益是一项动态的概念,其涉及的多样化问题是不断变化发展的。一般性意见仅能提供一个框架用以评估和确定子女最佳利益,因此个案中的子女最佳利益应当结合儿童需求与其处境进行个别判断。

(二)确定子女最佳利益的步骤

针对如何确定子女最佳利益,"14号意见"提供了"二阶段"模式的参照标准。首先,结合个案中子女的具体情况,选择应当纳入考量的因素,并确定各项因素的具体内容及权重;其次,提供法律保障等程序机制对各项因素进行评估,确定个案中的子女最佳利益。

1. 评估子女最佳利益应予考量的因素

针对《公约》第3条未就裁判者应予考量的因素提供标准的缺憾，"14号意见"第5-A条建议就判断子女最佳利益通常应当考虑的一系列因素作出规定，以为裁判者提供较为明确的判断依据。第5-A-1条明确地列举了子女意愿，子女人格，与家人维持关系，子女的照料、保护及安全，子女的脆弱情况，子女的健康权及子女的教育权等七项因素用以辅助决策者的判断。

此外，针对各项考量因素应当被赋予何等权重的问题，"14号意见"第5-A-2条指出，应当依循未成年子女的个别情况而予以不同的考量。个案中可能出现各种因素存在矛盾与冲突的情况，例如保全家庭环境可能与保护子女免受暴力虐待发生冲突。此时应当就各项因素进行全面审视，并视该项因素在个案中的重要性赋予其适当比重，以便寻求最接近子女最佳利益的方案。

2. 评估子女最佳利益的程序保障

相较于学界对于子女最佳利益所提出的定义，"14号意见"的特别之处在于其要求缔约国通过构建制度机制确保子女最佳利益原则的落实。针对离婚监护案件，裁判的正当性必须以履行必要程序为前提，且成员国应建立透明与客观的规范，使法官有明确的依据以兹遵循。"14号意见"第5-B条指出，程序应当"友善子女"（child-friendly），为未成年人提供参与程序的机会，并在与子女进行沟通后对其最佳利益进行评估。考虑到未成年人行使权力的能力不足，国家应提供相关机制协助子女向裁判者表达意见。

针对如何落实离婚监护案件中的子女意见表达权，第5-B条作出了进一步的说明：首先，应由已受训的专业人员负责案件资料的收集工作，以便为后续进行的最佳利益评估提供完整的信息。在使用信息前，裁判者应进行分析并确认其是否正确。其次，如果案件存在当事人之间潜在的冲突，且法院需要就子女最佳利益作出认定，应指派法律代理人维护子女的利益。如果法院在个案中未能履行评估子女最佳利益的义务，或者未能确实地依循必要的程序听取子女的意见，则未成年子女应享有获得司法救济的权利，并应当能通过专业律师的协助行使权利。最后，如果法院的裁判内容与子女所表达的意见相违背，那么法院应说明理由，裁判中应载明作出判断所依据的全部因素，以及为何某种因素所占权重高于子女所表达的意见。

通过"二阶段"模式的程序设置，"14号意见"将子女最佳利益的评估过程区分为利益内容的评估与评估过程的程序保障。以此促使裁判者针对各项因素分别进行分析与总体权衡，同时冲淡确定子女最佳利益过程中程序不透明的缺陷。意见同时指出，裁判者应当落实子女表达意见的权利，并就其评估说明理由，即便子女的想法可能与法院的判断并不一致，法官仍应对其意见进行权衡与说明。

此外，"14号意见"虽然针对子女最佳利益的基本精神及落实方法提出了架构,但是就司法实务中可能存在的其他困难,包括如何确定子女表达意见的年龄、子女所表达的意见应当被赋予多高的权重等问题,意见并未予以明确,而是提供了较为开放的态度。强调并非只有具备语言能力、达到特定年龄的子女方可表达意见,相关人员应当尽量透过儿童的肢体语言、面部表情等方式理解子女的选择。而子女意愿的权重问题,也应当结合个案的独特性予以分别判断。

(三)子女最佳利益原则与子女意见表达权的关联

虽然子女意愿与子女最佳利益并不总是完全一致的,但是"14 号意见"仍然使用了较大的篇幅强调表达意见权的重要性。针对《公约》第 3 条子女最佳利益的规定与第 12 条子女意见表达权的关联性部分,"12 号意见"指出,在未经儿童行使意见表达权的情况下,裁判者对子女最佳利益作出的判断是不够准确的。"14 号意见"重申并进一步阐释了"12 号意见"对子女表意权的说明,指出随着未成年人理解能力的增长,其父母、监护人等应当将对未成年人的指导转换为建议及提醒;未成年人越成熟,其意见被考量的权重也应当越重;一旦子女有表达意见的意愿,则应当由其自行决定以直接或间接的方式表达意愿。此外,"14 号意见"第 1-A 条再次重申,成人对于儿童最佳利益的判断,不得优先于其应尊重儿童权利的义务;子女最佳利益应以符合儿童权利为前提,裁判者确定何种方案对于子女最为有利时,"不得借由对最佳利益进行反面表述的方式来牺牲儿童的权利"。即如果未成年人有能力表达其想法,成年人不应以该想法并不恰当为由阻止子女表达意见,子女最佳利益原则不得作为排除子女表达意见权的依据。[①]

三、我国离婚监护案件中子女利益保护问题的检视

针对离婚监护案件中子女最佳利益原则的适用,"14 号意见"提供了数个审查重点。首先,程序规则应当能够保障子女行使意见表达权,当未成年子女有表达意见的意愿时,法院应当听取其意见并予以考量。其次,子女最佳利益的判断必须以符合《公约》所保障的儿童权利为前提,法院不得以子女最佳利益为理由牺牲未成年子女的权利。在权利冲突情况下若有必要排除部分权利以实现最佳利益,则裁判应当经过审慎评估并具有正当理由。下文以上述审查重点为基础,检视我国离婚监护案件中有关子女利益的法律规范、适用方式及配套机制,并提出完善方式。

---

① Jane Fortin, Accommodating Children's Rights in a Post Human Rights Act Era, *The Modern Law Review*, 2006,No. 3.

(一)明确子女最佳利益原则

司法的理念是支配司法运作的哲学、价值或者基本的观念,是司法体制的精神构造。[1] 理念扭转是解决我国离婚监护案件中子女利益保护问题的重要基石。我国《婚姻法》第36条及最高人民法院的相关司法解释体现了离婚案件子女抚养问题应以保护子女权益为原则。但长期以来,理论及实务层面对子女最佳利益原则关注不足或存在一定的误读,导致这一在国际人权保护领域广受重视的亲子法基本理念未能在实体法层面予以明确。

首先,《婚姻法》及《未成年人保护法》应引入"子女最佳利益原则"作为判断父母对子女权利义务归属的认定标准。一方面,自1992年加入《公约》以来,我国根据社会发展需要制定、修改了一系列与儿童权利保护相关的法律规范,有步骤、有计划地推动了儿童权利保护事业的发展,在实体法中明确《公约》及一般性意见所阐述的子女最佳利益原则,将有助于建构一个以儿童福祉为核心的司法文化环境。另一方面,虽然通说认为,一般性意见具有软法的性质,其宣示意义与示范意义高于实际拘束力。[2] 但是其作为对国际人权公约的权威性解释,在跨国司法实践中发挥着不可替代的重要作用。国内法院宜对一般性意见予以积极适用,否则可能产生各缔约国对公约内容各自表述的情况,丧失实践国际人权标准的意义。

其次,应明确法院在审理离婚监护案件时,判断子女最佳利益应予考量的各种因素,特别是应注意子女的年龄、性别、人数、健康情形(身体与心理)、子女意愿、个性与品行、发展的需要等;父母的年龄、职业、品行、健康情形、经济能力及生活情况;父母保护及教育孩子的意愿、态度及能力;父母与子女的感情状况以及是否有妨碍对方与子女交往的行为等事项。此外,可结合2015年颁布的《反家庭暴力法》,明确对于存在家庭暴力行为的一方,推定不宜由其取得子女监护权。

(二)细化子女表达意见权的有关规定

2012年修订的《未成年人保护法》第52条第2款规定:"人民法院审理离婚案件,涉及未成年子女抚养问题的,应当听取有表达意愿能力的未成年子女的意见,根据保障子女权益的原则和双方具体情况依法处理。"该条规定旨在尊重离婚监护案件中子女对于直接影响其生活的重要事务所应享有的参与及表达意见

---

① 齐树洁主编:《民事司法改革研究》,厦门大学出版社2006年第3版,第47页。

② Conway Blake, Normative Instruments in International Human Rights Law: Locating the General Comment, *Human Rights & Global Justice*, 2008, No.17.

的权利,具有十分积极、正面的意义。但对法院应当如何听取未成年子女的意见却无具体规范可兹遵循。为此,应进一步细化民事诉讼程序的相关规定,使法院是否确实听取子女意见、如何听取、听取后如何考量、是否采纳等问题得以通过法律规范予以明确。例如,如果个案中法院的判决结果与子女的意愿有所不同,则法院应当在判决书中说明其权衡的理由,并通过其他适当的方法使子女了解法院的顾虑所在,以充分尊重子女的表达意见权。

结　语

　　子女最佳利益原则形成及发展的背景清晰地呈现出一个趋势,在现代社会中,子女最佳利益已经不再是一个可以由成年人恣意判断的原则。将未成年人置于权利主体的地位,并建构适当的制度机制以确保未成年人能够行使其权利,方能确实发挥子女最佳利益原则的功能与立法本旨。在离婚监护案件中,为使未成年子女能够有效地行使权利,明确子女最佳利益原则、细化子女意见表达权的行使规范即是关键所在。

监护权撤销制度初探

■厦门大学法学院"未来海岸"课题组*

摘要：为保护未成年人权益，我国1986年颁布的《民法通则》规定了监护权撤销制度，但直到27年后该制度才首次付诸实践。福建省仙游县人民法院审理的"全国监护权撤销第一案"在受理和审判过程中遇到的种种障碍，暴露出有关规定不明确、未成年人后续安置难以解决等问题。该案只是众多未成年人家事案件中具有典型性的一例。为使监护权撤销制度发挥应有的作用，目前亟待解决各种因素导致的"无人起诉"的难题。

关键词：监护权；监护权撤销制度；监护权撤销第一案；未成年人保护

一、监护权撤销制度概述

《民法通则》对"监护权"的概念未作出明确的界定。有学者认为，监护制度是指对于不在亲权照顾之下的未成年人以及精神病人等无民事行为能力人和限制民事行为能力人，以及民事行为能力不充分的老年障碍人，为其人身权利、财产权利的照护而设置的民事法律制度。①

值得注意的是，监护权与亲权的概念虽较为相似，但存在较大的差别：从其产生的渊源来看，亲权基于亲子血缘关系产生，受法律限制较少；而监护权则在亲权之外作为一种法律拟制权利而存在，受到国家立法的严格规制。从其权利

---

* 课题指导：齐树洁（厦门大学法学院教授、博士生导师）。课题组成员：梁修齐、李晓易、孙睿祺、林佳莹、邹宛辰、林少明（以上成员均为厦门大学法学院学生），石鑫（厦门大学公共事务学院学生）。报告执笔人：孙睿祺、邹宛辰、梁修齐、李晓易、石鑫、林少明、林佳莹。在调研过程中，课题组得到了福建省仙游县人民法院的大力支持，在此表示衷心的感谢。本调研报告系厦门大学法学院2016年国家级大学生创新创业训练计划项目课题"我国监护权撤销制度的实践与思考"的阶段性成果。

① 杨立新：《人身权法论》，中国检察出版社2006年第3版，第847页。

义务内容来看,监护权强调监护人对于被监护人单向的权利义务,包括对于被监护人即未成年子女人身和财产方面的保护;而亲权强调的则是双向的权利义务,即父母对未成年子女的教养保护和成年子女对年迈父母的赡养并重。可见,未将监护与亲权加以区别在具体实务操作中必然会带来诸多不便。本文关注的"监护权"仅指上述界定的、与"亲权"相区别的概念。

"监护权撤销"是指监护人不履行监护职责或者侵害被监护人的合法权益的,人民法院可以根据有关人员或者有关单位的申请,撤销监护人的资格。剥夺父母的监护权转而由国家代为行使并非空穴来风,相关理论在欧美国家早已以立法的形式得以确定。

(一)"未成年人(儿童)利益最大化"理论

所谓"未成年人(儿童)利益最大化",是指"关于儿童的一切行动,不论是由于公私福利社会机构、法院、行政当局或立法机构执行,均应以儿童的最大利益为首要考虑"[①]。

以美国这个典型的普通法国家为例,并没有统一适用于全国范围的未成年人监护制度,相关规定散落在各州的习惯法、宪法性文件中,而其最高指导原则便是保护未成年子女的利益,实现未成年子女的最佳利益。

(二)"监护制度公法化"理论

在法、德等大陆法系国家,除了在其各自的民法典中规定国家介入未成年人监护的具体情形外,还设立了专门机构负责对未成年人的具体监护。如现行的《法国民法典》第 427 条规定:"监护是对儿童的保护,属于公共性质的责任。"德国分别设立了家庭法院、监护法院、青少年局作为剥夺父母监护权的机关、监督监护人实行监护行为的机关、担任监护监督人的机关。[②]

(三)我国监护权撤销制度的现状

长期以来,在各类媒体的报道中,监护人遗弃、虐待未成年人的事件时有发生,从 2008 年女童遭亲生父母虐待致死案到 2013 年轰动全国的南京饿死女童案,无不令人触目惊心。为了保障未成年人的合法权益,我国 1986 年颁布的《民法通则》即已规定了监护权撤销制度。但 20 多年来,该条文一直被束之高阁,知者甚少。据了解,自 2009 年至 2014 年,全国申请撤销监护权的案件仅两起,且

---

① 联合国《儿童权利公约》第 3 条第 1 款规定。

② 裴斐:《发达国家和地区如何剥夺监护权》,载《检察风云》2014 年第 11 期。

申请人均非国家机关或被授权的第三方机构。

2014年7月,福建省仙游县人民法院(以下简称仙游法院)作了全国第一例撤销监护人资格的判决。该案判决之后,最高人民法院、最高人民检察院、公安部、民政部于2014年12月18日联合发布了《关于依法处理监护人侵害未成年人权益行为若干问题的意见》(以下简称《意见》),对各级人民法院处理监护权撤销案件的相关问题作了较为明确的规定。该《意见》第30条第2款的相关说明体现了"国家监护权"的理论观点,确立了国家干预监护的合法性。《意见》实施后的第一年,发生了17起有关撤销监护权的案件。其中,有7起被法院驳回诉讼请求,理由均为证据不足;判决撤销监护人资格的有10起,申请人多为未成年人的亲属而非国家机关①。

撤销监护权不仅是个法律概念,而且涉及许多社会问题,例如,监护人的确定、未成年人的安置等。对于此类问题,法院往往很难通过适用有关法律加以解决。为此,有必要结合司法实践,在总结经验的基础上,对这一制度进行研究。

二、"全国监护权撤销第一案"简介

仙游县地处福建东部沿海,木兰溪中、上游,区域总面积1815平方公里,常住人口85.3万(2015年)。仙游法院在编法官及工作人员124人、职工7人。全院内设政治处、办公室、司法警察大队、司法行政装备管理科、刑事庭、少年庭、民一庭、民二庭、行政庭、生态资源庭、立案庭、审监庭、执行局、纪检组、监察室等15个部门以及鲤南、榜头、郊尾、大济、枫亭5个基层人民法庭。

2014年7月4日,仙游法院作出判决,撤销一位虐童母亲对其子的监护权。该案成为我国首例撤销监护权的案件,一时轰动全国。根据该案卷宗的材料,我们按照时间顺序,对本案的经过作以下简单的梳理。(详见表1)

表1 全国监护权撤销第一案梗概

时间	概述
2013年8月	镇政府、村委会及县公安局对多次使用菜刀、火钳等伤害儿子小龙的林丽某进行批评教育,但林丽某拒不悔改②
2014年1月	市委、市妇联、镇政府、派出所等联合对林丽某进行劝解教育,林丽某书面保证不再殴打小龙,但此后依然我行我素

① 有关数据来源于仙游法院郊尾法庭提供的《关于"申请撤销未成年监护人资格案件"情况调查报告》,特此感谢。
② 文中林丽某、小龙均为化名。

续表

时间	概述
2014 年 5 月 31 日	由于林丽某再次用菜刀割伤小龙的后背、双臂,县公安局对其处以行政拘留 15 日并处罚款人民币 1000 元
2014 年 6 月 13 日	仙游县榜头镇梧店村民委员会向仙游法院提出撤销林丽某监护人资格的请求
2014 年 7 月 4 日	仙游法院作出判决,撤销林丽某的监护人资格,指定仙游县榜头镇梧店村民委员会担任小龙的监护人

《意见》颁布之前,我国关于监护权撤销制度的规定主要是《民法通则》第 18 条和《未成年人保护法》第 53 条,有关规定较为笼统模糊。在此情况下,"仙游案"开我国撤销监护权之先例,直接推动了《意见》的颁布。基于实地调研所收集的素材,课题组总结归纳出"仙游案"的主要特点如下:

(一)典型性

1. 由公共组织提出申请

在我国,囿于"不插手他人家事"的传统观念,当监护人侵害未成年人权益时,社会大众的态度一般较为消极。在"仙游案"中,小龙的其他亲属、邻居等出于各种原因不愿以自己的名义提出申请。最后,在当地政府以及律师的建议下,由小龙所在的村委会向法院提出申请,要求撤销林丽某的监护权,由村委会担任小龙的监护人,履行监护职责。

2. 监护人侵害行为严重

撤销监护权制度有助于未成年被监护人尽快、彻底地"脱离苦海"。然而,父母与子女之间基于血缘关系的亲情难以割舍,且父母与孩子一起生活已是常识,因此,理性地看,将孩子从父母身边带走是一种"两害相权取其轻"的不得已选择。[1]课题组认为,撤销监护权应当作为一种最后的救济手段,十分谨慎地予以适用。

在"仙游案"中,林丽某通过伤害、饥饿等方式对小龙进行长期虐待,使其身体遭受严重创伤。当地政府、派出所等部门对林丽某进行了多次批评教育,但林丽某仍未改变对小龙的虐待行为。从本案的卷宗可以看出,林丽某对小龙的侵

---

① 葛明瑜:《论我国未成年人监护干预制度之构建》,载《东南司法评论》(2015 年卷),厦门大学出版社 2015 年版。

害行为情节十分严重,已极大地影响了小龙的身心健康。尽管在当时并无明确规定撤销监护权的判定标准,但本着"儿童利益最大化"的宗旨,为了避免小龙继续受到来自母亲的伤害,保障其基本的生存权,仙游法院作出撤销林丽某监护权的判决。

3. 未成年人安置问题得以解决

撤销父母的监护权,会产生未成年子女继续监护的新问题,这也是监护权撤销制度的又一典型特征。正如上海市市长宁区人民法院少年庭钱晓峰副庭长所言,若撤销父母的监护权,孩子送到哪里呢?[①] 由此可见,实践中撤销监护权之后未成年人的安置问题往往成为制约判决作出的关键因素。在"仙游案"中,直至莆田市 SOS 国际儿童村同意接纳小龙,法官才得以创新性地作出全国首例撤销监护权的判决。

(二)偶然性

在"仙游案"中,村委会向法院提出申请时,小龙已经受虐长达近十年之久。课题组在调研中得知,小龙的遭遇之所以得到社会的广泛关注,得益于一次偶然的网络传播———一位假期返乡的大学生通过微博曝光了小龙的经历。

面对来自监护人的侵害,未成年人自身的救济能力十分有限。当其亲属、邻居等知情人选择沉默时,为了尽早发现未成年人遭受侵害的事实,使其免受身心伤害,有必要明确民政部门等机构的监管职责,而不能仅仅依赖于个案的偶然曝光。

三、制约撤销监护权制度实施的因素分析

将一项制度从"存在"转变为"运行"是一个将理论付诸实践的过程。2014年《意见》的颁布,在一定程度上解决了监护权撤销制度束之高阁的问题,但就"仙游案"来看,该项制度在运行过程中仍然存在难以判断、落实等问题。具体看来,主要表现为以下两个方面:

(一)未成年人的安置问题

"仙游案"中,小龙的安置问题是制约法院作出判决的最大障碍。仙游法院原想让小龙的舅舅林某担任新监护人,但林某并不愿意承担。其原因可能是多

---

① 南方周末:《没人敢用的法律,尘封 27 年重见天日》,http://www.infzm.com/,下载日期:2014 年 9 月 4 日。

样的,其中不乏"怕得罪姐妹、怕引起家庭矛盾"等观念问题,课题组的问卷调查结果也显示出"不便插手他人家事"是一个较为普遍的观念。经过与仙游县政府、团委的积极沟通,仙游法院才敲定由小龙所属村委会作为其监护人。然而,村委会的本职工作与抚养儿童相去甚远,寄养在村委会也难以达到保障小龙健康成长的目的。最终,小龙被安置于莆田市 SOS 儿童村。

《民法通则》规定,在没有其他监护人时,可由未成年人住所地村委会、居委会或民政部门承担监护权,该案之后颁布的《意见》规定了在撤销原监护人监护权之后,由其他监护人或者民政部门来承担监护权,由民政部门承担监护权的,未成年人由其所属儿童福利机构收留抚养①。可以看到,《意见》的规定在《民法通则》的基础上作出新的突破,即规定政府为监护权的最后承担者。这一做法表明"国家监护权"理论首次在我国付诸实践,也意味着我国的未成年人保护制度迈出了重要的一步。但是,即使《意见》已对未成年人的监护责任作出了兜底性的规定,法院为妥善处理未成年人的安置问题,无法及时有效地作出判决,这也是需要引起高度关注的社会问题。

总的来看,新的监护人可以分为以下两种:

1. 自然人监护人②

自然人监护人是《意见》首推的模式,但现实中,该项规定仍然存在操作难处。在其他亲属申请撤销监护权时,由申请人作为新的自然人监护人是可行的,但是从"仙游案"可以看到,其他主体提出申请时,由其他亲属担任自然人监护人是具有操作难度的。因此,如何将规定落实到具体案件中,还需要法院与有关当事人进行充分沟通、听取其意见后方可决定。

《民法通则》规定,在没有合适的自然人作为监护人时,可以选择村委会、居委会或民政部门等单位作为新的监护人,《意见》作出的由民政部门承担无人监护之"空门"的"守门人"角色的规定更是对自然人监护人缺位的补充。但是,自然人监护人的作用是单位监护人无法弥补的,不能因为存在单位监护人的规定,就忽视对自然人监护人的选择。因此,在实践中,与当事人进行沟通的过程势必会延长整个案件的审理时间,不利于法院及时作出判决,这也导致无法最大限度地保护未成年人的利益。

2. 单位监护人

在没有合适的自然人监护人时,根据《民法通则》和《意见》的规定,由未成年

---

① 本文将承担监护权的未成年人住所地的村委会、居委会、民政部门统称为单位监护人。

② 为了与单位监护人相区分,本文将《民法通则》和《意见》中的"其他监护人"统称为自然人监护人。

人住所地的村委会、居委会或民政部门来承担监护权。

单位监护人的问题显而易见，具体可以分为以下几点：

首先，需要考察单位是否具有承担监护权的意愿。作为职能部门，单位监护人有着国家和集体赋予的公共职能，承担监护权所带来的经济负担和非经济负担不属于其本职责任。虽然《意见》以民政部门作为兜底部门的规定体现了国家监护权的理论，但是居委会、村委会等机构并不享有国家机关所拥有的资源，也不应代替国家机关行使监护职责。考虑到村委会、居委会所属辖区必然存在民政部门，我们需考虑到这种情况——村委会、居委会不愿承担监护权而要求由民政部门承担。

其次，需要考察单位监护人是否具有抚养能力。在"仙游案"中，小龙住所地的村委会积极承担了监护人的职责，但不得不承认，村委会在承担监护权时显然力不从心。毕竟，村委会、居委会承担监护权与其本职职能有着较大区别，且村、居委会无法像民政部门一样将未成年人交由专门的儿童福利机构抚养。在"仙游案"中，村委会由于抚养不能，最终将小龙安置于莆田市SOS儿童村。从"仙游案"可以看出，在将监护权判予村委会、居委会承担时，由于法院需要充分考量其抚养能力，导致未能及时作出判决。

最后，需要考虑由民政部门行使监护权时，当地是否存在合适的儿童福利机构。尽管民政部门具有将未成年人寄予福利机构抚养的权限，但涉及具体案情中应如何确定合适的福利机构的问题，司法机关也无法交由民政部门全权负责。考虑到判决执行的有效性和判决后未成年人救济能力的有限性，司法机关同样需要协助民政部门确定合适的儿童福利机构。

"仙游案"中小龙由于长期遭受家庭暴力，性格、心理与生活习惯早已与福利机构中的其他孩子格格不入，具有明显的暴力倾向，生活不能自理。在这种情况下，SOS儿童村同样不能给予小龙最合适的照顾，无法为其进行心理疏导，改善其生活习惯，而小龙自己的性格和生活问题也会影响到儿童村中的其他孩子。从"仙游案"可以看到，确定合适的福利机构，主要需要考虑：（1）是否存在福利机构（SOS儿童村在国内仅有7所，莆田市是为数不多的城市之一）；（2）福利机构是否合适（包括是否能为由于家庭原因而遭受心灵创伤的儿童提供恰当的心理疏导）；（3）儿童机构是否愿意收养等问题。

总的来看，未成年人的安置问题在《意见》实施之后有了最终解决方法，但是这并不意味着法院可以撇开其他监护人直接选择民政部门，也不意味着法院判决民政部门承担监护权之后便能撒手不管。考量各顺位监护人，协助新监护人等工作所消耗的大量时间正是制约法院及时作出判决的重要原因之一。

(二)撤销监护权的法律标准

1."仙游案"适用撤销监护权的法律标准

我国法律在彼时对于可以撤销监护权的情形表述为"监护人不履行监护职责或者侵害被监护人的合法权益"。仅靠一条法律支撑难免使监护权撤销制度在适用上遇到困难,不履行监护职责或监护侵害究竟需达到何种程度才符合撤销监护权的标准,这一点是不明确的,很大程度上取决于法官的自由裁量。

课题组在仙游法院调研中查阅了"仙游案"案卷,各种证据资料显示,本案中的未成年人小龙遭受其母亲虐待的事实非常清楚,情节较为严重,符合侵害被监护人合法权益的情形。可见在"仙游案"中,判断标准的问题并不是很凸显,但过于笼统的规定在面对众多监护侵害的情形时将成为难以判决的一大原因。

2.《意见》中法律标准的探讨

"仙游案"之后颁布的《意见》正是对法律标准的细化,《意见》中第35条规定了在7种情形下法院可以判决撤销监护人资格,其中明确规定了如"仙游案"中虐待、暴力伤害未成年人的情形,同时也包含了以消极的方式侵害未成年人权益的情形,如将未成年人置于无人监管和照看的状态等。仅就2016年5月31日最高人民法院公布的关于侵害未成年人权益被撤销监护人资格典型案例来看,《意见》实施后就已有至少11起案件被法院作出撤销监护人资格的判决。

规定的细化是监护权撤销制度进步的体现,但判断标准的问题仍未得到根本解决。第一,《意见》第35条列举的7种情形中关于程度的用词,何为"严重""情节恶劣",需要进一步解释;第二,其中的第7项作为兜底条款,虽弥补了列举规定的不足,但何为"其他严重侵害未成年人合法权益行为"仍需法官根据自己的认知作出判断。

可见,过大的自由裁量权并不一定有利于法官作出撤销监护人资格的判决。关于申请撤销事由的规定模糊不清,也是阻碍撤销监护权判决作出的原因之一。

四、撤销申请数量较少之原因分析

本案中的小龙是不幸的,但也是幸运的,因为在监护权撤销制度诞生之后的27年里,他是唯一的通过申请人行使诉权而脱离监护人侵害的儿童。据调查,我国约2.2亿儿童中有30.5%在近一年内遭受过家庭暴力,[1]他们中又有多少儿童能像小龙一样得到司法的救助,他们的命运又将何去何从?

---

① 钱晓峰:《儿童虐待国家干预机制的构建》,载《预防青少年犯罪研究》2014年第6期。

前文论述过法院判决时面临的难题,但即使解决了这些难题,能够拯救的也仅仅是小龙这样的"幸运者"。课题组从调研中获悉,监护权撤销制度沉睡了27年之久,主要原因在于无人起诉。为此,要使该制度发挥普遍作用,保障广大未成年人的权益,首先必须解决在有必要启动诉讼程序时,无人起诉的问题。

(一)从制度上思考诉讼申请人的"缺位"

1.何为"缺位"

我们认为,撤销监护权申请人的"缺位"有两层含义。

一是有关"申请资格"规定的缺位,即谁可以提出申请。"仙游案"判决之前,我国《民法通则》和《未成年人保护法》对于撤销监护权申请人的资格只做了笼统的表述:"人民法院可以根据有关人员或者有关单位的申请,撤销监护人的资格。"而谁是"有关人员",谁是"有关单位",法律并未作明确的规定,这使承办"仙游案"的法官也犯了难,最终仙游法院只能根据《民法通则》第16条关于监护人资格的规定,认为村委会属于"有关单位"。

二是有关"申请职责"规定的缺位,即谁应当提出申请。我国《民法通则》和《未成年人保护法》均未规定哪些主体在父母未能正确履行监护权时应当提起诉讼,这造成了未成年人受到监护人侵害时无从救济的尴尬局面,不利于保护未成年人的合法权益。

2.为何"缺位"

为何"无人起诉"呢?我们认为可以从以下三个方向思考:

首先,正如前文所述,我国现行立法关于监护权撤销制度申请人资格的规定不够具体、明确,这将导致实际上可以提起申请的人不知道自己享有起诉的权利,理论上应当提起诉讼的人不认为自己应承担起诉的义务。

其次,我们发现监护人作为法定代理人的规定存在悖论。从诉讼双方当事人混同的角度来看,如果父母侵害未成年子女的合法权益,应当由父母代理未成年子女向法院提起诉讼,[①]显然,对自己提起诉讼是不切实际的;也有学者从利益冲突的角度分析,认为该规定没有考虑到监护人利益与未成年人利益发生冲突时,未成年人的利益应当如何保护。[②] 可见,在监护权撤销诉讼中,未成年人不可能通过法定代理人维护自己的权益。

最后,从申请人的角度来看,一般诉讼是维护自己权利的方式,但监护权具

---

① 张加林:《父母监护权撤销制度研究》,载《学术论坛》2010年第5期。

② 李大鹏:《未成年人监护权撤销制度研究》,大连海事大学2015年硕士学位论文,第24页。

有义务的属性,监护权撤销之诉将给自己带来承担义务的不利后果。又有多少"有关人员"愿意通过诉讼的方式使自己承担监护义务呢?诉权与监护主体归为一人,极大地削弱了有关主体起诉的积极性。

总之,无人愿意担任申请人,是多因素共同作用的结果。此时,父母侵害未成年人权益已经不是通过个人诉讼能有效解决的问题了,本着儿童利益最大化的原则,国家需要承担兜底责任。

3.制度的完善和仍未解决的问题

在"仙游案"之后,监护权撤销制度得到了完善。2014 年颁布的《意见》规定了谁可以提出申请,在无人申请时可以由民政部门担任申请人。2016 年 3 月 1 日起施行的《反家庭暴力法》对于申请人资格也作了较为明确的规定。

2016 年 5 月 31 日,最高人民法院公布了 12 起被撤销监护人资格的典型案例。[1] 这些案例表明,在《意见》实施后,监护权撤销制度发挥了实际作用。然而在这 12 起典型案例中,由民政部门作为申请人的仅有 2 起,占案件总数的比例较小。因此,我们认为,《意见》虽然明确要求公权力应当介入监护关系,但是仍有一些制度上的问题亟待解决,比如法律并未明确民政部门不履行申请职责时需承担的不利后果。这些不足之处制约了监护权撤销制度的正常运转,从而在一定程度上影响了未成年人权益的保护。

(二)公众观念对制度实施的影响

在调研中,课题组发现除制度设计方面的问题外,公众观念也是导致无人起诉的重要原因。课题组采用自填匿名电子问卷的形式,进行偶遇抽样,再通过 SPSS 等软件对数据进行统计分析,调查并统计公众对于未成年人遭受家庭暴力的认知情况。

考虑到"全国第一案"发生在福建省,故课题组选择以福建省民众为调查对象,本次问卷调查共有 206 人参与,有效问卷为 206 份,有效率为 100%。在此,本文就问卷调查中得到的部分数据描述福建省民众个人观念的倾向。

1.在家庭教育中,受到父母或长辈体罚经历及对其认知情况的影响

在 206 个样本中,11 人表示在家庭教育中经常被父母或长辈体罚,144 人表示偶尔被体罚,51 人表示从来没有被体罚,总体而言,有 75.24% 的人都有在家庭教育中被体罚的经历。(详见图 1)而在经历过体罚的 155 人中,67 人认为体罚经历没有造成太大的影响,43 人认为体罚造成负面影响,42 人认为体罚造成

---

① 罗书臻:《最高人民法院公布被撤销监护人资格典型案例》,载《人民法院报》2016 年 6 月 1 日第 1 版。

正面影响。（详见图2）无论从总体还是从各类别来看，认为体罚对自身造成正面影响与负面影响的人数基本持平。

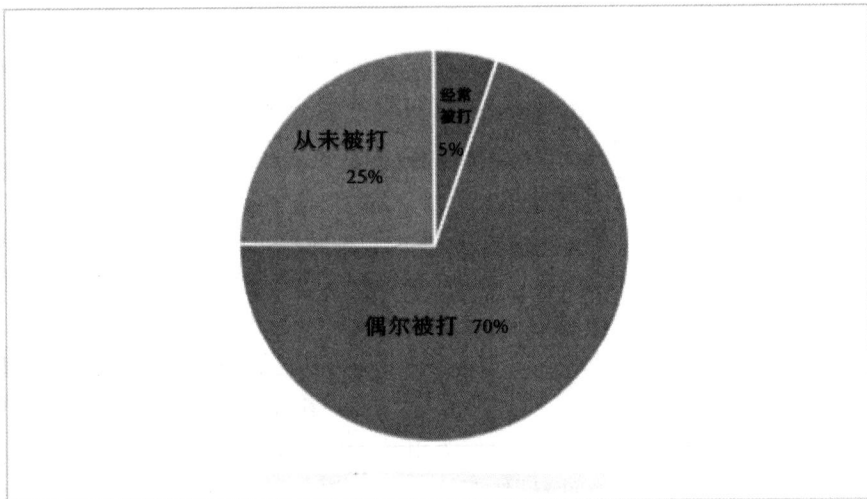

图1 受调查者是否遭受过长辈体罚的情况统计

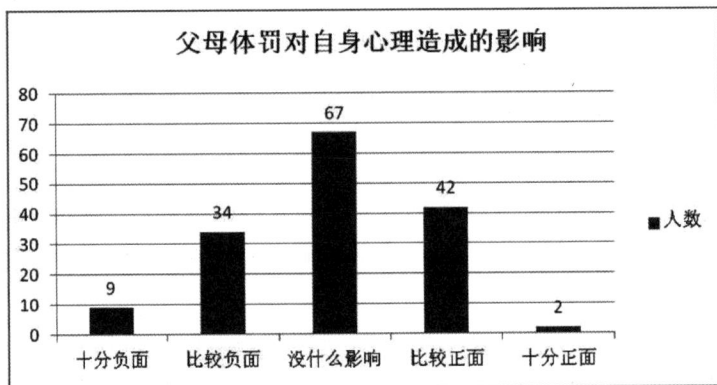

图2 父母的打骂教育对自身心理造成的影响

根据SPSS处理计算，体罚经历与对体罚所持态度的皮尔逊相关系数的显著性为0.015，由此，是否有过体罚经历会对关于体罚的看法造成影响。相较于有过体罚经历的21.9%的人，50.9%从来没有受到过体罚的人不能理解父母的体罚行为，同理，经历过体罚的人更可以理解、接受该行为。这也印证了体罚代际传递的特点，因为越不理解这种行为，对下一代施加体罚的可能性应当越小。（详见表2）

表2　不同经历的受调查者对于父母或长辈体罚所持的态度

	完全理解	比较理解	没什么感觉	比较不能理解	完全不能理解	合计
经常被打	1	8	1	1	0	11
偶尔被打	15	76	20	29	4	144
从来没有	1	19	5	22	4	51
合计	17	103	26	52	8	206

您对父母或长辈体罚所持的态度(单位:人)

2.虐待儿童行为及认知的情况

有46.12%的人表示身边有虐童现象,再加之回答没有的,可能是实际上存在此种情况,但自己没有察觉或无从知晓,如此看来,虐待儿童情况要比我们设想的更为严重、普遍。(详见图3)

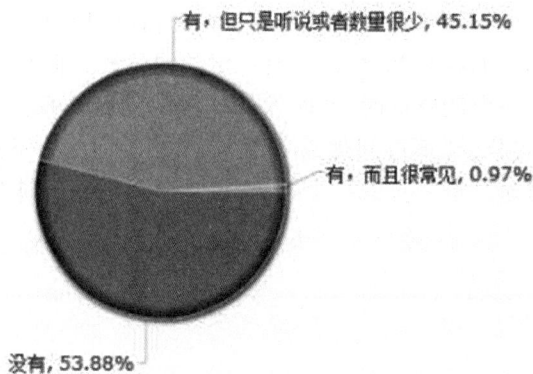

图3　受调查者身边虐待儿童现象的情况统计

66.5%的人表示如果身边出现虐待儿童的行为会去干涉,而33.5%的人表示不会对身边的虐待儿童行为进行干涉,理由依次是考虑到事情与自身无关、害怕会破坏与当事人关系、害怕遭到报复,也有14.49%的人认为家长打孩子是天经地义之事,因此不需要干涉。此外,还有一些其他原因,其中主要是考虑到自身能力不足以干涉、解决问题。

通过调研,课题组发现如下问题:(1)未成年人遭受家庭暴力是一个普遍存在的现象;(2)部分民众认为父母打骂孩子属于家事范畴,外人不能干涉家事的观念仍然存在。这一状况在一定程度上导致了未成年人受到监护人侵害后无人为之维权的困境。

结　语

从我国的现状来看，撤销无法履行监护职责的父母的监护权是维护未成年人权益必不可少的方式之一。"仙游案"判决的作出对该项制度的发展具有里程碑式的意义，是我国未成年人保护和家事审判的一次大胆的探索与创新，使我国沉睡了 27 年之久的监护权撤销制度得以首次实施。

综合本文对"仙游案"与监护权撤销制度的理解，我们认为，该案的"里程碑"意义不仅在于它是"首例"，更在于它暴露出制约该制度实施的诸多问题，如未成年人后续安置问题难以解决、撤销监护权事由的规定不够明确等。也正因为如此，"仙游案"直接推动了我国监护权撤销制度的细化和完善。该案发生之后，四部门颁布的《意见》标志着今后对于监护人侵害未成年人权益的行为，司法机关将进行有效的干预。

同时我们也应清醒地认识到，在一些地方，监护人侵害未成年人权益是一个较为普遍的现象。林丽某虐待其儿子小龙的情况只是众多监护侵害事件中具有典型性的一例，"仙游案"的爆发具有一定的偶然性。但我们认为，一个成熟的法律制度应当是一套能够适时、及时发挥作用的完整体系。如何提升该制度的触发敏感度、改善公众"不过问他人家事"的传统观念，是完善这一制度的关键所在。课题组将通过进一步的社会调查，就这一问题提出具有可行性的对策。

司 法 实 务

猥亵犯罪审判实践疑难问题探究

■赵俊甫*

摘要：司法机关对"在公共场所当众猥亵"加重处罚情节认定方面的困惑，源于坚守形式法治与追寻实质合理性之间的紧张关系，其根本症结在于从"流氓罪"分解出猥亵犯罪时立法上的不周延。为此，应适度容忍实践理性对制度理性的正当偏离。在立法修改的背景下，有必要采取类型化与概括性相结合的方式，对《刑法修正案（九）》增设的猥亵犯罪"其他恶劣情节"予以合理解释。

关键词：猥亵罪；公共场所当众猥亵；猥亵儿童；猥亵情节恶劣

一、问题的提出

猥亵罪①是实践中常见、多发的犯罪。2013 年至 2015 年，全国各级法院审结强制猥亵、侮辱妇女犯罪案件 6450 件，判处 6691 人，审结猥亵儿童犯罪案件 7610 件，判处 6620 人。② 根据《刑法》第 237 条的规定，普通情节的猥亵犯罪，应在 5 年以下有期徒刑或者拘役幅度内量刑。在《刑法修正案（九）》施行前，《刑

---

* 作者系最高人民法院刑事审判第一庭法官，法学博士。

① 为行文简洁，本文将《刑法》第 237 条第 1 款、第 3 款规定的强制猥亵、侮辱罪及猥亵儿童罪统称为猥亵罪。另需指出的是，《刑法》第 237 条第 1 款将猥亵行为与侮辱行为并列，但笔者认为，二者具有质的同一性，故实无太大区分的必要。

② 罗书臻：《依法惩治侵犯妇女儿童权益犯罪，切实维护家庭和谐与社会稳定》，载《人民法院报》2016 年 3 月 8 日第 1 版。

法》第 237 条第 2 款仅规定了"聚众或者在公共场所当众实施猥亵"两项加重处罚情节，凡具有该加重情节，应处 5 年以上有期徒刑。通过检索对比部分已生效判决，可以发现司法实务部门围绕猥亵行为罪与非罪、普通情节与加重情节等问题，仍存在认定把握标准不一等现象，影响法律适用的统一。

2013 年 10 月 23 日，最高人民法院、最高人民检察院、公安部、司法部发布的《关于依法惩治性侵害未成年人犯罪的意见》（以下简称《性侵意见》）对"公共场所当众猥亵"作了阐释。自 2015 年 11 月 1 日起施行的《刑法修正案（九）》对《刑法》第 237 条第 1 款规定的强制猥亵、侮辱妇女罪作了重大修改，将其保护对象扩大至成年男性，罪名相应调整为强制猥亵、侮辱罪，同时在第 2 款增设了"其他恶劣情节"这一加重处罚情节。为此，有必要结合新近立法及规范性司法文件的规定，对猥亵罪司法认定中部分争议问题予以探讨，以求有助于澄清误区，准确地适用法律。

二、"公共场所当众猥亵"情节的认定：司法困惑背后的左支右绌

司法实践中，对于认定是否属于在公共场所当众实施猥亵犯罪，理解与适用时经常出现争议。表面上看，这关系到法定加重处罚情节的准确适用，而其背后反映的则是猥亵罪脱胎于流氓罪后，由于立法设置等方面的原因，导致司法机关在坚守形式法治与追寻实质合理性、确保罚当其罪之间左支右绌。

（一）从三起案例的不同处理方式反观法官的实践理性

【案例一】被告人吴某某系某小学教师。2012 年 11 月至 2013 年 5 月，吴某某利用周一至周五在班级教室内学生午休之机，多次将协助其维持午休纪律的被害人 Z 某、C 某、H 某（女，均 7 岁）等女学生叫到讲台上，采用哄、骗、吓等手段，以将手伸进被害人衣裤内抠摸敏感部位等方式进行猥亵；多次利用周五放学后无人之机，以亲吻脸部的方式对被害人 L 某（女，8 岁）进行猥亵。

一审法院认为，被告人吴某某在教室内对被害人实施猥亵时仍有部分学生在教室午休，且有部分学生曾发现其实施的猥亵行为，故吴某某属于《刑法》第 237 条第 2 款规定的"在公共场所当众"猥亵儿童，以猥亵儿童罪判处吴某某有期徒刑 8 年。宣判后，吴某某以原判量刑过重为由提出上诉。二审法院经审理，

认为原判定罪准确,量刑适当,依法驳回上诉,维持原判。①

【案例二】2014 年 8 月某日 8 时许,被告人窦某乘坐公交车时,站立在被害人秦某某(女,13 岁)座位旁边,将手伸进秦的衣服内抚摸其乳房。其间,该公交车处于行驶过程中,座位已被乘客坐满,且有十余人站立在通道等处。

一审法院审理认为,被告人窦某为满足个人私欲在公共场所猥亵未满十四周岁女童,其行为已构成猥亵儿童罪,依法应予从重处罚。公诉机关指控的罪名成立,但所提供证据尚不足以支持猥亵行为多次发生以及具备应予加重处罚等情节。以猥亵儿童罪判处窦某有期徒刑十一个月。宣判后,检察机关以判决没有认定加重处罚情节、法律适用错误导致量刑畸轻为由提出抗诉。二审法院审理认为,窦某属于在公共场所当众猥亵儿童,但其具体猥亵行为显著轻微,综合考虑在公共场所当众实施的情节,应当根据罪刑相适应原则予以刑事处罚,故对该情节不宜再作为量刑情节予以考虑。原判未充分考虑从重处罚的规定及最大限度地保护未成年人的原则,导致量刑偏轻,故依法改判窦某有期徒刑一年零六个月。②

【案例三】被告人于某原系 D 市某公园保安队长。2014 年 9 月 14 日 14 时许,于某在该公园见被害人张某某(女,11 岁)、吴某某(女,11 岁)、李某某(女,11 岁)、杨某(女,12 岁)、刘某某(女,9 岁)、李某鸿(男,10 岁)等人在"恐怖城"外不敢进入,便主动上前提出带张某某等人进入"恐怖城"游玩。在"恐怖城"内,于某某先后伸手搂住张某某、吴某某、李某某等人的肩膀、腰部,并乘机用手抚摸张某某、吴某某、李某某等人的胸部,后被张某某等人挣脱。14 时 30 分许,于某某见张某某等人到该公园内"青蛙跳"处游玩,又主动上前帮刘某某系安全带,并乘机用双手推挤压刘某某胸部。

一审法院认为,被告人于某在游乐场这一公共场所,在多名被害人及他人在场的情况下,分别对被害人进行猥亵,属于当众猥亵儿童,以猥亵儿童罪判处于某有期徒刑五年零六个月。宣判后,于某以其行为不构成犯罪为由提出上诉。二审法院认为,于某的行为已构成猥亵儿童罪;鉴于本案主要事实发生在游乐场"恐怖屋"内,空间相对封闭,现场除于某某和被害人外,缺乏充分证据证实有多人在场;且于某系在帮被害人系安全带的过程中,乘机短暂猥亵被害人,其作案手段、危害程度并非十分恶劣、严重,原判认定于某属在公共场所当众猥亵儿童

---

① 赵俊甫、王钰:《吴茂东猥亵儿童案——如何认定"猥亵"和界分猥亵犯罪行为与猥亵违法行为以及在教室讲台实施的猥亵是否属于"在公共场所当众猥亵"》,载《刑事审判参考》(总第 98 集),法律出版社 2014 年版。

② 案例引自(2014)X 少刑初字第 1318 号刑事判决书;(2015)B 中少刑抗终字第 512 号刑事判决书。

不当,量刑过重,改判于某有期徒刑一年零四个月。①

从上述三个案例可以看出,司法机关对"公共场所当众猥亵"采取了宽严不同的把握标准,由此造成对被告人确定的量刑结论存在重大差异。2013年《性侵意见》第23条规定,在校园、游泳馆、儿童游乐场等公共场所对未成年人实施强奸、猥亵犯罪,只要有其他多人在场,不论在场人员是否实际看到,均可以认定为在公共场所"当众"强制猥亵、侮辱妇女,猥亵儿童。《性侵意见》基于从严惩治发生在校园、游乐场等未成年人集中的特殊场所的性侵害犯罪的政策考量,对"当众"概念并没有局限于最狭义的文义解释。也就是说,"当众"并不要求其他在场的多人实际看到。但基于"当众"概念的一般语义及具有"当众"情节即升格法定刑幅度的严厉性,从空间上来讲,其他多人一般要在行为人实施犯罪地点视力所及的范围之内。也就是说,必须"在场",性侵害行为处于其他人员随时可能发现、可以发现的状况,才符合适用《性侵意见》第23条的条件。否则,只要在众人聚集的公共场所实施猥亵,而完全不考虑猥亵手段、情节及是否可能被人随时发现,即认定被告人构成猥亵犯罪并具有加重处罚情节,势必招致不适当、不必要的重刑,有违罪刑相适应原则。

回到上述三个案例的探讨。案例一确认了教室属于公共场所,以被告人对被害人实施猥亵时仍有部分学生在教室午休,且有部分学生曾发现其实施的猥亵行为为依据,认定该犯罪事实与《刑法》第237条第2款规定的"公共场所当众猥亵"加重构成要件之间的对应符合关系。案例二、案例三并不否认涉案地点属于公共场所。案例二的一审法院及案例三的二审法院均从事实证据是否充足的角度,否定了"当众猥亵"加重情节,回避了对相关猥亵行为是否属于"当众猥亵"的法律评判。案例三在判决理由部分同时从被告人实施猥亵的时间持续短暂、猥亵手段一般、危害程度并非十分严重等方面,作为不认定被告人属在公共场所当众猥亵的附加理由予以阐释。换言之,在案例三的二审法院看来,被告人猥亵行为的严重程度一般,原判认定被告人具有"公共场所当众猥亵"加重处罚情节,导致对被告人量刑过重,故而应予否定并予改判。案例二较为特殊,公诉机关起诉及支持抗诉均认为被告人属于在公共场所当众实施猥亵犯罪,一审法院与案例三的二审法院的处理思路相似,即从事实角度认为认定当众猥亵的证据不足;检察机关抗诉后,二审法院转而认可被告人属于在公共场所当众猥亵,但以猥亵行为本身显著轻微,在入罪评价时已考虑该情节,故量刑时为避免重复评价,不能认定被告人属于猥亵犯罪加重处罚条款中的"在公共场所当众猥亵"。

在上述三起案件中,被告人实施的猥亵,无论是在教室内趁其他学生午休、可能察觉到猥亵事实,还是不顾公交车上人员众多而抚摸被害人胸部,抑或是在

---

① 案例引自(2015)Y中法刑一终字第219号刑事判决书。

游乐场分别猥亵多名被害人时其他被害人或已发现,所涉情形能否认定为在公共场所当众猥亵,实介于两可之间。法院没有拘泥于刑法条款对猥亵罪罪状的简单描述;而是对《性侵意见》关于"公共场所当众猥亵"的解释,有选择性地予以适用或者借事实证据问题回避适用。这种根据个案之间的细微差异,以追求实质合理为目标作出的量刑处断可以说是实践理性对制度理性的正当偏离,也可以说是利弊权衡之下的无奈之举。

(二)法院态度摇摆的症结——以流氓罪的前世今生为切入点

猥亵概念通常是指用性交以外的方式对被害人实施的能够满足性欲和性刺激的淫秽行为(女性迫使男性性交的行为在我国因不构成强奸罪,也属"猥亵")。猥亵罪脱胎于 1979 年制定的《刑法》中所规定的流氓罪。1979 年《刑法》第 160 条规定:"聚众斗殴,寻衅滋事,侮辱妇女或者进行其他流氓活动,破坏公共秩序,情节恶劣的,处七年以下有期徒刑、拘役或者管制。流氓集团的首要分子,处七年以上有期徒刑。"1984 年发布的《最高人民法院、最高人民检察院关于当前办理流氓案件中具体应用法律的若干问题的解答》(以下简称《解答》,目前已失效)特别强调要把流氓罪同一般流氓违法行为严格加以区别,而情节是否恶劣,是区分流氓罪的罪与非罪界限的关键。并列举指出,侮辱妇女情节恶劣构成流氓罪的,例如:(1)追逐、堵截妇女造成恶劣影响,或者结伙、持械追逐、堵截妇女的;(2)在公共场所多次偷剪妇女的发辫、衣服,向妇女身上泼洒腐蚀物,涂抹污物,或者在侮辱妇女时造成轻伤的;(3)在公共场所故意向妇女显露生殖器或者用生殖器顶擦妇女身体,屡教不改的;(4)用淫秽行为或暴力、胁迫的手段,侮辱、猥亵妇女多人,或人数虽少,后果严重的,以及在公共场所公开猥亵妇女引起公愤的。除此之外,《解答》还列举了其他应以流氓罪论处的情形,包括"鸡奸幼童的;强行鸡奸少年的;或者以暴力、胁迫等手段,多次鸡奸,情节严重的"等。

1997 年《刑法》修改时,将流氓罪进行拆分,其中分离出来的罪名之一即强制猥亵、侮辱妇女罪及猥亵儿童罪,罪状表述为"以暴力、胁迫或者其他方法强制猥亵妇女或者侮辱妇女""猥亵儿童"。由此可见,1997 年《刑法》规定的猥亵罪加重处罚条款移植了此前"流氓罪"的规定及司法解释。所不同的是,1979 年规定的流氓罪中,"情节恶劣"是行为构成犯罪的必备要素,而在公共场所实施猥亵、侮辱系表明"情节恶劣"的情形之一,系入罪必备条件;除此之外,《解答》对"猥亵、侮辱多人,屡教不改,或者造成轻伤及其他严重后果,引起公愤"等情节的强调,无一不体现出司法机关慎重区分一般猥亵违法行为与流氓罪的良苦用心。而 1997 年《刑法》删除了猥亵罪"情节恶劣"的限定条件,同时直接将"在公共场所实施猥亵"规定为加重处罚情节。在猥亵罪规制范围方面,1979 年《刑法》对公民不分性别进行一体保护,1997 年《刑法》只保护妇女和儿童,导致原本可作为流氓罪惩治的"在公共场所显露生殖器""鸡奸"等行为，依据1997年《刑法》，将无法追究刑事责任（鸡奸儿童的除外，对该行为可以猥亵儿童罪论处）。

实践中男性之间进行性侵犯的案件时有发生，而依据1997年《刑法》无法追责。从被害人的角度来看，在公共场所受到以一般手段实施的猥亵，比如隔衣服摸臀部、胸部或下体，其身心所受伤害并不见得大于在私人卧室受到手段恶劣的猥亵。但《刑法》对后者"轻描淡写"（规定五年以下有期徒刑或者拘役），而对前者"情有独钟"（规定五年以上有期徒刑）。这种立法取向对在不特定人员出入、人流量大的场所公然实施、动机卑劣、触犯众怒、引起公愤的猥亵行为予以特别"关照"，体现了猥亵罪立法并非首先关注被害人和法益侵害是否更严重，而是更关注"社会影响是否恶劣"。有悖于1997年《刑法》将猥亵罪从扰乱社会秩序犯罪中分离出来，作为侵犯公民人身权利犯罪予以规制的立法取向。

2015年《刑法修正案（九）》将强制猥亵、侮辱妇女罪修改为强制猥亵他人、侮辱妇女，在原两项加重处罚情节之外，增加了"其他恶劣情节"的规定，拓展了犯罪圈，扩大了刑罚的辐射面，有效回应了司法实践的实际需要，是颇具价值的立法修改。

通过猥亵罪立法演变的考察，可以得出如下几点启示：

1.对猥亵罪中的"猥亵"应予适度的限制解释。在我国，往往对许多同一类型的危害社会行为，依据情节轻重区分行政违法与刑事违法，即"出行入刑"或"出刑入行"，但实践中，两种性质不同的违法类型的界限并非泾渭分明，而是经常存在重合交叉状态。刑法分则中除直接明示的罪量情节外，还存在一些默示的要求罪量的罪名，猥亵犯罪即为适例。《治安管理处罚法》第44条规定，猥亵他人的，处5日以上10日以下拘留；猥亵智力残疾人、精神病人、不满14周岁的人或者有其他严重情节的，处10日以上15日以下拘留。因此，同属猥亵行为，引起的法律责任并不相同。尽管现行刑法规定的猥亵犯罪并未如1979年《刑法》明示"情节恶劣"等限定性条件，但在司法适用时秉持刑法谦抑性原则，对"猥亵"予以适度的限制解释方为妥当。必须综合考虑猥亵手段、针对的身体部位性象征意义的大小、持续时间长短、对被害人身心伤害大小、对社会风尚的冒犯程度等因素，对刑事处罚的必要性予以实质把握。我国没有性骚扰的法定概念，但对于一些情节显著轻微的性冒犯行为，作为治安违法的猥亵行为予以处罚是适当的。

2.刑法规定的"在公共场所当众猥亵"加重处罚条款，遗留了"流氓罪"的痕迹，且处罚又重于流氓罪，须慎重适用。我国刑法中存在大量的加重处罚条款，对其解释适用除了遵循文义解释等基本原理之外，还要特别注意体系性解释思维的合理运用，既考虑基本犯与加重犯在实质社会危害性方面的差别大小，做到加重处罚合乎比例原则，又要兼顾相似性质行为在不同条款下适用不同罪名之间的量刑平衡问题。《性侵意见》在本次刑法修订前颁布,虽有放宽"当众猥亵"认定条件以达到应对严重猥亵犯罪行为的政策考量,但作为司法适用的指导意见,其同样具有适用的边界,应接受罪刑法定与罪刑相适应原则的双向制约。

就强奸罪与猥亵罪而言,《刑法》均将"在公共场所当众实施"作为二罪的法定加重处罚情节,所不同的是,强奸的类型化特征明显,是否属于强奸,一目了然,也不存在强奸违法行为与强奸犯罪的区分。而实践中的猥亵行为,样态各异,有些本身已达到刑事处罚程度,比如手指侵入他人阴道抠摸,如系当众实施,对被告人适用加重情节予以重罚,未尝不可。而有些猥亵行为则显著轻微,如在地铁车厢利用乘客拥挤恶意触碰他人胸、臀,本属治安管理处罚的对象,同时考虑具有在公共场所当众实施、持续时间较长等情节,或许有应受刑事处罚的严重社会危害性。但是,如将该行为作为加重猥亵罪判处五年以上有期徒刑,就会明显违背社会一般人对法律的认识。从强奸罪与猥亵罪基本犯的严重性程度来看,通常认为强奸显然重于猥亵,故《刑法》为强奸罪设置的最低法定刑为有期徒刑3年,而猥亵罪是5年以下有期徒刑或者拘役,如将上述地铁揩油之类的猥亵行为,认定具有加重情节,判处有期徒刑5年,亦明显重于普通情节强奸既遂的最低法定刑。

问题是现行《刑法》虽然增设了猥亵罪"其他恶劣情节",但对"在公共场所当众实施猥亵"未作任何修改,由此,如何处理在公共场所实施的猥亵行为,是作为治安违法行为,还是作为猥亵罪的基本犯,抑或是猥亵罪的情节加重犯,司法机关仍然不得不面临抉择。以前述地铁揩油事件为例,显属在公共场所实施,解释为"当众",即其他在场人员随时可能发现甚至已经发现亦可。接下来的问题是,对行为人是否以犯罪论处,还必须结合猥亵的时间、对被害人伤害大小、是否具有曾被刑事处罚或治安处罚的前科劣迹等因素,予以综合判断。如果评判的结论是,需要定罪处刑,那么,基于在入罪评价时已考虑公共场所当众实施的情节,就不应再将其作为法定加重处罚情节,予以重复评价。这可能也是前述案例二之一审法院、案例三之二审法院在判决理由部分刻意绕开"公共场所当众实施猥亵"这一加重处罚情节的背后考量因素。换言之,在刑法已经修订且仍然存在不足的背景下,对那些手段、情节、危害一般、介于违法与犯罪之间的猥亵行为样态,宜突出"在公共场所实施猥亵"对考量行为是否值得入罪进行刑事处罚方面的影响,相应淡化是否系"当众"实施的因素,以免陷于"不认定当众情节、也不作为犯罪处理"与"认定为犯罪同时加重处罚"两个极端,实现形式合法与实质合理的统一。关于这一处理思路,最高人民法院《关于审理交通肇事刑事案件具体应用法律若干问题的解释》也有所体现,即本属交通行政违法,同时具有"为逃避法律追究而逃离事故现场"情节的,可以认定构成交通肇事罪,从而与已构成交通肇事罪而后逃逸则加重处罚的刑法规定,实现了合理的区分。

三、猥亵犯罪"其他恶劣情节"的界定：多元视角与多重因素的考量

（一）解释"其他恶劣情节"所面临的困局

《刑法修正案（九）》对《刑法》第237条进行了修改，在第2款增设了"其他恶劣情节"的加重处罚条款，即"聚众或者在公共场所当众犯前款罪的，或者有其他恶劣情节的，处五年以上有期徒刑"。与刑法分则中屡见不鲜的结果加重犯或情节加重犯等相比，准确界定猥亵犯罪"其他恶劣情节"存在异乎寻常的困难。经初步梳理，发现该问题至少受制于如下因素：

其一，进行解释缺少指引、参照对象。第237条第2款虽列举了"聚众""在公共场所当众"两项加重处罚情节，但该两项情节与刑法增设的"其他恶劣情节"之间缺少实质关联，难以比照该两项情节对"其他恶劣情节"进行解释。况且，"聚众"或者"在公共场所当众"遗留有浓重的"流氓罪"痕迹，其骤然提高猥亵罪最低刑至五年有期徒刑，是否过于绝对，自身的合理性不无疑问，也面临着再解释的必要。[①] 立法虽为猥亵犯罪增设了"其他恶劣情节"条款，但没有给法官提供任何可资解释、适用的指引。当然，这在刑法分则中不是个别现象。因此，对类似"其他恶劣情节"进行司法解释，天然地带有补充立法的性质，须以"解释"之名完成立法未竟的使命。

其二，"猥亵"概念过于宽泛，且行为样态各异，行政违法与刑事犯罪之间存在交叉重合的灰色地带，基本情节与加重情节之间的区分度不高。在我国，猥亵可能招致的法律后果依次包括：情节轻微——治安处罚；情节相对严重——以猥亵犯罪处五年以下有期徒刑或者拘役；情节恶劣——以猥亵犯罪处五年以上有期徒刑。由此可见，猥亵入罪标准及其加重情节之界定，在对行为进行类型化之外，必然充斥大量的价值判断，仁者见仁，智者见智，主观随意性实难完全避免。过往司法解释以列举之方式，试图明晰猥亵型流氓罪的入罪门槛，即解释了何谓流氓罪"情节恶劣"；现行刑法虽未再明示"情节恶劣"为猥亵罪入罪要件，但以当今社会风俗之开化，不可能反倒比三十多年前更严苛，而不问情节，对猥亵行为

---

① 对"公共场所当众"情节的利弊分析已如上述。"聚众猥亵"中的聚众如何理解，是否限于事先预谋，应否当然加重刑罚，亦有商榷的余地。例如，三被告人于众人闹洞房时，共同对伴娘施以胡乱抚摸胸部、臀部等猥亵行为，是否属于"聚众猥亵"？如认定属于，那么，加重判刑至五年以上有期徒刑，是否偏重？

一概以犯罪论处。继之,如何在猥亵基本罪所默示要求的"情节恶劣",与加重条款所明示要求的"其他恶劣情节"之间,提出司法裁判可资援引的明确标准,更为不易。

(二)对"其他恶劣情节"进行解释的应有视角与考量因素

1.以立法的视角,通过合理解释"其他恶劣情节",达到填补立法的效果

猥亵概念属规范性构成要素,离不开价值判断,而且与强奸罪的规制对象范围呈此消彼长之势。20世纪中后期以来,一场性革命在世界范围内带来了人们性观念和性行为方式的巨变。受这些观念变化的影响,在20世纪最后的20年里,许多国家或地区都对强奸罪进行了立法修订。时至今日,许多国家已不再强调强奸罪的被告人和被害人的性别,承认性交方式多样化的现实,扩大强奸罪的行为方式,例如,强迫男子或女子肛交,将异物如棍、棒强行插入他人生殖器、肛门也认为足以造成性侵害,①这些早先被视为构成猥亵罪的行为逐渐被多数国家作为强奸罪予以规制,猥亵罪的概念范围呈日渐收缩之势。从立法体例上看,目前,多数国家将强奸与猥亵作为两种不同罪行分别规定轻重不同的刑罚,如日本、美国;德国、葡萄牙等国则出现了将强奸与猥亵整合作为单独的性侵犯罪的立法例。还有一些国家和地区在强奸、猥亵之外,另规定了性骚扰罪,如西班牙和我国的台湾地区。②

在我国本次刑法修订过程中,也有意见建议扩大强奸罪的行为方式与保护对象,将类似强行与男子发生性关系及实施肛交等行为作为强奸罪的规制范畴,最终该意见未被采纳。笔者认为,立法未扩大强奸罪的规制范围,有文化传统、伦理观念、现实必要性等多重因素的考量,无可厚非。但越来越多域外立法修订强奸罪,背后所反映的更加重视公民人身权利特别是对性权利进行一体保护的精神,无疑是值得我们借鉴的。鉴于我国猥亵罪概念及法定刑幅度的宽泛性,在维护传统的强奸罪概念及法律体系稳定不变之外,可以从猥亵的众多行为样态中筛选出部分"类强奸"行为,在司法适用时为其配置与强奸罪大致相同的刑罚,以收殊途同归之效。具体言之,似可作如下解释:

以暴力、胁迫或者其他方法强制实施肛交、口交的;以生殖器以外的其他身体部位或者使用物体侵入他人阴道、肛门的,处三年以上五年以下有期徒刑。对

---

① 参见苏彩霞:《域外强奸罪立法的新发展》,载《法学杂志》2001年第2期。

② 相关立法情况可参见《德国刑法典》,徐久生、庄敬华译,中国法制出版社2000年版,第143~147页;《西班牙刑法典》,美娜译,中国政法大学出版社2004年版,第69~71页;《葡萄牙刑法典》,陈志军译,中国人民公安大学出版社2010年版,第83页;黄尔梅主编:《性侵害未成年人犯罪司法政策案例指导与理解适用》,人民法院出版社2014年版,第392~393页。

儿童实施前款所列行为的,认定为具有《刑法》第 237 条第 2 款所规定的"其他恶劣情节"(即可以判处五年以上有期徒刑)①。鉴于上述猥亵方式的严重性与传统意义上的阴道性交相当,为其配置相当于强奸罪的刑罚,具有实质合理性,在一定意义上,也达到了填补立法空白的目的。

2.比照强奸等相关犯罪实现量刑平衡

司法解释不能凭空产生,将待解释条款与性质相近或者事实易发生关联的相关条款,进行对照、权衡,以实现解释结论的实质合理,是需要遵循的一项基本原则。刑法及司法惯例适用于强奸罪的从重或者加重处罚情节,对界定猥亵罪"其他恶劣情节"亦有参照价值。比如,强奸罪所规定的轮奸、强奸致人重伤、死亡或造成其他严重后果等加重处罚情节的规定。

3.明确性与模糊性相统一

司法解释之重要目的在于明确法律条款的具体应用标准,追求明确性是题中应有之意,但明确性与模糊性是辩证统一的关系,明确是相对的,明确性具有裁判指引与限权功能,但过于追求明确性,有时既不可得,也会因所虑不周而在个案中束缚法官手脚,导致僵化与不公。鉴于猥亵犯罪的复杂性,采取列举方式解释猥亵"其他恶劣情节",具有相当的挑战性;部分情节虽可明确,但仍有大量其他情节,因需结合其他因素综合考量,只能留待法官在个案裁判中具体把握。所以,笔者赞成对部分可类型化的恶劣情节具体列举,对其他未尽情形,提出指导意见,辅之以公布指导案例,指引法官综合把握,以此达到准确适用猥亵罪加重处罚条款的目标。完全采取列举方式进行解释是不太可能完成的任务。

具体而言,除上述可明确列举的恶劣情节之外,影响猥亵犯罪严重程度的情节主要有:(1)被告人主体身份,即是否与被害人存在监护、抚养、教育等特殊关系;(2)猥亵手段,即是否以暴力、胁迫或者药物麻醉等手段实施,是否存在摧残、凌辱被害人或者摄录及传播性侵过程的影像资料等情形;(3)猥亵针对的身体部位所代表的性象征意义的大小;(4)被害人人数及猥亵次数,以及是否存在被害人特别年幼或其他易受侵害的脆弱状况;(5)对被害人的身心伤害大小,如猥亵手段是否造成被害人轻伤或者猥亵导致被害人精神严重受损(尚未达到精神失常程度);(6)作案地点,即是否具有入户、在公共场所实施等情节。在该六项情形中,单独一项可能不足以升高猥亵犯罪的严重性至加重处罚的程度,但其组合

---

① 根据最高人民法院 2009 年 11 月发布的《新增十个罪名的量刑指导意见(试行)》,对奸淫幼女犯罪一般在 1 至 7 年有期徒刑幅度内确定量刑起点。因此,对采取暴力、胁迫等方式实施类似性交的猥亵儿童行为,认定为"情节恶劣",使其起点刑不低于 5 年有期徒刑,具有合理性;对采取哄骗等非强制方式实施上述猥亵行为的,量刑起点一般可考虑在 5 年以下有期徒刑幅度内取中等偏上,即 3 年有期徒刑。

情节,是可以达到认定"情节恶劣"标准的。但哪些情节结合起来,能够认定为"情节恶劣",司法解释恐难以解决。比如,某教师采取哄骗、言语威胁,抚摸胸部、背部、阴部(未侵入)的方式猥亵多名 14 岁以下女学生,就第(1)项、第(4)项因素而言,被告人具有酌定从重处罚情节;就第(2)项猥亵手段而言,尚属一般;就第(3)项针对的被害人身体部位而言,既有一般部位,也有特殊部位;就第(5)项对被害人身心的影响大小而言,案情不明确。如果仅从形式上看,似乎难以认定被告人属于"情节恶劣"而对其判处 5 年以上有期徒刑。但如果其中某些变量的因素更加突出,比如,该教师猥亵 6 名以上女学生且主要针对的是胸部、阴部等部位,或者兼具多次实施、造成被害人身心恍惚、辍学等附随后果的,将其行为解释为"情节恶劣",未尝不可。鉴于影响猥亵行为恶劣程度的变量过多,试图根据不同排列组合,列举出具有类型化的明确标准,目前来看,还难以实现,有待法官在具体适用时综合权衡判断。当然,如果日后司法经验的积累足够丰富,也不排除从中抽象提炼出若干一般规则的可能。

4. 简要小结

从司法实践来看,由于缺乏明确标准或裁判指引,不同法院、不同法官对猥亵犯罪的量刑把握,仍存在较大的差异,情节类似但量刑相差一两年的案例,时有出现。《刑法修正案(九)》增设了"其他恶劣情节",赋予法官更大的自由裁量权。通过上述分析,对猥亵犯罪"其他恶劣情节"可尝试作出如下解释:

具有下列情形之一的,可以认定属于"猥亵情节恶劣":

(1)以暴力、胁迫或者其他方法强制对他人(已满 14 周岁)实施肛交、口交,或者以生殖器以外的其他身体部位或者使用物体侵入他人阴道、肛门,达两人以上的;

上述行为系针对儿童实施的;

(2)以暴力、胁迫或者其他方法多次强制对他人实施肛交、口交,或者以生殖器以外的其他身体部位或者使用物体侵入他人阴道、肛门的;

(3)两人以上共同轮流强制对他人实施肛交、口交,或者以生殖器以外的其他身体部位或者使用物体侵入他人阴道、肛门的;

(4)因猥亵致被害人感染性病、性器官严重受损、精神失常、自杀或造成其他严重后果的。

对不具有上述情形的猥亵犯罪案件,应当综合考虑被告人、被害人的身份,猥亵手段的暴力性程度,猥亵的身体部位所代表的性象征意义,被害人人数,猥亵次数,对被害人身心伤害大小,以及是否系入户实施等因素,准确判断是否属于猥亵情节恶劣,做到罪刑相适应。

法院调查令制度若干问题的探讨

■李福清　李腾*

摘要: 当前各地法院试行的民事证据调查令制度普遍存在法律依据缺失、适用阶段不明、调查对象范围过窄、缺乏制裁措施等问题。完善民事证据调查令制度有利于落实证明责任制度,确保法院中立地位,缓解法官办案压力,提升诉讼效率。构建我国民事证据调查令制度需要解决调查令法律属性、持有人身份、调查令适用阶段、调取证据范围与形式等诸多问题。为此,应通过立法实现调查令制度法定化。

关键词: 调查令;证明责任;证据范围

为降低当事人及其代理律师调查取证的难度,加强法院对在证据掌控上处于弱势一方当事人的辅助,以实现当事人诉讼地位的平等,[①]调查令被视为法院保障当事人向有关单位调查取证的一种过渡方法。司法实践证明,调查令制度能减轻法院依职权调查取证的工作压力,调动律师取证的积极性,为法官裁判和执行提供更多更可靠的证据,从而形成更为公正更为符合客观事实的判决结果。[②]然而,法院调查令制度面临法律依据缺失、适用阶段不明、调查对象范围过窄、缺乏制裁措施等诸多问题。为解决这些问题,有必要对调查令的法律属性等相关问题进行探讨,构建我国的民事证据调查令制度。

---

* 李福清:厦门市湖里区人民法院法官,法学硕士;李腾:厦门市湖里区人民法院监察室副主任。

① 宋平、严俊:《"攻击防御方法"之平衡》,载《重庆工商大学学报》2005 年第 5 期。

② 叶竹盛:《"律师调查令"是件什么"神器"?》,载《天津政法报》2016 年 1 月 22 日第 6 版。

一、民事证据调查令的概念及历史沿革

(一)概念

我国的民事诉讼法中并没有"调查令"这一法律术语,通说认为民事诉讼调查令,是指民事诉讼当事人或者申请执行人因客观原因无法取得自己需要的证据,向人民法院提出申请,人民法院批准并签发给当事人①的法律令状。当事人持该令状可向相关单位或个人收集案件相关材料。

据报载,目前北京、上海、江苏、湖北、湖南、陕西、贵州遵义、福建莆田等地的法院已经试行民事证据调查令制度。而在一些尚未颁布调查令具体实施办法的地区(如厦门)的法院,民事证据调查令制度事实上也已实施多年。

(二)历史沿革

1998 年 12 月,上海市长宁区人民法院开始试点推行律师向法院申请民事证据调查令的制度。

2001 年 6 月 13 日,上海市高级人民法院公布实行了《上海法院调查令实施规则》,在全市范围内推行调查令制度。

2001 年,山东省高级人民法院制定《民事诉讼证据规则》,该规则第 21 条规定:"法院经审查认为当事人所申请调查的证据与案件中的争执事实确有关联或者为证明案件事实所必需的,法院可以下达针对证据持有人的调查令,证据持有人应当根据调查令提供有关证据。拒绝执行调查令的,以妨害民事诉讼予以处理。"②

2005 年 8 月 25 日全国人大常委会发布的《全国人大常委会执法检查组关于检查〈中华人民共和国律师法〉实施情况的报告》指出:"一些地方正在试行……人民法院根据代理民事案件律师的取证申请签发调查令等制度,以缓解律师调查取证的困难。"建议"可继续试行……民事案件调查令等做法,认真研究相关问题,逐步加以完善"。

2006 年 3 月 13 日,最高人民法院发布的《关于认真贯彻〈律师法〉依法保障律师在诉讼中执业权利的通知》强调:"人民法院可以在民事诉讼中积极探索和

---

① 通说认为调查令持有人必须为获得职业资格的律师,笔者对此持不同意见,下文将进行详细的论证。

② 吴瑞:《调查令制度浅析》,载《商业文化》2012 年第 4 期。

试行证据调查令做法，并认真研究相关问题，总结经验。"①

2013年3月27日，安徽省通过了修订的《安徽省关于律师执业的若干规定》，增加了调查令制度，赋予律师在民事诉讼活动中向人民法院申请调查令的权利。这是全国第一家以地方性法规形式规定律师调查令制度。②

2015年8月8日，北京市第四中级人民法院发布《关于充分保障律师执业权利共同维护司法公正的若干规定（试行）》，其中第13条规定："实行调查令制度，在民事诉讼中或在案件执行阶段，经当事人申请，由法院审查符合相关规定的，签发调查令，指定当事人的代理律师持调查令向有关单位或个人调查收集证据。"③

2016年2月19日，福建省福清市人民法院正式施行《福建省福清市人民法院民事证据调查令实施细则》。④

2016年4月13日，福建省龙岩市新罗区法院开出第一张律师调查令。⑤

二、民事证据调查令实施困境分析

司法实践表明，证据调查令制度在一定程度上解决了举证难的问题，并缓解了法院"案多人少"的压力，取得了一定的效果。然而，该制度在实施过程中仍面临法律依据不足，适用阶段不统一，调查对象和证据范围过窄，制裁措施不力等诸多问题。

（一）法律依据不足

首先，调查令制度目前尚处于区域性实施的探索阶段，并未以立法的形式予以确认。一些掌握当事人隐私的部门，如银行、通信企业等，均制定了严格的客户隐私保护规定，不能擅自对外提供客户信息。对这些部门来说，拒绝接受调查令有可能被认定为妨碍司法，接受调查令又可能因程序不当被当事人追诉。其次，调查令制度与现行的某些制度相冲突，在很大程度上制约了调查令制度的实行。如2000年《最高人民法院、中国人民银行关于依法规范人民法院执行和金融机构协助执行的通知》规定"法院查询被执行人在金融机构的存款时，执行人

---

① 中华全国律师协会：《在民诉法中确立调查令制度》，载《检察日报》2012年7月9日第6版。

② 参见安徽司法行政网，http://www.ahsft.gov.cn，下载日期：2016年6月21日。

③ 戴燕军：《多举措保障律师权利 加强法律职业共同体建设 北京四中院在全市率先落实调查令制度》，载《中国审判》2015年第16期。

④ 参见福清新闻网，http://www.fqxww.cn，下载日期：2016年6月21日。

⑤ 参见福建法治在线，http://www.hxfzzx.com，下载日期：2016年6月21日。

员应当出示本人工作证和执行公务证,并出具法院协助查询存款通知书"(俗称"两证一书")。2002 年中国人民银行发布的《金融机构协助查询、冻结、扣划工作管理规定》(以下简称《管理规定》)中明确规定了协助查询对象,即"有权机关"的范围。实践中大部分银行以上述两个文件为依据拒绝接受法院调查令,认为律师不是法律规定有权查询单位和个人存款信息的主体。即便律师有此权利,法院查询尚需出具"两证一书",律师仅凭调查令便开展查询没有依据。再次,各地调查令形式不一也影响了调查令制度的规范性、严肃性。各地法院制定的有关调查令的规则中都只是简单地规定了申请主体、事由和适用时间,并未对申请调查的对象范围、证据类型以及申请审查的具体流程、调查令的规范格式等作出详细的规定。最后,申请事由模糊,扩大了法官的自由裁量权。调查令是基于当事人因客观原因无法收集证据才向法院申请的,但各地法院制定的规则中并未对何为"客观原因"作出明确的解释,在实践中可能导致法官对调查令的签发与否拥有较大的自由裁量权。

(二)适用阶段不统一

由于缺乏顶层的立法设计,各地法院制定的调查令制度或实施细则对于调查令适用于哪个阶段的规定略有不同。公开资料显示,调查令制度大多适用于立案后的审判阶段,立案及执行阶段是否可申请调查令,各地有所不同。上海、浙江等地法院可在立案审查阶段适用调查令,河南法院可在执行程序中适用调查令。厦门部分法院尚不能在立案及执行阶段适用调查令制度,如思明区人民法院于 2013 年已实施立案调查令制度,①而湖里区人民法院(以下简称湖里法院)至今尚未在立案阶段实施调查令制度。

(三)调查对象和证据范围过窄

从调查令适用的调查对象和证据范围来看,一般只限于部分行政管理机关和企事业单位依职权掌握和保管的某些档案材料、社会公共信息资料和其他有关材料。而相当部分行政机关和国有企事业单位却能以行政法规、部门规章,甚至内部规定对抗法院调查令。以湖里法院近三年发出的调查令为例,各大银行

---

① 2013 年 12 月,厦门市思明区人民法院在立案审查一起民间借贷纠纷中发现,原告起诉的证据材料显示被告系香港居民,但起诉时却主张被告香港居民身份证虚假并经公安机关核实。为明确被告信息,确定案件管辖,经原告申请,厦门市思明区人民法院向厦门市公安局湖里区分局发出首份立案调查令,原告的代理律师可持该调查令前往公安机关调取涉及被告身份信息的证据材料,保障了当事人诉权的行使。参见 2013 年 12 月 16 日厦门市思明区人民法院官方微博:《法院发出全省法院首份〈立案调查令〉》。

均以《管理规定》为由拒绝提供证据给持调查令的律师，通信部门则以《电信条例》第66条①或《宪法》第40条仅赋予公安机关、国家安全机关及检察院调取通信秘密权力为由，拒绝为法院及持调查令的律师提供当事人的通话及短信记录。② 此外，房管局、工商行政机关、税务机关、公安机关、海关及社保中心也不认可律师持有的法院调查令。事实上，银行的流水明细、公安机关的讯问笔录、当事人的社保缴交记录、手机短信发送记录、通话记录等均属于法院审理案件常见的关键证据，倘若这些证据均无法适用调查令调取，调查令制度的功能将会大打折扣，这将在一定程度上减弱调查令的实际意义。③

（四）缺乏制裁措施

上海市律师协会的一份调研报告显示，律师持调查令取证时，有45.09%的对象拒绝律师调查，要求法院来查；有38.2%的对象借口推诿。④ 此外，调查令的社会知晓率不够，导致调查令遭遇不认同、不配合或者拖延时间等现象也较常见。由于缺乏法律及相关司法解释对调查令的效力、违反协助调查义务的后果的具体规定，在调查令遭到拒绝时，法院一般不会采取制裁措施。这就导致是否执行调查令完全取决于被调查对象，调查令在无形之中变成了介绍信，毫无强制力。公开资料显示，目前国内还没有一起强制保障调查令实施的案例。由于调查令加盖的是人民法院的印章，如果被调查方不懂法律，拒不配合，很大程度上有损法律的威严；如果被调查方认为拒绝配合并不会带来任何不利后果，配合调查反而可能给自己带来麻烦，就会使调查令变成一纸空文。当前调查令制度对被调查人的约束力不足，缺乏强制力的保障，这将严重限制其效果。况且，被调查对象是否实际掌握证据较难判断，这也使得法院在出具调查令时缺乏足够的自信，法官普遍存在"调得到固然好，调不到也没办法"的消极心态。

---

① 我国《电信条例》第66条规定，电信用户依法使用电信的自由和通信秘密受法律保护。除因国家安全或者追查刑事犯罪的需要，由公安机关、国家安全机关或者人民检察院依照法律规定的程序对电信内容进行检查外，任何组织或者个人不得以任何理由对电信内容进行检查。电信业务经营者及其工作人员不得擅自向他人提供电信用户使用电信网络所传输信息的内容。

② 如湖里法院受理的被告人林某合同诈骗一案，中国电信某分公司以《电信条例》仅规定公安机关、国家安全机关及检察机关可以对电信内容进行检查为由，拒绝法院工作人员调取相关证据。

③ 缪苗：《完善民事证据调查令制度的设想》，载《法学论丛》2006年第5期。

④ 肖武、钟海：《律师调查令为何遭遇困境？》，载《四川法制报》2015年8月19日A3版。

三、构建民事证据调查令制度相关问题的探讨

调查令制度的实施之所以面临以上问题,归根结底是因为缺乏立法的支撑。要实现调查令制度的法定化,必须先解决调查令法律属性、持令调查人身份、适用阶段以及调查对象及调取证据范围等问题。

(一)关于调查令法律属性的争议

调查令是法院基于公权力的调查行为的延伸,还是当事人基于私权利的调查行为,理论和实务界存有争议。

主张调查令具有公权力属性的观点认为,调查令是由人民法院签发,强制被调查人提供证据的一种令状。只不过调查令不是由人民法院执行员亲自实施,而是委托或者授权申请人或其委托的律师来实施,但它仍是法院的调查行为,是司法权的补充和延伸。[①] 持令人所代表的是法院而不是律师或者当事人本人。[②] 也有学者认为,调查令制度的实质是特殊情况下司法权的合理转移,旨在通过当事人及其代理人对司法权的分享,以实现其调查取证的目的。

主张其具有私权利属性的学者认为,根据《民事诉讼法》的规定,人民法院委托他人行使调查权应有明确的法律规定。法院签发调查令并不意味着其将公权力的一部分转交给律师,也并未委托律师代其行使依职权调查的权力。[③] 调查令的本质应该还是当事人一方调查取证的行为。

调查令是法律保障当事人调查取证权的法律制度创设,是当事人诉讼权利在司法裁判权保护下的延伸,从而具备了国家公权力的特征,并具有强制效力。从这个意义上讲,调查令应兼具公、私权属性。对申请人来说,调查令是一种司法协助令状,当事人及其律师为避免调查取证遇到的阻碍,申请法院签发调查令保障其取证权,是当事人调查取证的方式,并未改变当事人一方调查的性质,因而具备私权利属性。对被调查人而言,法院签发调查令即是对调查令载明的调查事项的确认与支持。持令人出示此令进行证据收集时,被调查人必须提供所掌握的证据,无正当理由不得拒绝。这种私权利因被赋予了法律强制力而兼具公权力的属性。

---

① 韦杨等:《当事人调查取证权之程序保障的路径尝试——以调查令制度的检讨及其实证量化分析为研究视点》,载《法律适用》2008 年第 3 期。

② 秦峰:《陕西:首份律师"调查令",好用吗?》,载《陕西日报》2015 年 12 月 12 日第 10 版。

③ 汤啸天等:《调查令制度的法律属性与完善建议》,载《法律适用》2008 年第 7 期。

（二）关于持令调查人身份的争议

主要是对于当事人本人或者非执业律师代理人（如法律工作者、公司职员、当事人的近亲属等）能否持令调查的争议。从公开资料看，各试点法院制定的相关规范普遍要求持令人必须是案件当事人的诉讼代理人，且仅限于取得执业证书的律师。[①] 有学者认为，首先，调查令是法院签发的具有法律效力的文书，对被调查人具有强制力，必须由特定的法律执业人员持有。[②] 其次，调查令内含了司法权，容易被人滥用，调查令的实际执行人既需要有专业技能，更需要承担相应的法律责任，同时也应该受到严格的监管。律师的身份性较强，从业范围也比较固定，相对于流动性较强的各类当事人或者非律师代理人来说，更利于监督以确保调查令制度的依法实行。

应赋予案件当事人及非律师代理人持令调查的权利。其一，目前我国没有实行律师强制代理诉讼制度，许多民商事案件当事人并未委托律师，而此类当事人调查取证能力往往较弱。若将持令人限制为执业律师，无形中提高了申请调查令的门槛，使大多数当事人无法享受这一权利，造成当事人举证能力事实上的不平等。其二，对于调查令可能被滥用的担忧，完全可以通过制定严格的制裁措施进行规制。因为担心调查令可能被滥用就剥夺当事人或者非律师代理人持令调查的权利，这种做法显然不妥。当事人本人或者非律师代理人持令调查所取得的证据，必须保持完整性并不得滥用，否则应该承担相应的法律责任。

（三）关于调查令适用阶段的争议

有学者认为，调查令制度只能在民事诉讼程序中适用。[③] 首先，如果将尚未立案的民事案件也纳入签发调查令的范围，法院缺乏签发调查令的依据，会引起调查令使用范围的失控。[④] 其次，由于"诉前取证属诉讼外调查，不是必然地涉

[①] 例如，《安徽省高级人民法院关于民事诉讼调查令的实施办法（试行）》第2条规定，调查令是指民事诉讼当事人自行调查取证难以获得相关证据时，经申请并获人民法院批准，由人民法院签发给其代理律师向接受调查人收集相关证据的法律文书。《北京市高级人民法院关于委托调查制度的若干意见（试行）》第1条规定，执行程序中的委托调查制度，是指在案件执行阶段，经申请执行人申请，由人民法院签发调查令，指定申请执行人的代理律师持调查令向有关单位或个人调查收集特定证据。《上海法院调查令实施规则》第2条规定，调查令是指当事人在民事诉讼中因客观原因无法取得自己需要的证据，经申请并获人民法院批准，由法院签发给当事人的诉讼代理律师向有关单位和个人收集所需证据的法律文件。

[②] 黄义涛：《调查令：律师的"尚方宝剑"》，载《人民法院报》2015年9月22日第2版。

[③] 吴瑞：《调查令制度浅析》，载《商业文化》2012年第4期。

[④] 汤啸天等：《调查令制度的法律属性与完善建议》，载《法律适用》2008年第7期。

及审判",加上当事人诉讼动机尚不明确,为了防止当事人为降低诉讼风险而滥用调查令申请权,在诉讼前,人民法院不应签发调查令。[①]

笔者认为,应推广在立案阶段适用调查令,理由如下,第一,立案调查令可以有效解决"立案难"问题。在司法实践中,当事人对被告的身份信息往往不能准确掌握,可能因为无法举证"有明确的被告"而遭遇"立案难"[②]。实行立案调查令制度,既可调查关于原告资格的证据,又可调查"有明确的被告"的证据材料。第二,立案调查令有利于保障诉讼程序的顺利进行。法院能够在立案前明确案件的被告、涉诉标的以及其他必须明确的信息,避免盲目起诉、草率立案,减少诉累。2012年8月至2013年11月,上海法院共开具立案调查令1588份,其中成功调查1346件,占84.76%,调查后成功立案1268件,成功立案率为94.21%。[③]立案调查令制度的运行效果显著。

关于在执行阶段能否适用调查令制度,理论界和实务界并无太大争议。目前部分地方法院在执行过程中为调查被执行人的财产状况,当事人亦可申请调查令。[④] 例如重庆市第一中级人民法院《关于执行案件委托调查的暂行规定》规定,代理律师成功申领委托调查令后,可前往工商、银行、房地产、车管、证券、保险、社保等有关单位调查了解被执行人的基本情况,动产、不动产、其他财产情况以及被执行人拒不履行生效法律文书、转移财产、规避执行或抗拒、阻扰执行的情况等。

(四)关于调查令调查对象与调取证据范围的争议

调查令制度中一个很重要的问题是被调查人及调取证据的范围应如何界定。首先,不宜将一方当事人列为被调查对象。如果一方当事人掌握证据,法院完全可以要求该当事人提供,或者通过举证责任分配要求当事人承担举证不能的后果,而不需要通过调查令来间接获得证据。其次,调查令也不适用于调查证人证言,否则会遇到一种尴尬局面:双方当事人或其代理人均持调查令先后找同一名证人了解情况,而该证人向双方陈述的事实有出入,法庭上究竟应采纳哪一份调查令调查得来的证据呢? 因此,通说认为调查令不能调查收集证人证言,这

---

① 王宏:《新沂法院狠抓案件质量谋新篇》,http://www.jsfy.gov.cn,下载日期:2016年6月17日。

② 尽管立案登记制实施后"立案难"的情况得以缓解,但并没有根本解决。

③ 卫建萍、邬丰:《上海推行立案调查令化解立案难》,载《人民法院报》2013年11月10日第1版。

④ 张义模:《民事执行财产调查令研究——以江西遂川县人民法院试点为例》,江西师范大学2015年硕士学位论文,第10页。

也是民事诉讼直接言词证明规则的要求。

四、域外调查令相关制度的实施情况

(一)美国的证据强制开示程序

美国《联邦民事诉讼规则》第 34 条第 3 款规定,"对非诉讼当事人可以依照本规则第 45 条规定,强制其要求提供文件或物件或接受调查",以便一方当事人查阅或验证。但是,被要求发现者也可先向法院申请"保护令",以防止当事人滥用发现程序。非诉讼当事人必须根据法院的命令,提供其掌握的与案件有关的证据,无正当理由拒绝提供者,即构成藐视法庭罪。美国证据强制开示程序的立法和实务经验值得参考借鉴。

(二)日本的文书嘱托送付制度和文书提出命令制度

在日本,帮助当事人收集证据程序包括文书嘱托送付制度和文书提出命令制度。文书的嘱托送付制度是指希望将某一特定文书作为证据而该文书又不在自己手里的当事人,估计只要裁判所发出要求,持有者就会自动交出文书时,他可以向裁判所提出关于此项文书嘱托的申请。如果一方当事人希望作为有利于己方的证据而加以收集的文书掌管在对方当事人手里,或者其他握有此种文书的第三者拒绝提供给试图收集的当事人时,可以帮助该方当事人取得书证的制度就是文书提出命令。在日本民事诉讼中,为了增强当事人一方的举证能力,也为了查清案件事实,当事人可以申请针对对方当事人和第三人的文书提出命令,以平衡双方当事人的攻击和防御能力。

(三)我国台湾地区的命第三人提出文书制度

我国台湾地区"民事诉讼法"对当事人要求第三人提供证据的审查,规定了严格的程序。该法规定,请求第三人提出文书,如其请求符合法律规定,法院应即调查该文书之应证事实是否重要,如认为系属重要者,则应调查该文书是否为第三人所持有及有无提出之义务。法院如认为举证人之请求不合法律上之要件,或其应证事实并非重要,或以其请求为不正当者(第三人未执有该文书或并无提出之义务),均应于终局判决中谕示其驳回之意旨或以中间判决为之,否则,即应以裁定命第三人提出文书。第三人对于命其提出文书之裁定,不得抗告,但第三人主张未持有该文书,或无提出之义务,或有其他正当理由不能提出者,自得向命其提出之法院陈明,由法院斟酌其不从法院提出文书之命,有无正当理由,如其无者,应依"民事诉讼法"第 349 条进行制裁,其一为法院可以裁定处新台币 3 万元以下的罚款;其二为有必要时法院可以裁定命为强制处分。① 台湾地区法律对当事人申请取证的严格审查制度,我们在构建民事证据调查令制度时可资借鉴。

五、构建我国民事证据调查令制度的立法建议

民事证据调查令制度为诉讼实践所亟需,并已具备较为深厚的实践基础,应当明确调查令的法律地位,实现调查令制度法定化。

(一)在《民事诉讼法》中新增调查令相关规定

修改《民事诉讼法》,从立法上确立调查令制度。在现行的《民事诉讼法》第64 条第 2 款后增加两款:"当事人可以向人民法院申请签发调查令,人民法院根据案件情况,作出是否准许的决定。""当事人及其代理人持法院签发的调查令调查案件情况时,有关单位和个人应当予以配合;对拒绝配合执行调查令的单位和个人,人民法院应当视情节以妨害民事诉讼采取相应的强制措施。"同时,调查令作为人民法院诉讼文书中的一种书面令状,应制作统一样式,纳入《法院诉讼文书样式》之中。

(二)制定民事证据调查令实施细则

在修改《民事诉讼法》的同时,应由最高人民法院总结近年来各地法院的相关经验做法,通过司法解释的方式对其加以整理、细化、固定,以统一认识和统一执法尺度。为此,笔者草拟了《最高人民法院关于民事诉讼适用调查令的实施细则(征求意见稿)》,以抛砖引玉,求教于大方。

司法实践的需要将推动立法不断进步。民事证据调查令制度已经在我国很多地区建立起来并逐渐显示其优势。相信在不久的将来,立法部门会看到司法实务界的努力,总结实践经验,将调查令制度法定化,使其发挥更大的作用。

---

① 齐树洁主编:《台港澳民事诉讼制度》,厦门大学出版社 2014 年第 2 版,第 91～92 页。

附录：

最高人民法院关于民事诉讼适用调查令的实施细则
(征求意见稿)

第一条 为保护当事人的合法权益,强化律师依法调查收集证据的作用,根据《中华人民共和国律师法》《中华人民共和国民事诉讼法》等相关法律的规定,结合审判实践,制定本细则。

第二条 调查令是指当事人在民事诉讼中、民事执行或立案时因客观原因无法取得自己需要的证据,经申请并获人民法院批准,由人民法院签发给当事人向有关单位和个人收集所需证据的法律文件。

本条所称客观原因是指当事人通过正常的调查取证途径无法获得相关证据。

第三条 调查令具有下列内容:

(一)持令人的姓名、性别、公民身份证号码(或律师证编号)、住址(或律师事务所全称);

(二)被调查人姓名或法人单位全称;

(三)向被调查人收集、调查证据的范围;

(四)持令人需要证明的待证事实;

(五)调查令的有效期;

(六)被调查人不能提供持令人所需证据的原因;

(七)被调查人无合理理由不提供证据的法律后果;

(八)调查令签发人签名、签发日期及院印。

第四条 申请调查令应具备以下条件:

(一)申请人必须是人民法院正在审查立案或已经立案受理的案件当事人或经当事人委托的诉讼代理人;

(二)申请人应当向人民法院递交申请书,述明需要收集的证据和所要证明的待证事实,以及无法取得上述证据的原因;

(三)持令人可以是案件当事人或其诉讼代理人,但应具备完全民事行为能力。

第五条 对申请调查令的申请由受理或审理该案的合议庭或独任法官进行审查。对符合条件的申请,由合议庭法官或独任审判法官签发调查令。

第六条 当事人申请证据调查令的范围包括书证、物证、视听资料。

需要调查收集的证据属下列情形的,不予签发调查令:

（一）涉及国家机密；

（二）涉及个人隐私；

（三）不宜由当事人或其诉讼代理人凭调查令自行调查收集的证据；

（四）证人证言；

（五）其他原因不宜公开的证据。

涉及上述范围的证据，当事人应当向受理法院提交证据线索，经审查由法院工作人员依法调查收集。

第七条 持令人的权利与义务：

（一）持令人有前往本调查令所指定的个人或单位收集、调查、复印、摘录证据的权力；

（二）持令人应主动将律师证或有效身份证明与调查令交被调查人核对，并将调查令交被调查人存档；

（三）持令人因故未使用调查令或被调查人不能提供证据时，持令人应当在调查令载明的有效期届满之日起的三日内，将调查令及被调查人不能提供证据的书面说明一并缴还法院，归入案卷。

第八条 被调查人的权利和义务：

（一）被调查人在核对持令人有效身份证明无误后，需在有效期内向持令人提供调查令指定的证据；

（二）不能在有效期内提供或无证据提供，应当在调查令或另作书面形式说明原因，由经办部门负责人签名、加盖公章后交给持令人；

（三）属于本规则第六条第二款规定的证据或调查令指定调查内容以外的证据，被调查人有权拒绝提供；

（四）被调查人有下列情况之一，可拒绝出示证据：

1. 被调查人如果出示证据可能使自己或者其近亲属以及与自己有或者曾经有监护关系的人受到刑事追诉或名誉受到损失的，该被调查人有权拒绝出示证据；

2. 要求出示的证据是被调查人由于其职业上的原因或者曾任此等职务时所获知的应保密事项，被调查人可以拒绝出示证据；

3. 被调查人关于技术或者职业上的秘密事项受到询问的，该秘密事项尚处于保密期内，被调查人可以拒绝出示记载有秘密事项的证据；

4. 专供为文书持有人使用的证据。

（五）被申请人以正当理由拒绝出示证据，法院可以要求其单独向法院出示，待法院审核后再以裁定方式命令被申请者是否应当出示证据，申请人和被申请人可对该裁定提起即时上诉，在第二审法院终审裁定作出前，第一审法院中止对案件的审理。

（六）被调查人无正当理由拒绝配合执行调查令的，人民法院应当视情节以妨害民事诉讼采取相应的强制措施。

第九条 如不属于调查令调查范围的证据材料，或持令调查后因被调查人方面的原因致证据材料仍然无法收集的，由法院依职权调查。

第十条 持令人伪造、变造调查令，或者未按照规定使用调查令，或者未按照规定交还调查令的，丧失在该案审理中再次申请调查令的资格，并由人民法院视情予以处理。构成犯罪的，依法追究刑事责任。被调查人可以进行申辩。

第十一条 本细则自通知下发之日起实施。

刑事涉案财物处理中第三人财产权益保护探析

■ 邓小飞 *

摘要：目前涉案财物处理中第三人财产权益保护制度存在不足，具体表现如下：职权配置分散、庭前处置时自由裁量权过大；监督处罚机制不足；权属审查与异议机制缺失；第三人有效参与程序缺漏。针对以上问题，可从以下方面予以完善：首先，确保利害关系人的知情权、参与权、异议权；其次，赋予第三人在刑事诉讼中的合法地位；第三，构建相对独立的刑事涉案财物处理庭审程序。

关键词：刑事涉案财物；第三人财产权益；独立庭审程序；权属审查

最高人民法院 2014 年 10 月 30 日颁布《关于刑事裁判涉财产部分执行的若干规定》（以下简称《规定》）。其中第 11 条对有关第三人如何才能对被刑事裁判认定为赃款赃物的涉案财物取得权益从反面作了原则性的规定，该条同时规定第三人善意取得涉案财物时，执行程序中不予追缴。但在司法实务中如何具体适用这一规定，公安、检察、法院等不同机关之间，甚至同一审判机关的不同法官之间的司法见解不一，做法较为混乱。

一、第三人、被害人、被告人之间财产权益保护的现状与困境

如何在打击犯罪的同时，及时有效地保护刑事被害人、被告人以及第三人的合法财产权益，平衡各方利益以维护社会稳定，是我国当前司法实务中亟须解决的难题之一。但是长期以来，由于历史和现实等多方面原因，我国刑事立法和司法实践侧重于对犯罪分子的刑事惩罚，而忽略了对刑事被害人、第三人财产权益的保护，这有损于司法公正和司法权威。

【案例一】陈某等非法拘禁罪一案。被告人陈某等人因非法拘禁他人被公安机关抓获，同时缴获作案车辆。陈某与王某签订借款协议，约定以将涉案车辆过

---

* 作者系厦门市翔安区人民法院法官，法律硕士。

户至某汽车销售公司为条件向王某借款 10 万元,并约定如陈某不能如期偿还借款,已过户车辆由汽车销售公司自行处理。同日,陈某与汽车销售公司签订汽车租赁合同,约定自当日起租赁该车等条款。同年 11 月 20 日,陈某办理了车辆过户手续,原属于陈某名下的轿车过户至汽车销售公司并更改了车牌。对于该作案工具的处理,一审法院判决认为该车系陈某实际所有,故应予以没收。宣判后,被告人对此不服提出上诉。二审法院认为,陈某与王某签订借款协议,取得借款后自愿将车过户给某汽车销售公司,该物权变更登记合法、有效,某汽车销售公司自此享有物权等相关权益。汽车销售公司与上诉人陈某签订汽车租赁合同,正体现了其享有的权能。借款协议及汽车租赁合同同时约定,上诉人陈某如需实现其重新取得车辆所有权的合同目的,须每月按期偿还借款。上诉人陈某尚未履行全部合同义务,车辆所有权仍归汽车销售公司享有,因此尚不足以认定该车系上诉人陈某本人所有,不符合《刑法》第 64 条之规定,不应予以没收。为此,二审改判如下:扣押在案的轿车发还车辆登记所有人某汽车销售公司。①

【实例二】厦门市 A 区人民法院受理的杨某与朱某买卖合同纠纷案。杨某向朱某购买钢板,约定总货款为 226700 元,后朱某向杨某交付 53 吨钢板,杨某向朱某转账支付 226700 元。法院在审理中查明:杨某后将该批钢板出售给吕某,货款为 228416 元,吕某向厦门市 B 区人民法院提起诉讼,请求杨某返还货款。厦门市 B 区人民法院作出民事判决:解除吕某与杨某订立的买卖合同;杨某向吕某返还货款 228416 元并支付利息,该判决现已生效。B 区人民法院在审理中查明,厦门市 C 区公安局将本案所涉钢板扣押,并将其退还给原所有权人某物流公司,另查明,涉案货物是朱某低价购买的他案被告人张某等人盗窃所得,朱某因掩饰、隐瞒犯罪所得而受到刑事追究。厦门市 A 区人民法院认为:杨某与朱某形成买卖合同关系,但因其标的物为赃物,存在权利瑕疵,且已被公安机关依法追缴,违反了法律、法规的强制性规定,故该买卖行为应当认定为无效。因此,依据《中华人民共和国合同法》第 58 条规定,判决如下:确认原告杨某与被告朱某之间的买卖行为无效;被告朱某向原告杨某返还货款 226700 元。判决作出后,朱某提出上诉,后因其未在指定的缴交期限内预交二审案件受理费,二审法院按撤诉处理,现该民事判决书已生效。针对该判决,厦门市 A 区人民检察院以该案讼争的钢板、货款已由生效刑事判决书确认为赃物赃款并作出追缴没收处理、该案不属于民事案件受理范围为由,认为 A 区人民法院适用法律错误并提出再审检察建议。A 区人民法院经审委会讨论后形成多数意见认为:杨某

---

① 关于本案的具体案情,参见厦门市翔安区人民法院(2014)翔刑初字第 248 号刑事判决书;厦门市中级人民法院(2014)厦刑终字第 385 号刑事判决书。

虽被取保候审,但公安机关最终并未追究其刑事责任,且双方当事人买卖的标的物价格虽然低于市场价,但仍在合理范围之内,善意购买人的救济途径应予保障。但因双方当事人买卖的标的物确系赃物,违反了法律法规的强制性规定,其合同应当认定无效,当事人依据无效民事法律行为取得的货款应予以返还,故适用法律并无错误,不予启动再审。① 然而,同样的案情,亦有因抗诉上级法院提审后改判撤销原判决的情形。②

上述两个案例从某个侧面反映了当前刑事涉案财物处理过程中第三人、被害人、被告人财产权益保护的司法现状。其现实困惑主要体现为以下几点:(1)对作为犯罪工具的涉案财物在处理时通过何种程序对其权属进行审查?(2)涉案财物处理过程中第三人财产权益如何才能获得制度保障,即其权益若受到侵害如何进行救济?(3)"赃物"是否可以适用善意取得?如果可以,如何进行认定和操作?为避免司法实务中出现混乱,以上问题亟须解决。

二、涉案财物处理中第三人财产权益保护制度之检讨

关于刑事涉案财物概念的界定,理论界观点不一,立法上亦未形成共识。"刑事涉案财物的概念应当从广义上进行界定,即是指在刑事诉讼中与案件处理直接相关或间接相关的具有财产属性并受法律规制的各种权利形态的总称。"③以下仅就其作为犯罪之物(作案工具)与作为被查封、扣押、冻结之物(赃物)两种情况的处理进行探析。

之所以出现公、检、法三方,甚至法院内部不同法官之间对涉案财物的不同处理,从表面上看,是因为不同部门在刑事诉讼的不同阶段对涉案财物的权属性质以及是否适用善意取得看法不一,但实际上主因是我国现行刑事立法重刑轻民、重实体轻程序、重人身轻财产的理念以及刑事涉案财产处理中第三人财产权益保护制度的欠缺使然。

(一)职权配置分散

涉案财物的处理须经过多个程序,无论是在侦查阶段、审查起诉阶段还是审判阶段,不同阶段的权力机关对涉案财物都负有不同的职责。目前我国刑事涉

---

① 厦门市翔安区人民法院(2012)翔民初字第 1560 号民事判决书。

② 关于本案的具体案情,参见厦门市中级人民法院(2013)厦民抗字第 1 号民事裁定书。

③ 厦门市中级人民法院刑二庭课题组:《刑事涉案财物处理程序问题研究》,载《法律适用》2014 年第 9 期。

案财物处理采取的是多元化模式，公、检、法三方在涉案财物的处理上存在职权配置分散、各自为政的问题，司法决定权与执行权并未严格分离，同时缺乏统一的协调机制。在现行立法模式下，只是在法院内部搞审执分离，公安机关、检察院仍然有权自行决定并执行对犯罪嫌疑人人身、涉案财物的限制和查控。

英美法系国家对此的普遍做法是规定侦查机关要搜查、羁押犯罪嫌疑人或查控涉案财物，均须事先向法院申请搜查令、羁押决定书及查控裁定书才能执行。而在我国，在案件未移送法院进入刑事审判程序之前，法院对有关涉案财物查控及处置情况，比如涉案财物种类、数量、去向、权属性质、是否先行处理等情形均不知情，从根本上影响审理过程中法庭调查阶段对涉案财物权属性质的调查认定。至于与涉案财物有利益关系的第三人是否可以、以何种身份参与刑事诉讼，对法庭调查中涉案财物的权属如何进行举证、质证、认证等问题，相关司法解释亦没有作出进一步的规定，第三人的诉讼权益及实体权益难以保障。

（二）自由裁量权过大

侦查机关对涉案财物是否属于第三人财产，应否予以查控，应否予以先行处置，若处置不当如何返还，受处置影响的第三人权益如何保障和救济等问题，没有具体的规定可供参考。执法人员处理涉案财物时随意性较大，甚至可能出现滥用权力的情形，由此可能造成第三人合法权益受损。前述实例二中公安机关对涉案钢板的处理就涉及以上问题，若善意购买的第三人在公安机关将扣押的财物发还给受害人时，没有知情权、表达意见权和审前辩论的权利与途径，则可能造成涉案财物的不当处置，容易引发纠纷，甚至造成群众对公权力的误解。

（三）监督处罚机制不足

由于我国相关法律对刑事涉案财物处理的规定过于原则和分散，赋予了公、检、法执法人员在涉案财物处理上较大的自由裁量权，导致不同部门涉案财物处理的阶段、方式、时间各有不同。若处置过程中出现问题，各部门又缺乏内外监督机制。此外，检察机关有时甚至既是执行机关又是监督机关，第三人虽然可以提出申诉和控告，但是这种事后的救济使其合法权益难以得到及时有效的保护。为树立司法机关公正的形象，涉案财物处理过程中的监督处罚机制改革刻不容缓。

（四）权属审查与异议机制缺漏

在侦查阶段，对涉案财物是否扣押？若该财物属于第三人所有或该第三人属于善意第三人时，保管涉案财物的机关是否有权直接进行认定和处理？如何审查其权属？这些都没有明确的法律规定。公诉机关提起公诉时，对需要处理的涉案财物的来源、属性以及所采取的强制措施的合法性审查不够充分,缺乏指控意见,甚至未列出清单随案移送法院,致使无法告知当事人以及利害关系人就涉案财物处理提出意见和证据。审理中法庭调查阶段,因受司法理念、传统做法和习惯等多方面因素的影响,法院基本不会对涉案财物的处置进行专门的调查,应当进行的控诉、举证、质证、认证、辩论、陈述等程序亦没有进行,致使有些法律关系复杂的涉案财物权属难以明晰,影响后续的正确处理。至于涉案财物处理后,案外人权益的救济问题,2012年修订的《刑事诉讼法》虽然规定了案外人异议程序,但是对于程序如何开展并未进一步细化,这不利于司法实践操作。

最高人民法院《关于适用〈中华人民共和国刑事诉讼法〉的解释》第364条第2款规定:"案外人对查封、扣押、冻结的财物及其孳息提出权属异议的,人民法院应当审查并依法处理。"但是,由于司法解释的规定不够明确,在侦查和审查起诉阶段,犯罪嫌疑人、被害人或案外人是否可以就针对涉案财物的强制性措施提出异议,向谁提出异议,异议的提出和处理程序等,这些问题都缺少依据。刑事案件从侦查阶段到审理结束,往往旷日持久,若当事人或案外人无法及时提出异议,有可能导致其合法财产的损失。[①]

(五)第三人有效参与程序设计缺失

如果涉案财物的处理可能涉及第三人的权益,这就关系到涉案财物权属的性质认定问题。处置方应当通过适当的方式告知利益相关第三方,同时尽可能给予其举证、质证、申辩、陈述的机会与权利。遗憾的是我国并没有建立相对独立的对涉案财物权属进行审查认定的庭审程序。

在司法实践中,第三人能够有效参与到刑事诉讼程序中的机会很少,其在刑事诉讼中也并没有合法的诉讼地位,法院审理案件时只审查与案件相关的证据,基本不会对涉案财物处理的事实进行专门的调查,对第三人提出的意见亦并不听取。即使进行调查,多以附带的形式进行,既未要求公诉机关出示相关证据证明涉案财物的权属与案件的关联情况,也没有明确调查涉案财物权属时应该达到的证明标准,致使部分法律关系较为复杂的涉案财物的权属难以查清。

程序不公开是涉案财物处理制度的另一重大缺陷,造成在程序上无法充分保障第三人的合法权益。公民知情权的保障和实现是现代文明社会的重要特征之一,而我国《刑事诉讼法》并没有规定公安、司法机关负有使第三人知道其权益可能受到侵害的义务。判决追缴、没收的财物可能涉及被告人以外的第三人的

---

① 胡宝珍、林蕾:《刑事涉案财物处理的立法缺陷与完善》,载《福建警察学院学报》2013年第4期。

合法权益,而在法院判决前并未将需要追缴、没收的财产通过合理的途径予以公开。这就导致第三人不仅在判决前可能不知情,甚至在判决后也可能不知道其合法权益受到侵害。

三、涉案财物处理中第三人财产权益保护制度之完善

涉案财物的处理程序,"是指在刑事诉讼中,司法机关依职权对涉案财物采取各项法律措施所发生的全部活动以及由此产生的法律关系的总和。既包括发生最终处置效力的没收、责令退赔等处理程序,还包括起到强制措施作用的查封、扣押、冻结等处理程序"①。此处仅探析司法实践中发生在庭前财物查控、庭审权属调查、财物判决处置环节第三人合法权益的保护问题。

如何从制度上构建平衡涉案财物处置各方利益的机制?"对于其他涉案财物的处理,关键在于有效追缴、没收犯罪所得和用于犯罪的个人财物的同时,又能保障第三人的合法财产权不受侵犯。如何平衡这两个方面的要求,从我国目前存在的问题来看,关键在于通过正当化的诉讼途径来处理这些涉案财物。"②即"对涉案财物如何确定其权属进而做出相应处理均需由人民法院依照法定程序进行"③。从刑事诉讼的角度而言,为了更好地保护第三人的合法财产权益,应当从以下几个方面予以完善。

(一)程序告知——确保利害关系人的知情权、参与权与异议权

建议借鉴英美法系国家的做法,在庭前财物查控阶段,"对侦查、起诉机关以及被害人等课以合理告知利害关系人的义务,否则对涉案财物不得加以处置。被害人认为应当返还涉案财物而向侦查、起诉机关提出申请的,或起诉机关根据案件具体情况认为需要追缴、没收的,应当在起诉书中予以明确,并通过合理方式予以公告,告知其他利害关系人在规定时间内提出程序参与的申请,否则不得对涉案财物加以处理"④。实务操作如下:

1. 提起公诉时

检察机关应将已采取财产强制措施的财物品种、数量、位置等情况列出清单,随同案卷一同移送给法院,同时应当在起诉书中予以列明并提出指控意见。

---

① 厦门市中级人民法院刑二庭课题组:《刑事涉案财物处理程序问题研究》,载《法律适用》2014年第9期。

② 吴光升:《刑事涉案财物处理程序的正当化》,载《法律适用》2007年第10期。

③ 戴长林:《依法规范刑事案件涉案财物处理程序》,载《中国法律评论》2014年第2期。

④ 吴光升:《刑事涉案财物处理程序的正当化》,载《法律适用》2007年第10期。

2. 立案受理后

法院应保证可能因该涉案财物处置蒙受不利影响或与诉讼结果有利害关系者,都有参与诉讼的机会,且有机会举证、质证、抗辩、陈述自己的意见。即在送达起诉材料时可以同时告知被告人、被害人、利害关系人对涉案财物有提出意见和提供证据的权利,以保障其知情权和程序参与权。[①]

(二)诉讼参与——赋予第三人合法的诉讼地位

法谚云:"正义不但要实现,而且应当以看得见的方式实现。"程序公正是实现实体公正的有效保障,只有保障利害关系人能够有机会参与处理的过程,并拥有相关的诉讼权利,司法公正才可能得以实现。

1. 完善规则

"对与自己的人身、财物等权利相关的事项,利害关系人有知悉权和发表意见权,国家有义务保障当事人的程序参与权,这是刑事诉讼法的程序参与权原则。"[②]因此,应当保障包括第三人在内的利害关系人有表达异议的渠道,享有诉讼权利。日本 1963 年制定的《关于在刑事案件中第三人所有物没收程序的应急措施法》规定,检察机关在提起公诉时,若认为有必要对第三人所有之物予以没收,应将事件所属裁判所、被告人的姓名、应没收之物的品名、数量、作为没收理由的事实、申请参加诉讼的权利、申请参加的期间等事项,以书面形式通知第三人,第三人在规定期间内,可以申请参加该案件的诉讼,得到批准后,参加人对于没收享有与被告人相同的诉讼权利。[③]

2. 完善立法

目前我国法律规定的刑事诉讼当事人中仅包含犯罪嫌疑人、被害人、被告人("刑附民"除外),缺乏刑事诉讼第三人的概念。为此,我们建议借鉴日本、美国等国家的做法,完善相关法律规定,允许对涉案财物有合法权益的被告人以外的第三人参与诉讼,并且赋予这些人在涉案财物是否有其合法权益问题上享有当事人的权利与义务,包括提出证据证明其主张,对有关判决、裁定不服的可提出上诉等。因此,立法层面上必须扩大刑事诉讼当事人的范围,赋予与刑事涉案财物存在利害关系的第三人当事人的诉讼地位,同时赋予其举证、质证、询问、辩论、陈述、上诉等相应的诉讼权利。

---

① 厦门市中级人民法院刑二庭课题组:《刑事涉案财物处理程序问题研究》,载《法律适用》2014 年第 9 期。

② 胡学相:《我国赃款赃物处理中存在的问题、原因及处置原则初探》,载《学术研究》2011 年第 3 期。

③ 何鹏主编:《现代日本刑法专题研究》,吉林大学出版社 1994 年版,第 269 页。

(三)权属审查——构建相对独立的涉案财物处理庭审程序

刑事诉讼中传统的重定罪量刑、轻财物处理的司法理念，在现代法治社会应当予以摒弃。高度重视涉案财物的处理，有利于树立司法机关公正、公开、透明的形象。完善涉案财物处理制度意义重大。"合议庭在庭审程序中应加强对涉案财物的调查及认定处理，尤其是复杂、社会关注度高的案件可以设置相对独立的财物处理程序。"①因此，有必要建立相对独立的涉案财物处理庭审程序，强化对涉案财物的法庭调查和认定，通过专门的、有别于定罪量刑的法庭调查与法庭辩论，既让被告人在审判程序中提出有针对性的辩护意见，也让第三人及时参与程序保护自己的合法财产权益。

1.审前先行处理财物的审查

在司法实践中，应当平衡及时返还被害人合法财产与保护第三人及被告人合法财产权益的关系。尤其是当涉案财物经多次买卖，以及案情复杂涉案财物的权属可能存在较大争议之时，更应慎重处理。案件承办人不应机械地理解与适用《刑法》第64条的规定。公安机关、检察机关的相关查控及先行处置行为的合法性和正当性应当受到法院的审查。若先行处置不当，则依法判决纠正，从而促使整个涉案财物处理过程规范化、制度化。

2.庭审调查功能的强化

最高人民法院《关于适用〈中华人民共和国刑事诉讼法〉的解释》第364条明确规定："法庭审理过程中，对查封、扣押、冻结的财物及其孳息，应当调查其权属情况，是否属于违法所得或者依法应当追缴的其他涉案财物。"为确保对有关涉案财物权属进行庭审调查的有效性，应当明确公诉机关在案件移送时应提交有关涉案财物清单及证明其来源、属性以及所采取强制措施合法性的相关证明文件，对其中不宜移送的，应当附有相关鉴定、评估意见。同时，起诉书中还应对涉案财物的处理提出相关指控意见。法院在送达起诉材料时，应当同时告知当事人、利害关系人对涉案财物处理具有提出意见和提供证据的权利。法庭调查中需要改变以往重定罪量刑，轻财物处理的陈旧观念和习惯，针对涉案财物的处理进行专门的举证、质证、认证和辩论。

3.举证责任和证明标准的把握

举证责任的分配与证明标准的高低直接关系到诉讼各方的利益。为平衡各方的诉讼利益，应视情况合理分配举证责任。结合前述两案例，公诉机关若主张

---

① 张军、江必新主编：《新刑事诉讼法及司法解释适用解答》，人民法院出版社2013年版，第348页。

追缴犯罪所得之物,应当就犯罪行为的存在及该财物与犯罪行为之间的因果关系承担举证责任,标准参照有罪判决的证明标准进行认定。若第三人主张返还涉案财物,则应对其享有所有权负有举证责任,证明标准为优势证据标准。此外,检察机关若主张没收用于犯罪行为的涉案财物,除需证明犯罪行为存在外,还要证明该财物为犯罪行为人个人所有并曾用于该犯罪行为,标准按照有罪判决的证明标准进行把握。若第三人对用于犯罪的涉案财物主张权利,则仅须对自己拥有所有权的事实负有举证责任,证明标准参照优势证据进行把握。①

(四)"赃物"善意取得之理解与适用

1.法律渊源

从刑法理论上讲,根据无罪推定的原则,涉案财物在未经法院审判之前,其他机关无权认定和处理,故司法实践中习惯使用的"赃物"概念并不准确。根据司法实践中的习惯说法,此处仅就其作为违法所得之物层面进行分析。善意取得原是物权法上的一项制度,按照民法学界的通说,"所谓善意取得,是指无权处分其占有物的动产占有人将该物转让给他人,善意受让人依法即时取得该物的所有权"②。在此仅就动产的善意取得问题进行探讨,不动产的善意取得问题不予分析。《物权法》对赃物的善意取得采取的是回避的态度,理论界对赃物的善意取得也持不同的观点。而刑事立法和司法实践对此则在不同时期持不同的立场,并未形成一个权威而统一的规定。"总体而言,刑事立法对赃物是否适用善意取得原则出现了从倾向否定到积极肯定的立场转变,价值取向逐步变化:即将保护的重心由静态的归属安全转向动态的交易安全,以强化对善意第三人权益的保护。"③刑事司法实践中则往往根据个案情况予以处理。立法的漏洞给司法实践中理解和操作的混乱留下了隐患,这有损司法的公信和权威。

2.个案解析

案例一中因缺乏控诉方、被告人、第三人参与的专门就车辆的归属及处置而进行的法庭调查,故一审与二审法院难免出现不同的处理意见。实例二对于分析"赃物"的善意取得问题较有典型意义。在司法实践中,犯罪人获得赃物后通常将其变卖,甚至几易其手,司法机关能否因其为赃物而穷追不舍,第三人能否以其主客观均为善意为由对抗追赃?实务中不同主体在不同阶段的做法不一,

---

① 吴光升:《刑事涉案财物处理程序的正当化》,载《法律适用》2007 年第 10 期。

② 梁慧星、陈华彬:《物权法》,法律出版社 1997 年版,第 185 页;王利明:《物权法论》,中国政法大学出版社 2008 年版,第 464~465 页。

③ 李长坤:《刑事涉案财物处理制度研究》,华东政法大学 2010 年博士学位论文,第 111 页。

甚为混乱。这既涉及原所有权人、第三人及被告人利益的平衡，同时也关系到社会秩序的稳定与交易安全，理当通过完善诉讼程序谨慎处理。

3.实务操作（仅针对盗赃物）

司法实务中，司法机关基于朴素的价值判断抑或是社会稳定的需要，在刑事涉案赃物的处理中一般不适用善意取得制度。此种做法值得商榷，理由如下：

首先，赃物并不能成为适用善意取得制度的例外。善意取得制度的目的在于在保护所有权与维护交易安全这两种不同的价值取向间寻求平衡。不同时期，价值取向的侧重点有所不同。持否定意见者主要是基于财产的静态安全与秩序价值的考虑；而持肯定意见者则侧重于考虑动态的交易安全、效率价值及维护现有的财产占有状态。不同的价值取向需要与当时的经济和社会环境相适应，这应成为司法实务中取舍的依据。鉴于目前市场经济不断深化，交易主体更关注交易安全与效率，故应当持侧重于保护交易安全和交易效率的理念，侧重对善意第三人合法权益的保护。

其次，在刑事涉案赃物的处理中适用善意取得制度具有可操作性。在判断赃物是否可适用善意取得时，必须至少满足以下条件：主观方面，第三人不知所获财物为犯罪所得；客观方面，取得之物是法律允许流通之物，并应在公开市场经合理的交易方式取得。公开市场是指公共市场或贩卖同种类之物品的商人处。合理的交易方式即正常交易、拍卖等不可能对财产的来源产生怀疑的方式。非由此种方式进行的交易，可径行否定其善意。[①] 此外，第三人已支付合理对价；物品已交付给受让人，若需登记，相关手续已办理。

结　语

价值理念的重塑对于完善刑事涉案财物处理中第三人财产权益保护制度十分重要。保护公民的财产权不仅是私法的责任，也是公法的任务。因此，有必要确立打击犯罪和保护财产权并重的价值观念和坚持程序正义的理念，赋予第三人在刑事诉讼中合法的诉讼地位，构建相对独立的刑事涉案财物处理庭审程序。

---

① 李长坤：《刑事涉案财物处理制度研究》，华东政法大学 2010 年博士学位论文，第117 页。

"刑辩"意见问题探微
——法院行动视域下的实证分析

■ 梁碧仪　　庄惠平*

摘要：刑事辩护的有效性是指犯罪嫌疑人、被告人,特别是辩护律师提出的正确的辩护意见或主张被司法机关接受或采纳,在实体上或程序上作出对犯罪嫌疑人、被告人有利的诉讼决定。因此,"刑辩"意见的采纳程度在一定意义上能够反映出刑事辩护权在司法实践中是否得到了有效的保障。

关键词：刑事辩护;"刑辩"意见;有效性;法院行动

一、"刑辩"意见基本情况的初步考察

本文选择 2014 年度 Z 市中级人民法院(以下简称 Z 市法院)刑一庭二审案件(维持与改判)作为调查对象。Z 市是沿海省份 J 省的经济中心城市,具有一定的区域代表性。同时,抽取的案件涉及多种犯罪类型,有利于对"刑辩"意见基本情况进行统一的观察。选择二审案件为考察对象,是希望能与一审的情况进行纵向比较,以更全面地体现"刑辩"意见的采纳情况。

如图 1 所示,本次抽取的样本中,以维持形式结案的案件有 479 件,其中有律师参与辩护的案件为 180 件(203 个被告人),占该类案件的 37.58%;以改判形式结案的案件有 87 件,其中有律师参与辩护的案件为 54 件(63 个被告人),占该类案件的 62.07%。从数据上看,与被告人自我辩护相比,律师参与辩护占比并不突出,两者基本持平。对样本进行进一步的分析,可看出律师辩护存在以下特点。

---

*　梁碧仪:厦门市同安区人民法院书记员,法律硕士;庄惠平:泉州市中级人民法院法官,法律硕士。

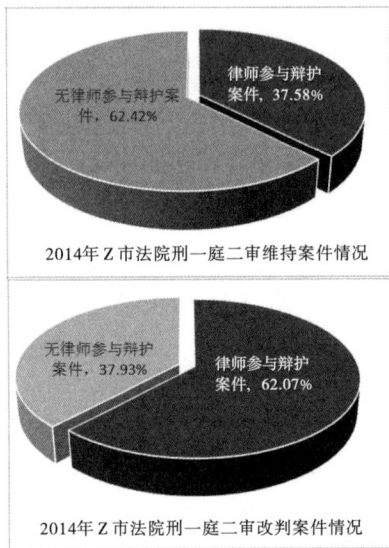

2014年Z市法院刑一庭二审维持案件情况

2014年Z市法院刑一庭二审改判案件情况

图1　2014年Z市法院刑一庭二审案件律师参与辩护情况

（一）量刑辩护的集中应用

从表1可以看出，在所有的辩护方式中，律师更偏向选择量刑辩护。首先，检察院起诉至法院的案件在大多数情况下有一定的事实依据，因此无罪辩护不可能是主流辩护形式。其次，在目前量刑远未达到规范化的情况下，在审判阶段对量刑进行辩护具有较大的发挥空间。最后，量刑辩护也是符合被告人心理，利于实现其利益最大化的辩护选择。

从整体来看，法官对律师的量刑辩护意见还是十分重视的，完全不予采纳的比例较低。在量刑辩护时，律师有时会综合全案情况提出一个具体的刑罚建议。这种类型的辩护方式占调查总数的23.31%，通常都难以获得法官的认可。

表1　2014年Z市法院刑一庭二审案件律师"刑辩"意见采纳情况

单位：件

辩护方式	完全采纳		部分采纳		不予采纳		总数	
	维持	改判	维持	改判	维持	改判	维持	改判
无罪辩护	0	1	0	0	31	2	31	3
罪轻辩护	0	5	0	3	53	4	53	12
量刑辩护	2	20	87	29	62	8	151	57
程序辩护	0	1	1	0	12	0	13	1
总数	2	27	88	32	158	14	248	73

（二）混合辩护的多维策略

表1中各种辩护方式的总数与案件总数并不一致,这是因为律师通常都会采取"××辩护＋量刑辩护"的混合辩护策略。例如,在做无罪辩护的时候,仍会列举被告人的量刑情节。这也使得量刑辩护的使用率远高于其他辩护方式。混合辩护模式虽让律师得以整合所有的辩护观点,让案件留有余地,然而由于其观点相互矛盾,在一定程度上会降低法官对律师辩护意见的采纳程度,同时也会使律师的辩护精力分散,容易出现顾此失彼的情况,使律师辩护的效果不佳。

（三）积极辩护的有效行使

在二审案件中,律师通过制造新的量刑情节从而进行积极辩护的比例较高,这在轻刑化犯罪案件中最为常见,如交通肇事案件、危险驾驶案件等。律师通常以促成刑事和解以获得被害人谅解、劝说上诉人缴纳罚金、为上诉人争取符合社区矫正条件的证明等手段,为上诉人获得进一步的从轻处罚制造新的量刑情节。这种积极的辩护一般都能进入法官的考量范围,并最终获得采纳。从被调查的有律师代理的改判案件情况来看,有16件存在这种情况并最终获得法官的采纳,约占被调查改判案件总数的29.63％。

（四）"刑辩"意见日益受重视

在有律师参与的二审改判案件中,被告人提出上诉的共有54件,检察院抗诉的1件(被告人同时提起上诉),其中共有27件进行了开庭审理。在开庭审理的案件中,出庭检察员明确表示不支持律师提出的辩护意见,要求驳回上诉的案件有12件;明确表示只能部分支持律师辩护意见的案件有2件;而最终法院对上述14件案件都基本采纳了律师的辩护意见进行了不同程度的改判。出庭检察员未明确表示是否同意律师辩护意见,认为应由合议庭评判的案件为4件;认为律师辩护意见有理,建议依法改判的案件只有9件。(详见表2)这一组数据从侧面打破了法院更倾向于采纳公诉机关意见的传统看法。同时,也体现律师正确的辩护意见在个案中日益被重视、接纳。

表2 2014年Z市法院刑一庭开庭改判案件律师与检察院意见关系

辩护意见与出庭意见关系	完全一致	部分一致	不一致	由合议庭评判
件数	9	2	12	4

（五）"刑辩"意见的实质影响

在调查样本中,有12件案件在一审期间因遗漏立功、未成年人、共同犯罪中作用大小等量刑情节而被改判,其中有 5 件在一审期间没有律师参与辩护。这表明,律师在全面把握被告人信息和案情等方面扮演着不可替代的角色,对案件的公正审判起着实质性的影响作用。

二、对"刑辩"意见被采纳现状的深入思考

从上述数据可以看出,在司法实践中,律师在量刑辩护、积极辩护等方面都发挥着积极的作用,而且律师的辩护意见得到了法院一定程度上的认可。然而,数据显示的毕竟是一个趋势,无法看出个案的特性,即无法说明律师正确的"刑辩"意见在个案中都得到了认可和采纳。判断律师提出的辩护意见正确与否,似乎只能通过法院在判决中的回应进行判断。一般而言,被判决采纳的意见都是正确的"刑辩"意见。那么,不被判决所采纳的"刑辩"意见,是否可以就此认定为错误的"刑辩"意见?律师正确的辩护意见是否都能得到法院的认可与采纳?事实上,正确的"刑辩"意见难以被采纳的现象是存在的,大致可以分为以下两种类型:

(一)显性不采纳

【案例】郭某与工友叶某因琐事发生争执,郭某动手拍打了叶某头部两三下,二人被工友拉开后仍继续对骂,后叶某当场呕吐不止并陷入昏迷,终因送医抢救无效身亡。一审期间,辩护律师提出郭某并无伤害叶某的主观故意,对被害人的死亡后果完全出于过失的心态,故其行为应当构成过失致人死亡罪而非故意伤害罪。同时,郭某有自首情节,请求对其从宽处理。一审法院并未采纳律师的上述意见,认定郭某犯故意伤害罪,判处有期徒刑十年。郭某不服判决提起上诉。二审期间,辩护律师提出了基本相同的辩护意见,却得到了二审法院的采纳,二审结合郭某具有赔偿被害人家属经济损失等情节,以郭某犯过失致人死亡罪判处有期徒刑三年零六个月。①

上述案例中,尽管一审没有采纳律师提出的辩护意见,但二审法院却认定辩护意见是正确、合理的,最终对一审判决进行了改判,此类型即为显性不采纳。虽然辩护意见本身是正确的,但是却并未获得一次性采纳。包括无罪辩护、罪轻辩护、量刑辩护、程序辩护等在内的辩护方式都有可能遇到显性不采纳的问题。

(二)隐性不采纳

在某些情形下,正确的"刑辩"意见是被忽略或无视的。由于案件结果最终

---

① 福建省泉州市中级人民法院(2014)泉刑终字第 4 号刑事判决书。

没有改变,所以从表面上看似乎是律师的"刑辩"意见不尽合理。然而通过个案的横向比较就可发现律师提出的"刑辩"意见其实是正确的,只是"同案不同判"的现象并没有因为律师提出的正确"刑辩"意见而得到改变。隐性不采纳的问题在于,律师合理的"刑辩"意见被混入因不正确而不被采纳的行列,除非进行个案的类比,否则难以看出辩护意见中正确的一面。与显性不采纳不同的是,隐性不采纳更为集中地体现在量刑辩护中。

三、法院行动视域下的自我检视

决定是否采纳"刑辩"意见的主体是法院,故法院及法官的行为选择对"刑辩"意见的采纳程度存在影响。影响律师"刑辩"意见采纳程度的因素至少包括以下几个方面。

(一)程序异化下的形式主义

随着"程序正义"理念日益深入人心,相较以往而言,在程序的设置上给予了律师更多的辩护空间,横亘在律师面前的问题似乎已不再是缺少辩护权利。然而在司法实践中,一种程序异化下的形式主义正悄悄蔓延。某些法院认为诉讼活动已经遵循了程序,律师的辩护权就已经得到了充分的保障,忽视了辩护实效。例如,在刑事庭审的事实调查阶段,当辩护人对被告人进行询问时,法官可能会以"公诉人已对该问题进行过讯问,不要再重复同样的问题"等理由打断律师的发言。在辩论阶段,法官可能会直接打断律师的发言,要求律师庭后提交辩护词即可。在这种情况下,庭审笔录虽然完整地记载了庭审中应有的程序,但是事实上却没有达到充分保障律师辩护权的要求。"卷宗上的完整记载不过是为了满足'程序合法'的形式需要,诉讼行为往往并没有在程序框架内进行。"① 又如,法院在审理后改变起诉罪名,却没有充分听取律师的辩护意见,导致律师的辩护权利被剥夺。这些异化的程序都直接或间接地挤压了律师行使辩护权的空间。

(二)合理性与合法性之间的边缘化

没有其他类型的判决比刑事判决更需要注重合理性的问题了,因为每一份有罪判决都面临着具体量刑的问题。只注重合法性的刑事判决已远不能满足民

---

① 娄必县、张仁虎:《司法公信力的检讨与重塑——基于二审改发率、上诉率和信访变迁的三维考察》,载《法律适用》2013 年第 1 期。

众对公正司法的期待,合法并且合理的判决才能满足民众对司法更高的要求。尤其是在量刑辩护成为律师主流辩护形式的情况下,对正确量刑意见的采纳就成了辩护有效的标志。对于一审法院而言,即使律师提出的量刑情节都是正确的,具体的量刑也仍可能未必是律师所期待的结果。因为合理性是主观性比较强的概念,在没有绝对统一尺度的情况下,会因主体认识的不同而出现差异。对二审法院而言,尽管律师提出的辩护意见是正确的,但一审法院的判决已是一个相对确定的状态,且其量刑也在法定幅度内,这就缺少了非改不可的理由。"因为一种既定状态已经形成了,就需要有足够的理由去推翻它。"①律师正确的辩护意见就这样在合法性与合理化之间被边缘化了。

(三)下级法院的依赖心理

在目前的二审终审制之下,二审法院承担着审查、纠错的功能。功能定位上的差别,容易导致一审法院对二审法院产生依赖的心理。即当一审法院有难以把握的案件时,可能会采取更为严格的标准定罪量刑。"发改率"是一审法院头上的"紧箍咒",在处理新型、疑难刑事案件时,一审法院往往会变得更为谨慎甚至死板。尤其是在目前我国刑事法律关于特定犯罪的罪名构成等问题尚不完善的情况下,一审法院会更趋向于遵循传统的文义解释方法对案件进行更为严格的考虑。在这种情况下,即使律师提出的"刑辩"意见是正确、合理的,但也可能得不到法官的认可。一审法院的这种做法,一方面,是想通过严格恪守法律原意的方式获得二审法院的认同,尽最大可能降低"发改率";另一方面,也是在保证案件有纠错机会的情况下试探二审法院的态度,并把这个"烫手山芋"交到二审法院手中。在依赖心理的驱使下,正确的"刑辩"意见很难进入法官的考虑范畴。

(四)法官断案的自信心态

曾有研究指出,法官普遍对律师有排斥的心理,致使"在采纳律师合理的辩护意见时,经常表现出一种'心不甘情不愿'的态度"②。这种表述未必妥当,但也基本体现了目前法官与律师间微妙的关系。事实上,法官普遍都认同辩护律师的作用,认为其在维护被告人合法权益及扩展被告人的辩护权利方面发挥了重要的功能。然而,这种肯定似乎只是停留在程序性功能的层面,在对具体案件的处理上,不少法官有较强烈的自信心,认为即使没有律师的辩护,自己也能对

---

① 田文昌、陈瑞华:《刑事辩护的中国经验》,北京大学出版社2012年版,第303页。
② 韩旭:《律师辩护意见为何难以被采纳——以法院裁判为视角》,载《法治研究》2008年第4期。

案件做到全面审查、准确定罪、恰当量刑。尤其是目前在审理刑事案件的过程中,主审法官会亲自做大量的工作,在促成刑事和解等方面发挥的作用甚至在一定程度上超过辩护律师,这也在一定程度上提高了法官对案情把握的自信程度。这种自信心理易造成法官对律师辩护意见的轻视和忽略,认为律师的辩护意见早在预料之中,可听可不听。这种在形式上保障却在实质上忽略的做法削弱了律师庭审辩护的有效性,降低了律师辩护意见的采纳程度。

(五)难以避免的法官个性

"以事实为依据,以法律为准绳"当然是法官的定案标准,但不可否认的是,法官的学识、观点、法律理念等个人品性,都在潜移默化之中影响着法官对案件的具体判断。"法官不计其数的独特品格、秉性和习惯,经常在形成判决的整个过程中起着作用。"①持有"重刑主义"理念的刑事法官在处理同类型案件时,量刑上通常会比其他法官要重,尽管这种"重刑"是在法定的量刑幅度之内。这种情况下,律师的辩护意见不是绝对地不被采纳,只是辩护效果大打折扣。而更严峻的问题是,律师们难以得知到底哪种因素影响着法官最终的量刑判断,从而难以通过改进他们的辩护方向、辩护策略提高他们的辩护实效。

四、"刑辩"意见保障方法探寻

(一)"刑辩"律师的定位

相比较于民事律师而言,刑事律师更容易在诉讼中感受到"职业局外人"的尴尬。虽然近年发起的刑事司法改革使法官开始逐渐转变旧有的观念,认识到"刑辩"律师的角色及功能,但是对"刑辩"律师在刑事诉讼中所起的实际作用却仍然不置可否。事实上,除了一般的人权、程序性保障等功能之外,"刑辩"律师对案件事实的准确认定也起着重要的作用。法官需要对案件进行全面的审查,也需要对被告人的每一个行为细节进行分析认定,但其精力毕竟有限,难免会有错漏,尤其是在被告人人数众多、案情较为复杂的案件中。公诉机关主要是对被告人的犯罪行为进行追诉,故在办案中更加侧重于收集对被告人不利的有罪证据。辩护律师的正确"刑辩"意见能帮助法官更全面地查清案件事实,充分掌握证据,作出合理、合法的判决。法院与"刑辩"律师的目标应该是一致的。因此,尊重"刑辩"律师的辩护活动,有利于法院在刑事诉讼中查明案件事实、公正

① [美]波希格诺等:《法律之门》,邓子滨译,华夏出版社2002年版,第47页。

裁决。

(二)一审功能的回归

一审是审判活动的基础和关键,相较于二审,一审具有距离案发时间近,接近办案机关、当事人等优势。一审更有利于"刑辩"律师针对全案确立辩护思路,选择合适的辩护策略。相较于二审大部分案件以不开庭方式审理,"刑辩"律师在一审期间有更多的机会直面公诉机关,充分行使辩护权利,"为说服裁判者接受本方主张而进行各种抗辩和交涉活动"①。因此,强化一审的价值功能,重视一审的庭审活动,有利于保障"刑辩"律师充分辩护的空间,强化"刑辩"律师在审判活动中的积极作用,增强律师辩护的效果,从而做到定罪准确,量刑适当,把好一审判决的质量关。

(三)庭审作用的强化

《刑事诉讼法》第 227 条规定:"剥夺或者限制了当事人的法定诉讼权利,可能影响公正审判的,应当裁定撤销原判,发回原审人民法院重审。""刑辩"律师作为被告人的辩护人,其正当的辩护权利应受到保护。在审判阶段,"刑辩"律师辩护权利的充分实现主要体现在庭审之中,因此,通过规范的庭审程序保障"刑辩"律师的辩护权利显得尤为重要。首先,司法权本来就是居中裁判的权力,具有中立性的特点。法官作为庭审三角关系的居中裁判者,对庭审具有绝对的控制权。故法官在庭审中应注重把握庭审的节奏,赋予"刑辩"律师充足的发言时间,避免因偏袒公诉方而引起他人对案件公正性的质疑。其次,单靠执行者的自我约束,效果未必显著,故外部监督机制同样重要。有鉴于此,最高人民法院发文要求对所有一、二审案件的开庭审理情况全程同步录音录像,现场刻录光盘并随卷宗保存、移送。这种利用信息技术倒逼庭审规范化和正规化的方法,对保障"刑辩"律师的辩护权有着重要的意义。但是,囿于各地经济发展程度不同,同步录音录像对法庭设备要求较高,以及法院普遍面临的"案多人少"的窘境,很多法院目前还只能在一审案件中做到每庭必录。今后应加大法庭硬件建设方面的投入,全面落实"每庭必录",并加大对庭审录像的使用力度。具体而言,在每个刑事案件开庭前,应明确告知当事人整个庭审过程均同步录音录像。若上诉人以庭审中侵害了其辩护人的法定辩护权为由提出上诉,则二审法院必须查看庭审录像,没有庭审录像或庭审录像有修改痕迹等情况的,则视为证据存疑,可以认定一审期间被告人及其辩护人法定辩护权利受到剥夺或限制,将案件发回重审。

---

① 陈瑞华:《刑事辩护的几个理论问题》,载《当代法学》2012 年第 1 期。

(四)量刑说理的改进

对于量刑,法官具有自由裁量权。对于不同情形的自首情节,有的法官在量刑幅度内减少 10％,有的法官则认为减少 20％ 较为适当,只要没有超出法定的量刑幅度,似乎都是可以接受的。然而,被告人是通过个案感受法律的公平的,"超出合理范围的量刑差异违反了法律适用的平等性原则"①,并实质性减损了"刑辩"律师量刑辩护的效果。为规范法官的量刑行为,检察院对案件具有量刑的建议权。应明确律师的量刑建议权,与检察院的量刑建议权相对应,充分保障被告人的权利。在判决中回应"刑辩"律师的意见,在审判实践中已逐渐成为常态,今后应该对回应的形式进行进一步的规范。由于司法资源及法官精力有限,不可能在所有判决文书中都进行详尽的说理,故可以区分案件的繁简程度,根据需要进行不同程度的回应。对"刑辩"律师在庭审中提出的意见在裁判文书中予以回应,与说理部分进行对照,能找出隐藏的不被采纳的意见,体现出对"刑辩"律师辩护权的尊重。在德国刑事司法体制中,也有对判决理由加以说明的做法。法院对于其任何裁定、判决必须予以详尽说明阐释的义务是一种制约和平衡,也是确保"刑辩"律师提出的意见被法官加以考虑的保证。同时,德国刑事司法实践中,对同类案件不同刑罚的说明也作了尝试,"当判处的刑罚与同类案件判处的刑罚相差过大时,法庭必须要对判决进行彻底的说明"②。这相当于对法官在刑事案件合理性的把握方面也进行了一定的规制。为此,进行同类案件的横向比较也是必要的,毕竟"刑辩"律师所做的只是希望"更多的个案量刑能接近大量判决的平均水平"③。在继续推行刑事文书说理措施的同时,应允许律师在量刑建议中提出与同类型案件尤其是指导性案例的比较,以此促使法官加强对量刑判决的说理。在上诉审程序中,对基于量刑部分的上诉,二审法院应注意审查律师在量刑建议中对同类案件列举,着力消除因法官个性等主观因素导致的量刑偏差。

---

① 熊秋红:《中国量刑改革:理论、规范与经验》,载《法学家》2011 年第 5 期。

② 丁鹏等编译:《欧洲四国有效刑事辩护研究——人权的视角》,法律出版社 2012 年版,第 229 页。

③ 熊秋红:《中国量刑改革:理论、规范与经验》,载《法学家》2011 年第 5 期。

恢复性司法的本土化疏义

——以未成年人轻微刑事案件的审理为视角

■ 王辛*

摘要：恢复性司法自兴起以来，对世界各国的刑事司法走向和犯罪预防模式产生了极其深远的影响。该制度在探索进程中褒贬杂糅、争论不休。"刑事法之改正，将于少年法始肇其端。"在我国对是否需要引入恢复性司法模式尚存争议之时，有必要重新审视我国未成年人刑事司法现状和存在的问题，并结合审判实际引入恢复性司法的理念和模式，进一步完善未成年人刑事司法制度。

关键词：报应性司法；恢复性司法；少年审判

一、理念缘起：视野决定了世界的大小

（一）传统沉重的报应刑罚

刑事司法的发展是一部由野蛮到文明、由恣意到理性、由严苛到轻缓、由对抗到对话的历史。传统的报应性司法（Retributive Justice）主张通过刑罚及其保安处分达到遏制犯罪的目的。长期以来，这种以报应刑主义、国家本位主义和刑罚权国家专属为核心的传统刑事司法模式一直是世界范围内刑事司法界的主流。随着对犯罪和刑事问题认识的逐渐深入，传统刑事法模式作为解决社会冲突的机制和对抗犯罪最严厉的手段，在防控犯罪、保护受害人利益、矫正犯罪并修复因犯罪受损的社会关系等方面渐渐显得力不从心，无法应对现代社会的犯罪压力与民众对司法正义的诉求。因此，旨在恢复被犯罪行为所破坏的社会秩序，着重于补偿被害人所受伤害以及改造犯罪行为人的恢复性司法应运而生。恢复性司法为被害人、加害人及其家庭成员以及社区提供了直接对罪行所致损

---

* 作者系厦门市同安区人民法院法官，法学硕士。

害作出反应的机会,它"击中了传统刑事司法模式的要害,向社会提出了如何对犯罪作出反应的新问题并寻求解答,是对古典主义刑事法学理论和实证主义法学理论的双重超越,可谓之'第三只眼睛'看待刑事司法"①,被认为是"一种在司法模式和福利模式之间,报应性司法和矫正性司法之间游离的替代性形式"②。在传统的报应性司法中,采用的是国家公诉机关起诉—审判—执行的刑事司法程序,并强调对实施犯罪的行为人进行公正报应,以其承受的痛苦来均衡其罪责,从而实现公平正义。恢复性司法模式不同于以国家为中心的传统刑事司法模式中的控、辩、裁三角结构,而是一种以犯罪人(Offender)、被害者(Victim)和社区(Community)构成的三角形为底面,以正义(Justice)为顶点的立体结构。③(如图1)在此模式下,罪犯的义务不是简单地接受报应,社会公众也不仅仅只是去谴责犯罪行为,而是集犯罪人、被害者和社区之力,积极面对犯罪所造成的伤害,尽量弥补犯罪行为给当事人及社区造成的损失,以恢复原有的社会秩序。

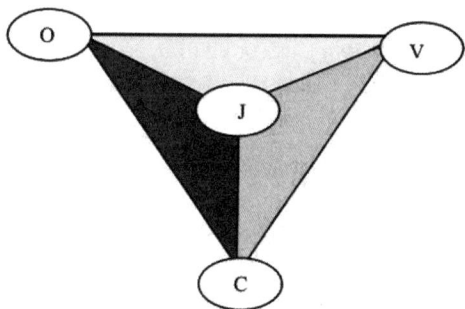

图1　恢复性司法的金字塔结构

(二)看待刑事司法的"第三只眼睛"

恢复性司法并不简单地指向一种司法程序,而是指向程序以外的法律价值或者法律效果。它"以被害人为核心,以犯罪人、被害人以及社区的共同交流、对话、协商为平台,通过犯罪人道歉、赔偿、进行社区服务等方式,使被害人物质精神损失得到补偿,犯罪人取得社会谅解,被破坏的社会关系得到恢复"④。20世纪90年代以来,恢复性司法在西欧、美国等得到了较为广泛的发展,其实践模式

---

① 王平主编:《恢复性司法论坛》,群众出版社2005年版,第6～7页。
② 封青青:《恢复性司法基本理念研究》,载《长春教育学院学报》2014年第2期。
③ [美]托尼·F. 马歇尔:《恢复性司法概要》,刘方权译,群众出版社2006年版,第324页。
④ 陈晓明:《恢复性司法的理论与实务》,法律出版社2006年版,第37页。

的多样性,导致人们难以对恢复性司法的内涵和外延作一个统一的概括。为此,2000年联合国预防犯罪和刑事司法委员会会议制定的《关于在刑事事项中采用恢复性司法方案的基本原则》中,从"恢复性程序"和"恢复性结果"两个方面来对恢复性司法作出界定——采用恢复性程序并寻求实现恢复性结果的任何方案。其中,"恢复性程序"是指"在公正第三方帮助下,受害人和犯罪人及酌情包括受犯罪影响的任何其他个人或社区成员,共同积极参与解决由犯罪造成的问题和程序";"恢复性结果"是指"由恢复性程序而达成的协议,可能包括旨在满足当事方的个别和共同需要及履行其责任并实现受害人重新融入社会的补偿、归还、社区服务等对策和方案"。

(三)域外未成年人恢复性司法的实践

未成年人犯罪领域的恢复性司法,起源于1974年加拿大安大略省基陈纳市一起青少年缓刑执行案件。该市的两个年轻人实施了一系列破坏性的犯罪,但当地缓刑机关和宗教组织并未按照传统的司法途径处理该起犯罪,而是采取了其他更为有效的方式,即组织这两名罪犯与22名被害人会面。在会面中,两名罪犯与被害人就犯罪所造成的影响进行了深入的交谈,最终两名罪犯从被害人的陈述中充分了解到自己的行为给被害人造成的损害,自觉履行了全部赔偿义务。这种"被害人—犯罪人的和解程序"是恢复性司法的最初运用。这起案件的特殊处理引发了各方的关注,世界各地展开了各种模式的恢复性司法实践。其中,涉及未成年人的主要有以下几种实践模式:

1.青少年平衡司法方案(Balanced and Restorative Justice)

该方案倡导未成年人犯罪的预防性和主动性的提前介入,强调社区的作用,青少年被认为是有能力作出良好行为的,故在该方案中主要评估未成年人的优点和兴趣爱好,让实施侵害的未成年人积极参与社区活动,给青少年创造机会让其能够提高自身技能,改善自身形象,为社区作出积极贡献并得到社区的认同,进而增强对家庭和社区的归属感。

2.被害人—犯罪人调解程序(Victim-Offender Mediation)

"被害人—犯罪人调解程序"最常用于财产犯罪和轻微的伤害案件,加害人往往是初犯的青少年。先由法官、检察官、警察等决定是否将案件移交调解项目,在确定移送调解后,进入调解准备阶段,由调解员分别会见双方当事人,了解案情并解释程序。正式进入调解阶段后,调解员引导加害人与被害人进行深入的会谈,让双方了解相关犯罪信息,进行协商,达成并签署书面赔偿协议,最后监督被害人进行社区劳动,确保协议的履行。该种模式侧重于对被害人及其社区关系的修复,消除犯罪对社区所带来的影响。

3.家庭团体会议模式(Family Group Conferences)

家庭团体会议是将受犯罪事件影响的所有人员聚集在一起,由加害人就为何犯罪,由被害人就该罪行给自己带来怎样的影响予以说明,加害人与受害人等进行各种理性的、感情的、积极的交流和商谈,各方经过了解犯罪事件对每个人的影响或伤害,最后达成解决方案。该种模式注重家庭和社区的威信和作用,若达成协议,就不再对案件进行司法处理。

4.恢复性警察警告(Reparative Police Caution)

在这种模式下,警察发现未成年人实施犯罪后,先恳切地与未成年人进行面谈,面谈后把未成年人带去作案现场,让其意识到自己行为的危害性,促使其反省,并取得被害人的谅解。这种模式适用于侦查阶段,由警察主导,注重对未成年人耻辱感、人格尊严的尊重并为其提供反省的机会。

5.量刑圈(Sentencing Circle)

量刑圈是在权威的社区长者的主持下,将犯罪嫌疑人、被害人及其家庭成员和社区其他成员聚集在一起,以诚恳的态度共同面对犯罪带来的社会后果,一起探讨解决犯罪的方案以及预防犯罪的必要步骤。该种模式是在被告人被定罪后,取代传统量刑程序的一种正式的司法程序,其作用并不仅是解决犯罪所遗留的问题,避免监禁刑所带来的负面作用,还在于通过各方的交谈,对各方当事人的行为态度、生活形态产生一定的影响,并且有益于受到犯罪影响的社区。

二、步履维艰:我国未成年人刑事司法制度的实践探索

(一)我国未成年人刑事司法制度的现状

以厦门市同安区人民法院为例,2010年审理未成年人刑事犯罪案件31件46人;2011年审理未成年人刑事犯罪案件37件56人;2012年审理未成年人刑事犯罪案件28件33人;2013年审理未成年人刑事犯罪案件37件49人,2014年审理未成年人刑事犯罪案件35件53人,2015年审结未成年人刑事犯罪案件55件68人。

表1　未成年人犯罪罪名分布情况

单位：人

年份	贩卖毒品罪	故意伤害罪	盗窃罪	抢劫罪	寻衅滋事罪	抢夺罪	聚众斗殴罪	故意毁坏财物	敲诈勒索罪	诈骗罪	强奸罪	交通肇事罪	其他罪名
2010年	1	14	8	15	0	1	1	0	0	1	0	0	5
2011年	0	15	15	21	1	0	2	0	0	0	2	0	0
2012年	5	3	9	8	0	0	2	1	0	0	3	2	0
2013年	1	12	13	14	0	0	2	0	2	0	0	1	4
2014年	4	5	10	23	4	1	1	1	1	1	0	0	2
2015年	3	14	18	7	2	0	1	0	0	0	0	2	8

从表1可以看出，未成年人犯罪主要有以下几个特点：（1）抢劫、盗窃犯罪居多，故意伤害罪次之，其余各种类型的罪名虽均有涉猎，但总体案件量较少。此类未成年人犯罪的作案动机较为简单，主要是因为缺乏自律能力、法律意识淡薄、好逸恶劳，从而走上犯罪道路。（2）共同作案为主要犯罪形式，共同犯罪约占了36.9%，且呈攀升趋势。由于未成年人自身能力和社会经验的欠缺，往往是结伙作案，犯罪团伙有的由社会上的青少年组成，有的由在校学生组成，有的由社会上的青少年与在校学生共同而成。成员间的恶习"交叉感染"，相互影响。（3）闲散、外来流动未成年人是未成年人犯罪的主要人群。外地籍未成年人约占未成年人犯罪总人数的60%以上，他们通常是外来务工人员的子女、外来务工未成年人以及外来读书的学生。（4）判处的刑罚多为拘役或者三年以下有期徒刑。总体而言，未成年人犯罪涉案金额较少，主观恶性较小，其犯罪行为的社会危害性也并不是很大。虽然存在抢劫、故意伤害等侵犯人身权的犯罪，但是大多是因贪图享受或出于江湖义气引发的，较成人犯罪恶性较为轻微，最终判处的刑罚也较轻（见表2）。

表2 2010—2015 年未成年罪犯被判刑罚情况

单位:人

年份	免予刑事处罚	管制	拘役	3年以下有期徒刑	3—5年有期徒刑	5年以上有期徒刑	并处罚金	适用缓刑
2010 年	0	1	10	22	7	4	23	19
2011 年	1	0	5	40	6	4	32	19
2012 年	1	0	13	17	2	0	18	7
2013 年	2	0	11	31	2	3	32	14
2014 年	3	0	14	24	7	5	41	8
2015 年	0	0	12	25	6	2	48	10

(二)未成年人刑事司法的实践探索

随着近年来我国刑事审判观念的不断进步,全国各地在探索、实践未成年人刑事司法的过程中,出现了一些新举措,如暂缓判决、圆桌审判、未成年人犯罪记录封存、合适成年人参与等,这些实践为我国未成年人刑事司法体制的完善注入了新的活力。

1.暂缓判决

1993 年,上海市长宁区人民法院率先对未成年人犯罪实行暂缓判决,即对构成犯罪、符合一定条件的未成年被告人,根据其所犯罪行和悔罪表现,暂不判处刑罚,而是作出延期判决的"决定",并为未成年被告人设置一定的考察期。未成年被告人在该期间内,可以继续就业、就学,或者到司法机关指定社会福利机构接受帮教,待考察期满后,法院再根据犯罪事实和犯罪情节,结合未成年被告人在考察期间的表现作出判决。"暂缓判决"制度的实施标志着我国未成年人刑事司法理念进入了一个崭新的阶段。

2.圆桌审判

圆桌审判是将审理未成年人犯罪案件的审判席改为圆桌或者椭圆桌,所有的庭审参与人员,包括法官、未成年被告人均围绕圆桌相向而坐的审判方式。[1]圆桌审判不仅是改变法庭设置,更重要的是改变严肃紧张的法庭审理气氛和严格的法庭审理程序,在相对缓和的庭审气氛中,减轻未成年被告人的恐惧感和抵触心理,以更好地对未成年被告人进行教育、感化和挽救。

---

① 徐美君:《未成年人刑事诉讼特别程序研究——基于实证和比较的分析》,法律出版社 2007 年版,第 214 页。

3.合适成年人参与

合适成年人参与是一种司法程序，它要求警察在讯问未成年人或具有一定认知障碍的犯罪嫌疑人时，必须有合适成年人到场参与警方讯问。合适成年人到场后，必须对警察压迫行为予以制止并确保未成年人在自愿的情况下作出陈述。厦门市同安区人民法院对合适成年人参与作了有益尝试，建立了由教师、共青团干部，妇联、街道、社区、村委会、关心下一代工作委员会工作人员或者退休干部、职工、志愿者等组成的"合适成年人库"，并出台规定明确了合适成年人参与刑事诉讼的各项程序性规定。至今，已为 30 余名失足少年聘请了合适成年人。

4.社区矫正和"社区服务令"制度

社区矫正和"社区服务令"制度即通过一系列教育改造，矫正未成年人犯罪心理和行为恶习，促使其顺利回归社会。社区矫正和"社区服务令"制度不仅能够避免未成年人过早地被贴上犯罪人的标签，还能避免未成年人在监禁刑中受到"交叉感染"，达到教育、挽救、促使未成年人以健康的心理状态回归社会的目的。厦门市同安区人民法院建立了"3＋X 未成年人犯罪帮教机制"，由法院与司法局、关工委等单位签订《关于共同促进未成年被告人帮教矫正工作实施意见》，并寻找合适的企业、学校和其他社会单位支持，在每件未成年犯罪案件审结时，征询被宣告缓刑的未成年被告人及其监护人有关未成年人就学、就业意向，再根据意向与相关学校、企业联系落实。成功联系就学、就业的，法院建立档案备存，并适时回访。

5.犯罪记录封存

考虑到犯罪标签对未成年人心理及其复学、升学、就业、复归社会的影响，从 2008 年起，我国上海、广东、山东等地已经陆续开始试点未成年人轻罪犯罪记录消灭制度，2012 年修订的《刑事诉讼法》第 275 条亦首次将犯罪记录封存作为一项制度加以明确。该制度的确立顺应了当前世界刑事立法的潮流和改革趋势。但在实务中，该规定过于原则、笼统，无明确的操作流程及配套制度，也无违法封存的惩罚机制、救济途径等，还有待进一步完善。

三、何去何从：恢复性司法的本土化

在未成年人刑事司法制度中引入恢复性司法，有助于建立更为高效、合理，更注重人文关怀的未成年人刑事司法制度。

（一）理论基础

刑法谦抑理论主张，对于犯罪这种最严重的危害社会秩序的行为，国家必须采取相应的刑罚措施予以抵制,但是国家在运用刑罚手段时,必须基于人道、慎重、宽和的本旨,将其限制在最合理和最小的范围之内。① 刑法谦抑理论在许多西方国家已经成为刑法的根本理论之一并成为刑事政策的核心内容。② 恢复性司法正体现了"非刑罚化"的理念。在实施刑法的过程中,"注重刑法的建设作用和养成功能,而不是强调刑法的镇压、摧毁和威慑作用",反映了刑法谦抑理论的基本精神和价值。此外,社会控制论理论归纳了四种规范行为的方法——惩罚、修复、漠视和容忍。③ 每个方向都简化为高低两个极值。惩罚是高度控制低度支持,容忍是高度支持低度控制,只有修复性司法才是高度控制和高度支持。惩罚、漠视、容忍都并非规范行为的恰当手段,只有强调互相尊重、共同合作解决问题并进行重新整合的修复性司法模式才能取得最好的效果。(见图 2)

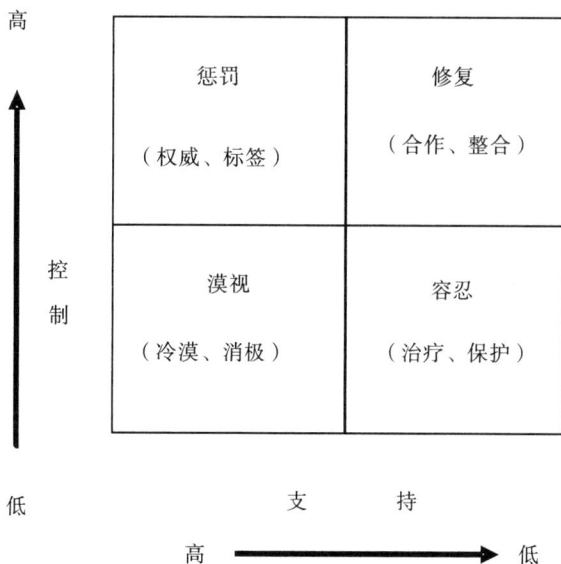

图 2　社会控制的手段和效果结构

(二)文化基础

恢复性司法理念与中华法律文化有相契合之处。中国古代统治阶级一直信

---

① 陈晓明:《恢复性司法的理论与实践》,法律出版社 2006 年版,第 48 页。

② [日]左伯千仞:《刑法讲义》(总论),日本有斐阁 1981 年版,第 82 页。

③ T. Wachtel & P. McColld, *Restorative Justice in Everyday Life*, *Restorative Justice and Civil Society*, Cambridge University Press, 2001, p. 215.

奉"刑不可知则威不可测"的教条,并不倾向于让老百姓了解法律。"周礼属民读,法令有司能"所宣扬的礼教思想,以及老子的"万物自化、天下自定",孔子的"援礼入法、融法于俗"等以德化人、教化为先、德主刑辅的封建礼教思想影响深远。统治者对于"知法学讼"一般采取打击压制的政策,老百姓心中也就形成了"无讼""息讼"等观念。这种理念与恢复性司法的理念相契合,为恢复性司法在我国的引入奠定了文化基础。

(三)现实基础

目前,我国未成年人刑事司法制度散见于各种法规,规定少而粗糙,可操作性不强。少年法庭在组织机构、人员配置与知识结构、审判方式与收案范围等方面存在诸多问题。目前未成年人案件审判机构大部分附属于刑事审判庭,尚无独立建制的少年法院。少年法庭主要以"少年合议庭"的形式出现,既要审理未成年人刑事案件,又要审理其他刑事案件。从审判模式上看,虽然我国对未成年犯采取了一些与成年犯不同的司法程序,但是因我国少年审判模式是从传统的刑事司法模式演变而来的,缺乏系统的少年司法理念的指导,故少年刑事司法制度的设计难以摆脱追究和惩罚犯罪的价值追求。有学者指出,中国长期以来奉行"超职权主义"的司法理念,司法机关在办案时倾向于采用较为强硬的手段,缺少人文关怀,导致当事人多有不满,这种情绪在"诉讼爆炸"的司法环境下,进一步加重了司法系统的负荷。[①] 未成年人可塑性高,对未成年人犯罪应当寻求更加经济、更加高效、更能体现人文关怀的方式。恢复性司法可以在一定程度上缓解司法资源稀缺的问题,恢复性司法与未成年人犯罪处理相结合具备基本条件。

四、反思重构:未成年人恢复性司法的具体制度构建

恢复性司法带来了多元化的犯罪处理模式,但恢复性司法从产生起,就是利弊共生、潜力与危险并存的。构建我国的未成年人恢复性司法制度应该注意以下几个方面的问题。

(一)恢复性司法的法律定位

在国外恢复性司法的实践中,恢复性司法的实现主要有两种方式:一种是独立并平行于正式刑事司法体制的并行模式,另一种是整合于正式刑事司法模式

---

① 张旭、蔡一军:《恢复性司法践行理路探析——以欧洲的实践为视角》,载《当代法学》2007年第4期。

内部的补充模式。为解决这一问题,布拉斯沃特提出金字塔模型①(如图3),根据不同的人性假设而采取不同的对策。对于无能力或者不理性的行为人,只能凭借隔离以维护社会秩序;对于理性的行为人,需靠威慑力使其不敢犯罪;而对于有品德且善于自我改善的行为人,则可采取修复性司法使其自觉修复犯罪带来的损害。

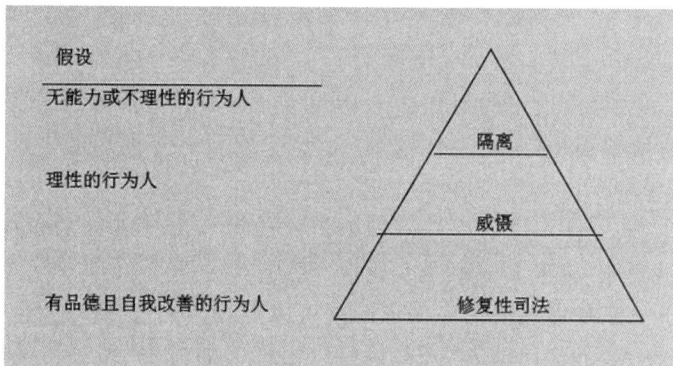

图3 布拉斯沃特的金字塔模型

从图3可以看出,虽然应在未成年人刑事司法领域中引入恢复性司法,但是恢复性司法并不能完全取代传统的刑事司法,尤其是在我国现代化法治建设尚处于起步阶段,司法权威尚有待树立的当下,并不具备并行恢复性司法所需的社会环境和土壤,若盲目适用,会导致犯罪行为失控。因此,传统的刑事司法不能放弃,恢复性司法应定位为传统刑事司法的一种有益补充。

(二)恢复性司法的具体适用

1.适用条件

关于未成年人恢复性司法的适用条件,可从主、客观两个方面进行界定。在主观方面,恢复性司法可以适用在犯罪嫌疑人主动作有罪答辩且能够认识到犯罪行为对被害人带来实际危害的案件中。此外,被害人、加害人自愿参与恢复性司法,同意对犯罪行为进行协商和解也是主观条件之一。在客观方面,未成年人恢复性司法应适用在案件事实清楚、证据确实充分的刑事案件中,即已有充分证据证明加害人实施了犯罪行为,且给被害人造成了一定的损害后果。

2.案件范围

未成年人恢复性司法的适用范围应当有所限制,并不是所有有被害人的犯罪案件都能适用恢复性司法,适用未成年人恢复性司法的案件范围应限于有具

---

① 转引自陈晓明:《恢复性司法的理论与实践》,法律出版社2006年版,第233页。

体被害人的案件。可考虑在以下几种情形下推行恢复性司法：刑事自诉案件；依法可能判处 5 年以下有期徒刑、拘役、管制，单处罚金的较为轻微的案件；被告人主观恶性不大，系初犯、偶犯以及突发性犯罪的案件；被害人对起因有一定过错的案件；被告人积极赔偿被害人的损失，被害人对被告人表示谅解的案件。对于惯犯和累犯，无法通过协商弥补和修复犯罪所破坏的社会关系，故不能适用恢复性司法。

3.对象范围

恢复性司法可以适用的对象如下：无前科的未成年人；初犯、偶犯；共同犯罪中的从犯、协从犯；犯罪主观恶性较小和社会危害性较小的犯罪嫌疑人。

4.适用程序

未成年人恢复性司法应根据不同的诉讼阶段而设计不同的程序，但大体来讲，可以参照域外"被害人—犯罪人调解"模式。

（1）提出。恢复性司法程序的启动既可以由被害人及其诉讼代理人、犯罪嫌疑人及其辩护人、诉讼代理人提出，也可以由办案的公安、司法机关提出并征得当事人同意后启动。

（2）受理。公安、司法机关受理后，经对案件的适用条件、范围等进行审查，对于符合相关规定要求的，可决定立案并将案件交由专门的机构进行调解。

（3）和解。由调解员召集被害人与犯罪嫌疑人进行对话，使双方能够就犯罪事件本身以及犯罪行为所带来的影响进行深入的交谈，交换各自的看法，被害人若对犯罪嫌疑人表示宽恕、谅解，则双方可以在调解员的主持下达成书面赔偿协议，并由被害人书面要求公安、司法机关对犯罪嫌疑人从轻、减轻或免予处罚。

（4）审查。被害人与加害人达成协议后，公安、司法机关应对协议的自愿性、合法性进行审查，对双方当事人自愿依法达成的协议予以确认，并将它作为对加害人进行刑事处理的依据。如果发现协议不是出于双方自愿或有其他违法行为，即应撤销和解协议，案件进入诉讼程序。

5.适用阶段

恢复性司法应当适用于刑事司法侦查、起诉、审判和执行各个阶段，在每个阶段采用不同的处理方式，以最大限度地体现刑事诉讼的实体和程序价值。对于轻微刑事案件，在侦查阶段，若双方当事人愿意启动恢复性司法程序并自行达成和解协议，公安机关可以酌情考虑不再立案或者撤销案件。在审查起诉阶段，若加害人能够积极赔偿被害人的损失，真诚悔过且获得被害人的谅解，检察机关在审查后可以作出暂缓起诉或酌定不起诉的决定。法院在证据确实充分且未成年被告人自愿认罪的条件下，可以将被告人与被害人是否达成和解协议作为量刑的因素予以考量。在案件执行阶段，也可以将恢复结果、未成年犯是否积极赔偿作为是否减轻刑罚的考量因素。

最高人民法院于 2014 年 11 月 24 日发布了一起未成年人审判工作典型案例。① 未成年人刘某酒后回到北京市某学校,在该校学生宿舍管理办公室内,与宿管老师陈某发生争执,刘某用随身携带的弹簧刀将陈某扎成重伤。后刘某逃跑,于当日 23 时许向公安机关投案。案发后,被告人刘某积极赔偿被害人的经济损失,并得到被害人的谅解。北京市房山区人民法院经审理认为,被告人刘某故意伤害他人身体,致人重伤,其行为已构成故意伤害罪,被告人刘某有自首情节,且认罪态度较好,积极赔偿被害人经济损失,并得到被害人的谅解,对其可酌情予以从轻处罚,判决被告人刘某犯故意伤害罪,判处有期徒刑两年,缓刑两年。在本案审理过程中,法官通过社会调查、亲情会见、法庭调解、心理疏导等特色机制及恢复性司法理念的运用,对刘某循循善诱,并促使双方当事人在换位思考的前提下化解矛盾,改善、修复了被告人与被害人的关系,是对社会关系修复途径的一次有益尝试。

6. 监督与救济

恢复性司法注重采用非正式、以协调和对话为基础的程序解决犯罪问题,具有很大的灵活性,但它也没有统一的模式,缺乏规范性和系统性,且无相应的制度保障,很可能导致程序失范,并容易造成当事人权利受到损害。因此,必须建立相应的程序救济机制并确保恢复性司法程序的启动遵循自愿原则。在整个程序启动和审查过程中,本着司法最终解决原则,所有活动都应当受到法院的监督。

① 《最高人民法院 2014 年 11 月 24 日发布未成年人审判工作典型案例 98 例》,http://www.court.gov.cn/fabu-xiangqing-13447.html,下载日期:2015 年 7 月 14 日。

我国刑法中兜底条款的司法适用

■赵龙凯*

摘要：刑法中设置兜底条款具有严密刑事法网、打击刑事犯罪的作用，进而可以更好地达到保护人民群众生命财产安全的立法目的。但由于兜底条款具有模糊性特征，如果其在司法实践过程中运用不当，便会造成司法腐败、解释错位等问题，以致阻碍社会进步。因此，在司法实践中具体适用兜底条款时，应当把握正确的解释规则，从合理运用法官自由裁量权着手，充分发挥指导性案例的作用，使其在案件裁判中发挥更大的效用。

关键词：刑法；兜底条款；司法适用

兜底条款因其具有辅助法律条文挂一漏万的作用，实践中也具有很强的可操作性，因而在我国刑法中得到了大量的应用①。但由于兜底条款本质上属于概括性规定，是堵漏条款，其所具有的模糊性和不确定性，不可避免地会在司法适用过程中产生一系列问题。本文将我国刑法中兜底条款的司法适用作为研究中心，通过分析其概念、类型及适用中存在的主要问题，提出解决问题的完善方法，以期对适用兜底条款的司法实践有所裨益。

一、刑法中兜底条款的概念及类型

(一)兜底条款的概念

刑法中的兜底条款是指刑事立法在无法穷尽法条需描述之情形时所制定的具有堵塞、拦截犯罪行为人逃漏法网功能的条款，具有高度抽象性、模糊性以及弹性大的特征，在刑法典中通常采用"其他""等"一类概然性的词语来表述。例

---

* 作者系成都铁路运输检察院助理检察员，法学硕士。

① 从1997年我国新刑法典颁布至今，已经先后出台了9个刑法修正案，其中兜底条款有130条左右，约占刑法典条款总数的29%。

如《刑法》第 114 条规定的"放火、决水、爆炸以及投放毒害性、放射性、传染病病原体等物质或者以其他危险方法危害公共安全"就属于典型的兜底条款。

(二)兜底条款的类型

根据刑法中兜底条款具备的不同特征,可以将其分为定罪条件兜底型和量刑条件兜底型两种类型。

"定罪条件兜底型"兜底条款,在刑法中大致有以下四种表现方式:一是对实行行为方式的兜底,在某些犯罪中,刑法在列举了各种行为方式后,为防止遗漏,又设立了兜底性条款,[①]如我国《刑法》第 191 条之一在列举了两种骗购外汇的行为之后又规定了"以其他方式骗购外汇的"就是对骗购外汇罪的实行行为所进行的兜底;二是对行为方法的兜底,这里的行为方法与第一种的行为方式有所不同,行为方式可以单独构成犯罪的行为类型,而行为方法只是某种类型所采取的具体方法,这种方法从属于一定的行为类型,因而不能单独成为一种犯罪类型,如《刑法》第 236 条中对抢劫罪的行为方法在列举了"暴力、胁迫"之后又增加了"或者其他方法"的规定即是如此;三是对行为对象的兜底,如《刑法》第 177 条规定伪造、变造金融票证罪规定的行为对象为"伪造、变造的委托收款凭证、汇款凭证、银行存单等其他银行结算凭证",其中的"等其他银行结算凭证"即为对行为对象的兜底;四是对行为主体的兜底,如《刑法》第 185 条规定挪用资金罪的行为主体为"商业银行、证券交易所、期货交易所、证券公司、期货经纪公司、保险公司或者其他金融机构的工作人员",其中的"或者其他金融机构的工作人员"则是对行为主体进行的兜底。

"量刑条件兜底型"兜底条款,主要表现如下:一是对严重情节的兜底。在刑法条文中主要表现为"或者有其他严重情节""或者有其他特别严重情节"等,如《刑法》第 179 条擅自发行股票、公司、企业债券罪,在列举了"数额巨大、后果严重"两种量刑情节之后,又规定了"或者有其他严重情节"就是此类。二是对严重后果的兜底。在刑法条文中主要表现为"或者有其他严重后果""或者有其他特别严重后果"等,如《刑法》第 358 条强迫卖淫罪中规定的"造成被强迫卖淫的人重伤、死亡或者其他严重后果的"。

两种类型的兜底性条款在刑法中普遍存在,它们或单独存在于一个刑法条文中,或同时并存于同一刑法条文中,如《刑法》第 193 条贷款诈骗罪中就同时存在着对严重情节的兜底——"数额巨大或者有其他严重情节的"和对实行行为方

---

① 陈兴良:《刑法的明确性问题:以〈刑法〉第 225 条第 4 项为例的分析》,载《中国法学》2011 年第 4 期。

式的兜底——"以其他方法诈骗贷款的"。

二、兜底条款适用不当可能引发的问题

"刑法的制定，是一个国家社会经济和政治生活的集中反映，无疑要立足于本国的现实情况。"[①]我国刑法在制定过程中设置的大量兜底条款就是对现实情况的一种反映。兜底条款在西方国家的刑法中同样存在[②]，西方各国学者均认为兜底条款的适用具有一定的积极性。然而，在司法实践中，如果兜底条款运用得不适当，则极有可能面临着各种风险，进而导致各种问题的出现，大大降低民众对法律的信仰度。

（一）助长司法恣意并造成司法腐败

在现实中，兜底条款的模糊性特征在一定程度上防止了法律的不周延性，使得刑事法网愈加严密，同时也赋予了法官根据情势变迁进行一定自由裁量的权利。当今世界，无论是大陆法系国家抑或是英美法系国家，为使刑法典得到真正合理有效的实施，就必须承认法官的自由裁量权。刑事自由裁量权是克服刑法局限性的有效手段，在保证法律实现普遍正义的同时，也在部分程度上很好地兼顾了个别正义的实现。但刑事自由裁量权本身也是一把双刃剑，若使用恰当可以很好地兼顾刑法的实质正义和形式正义，造福于民；如果用之不当，便会造成司法恣意，进而导致司法腐败。

刑事法官行使自由裁量权主要有法律推理、法律解释和填补法律漏洞等几种方式，这些方式的运行主要依靠刑事法官依据社会因素，加上自身的主观因素[③]所作出的判断。兜底条款抽象性强、弹性大的特征，使刑事法官在行使自由裁量权时灵活性非常大，加之自由裁量权本质上就是一种专断的权力，如果这种专断超过了一定的界限，势必会危及民主法治建设。正如贝卡利亚所说："法律是用一种人民不了解的语言写成的，这就使人民处于对少数法律解释者的依赖地位，而无从掌握自己的自由，或处置自己的命运。这种语言把一部庄重的公共

---

① 杨剑波：《刑法明确性原则研究》，中国人民公安大学出版社2010年版，第213页。

② 例如，《法国刑法典》第322-12条规定："反复威胁要实施对人具有危险的毁坏、破坏、损坏财产之行为，或者用文字、图像或其他任何物品具体表示此种威胁的，处6个月监禁并科7500欧元处罚。"又如，《日本刑法典》第123条规定："决坏提防，破坏水闸，或者实施其他足以妨害水利的行为或者足以引起水患的行为的，处二年以下惩役、监禁或者20万元以下罚金。"

③ 这里更多的是依靠自身的知识结构、认识水平、个人偏好等主观因素。

典籍简直变成了一本家用私书。"①如果刑事法官在案件审理过程中涉及自身利益,或者出于歧视和徇私,则极有可能会利用这种自由裁量权徇私枉法,极易使得刑事法官的自由裁量权公然变成权钱交易和权情交易的柜台和窗口,成为滋生腐败的温床。这些徇私枉法行为因其表面上完全合法而不易被发现、被查处,因而使得一些法官会产生不被监督的侥幸心理,进而利用手中的自由裁量权进行权钱交易、权情交易、以权谋私。在司法实践当中,因滥用自由裁量权而产生的司法恣意、司法腐败行为不胜枚举,这些行为是对人类社会自由、平等、公正等基本价值观的威胁,极大地削弱了刑法的严肃性和权威性,使其法律效力无法充分发挥,也不利于建设社会主义法治国家目标的实现。

(二)导致司法解释越权错位

在国外,无论是大陆法系还是英美法系均不存在司法解释制度,司法解释制度可以说是我国社会主义法律制度的一个特色。在我国,刑法司法解释通常是最高人民法院和最高人民检察院制定发布的就刑法文本在司法适用中存在的问题所进行的解释。随着我国社会经济的快速发展,刑法司法解释的功能变得越来越重要。刑法中的兜底条款作为一种模糊性较强的条款,在司法实践中对其进行必要的解释也是十分必要的。但是在司法实践中,部分司法解释对兜底条款的解释却出现了明显的越权解释、错位解释。司法机关发布的有些司法解释超越其授权范围,解释内容突破刑法规范,甚至与刑法规范相冲突,呈现出"准立法"的趋势,造成司法解释体系的混乱和不协调,对法律的一致性和权威性产生严重的影响。例如,我国《刑法》第 350 条关于走私制毒物品罪、非法买卖制毒物品罪的规定。② 从该条文可以明确看出我国刑法的本意是只要走私或者非法买卖制毒物品,不论其数量多少,对当事人都应一律追究刑事责任;而最高人民法院于 2002 年 6 月发布的《关于审理毒品案件定罪量刑标准有关问题的解释》第 4 条中却明确规定了具体毒品犯罪中有关毒品数量的标准,也就是说在具体毒品犯罪中,只有当事人走私或者非法买卖制毒物品等达到一定数量才能对其进行刑事处罚。由此可见,最高人民法院的司法解释与我国的刑法规定具有一定的冲突。

---

① [意]贝卡利亚:《论犯罪与刑罚》,黄风译,北京大学出版社 2008 年版,第 15 页。

② 我国《刑法》第 350 条规定:"违反国家规定,非法运输、携带醋酸酐、乙醚、三氯甲烷或者其他用于制造毒品原料或者违反国家规定,在境内非法买卖上述物品的,处三年以下有期徒刑、拘役或者管制,并处罚金;数量大的,处三年以上十年以下有期徒刑,并处罚金。"

(三)导致法律实施障碍并引发纠纷

法律只有在社会生活中被实际实行、具体运用和贯彻,才能充分发挥其效能,才能体现其严肃性和权威性。在司法实践中,兜底条款如果适用不当在一定程度上可能会导致法律运行的障碍,这主要体现在执法、守法、司法等方面。从执法上来讲,行政执法机关的执法行为具有极大的自由裁量性,这意味着他们作出的执法行为很可能会因为刑法典规定的不明确而将一个普通的违法案件当作刑事案件移交司法机关进行处理,导致公民权利被践踏。从守法上来讲,公民守法的前提在于一部具有明确性的法律的存在,因为"法律作为一种行动指南,如果不为人知而且也无法为人知,那么就会成为一纸空话"①。含混的刑法规定使得民众无法明知自己何种行为属于犯罪行为,何种行为应受刑法处罚,进而产生对守法的迷惑。从司法上来讲,不明确的刑法使得司法机关在适用法律时找不到明确的依据,进而造成司法人员的司法恣意,可能导致冤假错案的产生。执法、守法、司法上的运行障碍,直接导致执法主体、守法主体、司法主体三者之间纠纷不断,其中守法主体——公民的权利会被无情的剥夺。"不幸者最凶狠的刽子手是法律的捉摸不定。"②在这种情况下,公民的命运会成为执法人员和司法人员道德观念、推理方式或情绪起落的牺牲品,使得民众不得不对执法人员的执法行为和司法人员的法律适用行为的公正性报以怀疑的态度,引起更大的纠纷。试想,一部没有守法主体的刑法,其权威性和严肃性已不存在,还有存在的必要性吗?

(四)一定程度上会阻碍国家法治的进步

"成文法具有滞后性的特点,其由立法机关制定,可能因政治、经济以及人的认识等因素的发展变化而变化,由此也容易脱离现实,导致法律与社会的脱节。"③现代社会经济的快速发展,与刑法典滞后性之间的矛盾与冲突不断,这使得刑法典要在保持自身稳定性的同时,还要兼具灵活性和前瞻性,尽可能地适应社会发展的需要。兜底性条款以其弹性大、灵活性强的特点,很好地解决了刑法规范滞后性的问题,因而被立法者所青睐,但这并不意味着真正找到了解决法律局限性的良方。刑法典越模糊,越不明确,就越依赖于法律解释,刑事司法者手中的自由裁量权就越大,当自由裁量权达到一种极致时,必然会导致滥用和专

---

① [美]E.博登海默:《法理学、法律哲学与法律方法》,邓正来译,中国政法大学出版社2004年版,第339~340页。

② [意]贝卡利亚:《论犯罪与刑罚》,黄风译,北京大学出版社2008年版,第6页。

③ 付子堂:《法理学初阶》,法律出版社2009年版,第124页。

断,进而由专断走向人治。纵观中国古代法制历史的发展,其实就是一部自由裁量的历史,中国古代对法官自由裁量的权利几乎没有任何严格规则的限制,《史记·酷吏列传》中记载西汉杜周曾发出这样的感慨:"前主所是著为律,后主所是疏为令,当时为是,何古之法乎?"在这种制度下,人治代替了法治,使法律最终沦为统治者统治人民的工具,当权者为了满足自身的需要,肆意将个人意志转化为国家的法律,以言代法,严重侵害了民众的权利。因此,我们应当发挥兜底条款的积极性,也应当正视兜底条款的问题,避免其在适用过程中成为恣意的工具,而滑向人治的深渊,阻碍法治的进步。

三、兜底条款的司法适用完善

对刑法中兜底条款在司法适用过程中的规则进行完善有助于使其在社会现实条件下更好地发挥积极性,为社会主义法治建设服务。如果对其在适用过程中出现的问题等闲视之,将会对其适用蒙上阴影,进而影响到整部刑法典的实施,就如同毁于蚁穴的堤坝,也将会背离立法者在刑法典中设置兜底条款的初衷。

(一)应当坚持正确的解释规则

"刑法具有相对稳定性,但他同时必须适应社会发展的需要,否则便没有生命力。"[1]现代社会的快速发展,各种新事物、新情况不断出现,要使相对稳定的刑法适应不断变化发展的社会生活就必须依赖于解释。刑法典在适用过程中,只有不断地对其进行解释才能适应社会的需要,"适用刑法的过程,就是解释刑法的过程"[2]。兜底条款是概括性、模糊性较强的规范,它增加了刑法适用的弹性,但也在一定程度上使得犯罪行为类型和范围变得不确定,进而可能会导致刑罚处罚范围的扩大,大大增加了对刑法进行解释的必要性,因而在适用兜底条款时,应当坚持正确的解释规则。

1.坚持同质性解释规则

兜底条款的适用离不开同质性解释规则,所谓"同质性解释",即纳入兜底条款进行刑法评价的对象,应当与该刑法条文业已明确规定的法律类型或者具体犯罪的实质内涵具有相同的性质与特征。[3] 同质性解释原则对于理解刑法中的

[1] 张明楷:《刑法分则的解释原理》(上),中国人民大学出版社2011年版,第31页。
[2] 张明楷:《罪刑法定与刑法解释》,北京大学出版社2009年版,第74页。
[3] 刘宪权:《操纵证券、期货市场罪"兜底条款"解释规则的建构与应用》,载《中外法学》2013年第6期。

兜底条款具有十分重要的意义，也是解释刑法中兜底条款非常必要的普遍性原则，坚持对兜底条款的同质性解释应当从个罪的犯罪实质中进行分析。从逻辑结构上来看，兜底条款的规定同在其之前的列举性条款的规定之间是一种并列的关系，它们反映着共同的犯罪实质，指向共同的法益，兜底条款本身就是对某种犯罪实质的高度抽象，这种抽象的结果如果不结合该罪中其他已经明确规定的条款的内容，很难直接获取有价值的信息，进而可能对需要评价对象的实质也很难作出准确的把握。在解释兜底条款时应当坚持同质性原则，其解释结论应当符合个罪的犯罪实质，不能突破个罪需要保护的法益。例如，在对我国《刑法》第 193 条规定的贷款诈骗罪进行解释时，按照同质性解释原则，"其他方法"就应当是在向银行或其他金融机构贷款的过程中，除去刑法条文中已经明确列举的四类情况以外的，并与列举方法相当的其他采用虚构事实或隐瞒真相进而骗取银行等金融机构贷款的方法。

2. 坚持限制性解释规则

对兜底条款应当坚持严格限制解释原则。首先，不能随意将要评价的法律对象归入兜底条款。某种具有严重社会危害性的行为在犯罪构成要件上符合其他具体罪名的，并且可以认定为是该种犯罪的，就尽量不要以兜底条款的规定进行定罪处罚，只有当该种行为在被认定为其他具体犯罪严重不符合罪责刑相适应的原则时，再考虑是否可以适用与之相关的兜底条款的罪名。例如在对我国《刑法》第 114 条、第 115 条中的"以危险方法危害公共安全罪"进行解释时，如果刑法中已经专门设置了相关危害社会公共安全的独立罪名，并且某种危害社会公共安全的行为符合已设置罪名的犯罪构成要件时，就应当尽量认定为已设置的独立罪名，不能为了要对其进行从重处罚，而认定为以危险方法危害公共安全罪进行处理。例如破坏公路交通设施的行为，即使是对社会公共安全的危害，也宜认定为破坏交通设施罪。其次，解释应当符合国民的可预测性。刑法的实施需要司法者的适用和国民的遵守才可以取得其应有的实效，从这点上来看，刑法规范不单单是司法者实践操作的裁判规范，也是国民守法的行为规范。因而对刑法的解释应当要符合国民的预测性。即解释应当得到国民的认同，如果对于刑法规范的解释超出国民的预期，则会让国民感到无所适从，这样的刑法解释是无法发挥其实用效果的。

3. 限制司法解释的再解释权

"刑法的精神，不仅表现在刑法规范的文本之中，而且表现在对刑法文本的权威解释中。"[①]我国刑法的司法解释是最高人民法院和最高人民检察院分别针

---

① 张智辉：《刑法理性论》，北京大学出版社 2006 年版，第 169 页。

对自己在审判工作和检察工作中遇到的具体应用法律、法令问题所作的具有法律效力的解释,以此来规范和指导刑事司法实践活动,保证刑法规范的统一正确实施。如果司法解释运用得当,将会对弥补兜底条款的缺陷、保障人权和维护社会秩序产生很重要的作用。司法解释最重要的作用就是明确刑法规范,将规范中不确定的部分通过解释加以确定化。但是,在当前部分司法解释中,存在着一些解释随意、模糊的问题,应当对其进行适当的限制。

第一,解释方式的随意性。刑法司法解释虽然是由最高司法机关作出的,在效力上不及刑法规范,但是其解释方式也应当存有固定的形式和文件。现实中,我们可以看到,司法机关作出的批复、会议纪要等都可以作为司法解释的渊源,并且这些批复和会议纪要之类的司法解释在整个刑法司法解释体系中不在少数,这些文件的大量存在,必然会引起人们对司法解释科学性的质疑。同时,由于解释的随意性,也可能会造成司法者滥用自由裁量权,对公民人权保障产生威胁。

第二,解释增加了模糊性。通过对刑法规范进行司法解释可以使兜底条款的规定更加明确,个罪的界限更加清晰,有助于刑法规范的适用,但是目前大量的司法解释并未做到这一点,反而是更加加剧了刑法规范的模糊性。这种现象在刑法司法解释中,主要存在两种形式:第一,用兜底性的解释来解释兜底条款。在最高司法机关进行司法解释时,没有正确发挥解释应当具有的明确性作用,比如,我国《刑法》在第383条用“或者有其他严重情节”对贪污罪的量刑情节进行了兜底,最高人民法院、最高人民检察院于2016年4月18日联合发布的《关于办理贪污贿赂刑事案件适用法律若干问题的解释》对这个“量刑情节”进行了解释,但该解释第1条第2款列举了5种典型情节后,在第6项又以“造成恶劣影响或者其他严重后果的”的规定再次进行了兜底。与之类似的条款和解释还有很多,这些用兜底性的解释来对刑法规范中的兜底条款进行解释,非但没有明确兜底条款的界限,反而又为兜底条款的适用增加了难度。第二,用兜底性解释来解释模糊性概念。比如,我国《刑法》第274条敲诈勒索罪中对“数额较大”进行了量刑规定,最高人民法院和最高人民检察院于2013年4月23日发布的《关于办理敲诈勒索刑事案件适用法律若干问题的解释》中,在其第2条中对“数额较大”进行了解释,在列举了6种典型情况后,又规定了“造成其他严重后果的”的兜底解释。这两种形式的司法解释均在作出具体规定的同时,又保留了兜底性规定,违反了刑法解释的明确、具体原则,往往会导致司法实践中适用刑法的混乱,长此以往,必然会造成对罪刑法定原则的严重背离。

(二)在谦抑性原则下合理行使法官自由裁量权

刑法的谦抑性,又称刑法的经济性或者节俭性,是指立法者应当力求以最小的支出——少用甚至不用刑罚（而用其他刑罚替代措施），获得最大的社会效益——有效地预防和抗制犯罪。① 刑事法官适用兜底条款时应当在刑法谦抑性原则下合理行使自由裁量权。

刑法作为打击违法行为的最后一道防线，应在一定的规则限制下控制处罚范围和程度，如果是可以用其他法律手段进行调整的违法行为，就尽量不要用刑法手段去调整；如果是能够用较轻的刑罚手段去调整的犯罪行为，就尽量不要用较重的刑罚手段。一方面，应谨慎掌握入罪尺度。在对兜底条款中的相关对象进行评价时，应秉持谨慎的态度，不能简单盲目地进行评价。以非法经营罪为例，在经济生活领域中，刑法在介入方式和程度上应当保持谨慎，在市场经济活动中，各个市场主体都追求利益的最大化，他们出于牟利的目的会出现各种各样的不规范的经营行为，比如主体资格不合法，经营方式、手段和内容的不合法等。对于这些不规范的行为，在可以用行政或经济管理法规解决时，就不应当用刑法的手段去解决。对于"其他严重扰乱社会市场秩序的行为"，应当坚持严格分析该行为的性质，是否符合非法经营罪的犯罪构成要件，而不能盲目地将其入罪。另一方面，如果在适用兜底条款的过程中，出现了一种犯罪行为也符合其他处罚较轻罪名的构成要件，应尽量认定为其他犯罪，不宜纳入兜底条款的适用范围。

（三）充分发挥指导性案例的作用

我国古代就存在有"比附断案"的判例制度，唐朝学者贾公彦注疏曰："若今律其有断事，皆依旧事断之，其无条，取比类以决之。"②可见，判例在古代就被官员视为审案的主要依据。英美法系国家也有成熟的判例法制度，判例经过几百年的发展，已经成为其国家正式法律的渊源。当前我国也建立了具有中国特色的案例指导制度，通过公布具有典型意义的判例来指导司法工作人员的裁判工作。2005 年 10 月最高人民法院《第二个五年改革纲要（2004—2008）》提出建立案例指导制度。11 年来最高人民法院共发布 12 批共 60 个指导性案例。③ 指导性案例对提高法官的办案效率、提升审判者的审判水平发挥了重要的作用，取得了良好的效果。

指导性案例对兜底条款的适用具有促进作用，可以尽可能地排除非法律因素对裁判的影响，对于解决兜底条款适用不统一的问题也有很大的帮助。在法官裁判过程中，针对相似的案件往往会出现不同的审判结果，并且有时这种审判

---

① 陈兴良：《刑法哲学》，中国政法大学出版社 2004 年第 3 版，第 4 页。
② 董皞：《中国判例解释构建之路》，中国政法大学出版社 2009 年版，第 18 页。
③ 罗书臻：《最高人民法院发布第 12 批指导性案例》，载《人民法院报》2016 年 6 月 6 日第 1 版。

结果出入还很大,出现这样的原因很大程度上是因为对案件进行裁量时所依据的条款裁判尺度宽泛或者模糊性大所致,要使"同案"在裁判上得到相同且公正的裁判,便需要案例指导制度来发挥其积极作用,有助于法律和社会效果的统一。正确适用兜底条款需要发挥指导性案例的指引作用,因而加强对兜底条款适用所产生的相关判例的整理工作,防止法官恣意断案也是十分必要的。

结　语

刑法中兜底条款的存在有其必要性,不应过多苛求其模糊性的缺陷。"刑法的明确性是相对的,兜底条款应当为明确性原则所包容。"[1]过多地在应然层面强调其与罪刑法定原则的违背无异于因噎废食,无法与当前社会经济发展情况相适应。为此,应当坚持"相对合理主义"理念,[2]对其司法适用方式进行完善。

在兜底条款的司法适用完善方法上,本文立足于其在适用过程中存在的问题,同时结合当前社会经济发展条件,从把握正确的解释规则,合理运用法官自由裁量权以及发挥指导性案例作用等三个方面进行分析,以期为司法机关制定司法解释提供法理依据。为防止国家刑罚权的滥用,避免兜底条款在司法适用中同罪异判、同罪异罚情况的出现,保证个案的公平、公正,应当通过选择合理适用的方式充分发挥兜底条款所具有的功能,使其更好地为社会主义法治建设服务。

---

① 王崇清:《"抢帽子"交易的刑法性质探析——以汪建中操纵证券市场案为视角》,载《政治与法律》2011 年第 1 期。

② 龙宗智:《相对合理主义》,中国政法大学出版社 1999 年版,第 3 页。

行刑交叉案件中鉴定意见证据转换的困境与革新

■ 张静 *

摘要：在行刑交叉案件中，鉴定意见常常左右裁判结果，但是，法律对于鉴定意见如何转化并没有明确的规定。为统一该类证据的采纳规则，严格落实刑事案件证据裁判标准，有必要对行刑交叉案件中鉴定意见的转换作出明确的规定，通过分析行刑交叉案件中鉴定意见转换的困境，厘清该类证据转换的方式和规则。

关键词：行刑交叉；鉴定意见；证据转换

一、来自办案实践的司法争议

2011 年 5 月中旬，郑某因家中定制的家具门窗出现多处严重质量问题，前往小木工厂与老板陈某进行交涉。后因交涉不成，陈某用棍棒当场将郑某打伤，经公安法医鉴定构成轻微伤，但伴有右桡骨神经受损，法医建议 3 个月后复查以确定郑某最后的伤情结果。随后，当地公安机关据此决定对陈某处行政拘留 15日。郑某不服对陈某的行政处罚，认为陈某的行为应被追究刑事责任。3 个月后郑某申请复查伤情，法医再次鉴定认定右桡骨神经坏死，刺激无反应，认定郑某伤情属轻伤。公安机关随后决定将本案由行政违法案件转为刑事案件立案侦查并移送审查起诉。进入法院审理阶段后，对于郑某伤情的第一份鉴定意见是否应当采纳的问题，合议庭形成了不同的意见。有法官认为，第一份鉴定是对被害人伤情的最初判定，时过境迁，当时的伤情不可再现，应该像物证一样对该份证据直接予以采纳。有法官提出，第一份鉴定是在行政执法阶段作出的，行政程序的证据标准与刑事证据标准不一致，公安机关应当对该份证据进行补正转化之后，才可作为定案的依据。

---

* 作者系厦门市中级人民法院书记员，法学硕士。

在审判实践中,存在着不少与上述案例情况一样的行政与刑事交叉(以下简称为"行刑交叉")案件。在目前刑事审判"案卷中心主义"模式下,行政证据如何转化为适格的刑事证据是两类诉讼法有效衔接的关键。我国《刑事诉讼法》第52条第2款规定:"行政机关在行政执法和查办案件过程中收集的物证、书证、视听资料、电子数据等证据材料,在刑事诉讼中可以作为证据使用。"相关的司法解释对此也作了补充规定。但该规定并未涵盖所有证据种类,而且对证据在两类诉讼中如何有效转化并未予以明确。在审判实践中,对于物证等客观证据,经侦查机关补证之后,通常可直接作为证据使用。对证人证言、被害人陈述等主观证据,实践中司法机关应重新制作笔录才能作为刑事证据使用。但对鉴定意见在行刑交叉案件中如何转化,则没有明确的规定。由于鉴定意见对于判决的最终结果有重要的影响,因此有必要对行刑交叉案件中鉴定意见的证据转化问题进行认真的探讨。

二、行刑交叉案件鉴定意见证据转化的困境

鉴定意见兼具客观证据和主观证据的双重属性。一方面,鉴定意见的对象是客观存在的送检材料,一般情况下被鉴定的客体具有较强的稳定性。另一方面,作出鉴定意见的鉴定人,通过自身的专业知识,对送检材料进行研判,进而形成相关的分析意见。鉴定意见会受到鉴定人员专业技能、证据认识等主观因素的影响,呈现一定的主观性特征。主客观双重属性的交集使得在行刑交叉案件中,鉴定意见不像书证、物证那样具有较为清晰的转换路径。在目前的司法实践中存在如下问题:

(一)行刑交叉案件的证据转化衔接缺乏法律依据

关于行刑交叉案件的程序转换的问题,在《刑事诉讼法》修改之前基本上属于立法空白。《行政处罚法》第22条规定了应当移送的情况:"违法行为构成犯罪的,行政机关必须将案件移送司法机关,依法追究刑事责任。"第38条规定:"调查终结,行政机关负责人应当对调查结果进行审查,根据不同情况,分别作出如下决定:……(四)违法行为已构成犯罪的,移送司法机关。"国务院制定的《行政执法机关移送涉嫌犯罪案件的规定》和最高人民检察院颁布的《人民检察院办理行政执法机关移送涉嫌犯罪案件的规定》对行刑交叉案件中行政机关如何收集、固定、保全和移送证据进一步作出规定,但对行政证据如何转化为刑事证据并未明确,如该证据直接运用于刑事审判中,必将影响刑事案件的审判效果。从两个规定规制的主体看,《行政执法机关移送涉嫌犯罪案件的规定》属于行政法规,虽有法律强制力,但规制的主体是行政机关。《人民检察院办理行政执法机

关移送涉嫌犯罪案件的规定》规制的是检察机关的工作，而不是整个刑事司法程序。

《刑事诉讼法》修改之后，2013 年 1 月 1 日施行的《人民检察院刑事诉讼规则（试行）》第 64 条、2013 年 1 月 1 日施行的《公安机关办理刑事案件程序规定》第 60 条均规定，行政机关在执法和查办案件过程中固定的鉴定意见、勘验、检查笔录，经相关程序审查后可作为刑事案件的证据使用。这两个文件将《刑事诉讼法》第 52 条的"等证据"进行了扩大解释，但存在着两个问题：一是这两个规定属于下位法规，是否可以对法律进行扩大解释尚存疑问；二是上述两个法律文件仅规定可以作为证据使用，但对如何进行审查，是否需要转换，以及如何转换才可以符合刑事证据的证明标准，亦未明确。

经分析显示，行政执法与刑事司法在证据转化，特别是鉴定意见的转化上规定尚属空白，法律依据明显缺失。根据我国《刑事诉讼法》的规定，有侦查权的只有司法机关，行政执法人员不具备侦查的主体资格，行政机关在执法过程中搜集的证据不能直接作为定罪的依据，应当进行转化，否则在证据的合法性方面将受到质疑。但证据若重新搜集，因为时过境迁，送交鉴定的样本发生变化的可能性逐步增大，使得鉴定意见在证明效力上大打折扣。重新鉴定不仅增加了办案人员的工作压力，还可能导致案件因证据达不到确实充分而使审判陷入两难。

（二）行政鉴定意见不一定能满足刑事证据标准的要求

行政执法与刑事司法的诉讼出发点迥异，属于行政权运作范畴。行政执法追求行政效率，对于证据一般只要求"清楚而有说服力"即可。① 而刑事诉讼属于司法权运作范畴，更为关注司法公正的实现，要求证据能够达到排除合理怀疑。行政证据如果直接在刑事司法程序中使用，会出现两个问题：（1）证据的证明力不同。行政案件的证据能力要求较低，可能会因达不到刑事案件的证据要求而无法作为定罪的依据。（2）证据采集程序的不同。行政案件中证据采集的严格程度不如刑事案件，行政证据直接适用于刑事案件的合法性受到质疑，如存在程序瑕疵，则未免授人以"毒树之果"的口实。

上述问题在鉴定意见的证据转换中表现得特别突出：一方面，行政手段作为社会秩序管理的方式之一，涉及社会的方方面面，不同行政机关内部多有自己的鉴定机构，制定的鉴定标准也千差万别，难以与刑事鉴定标准达成一致。因此，实践中许多涉嫌犯罪的行政案件在移送公诉后需要进行重新鉴定，这在很大程度上增加了诉讼成本，降低了诉讼效率。另一方面，刑事审判人员对于被鉴定事

---

① 黄杰文：《略论新刑事诉讼法修改与证据制度》，载《法制与社会》2012 年第 23 期。

项可能不熟悉不了解,往往因为自身知识的欠缺在对鉴定意见的审查中出现错误判断或者不愿意进行详细审核,导致案件定罪量刑出现偏差。

基于诉讼效率和专业知识的考量,对行政执法过程中已经固定的专业化鉴定意见,法官较少进行实质审查,而多采用形式审查,即审查作出鉴定的机构是否具有资质,鉴定的事项是否超出了鉴定机构的业务范围,鉴定意见与证明的事实是否具有关联性,是否有鉴定人员的签字盖章等。对于鉴定意见的可靠性,送检材料的流转保存,送检材料是否充分,鉴定的设备是否齐全,鉴定的方法是否科学则较少进行审查。以鉴定样本的采集来说,例如现场提取的毛发、血样既是物证,又是作出鉴定意见的基础,如果该样本未严格依程序进行采集,则鉴定意见会因证据规格未达到刑事证据的严格性而受到质疑。正如法国学者勒内·弗洛里奥所言:"鉴定错了,裁判就会发生错误,这是肯定无疑的。"①近几年审判实践中出现的部分冤假错案,如佘祥林案、杜培武案、念斌案,问题皆出在鉴定意见上,这不得不引起实务界的高度重视。

(三)鉴定主体的双重身份有损鉴定意见的客观公正性

公安机关在进行鉴定时,具有"裁判员"和"运动员"双重身份。一方面,公安机关具有行政管理的属性,可以作出罚款、没收、行政拘留等行政行为。另一方面公安机关具有刑事侦查权,绝大部分刑事案件是由公安机关开展讯问、勘验、鉴定、搜查工作的。因此,部分公安机关经办的案件,往往先以一般行政事务的形式体现,深入调查后发现案件存在行刑交叉的可能,由行转刑。例如,在轻伤害案件中,进入刑事诉讼程序的一般有两类:一类是在行政违法案件中发现被害人的伤情经鉴定达到了轻伤以上的程度,"由行转刑"。另一类是行政机关经鉴定认为伤害等级达不到轻伤以上,决定不移送审查起诉,被害人提起刑事自诉。无论是哪种情形,对于这类案件的处理,一般是由公安机关自侦自鉴,根据公安机关内设的鉴定部门对被害人的伤害程度作出伤情鉴定,进而确定案件是否达到刑事立案的标准。

有观点认为公安机关内部的鉴定机构不能剥离,理由在于"一是国外侦查机关普遍设立鉴定机构;二是侦查机关自设鉴定机构,便于侦查的快捷、方便;三是侦查机关大量鉴定工作只是为了侦查需要,未作证据使用,这些材料涉及隐私,不适于交给社会鉴定机构;四是全部实行社会化鉴定后,鉴定质量得不到保障"②。从客观公正的角度出发,我们认为公安机关作为独立的刑事诉讼主体有

---

① 〔法〕勒内·弗洛里奥:《错案》,赵淑美等译,法律出版社1984年版,第177页。
② 王国喜:《论公安鉴定意见的证据能力》,载《江苏警官学院学报》2012年第5期。

自己的诉讼职能，具有明显的"追诉"动机，鉴定机构附属在侦查机关内部，鉴定人员在鉴定中容易受到"办案需要"的影响而让鉴定活动跟着办案人员的主观意见走，从而失去应有的客观、中立性。与此同时，案件当事人缺乏必要的鉴定程序参与权，即便是作为被进行精神鉴定的人员，其参与鉴定的程度也仅限于被询问，基本上是被隔离于司法鉴定程序之外的，从而使得鉴定缺乏必要的监督。特别是在伤情鉴定程序中，公安机关既是"运动员"也是"裁判员"的双重身份必然会受到当事人的质疑。

三、行刑交叉案件鉴定意见证据转换的应然状态

（一）行刑交叉鉴定意见应当具备的司法品性

司法证据制度的现代化是以科学化、文明化、规范化为主要标志的，在行刑交叉案件中，鉴定意见如需转化为刑事司法程序的"正当"证据，应当具备如下司法品性：

1. 鉴定意见应具有科学性

鉴定意见是蕴含专家评判的科技含量较高的证据，虽然专家评判具有一定的主观性和人的可替换性，但是其专业知识和操作程序具有科学统一性，应当符合基本的刑事标准要求。同时，鉴定意见作出的基础——鉴定样本亦存在着不可再收集的可能性，故鉴定意见要具备科学性。鉴定的样本应当有严格、科学的采集流程以及保管方式，并能体现刑事诉讼证据最为基本的三大价值："一是特定价值，防止样本遗失或者被替换；二是证明价值，防止样本变质或者被破坏；三是法律价值，防止保管手段不健全而失去法律效力。"[1]为了避免样本在重新采集时缺失，应当在执行行政程序之初尽量以刑事诉讼证据标准进行严格采集。

2. 鉴定意见应具有独立性

2005年，全国人大常委会通过了《关于司法鉴定管理问题的决定》（以下简称《决定》）。该《决定》虽然仅有18条，但是对中国司法鉴定制度的影响十分深远。根据该《决定》，保留公安机关内部的鉴定机构，取消了在法院、检察院内设的司法鉴定机构。这意味着我国司法鉴定在独立性方面迈出了关键的一大步，也标志着我国司法实践对鉴定应具有独立性这一原则的确立。"独立性不仅是确保鉴定结论客观性的前提，也是鉴定机构承担法律责任的需要。"[2]因此，鉴定

---

① 何家弘：《证据调查实用教程》，中国人民大学出版社2000年版，第182页。
② 卞建林、郭志媛：《鉴定机构性质辨析》，载《中国司法鉴定》2007年第2期。

的独立性应当是司法鉴定的首要原则。有学者认为：“鉴定意见，是指鉴定人运用科学技术或者专门知识，对诉讼中所涉及的专门性问题通过分析、判断所形成的一种鉴别意见。”[①]司法鉴定既然是一种分析、判断，那么其最重要的价值必然是保证鉴定意见的客观性和中立性，这也是证据法上所追求的程序正义的应有之意。因此，鉴定只有保持其独立性，才能更好地避免旁杂因素的干扰，才有利于鉴定意见还原案件的客观真实。不论是行政执法还是刑事司法所依赖的鉴定意见，本质上都要求在独立的情况下作出。在行政鉴定意见可能转化为刑事司法证据的情况下，对其应具有的独立秉性必然有更高的要求。

（二）行刑交叉鉴定意见转换应设立救济程序

行政程序因追求行政效率，对定案证据的规范性要求较刑事案件宽松。在行政执法阶段，当事人如对鉴定意见有异议，只能通过对行政行为进行复议或者直接提起行政诉讼的方式审查行政行为的合法性，单独就作出行政行为所依据的鉴定意见申请复查较难。因此，行政案件的鉴定意见如要转化为刑事案件可采用的证据，应该逐步完善行政法律法规，赋予当事人对行政行为所依据的鉴定意见提出异议的权利。

另外，鉴于刑事案件中的证据只能由刑事司法侦查机关取证获得，行政执法中的鉴定意见，因在证据标准上达不到刑事严格证据的标准，所以必须进行转化。在刑事司法理念中，这种转换是基于严格刑事证据标准的需要，要达到罪刑法定，即必须证据确凿。但在实践中，对行刑交叉案件证据的转化有时却不是基于正常的程序需要。某些证据在采集过程中已存在瑕疵甚至不合法，但“传统上以‘及时、有力打击犯罪’为核心理念的考评体系，促使侦查人员和起诉人员务必将移送到手中的刑事案件做成‘铁案’，甚至不惜违背程序获取甚至伪造犯罪证据”[②]。新《刑事诉讼法》逐步扭转了“命案必破”这一不符合客观实际的考评制度，其所确立的非法证据排除规则标志着我国的司法体制朝着法治化、现代化迈出了一大步。非法证据排除规则不仅适应于刑事司法阶段，在行刑交叉的案件中也一样需要遵守。因此构建鉴定意见转换的救济程序，是刑事司法程序中所倡导的非法证据排除规则的应有之意，是正当程序原则的体现。

---

① 陈瑞华：《鉴定意见的审查判断问题》，载《中国司法鉴定》2011年第5期。
② 孙末非：《论多元主体对非法证据的排除》，载《四川大学学报》2013年第2期。

四、行刑交叉案件鉴定意见证据转换的革新建议

（一）完善转换衔接的立法规定

1.建立统一的证据转换法律规则

鉴于司法实践对鉴定意见在行刑交叉案件中的转换方式做法不一，为维护法律与司法实践的统一和尊严，最根本的解决方式是通过立法来弥补制度的空白，建立一部全面的、系统的规制三大诉讼及行政程序的证据法律，指引各类证据在交叉案件中的转换规制。但鉴于该项立法工作的复杂性，短期内完成的难度较大，建议可先确定一个统一的、可操作性强的证据转换指引，对目前的执法活动和诉讼活动先起到导向和衔接的作用即可，待时机成熟，再完成进一步的立法工作。这种证据转换的指引要尽可能地体现各种执法及诉讼活动中的共通处，对各类证据在不同的诉讼程序间如何进行转化作出规定。

该指引需明确的是，对于由行政转刑事的案件，所附的证据应当符合《刑事诉讼法》的要求，足以使公安机关作出是否立案的判断。以鉴定意见为例，以往行刑交叉的案件在证据移送方面，一般仅移送鉴定意见，而对于作出鉴定意见的相关配套手续是否一并移送，各地做法不一。经行政机关审查，确认达到刑事案件证据标准的鉴定意见，就应当连同鉴定样本、鉴定机构相关的资质证明以及取证程序等鉴定配套手续一并移交司法机关。但因行政与刑事案件的证据标准存在差异，对于部分达到行政立案但未达到刑事立案证据标准要求的鉴定意见，刑事司法机关应该将其视为案件的线索继续调查，不得以证据不足为由不予立案。

2.统一行刑交叉案件的鉴定标准

建议由立法机关制定相关的法律、法规，设定全国统一的鉴定检验标准。鉴定检验本身的科学性要求鉴定的最终目的是还原客观真实，并不因其是行政案件而降低接近客观真实的要求。无论是行政还是刑事案件，鉴定意见的作出必须满足技术上、客观上的一致性，不能有双重标准。因此，在行政和刑事案件中统一鉴定标准是鉴定原理的应有之义。对于几类行刑易交叉的罪名，建议行政鉴定标准必须符合刑事鉴定标准的最低要求，甚至高度统一，以此避免行政案件向刑事案件转化后因鉴定意见的证据不符合刑事案件的要求而重新鉴定。这种状况已得到相关部门的重视。2014年1月1日正式施行的《人体损伤程度鉴定标准》即是一部统一的伤情鉴定指引，在行政和刑事办案领域均能适用。

（二）构建和完善鉴定意见异议审查机制

鉴于行政案件的当事人无法在行政程序中直接针对鉴定意见进行异议，因

此,行政案件的证据需要转换为刑事案件的证据时,应当由移送审查的机构征询案件当事人的意见,如果当事人对鉴定意见的结果无异议,则直接将所附的鉴定材料一并转移给司法机关。如果当事人对鉴定意见有异议,那么应当允许当事人在行政程序阶段依照刑事证据的标准申请重新鉴定。对于是否需要重新鉴定的审查,可由行政部门在行政程序阶段进行。如果鉴定意见需重新鉴定的,可由行政部门直接决定,避免案件到法院后产生不必要的诉讼拖延,同时减少当事人和行政部门的对抗和摩擦。如果行政部门经审查认为不需要重新鉴定,则进入司法程序,由法院进行二次审查。

鉴定意见进入司法程序之后,法院对鉴定意见的审查应当兼具形式审查和实质审查两个方面。对于鉴定意见的形式审查应当包含两个方面:一方面对鉴定主体的审查,即鉴定机构或者鉴定人是否具有鉴定资质。另一方面是对鉴定程序的审查,即是否有办案机关的委托书,是否有鉴定机构负责人的亲笔签名以及鉴定机构的鉴定专用章。实质审查应涵盖以下几个方面:首先,对鉴定所依据的送检材料的客观真实性进行审查。鉴定人作出准确判断的最重要依据即是送检材料的真实可靠,因此法官在审查一份鉴定意见时应当审查送检材料的采集、保管、运送流程是否规范。其次,对鉴定意见内容的科学性进行审查。应当审查鉴定意见得出的结论与办案委托单位的鉴定要求是否一致,分析论证过程是否科学准确,是否符合相关的行业鉴定标准。对于控辩双方有争议的鉴定意见,法官应当要求鉴定人出庭,通过质证、辩论,确立行政程序中的鉴定意见是否可以成为刑事案件的定案证据,要求鉴定人充分阐述鉴定意见所运用的科学技术方法以及其他经验,以弥补法官对被鉴定领域知识的不足。最后,对鉴定意见进行关联性审查。对于行政案件转化为刑事案件之后的鉴定意见应当与在案证据相结合进行综合分析,摒除"卷宗主义"的审判思路,确立"以审判为中心"的刑事诉讼制度,对于鉴定意见与指控犯罪事实的关联性严格审查,当鉴定意见与其他证据出现矛盾时,应当对证据进行补正,必要时应当重新进行鉴定。

(三)逐步构建独立的鉴定机构

鉴定人独立判断,行使鉴定权应当是我国司法鉴定制度改革的基本方向。取消法院、检察院内设鉴定机构,是我国鉴定事业的一大进步,这标志着多系统并存、相互闭锁的司法鉴定体系的结束。目前虽仍然保留公安机关内设的鉴定部门,但鉴定机构今后完全脱离"公检法"是大势所趋。为重塑鉴定人的独立性、中立性,必须从根本上破除鉴定人既是"运动员"又是"裁判员"的角色混同,逐步建立独立的鉴定机构,将人身伤害鉴定从公安机关中分离出来。鉴定机构的权威性和保密性是行刑交叉案件形成统一鉴定标准的实施基础。同一个鉴定机构作出的鉴定意见,应该是在行政或者刑事案件中都可以适用的。此举避免了当事人因申请重复鉴定而浪费司法资源或造成侦察迟延。

鉴定机构要实现独立、权威、保密,必须建立在以下几个基础之上:(1)鉴定机构应当直接隶属于自身的行业管理组织,并由国家财政拨款,在经济上实现独立。(2)对鉴定人的资质要进行严格的把关,可以是科研院所、高校中的兼职人员,也可以将公安机关内部现有的鉴定人员单独分离,鉴定人员要进行严格的筛选,并实行定期考核评估。(3)对鉴定机构进行有效的监管。应该构建鉴定意见问责机制,定期向社会通报鉴定人的资质、鉴定意见被推翻率、鉴定人违反鉴定程序的次数、鉴定意见被非法证据排除的次数、鉴定人不出庭的次数等,对多次违规鉴定的,撤销鉴定资格,涉嫌犯罪的,交司法部门追究刑事责任。

结　语

鉴定意见的证据转换关涉定罪量刑,关涉人的生命和自由,虽然它只是行刑交叉案件中证据转换的一个环节,但是对实现行政和刑事案件的科学对接和保障当事人权利具有极为重要的意义。希望通过对其实然问题、应然状态和科学化路径的探讨,能引起学界和实务界对该问题的重视。

X县公安局挂职锻炼日记

■许林波*

　　说明: 2014年4月,中国政法大学研究生院与J市委政法委员会签署博士研究生挂职锻炼相关协议。2016年5月,中国政法大学研究生院派出的第3批挂职博士研究生(共4人)分赴J市政法系统,进行为期3～5个月的锻炼。笔者有幸被选派至J市下辖的X县锻炼,挂职担任该县公安局①局长助理。挂职锻炼期间,笔者深入各个职能部门体验、观察,对基层公安机关的工作略有体会与思考。应《东南司法评论》主编之邀,现将相关工作日记整理成文。

2016年5月30日 星期一

　　第一天上班,上午由指挥中心教导员、办公室主任领着拜访了局领导,我大致熟悉了局里的环境。

　　下午随同局长、政委到基层派出所检查规范化建设情况,D派出所、M派出所所长分别向局长、政委汇报了本所规范化建设的初步方案,局长、政委提出了具体的整改意见,要求各所在控制经费的前提下,严格按照下发的样本执行本所的规范化建设,迎接市局检查。

---

　　* 作者系司法文明协同创新中心(中国政法大学)2015级诉讼法专业博士研究生。X县位居J市北大门,下辖13个乡镇,人口33万。近年来,X县先后荣获"全省公众安全感群众满意县""全国社会治安综合治理先进县""全国平安建设先进县"等荣誉称号。

　　① X县公安局有着辉煌的历史,曾被评为"全国优秀公安局""全省优秀公安局",现有民警及职工总人数250人(其中民警218人,干部、职工32人),内设14个职能科、室、大队(不含现役编制的消防大队、武警中队),下设15个副科级派出所和2个其他机构(X县看守所、治安拘留所)。

2016年6月1日 星期三

公安部禁毒局某副局长、省禁毒总队总队长一行检查X县禁毒工作,县局局长、政委、分管禁毒工作的副政委、禁毒大队教导员等陪同参观了县中学禁毒教育基地、城南社区禁毒管理救助站及县禁毒教育基地。借此机会,我大致了解了X县禁毒工作的概况:X县作为外流人口贩毒大县,禁毒工作责任艰巨,开展时间早、实践经验丰富。

2016年6月2日 星期四

按照局长的安排,我先去法制大队学习、锻炼,下午正式到法制大队报到,李大(对大队长、副大队长等职务的简称)安排我和崔大学习如何进行案件审核。通过翻阅案卷,我大致了解了X县的案件类型、办案流程与情况,发现案情均较简单,情节较轻微,吸毒、斗殴类居多。①

刑侦大队、治安大队在办理刑事案件、治安案件中遇到疑难问题时,常会来法制大队"会诊",年轻的民警与经验丰富的资深民警一起讨论、分析,以保证较高的办案质量。我时常会参与讨论,受益匪浅。今天,刑侦大队办案人员就一个以诈骗罪立案侦查的案件的定性问题咨询意见,办案人员根据讨论结果,最终以侵占罪定性并撤案,告知当事人自诉。本案反映出关于诈骗罪中的"虚构"与"隐瞒"的客观方面,以及"以非法占有为目的"的主观方面在实践中很难认定。本案犯罪嫌疑人一直按照约定的内容与正常程序帮助客户炒期货,突然卷走客户一笔资金离开,并毁灭联系工具,那么前期帮助炒期货的行为算不算是为骗取客户信任以实现卷走客户资金的犯罪目的的铺垫呢?即使是有预谋、有计划、有组织的,但由于前期的行为合法有效,不存在虚构和隐瞒的事实与行为,难以认定为诈骗罪。只能依据其非法占有代为保管的他人财物,拒不归还的事实认定为侵占罪,侵占罪属于自诉案件,侦查机关必须撤案。但由于侦查机关的介入,犯罪嫌疑人全额退回侵占的炒股炒期货资金,受害人的目的达到,便不再追究。实际上,侦查机关办案的社会效果是实现了的。办案机关不能僵硬执法、司法,其对实现正义的理解不应局限于将案件成功移送起诉、对犯罪嫌疑人追究刑事责任,

---

① 笔者在随后的工作中获悉,法制大队负责案件审核的有两位资深民警,一位是崔大,一位是陈大,两人审核的案件类型不同,负责的辖区也不同,分工合作。陈大主要审核禁毒、经侦、交通事故等类型的案件,因此笔者的概括是不全面的,应予纠正。

而应兼顾多重因素,尊重当事人的意愿,做到在法律允许的范围内实现办案效果的最优化。

2016 年 6 月 7 日 星期二

基于案件的突发特征,公安机关的工作存在相当的不确定性。深夜将睡时分,我被临时通知参加刑侦大队的会议,会议内容为部署一次扫黄禁毒突击活动。局长、主管禁毒的副政委带队,刑侦大队、特巡警大队共计 60 余人参加搜捕行动,对水木年华国际水都展开扫黄禁毒专项突击检查活动,核查人员 20 余名,抓获吸毒人员 3 名。会议开始前,局长要求参会人员将通信工具全部上缴,以避免通风报信的行为发生。局长还强调办案人员必须装备执法仪、手铐、手电筒等办案工具,确保做到严格执法、规范执法、文明执法;副政委对检查活动进行了具体安排,几位大队长各自带领小分队,分组行动,分工配合。检查过程中,公安机关的执法手段文明、规范,被检查人员基本配合,虽有少数抗拒与不满人员,但均经解释后予以配合。其中,开门的过程为敲门、警告、破门,先被动后主动,先文后武。收队过程中,配合公安机关执行公务的,可以不带手铐;有抗拒行为的,才戴手铐、押回。全部人员统一安排在办案中心进行身份核查、犯罪记录核查以及尿检,结果为阳性者,可初步认定为吸毒,当即受理并展开讯问;结果为阴性者,作了笔录后,当场释放。

2016 年 6 月 13 日 星期一

每月的一日至十日的行政处罚案件集中收案期已过,此类案件已不再送来审核。刑事案件因其立案、办案期的不确定性特征,其审核收案期是不确定的,随来随审。受 2015 年 12 月局里颁布的评分考核与绩效挂钩的新规影响,突然涌现许多本无须按普通程序处理的小案件,增加了审核的工作量。

昨日,一辆奥迪轿车与面包车在 X 县下辖的 Y 镇境内发生追尾事故,两车主下车理论的过程中,奥迪车主突然被雷电击中,当场身亡。今日,遇害者家属集结至刑侦大队闹访,要求给个说法。此类自然灾害导致的事故,本无法追究责任,但面对任何性质、大小的社会纠纷,自谑为"上管天、下管地,中间还要管空气"的公安机关不可避免地成为纠纷解决的第一道关卡。

2016 年 6 月 14 日 星期二

今天我借用崔大的账号登录了 X 县公安局的案件信息管理系统,查询各类案件的办案流程与具体信息。通过对典型案件"张某等诈骗案"案卷材料的查阅、梳理，基本掌握刑事案件的办案流程。作为程序法专业的学生，我对诉讼流程有不自觉的敏感度，更倾向于对刑事案件侦办程序的观察、学习，在刑事案件中，程序正义的价值与意义更加凸显。现代科技的高度发达，基层民警办案水平的不断提高，均大大改善了基层刑事案件的办案质量。

2016 年 6 月 16 日 星期四

一位老上访户在 2016 年两会期间到北京上访，被截访带回。出于保障"两会"安全的考虑，局里对其处以行政拘留 10 日的治安处罚。该上访户欲据此提起行政诉讼，状告公安局行政处罚不当，侵害公民权利。法制大队作为业务科室，具体负责该行政诉讼的应诉。

通过查阅该名上访者的相关材料，我真切地感受到上访问题的严峻性，及大部分以上访为业、追求"上访红利"的顽固上访户的可怜与可憎。人性的贪婪暴露无遗，同时，政府部门的处理不当、缺乏问题处理的法治意识而导致上访户愈发嚣张，亦让人叹息与愤懑。可以说，我国的上访问题是上访者与接访者双方"合力"铸成的，且呈愈演愈烈、有难以收场之势，法治一日不立，此类问题一日难除。

2016 年 6 月 23 日 星期四

近期法制大队审核了多宗未成年人犯罪案件，为此，我与刑侦大队民警讨论了 X 县未成年人犯罪的情况，办案民警表示未成年人犯罪已成为办案中的"顽疾""恶疾"。具体表现为未成年人犯罪频发而因未满 16 周岁、不具备刑事责任能力，无法依法处罚，只能让家属领回去严加管教，效果甚微；这些未成年人犯罪分子多出自离异家庭、父母外出务工家庭，缺少管教和关爱，偷、扒成性且无惧刑罚，因而频抓、频放、频发案，如薛难除。

目前，由于未成年犯罪管理所只收押 16 周岁至 18 周岁的未成年罪犯，公安机关无法再将此类频繁作案、单次涉案金额较小但累计涉案金额较大的 16 周岁以下的未成年人违法分子送至未成年犯罪管理所接受管教，而只能处以不超过 15 日的治安拘留。涉案未成年人无所畏惧，必然反复作案，在违法犯罪的道路上迷途不知返。长此以往，作为刑事处罚的"死角"，未成年人扒窃、偷盗甚至滋事斗殴等轻微违法行为成为社会治安的"重灾地"。此外，由于无法全部或部分退赃，受害人常常表示不理解，对办案机关的工作有意见，但办案机关却没有法律依据可以要求未成年人犯罪分子及其家属必须全额退赃。

2016 年 6 月 27 日 星期一

应 D 派出所的"求援",上午法制大队李大、临近退休的老民警邓教(对教导员的简称)到 D 派出所主持一件因婚姻家庭矛盾引发的治安案件的调解工作。随同前往的我,从头到尾亲历本案的调解全过程,对当事人的情绪激动、调解工作人员的耐心细致、婚姻家庭纠纷调解的无奈与困难、基层治安调解工作任务的艰巨与艰难,均感触颇深。基层治安案件调解工作的核心在于情感的把握、问题关键点的梳理、调解技巧的运用、各种综合资源的调动。拥有丰富调解经验和熟练调解技巧的办案人员往往会发动当事人所在基层自治组织、宗族长辈等综合资源,借助上述力量,充分了解案情、化解积累的矛盾、制定合理的调解方案。基层治安案件的调解因牵扯家长里短而相对复杂,极需要耐心,很多时候调解人员需要多次做工作才能成功,操之过急、急于求成很有可能会激化矛盾,使案件出现"死结"、调解的发展走向"死胡同",前功尽弃。

本案还反映出一个特殊的问题,就是调解必须要有真正的当事人在场,尤其是在此类因婚姻家庭矛盾引发的治安案件中,案件处理结果直接关系当事人婚姻家庭的存续,夫妻双方必须亲自到场,表达诉求,作出利益的处分。在本案中,夫妻双方不到场,而只是双方父母等亲属作为代表出席调解,其虽亦为案件当事人,亦与处理结果存在直接联系,但问题的关键点还是夫妻双方感情的存续、婚姻家庭的维持,这是除当事人之外的其他任何人无法代为处置的。且作为本案调解的重要切入点的夫妻感情、子女亲情等因素,只有作用在作为直接当事人的夫妻双方身上才能产生最大化的效果。

2016 年 6 月 28 日 星期二

副省长、省公安厅厅长带队来 X 县视察工作,县公安局治安大队负责安保工作,我全程跟随治安大队大队长了解基层安保工作的开展。据介绍,按规定只有国务委员等以上级别的中央官员视察工作时,须由警卫局负责警卫工作。但在现实工作中,许多未达到该级别的官员视察时,地方上为确保领导的人身安全,以及避免当面上访现象的出现,通常也需由公安局治安大队负责安保工作。此外,县里召开一些如文艺晚会、纪念大会等重大集体活动时,也须启动安保工作。领导视察的安保工作往往只需作出工作部署即可,重大集体活动现场的安保工作则应制定详细的工作方案,按照出行线路、现场的布置等,调动各辖区派出所甚至全局警力,定点定人,责任到个体。大多数情况下,整个过程平安顺利,但偶尔也会出现一些突然上访、闹事的情况。

此次视察为期一天,主要内容依次为视察 J 派出所正规化建设情况、视察县中学禁毒教育基地、慰问老党员及困难党员、视察县禁毒教育基地、M 社区及城市湿地公园,最后在政府大楼召开会议。公安厅厅长一行的视察十分细致,厅长对 X 县公安局在执行基层派出所正规化建设、开展禁毒工作尤其是相关的宣传教育工作方面取得的成绩十分肯定与满意。如上一次公安部禁毒局某副局长来 X 县视察禁毒工作时,县长所说的,X 县在打击外流贩毒、建设禁毒教育基地等方面卓有成效、表现突出,成了重点观察对象。从近来上级部门、各级领导对 X 县禁毒工作的持续关注、高度重视的情况可以看出,X 县公安局在禁毒方面的工作任务十分繁重,工作压力巨大。既然已被视为禁毒工作的重点县市、典型代表,唯有继续努力。

2016 年 7 月 4 日 星期一

今天审核了一件侵犯他人隐私案,案情让我震惊。违法行为人在女浴室热水器管道下安置了一部手机,企图摄录被害人沐浴全过程,侵犯被害人隐私,后被及时发现,依法惩处。此类案件我在新闻报道中偶有耳闻,这是第一次真切地接触,不禁感慨基层案件的确类型多样,五花八门。

前几天邻县发生一件八岁幼女放学途中遭亲戚奸杀并被抛尸沟渠的命案,经过办案人员取证、走访、迅速告破。我向办案人员了解本地区的凶杀案件的办理情况,获悉基层大多数凶杀案件属于激情犯罪,起因多为家庭矛盾、邻里纠纷、情感纠葛等生活化诱因,且犯罪嫌疑人多为在矛盾、纠纷、纠葛中长期受到欺压或突然遭受重创的弱势一方,在心中积愤、情绪难平的情况下,激情犯罪,冲动之下造成难以挽回的严重后果。由于此类案件案情相对简单,多有线索可循,往往较易侦破。但不排除偶发疑难案件,证据不足,长时间难以破案而成为陈年疑案的情形。随着办案技术的不断提高,上述疑案已大为减少。

另,在相关命案的侦破过程中,治安巡防的重要性亦突出体现。例如在某件凶杀案中,犯罪嫌疑人激情犯罪,用锄具将兄嫂双双击毙后潜逃数年。其间,犯罪嫌疑人多次潜回家中以在外的劳动所得接济家人,村民偶有发觉,但或因出于同情或碍于邻里情感,不会主动向公安机关举报,被调查时亦拒绝配合。该犯罪嫌疑人某次深夜潜回家中的途中,遇到治安巡逻队开展夜间巡防,经盘问、调取身份信息,犯罪嫌疑人最终落网。可见,当所生活的周边环境安宁太平时,民众可能无法切身感受到公安机关的保卫功能,一旦发生相关刑事犯罪或治安案件,公安机关作为社会秩序的"守夜人"的重要角色就显现出来了。试想倘若公安机关与一般的政府部门一样实行 8 小时工作制或者说公安干警效仿国外警察罢工罢岗,那 8 小时之外或罢工期间的群众人身、财产安全如何保障,民众的安居乐业怎样实现？公安机关的日夜巡防、蹲守、拘捕使得民众免于生活在时刻不安的社会环境下,民众应当对公安机关的正常、合法的公务行为予以理解和配合,警民关系的和谐发展,最终受益人还是作为被保卫对象的普通民众。

2016 年 7 月 5 日 星期二

今天来 J 派出所报到,进行为期一个月的基层派出所观察体验。J 派出所属于城区派出所,是 X 县公安局下辖的人口最多且密度最大、案件量最多、类型最丰富、任务最重、警情最复杂的派出所。派出所下设城南、城北、中山、宾阳 4 个警务室,每个警务室分管相应片区并轮流值班。我被安排在邓所(对几位副所长的简称)负责的宾阳警务室。除邓所外,警务室还有 1 名民警和 2 名协警,这 3 位均是与我年纪相仿的年轻人。

上午刚到 J 派出所时,我就基层派出所的日常工作情况,与熊所长作了简短的交流。熊所长 50 岁上下的年纪,身材高大魁梧,作为转业军人,他的举止间充满了军人气质;作为在治安、刑侦、基层派出所等业务岗位上均工作过的资深民警,他的言谈中充满了对基层公安机关执法工作的思考。他在交谈中强调以下三个方面的问题:第一,针对大多数民众的法治意识淡薄,不懂法不用法不支持执法、司法的现状,国家应通过教育改革,将法治教育从小学抓起,且应将法治教育的内容纳入考试范围以引起重视。学校无须进行全面、深入的专业化教育,只需通过基本的法律知识的普及,使国民从小形成应有的法治意识,从而在新一代民众中形成真正的法治氛围,为法治的推进建立必要的法治基础。第二,劳动教养制度的取消,不利于对"大罪没有,小罪不断"的"顽固型"违法犯罪分子的打击,不利于良好的社会环境的形成。不超过 15 日的治安拘留根本无法对此类违法犯罪分子形成震慑力。第三,现有的接警员的业务素质、法律知识的缺乏,导致时常发生一些不必要的 110 出警,浪费有限的警力资源。

2016 年 7 月 6 日 星期三

今天轮到宾阳警务室值班,警务室全体人员及 4 名负责接处警的协警(负责接处警的协警被分成两批,轮流跟随各警务室值班)在值班室 24 小时待命执勤。可能是由于天气炎热,居民外出活动较少,7 月、8 月的案件相对较少。今日值班,仅接处了 4 件警情(白天、夜晚各 2 件)。其中,2 件为因琐事引发的肢体冲突,1 件为某交通事故案的家属因赔偿问题到政府大楼闹访,还有 1 件按照案件性质移交刑侦大队处理。

相对而言,派出所的工作状态较为自由,人随案走,有案接案,不分昼夜,因而这种自由的状态实则很不自由。除了接警，办案民警还须不时到相关娱乐场所、农贸市场等人口密集地与事故多发地巡查，以通过公安机关的威慑力预防违法犯罪活动的发生。工作时间长且不稳定，工作任务繁重且不确定，成为基层民警的工作常态。

2016 年 7 月 7 日 星期四

派出所不同于机关单位，不存在周末和节假日。每个警务室轮流值班，值班第二天可在无必须立即处理的工作的情况下休息一个上午。昨晚值班时所接的纠纷案件中，一卖瓜青年与买瓜的老夫妇发生言语冲突，冲突过程中被一名中年男子打了一巴掌，遂报案。被打者要求打人者到场，向其亲自道歉。由于打人者始终未现身，无法进行调解处理，办案民警遂要求当事人第二天上午9点到派出所参加调解。今天上午，经办案民警调解，买瓜老人向卖瓜青年道歉，结案。此类小纠纷引发的治安案件每日都在上演，数不胜数，如果任由其发展，社会治安状况将不堪设想。

下午有居民前来办理户口转移手续。为便于子女的高考，该居民此前费尽心思将子女户口转至著名中学临川一中所在的抚州临川。现高考结束，此番"高考移民"使命完成，家长再"折腾"一次，将子女户口迁回原籍。中国的户籍管理制度使得民众在户口迁移方面颇为不易，虽然说只要接收地同意接收即可迁移，但户籍制度关联的人口红利差异使得这份"同意"的获得谈何容易。

2016 年 7 月 8 日 星期五

昨天 X 县下辖的 D 镇发生一件命案，一名年轻的疑似精神病母亲将一岁幼儿抛入水渠，幼儿溺亡。因案情较为简单，刑侦大队两个小时便迅速破案，将犯罪嫌疑人控制住并及时送往 J 市作精神病方面的鉴定。X 县的治安状况向来较好，命案鲜有发生，因此，该命案发生后，局里高度重视，成立了专案组和相关小组，火速破案。

同样是昨天，禁毒大队经秘密侦查半年多后，迅速出击，将一个较大的贩毒团伙拿下，抓获 9 名犯罪嫌疑人，以致局里的审讯室和审讯人员不够用而不得不向其他科室借调办案人手，并将其中一位犯罪嫌疑人移至 J 派出所审讯室审讯。正如办案人员所说，抓捕虽然艰险，但毕竟是电光火闪一瞬间的事情，只要情报来源可靠、布防得当，一般较易成功。真正的难题往往集中在后续的审讯、取证过程中。尤其对于作为重刑犯的毒品犯罪，犯罪行为一经查证属实，犯罪嫌疑人将面临严酷的刑罚。因而，犯罪嫌疑人常采取不配合、不主动、不诚实的态度应对办案人员的审讯,办案人员为获得有价值的口供,唯有通过坚持不懈的讯问并采取灵活有效的方法,方可有所收获,这个过程相当考验办案人员的智力与毅力。

J 派出所今天警情较多,一名惯偷今早在菜市场销售盗窃来的 4 只鸭和 6 只鸡时,被特巡警大队抓获。该盗窃者家庭贫困,身患癫痫,但嗜烟酒,平日以偷盗为生,已多次被抓获,均因情节轻微而被处以拘留数日的治安处罚。在数次处罚中,办案人员已与其较为熟络,因而此次盗窃案的侦查、审讯均较为顺利。然而,囿于严苛、繁复的办案程序,尤其是其中的网传程序与审批程序,如此简单的案件也花费了数名办案人员近一天的时间。如果是稍微复杂些的案件,其办理之不易,可想而知。

另一个案件是深圳市南山区公安分局网警大队请求协助的逃犯追捕案,办案人员成功地在某宾馆将正在酣睡的在逃犯罪嫌疑人抓捕归案,交由深圳警方审讯。经审讯,办案人员暂无证据证明该犯罪嫌疑人涉嫌在酒吧打架斗殴致人重伤(植物人),最终将其释放,但其意图贩卖的假银圆被依法没收,也算是预防了一个违法犯罪案件的发生。

2016 年 7 月 10 日 星期日

今天是周日,除轮值的宾阳警务室 24 时值班外,其他 3 个警务室均可以休息。值班民警白天接了 3 件 110 报警,1 件是妇女超市偷窃案,1 件是幼儿超市"被遗弃"案,1 件是宾馆住宿纠纷案,分别因情节轻微且当事人配合、虚惊一场、查实属于报假警而一一解决。如办案民警介绍的,夏季高温,一般白天案件较少,晚上民众出来乘凉、聚会、玩乐,盗窃、斗殴等案件多发。但今晚发生的 2 起案件都较为"离奇",令人印象深刻。

晚 8 时许,一名年轻女子带着恐慌的哭腔报案,称其丈夫跳河自杀,请求警方救助。办案人员一边准备救生设备全体出动,一边紧急联系消防大队,要求其迅速赶到现场支援。待两队人马赶到现场时,该男子已经自行上岸,湿漉漉地站在马路边上与一名怀抱婴儿的年轻女子争吵不休。经了解,原来是一对年轻夫妻发生感情纠纷,该男子不胜其烦,激动之下跳河自杀。民警一边疏散聚拢的人群,一边认真地倾听夫妻双方及相关人员的诉说,一边做记录、开执法仪、适时调解、耐心开导,最终使双方的情绪稳定,矛盾基本化解,一对小夫妻重归于好,一场惊险的事故转化成皆大欢喜的美满结局。为防止夫妻二人再起争端、事故再次发生,不放心的民警们坚持将夫妻俩安全送回家中,离开前再三劝阻、叮嘱。

晚 11 时许,接群众报案,称城东大道上有一名年轻女子怀抱初生婴儿四处游荡,情况危急。处警民警火速赶赴现场并请求县人民医院急救中心到场支援。

经调查,该产妇存在一定的智力障碍,本在县人民医院待产,却趁看护的家人不注意,溜出医院,漫无目的地游走,至城东大道时突然临盆,遂到旁边菜地自行产下一名男婴。囿于智力障碍,该产妇生产后惊慌失措,不知如何处理产情,遂发生了怀抱尚未剪掉脐带的婴儿在公路上游荡的一幕。处警民警到达现场后,立即将该产妇转移至路边安全地带,并找来柔软衣物为婴儿进行包裹,同时维持道路交通秩序,清理"生产"现场,安抚受到惊吓的民众。数分钟后,县人民医院救护车到达,处警民警协助医护人员将产妇与男婴送至医院。

2016 年 7 月 11 日 星 期 一

按照 J 派出所的工作习惯,每周一的上午 8 点都要召开例会,总结上一周的工作,布置本周的工作。今天的例会上,4 个警务室的负责人分别汇报了上周处理的案件及展开的其他工作,如当事人 DNA 信息录入、相关场所(宾馆、娱乐场所、烟花爆竹店)例检等。熊所长布置的本周工作任务主要围绕卫生清理、场所管理、警情录入等方面的工作展开。尤其是场所管理,各警务室必须做到每天到负责的宾馆、娱乐场所、烟花爆竹店检查,提前预防一切违法犯罪活动的发生,肃清辖区治安环境。

根据例会的工作安排,散会后全所上下进行了一次大扫除,由于楼房过于老旧,虽经辛苦清扫,仍然无法窗明几净、干净整洁。下午,我和警务室的民警逐一检查了分属宾阳警务室管理的宾馆、娱乐场所和烟花爆竹店。不走访不知情,不调查不知道。我们在检查中发现了许多消防安全隐患,如消防通道堵塞、消防设施缺失等;还发现了许多违法违规的经营行为,如经营者在烟花爆竹店吸烟、宾馆未按要求录入房客的身份信息、卖淫嫖娼的现象较为普遍且屡禁不止。

在我们外出检查期间,驻守警务室的邓所独自处理了一件纠纷。一对年轻恋人感情不和闹分手,但女方已怀孕三个月,情况较为复杂。当事人和双方家长均拥挤在狭小的办公室,争吵声不绝于耳,可想而知邓所当时的处境。好在他是一位有着二十多年丰富经验的资深民警,短短一个多小时,面对清官难断的家务事和情绪极度暴躁的当事人及家属,他最终以一份情理兼备的治安调解书完满解决纠纷。

2016 年 7 月 12 日 星 期 二

上午一位餐馆老板带着丢失手机的店伙计来警务室求助,请求民警们通过监控录像帮忙找到失物。店伙计(女孩)刚买的新手机,因遗忘在桌上,转瞬间就被人"顺手牵羊"。老板义愤填膺,小女孩则在一旁伤心抽泣。邓所耐心地向两位求助人解释这不属于盗窃,而是遗失物被人拾获,无法作为治安案件甚至是刑事案件立案处理,但民警一定会通过监控录像尽量帮助失主找到失物。群众之忧无小事,既然当事人主动求助到派出所,虽非管辖范围,民警亦不可以此为由拒之门外。

宾阳警务室负责的宾馆较多,昨天下午尚余几所未检查完毕。今天下午警务室全体出动,继续对剩余的宾馆及辖区的其他娱乐场所如网吧、影院等例行检查。今天检查的几家宾馆及网吧、影院经营状况均较好,消防安全、实名登记等措施也相应地较为到位,虽然也存在一些不合格之处,但是总体而言较优。昨天查到的消防隐患最严重的一家宾馆也按照整改通知书的要求及时整改了。尽管频繁的检查可能会对这些场所的营业造成一定的影响,但所谓"平安富贵",富贵的实现必须以平安为前提,否则,一旦发生事故,繁华瞬间成空。

域 外 司 法

域外 ADR 发展趋势述评

■ 齐树洁 *

　　摘要：随着社会、经济生活的发展，民事纠纷逐渐增加并不断复杂化。为此，各国或地区不断完善诉讼外纠纷解决机制，以缓解司法机关的案件压力并保障民众接近正义。在全球民事司法改革不断深化的进程中，ADR 制度逐渐呈现出法制化、电子化及职业化等发展趋势。考察域外 ADR 制度的发展路径，顺应 ADR 的国际发展趋势，审视我国 ADR 制度中存在的不足，将有助于促进我国多元化纠纷解决机制的可持续发展。

　　关键词：纠纷解决；ADR；法制化；电子化；职业化

　　在全球民事司法改革浪潮中，ADR 受到了普遍关注，并在不同程度上被纳入各国司法改革的架构之中。近年来，域外 ADR 制度在法制化、电子化及职业化上取得了新发展，值得研究和借鉴。如果我们能够带着问题意识，用比较的眼光去观察和审视域外 ADR 制度的新发展，对我国正在建构的多元化纠纷解决机制必将大有裨益。

一、ADR 的法制化进程

　　立法的完善为 ADR 的发展提供了坚实的法制基础。如美国于 1998 年 10 月颁布世界上第一部《ADR 法》，授权和鼓励联邦机构使用 ADR 方式解决纠

---

　　* 作者系厦门大学法学院教授，法学博士。

纷。该法公布后,法院附设 ADR 在美国的立法和司法实践中均从"暴风骤雨"式的激进革命转向了"和风细雨"式的渐进改革。日本于 2007 年实施的《ADR 促进法》,作为日本实现法制现代化的一种过渡性战略措施,有效地缓解了移植法与传统社会间的不适与冲突;2014 年 3 月 17 日,经过"ADR 促进法调查委员会"一年的实证研究,法务省发布了调查书,全面地检视了 ADR 制度在日本的运行状况。就调解与仲裁领域而言,各国的相关立法情况如下:

(一)调解立法

现代调解运动的复兴得益于其生存环境持续不断的改善与优化。事实上,调解的制度化不过是最近十余年的事情。调解立法是优化调解制度生存环境的首要因素。放眼世界,各国和地区大多通过立法方式推进调解制度的发展。进入 21 世纪后,欧洲各国掀起调解立法的热潮。与调解有关的散发勃勃生机的立法活动在欧盟国家的立法史上出现,尤其引人注目。2003 年,奥地利率先颁布了欧洲第一部《民事案件调解法》,该法被认为是欧洲首部法典化的调解程序规则。

2008 年 5 月,欧盟颁布了《关于民商事调解若干问题的 2008/52 号指令》①,该指令对各国纠纷解决的实践及监管机构的运作产生了积极的影响,引发了欧洲各国在实践、立法、学术研究等领域的讨论与验证。律师、法官、咨询委员、调解员等具备中介功能的纠纷解决的实践者开始质疑传统的纠纷解决机制,并着手探索如何进一步提高纠纷解决的效率与质量。由于各欧盟成员国必须在 2011 年 5 月 21 日前实施该指令(第 10 条除外,该条必须在 2010 年 11 月 21 日前实施),立法部门必须考虑如何设计新的立法,以体现指令的内容;研究部门亦须相应地调整其研究的重点与方向。如德国根据指令的要求,于 2012 年制定《调解法》,并在马普比较和国际私法研究所作出的全面的比较性研究的基础上,

---

① 该指令的适用范围主要表现为以下三个方面:(1)仅限于民商事纠纷的调解,即仅调整民法规范的纠纷类型,而不包含行政纠纷与刑事案件。(2)在成员国同意放宽其有关国内纠纷的法律规定的适用范围的前提下,指令方可适用于跨境纠纷的调解。因此,对指令提出保留意见的成员国,其保留意见必须同等适用于国内纠纷的解决。(3)指令并不为成员国有关调解过程及当事人的所有事宜提供全面的指导方案,其仅规范诸如调解协议的执行力问题等事项,至于调解员的专业性法规的制定等内容,则由成员国自行决定。参见 Klaus J. Hopt & Felix Steffek, *Mediation: Principles and Regulation in Comparative Perspective*, Oxford University Press, 2012, p. 5.

制订了相关的程序规则。① 至 2013 年,大多数成员国相继根据这一指令,修改民商法、诉讼法中关于调解的规定或者制定新的调解法。例如,2009 年,匈牙利分别通过第 29 号、第 47 号、第 50 号和第 149 号法令修改了 2003 年 3 月 27 日起施行的《调解法》;2010 年 12 月,希腊颁布了《调解法》;2012 年 7 月,西班牙颁布了第一部全国性的《调解法》;2016 年 1 月 1 日,波兰《促进友好型纠纷解决法》正式实施。值得一提的是,俄罗斯过去没有专门的调解立法,在欧盟各成员国调解立法热潮的影响下,也于 2011 年 1 月施行了《调解法》。

此外,2009 年,葡萄牙立法机关参照该指令,修改了《民事诉讼法》《治安法院法》,改革治安法院的纠纷调解程序,新增调解导致诉讼时效的中断、调解协议司法确认、调解保密义务以及在普通诉讼程序中适用调解等规定。意大利议会于 2009 年颁布了第 69 号法律,将调解作为纠纷解决的选择之一,同时授权意大利政府制定相关法令,以完善调解制度。2010 年,意大利正式实施第 28 号法令。该法令引入了强制调解的规定,试图进一步扩大调解的适用范围。同年 10 月,意大利司法部颁布第 180 号命令,②对调解组织、调解员资格以及强制调解费用等规定进行补充。此后,上述规定在 2011 年 8 月生效的司法部第 145 号命令中被进一步修改。2011 年 1 月 1 日生效的瑞士《联邦民事诉讼法》对民事程序中的调解制度进行统一规范,并鼓励各州积极使用调解方式解决民事纠纷。在大西洋彼岸,为实现通过调解减少诉讼案件的数量,从而削减司法的花费,实现国家财政更合理分配的目标,③从 20 世纪 90 年代开始,加拿大议会修改了大量制定法以引进调解制度。这些法律包括:《破产法》《广播法》《运输法》《环境评价法》《离婚法》《农场债务调解法》《劳动法》《人权保护法》《移民和难民保护法》《青少年刑事审判法》《体育运动法》等。通过研究这些法律,可以发现在加拿大,调解制度不仅被运用在民商法领域,而且被广泛运用于公法领域。④ 自 1998 年以来,美国越来越多的学术机构和行业组织公布了"模范标准"和"统一法案"。例如,由美国律师协会、美国仲裁协会和纠纷解决专业社团合作编写并修订的《调解员行为模范标准》,美国律师协会和统一州法律委员全国会议起草的《统一

---

① Klaus J. Hopt & Felix Steffek, *Mediation:Principles and Regulation in Comparative Perspective*, Oxford University Press, 2012, p.6.

② Ministry of Justice Decree 不同于 Legislative Decree,前者是司法部颁布的政府规章,而后者是根据法律的授权制定的,其效力等同于法律。

③ Mitchell Sara Mclaughlin, Mediation in Interstate Disputes, *International Negotiation*, 2014, Vol.19, Issue 2.

④ 朱立恒:《英美刑事和解探析——以 VOM 模式为中心的考察》,载《环球法律评论》2010 年第 2 期。

调解法》等。其中,仅涉及调解的州法规和联邦法规就已经超过 2000 部。[①] 这些"模范标准"和"统一法案"对于提升美国调解实践的管理和技术水平具有现实意义。

　　将视野聚焦到南半球,与调解制度发展的优秀表现一样,南非、澳大利亚、新西兰等国的调解法制化成果同样不可忽视。面对差强人意的离婚诉讼状况,南非立法机关于 1987 年通过了《离婚纠纷调解法》。[②] 在该法颁布之前,家事纠纷的处理机制中并无法院附设调解制度,调解服务主要由私人调解机构提供;1991 年,立法机关通过了《特定民事案件速裁与调解法》,该法首次将调解制度正式引入除上述专门法院外的普通治安法院,且专门构建了一个被称为"速裁法院"(Short Process Court)的新法院体制。由此,原有的普通治安法院和新建立的速裁法院均有权组织法院调解;南非有关劳动争议处理的立法经历了曲折发展的过程,其中,有关劳动争议处理机构及方式的第一次立法即为有关劳动争议调解制度的 1924 年《劳动争议调解法》。该法于 1937 年和 1956 年进行修订,并且在第二次修订中规定建立一个劳动争议裁判所解决劳动争议。在调解的立法与实践层面,澳大利亚已经成为仅次于美国的调解大国。数量巨大、种类繁多的调解立法,既规定了法院强制调解,也规定了当事人自愿调解。尽管调解已成为该国最常见的诉讼外纠纷解决方式[③],但无论在联邦司法实践抑或是在州司法实践中,均无统一的调解规则来约束法院调解或者是民间调解。因此,该国需要一部全面综合的法律来规范调解制度的发展。2011 年 8 月 1 日生效的《民事纠纷解决法》(the Civil Dispute Resolution Act)[④]正是对以上需求的回应,该法规定了一项当事人的强制义务,在将纠纷诉诸联邦法院之前,当事人应尝试通过调解或者是类似的 ADR 程序解决纠纷。新西兰的调解法制化进程与其他国家的不同之处在于:其不仅未就调解制度进行统一立法,而且形成了国家层面的立法与行业准则相结合的立法模式。该国关于调解的国家立法数量繁多,且涉及不同的法律领域。据不完全统计,新西兰至少有 60 部单行法律包含调解规定。

　　总体而言,20 世纪 70 年代以来,全球调解制度的发展过程大致可以划分为三个阶段:第一个阶段是允许调解作为一种纠纷解决方式使用;第二个阶段是鼓励调解的普遍使用;第三个阶段是采取有条件的强制利用方式推动调解的运用与发展。近年来,强制调解获得了许多国家的立法确认并付诸实践。现代调解的强制性越来越明显,已成为扩大调解适用范围的一种趋势。在这一阶段,国家

---

① 齐树洁主编:《美国民事司法制度》,厦门大学出版社 2011 年版,第 147 页。
② 南非 1987 年第 24 号法律,该法于 1990 年 10 月 1 日生效。
③ 即使在法院,调解也是最常见的替代性纠纷解决方式。
④ 该法具体条文参见:http://www.comlaw.gov.au,下载日期:2014 年 12 月 25 日。

建立强制性 ADR 机制,用以解决特定类型的民事纠纷(如小额债务、家事纠纷、房屋租赁、邻里纠纷等)。意大利、爱尔兰、德国、日本等国先后通过立法使强制调解得以合法化。调解的法制化具有现实需求,并取得了显著成效。以意大利为例,2012 年,全国未决民事案件多达 600 万件,诉讼拖延严重阻碍了经济的发展,2013 年至 2018 年的经济增长预期从 0.7% 降至 0.5%。意大利 2010 年第 28 号法令第 5 条引入强制调解制度,该法律于 2012 年被宣布因违宪而撤销,2013 年予以恢复。意大利司法部公布的数据表明,近年来调解案件的数量大幅度增加,有效地缓解了法院的审判压力。[①]

(二)仲裁立法

从世界各国仲裁制度的法律渊源来看,关于仲裁制度的立法主要有两种体例:一种是综合性民事程序法典体例,即在民事诉讼法典中规定仲裁制度,将仲裁作为其中一个部分加以规定,大陆法系国家初始采用此做法,如德国、罗马尼亚;另一种是单独法规体例,即制定单独的仲裁法,专门调整仲裁问题,采用此做法的初始多为普通法系国家,如美国。[②]

德国仲裁程序规定在《民事诉讼法》第十编。该法自 1877 年生效以来,曾于 1930 年和 1986 年对仲裁程序进行两次规模较小的改革,但均未对仲裁制度作出实质性调整。为适应国际经济贸易发展的需要,"两德分立"时期,前民主德国于 1975 年制定仲裁法,新法在立法体例与制度内容上较为先进,但随着"两德"的统一,该法自 1990 年起不再适用。为适应不断变化发展的国际仲裁需要、提高德国在国际仲裁领域中的地位,自 20 世纪 80 年代末以来,改革仲裁法的呼声日益强烈。1991 年 10 月,"仲裁程序法改革委员会"正式组建。经过多年的准备和讨论,该委员会参照联合国国际贸易法委员会制定的《国际商事仲裁示范法》,起草了新仲裁法草案。立法机关于 1997 年 12 月颁布了《仲裁程序法修订法》(即《民事诉讼法》第十编),基本形成了目前德国有关仲裁程序的法律文本。本次修订基本顺应了国际仲裁立法的发展趋势,适应了国际经济贸易强势发展的需要。[③]

按照罗马尼亚的立法体例,仲裁制度被规定于民事诉讼法中,即在《罗马尼亚民事诉讼法》第四编对仲裁程序予以具体规定,由此可见,其采用的是综合性

---

① [意] Elena Consiglio:《意大利调解制度的新发展》,李叶丹译,载齐树洁主编:《东南司法评论》(2013 年卷),厦门大学出版社 2013 年版。

② 吕中行:《经济全球化背景下中国仲裁问题及其对策》,载《商场现代化》2007 年第 1 期。

③ 张斌生主编:《仲裁法新论》,厦门大学出版社 2010 年第 4 版,第 344 页。

民事程序法典体例。除了罗马尼亚《民事诉讼法》中有关仲裁制度的具体规定外,附带形式的仲裁规定和罗马尼亚承认的仲裁国际公约都是仲裁规范性文件。例如,罗马尼亚《商会法》中附带规定的一些关于制度化仲裁的条款、《欧洲国际商事仲裁公约》、《联合国国际贸易法委员会仲裁规则》等。

在美国联邦法律体系中,最重要的仲裁成文法为《联邦仲裁法》。该法从1925 年颁布以来保持了立法的稳定性,只作过几次修改。在各州仲裁立法现代化的过程中,统一州法全国委员会通过的《统一仲裁法》发挥了重要的示范作用。截至目前,美国有 49 个州在不同程度上采用了《统一仲裁法》的规定。2000 年,《统一仲裁法》进行修订,新法吸收了《商事仲裁示范法》《纽约公约》《英国 1996 年仲裁法》的合理成分,内容更加广泛,更符合社会的需求。

葡萄牙虽是采取独立法规体例的国家之一,但在拥有独立的仲裁法之前,其仲裁制度由民事诉讼法典规范,自 1986 年第 31/86 号法律生效后,才由综合性民事程序法典体例转为独立法规体例。2011 年 11 月 4 日,葡萄牙国会通过修改后的《自愿仲裁法》。2012 年 3 月 14 日起,该法正式生效。

原葡萄牙殖民地巴西受殖民影响,存在同样的情况。在拥有独立的仲裁法之前,其仲裁制度由民事诉讼法规范。1996 年巴西《仲裁法》的生效,标志着该国仲裁立法从综合性民事程序法体例转向独立法规体例。相对于旧的仲裁立法而言,《仲裁法》除废止了《民法》及《民事诉讼法》有关仲裁的相关规定外,还增加了一些重要的修订,如规定仲裁裁决与司法判决具有同等效力、承诺仲裁条款可以成为仲裁协议书等。

仲裁在中东司法传统中具有很深的历史渊源,其实践甚至可以追溯到早期伊斯兰法时代。就现代仲裁制度而言,沙特阿拉伯于 1983 年颁布《仲裁法》,并于 1985 年颁布相关实施细则。2012 年沙特阿拉伯颁布新《仲裁法》,新法以1985 年《联合国国际商事仲裁示范法》为基础构建新的仲裁法律体系。但新《仲裁法》中的很多内容仍体现伊斯兰法的基本原则。该法部分条款的设置则与《联合国国际商事仲裁示范法》的原则相偏离。

印度尼西亚文化以和谐、宽容、协商为主导,非诉讼纠纷解决方式深深植根于其文化土壤之中。1999 年 8 月 12 日,印度尼西亚颁行了第 30 号法令《仲裁法和非诉讼纠纷解决程序》,为该国非诉讼纠纷解决程序的制度化奠定了法律基础。该法规定了仲裁规则、仲裁协议、仲裁员的选任、仲裁程序、仲裁裁决的执行与撤销等内容,为仲裁程序的适用提供了法律依据。

进入 20 世纪后,随着各国对商事仲裁的广泛认可,仲裁开始得到泰国政府的重视。1987 年 7 月,《泰历 2530 年仲裁法》颁布。该法首次对仲裁程序与裁决执行作了规定,为泰国仲裁的制度化奠定了法律基础。2002 年 4 月颁布的《泰历 2545 年仲裁法》在遵循《联合国商事仲裁示范法》原则的基础上,对旧法作了重大修改。其内容涉及仲裁协议、仲裁程序、裁决撤销、裁决承认与执行等方面。新法的施行进一步完善了泰国仲裁制度，适应了社会的发展要求，受到了国内外的普遍赞许。

二、ADR 的电子化运作

在电子化时代（E-age），网络技术在纠纷解决中发挥着日益重要的作用。纠纷解决服务的提供者开始寻求利用互联网技术改进纠纷解决方式。在线纠纷解决机制（Online Dispute Resolution，简称 ODR）是 ADR 移至网络空间的电子化产物，主要形式包括在线协商、在线调解和在线仲裁。ADR 的电子化具有远程交流缓解负面情绪、当事人对过程及结果控制力强、解纷高效等巨大优势。在网络技术与解纷需求的推动下，ADR 的电子化经历了探索期、实验期、产业期和公共期等四个阶段。目前，发达国家（地区）ADR 的电子化已进入公共期的阶段，即政府、纠纷解决社会机构等努力为当事人提供在线解纷服务。例如，在美国、加拿大和欧洲各国，存在大量有关 ODR 程序立法的小规模试点项目。其中，美国律师协会的电子商务和 ADR 部门（ABA-eADR）的职责就是处理与 ODR 有关的法律问题；[①]2001 年跨国运作的欧洲法院外纠纷解决网站（EEJ-Net）正式建立，其目的是在法院之外利用网络技术解决跨国消费者纠纷。该网站尤其适合解决电子商务纠纷；[②]此外，许多国际组织、消费者组织、ADR 服务提供者以及贸易组织也提出了许多有关 ODR 的建议，如经合组织（OECD）、联合国国际贸易法委员会（UNCITRAL）、国际商会（ICC）等。[③] 值得关注的是，比利时政府于 2011 年 4 月创建的 Belmed 调解（Belgian Mediation）平台，为 ODR 的实践开辟了新的道路。当在线调解申请提交后，（Belmed）平台会自动将纠纷转交至有执业资质的调解组织，以节省当事人寻求适宜的调解组织的时间与费用。除比利时外，欧盟其他国家的民众也可以通过 Belmed 平台获得在线调解服务。截至 2013 年底，已有 20 家各类调解服务组织与 Belmed 平台签订合作协议。Belmed 平台要求与之合作的调解服务组织必须充分遵守《关于消费纠纷的庭外解决责任机构的 1998/257/EC 建议》《关于非司法机构涉及消费者纠纷处理的

---

① 有关美国律师协会的电子商务部门和 ADR 部门所处理的 ODR 法律问题的详细介绍，参见 http://www.law.washington.edu，下载日期：2016 年 4 月 9 日。

② 有关欧洲法院外纠纷解决网站中有关 ODR 内容的详细介绍，参见 http://www.eejnet.org，下载日期：2016 年 4 月 9 日。

③ ［澳］娜嘉·亚历山大主编：《全球调解趋势》，王福华等译，中国法制出版社 2011 年版，第 25～27 页。

原则的 2001/310/EC 建议》的最低保证,即庭外消费纠纷解决程序必须遵守下列原则:独立、有效、法定、抗辩、代理、公平和透明度等。

ODR 不仅包含主要利用在线技术如电子邮件或者以电子邮件为基础的特别设计的论坛 ADR,而且也包含融入纠纷解决过程的电子技术的综合运用,如视频会议、移动通讯以及社区网络通信等等。[①] ODR 通常被用于解决因科技而产生的新类型纠纷,如域名纠纷、数据传输的保密与安全引发的纠纷、提供 IT 服务引发的纠纷、因违法使用歌曲或视频而引发的侵犯知识产权纠纷以及电子商务纠纷等。ODR 同样可被用于调解网络范围以外发生的纠纷,它可以产生与传统 ADR 同样的效果。在当事人之间的地理位置相距遥远,或当事人自我感觉在线交流更有自信的情况下,ODR 也是一种非常有效的调解模式。

在线仲裁是 ODR 最正式的表现类型,但由于当事人参与程序的自由度和对程序的控制力较低,在线仲裁在各国(地区)的实践中并不如在线调解普及。基于调解的自身优势,在线调解的发展较为迅速。在线调解是调解移至网络空间的电子化产物,并成为在线纠纷解决机制的重要形式。在线调解是指在第三人的协助下,当事人之间、当事人与第三人之间利用网络信息技术所打造的网络纠纷解决环境,在没有会面的情形下,利用网络信息技术进行的解决纠纷的信息传输、交流、沟通,最终达成协议并解决纠纷。在线调解的运作与服务取决于调解服务机构的数量、质量与程序规则。

近年来,在线调解平台试图通过创立纠纷强制执行规则,保证调解协议的顺利执行。此外,2012 年 7 月的西班牙《调解法》创造性地为小额纠纷设置了简易调解程序,并完美地融入"在线调解"的适用。

三、ADR 的职业化发展

"职业化"是指拥有和运用独特的知识、技能、方法、思维模式和语言文字等的同质化群体,专门从事某类工作,通过向社会提供特定的产品来参与社会资源和利益分配的发展趋势。在 ADR 的发展进程中,有关纠纷解决的技能逐渐发展成为专门的职业技能。由于仲裁的职业化程度一向较高,调解技能的培育成为 ADR 职业化的重点,二者的职业化进程呈现出不同的精彩。

(一)调解制度的职业化发展

近年来,受国家鼓励与市场调节的影响,纠纷解决的资源向调解制度的配置

---

① 有关 ODR 的调整范围的详细介绍参见 http://www.odr.info,下载日期:2016 年 4 月 9 日。

份额较以往明显增多,如政府和社会资金的汇集、优秀人力资源的聚合等。各国和地区的调解职业化呈现良好的发展态势,各类调解组织和调解培训机构层出不穷,调解员的数量增多,其素质明显提高,调解员资格评审制度的发展成为调解职业化的重要助力。例如,南非于 2010 年 3 月 5 日在斯泰伦博斯大学商学院的非洲争端解决中心成立了"国际争端解决从业者委员会"。该委员会的宗旨是对解决争端的从业者进行资质认定并发布国家认证标准,认定对象包括调解员、仲裁员、培训员以及课程评估员等。该委员会有权颁布国家注册的附属服务提供者证、经认可的争端解决从业者证、培训员证、课程评估员证。德国通过 2012 年颁布的《调解法》,以立法的形式界定了调解员的法律地位,并明确规定了调解员的培训与反馈机制。① 2012 年 8 月,我国香港特区调解资历评审协会有限公司(调解员资格评审组织)注册成立,创会成员包括香港大律师公会、香港律师会、香港国际仲裁中心及香港和解中心。

调解是一种与调解人经验、能力、知识(包括法律知识及其他必要的专门知识)乃至人格魅力密切相关的实践活动,因此,调解员的培训是影响调解职业化的重要因素。各国和地区都十分重视培养调解人才,许多社会机构和大学均设立了调解员培训课程。例如,2012 年,莫斯科大学、莫斯科国立法律大学与莫斯科调解中心合作设立了调解培训班,调解教育逐渐成为社会培训机构的商业增长点。在培训教育方面,大陆法系国家强烈关注跨学科教育与部门法理论,普通法系国家则更注重务实的技能训练。法国大多数调解员都有扎实的法律或人文科学背景;美国则在法律诊所教育中日益重视对学生的调解技能培训;南非在其三个阶段的法律教育模式的第二个阶段对法科生进行集中式调解职业培训,②其调解员的专业性得到了国际认可,调解培训人员在发展中国家也广受欢迎,尤其是培训商业和雇佣领域的调解员的人员。③

在是否强制调解实现职业化方面,各国和地区采行的模式可分为三种类型:一是以匈牙利和葡萄牙为代表的许可模式,要求调解员需经过官方许可注册后方可执业;二是以奥地利为代表的激励模式,允许任何人充当调解员,但对当事人有利的一些规定,如保密性条款和时效条款等只有在调解由注册的调解员主持时才适用;三是以英国、美国为代表的市场模式,该模式排斥公权力对调解职业化的干涉,相信自治市场的参与主体作出的理性选择行为。

---

① 张泽涛、肖振国:《德国〈调解法〉述评及其启示》,载《法学评论》2013 年第 1 期。
② 陈红梅:《南非诊所式法律教育及其对中国的启示》,载《西亚非洲》2008 年第 9 期。
③ [南非]John Brand:《南非的友好争议解决》,贺玉彬译,载程波主编:《湘江法律评论》(第 12 卷),湘潭大学出版社 2015 年版。

（二）仲裁制度的职业化发展

作为一项产生于古希腊和古罗马时期、正式确立于中世纪的古老纠纷解决制度，仲裁制度的职业化发展格外成熟。尤其是进入 19 世纪末 20 世纪初，伴随着商品经济和国际贸易的发展，各国纷纷建立职业化仲裁机构或仲裁协会组织，国际性的仲裁机构亦随之涌现，在国际上有影响力的仲裁机构如国际商会仲裁院（ICC International Court of Arbitration，简称 ICCICA）、伦敦国际仲裁院（London Court of International Arbitration，简称 LCIA）、斯德哥尔摩商会仲裁院（Arbitration Institute of Stockholm Chamber of Commerce，简称 SCC）、香港国际仲裁中心（Hong Kong International Arbitration Center，简称 HKIAC）、新加坡国际仲裁中心（Singapore International Arbitration Center，简称 SIAC）、美国仲裁协会（American Arbitration Association，简称 AAA）等。[①]

美国在仲裁制度职业化发展的过程中，最重视的是对仲裁员职业道德标准的确立。具体表现为，在 1977 年《商事争议中仲裁员道德准则》（*Code of Ethics for Arbitration in Commercial Disputes*）中，规定了众多对涉及仲裁程序公正性和廉洁性的警告；在《AAA 商事争议中仲裁员道德准则》（*AAA Code of Ethics for Arbitration in Commercial Disputes* 2004）[②]中，第 2 条对仲裁员的披露义务进行了详细的规定，被请求担任仲裁员的人士在接受任命之前，应当披露任何可能发生的、回想起的或现存的上述利益或关系。德国的仲裁制度职业化表现主要集中在机构设置方面的改革。1992 年 1 月 1 日，该国原有的仲裁委员会与仲裁院合并为仲裁协会，1994 年 1 月 1 日仲裁协会又合并了仲裁促进联合会及其下设的柏林仲裁庭。从法律性质上讲，仲裁协会属于登记社团，其宗旨是追求公共福利，设有主要适用于国内仲裁程序的专门仲裁规则。随着德国在国际仲裁领域中的地位不断提高，仲裁协会的仲裁规则在国际仲裁实践中也发挥了更加重要的作用。

受伊斯兰法基本原则影响较深的沙特阿拉伯 2012 年新《仲裁法》已经删除仲裁员必须是男性穆斯林的限制性条件，但女性是否具有仲裁员资格仍有待进一步观察。在专业资格方面，该法对独任仲裁员与首席仲裁员的专业背景提出了特别要求，上述仲裁员须获得伊斯兰法或其他相关法律的学位。为此，该法授权法院审查当事人指定仲裁员的资格是否符合要求。其中，审查的内容就包括

---

① 齐树洁、李叶丹：《商事调解的域外发展及其借鉴意义》，载《中国海商法年刊》2011 年第 2 期。

② 《AAA 商事争议中仲裁员道德准则》（中文），http://cn.cietac.org，下载日期：2010 年 3 月 1 日。

仲裁员的专业与学历是否符合立法规定。为保障仲裁员队伍的整体素质及仲裁事业的健康发展，印度尼西亚1999年《仲裁法和非诉讼纠纷解决程序》第12条规定，成为仲裁员必须满足从事仲裁工作满15年的硬性要求，且须为该领域的专家。泰国目前主要有两大仲裁机构：商事仲裁协会和泰国仲裁协会。二者都有标准的仲裁规则和合格的可供选择的仲裁员名单。① 此外，一些政府部门还提供特殊的仲裁服务。成立于1967年的商事仲裁协会，在实践中被泰国仲裁协会逐步取代。设立于1990年的泰国仲裁协会又被称为"仲裁办公室"。2000年，随着司法部将该协会中与仲裁无关的职责移交司法处，协会的独立性得到加强。仲裁机构和机制的设置在一定程度上体现了该国仲裁制度职业化发展水平较高，而该国仲裁的经济性和便捷性正是得益于此。在巴西，1996年《仲裁法》第17条规定："仲裁员行使职能时造成的结果，受到适用于公务员的相同的刑法条款所规范并承担责任。"第18条规定："仲裁员在事实及权利上等同法官，其作出的裁决不得据以向法院提出上诉或不需要法院的确认。"立法对仲裁员的能力要求相对较高，非专业的仲裁员一般不愿意冒风险承担责任。因此，在该国的仲裁实践中，一般的仲裁案件较多采用机构仲裁，该国仲裁制度发展的职业化水平也相对较高。

总结域外 ADR 的立法与实践经验，可以看出如下几个发展趋势：一是 ADR 的正当性和法律地位不断提高；二是 ADR 的应用范围及功能不断扩大；三是 ADR 的发展格局和形式呈现多元性及多样化；四是 ADR 的法制化和规范化，即国家通过立法鼓励、促进和保障 ADR 的运行，同时予以必要的规制。实践证实，ADR 的发展与司法改革的互动，有助于促使法院承担起促进、协调和监督 ADR 的职能，并促进传统诉讼文化的转变。域外 ADR 法制化、电子化及职业化的有益经验，可为我国调解现代化转型提供可资借鉴的参考样本。

---

① ［泰］Ornjira Nithichayanon & Vera Mungsuwan：《中国—东盟自由贸易区法律框架下的泰国投资仲裁机构和机制》，汪智芳译，载张晓君主编：《中国—东盟法律评论》（第3卷），厦门大学出版社2014年版。

论消除跨国公司侵权受害者在母国诉讼的管辖障碍

■ 于亮 *

摘要:跨国投资的特殊性使得跨国公司侵权受害者在寻求司法救济方面面临重重障碍。晚近国际人权法理论和实践的发展对跨国公司的母国提出了新要求。母国应努力消除诉讼法中的管辖障碍,允许跨国公司侵权受害者在母国起诉子公司或母公司和子公司。在消除跨国公司侵权受害者在母国诉讼的管辖障碍方面,欧洲国家走在世界前列,其经验或许可供借鉴。

关键词:跨国公司;侵权;母国;管辖;必要法院原则

一、国际人权法对跨国公司母国的要求

跨国投资在促进世界经济繁荣的同时,也带来了很多负面的问题。在经济全球化时代,跨国公司侵犯人权的现象屡见不鲜,给人权保障事业带来巨大的挑战。跨国公司可能影响的人权涉及面很广,主要包括生命权、健康权、良好工作条件权、适足生活水准权、环境权等。为了应对商业对人权的消极影响,国际社会从法律、道德、消费者运动、非政府组织监督等多维度兴起了对健康商业的要求。从二十世纪七八十年代的企业社会责任(Corporate Social Responsibility)到二十一世纪初的公司人权责任(Corporate Human Rights Liability),国际社会对健康商业的要求逐渐从道德层面上升到法律要求,从软法上升到硬法要求。① 2011 年,联合国人权理事会通过的《工商企业与人权:实施联合国"保护、尊重和补救"框架指导原则》(简称 UNGP)确立了商业与人权议题的三大法律

---

* 作者系荷兰马斯特里赫特大学法学院博士研究生。

① 刘满达:《跨国公司的人权责任》,载《法学》2003 年第 9 期;张思思:《试论跨国公司之人权责任》,载《武汉大学学报》2012 年第 3 期。

框架:国家保护人权的义务、公司尊重人权的责任、获得补救。①其中,获得补救可被国家保护人权的义务所涵盖,它要求国家为跨国公司侵权受害者提供救济,包括但不限于司法救济。在现代法治社会,程序正义无疑是重要的价值,在民事权益被侵害后获得司法救济对当事人来说至关重要。然而,跨国投资的特殊性使得跨国公司侵权受害者在寻求司法救济方面面临重重障碍。

为表述的方便,本文仅研究典型的跨国投资形式:来自母国的母公司在东道国设立子公司,后者具有东道国的法人资格。②当子公司在东道国侵犯人权或普通民事权益时,东道国法院基于"原告就被告"或"侵权行为地"原则显然具有管辖权,但问题是很多东道国法治不健全、法律标准较低,无法为受害者提供有效的救济。母国多为发达国家,法治水平相对较高,但根据传统的国际民商事诉讼管辖原则,母国对相关案件并无管辖权:直接加害人子公司既非母国法人,也在母国没有住所,侵权行为地也不在母国。但母国并非与案件没有任何联系,首先,子公司的股东(母公司)在母国有住所;其次,在跨国投资中,子公司行为往往受到母公司的严格控制。母国在防止和矫正跨国公司侵犯人权方面应当负有何种责任?

国际人权法理论和实践的发展对跨国公司的母国提出了新要求。自第二次世界大战以来,国际人权法蓬勃发展,国际社会逐渐发展出由九个人权条约和十个条约机构组成的联合国人权条约体系。九大人权条约包括:《公民权利和政治权利国际公约》《经济、社会和文化权利国际公约》《消除对妇女一切形式歧视公约》《消除一切形式种族歧视国际公约》《禁止酷刑和其他残忍、不人道或有辱人格的待遇或处罚公约》《儿童权利公约》《残疾人权利公约》《保护所有移徙工人及其家庭成员权利国际公约》《保护所有人免遭强迫失踪国际公约》。世界上绝大多数国家都至少加入了一个以上人权条约。人权条约对国家施加了保护人权的义务。然而,传统的人权法理论认为,国家的人权义务以其领土范围为限,国家仅对其领土内的人负有人权义务。因此,按照传统的人权法观点,东道国显然有义务防止在其领土投资的跨国公司侵犯人权,而母国似乎没有监管在海外投资的跨国公司的义务。为了应对经济全球化的挑战,晚近国际人权法理论认为,国家在一定情况下负有域外人权义务,即对在其领土外的人也负有人权义务。③

---

① 联合国:《工商企业与人权:实施联合国"保护、尊重和补救"框架指导原则》,2011,文件编号:HR/PUB/11/4。

② 在现实生活中,公司投资结构可能更加复杂,本文采用简化的模型旨在说明其背后蕴含的诉讼法问题。

③ 于亮:《国家在经济、社会和文化权利方面的域外义务》,载《法制与社会发展》2016年第1期。

具体到商业与人权领域,母国有义务采取措施规范总部在其领土上的跨国公司,防止其在海外侵犯人权。①尽管国际社会对域外义务尚存分歧,国际人权监督实践表明,母国至少应努力消除诉讼障碍(特别是管辖障碍),为跨国公司侵权受害者在母国寻求司法救济提供便利。例如,2014 年经济、社会和文化权利委员会在针对中国的结论性意见中指出:"委员会建议缔约国采取适当的立法和行政措施,确保在缔约国境内营业或由缔约国境内管理的公司及其分支机构对在其境外项目中侵犯经济、社会和文化权利的行为承担法律责任。"②此处既包含实体义务,也包括程序义务。就程序义务而言,母国应努力消除诉讼法中的管辖障碍,允许跨国公司侵权受害者在母国起诉子公司或母公司和子公司。

《关于国家在经济、社会和文化权利领域域外义务的马斯特里赫特原则》(*Maastricht Principles on Extraterritorial Obligations of States in the area of Economic*,*Social and Cultural Rights*,简称《马斯特里赫特原则》)认为,跨国公司母国应当为跨国公司侵犯人权的受害者提供司法救济。③就连对域外义务总体持否认态度的 UNGP 也认为,受害者在东道国被拒绝司法而又不能诉诸母国司法是各缔约国应努力消除的诉讼障碍。④欧洲向来重视人权保护,在消除跨国公司侵权受害者在母国诉讼的管辖障碍方面,欧洲国家走在世界前列,其经验或许可供借鉴。

二、欧洲国家在消除管辖障碍方面的实践

(一)荷兰法院允许针对母子公司的共同诉讼

在消除管辖障碍方面,荷兰法院近年的实践堪称典范。2013 年至 2015 年,荷兰海牙地方法院和海牙上诉法院在晚近"尼日利亚农民诉壳牌石油集团"系列案件的判决中表明,荷兰法院对于跨国公司受害者起诉母公司(住所在荷兰)和

---

① 于亮:《〈经济、社会和文化权利国际公约〉中母国规制跨国公司的义务——兼评经济、社会和文化权利委员会的最新实践》,载《环球法律评论》2014 年第 6 期。

② 经济、社会和文化权利委员会:《关于中国(包括中国香港和中国澳门)第二次定期报告的结论性意见》,2014 年 6 月 13 日,文件编号:E/C.12/CHN/CO/2,第 13 段。

③ See Maastricht Principles on Extraterritorial Obligations of States in the Area of Economic,Social and Cultural Rights,Netherlands Quarterly of Human Rights,2011,Vol. 29,No.4.

④ 联合国:《工商企业与人权:实施联合国"保护、尊重和补救"框架指导原则》,2011,文件编号:HR/PUB/11/4,原则 26 及其评注。

子公司（住所在尼日利亚）的案件具有管辖权。壳牌集团是大型跨国石油公司，在很多发展中国家都有投资。该案缘起于壳牌集团在尼日利亚设立的子公司在经营管理过程中发生石油泄漏事故，损害了当地的环境和当地居民的健康。几位尼日利亚农民在荷兰非政府组织"地球之友"的协助下向荷兰法院起诉母公司和子公司，海牙地方法院于 2013 年作出一审判决，其中有几个案件上诉至海牙上诉法院。二审法院于 2015 年 12 月 18 日作出关于管辖权争议和其他程序问题的判决。① 由于地方法院和上诉法院对管辖权问题的态度如出一辙，本文主要选取二审判决分析管辖权问题。

决定本案管辖权的法律主要有《荷兰民事诉讼法》、《关于民商事案件管辖和判决承认与执行的布鲁塞尔 1 号条例》（欧盟立法，即 Brussels I）。1 号条例所确立的管辖权原则是被告住所地法院有管辖权。按照这一原则，子公司侵权受害人很难在荷兰法院维权，因为子公司住所地不在荷兰，荷兰法院对其无管辖权；虽然母公司的住所地在荷兰，但是侵权行为并非母公司所为。本案原告巧妙地运用《荷兰民事诉讼法》第 7 条关于共同被告的管辖原则，将母公司和子公司列为共同被告进行起诉，并最终获得法院的支持。该法第 7 条规定："在有共同被告的案件中，法院如果对其中一个被告有管辖权，便对其他被告也有管辖权，只要针对不同被告的诉因相互联系以至于合并审理更为有效率。"②法院肯定自身管辖权的逻辑如下：母公司住所地在荷兰，因此荷兰法院对以其为被告的案件有管辖权，与此同时，荷兰法院取得对作为共同被告的子公司的管辖权。当然，被告在上诉程序中质疑初审法院确立管辖权的逻辑。被告认为，原告明显是在滥用诉讼程序，假借对母公司提起诉讼之名，借机对子公司提起共同诉讼，而原告对母公司的诉讼原本就不可能胜诉。上诉法院没有采纳被告壳牌公司的意见，法院认为，考虑到石油泄漏可能对当地环境带来的巨大损害，不能排除母公司被期待承担某些责任的可能，且尼日利亚（该国法律为该案实体争议的准据法）是普通法系国家，普通法系判例法表明母公司在此类案件中有适当注意义务（duty of care）。海牙上诉法院最终认定其对母公司和子公司作为共同被告的案件有管辖权。

此外，在一审中，被告方提出了不方便法院的抗辩。被告方指出，如果针对母公司的诉讼被驳回（很有这种可能），那么对于针对子公司的诉讼而言，荷兰法

---

① 已经有学者对一审判决之一进行了评述，参见张晶：《对尼日利亚农民在荷兰起诉壳牌石油公司案的评析》，载《武大国际法评论》2015 年第 2 期。

② 《荷兰民事诉讼法》（英文版），http://www.dutchcivillaw.com/civilprocedureleg.htm，下载日期：2016 年 6 月 30 日。

院就是不方便法院了。①法院没有采纳被告方的主张。法院认为："不方便法院原则在当代国际私法中的地位已经日渐式微。法院认为，荷兰立法者并不想让法院对子公司停止管辖，在法院驳回原告对母公司的诉讼的情况下，即使后来案件与荷兰管辖权没有什么联系。"②

上述案件的积极意义在于荷兰法院注意到至少在人权和环境领域母公司对子公司侵权行为承担责任逐渐成为世界趋势，法院采取能动性司法的态度，尽量排除跨国公司侵权受害者向母国寻求司法救济的管辖权障碍。本文并不主张所有母国均应仿效荷兰标准，即确立对跨国公司母公司和子公司的司法管辖权。但是，国家的人权义务要求母国善意地检视民事诉讼立法，通过国内立法程序或经由法官能动司法，消除跨国公司侵权受害者在母国寻求司法救济所面临的管辖障碍。

在荷兰的壳牌公司系列案件之前，跨国公司侵权受害者往往倾向于利用美国 1789 年制定的《外国人侵权法》(United States Alien Tort Claim Act)在美国联邦法院起诉跨国公司侵犯人权案件。《外国人侵权法》(共一条)规定："联邦地区法院对外国人提起的违反国际法或美国加入的国际公约的民事侵权案件有初审管辖权。"这部诞生于 1789 年的法律被二百多年后的律师和人权受害者巧妙地用来寻求司法救济，并在监管跨国公司侵犯人权案方面起到了重要的作用。③然而，2013 年，美国 Kiobel 案(同样是尼日利亚受害者诉壳牌公司)原告的败诉意味着通过《外国人侵权法》机制在美国起诉与美国没有实质关联的公司侵权案件的成功率大大降低，赴美诉讼的前景难以预料。在 Kiobel 案中，原告(尼日利亚居民)起诉在尼日利亚的跨国公司违反国际法，侵犯当地居民的人权。联邦第二巡回上诉法院驳回了原告的诉讼请求，理由是国际法并不承认公司的义务。法院指出："虽然国际法已经将某些规范的义务主体扩展到个人，但其从未将义务主体扩展到公司。"④美国最高法院维持了上诉法院的判决，但对国际法下公司义务的问题只字未提，而是以另外的理由否定了原告的诉求。最高法院认为：

---

① District Court of the Hague, Fidelis Ayoro Oguru and Alali Efanga v. Royal Dutch Shell PLC and Shell Petroleum Development Company of Nigeria Ltd. , docket number：C/09/330891 / HA ZA 09-0579. http://milieudefensie. nl,下载日期：2016 年 6 月 1 日。

② District Court of the Hague, Barizaa Manson Tete Dooh v. Royal Dutch Shell PLC and Shell Petroleum Development Company of Nigeria Ltd. , docket number：C/09/337058 / HA ZA 09-1581. http://milieudefensie. nl,下载日期：2016 年 6 月 2 日。

③ 吴琼：《监管跨国公司侵犯人权案的新突破——美国〈外国人侵权法令〉介评》，载《比较法研究》2009 年第 5 期。

④ United States Court of Appeals for the Second Circuit，Kiobel v. Royal Dutch Petroleum. Case No. 06-4800-cv，06-4876-cv. p. 9.

"当一项法律没有明确表明可以适用于在美国领土外的情势时,那它就不可以适用,因此《外国人侵权法》不适用于在美国领土外的侵权行为。"①赴美诉讼的失败与赴荷诉讼的成功(至少在管辖权方面已无障碍)必将促使跨国公司侵权受害者去荷兰起诉住所在荷兰的母公司,并将住所在东道国的子公司拉入共同诉讼。荷兰的司法实践再一次证明了其对人权保护的重视。

(二)必要法院原则的兴起

除荷兰已在司法实践中逐渐消除了跨国公司侵权受害者向母国寻求司法救济的管辖权障碍之外,欧盟亦在考虑修改、完善 Brussels I 条例。2009 年 4 月,欧盟委员会发布了关于重新审视 Brussels I 条例的绿皮书。②该绿皮书建议欧盟引入"必要法院"原则(*forum necessitatis*)。③必要法院原则是指当原告无法在其他国家寻求司法救济(no access to justice)时,法院国应当行使管辖权。必要法院原则背后的理念是避免拒绝司法的现象。一般认为,启动必要法院管辖权有两个要求:一是诉讼程序不可能或不能合理地在与案件有密切联系的第三国进行;二是案件与法院国有一定程度的联系。④如果跨国公司侵权受害者在东道国不可能或不能合理地进行诉讼,那么母国基于必要法院原则(如果母国已确立该原则)应当允许受害人在母国进行诉讼。有学者甚至认为,作为习惯国际法规则的获得救济权要求国家承认必要法院原则。⑤或许该观点仍有待商榷,但正如上文所言,母国有义务努力消除跨国公司侵权受害者在该国寻求司法救济所面临的管辖障碍。目前,已在立法或实践中接受必要法院原则的欧洲国家有奥地利、比利时、爱沙尼亚、荷兰、葡萄牙、罗马尼亚、法国、德国、卢森堡、波兰。⑥

值得注意的是,在上述荷兰法院审理的壳牌公司系列案件中,荷兰法院并未援引必要法院原则,而是直接基于共同诉讼原则确立了对母公司和子公司的管

---

① Supreme Court of the United States, Kiobel v. Royal Dutch Petroleum, Case No. 10-1491. pp. 13~14.

② The European Commission, Green Paper on the Review of Council Regulation (EC) no 44/2001 on Jurisdiction and the Recognition and Enforcement of Judgments in Civil and Commercial Matters, COM (2009) 175 final.

③ The European Commission, Green Paper on the Review of Council Regulation (EC) no 44/2001 on Jurisdiction and the Recognition and Enforcement of Judgments in Civil and Commercial Matters, COM (2009) 175 final, p. 4.

④ Arnaud Nuyts, *Study on Residual Jurisdiction*: *General Report*, 2007, p. 66.

⑤ Stephanie Redfield, Searching for Justice: the Use of Forum Necessitatis, *Georgetown Journal of International Law*, 2014, Vol. 45, No. 3.

⑥ Arnaud Nuyts, *Study on Residual Jurisdiction*: *General Report*, 2007, p. 66.

辖权。这与原告方的诉讼策略有关：如果援用必要法院原则，原告还需证明案件在有管辖权的外国法院不可能进行；而如果能成功地基于共同诉讼而起诉母公司和子公司则更加简便、高效。此外，荷兰法院注意到母公司为子公司侵权行为承担责任的发展趋势，这也是促使荷兰法院接受针对母公司和子公司共同诉讼的诱因之一。

民事诉讼中的必要法院原则与刑事管辖原则中的普遍管辖原则在表面上有一定的相似性，事实上，两者既有联系又有区别。一般来说，普遍管辖是指任何国家根据国际法对某些国际犯罪（例如种族灭绝罪、危害人类罪、战争罪）实施的管辖，不论加害人和受害人的国籍，也不论犯罪地。其背后的理念是对国际和平与安全以及全体人类利益的维护。①关于普遍管辖的起源可追溯到惩治海盗犯罪的国际习惯法规则，即任何国家均可对海盗罪行进行管辖。20 世纪以来，随着国际人道法和国际刑法的蓬勃发展，普遍管辖原则逐渐扩展到战争罪、危害人类罪等其他严重的国际罪行。普遍管辖与传统的属地管辖、属人管辖和保护管辖形成鲜明的对比，前者不以案件与某国有某种联系为前提，而后三种管辖都是案件与某国存在某种密切的联系。普遍管辖原则与必要法院原则的联系在于两者都是法院地国对与其没有密切联系的案件进行管辖，且两者的运用都与保护人权有一定的关系。两者的不同点在于：普遍管辖原则是刑事管辖原则，而必要法院原则是民事诉讼管辖原则；②普遍管辖原则既是刑事实体法问题，又是刑事程序法问题，而必要法院原则主要是程序法问题；在适用普遍管辖原则的语境下，案件可与法院地国没有任何联系，而大部分国家要求必要法院原则的适用仍需案件与该国有一定的联系，比如在跨国公司侵权问题上，至少母公司在母国有住所。

必要法院原则或许是民事诉讼法或国际私法中的新鲜血液，它是同"不方便法院原则"不同的声音。"不方便法院"原则在我国曾一度非常时髦，虽然法律没有明文规定，但是经由我国最高人民法院的司法解释得以确立。然而，"不方便法院"原则是否适合我国国情仍有待商榷，事实上早在十几年前就有学者对"不方便法院"原则表示质疑和反对。③必要法院原则的兴起在一定程度上限制了不方便法院原则的适用空间。笔者认为，两大原则或许可以共存，但我们在理念上必须重视民事诉讼中的人权保障，避免拒绝司法的现象。

---

① 朱利江：《普遍管辖国内立法近期发展态势》，载《环球法律评论》2010 年第 1 期。

② 有学者认为，在处理侵犯人权问题上，普遍管辖原则在民事诉讼中的应用存在扩大趋势。参见高秀东：《论普遍管辖原则》，载《法学研究》2008 年第 3 期。

③ 徐伟功：《不方便法院原则在中国的运用》，载《政法论坛》2003 年第 2 期。

三、启 示

在经济全球化时代，国家的民事管辖权已不仅仅是权利，更是一项义务。国际人权法最新理论和实践要求母国消除跨国公司侵权受害者在该国寻求司法救济所面临的管辖障碍。我国民事诉讼制度是否对跨国公司侵权受害者在我国法院寻求司法救济存在管辖障碍？从条文来看，我国现有的管辖原则尚未一般性地支持跨国公司侵权受害者在我国起诉子公司，除非基于《民事诉讼法》第 256 条的规定，子公司在中国恰好有可供扣押的财产或在中国设有代表机构。而根据原告就被告的一般管辖原则，我国法院对在我国有住所的母公司有管辖权。问题是侵权行为并非母公司直接作出的，虽然不排除实体法中母公司为子公司行为承担责任的可能性，但是从我国民事实体法律来看，其前景尚不明朗。

此外，还有一个值得探讨的问题：来自东道国的受害者在我国提起的诉讼在多大程度上可能因不方便法院原则而被裁定驳回起诉。我国民事诉讼立法虽未明文规定不方便法院原则，但通过学者的倡导和最高人民法院的推动，不方便法院原则在我国司法实践中已得以确立。最高人民法院 2015 年 2 月发布的《关于适用〈中华人民共和国民事诉讼法〉的解释》第 532 条规定："涉外民事案件同时符合下列情形的，人民法院可以裁定驳回原告的起诉，告知其向更方便的外国法院提起诉讼：(1)被告提出案件应由更方便外国法院管辖的请求，或者提出管辖异议；(2)当事人之间不存在选择中华人民共和国法院管辖的协议；(3)案件不属于中华人民共和国法院专属管辖；(4)案件不涉及中华人民共和国国家、公民、法人或者其他组织的利益；(5)案件争议的主要事实不是发生在中华人民共和国境内，且案件不适用中华人民共和国法律，人民法院审理案件在认定事实和适用法律方面存在重大困难；(6)外国法院对案件享有管辖权，且审理该案件更加方便。"从该条规定来看，只有上述六点条件同时满足，法院才能以不方便法院为由裁定驳回原告的起诉。当来自东道国的受害者在中国起诉母公司时，不方便法院无法适用，因为上述第四点条件不满足，此时案件涉及中国法人的利益。然而，当来自东道国的受害者在中国起诉子公司时（子公司在中国恰好有可供扣押的财产或在中国设有代表机构），法院很有可能认定上述六点条件均满足而适用不方便法院原则。不方便法院原则解决的是法院地国法院本来有管辖权但因不方便因素而不行使管辖权的情况。笔者认为，当原告在有管辖权的外国法院明显不可能得到公正救济时，不方便法院原则不应适用。

总的来说，跨国公司侵权受害者的求偿问题在我国尚未集中爆发，但这一问题对我国来说极为重要，在我国积极推动"走出去"和"一带一路"战略的大背景下更应引起重视。适当扩大法院的管辖权，约束和震慑我国海外投资企业侵权行为,对于维护我国良好大国形象具有重要的意义。如果将来出现类似的问题,有两个解决思路:一是由法院进行能动司法,像荷兰法院那样,尽可能地允许外国受害者在我国法院起诉子公司和母公司;二是修改民事诉讼法关于管辖权的规定,适当增加灵活性的管辖原则(比如必要法院原则),为跨国公司受害者来华诉讼扫清程序障碍。

沙特阿拉伯仲裁制度的发展及其借鉴意义

■ 欧丹*

摘要:近年来,沙特注重推进友好型纠纷解决方式的发展,鼓励当事人采用仲裁、调解等方式解决纠纷。2012年沙特新《仲裁法》的诸多方面引人注目,包括扩大当事人自主权、扩大可仲裁事项与管辖权的范围、强化仲裁员的中立性与独立性、赋予仲裁庭临时措施裁决权、细化仲裁庭证据调查权等。研究沙特及其他中东国家仲裁制度的发展,不仅可为完善我国仲裁制度提供有益的借鉴,还可为我国"一带一路"战略的实施提供政策参考。

关键词:沙特;仲裁;临时措施;"一带一路"

1932年,沙特阿拉伯王国(以下简称"沙特")正式宣布统一,这标志着现代沙特的诞生。沙特位于阿拉伯半岛,国土面积为225万平方公里,人口3077万人(2014年)。伊斯兰教为该国国教,逊尼派约占85%,什叶派约占15%。沙特具有丰富的油气资源及其他矿产资源,石油工业是其主要经济支柱。[①] 作为一个君主制国家,沙特将《古兰经》和穆罕默德的《圣训》作为其法律的重要渊源之一。

仲裁在中东司法传统中具有很深的历史渊源,其实践甚至可以追溯到早期伊斯兰法时代。就现代仲裁制度而言,沙特于1983年颁布《仲裁法》,并于1985年颁布相关实施细则。1983年《仲裁法》因程序异常复杂、审理期限过长、易受地方法院干扰以及执行难而遭到各方诟病。为此,2012年沙特颁布了新《仲裁法》(以下简称新《仲裁法》)。新《仲裁法》以1985年《联合国国际商事仲裁示范法》(以下简称《示范法》)为蓝本,然而,其中的一些内容仍体现了伊斯兰法(Shari'a)的基本原则,部分条款与《示范法》的原则有所偏离。由于缺少专门性

---

* 作者系浙江理工大学讲师,波兰华沙大学法学院访问学者,法学博士。基金项目:杭州市哲学社会科学规划课题(Z16JC103)。

① 中华人民共和国驻沙特阿拉伯王国大使馆:《沙特概况》,http://www. China embassy. org,下载日期:2016年3月30日。

仲裁机构,当事人大多选择临时仲裁程序解决相关纠纷。为此,2014 年沙特设立沙特商事仲裁中心(Saudi Centre for Commercial Arbitration),弥补专业机构的缺失。

一、仲裁协议与管辖权

(一)仲裁协议

新《仲裁法》废除了仲裁程序开始之前法院审核仲裁协议相关事项的要求。这是对当事人自主权的充分肯定和尊重。不过,新《仲裁法》对仲裁协议的形式作了明确的规定,要求仲裁协议必须采用书面形式,否则无效。因此,当事人不能通过口头形式达成仲裁协议。新法对仲裁协议达成方式的限制则相对宽松。立法允许当事人通过送达仲裁协议文书的方式确认仲裁协议,包括当事人通过电子通信的方式确认仲裁协议。这样有利于当事人之间便利地达成仲裁协议。在仲裁协议效力的争议案件中,主合同中的仲裁条款可以作为证明双方当事人存在仲裁协议的初步证据。

在形式上,立法并未要求仲裁条款必须符合某一特定的范本。并且,伊斯兰法原则上尊重双方当事人自主决定相关权利义务条款。因此,涉外一方当事人与沙特一方当事人可自主协商确定仲裁协议相关条款的内容。如果当事人选择适用沙特《仲裁法》,法院就有权根据相关法律仔细审查仲裁协议的效力。法院还可能因仲裁裁决违背伊斯兰法或公共政策而裁定撤销该仲裁裁决。在沙特,上述因素可能是当事人选择仲裁程序解决纠纷时必须慎重考虑的问题。从这个角度来讲,一份具体明确、用词严谨且合理预期公共政策的仲裁协议是降低仲裁裁决被撤销风险的一个有效途径。有学者曾指出,涉外一方当事人与沙特一方当事人之间自主达成的仲裁协议存在很大的风险,标准的 ICC 仲裁协议或条款可以提高外国仲裁裁决获得当地法院承认与执行的机会。该学者甚至建议当事人可以选择合同的准据法适用沙特法(Saudi Law)、仲裁地选择海湾合作委员会其他成员国、首席仲裁员选择具有伊斯兰法及商事法律知识的穆斯林。[①]

一般而言,当事人达成仲裁协议之后,对各方即产生约束力。若一方就仲裁协议所约定的事项向法院提起诉讼,法院应当驳回起诉告知当事人依据仲裁协

---

① Jean-Benoît Zegers & Omar Elzorkany, Arbitration Guide to Kingdom of Saudi Arabia, IBA Arbitration Committee, 2014, http://www.ibanet.org, 下载日期:2015 年 12 月 16 日。

议申请仲裁。简言之，诉讼行为不能妨碍当事人启动仲裁或继续仲裁。在实践中，一方当事人无视仲裁协议条款仍然向法院提起诉讼，法院并不一定会直接依据仲裁协议裁定驳回当事人起诉。这一情况在涉外商事纠纷中体现得更为突出。相比较而言，国内仲裁协议更容易获得法院的认可。为此，新《仲裁法》对仲裁协议的法律效力进行了明确的规范。新法刚刚实施不久，法院是否会严格执行新法的这一规定还有待于进一步观察。

在沙特，仲裁协议或条款中可以附加协商、调解、中立评估等程序条款。在工程、采购和建筑仲裁案件中，上述附加程序条款比较常见，且附加程序往往具有强制性。换言之，当事人无视协议中的协商、调解等程序条款直接提起仲裁，可能面临仲裁申请被拒绝或仲裁裁决被法院撤销的风险。新《仲裁法》并未明确规定多方当事人申请仲裁。不过，它允许当事人自主地决定仲裁程序的相关内容，包括协商选择国外仲裁机构的仲裁规则进行仲裁。① 可见，新法并不排除多方当事人申请仲裁。此外，该法并未允许仲裁协议的效力可以约束第三方当事人。

（二）管辖权

就可仲裁性问题而言，新法仅规定涉及人身关系等当事人无处分权事项不得申请仲裁。除此之外，新《仲裁法》仍然禁止任何政府机构适用仲裁程序解决相关纠纷。这一规定比较严格。它甚至规定政府采购合同纠纷以及与政府采购合同有关的其他服务协议纠纷都不得适用仲裁程序。但是，经过首相同意的政府部门或机构可以与有关当事人签订仲裁协议。此外，涉及破产、重整、清算的纠纷不适用仲裁程序。

2012年新《仲裁法》规定在境内审理的仲裁案件都适用该法。与此同时，新法还允许当事人约定在境外审理的涉外仲裁案件适用该法。该法根据《示范法》的相关规定来确定涉外因素：（1）仲裁协议双方当事人在不同国家；（2）仲裁地在其他国家，或争议事项发生在其他国家，争议事实最相关地在其他国家；（3）双方当事人选择设立在境外常设仲裁机构或仲裁中心；（4）仲裁争议事项涉及多个国家。这可以促进国际商事争议中的当事人选择沙特《仲裁法》解决争议。有学者指出，这可能对仲裁裁决在沙特的执行有一定的帮助。②

为提升仲裁程序的效率，2012新《仲裁法》还赋予仲裁庭"自裁管辖权"。新

---

① 例如，ICC仲裁规则第8条即允许多方当事人申请仲裁。

② Faris Nesheiwat & Ali Al-Khasawneh, The 2012 Saudi Arbitration Law: A Comparative Examination of the Law and Its Effect on Arbitration in Saudi Arabia, *Santa Clara Journal of International Law*, 2015, Vol. 13, Issue. 2.

《仲裁法》第 20 条明确规定,当事人就争议事项是否属于仲裁协议确定的仲裁事项提出异议,仲裁庭应当作出裁定。当事人就此提出异议必须在相关程序启动之初,否则当事人可能丧失上述异议权。当然,法院认为当事人存在合理理由的仍可以允许。新法还赋予仲裁庭就仲裁协议是否存在、是否失效、是否无效等事项具有管辖权。任何一方当事人任命仲裁员或参与任命仲裁员之后就不得行使上述异议权。此外,新《仲裁法》还规定仲裁庭就上述事项作出裁定的期限,即仲裁庭应在就争议事项作出最终裁决之前就上述仲裁权管辖问题作出相应的裁定。仲裁庭也可以一并裁定上述两项内容。仲裁庭驳回当事人对仲裁权管辖异议申请,当事人不得就该异议裁定提出上诉或者申诉,而须根据新法第 54 条向法院就最终裁决提起撤销之诉。但是,新法并未就当事人向仲裁庭提交证据的可采性、相关性、证明力及证明能力予以明确的规范。这可能会影响该条款的具体适用。

二、仲裁员的资格与选任

2012 年新《仲裁法》对仲裁庭的组成及仲裁员的资格进行了明确的规范。仲裁庭必须由 1 名或多名仲裁员组成,多名仲裁员组成仲裁庭时仲裁员人数必须为奇数(多数情况下为 3 名仲裁员),否则仲裁程序无效。

(一)仲裁员的资格

新《仲裁法》仅要求仲裁员具有完全民事行为能力以及良好的品行,对仲裁员的性别与国籍未作限制。该法已经删除仲裁员必须是男性穆斯林的限制性条件。但是,女性是否具有仲裁员资格仍有待进一步观察。不过,新法对独任仲裁员与首席仲裁员的专业背景提出了相关要求,上述仲裁员须获得伊斯兰法或其他相关法律的学位。与此同时,新《仲裁法》仍然授权法院审查当事人指定仲裁员的资格是否符合法律规定。其中,审查的内容就包括仲裁员的专业与学历是否符合立法规定。换言之,法院可能会因为当事人指定的仲裁员不符合法律规定而撤销相关仲裁协议。

除此之外,新《仲裁法》对当事人的中立性提出了新的要求。其中,仲裁员必须与其裁决的争议没有任何利益冲突,且新法还对仲裁员课以相应的告知义务。自仲裁员接受任命之日起,仲裁员在整个仲裁过程中都有义务书面告知当事人其可能影响自身中立性的任何事项,除非该仲裁员事先已经将相关事项告知当事人。如果仲裁员有违上述告知义务,那么他/她将被撤销仲裁员资格。这一规定就是直接借鉴于《示范法》的相关规定。

(二)仲裁员的选任

一般而言,双方当事人协商确定仲裁员。新《仲裁法》就当事人无法就指定仲裁员事项达成一致意见时如何选任仲裁员进行了详细的规范。其一,仲裁庭由 1 名仲裁员组成,法院则应当指定该独任仲裁员。其二,仲裁庭由 3 名仲裁员组成,双方当事人各指定 1 名仲裁员,被指定的两名仲裁员应当协商指定首席仲裁员。如果一方当事人在对方当事人提议之日起 15 日内未指定仲裁员,或者双方当事人指定的仲裁员未能在 15 日内就首席仲裁员人选达成一致意见,法院可以根据当事人申请在 15 日内指定首席仲裁员。法院依法作出指定首席仲裁员决定之后,当事人不得就此提起上诉声明不服。不过,当事人可以根据《仲裁法》第 49 条、第 50 条的规定申请撤销仲裁裁决。此外,新《仲裁法》还规定当事人须就仲裁员选任另外设立一份独立的合同,该合同应载明仲裁员的费用。与此同时,当事人还须向官方指定的政府机构提交该合同的副本。

(三)仲裁员的撤销

2012 年新《仲裁法》规定仲裁员仅在其中立性、独立性以及其他任职资格出现问题时才会被撤销仲裁员资格。另外,新《仲裁法》还规定当事人只有在指定仲裁员之后获知上述信息才可据此申请撤销仲裁员资格。换言之,当事人在指定仲裁员之前已获知该仲裁员在中立性、独立性或其他任职资格存在问题时,他们事后不能据此申请撤销仲裁员资格。

当事人向仲裁庭书面申请撤销仲裁员之后,仲裁庭应当中止相关仲裁程序并审查撤销仲裁员的申请。不过,新法规定当事人就仲裁庭所作出的决定向相关法院提起上诉,仲裁庭则无须中止相关仲裁程序而是继续审理。新法还对当事人申请撤销仲裁员的时间进行严格的限制。该规定则比《仲裁示范法》中的限制更为严格。与此同时,新法还规定更为严格的法律责任,即当事人申请撤销仲裁员成立,此前进行的所有仲裁程序及作出的仲裁裁决均为无效。此外,仲裁员怠于行使自己的职责或者导致仲裁程序产生不合理的延迟,当事人都可以向相关法院申请撤销该仲裁员。对法院就此问题作出的决定,当事人不得上诉。

三、仲 裁 程 序

一般而言,当事人可以通过仲裁协议确定其选择适用的仲裁程序。2012 年新《仲裁法》已经赋予当事人较大的自主权,其可以选择适用沙特境内或国外任何仲裁机构或中心的仲裁程序。但是,当事人选择的仲裁程序不得与伊斯兰法相冲突。如果当事人在仲裁协议中未选定所适用的仲裁程序,仲裁庭则根据伊斯兰法及仲裁法确定争议事项所适用的仲裁程序。在仲裁过程中,双方当事人须得到平等的对待,任何一方当事人都应得到充分且平等的机会陈述案情及辩论。

(一)书面审理与听证程序

仲裁庭应当举行听证程序,以便双方当事人可以陈述案件事实以及提交相关证据。如果根据当事人提交的书面概要及其他材料足以裁决争议纷争,仲裁庭则无须举行听证程序,当事人另有约定的除外。另外,仲裁庭还应当就仲裁过程中听证程序、仲裁裁决宣判日期、任何与争议事项相关的会议等事项事先告知双方当事人。与此同时,仲裁庭还须对任何一个听证进行必要的记录,听证笔录须记录参与该程序的证人、专家证人、当事人及其代理人和仲裁庭成员。并且,上述听证笔录还须送达双方当事人,当事人另有约定的除外。

(二)证据规则

2012年《仲裁法》对仲裁程序的相关规则进行了细化。其中,新法更倾向于通过规则的修改提升仲裁程序的效率。如仲裁案件需要举行听证程序,仲裁庭则可能会对当事人交换书面文书及相关证据材料的程序进行限制,除非当事人双方同意。不过,新《仲裁法》并没有就证人证言的采纳和提交形式进行具体的规范。因此,证人证言的采纳及听证程序依旧根据伊斯兰法规则进行。当事人可以依据伊斯兰法相关规则反驳对方当事人提交的证人证言。在伊斯兰法中,做假证或伪证则是一件非常严重的罪行。

实践中,仲裁庭的首席仲裁员负责控制并推进整个仲裁程序。首席仲裁员还负责向当事人或证人提问以及制止在仲裁程序中任何有不当言行的程序参与人。仲裁庭的其他仲裁员则可以通过首席仲裁员向当事人或证人提问和质询。同样,仲裁庭还可以根据一方当事人申请对上述当事人或证人进行交叉询问,也可以自主决定是否进行交叉询问。新法甚至赋予仲裁庭强制证人出庭作证的权力。该法第22条明确规定,仲裁庭在不影响其独立性的情况下可以申请法院在特定程序事项上予以协助。这包括传唤证人、专家证人、发布提交相关证据或文书的指令、审查上述相关文书及其他程序性事项。但是,法院协助处理上述程序性事项时,不得妨碍仲裁庭独立行使仲裁权。

就专家证人而言,新《仲裁法》明确指出仲裁庭可以就特定的争议事项任命一名或多名专家提交书面或口头报告协助其判断。仲裁庭须向当事人提供上述专家证人报告,当事人另有约定的除外。专家证人提交专家报告之后,仲裁庭可以根据当事人的申请或自主决定就专家报告内容是否举行听证程序。听证程序既有助于当事人听取专家证人就相关事项的陈述及说明,也有助于当事人就专家报告陈述自己的意见以及询问专家证人的相关问题。新法并未对专家证人的独立性及中立性进行正式的规范。但是,专家证人的采纳及其意见证据的听证同样须遵循伊斯兰法的相关规定。

(三)临时措施

2012年新《仲裁法》首次引入临时措施的相关规定。该法既规定当事人可以向法院申请临时措施,也可以向仲裁庭申请临时措施。不过,两者之间还是存在细微差别的。当事人在启动仲裁程序之前就可以向法院申请发布临时措施令保护相关利益。在仲裁过程中,仲裁庭同样可以向法院申请发布上述临时措施。当然,当事人也可以申请法院撤销上述临时措施令,其前提是双方当事人协议一致同意。仲裁庭甚至还可以向法院申请发布司法代表令(an order of judicial delegation)。

当事人还可以事先协商确定赋予仲裁庭根据情况发布临时措施指令的权力。换言之,当事人向仲裁庭申请临时措施须事先就此项内容达成协议。具体而言,仲裁庭可以依当事人申请根据案件的性质等其他情形确定是否向其中任何一方当事人发布临时措施指令。仲裁庭发布上述临时措施指令之前可要求申请人提供相应的财产担保。如果一方当事人违反仲裁庭发布的临时措施指令,仲裁庭可以依对方当事人申请允许其采取必要的措施。但是,该措施不得影响仲裁庭或其他机构执行上述指令。

但是,新《仲裁法》规定的临时措施在司法实践中仍然面临一些问题。首先,新法并未就上述临时措施指令的形式作出明确的规定。学者指出,上述指令的形式可能需要遵循约束仲裁裁决形式的相关规范。[1] 同样,该法并没有明确规定法院和仲裁庭可以针对当事人申请发布哪些具体的临时措施。一般而言,法院和仲裁庭可能会冻结被申请人财产或银行账户、限制被申请人出境、要求被申请人提供相应的担保等。[2] 另外,该法未明确规定仲裁庭及法院发布临时措施的标准。这对法院及仲裁庭具体适用该程序造成了一定的困难。

---

[1] Jean-Benoît Zegers & Omar Elzorkany, Arbitration Guide to Kingdom of Saudi Arabia, IBA Arbitration Committee, 2014, http://www.ibanet.org,下载日期:2015年12月16日。

[2] Mohamed Fahmi Ghazwi, Issuing Interim Measures in Arbitration in the Kingdom of Saudi Arabia, *International Journal of Accounting and Financial Reporting*, 2014, Vol. 4, No. 2.

(四)其他事项

2012 年新《仲裁法》删除仲裁程序必须使用阿拉伯语的强制性规定。一般而言,仲裁程序应当使用阿拉伯语。这些事项包括:书面陈述、笔录、口头辩论、决定、通知或仲裁裁决。当然,仲裁庭可以决定使用其他语言,并且双方当事人也可以协商使用其他语言。此外,新《仲裁法》赋予仲裁庭要求当事人就相关文书提交符合条件的译本。仲裁程序中使用多种语言时,仲裁庭还可以要求当事人就相关文书提交的特定译本。

新《仲裁法》并未对仲裁程序中当事人、仲裁员及其他工作人员的保密义务予以规范。如果当事人要求仲裁程序及仲裁裁决保密,他们需要事先就此内容达成相关协议。实践中,仲裁程序通常都是不公开进行的,并且仲裁裁决也不得公开发表。与此同时,在仲裁裁决承认与执行程序中提交的文书也不得对外公开。任何未经法院允许的个人都不得参与仲裁裁决承认与执行的听证程序。因此,上述涉及保密性问题一般很少出现。

四、仲裁裁决的救济与执行

(一)仲裁裁决的救济

仲裁庭作出的仲裁裁决不得上诉,法律规定依法撤销仲裁裁决的情形除外。根据新《仲裁法》第 50 条的规定,仲裁裁决被撤销的情况主要有以下几种:(1)无仲裁协议、仲裁协议无效或仲裁协议失效;(2)一方当事人在签订仲裁协议时暂不具备完全行为能力;(3)缺少正当程序;(4)仲裁庭未采用双方当事人确定的仲裁程序裁决争议事项;(5)仲裁庭的组成不符合有关规定;(6)仲裁庭超出仲裁协议赋予的权限;(7)仲裁庭未能按照相关规定作出仲裁裁决。

实践中,违反公共政策是撤销仲裁裁决的一个常见理由。但是,新《仲裁法》并没有明确设定哪些内容属于撤销仲裁裁决的公共政策,以及如何确定仲裁裁决或内容在什么情况下构成违反相关公共政策。① 其中,支付利息或与利息相关的损失赔偿都是伊斯兰法所禁止的。仲裁裁决涉及上述内容则会被法院撤销。另外,双方当事人指定的仲裁员缺乏相应的资格,例如:不具有完全行为能

---

① Abdulaziz Mohammed A Bin Zaid, The Recognition and Enforcement of Foreign Commercial Arbitral Awards in Saudi Arabia: a Comparative Study with Australia, University of Wollongong PHD THESIS, 2014, http://www.ro.uow.edu,下载日期:2015 年 12 月 16 日。

力、伊斯兰法或相关法律知识；仲裁协议争议事项涉及违禁商品或服务；仲裁协议涉及以色列政府等都属于仲裁裁决可能被撤销的理由。由于该法规定的公共政策内涵范围非常广泛，司法实践中法院在判断仲裁裁决是否违反公共政策过程中也没有一个清晰的标准。

当事人申请撤销仲裁并不影响仲裁裁决的执行效力。当事人提出的撤销仲裁裁决申请中包含中止执行仲裁裁决，或者上述申请的依据是仲裁协议无效，法院可能会发布中止执行仲裁裁决指令。具体而言，法院须在当事人提出上述申请之日起 15 日内就是否执行该仲裁裁决作出决定。法院在作出中止执行仲裁裁决决定之前还可以要求申请一方当事人提供相应的财产保险。上述指令生效之后，法院必须在 180 日内就是否撤销该仲裁裁决作出裁定。

(二)仲裁裁决的执行

1.执行机构

2012 年沙特颁布了新《执行法》，该法首次在司法体系中引入执行法官(qadi al tanfiz,enforcement judge)。[①] 2012 年《执行法》第 9 条第 2 款明确规定仲裁裁决的执行适用该法。新法赋予执行法官在执行过程中拥有广泛的权力。该法第 2 条明确规定执行法官负责执行裁决事项，并负责监督执行程序的整个过程。与此同时，执行法官有权要求相关执行机关协助执行，包括可以要求警察机关或其他执法机关协助，还可以向当事人发布旅行禁令、拘留令、强制公开财产令等其他强制措施指令，甚至有权冻结、扣押被申请人的财产。

2.国内仲裁裁决的执行

新《仲裁法》对国内仲裁裁决执行的期限及程序作了比较详细的规范。其中，新《仲裁法》第 55 条第 1 款明确规定在仲裁裁决的异议期届满之前当事人不得申请法院强制执行该仲裁裁决。第 51 条赋予当事人在 60 日内向法院提起撤销仲裁裁决之诉的权利。该法第 55 条第 2 款还对发布仲裁裁决执行令的限制条件作了明确的规范。换言之，当事人申请执行仲裁裁决时，如有下列情形之一者，即无法获得仲裁裁决执行令：(1)仲裁裁决与法院的任何判决或其他决定相冲突；(2)仲裁裁决的内容违反伊斯兰法规则；(3)申请人未与被申请人就仲裁裁决执行事项进行有效沟通。

此外，执行法院一旦发布仲裁裁决执行令，当事人不得对该执行令提起上诉。如果执行法院裁定拒绝执行当事人申请的仲裁裁决，当事人可以在该裁定送达之日起 30 日内向申诉委员会的行政法庭（Administrative Courts of the

---

① 在此之前,沙特负责执行仲裁裁决的机构是沙特申诉委员会。

Board of Grievances)提起上诉。

3.国外仲裁裁决的执行

新《执行法》实施后,国外仲裁裁决的执行程序与国内仲裁裁决的执行程序并无差异。首先,申请人须向执行法院提交申请。其次,当事人申请执行国外仲裁裁决时须提交相关证据证明该裁决具有终局性。在确认国外仲裁裁决不存在违反伊斯兰法基本教义的情形下,执行法院可要求当事人就相关内容进行口头陈述。最后,执行法院裁定承认该国外仲裁裁决即可发布执行令。此外,向法院申请国外仲裁裁决的执行令时,当事人还须提交相关证据。他们须证明该仲裁裁决在仲裁地已经获得终局性的司法效力。

2012年《仲裁法》最重要的变化之一,在于通过一系列措施削弱了法院审查仲裁裁决的权力。新《仲裁法》首次承认当事人可以自主地决定相关仲裁程序的内容。其中,该法承认当事人可以自主地选择仲裁机构的仲裁规则,并删除了法院审核仲裁协议效力的要求。新《仲裁法》还提升了仲裁程序的效率。该法对法院有效审理仲裁裁决异议案件作了相应的规定。2012新《仲裁法》赋予仲裁庭享有自裁管辖权。这意味着今后法院将较少介入仲裁协议效力审查或对仲裁协议内容进行解释,由此可避免一方当事人利用不当上诉程序拖延仲裁程序的进行。新《仲裁法》还授权法院根据情况发布临时措施。当事人和仲裁庭均可向法院申请临时措施。

新《仲裁法》最大的挑战来自它与伊斯兰法的冲突与协调问题。法官对裁决的事项具有广泛的自由裁量权,并且他们可以依据自己对伊斯兰法的解释裁量相关事项。这可能对仲裁裁决的终局性和执行效力产生不利影响。其中,上述挑战或局限则集中体现在当事人申请执行外国仲裁裁决的过程中。虽然新法确认了法院需要根据本国签署的国际条约义务裁决相关事项,但是新法并未明确规定执行外国仲裁裁决。2012年新《执行法》就此内容作了进一步的补充,新法是否能够解决当事人申请执行外国仲裁裁决的问题,还有待今后进一步观察。

五、沙特仲裁制度发展的借鉴意义

尽管沙特新《仲裁法》颁行不久,诸多新规定的实际效果还有待进一步的观察,不可否认,沙特及中东地区国家仲裁制度不断完善的过程,对我国仲裁制度的发展具有一定的参考价值。

第一,扩大可裁事项与管辖权的范围。为进一步发挥仲裁程序解决纠纷的优势,中东地区国家最新的立法有扩大可仲裁事项的趋势。例如,各国立法明确规定仲裁程序可适用于非财产性争议事项。大多数国家在可仲裁事项范围的立法问题上采取了否定性排除形式的立法模式,法律仅规定不可仲裁事项的范围。相比较而言,我国立法则采取肯定式列举(财产及合同纠纷)与否定性排除(非处分事项)两种形式并存的立法模式。在司法实际中,这两种形式的内容往往会出现冲突。例如,知识产权纠纷、不正当竞争纠纷等事项是否具有可仲裁性,目前存在较大的争议。它们并不属于立法明确授权可仲裁的事项,也不属于立法明确禁止的可仲裁事项。最终,法院及仲裁庭往往会选择限制性列举的形式,判断争议事项是否具有可仲裁性。因此,我国有必要删除对仲裁事项范围肯定性列举的限制,采取更加包容的否定性排除形式,进一步扩大可仲裁事项的范围。此外,2012 年沙特《新仲裁》法采纳了《示范法》的规定赋予仲裁庭自裁管辖权,从而有利于提高仲裁程序的效率。

第二,强化仲裁员的中立性与独立性。为进一步提高仲裁程序的质量,中东各国最新的立法趋势是加强对仲裁员中立性和独立性的规范。其中,沙特新《仲裁法》对仲裁员保持中立性和独立性作了明确的规定,要求仲裁员须就可能影响自身中立性及独立性的事项履行相应的告知义务。换言之,当事人有义务就上述事项通知双方当事人。仲裁员有违上述告知义务者,可能被当事人申请撤销仲裁员资格。我国《仲裁法》及其司法解释并未要求仲裁员就涉及中立性与独立性事项履行相应的告知义务。在信息不对称的情况下,履行告知义务的事前规范有利于保障当事人的权益。

第三,赋予仲裁庭临时措施裁决权。为切实保障当事人的实体利益,中东各国的立法趋势是赋予仲裁庭临时措施裁决权。其中,沙特 2012 年《仲裁法》明确规定仲裁庭享有临时措施裁决权。仲裁庭可以根据不同情况决定是否采取必要的临时措施,保障当事人的实体利益。我国现行的法律并未确立仲裁庭临时措施的裁决权,仅规定当事人可以向法院申请临时措施保护相关实体利益。相比较而言,仲裁程序中临时措施的双轨制模式更有利于保障当事人的权益。

第四,细化仲裁庭证据调查权。为促进仲裁程序的顺利进行,各国有进一步细化仲裁庭证据调查权的趋势。沙特新《仲裁法》不仅规定仲裁的证据调查权,而且具体规定了仲裁庭如何行使证据调查权。该法明确规定,仲裁庭必要时可以申请法院协助证据调查。相比较而言,我国《仲裁法》第 43 条规定了仲裁庭证据调查权,但是并未规定仲裁庭如何行使该权力。由于仲裁庭并无强制当事人、证人或其他第三方提交证据的权力,《仲裁法》第 43 条赋予仲裁庭的证据调查权在实践中往往难以操作。沙特有关仲裁庭可以申请法院协助证据调查的规定值得参考借鉴。

结 语

沙特及其他中东国家近来都在大力推进友好型纠纷解决方式的发展,鼓励当事人采用仲裁与调解等方式解决纠纷。研究沙特及其他中东国家仲裁制度的发展不仅可以为完善我国仲裁制度提供有益的借鉴，还可以为我国"一带一路"战略的实施提供政策参考。

保加利亚调解制度新发展述评

■朱昕昱*

摘要：在欧盟《调解指令》的影响下，保加利亚初步建立了调解制度体系，为调解制度的发展提供法律保障。与此同时，保加利亚还特别重视调解制度的探索，各级地方法院纷纷开展适合本地区的法院附设调解项目。考察保加利亚的调解制度，可为我国多元化纠纷解决机制的发展提供有益的域外经验。

关键词：保加利亚；调解制度；调解员；调解的效力

保加利亚共和国(The Republic of Bulgaria)位于欧洲巴尔干半岛东南部，其国土面积约为 11 万平方公里，人口 724.6 万(2013)。① 2007 年 1 月 1 日，保加利亚正式成为欧盟第 27 个成员国。在第三次司法改革浪潮的推动下，接近正义(access to justice)成为各国民事诉讼改革的目标。基于此，诉讼外纠纷解决机制也成为降低法院负担、促进纠纷解决的重要手段。各国纷纷建立具有本国特色的多元化纠纷解决机制。为了促进多元化纠纷解决机制的发展，同时也为了使本国法律与欧洲议会及欧盟理事会《关于民商事调解若干问题的 2008/52/EC 指令》②（以下简称《调解指令》）相协调，保加利亚制定和修改了与调解相关的法律法规。目前，保加利亚与调解相关的法律规范主要有《调解法》《民事诉讼法》《2007 年司法部第二号令》《调解员道德准则》等。

---

* 作者系厦门大学法学院诉讼法学专业硕士研究生。

① 中华人民共和国外交部：《保加利亚国家概况》，http://www.fmprc.gov.cn，下载日期：2016 年 4 月 20 日。

② 该指令全文参见《欧洲议会及欧盟理事会关于民商事调解若干问题的 2008/52/EC 指令》，陈洪杰译，齐树洁校，载张卫平、齐树洁主编：《司法改革评论》（第 8 辑），厦门大学出版社 2008 年版。

一、调解立法的历史发展

2004 年颁布的《调解法》是保加利亚第一部调解方面的立法。此后，《调解法》于 2006 年进行了一次重大修改。由于保加利亚调解立法的不完善，导致调解制度在实际运行中出现了许多问题，例如调解程序不规范、调解员素质良莠不齐等。为了规范调解程序、提高调解员的整体水平，2007 年 3 月，《调解员道德准则》正式实施。2008 年，欧盟颁布了《调解指令》，要求各国应在 2011 年 5 月 21 日前遵照指令施行必要的法律、规章。作为欧盟成员国，保加利亚按照《调解指令》的要求修改了《调解法》《消费者保护法》《专利法》等法律法规，增加了调解员拒证权、调解协议执行、跨国纠纷调解等内容。

二、调解制度的主要类型

根据保加利亚的调解实践，该国调解制度的主要类型包括民间调解、法院附设调解以及特殊领域的调解。

（一）民间调解

民间调解是指在非司法性和非行政性的民间组织、团体和个人主持下进行的调解。[①] 2006 年 3 月 1 日至 2012 年 1 月 10 日，保加利亚共有 958 名调解员取得了资格证书。这些调解员在调解中心或者民间调解员办公室主持调解活动。保加利亚政府目前尚未掌握民间调解机构受理的案件数量与调解成功率的统计数据。与此同时，民间调解机构也不主动向有关政府部门报告它们受理的调解案件数量和调解成功率。一些学者估计保加利亚民间调解机构每年受理案件约 300 件，调解成功率约为 60%。[②] 由于统计数据的缺乏，我们无法对民间调解机构在保加利亚调解制度中发挥的作用予以准确的评价。

（二）法院附设调解

法院附设调解，即由法院附设或委托独立的调解机构进行调解。[③] 在支持

[①] 齐树洁主编：《纠纷解决与和谐社会》，厦门大学出版社 2010 年版，第 98 页。

[②] Ekaterina Dimcheva, Mediation Country Report Bulgaria, http://www.adrcenter.com，下载日期：2016 年 4 月 20 日。

[③] 范愉主编：《非诉讼程序（ADR）教程》，中国人民大学出版社 2012 年第 2 版，第 109 页。

法院附设调解人士的帮助下,保加利亚法院附设调解项目(court-annexed mediation programme)得以实施。而在诸多法院附设调解项目中,比较著名的有普罗夫迪夫(Plovdiv)地区法院附设调解项目和索菲亚(Sofia)地区法院附设调解项目。

1. 普罗夫迪夫地区法院附设调解项目

2004 年 7 月,普罗夫迪夫地区法院与保加利亚替代性纠纷解决协会合作开展了一项法院附设调解试点,由该非营利组织提供中立的第三方调解员并管理该项目。参与项目的调解员能够从美国律师协会中欧与欧亚法律计划和美国国际开发署获得一定数额的补贴。该项目实施期限为 2004 年 9 月 1 日至 2006 年 7 月 30 日。在该项目实施的第二年,阿塞诺夫格勒(Asenovgrad)、旧扎戈拉(Stara Zagora)、布尔加斯(Burgas)、弗拉察(Vratsa)、梅兹德拉(Mezdra)、斯拉蒂纳拉登齐(Biala Slatina)地区法院吸收了普罗夫迪夫地区法院的实践经验并启动它们自己的法院附设调解项目。[①]

2. 索菲亚地区法院附设调解项目

2009 年,索菲亚地区法院也开始建立自己的法院附设调解项目。为了使调解员能够胜任调解工作,2009 年 3 月,索菲亚地区法院的 12 名法官接受了美国专家 32 小时的调解培训。[②] 2009 年夏,索菲亚地区的法官和调解员起草制定了法院附设调解制度的相关规则,以便统一调解员行为、规范调解程序。同年 10 月,索菲亚地区法院首席法官任命了一批志愿协助者。这些协助者负责索菲亚地区法院设立的和解与调解中心(Settlement and Mediation Center)的日常活动。2010 年 3 月 1 日,和解与调解中心正式运营。中心成员包括 46 名志愿调解员和 11 名志愿法官。表 1 反映了项目运行期间,和解与调解中心受理案件的基本情况。

表 1　2010 年 3 月 1 日—2010 年 12 月 31 日和解与调解中心受理案件的统计

	受理的案件数（件）	使用调解程序的案件数（件）	调解成功的案件数（件）	调解成功率
法官	68	49	10	20%
调解员	18	7	1	14%

① Wietzorek & Michael, Mediation in Bulgarien, Zeitschrifl für Konfliktnagement, 2007, Vol. 2, No. 43.

② 欧盟司法委员会和保加利亚富布赖特委员会共同对该项目予以支持。

通过表 1 不难发现,在和解与调解中心受理的案件中,使用调解程序的案件数量较少,成功率较低。此外,在项目运行中还暴露出案件移送程序不规范、项目管理混乱和调解活动缺乏质量控制等缺陷。

鉴于索菲亚地区法院附设调解项目存在的不足,2012 年,索菲亚地区法院决定启动二期项目,旨在提高索菲亚地区法官的调解意识、推动中心的高效运转以及提高中心的管理水平和质量控制能力。为实现第一个目标,中心多次组织法官参加的调解培训。截至 2011 年 12 月,共有 46 名来自索菲亚地区的法官接受了调解培训。法官调解意识的提高直接增加了法官向中心移送案件的数量。[①] 为了实现第二个目标,中心咨询了美国的调解专家,安排志愿协助者接受美国旧金山黑斯廷斯法学院有关法院附设调解项目管理的培训。在世界银行的赞助下,中心建立起现代化的互联网案件管理系统,工作效率明显提高。2010年 6 月,Smolian 地区法院效仿索菲亚地区法院的做法,启动了法院附设调解项目。

(三)特殊领域的调解

为适应新型纠纷解决的需要,保加利亚对特殊领域的纠纷调解作了相应的规定。

1. 消费纠纷

经济的发展和消费理念的转变使得消费者与经营者之间的联系愈加频繁,与交易的持续性增长相伴相生的是纠纷数量的增加。消费纠纷主要呈现出争议金额与司法解决成本严重倒挂的现象。国际社会普遍认为,现有法律体系中仍然缺乏有效的适合消费者维权的机制,唯一的出路就是通过完善诉讼外机制,解决消费者纠纷。[②] 早在 2005 年,保加利亚国会就通过了《消费者保护法》,并在消费者保护委员会内设调解委员会。该机构的主要职能在于帮助消费者和经营者解决因消费合同违约或买卖合同不公引起的纠纷。关于调解委员会所适用程序的性质,学者们很难进行界定。一方面,该委员会的功能仅在于提供场所给当事人自行解决纠纷。这种情形下当事人解决纠纷的程序类似于和解。另一方面,调解委员会有权自行召开公共会议,收集当事人提交的证据,提出纠纷解决建议。如果当事人未能出示与纠纷有关的证据,委员会还会向当事人提示。从这个角度来看,委员会适用的程序又似乎与调解类似。

[①] 2011 年 1 月至 2011 年 7 月,共有三十多位法官向和解与调解中心移送案件。

[②] 于颖:《欧洲消费者纠纷的非诉解决机制》,载《人民法院报》2015 年 8 月 21 日第8 版。

2.家事纠纷

家事纠纷是指发生于家庭成员间的纠纷与冲突。一般而言,家事纠纷具有如下特征:(1)身份性;(2)非理性;(3)个别性;(4)私益为主,兼具公益性。[1] 当事人如果采用诉讼这种对抗式较强的纠纷解决方式,即便赢了官司,也会丢了亲情。而如果选择调解这种非对抗式纠纷解决机制,当事人则可以友好地协商解决纠纷,维系宝贵的亲情关系。《家事法》规定,法庭可以指导当事人通过调解或者其他多元化纠纷解决方式解决纠纷。为了扩大家事纠纷调解的适用范围,保加利亚在家事纠纷领域进行了调解项目的试点。2011 年春,和解与调解中心选择了 12 名有经验的调解员负责为当事人提供家事纠纷咨询服务并处理法官移送的家事案件。

3.劳动纠纷

保加利亚《劳动法》未规定在一般劳动纠纷中适用调解。对于集体劳动纠纷,《集体劳动纠纷解决法》规定,集体劳动纠纷可以通过协商解决。如果协商不成,当事人可以请求工会或劳动者协会或全国调解与仲裁机构（National Institute of Conciliation and Arbitration)进行调解或仲裁。全国调解与仲裁机构于 2001 年设立,隶属于政府执行机构。2003 年,全国调解与仲裁机构制定了《集体劳动纠纷调解仲裁规则》。该规则的内容主要涵盖调解程序、调解原则、调解员道德行为准则。《全国调解与仲裁机构组织与职责规定》阐明了如何从该机构的调解员名册中选出调解员。[2]

4.专利和商标纠纷

《专利法》修改前,原《专利法》未明确在专利和商标纠纷中适用调解。2011年,修改后的《专利法》第 40 条第 1 款规定,对于专利人、专利集体管理组织或专利权使用者组织间的合同,合同的任意一方当事人可以要求通过调解的方式解决纠纷。除此之外,《专利法》第 40 条还授权文化部长任命从事调解专利和商标纠纷的调解员。

三、调 解 的 基 本 原 则

保加利亚调解制度的基本原则规定在《调解法》第 5 条至第 7 条,主要包括自愿性原则、调解员中立公正原则、保密性原则。《2007 年司法部第二号令》和《调解员道德准则》细化了这些原则的具体内容。

---

[1] 来文彬:《家事调解制度研究》,群众出版社 2014 年版,第 5 页。
[2] NICA:《NICA2010 年度报告》,http://www.mpa.bg,下载日期:2016 年 4 月 20 日。

(一)自愿性原则

调解作为一种非诉讼纠纷解决方式,它要求当事人在第三方的协助下,达成协议、解决争议。[①] 当事人是否采用调解取决于当事人双方的意思自治,公权力机关无权强迫当事人选择调解。保加利亚的调解制度也遵循自愿性原则,不存在前置强制调解。法院在案件审理前只能建议当事人选择适用调解,而无权强制当事人适用调解。

(二)调解员中立公正原则

调解员在调解过程中发挥了非常重要的作用。调解程序能否顺利进行很大程度上取决于调解员。只有调解员中立公正,不偏袒任何一方当事人,当事人才能对调解员给予充分的信任,才能向调解员吐露自己的真实想法,促进纠纷的解决。《调解法》要求调解员必须确保独立、公正与中立。根据《调解员道德准则》的规定,调解员必须向当事人披露所有与案件存在利害关系的事实。《调解员道德准则》也将利害关系界定为私人或商业关系、金融或者其他与调解结果相关的利益关系。新的《调解法》明晰了潜在利害关系的披露范围。据此,调解员有义务披露如下信息:(1)调解员是一方当事人或一方当事人代理人的配偶或近亲属;(2)与纠纷的一方当事人存在准婚姻关系;(3)曾担任一方当事人的代理人;(4)其他可能对调解员公正性产生合理怀疑的事由。为了保证调解员的中立与公正,《调解法》要求在调解程序的每一个阶段,调解员都要签署声明证明其已向当事人披露所有上述规定的信息。该项声明随后会向当事人送达。

(三)保密性原则

保密性是基于当事人自治的要求,对调解的促进具有重要作用,应当成为调解的基本准则之一。[②] 在调解活动中,双方当事人在调解员的协助下解决纠纷的过程以及与调解有关的信息是不对外公布的。这有利于消除双方当事人的顾虑,使双方当事人能够真实地表达自己的诉求,在协商沟通的情形下达成双方都可以接受的纠纷解决方案,确保调解协议能够得到自觉的履行。然而,保加利亚最初关于调解保密性原则的规定非常模糊,仅笼统地规定"所有与纠纷相关的信息都应保密","调解程序的参与者对任何从调解程序中获取的案件信息和证据材料都负有保密义务"。

---

① 齐树洁主编:《纠纷解决与和谐社会》,厦门大学出版社 2010 年版,第 21 页。

② 李祖军主编:《民事调解规范化研究》,厦门大学出版社 2015 年版,第 23 页。

2007 年修订的《民事诉讼法》赋予调解员拒绝作证的权利,调解保密性的内容得以进一步充实。2011 年,为了与欧盟《调解指令》保持一致,保加利亚对《调解法》第 7 条进行了修改。根据新的《调解法》第 7 条第 2 款的规定,除非得到当事人的明确同意,否则调解员在法庭上不得被询问有关当事人向调解员透露的信息以及与调解结果相关的信息。然而,与其他原则一样,调解保密性也存在例外。《调解法》规定了三种调解保密的例外情形:(1)保密信息可能被用于实施犯罪等不法行为;(2)为了保护儿童的特殊利益和人身利益;(3)披露将会有利于调解协议的执行。

四、调解制度的主要内容

(一)调解员制度

1.调解员的基本要求

调解活动是在调解员的引导下进行的,因而保加利亚规定调解员必须是自然人。此外,对于调解员的学历,《调解法》并没有强制性的要求,但大多数调解员都具有法律专业文凭。在保加利亚,成为一名符合法律规定的调解员通常需具备以下四个条件:(1)没有刑事犯罪记录;(2)未被禁止从事调解活动;(3)成功完成调解员培训;(4)被列入调解员统一登记名册。对于外籍调解员,《调解法》要求其必须是欧盟成员国的公民或欧洲经济区国家的公民或瑞士公民。

2.调解员的选任

调解员由当事人从调解员统一登记名册中选择。如果当事人没有选择调解员,当事人选择的调解机构将会为当事人推荐调解员。调解活动可由一名或多名调解员主持,但对于各个调解员在调解程序中的角色,法律没有进行规制。在共同调解中,调解员之间的角色和专业应尽可能地形成互补。例如,在家事调解中,如果采用共同调解的方式,那么调解员最好分别来自法律和心理专业。

3.调解员的培训与认证

随着协商调解等非诉讼纠纷解决方式日益受到重视,相关教育培训逐步成为重点。[1] 调解员应具备特定的准入条件,达到相当的业务要求。[2] 因此,在保加利亚若想成为一名调解员,必须首先完成调解员培训项目。调解员培训项目通常需要 60 个小时,包括理论学习和实践模拟两个部分。通过调解员培训后,

---

① 范愉主编:《纠纷解决:理论、制度与技能》,清华大学出版社 2010 年版,第 9 页。
② 张泽涛、肖振国:《德国〈调解法〉评述及其启示》,载《法学评论》2013 年第 1 期。

调解员候选人必须申请进入调解员统一登记名册,申请费用为 20 列弗(1 列弗约合人民币 3.73 元)。司法部将会向符合条件的调解员候选人发放调解资格证书。只有进入调解员统一登记名册的调解员才能使用"调解员"这一称谓。如果未通过审核,调解员候选人可以向保加利亚最高行政法院起诉。

调解员统一登记名册记载了调解员姓名、身份证号码、学历、职业、外语技能、联系方式等信息。如果调解员的个人信息发生变化,调解员应当自记载事项变更之日起 14 日内通知登记机关。调解员统一登记名册对外公开,以方便民众进行查询和监督。如果调解员不再具备调解员应当具备的四个条件,那么司法部会将该调解员从调解员统一登记名册中剔除。如果调解员不服司法部的决定,他也可以向保加利亚最高行政法院提起诉讼。

4. 调解员培训组织

调解员培训组织的质量高低直接影响到调解员的素质,因而保加利亚特别重视对调解员培训组织的审查。在保加利亚设立调解员培训组织需要经过司法部长的特别批准。《2007 年司法部第二号令》规定了调解员培训组织的批准条件和调解员培训要求。如果调解员培训组织的设立申请被驳回,该组织可以向保加利亚最高行政法院起诉。

(二)调解的法律效力

1. 调解对诉讼时效的影响

2011 年之前,诉讼时效的中止仅发生在诉讼程序中。2011 年,新的《调解法》规定"在调解程序进行期间诉讼时效中止"。如果当事人在诉讼程序尚未终结时决定使用调解,当事人可以要求法庭中止诉讼程序,法庭会应当事人的要求中止诉讼程序 6 个月。如果 6 个月的中止期限届满后,当事人没有要求法庭继续进行诉讼程序,法庭将会撤销案件。但是,如果当事人没有要求法庭中止案件审理,法庭将会按原计划继续审理案件。

2. 调解协议的执行

在保加利亚,调解协议不具有直接执行力。然而,这并不意味着调解协议无法得到强制执行。调解协议可以通过公证调解协议、请求法院确认调解协议两种途径获得强制执行。调解协议经公证证明后,申请执行人可以请求法庭签发支付令。法庭会对调解协议的有效性进行形式审查。如果调解协议通过审查,法庭将签发支付令。一旦被执行人收到来自司法执行官的支付令后,他可以选择保持沉默或者在收到支付令的两周内提出异议。如果被执行人选择沉默,司法执行官将会继续执行支付令。而如果被执行人向法庭提出异议,那么法庭将会要求申请执行人在 1 个月内向法院起诉。对于经法院确认的调解协议,即使被执行人拒不履行调解协议,申请执行人也可以直接要求法庭签发支付令,而无须等待被执行人是否对支付令持有异议。实际上，影响当事人选择公证调解协议还是请求法院确认调解协议的因素不仅在于当事人双方对两种机制可执行性的评估，还在于两种机制可能引起的相关费用。

3. 调解程序的终止

为避免调解程序的不当拖延，防止当事人恶意利用调解，《调解法》第15条第1款规定，发生以下情形时，调解程序终止：（1）纠纷已经解决；（2）当事人双方同意终止调解程序；（3）一方当事人拒绝参加调解程序；（4）自然人死亡或法人消灭；（5）自调解开始之日起超过6个月。在实践中，经当事人双方同意，即便调解程序已进行6个月，调解仍可以继续进行。如果调解员依自我判断得出调解将无法公平公正进行，《调解法》还赋予调解员终止调解的权利。

（三）调解费用与法律援助

经济性是调解的一大优势，也是纠纷当事人选择调解的重要原因。《调解法》未规定调解费用的收费标准。不过，随着受到社会广泛认同的调解组织在纠纷解决中的影响力和控制力上日渐增强，调解费用市场化成为现代调解的特征之一。[①] 保加利亚的调解服务收费采用市场化模式，私人调解机构制定了各自的收费价目表。它们通常收取两类费用：介绍费用（intake fee）和调解费用。介绍费用从50列弗至200列弗不等。调解费用则依据争议点数量和当事人人数从每小时50列弗至100列弗不等。如果一个案件的标的额超过10万列弗，私人调解机构至少收取标的额1%的费用。

在保加利亚，通过法院附设调解方式解决的案件，法庭将返还原告所缴纳的诉讼费用的一半。然而，随着欧洲福利国家主义的发展，各国都强调对弱势群体的保护。为此，各国相继确立了法律援助制度。随着法律援助制度的不断发展，其适用范围也由最初的刑事案件拓展至民事案件。《法律援助法》第21条规定，法律援助的范围包括案件起诉前关于纠纷解决的咨询、诉前准备活动、代理尚未审结的案件、担任被警方逮捕之人的辩护人。虽然《法律援助法》并没有明确规定可以为调解提供法律援助，但是根据《法律援助法》第21条的规定，起诉前关于纠纷解决的咨询可以适用法律援助。而调解的主要目标就是解决纠纷，所以可以推断出拒绝为调解提供法律援助是不符合逻辑的。

五、调解制度之评析

保加利亚调解制度以欧盟《调解指令》为蓝本，结合本国实际情况，制定或修

[①] 王福华：《现代调解制度若干问题研究》，载《当代法学》2009年第9期。

改了《调解法》《2007 年司法部第二号令》《调解员道德准则》《民事诉讼法》等。经过社会各界的不懈努力,保加利亚调解制度日臻成熟,但仍存在诸多不足。对此,保加利亚调解制度还可以从以下几个方面进行完善,以推动调解的进一步发展。

(一)扩大调解制度的适用范围

保加利亚调解制度仍处于"婴儿时期"。由于政府宣传不足,加之调解仍属于新兴事物,因此保加利亚民众对调解知之甚少。目前,调解制度的推动主要来自于调解员和法官。[①] 个体对于制度的推动固然能够发挥一定的作用,但更重要的在于政府对于调解项目的宣传和支持。保加利亚政府可以通过调解宣传、专家讲座等方式来扩大调解制度的影响。此外,调解机构数量有限也是制约调解制度发展的一个因素。目前,保加利亚调解机构数量较少,且多集中于首都或者经济发达地区,偏远地区调解机构分布较少甚至没有分布。在今后,保加利亚应当增加调解机构的数量,尤其是增加偏远地区调解机构的数量,鼓励和扶持调解机构的发展,使更多的民众能够更加方便快捷地享受调解服务。

(二)细化调解制度的具体内容

保加利亚调解制度经历了从无到有,从零星规定到系统规范的过程。但到目前为止,保加利亚调解规范仍属于粗线条式,调解员在调解程序上享有较大的自由裁量权。在目前调解制度尚未广泛适用的情况下,有关规范的模糊性带来的问题并不凸显,但随着调解适用范围的逐步扩大,这种状况势必对调解制度未来的进一步发展产生不利影响。正因为如此,今后可以从三个方面完善调解制度:(1)明确调解员培训组织准入的具体标准;(2)建立完善的调解质量控制体系;(3)统一调解员完成培训项目的认定标准。对于特殊领域的纠纷,保加利亚法律直接或间接规定了调解制度的适用,但关于具体的调解程序、调解员选任规则等则语焉不详。在法律没有作出相应规定的情况下,调解活动应当遵循调解的一般原则。但特殊领域的纠纷因其特殊性,一般原则往往难以有效地对调解活动进行指导。

(三)提高当事人的参与度

调解是当事人双方在调解员的协助下解决纠纷的机制,所以当事人必须亲

---

① Klaus J. Hopt & Felix Steffek, *Mediation：Principles and Regulation in Comparative Perspective*, Oxford University Press, 2012, p. 359.

自参与到调解程序之中。如果当事人不参与调解，那么期待当事人双方达成调解协议、解决纠纷就是天方夜谭。《调解法》第 12 条、《调解员道德准则》第 4 条都要求当事人应当亲自或者通过代理人参与调解。和解与调解中心 2010 年 3 月 1 日至 2010 年 12 月 31 日的数据表明，68 个案件中有 19 个案件一方当事人或双方当事人未亲自参加调解，缺席率高达 28%。对于不参加调解的当事人，目前法律没有规定任何制裁措施。关于如何提高当事人的参与度，和解与调解中心的做法为保加利亚的其他调解机构提供了很好的参考。和解与调解中心提出如下要求：(1)法院应更加仔细地挑选移送中心调解的案件；(2)调解员应尽最大可能获取当事人的联系方式；(3)调解员应在调解前向当事人电话确认调解的时间。如果当事人同意通过调解的方式解决纠纷但拒不参与调解程序的，法院可以规定对当事人进行罚款。

结　语

保加利亚作为欧盟成员国，根据《调解指令》的要求完善本国立法。但是，由于本土资源的缺失，调解制度在该国的发展缓慢。为了尽快构建本国的调解制度体系，保加利亚在短时间内相继制订和修改了调解方面的法律。受历史传统的影响，调解在保加利亚尚未得到充分的认可，民众使用调解的习惯还需要继续培养。放眼未来，调解仍将是该国一种实现社会良性发展而必须倚重的纠纷解决方式。① 今后，保加利亚的调解制度还需要在增加调解机构数量、细化特殊领域的调解制度、提高当事人的参与度等方面进行完善，以充分发挥调解制度在纠纷解决方面的优势。

---

① 沈志先主编：《诉讼调解》，法律出版社 2014 年第 2 版，第 54 页。

域外金融消费纠纷解决机制的发展及其启示

■ 葛明瑜 *

摘要:金融消费者保护的理念是金融消费纠纷解决机制的价值基础,纠纷解决机构与纠纷解决程序是金融消费纠纷解决机制的制度核心。英国、日本、加拿大均设立了金融消费多元纠纷解决机制(金融消费 ADR),其具体制度设计虽有不同,但价值基础和制度核心极其相似,值得我国参考借鉴。

关键词:金融消费;纠纷解决;金融消费者保护

引　言

　　一国的经济基础决定了该国金融业的开放和自由程度。随着经济的发展,当前各国的金融业已逐步开放,各种符合消费需求的金融产品渐次推出,成为普通金融消费者防止货币贬值的重要选择。但在金融消费过程中,普通金融消费者并无专业能力来鉴别各种金融产品所隐含的风险以及由此可能带来的损失,更遑论事先洞察金融机构为了销售金融产品而采取的各种信息隐蔽手段。由此,基于信息不对称而产生的金融消费纠纷日益增多。

　　英国经济学家迈克尔·泰勒(Michael Taylor)提出著名的"双峰理论(Twin Peaks)"将"金融消费者保护"与"金融审慎监管"作为金融业监管最为重要的两大原则。英国的金融消费 ADR 主要是申诉专员制度,于 1986 年后引入银行业。日本等国先后效仿设立金融申诉专员制度,加拿大虽未明确使用"金融申诉专员"的名称,但其金融消费纠纷解决与申诉专员制度有异曲同工之妙——即以中立第三方作为纠纷解决中心,采取多元化手段实现定分止争,最终实现对金融消费者的有效保护。

---

　　* 作者系上海交通大学凯原法学院法律硕士研究生。

一、域外金融消费纠纷解决的实践

（一）英国

依据《金融服务与市场法》，英国金融服务监管局（Financial Service Authority，FSA）成立了具有法人组织性质的金融督察服务公司，并设立了专门解决金融纠纷的金融申诉专员有限公司。该公司是一个独立的公司法人，属于非营利性的担保保证有限责任公司，其目标在于快速解决纠纷，并在确保公正合理的基础上使用最少的成本。① 金融监管局对具体的案件调解没有干涉权。② 同时，《金融服务与市场法》要求，FSA 下设"金融机构投诉专员办"，用以专门处理消费者投诉，以填补 FSA 缺乏受理消费者对金融机构投诉的职能空白。

1.金融服务监察公司（Financial Ombudsman Service，FOS）

FOS 是一种独立的第三方纠纷解决渠道，是在金融监管机构的支持下成立的非政府组织，得到政府的担保，专门处理金融消费者的投诉并作出裁决。

（1）FOS 的组织形式及其运作

英国 FOS 采取公司制的组织形式。FOS 内设董事会，董事和董事会主席由 FSA 任免，其中董事会主席的任免还需财政部批准。③ FOS 的纠纷解决由调解人（Adjudicator）、金融督察员（Ombudsman）和独立评判人（Independent Assessor）组成。

当 FOS 接到金融类投诉案件后，首先由调解人进行调解。金融机构和消费者通常不会直接会谈，而主要通过书面函件询问情况，并告知投诉人处理结果。在该阶段，金融督察员可以协助调解人处理纠纷，并对案件提出处理意见。如果双方当事人同意调解结果则争议结束；如果当事人不同意调解结果，就进入金融督察员处理案件的阶段。对于金融督察员处理的案件结果，若消费者在 6 个月内没有提出异议，则金融机构必须接受该结果；若消费者不接受处理结果，则可以起诉至法院或提交仲裁院进行仲裁。独立评判人受 FOS 董事会指派，调查金融消费纠纷案件。其有权处理申诉案件，但不得干涉具体纠纷案件的审理，也不

---

① See Memorandum of Understanding between the Financial Conduct Authority (the FCA) and the Scheme Operator, the Financial Ombudsman Service Limited，http://www.fca. org. uk，下载日期：2016 年 6 月 1 日。

② See Memorandum between the FSA and the FOS Ltd. ，http://www. financial-ombudsman. org. uk，下载日期：2016 年 6 月 1 日。

③ 邢会强：《金融督察服务（FOS）比较研究》，载《法治研究》2011 年第 2 期。

得否决和改判案件结果。①

（2）FOS 的案件受理范围

FOS 的管辖包括强制管辖和自愿管辖。② 从受理的业务范围上来看，FOS主要针对面向普通消费者的金融零售业务，如银行存款服务、金融机构提供的投资产品和投资资讯等。满足"合格投诉人"标准的投诉才会被 FOS 受理。"合格投诉人"的标准包括：其一，投诉人与被投诉人之间存在直接或间接的客户关系；其二，原则上仅接受自然人的投诉。若投诉者为机构，则必须是在投诉事件发生时，营业额不超过 100 万英镑的小企业或年收入不足 100 万英镑的小慈善机构、受托资金不超过 100 万英镑的小信托机构。③

2. 金融机构投诉专员办（Office of the Complaints Commissioner，OCC）

OCC 受理的投诉范围主要为（1）关于 FSA 执行《金融服务与市场法》规定义务的具体情况；（2）金融机构和消费者针对 FSA 的决策给其带来的不利影响而提出的投诉。OCC 通常不受理以下投诉：针对 FOS、FSCS（Financial Services Compensation Scheme，金融补偿计划）的投诉、FSA 与雇员的关系、FSA 立法方面的职能、与 FSA 职能无关的合同和商业关系。OCC 针对消费者的投诉作出决定后，FSA 必须接受，无权否定 OCC 的决定。④

OCC 投诉处理程序具体分为两个阶段：第一个阶段是 FSA 处理阶段。FSA 公司秘书处受理投诉后 20 个工作日内将处理结果告知投诉人。只有当FSA 无法调查该投诉或投诉人对处理结果不满意时，才可进入 OCC 介入阶段。在第二个阶段，投诉人在收到 FSA 处理结果后的 6 个月内向 OCC 投诉。OCC决定受理后，应在 20 个工作日内作出处理决定，FSA 应予认可，并告知 OCC 和投诉人。

（二）日本

日本专门通过《金融商品交易法的修正案》即《金融 ADR 法》，创设行业型FOS 制度——指定纠纷解决机构制度，旨在提高各行业纠纷解决能力的基础之

---

① Financial Ombudsman Service, *Our Consumer Leaflet：Your Complaint and the Ombudsman*，http://www.financial-ombudsman.org.uk，下载日期：2016 年 6 月 2 日。

② 强制性管辖是指，凡是发生在由 FSA 监管的金融机构与消费者之间的未解决的投诉纠纷均要由 FOS 来解决；自愿性管辖是指不由 FSA 监管的金融机构与消费者发生纠纷后，可与 FOS 签署三方书面协议，表示同意接受 FOS 的自愿性管辖。这两种纠纷处理原则在处理标准和程序上是完全一致的。

③ Cassandra B. Roeder, Reforming Consumer-Insurer Dispute Resolution in the Auto Insurance Industry，*Journal of Business & Securities Law*，2014，Vol.14，Winter.

④ Article 404D(9)，*Financial Services and Markets Act* 2000.

上,将指定纠纷解决机构进行合并,阶段式地推进并最终实现全面统合型FOS制度。

日本当前金融ADR的运作流程为:(1)由行政机构指定纠纷解决机构并予以监督;(2)金融机构与指定的纠纷解决机构之间,事先缔结"同意实施程序基本合同";(3)若产生纠纷,投诉者可向指定的纠纷解决机构提出解决纠纷的申请;(4)纠纷解决委员启动解决纠纷程序,提出和解方案;(5)金融机构通过和解的方式解决纠纷。[①] 具体而言:

1.纠纷解决机构的确定

日本金融ADR制度实质上是行业型FOS。从事投诉处理与纠纷解决的指定机构承担核心任务,被指定的纠纷解决机构需要符合以下几个方面的要求:

一是业务能力要求。要求指定纠纷解决机构具备会计方面和技术方面的能力。会计方面的能力,是指具备可使纠纷解决业务得以安全、稳定进行的财务收支管理体制。技术方面的能力,是指具备与解决纠纷业务相关的组织管理的经验与能力。具备指定条件的法人或团体,在申请通过后才被指定为纠纷解决机构,从事金融纠纷解决事务。

二是确认金融机构无异议。指定纠纷解决机构所实施的纠纷解决业务的内容由业务规章来规定。为保证指定纠纷解决机构能够顺利实施纠纷解决业务,在指定之初,金融机构有对业务规章陈述意见的机会。如果对业务规章表示异议的金融机构超过一定的比例,那么该法人或团体将不会被指定为纠纷解决机构。

三是费用。纠纷解决机构收取的任何费用都应当记载于业务规章中,包括两个部分:金融机构承担的会费(或称"负担金"),以及制度使用者或金融机构在利用该制度时缴纳的费用,其中后者只占一小部分。在纠纷解决机构被指定与业务规章的变更得到认可时,须确定负担金与费用的合理金额。

在指定纠纷解决机构设立后,为确保其中立性、公正性和实效性,日本法律设置了检查监督纠纷解决机构的规定。需要特别说明的是,对指定纠纷解决机构的检查监督,并非考察具体投诉处理、纠纷解决内容的合理性,而是考察其从事纠纷解决等业务实施状况的合法性和合规性。

2.争议解决程序

(1)投诉处理程序。消费者可以向指定纠纷解决机构申请处理投诉,指定纠纷解决机构在受理投诉处理申请后,给予建议,进行必要的调查,并通知金融机

---

① 杨东:《日本金融ADR制度的创新及其对我国的借鉴》,载《法律科学》2013年第3期。

构投诉的内容,及时处理和解决。

(2)纠纷解决程序。当事人(即消费者或是金融机构)可以向指定的纠纷解决机构申请纠纷解决,指定的纠纷解决机构在受理纠纷解决申请时,可选任纠纷解决委员。纠纷解决委员一般为律师、注册司法人员、金融机构实务人员、消费生活咨询员等人员中根据业务规范加以选拔。

(3)时效问题。为使金融 ADR 制度成为易被采用的纠纷解决手段,规定了时效中断制度。若金融机构未履行和解方案或特别调解方案,导致纠纷解决程序进度不畅,则程序实施期内时效并不消灭,从而确保其能够通过诉讼途径解决争议。

3. 纠纷解决的结果

对于一般和解方案,当事人可以自由反悔。而金融 ADR 制度为确保纠纷解决的实效性,纠纷解决委员可以根据程序进行的状况和消费者的意愿,提出对当事人具有一定约束力的和解方案,即特别调解方案。接受特别调解方案以指定纠纷解决机构和金融机构间的合同为依据,不履行合同并不直接导致行政处罚,但为确保金融机构业务的有效运营,政府部门会对其进行监督。除非消费者没有接受和解而提起诉讼且尚未撤诉,以及其他和解不成立的情形,否则金融机构必须接受和解案。但是若纠纷当事人是经营者,因其在信息量等方面和金融机构相差不大,纠纷调解委员也可只作出一般和解方案。

(三)加拿大

加拿大最主要的第三方金融消费纠纷解决主体是银行服务与投资督察员(Ombudsman for Banking Services and Investments,OBSI)。[1]

1. OBSI 的性质及组织结构

从性质来看,OBSI 是全国性的独立纠纷解决服务公司,主要工作是公正独立地处理消费者和金融机构之间没有圆满解决的争议。OBSI 并非监管机构,它主要关注由金融机构的过失行为、失当建议、信息误导造成的消费者财产损失的争议。

从组织结构来看,它采取董事会管理,大部分董事会成员来自社区,小部分成员从业界提名中遴选。督察员由董事会任命,须独立于政府和业界,并在获得任命前至少与相关行业脱离关系五年以上。[2] OBSI 职员在金融服务、法律、会

---

[1] 陈华明:《从境外经验看我国第三方金融消费 ADR 机制建设》,载《浙江金融》2014年第 12 期。

[2] Crawford,Bradley,Financial-Consumer Complaint Agencies,*Canadian Business Law Journal*,2014,Vol. 54,Issue 1.

计和争议处理等方面受过专门训练;OBSI 内设银行业和投资业两个调查部门。

2. OBSI 的受理范围及纠纷处理流程

从纠纷受理范围来看,OBSI 受理银行、联邦政府监管的信托投资公司、投资商、共同基金交易商、共同基金公司和奖学金计划经销商以及部分信用社。OBSI 不受理针对保险公司的投诉。

OBSI 处置金融消费纠纷流程大致如下:第一步,OBSI 确定争议是否属于OBSI 管辖范围。第二步,OBSI 根据当事机构对争议的最终答复意见及消费者的材料,对争议进行书面评议,必要时会展开调查。调查时,会与争议方进行会谈、审阅资料,并与当事双方讨论纠纷,最后形成报告。第三步,OBSI 作出争议处理建议并阐明理由。在提出有关金钱赔偿建议时,OBSI 会综合考虑消费者实际损失、利息及其他机会成本,赔偿金额上限一般为 35 万加元。但 OBSI 也会根据案件的不同情况,作出非金额赔偿建议。OBSI 一般在 180 日内提出建议,复杂案件可以适当延长。第四步,纠纷当事双方若不接受 OBSI 的建议,可选择进入司法诉讼程序。①

二、域外金融消费纠纷解决机制评析

(一)价值基础:金融消费者保护的理念

随着各国经济的发展,金融产品越来越为大众所熟知。在一定程度上,金融消费已成为普通民众抵御货币贬值的有效工具,金融消费者立法保护的理念正是以此为基础的。"双峰监管理论"认为,金融监管有两大目标:其一是基于维护金融系统稳定,防止发生系统性风险的审慎监管目标;其二是通过监管金融机构的经营行为,防止和减少消费者受到欺诈及不公平待遇的金融消费者保护目标。

2008 年金融危机以后,金融消费者保护在全球范围内得到进一步的关注。英国在"双峰监管"理论的影响②下,于 2012 年调整了金融消费者保护的措施,即由原来 FSA 负责"监管"和"保护"的双重职能,调整为由金融行为监管局

---

① OBSI, Submit a Complaint, http://www.obsi.ca/en,下载日期:2016 年 5 月31 日。

② 典型的传统"双峰监管"理论的另一实践者就是澳大利亚。澳大利亚按照不同的监管目标成立了两家监管机构,一家监管机构为新成立的澳大利亚审慎监管局,它以实现金融系统稳健运行为目标,负责金融机构的审慎监管和风险监管;另一家监管机构为澳大利亚证券与投资委员会,其前身即证券委员会,以实现消费者保护为目标,负责金融市场秩序和消费者保护。而上述两家监管机构同时都独立于澳大利亚的中央银行。

(Financial Conduct Authority,FCA)专门负责金融消费者保护,使金融消费者保护成为相对独立于金融监管的重要环节,以最大限度地实现金融消费者保护。[①]

同样的立法价值在日本、加拿大皆有所体现。如日本单方面赋予金融消费者对纠纷解决结果自由反悔的权利,从而最大限度地实现金融消费者的预期利益;加拿大则在作出有关金钱赔偿建议时适当向金融消费者倾斜,其赔偿建议将综合考虑消费者的实际损失、利息及其他机会成本。

综合而言,金融消费者保护的理念已逐渐成为世界各国的普遍共识,亦是设计金融消费纠纷解决制度的基础之所在。

(二)制度核心:纠纷解决机构与程序

通过对前述金融消费纠纷解决机制的梳理,我们不难发现,金融消费 ADR 机制的核心命题有二:其一是具有相对独立性的 ADR 机构,其二是能够体现金融消费者保护的纠纷解决程序,尤其是最终解决方案的效力问题。具体如表 1 和表 2 所示:

表 1   各金融消费 ADR 机构的性质

机构	性质
英国 FOS	政府担保的有限责任公司,向 FCA 负责。
日本 FOS	中立的民间法人、团体,是指定的纠纷解决机构。
加拿大 OBSI	由金融机构出资组建的、独立的非营利性机构。

表 2   各金融消费 ADR 机构最终解决方案的效力

机构	最终解决方案的效力
英国 FOS	对于被投诉的金融机构自动生效。如果消费者在规定时间内选择接受最终裁定,则对当事人双方均具有约束力;如果消费者明确表示拒绝接受,则对双方当事人均不具有约束力,可以向法院另行起诉。
日本 FOS	对于一般和解案,当事人可以自由反悔。而金融 ADR 制度为确保纠纷解决的实效性,纠纷解决委员可以根据程序进行的状况和消费者的意愿,提出对当事人具有一定约束力的和解案,即特别调解案。

---

① 李玫、马建威:《英国金融消费者保护立法改革的最新发展及其启示》,载《国际商务(对外经济贸易大学学报)》2014 年第 1 期。

续表

机构	最终解决方案的效力
加拿大 OBSI	最终仲裁建议并不会影响争议当事各方的诉权，当事人都可以拒绝接受 OBSI 的处理建议，并启动司法程序。但如果金融机构拒绝接受仲裁建议，OBSI 会将其公之于众。

1. 金融消费纠纷解决机构

金融消费 ADR 机构虽然属于行业性或民间性组织，但是却是以独立性和中立性为核心的，其宗旨是履行社会责任、服务公众、维护金融市场的合理稳定运行。因此，各国在制度安排上基本采用了中立第三方负责的形式。为确保其公平和公正性，金融消费 ADR 机构主要通过对纠纷处理人员人选、机构受理范围、机构管理和处理程序予以特别设计。有的国家还会以政府的名义为金融消费 ADR 机构提供担保，以确保其公信力和纠纷解决的效力。

金融消费 ADR 机构的运行成本主要由几个渠道负担：(1)政府负担；(2)所处行业的关联单位；(3)申请纠纷解决的金融消费者和关联机构。除政府基于金融监管和金融消费者保护的需求予以负担外，要求所处行业的关联单位承担机构运行成本具有加强行业自律、保证纠纷解决制度高效有序的运行，并提高其公信力。在此情境下，金融消费 ADR 机构通常要求行业成员单位承担应诉和接受具有拘束力的解决方案等义务。要求申请纠纷解决者承担相应的费用则旨在避免滥诉现象的发生，鼓励金融消费者与相关企业进行调解协商。

2. 金融消费纠纷解决程序

基于金融消费纠纷的特性，金融消费纠纷解决的程序兼具行政性程序与民事性程序的双重属性。一方面，解决金融消费纠纷本身属于金融监管的一部分。尽管全球金融危机后，各国纷纷将金融消费者保护从金融风险监管中独立出来，但现有的金融消费纠纷解决机制大体仍带有一定的行政色彩。其理由在于：金融消费纠纷的不当处置，必然对金融市场的安定性产生负面的影响，从而诱发系统性金融风险。因此，各国普遍都将金融监管机构作为金融消费纠纷解决机构背后的"指导者"或"监管者"，而金融消费纠纷解决机构往往同时被赋予较大的权限和资源，进行纠纷调查和处理。另一方面，金融消费纠纷本质上属于民事纠纷，通常涉及违约、侵权等民事权利纠纷。因此，金融消费纠纷的解决途径并不拘泥于传统的调解模式，而是将投诉、协商、调解、裁决等多种方式融为一体，形成一种综合性的纠纷解决方式。

综合上述英、日、加等国的实践做法，在当事人寻求纠纷解决时，纠纷解决机构通常是先尽可能地促成当事人双方进行协商、达成和解。在和解不成时再介入调解并可提出调解建议，调解不成时考虑直接作出裁决；同时可独立地进行调查。这种程序并非法定的必经程序,但可作为强制调解与司法程序相衔接。原则上,无论是协商和解、调解协议还是裁定都不会排除司法救济,金融消费者可以拒绝接受并提起诉讼(大多数国家规定了金融消费者单方反悔的权利)。但当事人可以自愿设定义务,包括接受裁决约束、履行裁决义务等等。在实践中,多数当事人会依理性和诚信参加并履行其处理结果。①

3.金融消费纠纷 ADR 的社会效果

金融消费纠纷 ADR 兼具程序优势与良好的社会效果。对金融消费者而言,金融消费 ADR 处理程序的优势在于:(1)成本低。金融消费 ADR 比诉讼程序更灵活、期限更短,大部分情况下可免费,且不强制聘请律师,在时间和金钱的成本上都具有优势。(2)效率高。通常金融纠纷 ADR 为保证当事人司法救济途径的有效性,往往设置了明确的时限(如 3—6 个月);对赋予金融单位有参加纠纷解决和承认小额裁决的义务的 ADR,则有利于执行。(3)效果好。金融消费纠纷解决往往由纠纷解决机构进行释明,矛盾双方可以根据法律和行业规范、社会常理、公序良俗等,通过协商寻求建设性的解决方案。(4)风险低。调解协议和裁决是否产生拘束力通常由金融消费者决定,一般并不影响金融消费者寻求司法途径救济的渠道;金融消费 ADR 可以中断诉讼时效,不影响其行使诉权。

从处理结果来看,金融消费 ADR 机构大多体现"金融消费者保护"的理念,在平衡"保护金融消费者"和"维护金融市场秩序"之间,做到适度向有利于金融消费者的角度倾斜。

综上所述,域外金融消费纠纷解决机制以"金融消费者保护"为价值基础,以"纠纷解决机构和程序"为制度核心。各地区的纠纷解决机制虽然基于不同的社情民意有所差别,但是其共通之处亦显而易见。其中,金融消费 ADR 机构兼具民间性与独立性,金融消费 ADR 程序兼具行政性与民事性色彩,而金融消费 ADR 的社会效果则兼具程序优势与良好的社会效果。

三、域外金融消费纠纷解决机制对我国的启示

(一)树立金融消费者立法保护的理念

金融业的发展首先需要维护其根基——金融消费者对金融业的信心。我国现阶段的监管模式始终处于自上而下的"计划式"监管,由具有审慎监管功能的

---

① 范愉:《申诉机制的救济功能与信访制度改革》,载《中国法学》2014 年第 4 期。

金融监管机构同时兼带实施金融消费者保护的职能。最终导致的结果在于：过分强调政府的宏观调控措施以保证金融业的稳定，但却有忽视每一个金融个体权益之嫌。[①] 所以，当前的金融监管模式首先应当借鉴域外的立法共识——在金融法律体系中树立金融消费者保护的理念，使金融消费者保护成为金融监管的重要的、直接的目标之一，同时通过出台一系列的金融消费者权益保护法律，强化金融监管中金融消费者保护的重要地位，最终达到从"树立金融消费者权益保护理念"到"建立金融消费者权益保护法律体系"的目的。

(二)金融监管体制走向的思考

我国经济正跻身于全球经济变革的浪潮之中，金融业的改革也正处于"攻坚期"，因此未来金融监管模式的选择对我国经济将产生重大的影响。

现阶段"一行三会"[②]的监管模式适应了我国从改革开放以来所形成的现有的金融格局，为金融业的稳定和发展起到了重要的作用。但在全球竞争逐渐加剧、金融业的自由度更为开放的形势下，我国理应在金融创新的大环境下调整现有的金融监管模式，使金融监管更适应新时期的金融发展。[③] 但究竟应当选择单一监管模式，即在国务院下设级别更高的机构如金融监管协调委员会，将现有三会的机构和职能予以合并，并同时在其内部设立相对独立的金融消费者保护局，以实现宏观审慎监管和微观金融消费保护相辅相成；还是选择诸如英国的监管模式，即将中国人民银行打造成超级金融监管者，同时设立金融消费者保护局独立维护金融消费者权益；抑或是另寻其他创新途径走中国特色金融监管之路，这都是需要监管当局在金融体制改革过程中作出的平衡和抉择。

(三)构建中国金融消费纠纷解决机制

英国 FOS 制度之所以能在立法和实践中不断发展，并为包括日本、澳大利亚等国家所效仿，其根本原因在于该制度有效地使金融消费者的纠纷得到了解决。

我国关于金融消费纠纷的解决制度主要依赖于司法救济，其缺点不言自明。对于类似于独立第三方且有权威性的 FOS 制度相当缺乏。但由于当前我国金融领域存在的垄断，金融消费者很难通过金融机构自身的机制和内部流程解决

---

① 黎四奇：《对我国金融领域消费者争端解决机制的检讨与反思》，载《政法论丛》2015年第 6 期。

② "一行三会"是指我国的中国人民银行、证监会、银行会和保监会。

③ 徐孟洲、殷华：《论我国互联网金融消费者纠纷解决机制的构建》，载《财经法学》2015年第 5 期。

金融纠纷。在我国追求客观证据的司法体系下,金融业格式合同与金融业本身的复杂性使司法救济短时期内似乎不太可能承担起金融消费者保护的职能。因此笔者认为,在"一行三会"或者未来可能的单一监管机构"金融监管协调委员会"下,设立类似独立的第三方金融消费纠纷解决机构,并通过市场化的方式实现该机构有效合理的运行,将可能是一个可供选择并适合我国国情的合理方案。

对于第三方金融消费纠纷解决机构,应保证其独立性和中立性,通过公正公平的纠纷解决以树立公信力;同时结合监管的具体要求,考虑是否需要行政主管机构予以介入、监督或赋权。在纠纷解决程序上,不应拘泥于单一调解的模式,而是整合协商、仲裁、行政裁决等多元手段,建构多元化纠纷解决的"大格局";同时注意与司法救济的衔接性问题,以保证"非司法途径救济"与"司法途径救济"的渠道畅通。

罗马尼亚调解制度新发展述评

■杨慈*

摘要：随着近年来政治制度改革的推进，罗马尼亚社会矛盾激增，非诉讼纠纷解决程序所承载的价值日益彰显，调解制度得到迅速发展。在新的调解趋势下，欧洲一体化和经济全球化为罗马尼亚司法改革提供了外在推动力。专业调解员的资格认证和调解自愿性的法律保障为进一步完善调解制度提供了有力的支撑。

关键词：罗马尼亚；调解制度；调解员；纠纷解决

罗马尼亚位于东南欧巴尔干半岛东北部，面积为 238391 平方公里，人口约为 1994 万人。2006 年 5 月 22 日，作为罗马尼亚司法改革战略组成部分的《调解与调解员法（192/2006 号文件）》（以下简称《调解法》）正式颁布。2007 年 1 月 1 日，罗马尼亚加入欧盟，应欧盟的要求进行司法体制改革，力求与国际立法和欧盟立法保持一致。欧盟鼓励各成员国运用调解方式解决跨境民事和商事纠纷。在全球化背景下，以调解制度为代表的多元纠纷解决机制有助于当事人在较短时间内友好地解决冲突，从而降低当事人解决纠纷的成本。

一、罗马尼亚调解制度的发展历程

1996 年，为促进调解制度的发展，罗马尼亚民主改革基金会与加拿大国际应用协商研究所召开座谈会，共商调解制度改革相关事宜。罗马尼亚法学家代表及司法部代表共同参加了此次会议。2000 年，罗马尼亚司法部正式启动关于调解制度立法的法律意见征集工作，此次立法工作遭到一些律师议员的强烈反对。部分律师将调解视为纯粹的私法行为而非司法救济的途径，因此不认可欧盟关于调解性质的规定。2006 年，罗马尼亚从法律上完善了非诉讼纠纷解决方

---

* 作者系江西财经大学法学院法律硕士研究生。

式,强调调解是纠纷解决方式之一,明确调解员和调解委员会在调解程序中的职责。

2002 年 4 月,欧盟委员会就民商事法律框架下的替代性纠纷解决问题起草了一份绿皮书(Green Paper),对欧盟范围内现有的替代性纠纷解决机制进行评估并尝试就"如何促进使用调解"向成员国及纠纷当事人广泛征集意见和方案。① 2004 年,欧盟司法理事会议制定《欧洲调解员行为法》,通过规范调解员行为推进调解法制化。为符合欧盟法律规范、遵守欧盟基本法律原则,罗马尼亚依据欧盟现有调解体系和具体制度对《调解法》进行了相应的调整。2009 年,罗马尼亚立法机关参照《欧洲议会及欧盟理事会关于民商事调解若干问题的2008/52/EC 指令》②(以下简称《调解指令》),发布了 2009 年第 370 号文件和2010 年 OG/13 号文件,修改了《调解法》,引入了调解协议司法确认③、法院或公证机构强制执行力等规定。

在过去的几十年里,调解作为 ADR 的重要表现形式之一,在罗马尼亚得到了长足的发展,但也出现了传统的调解制度不能适应新形势的需求、调解自愿性虚化、调解员知识匮乏等新问题。因此,只有尽快完善相关制度,才能使调解成为切实可行的纠纷解决途径。

二、罗马尼亚调解制度的主要类型

根据《调解法》第 2 条的规定,民商事、家庭、刑事、劳动等领域的纠纷都可以被纳入调解的范围。调解程序可以由当事人启动,也可以基于法院的建议或命令而启动。从该规定可以看出,罗马尼亚的调解制度不仅运用于民商法领域,而且被广泛运用于公法领域。④ 调解的类型化也有利于高效地解决纠纷,实现实质正义。

---

① 陈洪杰、齐树洁:《欧盟关于民商事调解的 2008/52/EC 指令述评》,载《法学评论》2009 年第 2 期。

② 该指令全文参见《欧洲议会及欧盟理事会关于民商事调解若干问题的 2008/52/EC指令》,陈洪杰译,齐树洁校,载张卫平、齐树洁主编:《司法改革论评》(第 8 辑),厦门大学出版社 2008 年版。

③ 《调解法》第 63 条规定,当事人可将调解协议提交公证机构认证或者法院确认。

④ 朱立恒:《英美刑事和解探析——以 VOM 模式为中心的考察》,载《环球法律评论》2010 年第 2 期。

（一）刑事调解

刑事调解是指在刑事诉讼过程中，犯罪事件的被害方与加害方（包括双方的利害关系人和代表人员）在中立的第三方的主持、协调下，经平等、自愿地对话与协商，共同就被害方的具体损害之修复达成协议后，权力机关对该案件作出非罪化或刑罚轻缓化处理的一种制度。① 调解员中立、公正地斡旋于加害人和受害人之间，对双方当事人的要求和主张进行调解协商，寻求一个令各方满意的纠纷解决方案。《调解法》具体规定了恢复性框架下的刑事调解制度。《罗马尼亚刑事诉讼法修正案（202/2010号文件）》第10条第1款规定，双方当事人通过调解达成调解协议导致诉讼被撤回的，视犯罪情节予以减轻或免除被告人的刑事责任。一方面，该规定有利于保护被害人的权利。被害人对犯罪的感受最为直接、真切，对案件的处理结果也关系到他们的切身利益。在一定程度上尊重被害人对案件处理结果的意见，才是真正维护被害人的利益。另一方面，犯罪人获得被害人的谅解能够促使被告人认罪、悔罪，积极赔偿被害人的经济损失，有利于修复社会关系，化解被害人与被告人之间的矛盾，也在一定程度上缓和了被告人与国家、社会之间的矛盾。② 正义施加惩罚并不是为了已经实施且无法挽回的邪恶罪行，相反，它是为了阻止相似的罪行将来再次发生，即惩罚的目的不是恢复原状而是作用于将来。③ 调解协议的签订只能作为对该案件的刑事诉讼撤回或者被告人免除、减轻刑事责任的依据。调解的结果只能发生当事人双方达成调解协议后，法院受理案件且受害方尚未撤回该刑事诉讼前。刑事调解适用于《罗马尼亚刑法典》第180条规定的暴力犯罪、第184条规定的过失致人伤害犯罪、第197条规定的强奸犯罪、第217条规定的破坏财产型犯罪、第305条规定的家庭遗弃犯罪。④

（二）民商事调解

在商事活动中，常有中小企业因供应商或客户违背支付义务，延迟或拒绝履行相关合同，导致企业经营困难甚至身陷财务危机。由于通过诉讼方式解决纠纷需要耗费双方大量的时间和金钱，有效的沟通、协商和调解成为解决此类纠纷

---

① 蔡国芹：《刑事调解制度研究》，中国人民公安大学出版社2010年版，第9页。

② 杨亭亭：《论被害人谅解对死刑适用的影响》，http://www.110.com/，下载日期：2016年6月14日。

③ 马克昌：《近代西方刑法学史》，中国人民公安大学出版社2008年版，第9页。

④ G. Bunea, Aspects of Mediation in Romania, *International Journal of Juridical Sciences*, 2014, Vol. 2, pp. 16～20.

的最佳选择。纠纷当事人以让步的方式进行沟通协商,既提高了企业的成本效益,又保证了商业合作关系的良性发展。考虑到调解员参与了各方之间的对话,为了防止商业秘密的泄露,调解必须在保密的情况下进行。

《罗马尼亚新民事诉讼法》第 406 条规定,起诉人可以在任何时间以口头或者书面的形式在法庭上公开放弃全部或者部分诉讼请求。当事人双方在调解员的主持下,通过协商,达成调解协议。诉讼请求的撤回有利于在互相沟通的基础上增加企业之间的信任,从而进一步深化企业间的合作。调解员可以识别冲突,并对其进行评估,通过具有兼容性的方法,使冲突各方继续合作。

三、罗马尼亚调解员的认定与规范

由于调解员资格认证的门槛过低、专业化程度不高、数量过多等因素,导致调解制度并未被罗马尼亚社会大众所接受。调解领域向医疗、环境、校园等新领域的扩展意味着调解员得具备更加细节化的知识以应对新的挑战。[①] 调解员的培训和资格认证起到了保证调解质量的作用。调解员之所以能够得到纠纷当事人的信任,主要是依靠专业的调解技能以及规范的职业道德。调解员职业道德与调解技能、心理调适、沟通技巧等能力,共同构成了实现调解员专业化、职业化建设的重要部分。[②]

(一)调解员资格

《调解法》明确规定调解员不得向纠纷当事人提供法律建议或其他专业性建议。该规定表明调解员是一种区别于律师、法官、仲裁员等,具有独立性的职业。调解员的资质不够可能导致后期争端的复杂化。罗马尼亚有关调解员的准入门槛及考核制度,提升了调解员化解纠纷的能力和调解员的职业化程度。

《调解法》规定成为调解员必须符合以下条件:(1)具有完全民事行为能力;(2)具有高等教育学历;(3)具有 3 年以上相关法律工作经验或经调解委员会同意的已完成硕士学位课程的研究生;(4)享有良好的声誉且无故意犯罪记录;(5)经过调解员的认证培训,经调解委员会同意的已完成硕士学位课程的研究生除外;(6)依据现行法律,已具有调解员资格。此外《调解法》第 12 条第 1 款、第 3 款规定,确定的调解员名单,由调解委员会公布于《罗马尼亚官方公报》。罗马

---

① Anca-Elisabeta ciucǎ,The Mediation Profession in Romania,http://heinonline.org,下载日期:2016 年 5 月 27 日。

② 蒋丽萍:《调解员职业道德的内涵与规范》,载《人民法院报》2015 年 5 月 15 日第 5 版。

尼亚立法不仅将调解规定为一种职业规范,而且为调解员的培训、职业资格的获取和考核的评分制定了细致的标准和规范。调解委员会有义务至少每年更新一次调解员的评分,并将其公布在调解员住所地所在的地方法院、地方公共行政当局及司法部总部的网站上。

(二)调解员守则

调解机构通过制定职业道德准则、调整调解员职业行为和规范调解程序等方式,为本国或地区调解员职业建设提供立法保障。罗马尼亚调解委员会制定了《调解员行为准则》,主要包括以下几个方面:(1)调解员应当告知当事人在调解过程中享有的权利和承担的义务、调解的性质、原则和效力等;(2)调解员应当坚持中立的立场,公正地进行调解,与纠纷各方均无利益关系,与纠纷的处理结果无利害关系;(3)调解员对调解过程所涉及的信息均具有保密义务;(4)调解员必须定期通过专业培训提高其技能;(5)调解员只能在其经验和业务培训范围内进行调解。调解员的资格认证应本着对自我负责的精神通过适当的培训和定期进修确保自身掌握理论知识与实践经验,以便能以适当的方式引导当事人进行调解。[①]

四、调解程序

(一)调解的准备阶段

调解各方(包括当事人、代表人、代理律师等)可以按照以下几个步骤来准备调解:首先,对主要争端的起草。一般而言,提前与调解员的沟通有利于让纠纷当事人达成更加满意的共识。其次,确定参加调解的人,如律师、会计师、翻译工作人员等。最后,了解调解过程可能出现的问题,包括调解会议的具体时间、调解参与人特殊的需求、调解室的基本设施布置、私人时间和空间的设置、会议时间的控制等。

调解前的准备工作有利于调解员摸准争议焦点,分析当事人的心理状况,拟定调解预案。调解地的选择、调解时间的确定体现了方便当事人的原则。相关专业协助人员参与案件的调解,能够节省社会资源、提高案件的质量和效率。调解员与有关专家的沟通,为下一步的诉讼或调解工作打下了良好的基础。

---

① 蔡惠霞:《德国调解制度新发展评析》,载齐树洁主编:《东南司法评论》(2013年卷),厦门大学出版社2013年版。

(二)调解的进行阶段

《调解法》第 43 条第 1 款规定,当事人收到调解书面通知,无正当理由拒不到庭调解的,调解员应该再次发出调解书面通知。缺席方应当在 15 日内决定是否参与调解。调解书面通知可以以任何形式送达,受送达人在送达回证上签字。《调解法》第 50 条至第 59 条规定了调解员在调解过程中的作用。调解是基于当事人与调解员的合作,调解员运用专业的方法和技巧进行沟通和谈判。调解员所使用的方法和技巧,必须服务于冲突各方的合法权益和目的。调解员只能劝导冲突各方,促使他们在互谅互让的基础上达成解决纠纷的协议,不得主动提出帮助解决冲突各方纠纷的法律建议。在双方协议规定的条件下,冲突各方有权在律师或者其他人的协助下进行调解,双方也可以依法授权代理人进行调解。

调解程序不具有公开性,调解员对调解过程所获取的信息均须保密。《调解法》第 52 条和第 55 条第 1 款规定,对于当事人在调解过程中所涉及的信息,调解员应当严格遵守保密义务。调解员须签署并遵守保密协议,调解内容不能作为法庭上或仲裁程序中的证据,除非当事人另有约定或法律另有规定。在调解过程中或调解结束后,如果出现可能影响调解员的中立性和公正性的情况,应及时告知当事人,当事人有权决定维持还是废止调解协议。调解员有权依据《调解法》第 56 条的相应规定中止调解程序,并适当地按比例退回调解费。如果调解过程中出现法律或任何其他专业领域的争议,调解员可以与各方协商邀请有关领域的专家进行协助。调解员征求专家意见时,只能向专家介绍争议焦点,而不得披露当事人的身份。

(三)调解的结束阶段

当纠纷当事人达成了解决纠纷的共识,并向法院或者公证机关提交调解协议后,调解员的调解工作就暂告一个段落。如果双方当事人只就部分争议问题达成协议,任何一方都可以将未达成协议的部分提交仲裁或者请求法院判决。《调解法》第 56 条第 1 款和第 2 款规定,经调解员组织调解达成调解协议的,应当由调解员制作调解协议书,并由当事人双方签字或者由经授权的代理人代签。调解协议书自各方当事人签名、盖章或者按指印,调解员签名并加盖调解委员会印章之日起生效。调解协议书由当事人各执一份,调解委员会留存一份。调解协议的内容不得违反相关实体法律的规定,不得违反社会公序良俗,不得损害第三人的合法权益。调解协议一般由调解员起草，双方当事人同意共同起草的除外。①

五、罗马尼亚调解制度的违宪审查

《关于加速解决纠纷的司法改革措施（202/2010 号文件）》（以下简称《司法改革措施》）是对《调解法》的修正。2014 年 6 月 25 日，罗马尼亚宪法法院在《罗马尼亚官方公报》上公布了《〈司法改革措施〉违宪规定（266/2014 号文件）》，宣布《司法改革措施》第 2 条因违宪而无效。

《司法改革措施》第 2 条第 1 款规定，为了鼓励当事人尽可能采用调解程序，从而加速解决民商事、家庭、刑事、劳动等纠纷，自然人或者法人有义务参加法院组织的交流信息的会议，除非法律另有规定。宪法法院认为，上述规定与《调解法》第 1 条有关调解自愿性原则的规定以及《罗马尼亚宪法》第 21 条有关诉权的规定相违背。② 当事人只有能够自主地选择解决纠纷的方式以及决定调解协议的内容，不听命于外来指令，那么调解协议才是基于当事人双方意思表示真实的合意。诉权是公民不可剥夺、不可转让的基本权利。③ 当公民的权利、自由以及合法利益遭受侵害时，公民都有权利行使其诉权。基本法律不应当对公民的诉权进行任何限制。④ 诉权具有正当性，当公民的权利受损或者欲实现其正当的法律利益时，公民有权向法院提起诉讼。因而，对诉权的限制必须具有充分的正当性基础。法院不能久调不决，更不能变相强迫当事人采用调解程序，而应当及时采取判决方式结案。

欧洲人权法院的判例虽然体现了"追求正义必须是有效率的"，但是并不意味着调解程序具有强制性。《调解指令》表明，调解不是一个强加的程序，调解具有自愿性，调解程序可以由当事人在任何时刻启动或关闭。《调解指令》第 3 条

---

① Dumitru-Virgil Diaconu, *Mediation in Criminal Causes*, C. H. Beck Publishing House, 2012, p. 5.

② 《调解法》第 1 条规定，调解是指双方当事人，在中立、公正、保密、专业的调解员的帮助下，自愿友好地解决纠纷的方式。

③ 不仅罗马尼亚，许多国家都用宪法将诉权的这种属性宣示出来。如德国 1949 年《联邦德国基本法》第 101 条规定："禁止另设其他法院。任何人不得被剥夺依法获得的法官审判的权利。"参见吴英姿：《论诉权的人权属性——以历史演进为视角》，载《中国社会科学》2015 年第 6 期。

④ 《罗马尼亚宪法》第 21 条规定："任何人都有权利行使其诉权，维护其权利、自由以及合法利益。其他法律不得限制该诉权。诉权为纠纷当事人平等享有，法院应当及时审判。"

将调解定义为一个选择性程序,在审判中双方希望达成协议,则应赋予其可能性而非义务性,因此,类似交流信息的会议这种调解的前置程序也是可以不需要的。①《调解指令》第5条规定:(1)法院在面对诉讼案件时,可以在业已通盘考量案件之全貌并且时机亦合适的情形下,鼓励当事人以调解方式解决纠纷。在调解过程中,如果法院召开了交流信息的会议(information session)并方便于当事人参加,可邀请当事人参加。(2)本指令并不影响那些要求强制使用调解或者需根据申请或批准而使用调解之国内立法的有效性,无论前述关于调解之使用是在司法程序开始之前或之后,只要前述立法并不妨碍当事人行使其接近司法系统的权利。

《司法改革措施》第2条第2款规定,如果起诉方在开庭后第一次听证会前没有参加交流信息的会议,法院将拒绝继续受理其诉讼请求。这等于附加了一个起诉条件,从而限缩了当事人的诉权。诉权既是当事人向法院请求裁判的权利,也是宪法所保障的公民基本权利之一。② 当事人参加交流信息的会议的义务是对自由追求正义的限制。任何人不得限制双方当事人对解决冲突方式的选择权,在《司法改革措施》第2条的规定中,诉权不仅被限制而且被禁止。因此,受案后参加交流信息的会议不再是强制性行为,法院没有权利以当事人未参加交流信息的会议为由,作出不予受理当事人诉讼请求的决定。参加交流信息的会议是欲通过调解来解决争议的冲突各方自愿的选择。

结　语

罗马尼亚的调解制度充分体现了调解的自愿原则和合法原则。罗马尼亚调解制度的违宪审查实际上是对调解自愿原则的审查。调解程序中贯彻自愿原则不仅是为了尊重当事人的处分权,而且是为了调解协议达成后当事人能够自觉履行。调解协议必须符合有关实体法的规定,同时调解应当按照法定程序进行,这实际上是调解实体合法和程序合法的体现。

罗马尼亚将调解和其他形式的替代性纠纷解决方式整合入国内、欧盟乃至全世界的纠纷体系之中,为高质量的调解实践奠定了法律基础。调解员的个人水平是调解良好效果的保证。罗马尼亚不仅设立了调解员资格认证的公共机制,私人组织也创造了私人认证模式。只有接受过调解专业训练,其能力得到私

---

① 《调解指令》第3条规定了调解的定义:"调解"是指某一特定程序,无论其是如何被命名或被归类的,凭借该程序,纠纷的双方或多方当事人得以在调解人的协助下,在自愿的基础上通过他们自身的努力来达成纠纷解决方案之合意。

② 江伟等:《民事诉权研究》,法律出版社2002年版,第4~5页。

人组织或者公共组织认证的调解员才能服务于纠纷当事人。《调解法》充分诠释了调解保密原则，保障了罗马尼亚调解程序的安定性和诉讼的公正性。

调解制度改革在当今罗马尼亚司法改革中占有举足轻重的地位。调解从成本的角度而言，有利于减少时间和费用的消耗，缓解法律资源的匮乏；从社会效益的角度而言，以家庭调解为例，有利于未成年子女的心理健康，促进社会的和谐。

我国与罗马尼亚同样处于司法改革时期，调解制度面临许多相似的困扰。在我国的实践中，由于调解员和裁判者双重身份的重叠，裁判者的身份使法官具有潜在的强制力。当他以裁判者的身份进行调解时，或明或暗的强制便会在调解中占主导地位，在强制力的作用下自愿原则不得不变形、虚化。[①] 当前，我国正进行轰轰烈烈的司法改革，其理论支持和实践需求是多方面的。我国调解基础理论比西方国家更薄弱些，对既往调解经验缺乏体系化的整理，对当代的调解知识也缺乏必要的总结。纠纷文化的转变既给传统的调解体制带来了空前的挑战，也为其创造了难得的发展基础理论，解决问题的契机。[②] 在全球调解制度迅猛发展的大背景下，罗马尼亚调解制度改革的进程和改革过程中的经验与教训值得借鉴。

---

① 齐树洁：《我国近年法院调解制度改革述评》，载《河南省政法管理干部学院学报》2011年第4期。

② ［澳］娜嘉·亚历山大主编：《全球调解趋势》，王福华等译，中国法制出版社2011年版，第2页。

印度仲裁制度的新发展

■ 杨剑壕 *

摘要:《1996 年仲裁和调解法》是印度最重要的 ADR 法律文件。该法以《联合国商事仲裁示范法》为样本,对印度仲裁进行了全面的规定。《2015 年仲裁法修正案》对 1996 年仲裁法作了修改和补充,其内容涉及仲裁员委任、仲裁员回避、仲裁程序、仲裁期间、仲裁费用、裁决撤销与执行等方面。新法的颁布标志着印度仲裁制度的改革取得了重要的进展。

关键词:印度;ADR;仲裁制度;纠纷解决

印度共和国(The Republic of India)位于南亚,国土面积 298 万平方公里(不包括中印边境印占区和克什米尔印度实际控制区),人口总数 12.95 亿(截至 2014 年),以印地语和英语为官方语言,是一个多民族的国家。① 从经济上看,印度的经济产业多元化,涵盖农业、手工业、纺织乃至服务业。从法的传统上看,印度主要沿袭英美法系,实行联邦制和一元化的法律系统。法院系统自上而下分三级,依次为联邦最高法院、邦高等法院、区法院(乡法院)。②

仲裁在印度并非新兴事物,亦非移植于英国。③ 早在远古时代,印度的乡村社会就已经开始以"村务委员会"(又称"五人长老会")作为解决村民间争端的一种方式。私人间的纠纷,无论是涉及金钱或商品的合同关系,还是其他损害他人财产利益的行为,均由村庄的首领处理决定。英国人来到印度后,东印度公司开

---

* 作者系厦门大学法学院法律硕士研究生。

① 中华人民共和国外交部:《印度国家概况》,http://www.fmprc.gov.cn,下载日期:2016 年 6 月 16 日。

② 程幽燕:《印度法律制度和律师制度》,载《中国律师》2015 年第 12 期。

③ 仲裁,又称"公断",是指民事主体在纠纷发生之前或者纠纷发生之后达成协议,或者根据有关法律的规定,将纠纷提交中立的民间组织予以审理,由其作出有约束力的裁决的一种纠纷解决方式。参见齐树洁主编:《民事诉讼法》,厦门大学出版社 2016 年第 10 版,第 5 页。

始在加尔各答、马德拉斯和孟买取代印度政府的管理,他们鼓励在法院通过仲裁解决争端。此时,"村务委员会"得以复苏,并被赋予一定的行政和司法权力,用以处理民事和刑事案件。"村务委员会"也因此被称为"仲裁法庭"。[①] 20 世纪以来,印度积极推动仲裁制度改革,并先后加入了 1927 年《执行外国仲裁裁决日内瓦公约》和 1958 年《承认及执行外国仲裁裁决公约》。1991 年,印度开始实施改革开放。为了与经济改革相匹配,使仲裁更加迅速、有效地进行,立法机关制定了《1996 年仲裁和调解法》(以下简称《1996 年仲裁法》)。[②] 该法以《联合国商事仲裁示范法》(*UNCITRAL Model Law*,以下简称《示范法》)和国际仲裁与谅解规则为依据,对印度国内仲裁、国际商事仲裁以及外国仲裁裁决的执行等内容作出修改。虽然《1996 年仲裁法》在一定程度上适应了印度社会和经济的发展,但是,该法亦存在不少弊端,包括仲裁程序拖延、法院与仲裁庭权力分工混乱、仲裁费用不合理等。为克服上述弊端,提高印度仲裁的效率和国际认可度,印度于 2015 年 12 月正式通过了《2015 年仲裁法修正案》(以下简称《2015 年仲裁法》)。[③] 新法针对《1996 年仲裁法》的弊端,对仲裁员委任、仲裁员回避、仲裁程序、仲裁费用、仲裁期间、裁决撤销与执行等内容作了一系列的修改或补充,标志着印度仲裁制度的改革取得了重要的进展。

一、仲裁员

(一)仲裁员的委任

根据印度《1996 年仲裁法》的规定,当事人可以自由约定仲裁员的人数(总数应为奇数)、国籍、资格以及委任程序。当事人未约定仲裁员人数的,应由 1 名仲裁员独任仲裁;未约定仲裁员委任程序的,在独任仲裁中,一方当事人在收到

---

① 陈云东、高巍主编:《印度共和国经济贸易法律指南》,法律出版社 2014 年版,第 373 页。

② 印度《1996 年仲裁和调解法》自 1996 年 1 月 25 日起生效,是印度最重要的 ADR 法律文件。关于该法的具体内容,参见 The Arbitration and Conciliation Act,1996(No. 26 of 1996),http://www. kluwerarbitration. com,下载日期:2016 年 4 月 26 日。

③ 印度《2015 年仲裁法修正案》分别于 2015 年 12 月 17 日和 2015 年 12 月 23 日由印度下议院(人民院)和上议院(联邦院)通过,并于 2015 年 12 月 31 日得到印度总统的批准。关于该法的具体内容,参见 Aditya Singh & Dipen Sabharwal, Arbitration and Conciliation(Amendment) Ordinance, 2015, http://www. kluwerarbitration. com,下载日期:2016 年 4 月 26 日。

另一方当事人要求指定仲裁员的通知后 30 日内,未能与对方就仲裁员的委任达成一致的,经一方当事人申请,由首席法官或其授权的机构或个人委任仲裁员;未约定仲裁员委任程序的,在由 3 名仲裁员组成仲裁庭的仲裁中,各方当事人应各自指定 1 名仲裁员,并由如此指定的仲裁员指定第三名仲裁员作为首席仲裁员(在此种情况下,如一方当事人在收到另一方当事人要求指定仲裁员的通知后 30 日内未指定仲裁员,或被指定的两名仲裁员在其被指定后 30 日内未就第三名仲裁员的委任达成一致,经一方当事人提出请求,由首席法官或其授权的机构或个人委任仲裁员);首席法官或其授权的机构或个人在指定仲裁员之前,应当要求仲裁员作出书面披露并考虑当事人对仲裁员资格能力的约定以及可能影响仲裁员独立性或公正性的事项;在国际商事仲裁案件中(且仲裁当事人所属国籍不同时),首席法官或其授权的机构或个人在指定独任仲裁员或首席仲裁员时,可考虑指定与双方当事人国籍不同的人担任仲裁员。[①] 首席法官,或其授权的机构或个人所作的指定仲裁员的决定不容上诉。

《2015 年仲裁法》对仲裁员的委任进行了修改和补充。新法首先将上述"首席法官或其授权的机构或个人"指定和审查仲裁员的相关权力转移至"最高法院或高等法院,或由上述法院授权的机构或个人"。其中,在国际商事仲裁案件中,由最高法院及其授权的机构或个人指定仲裁员和审查仲裁员资格;在其他仲裁案件中,则由高等法院及其授权的机构或个人指定仲裁员和审查仲裁员资格。此外,由于《1996 年仲裁法》未对当事人的申请的处理提出时间要求,这在一定程度上造成了仲裁程序的拖延。为此,新法要求受理申请的法院或其授权的机构或个人在通知到达另一方当事人后 60 日内完成仲裁员的指定。

(二)仲裁员的回避

《1996 年仲裁法》规定了仲裁员的书面披露义务,要求仲裁员自其被委任后(乃至整个仲裁程序过程中)及时向当事人书面披露可能影响其审理案件公正性和独立性的事实。当仲裁员公正性或独立性受到质疑或仲裁员不具备当事人约

---

① 根据印度《1996 年仲裁法》的规定,国际商事仲裁是指与契约性或非契约性法律关系纠纷有关的仲裁,该纠纷依据现行印度法律可被视为商事纠纷,同时,至少一方当事人满足下列条件之一:国籍或惯常居住地在印度国外的自然人;在印度国外注册的法人;主要控制地在印度国外的法人或其他组织;外国政府。《2015 年仲裁法》生效后,国际商事仲裁案件和非国际商事仲裁案件开始由不同的法院管辖:在非国际商事仲裁中,有管辖权的法院指地区中享有初审管辖权的首要民事法院,包括实施普遍民事初审管辖权的高等法院(但不包括任何位阶上低于地区首要民事法院的其他民事法院或小型案件法院);在国际商事仲裁中,有管辖权的法院指高等法院。

定的资格时,仲裁员可以被申请回避。当事人在指定仲裁员时明知仲裁员具有回避的情形而未据此申请回避的,事后不能再以同种回避事由申请该仲裁员回避。

《2015 年仲裁法》在原规定的基础上对仲裁员应当披露的情形作了进一步的解释,根据新法的规定,仲裁员应当披露的情节包括:(1)与一方当事人或主要争议存在或曾经存在任何直接或间接的、可能影响仲裁员审理案件的公正性和独立性的联系或利害关系,不论这些联系或利害关系是财政上的、商业上的、职业上的或其他方面;(2)可能影响仲裁员投入充足时间参与仲裁的情形(尤其是当这些情形可能导致仲裁员无法在 12 个月内完成仲裁工作)。

二、仲裁程序

(一)普通程序

根据《1996 年仲裁法》的规定,除非另有约定,仲裁程序自被申请人收到申请人要求将争议提交仲裁的通知后开始。当事人可自由约定仲裁程序、仲裁语言、仲裁地点以及仲裁庭的审理方式(书面或开庭)等。未能达成上述约定的,仲裁庭有权以其认为合适的方式仲裁,有权决定证据的可采性、关联性和证明力,有权决定仲裁地点、仲裁语言以及是否进行开庭审理(此时,如一方当事人请求开庭审理,仲裁庭应开庭审理,当事人约定不应开庭审理的除外)。申请人应在各方约定的或仲裁庭确定的期间内陈述支持其主张的事实、争点和所寻求的救济,未根据上述规定提出申请的,仲裁庭应当终止仲裁程序;被申请人应逐一作出答辩,未参加答辩的,仲裁庭应当继续仲裁,但不应将此行为视为对申请人陈述的认同。此外,任何一方当事人可随同其陈述提交相关的证据或文件,并有权在仲裁过程中修改其申请或答辩,当事人另有约定或仲裁庭认为修改可能造成裁决的过分延迟的除外。最后,仲裁法还规定了专家委任制度,其具体规定亦与《示范法》大致相同。

《2015 年仲裁法》在保留上述规定的基础上作了如下补充:首先,新法允许答辩人针对申请人提出仲裁反请求,如反请求未超出仲裁协议范围,仲裁庭应当进行审理并作出裁决。其次,应一方当事人的请求,仲裁庭进行开庭审理时,仲裁庭应尽可能地举行听审,以便当事人举证和进行口头辩论。最后,在听审过程中,除非当事人有充分的理由,否则仲裁庭不应许可任何要求暂停仲裁的请求,并且,仲裁庭有权对缺乏充分理由的申请方作出罚款处罚。

(二)简易程序

简易程序是《2015年仲裁法》的一大创举。新设立的简易程序更加尊重当事人的意思自治,并致力于提高仲裁效率。首先,新法允许当事人在任何阶段(仲裁庭组成前或组成后)达成书面协议,通过简易程序解决争议。其次,简易程序以书面审理为原则,开庭审理为例外;仅在双方当事人一致要求下或仲裁庭认为必要时,方对特定问题进行听审;在举行听审时,仲裁庭可采取方便纠纷快速解决的技术措施。最后,简易程序要求仲裁庭在仲裁开始后6个月内作出裁决。① 如仲裁员未能在规定的时间内作出裁决,应承担与普通程序相同的法律后果。②

(三)临时措施

根据《1996年仲裁法》的规定,在仲裁程序开始前或进行中,或者裁决作出后法院判决前,一方当事人可以申请法院为未成年人或精神病人指定监护人或向法院申请临时保护措施。当事人可向法院申请的临时保护措施包括:(1)保全、临时保管或变卖仲裁协议中的标的物;(2)暂管仲裁的争议标的金额;(3)对仲裁案的任何财产或物件进行扣留,保存或检验,并对可能产生问题的财物采取同样的措施,并且为上述目的可以授权任何人进入当事人的任何土地或房屋,授权任何人采集样本、进行为收集证据或信息所必需的检验和试验;(4)临时禁令或指派破产管理人;(5)法院认为合适和方便的其他临时措施。此外,仲裁法还赋予了当事人向仲裁庭临时申请保护措施的权利。根据仲裁法的规定,除非当事人另有约定,经一方当事人申请,仲裁庭可以要求当事人采取任何其所认为必要的临时保护措施或要求当事人提供适当担保。

《2015年仲裁法》在保留上述规定的基础上,作了适当补充。首先,新法明确了仲裁庭可以采取法院所能采取的临时保护措施。其次,新法要求当事人在法院作出临时措施裁定后90日内或法院确定的延长期限内启动仲裁。最后,新法还明确法院与仲裁庭关于临时措施的分工:"一旦仲裁庭组成,法院就不应当再受理当事人的临时措施的申请,除非法院认为存在阻碍当事人通过仲裁庭实现救济的情形。"这使得法院和仲裁庭的权力分工更加有序,有利于防止法院和仲裁庭互相推诿,提高仲裁效率。

---

① 根据《2015年仲裁法》的规定,仲裁庭开始仲裁之日是指独任仲裁员或全体仲裁员收到其书面委任通知之日,即仲裁庭组成之日。

② 关于该法律后果的具体规定,参见下文"裁决期间"部分,不再赘述。

三、仲 裁 裁 决

(一)裁决期间

《1996 年仲裁法》未对仲裁庭作出裁决的期限作出规定,使印度仲裁面临着"久拖不决"的风险。为解决该问题,《2015 年仲裁法》要求仲裁庭在限定的时间内作出裁决,并规定了一系列配套措施。

首先,仲裁裁决原则上应在仲裁庭开始仲裁后 12 个月内作出,经双方当事人同意,上述期限最多可延长 6 个月。[①] 超过 18 个月的仲裁期限的延长,须由当事人向法院提出申请,法院认为当事人理由充分的,可以延长期限。其次,新的补充规定致力于提高仲裁庭的仲裁效率:如仲裁员在仲裁庭开始仲裁后 6 个月内作出裁决,则仲裁庭有权获得当事人所额外给付的费用;如仲裁庭未在开始仲裁后 12 个月内或当事人规定的延长期限内作出裁决,仲裁员应被终止职务,法院延长仲裁期限的除外。在法院作出延长期限的决定的情况下,如法院认为仲裁拖延可归因于仲裁庭,法院可裁定减少仲裁员薪酬,但所裁减的薪酬不应超过 5%/月。法院在延长上述期限的同时,可指定其他仲裁员替代原仲裁员,替代仲裁员应在原仲裁员已取得的工作进展和已收集的证据或其他资料的基础上继续仲裁。

(二)裁决费用

根据《1996 年仲裁法》的规定,除非当事人另有约定,仲裁费用应由仲裁庭裁决作出。仲裁庭应确定支付仲裁费用的一方当事人、仲裁费用总额、费用的确定方法及其支付方式。上述费用包括:(1)仲裁员和证人的费用和开支;(2)法定支出;(3)管理仲裁员的机构的行政支出;(4)其他与仲裁程序或裁决相关的费用开支。如裁决无特别指明,则应当支付仲裁费用的一方应按 18% 的年利率支付其所拖欠的仲裁费用利息(从裁决作出之日起计算至实际支付之日)。

由于《1996 年仲裁法》存在规定模糊、仲裁费用范围过窄、忽略当事人履行能力等诸多问题,导致仲裁费用的规定往往得不到落实。为解决上述问题,同时与其他新规定相协调,《2015 年仲裁法》对此部分进行了重要修正和补充。第一,新法赋予了法院确定仲裁费用的权力,并将法院在仲裁中的开支纳入仲裁费

[①] 此规定为原则性规定。如前所述,在简易程序中,仲裁裁决应在仲裁庭开始仲裁后 6 个月内作出。

用范围。第二,新法将 18％的年利率调整为高于印度储备银行(Reserve Bank of India)同期基准利率 2％的利率,并强调仲裁庭或法院在确定仲裁费用时应考虑费用支付一方的实际履行能力、支付时间以及支付总额。第三,新法明确规定应当支付仲裁费用的一方为仲裁败诉方。第四,新法要求法院或仲裁庭在确定仲裁费用时考虑以下情形:(1)各方当事人的综合表现;(2)一方当事人的请求是否得到部分支持;(3)是否因当事人提出不必要的反请求而造成仲裁拖延;(4)是否存在一方当事人拒绝另一方当事人提供的合理解决争议的方案的情形。第五,新法赋予了法院和仲裁庭在决定仲裁费用方面更大的权力。根据新法的规定,法院或仲裁庭可以要求一方当事人支付的费用包括:(1)另一方当事人支出的部分费用;(2)某一特定期间内的费用支出;(3)仲裁程序开始之前发生的费用支出;(4)仲裁中因采取特定措施而产生的相关费用;(5)与仲裁程序特定部分相关的费用;(6)某一特定期间内的利息。第六,新法允许当事人约定由一方当事人支付部分或全部仲裁费用,但该协议需在争议发生后订立方为有效。

(三)裁决的撤销与执行

根据印度《1996 年仲裁法》的规定,仲裁裁决具有终局性,约束各方当事人。如当事人对仲裁裁决不服,可向法院申请撤销裁决。[①] 若当事人向法院提出证据证明存在撤销裁决的法定情形,或法院认定仲裁争议不能通过仲裁解决或裁决违反印度的公共政策时,法院应当撤销裁决。[②]申请撤销裁决的当事人原则上应在收到裁决后 3 个月内向法院提出申请;如法院认为当事人逾期提出申请具有正当理由,法院可将上述期限延长 30 日,但此后不得再延长。当事人未在规定的期限内提出撤销裁决的申请或所提出的申请被驳回,仲裁裁决即与法院判决具有同等效力,并应依照印度《民事诉讼法》予以执行。

《2015 年仲裁法》在保留原规定的基础上进行了补充规定和解释。首先,新法指明仅在裁决过程中存在以下情形之一时,方能认定裁决违反公共政策:(1)诱导、欺诈或腐败情形;(2)违反调解程序的保密义务或证据可采性规则;(3)与印度基本法律政策相抵触;(4)违反最基本的道德或公正理念。其次,新法要求提出撤销申请的当事人在提出申请之前向另一方当事人发出相关通知。法院须及时处理当事人的申请,至迟应于另一方当事人收到申请方的通知后 1 年内作出决定。最后,根据新法的规定,当裁决主要内容为金钱给付时,当事人可

①　印度法院仅能撤销在印度作出的裁决(包括纯国内裁决和具有涉外因素但仲裁地仍在印度的裁决),对于在外国作出的仲裁裁决,印度法院无权撤销。
②　《1996 年仲裁法》关于仲裁裁决应被撤销的法定情形的相关规定几乎全面移植了《示范法》的相关内容,此不赘述。

在提供充足担保或保证金后向法院申请暂停执行裁决,法院如认为适当,可暂停执行裁决。[1]

四、评析

(一)印度仲裁制度改革的特点

1.权力分工合理化

明确权力分工是印度仲裁制度改革的重要内容之一。这可以反映在《2015年仲裁法》对仲裁的管辖、临时措施等方面的改革。新法首先针对不同案件类型的复杂程度,将较为复杂的国际商事仲裁案件划由较高层级的法院进行管辖,有利于争议的解决。此外,新法规定了当事人向法院或仲裁庭申请临时措施的时间界限,避免了仲裁庭和法院权力的冲突。

2.仲裁服务便捷化

仲裁程序是印度仲裁制度改革的重要环节。《2015年仲裁法》设立的简易程序致力于提供便捷的服务,它在尊重当事人意愿的基础上避免了烦冗的开庭程序和不必要的开支,方便了当事人争议的快速解决。此外,新法致力于双方当事人利益的平衡。在保护仲裁胜诉方利益的同时,新法还强调对败诉方权利的救济,为败诉方提供了较为便捷的救济渠道。

3.法律规定更加明确

《2015年仲裁法》对《1996年仲裁法》的诸多规定作了解释和补充。例如,新法明确和扩大了仲裁费用的范围,规定了法院或仲裁庭确定仲裁费用时应当考虑的情形,使仲裁费用更加明确和合理。又如,新法对违反印度公共政策而导致裁决撤销的情形作了解释,明确了法院作出撤销决定的依据。

4.强调仲裁的效率

印度司法界一向以行事缓慢、效率低下而饱受诟病。[2]《1996年仲裁法》对仲裁程序和裁决作出缺乏明确的时间规定,使得法院或仲裁庭在处理仲裁案件时常常没有"时间观念",许多仲裁案件也因此久拖不决。《2015年仲裁法》针对《1996年仲裁法》这一弊端进行了大刀阔斧的改革:一方面,新法通过奖励措施鼓励裁决快速作出;另一方面,新法通过制裁手段以防止仲裁过分拖延。

---

[1] Vikas Mahendra, *Arbitration in India:A new Beginning*, http://www.kluwerarbitrationblog.com,下载日期:2016年4月27日。

[2] 李曼:《我眼中的印度司法》,载《人民法院报》2012年12月7日第8版。

（二）改革中存在的问题

尽管《2015 年仲裁法》进一步完善了印度仲裁制度，使印度仲裁显得更加友好。然而，改革并非完美，部分旧问题未得到根本解决，一些新规定甚至带来了新的问题。主要表现如下：

1. 部分规定过于僵化。《2015 年仲裁法》对所有类型的仲裁案件（简易程序案件除外）进行"一刀切"的时间限制，如仲裁员未在规定的期限内作出裁决，则仲裁员将面临被减少薪酬和终止委任的风险。该规定虽有助于防止仲裁拖延，但显然忽略了仲裁的灵活性和部分案件的复杂性，对裁决效率的片面追求可能导致部分仲裁案件裁决质量的下降。

2. 法院干涉的不当扩大。法院对仲裁的适当监督有助于仲裁规范地运行，过多的干涉则会破坏仲裁的自治性和民间性。新法生效后，法院对仲裁的干涉明显增强，反映为法院对仲裁费用的确定、对仲裁期间延长的批准、对仲裁员的制裁等方面。法院对仲裁的干涉虽表面上有助于仲裁程序的规范和裁决效率的提高，然而，考虑到印度法院早已不堪重负的诉讼负担，其实际效果有待考证。①

3. 部分规定仍然模糊。仲裁规定的明确化是印度仲裁制度改革的特点之一，然而，部分仲裁法律规定仍然模糊。例如，新法对"公共政策"的理解包括"最基本的道德或公正理念"，这样的解释显然不够明确，有造成法院自由裁量权滥用的风险。

结　语

仲裁是当今国际上公认并广泛采用的解决争议的重要方式之一，也是最正式的替代性纠纷解决方式，其在促进商事纠纷的解决方面拥有无可替代的优势。随着印度经济的崛起，印度商贸空前发展，商事纠纷亦随之突显。《2015 年仲裁法》正是印度应对经济贸易国际化和纠纷解决方式多元化的产物。

近年来，中印双边经贸合作持续稳定发展。据中国海关统计，双边贸易额从 2000 年的 29 亿美元快速增长到 2014 年的 706.5 亿美元，14 年间增长了 23 倍，中国已成为印度第一大贸易伙伴，印度在中国贸易版图中的地位也日益凸显。2014 年 9 月，习近平主席访印期间，两国为全面深化和平衡中印经济关系制定

---

① Prakash Pilai & Mark Shan, *Persisting Problems: Amendments to the Indian Arbitration and Conciliation Act*, http://www.kluwerarbitrationblog.com，下载日期：2016 年 4 月 27 日。

了路线图,确定在印度建立汽车和电力设备两个工业园区和开展铁路等战略性合作,提出 5 年内双边贸易额增至 1000 亿美元、中国对印投资增至 200 亿美元的宏伟目标,将中印经贸合作水平提升到了新的高度。① 在此背景下,有必要对印度仲裁制度改革进行分析和介绍,以期方便两国商事纠纷解决,同时为我国仲裁制度的改革提供借鉴。印度仲裁制度改革致力于权力分工合理化、法律规定明确化、仲裁服务便捷化等目标,其立场是坚定的,方向是明确的,实际效果则有待时间的检验。

---

① 《中印经贸合作潜力巨大》,http://www.huanqiu.com,下载日期:2016 年 6 月 16 日。

图书在版编目(CIP)数据

东南司法评论. 2016年卷:总第9卷/齐树洁主编. —厦门:厦门大学出版社,2016.10

ISBN 978-7-5615-6292-5

Ⅰ. ①东… Ⅱ. ①齐… Ⅲ. ①司法-工作-中国-2016-文集 Ⅳ. ①D926-53

中国版本图书馆 CIP 数据核字(2016)第 260785 号

出 版 人	蒋东明
责任编辑	李 宁
封面设计	洪祖洵
美术编辑	张雨秋
责任印制	许克华

出版发行 厦门大学出版社

社 址	厦门市软件园二期望海路 39 号
邮政编码	361008
总 编 办	0592-2182177 0592-2181406(传真)
营销中心	0592-2184458 0592-2181365
网 址	http://www.xmupress.com
邮 箱	xmupress@126.com
印 刷	厦门市金凯龙印刷有限公司

开本	720mm×1000mm 1/16
印张	34.5
插页	2
字数	656 千字
版次	2016 年 10 月第 1 版
印次	2016 年 10 月第 1 次印刷
定价	68.00 元

本书如有印装质量问题请直接寄承印厂调换

厦门大学出版社
微信二维码

厦门大学出版社
微博二维码